全面深化改革

江苏新机遇·新思考·新探索

（上）

江苏省哲学社会科学界第八届学术大会论文集

江苏省哲学社会科学界联合会 编

苏州大学出版社
Soochow University Press

图书在版编目(CIP)数据

全面深化改革：江苏新机遇·新思考·新探索：江苏省哲学社会科学界第八届学术大会论文集：全2册／江苏省哲学社会科学界联合会编．—苏州：苏州大学出版社，2015.7
　ISBN 978-7-5672-1323-4

Ⅰ．①全… Ⅱ．①江… Ⅲ．①哲学－学术会议－文集 ②社会科学－学术会议－文集 Ⅳ．①B－53②C53

中国版本图书馆CIP数据核字(2015)第149581号

全面深化改革：江苏新机遇·新思考·新探索
江苏省哲学社会科学界第八届学术大会论文集
江苏省哲学社会科学界联合会　编
责任编辑　董　炎

苏州大学出版社出版发行
(地址：苏州市十梓街1号　邮编：215006)
苏州工业园区美柯乐制版印务有限责任公司印装
(地址：苏州工业园区娄葑镇东兴路7-1号　邮编：215021)

开本 700 mm×1 000 mm　1/16　印张 38.75　字数 687 千
2015年7月第1版　2015年7月第1次印刷
ISBN 978-7-5672-1323-4　　定价：80.00元(上下册)

苏州大学版图书若有印装错误，本社负责调换
苏州大学出版社营销部　电话：0512－65225020
苏州大学出版社网址　http://www.sudapress.com

说　明

为深入学习研究宣传党的十八大，十八届三中、四中全会和习近平总书记系列重要讲话精神，贯彻落实省委十二届六次、七次、八次全会精神，营造全面深化改革的良好思想理论氛围，促进哲学社会科学理论学术创新，省委宣传部和省社科联共同举办江苏省哲学社会科学界第八届学术大会，学术大会系列活动从2014年10月正式开启，一直延续至2015年2月上旬结束。

学术大会主题为"全面深化改革：江苏新机遇·新思考·新探索"，先后举办了8个学科专场、4个学术聚焦、4个区域专场、1个学会综合专场等17个系列活动。2015年2月9日举行第八届学术大会高层论坛，把学术大会推向高潮。

学术大会收到论文6000多篇，参会人员达7000人次。期间，有18位外省知名专家、85位省内专家做了主题演讲，253位学者做了学术交流发言，60位专家做了精彩点评。大会研讨内容非常广泛，既有马克思主义中国化最新理论成果的研究阐释、学术前沿问题的讨论争鸣、国际学术前瞻的跟踪借鉴，也有江苏区域研究的战略思考、地域特色的人文探讨。学术大会较好地做到了理论与实践、基础与应用、研究与宣传的有机结合，生动展示了江苏社科强省建设的显著成效。

为更好地反映学术大会的会议成果，经过专家评审，择优选出82篇论文汇集成册，正式出版。

由于编辑时间比较紧迫，我们在文章的遴选、文稿统筹等方面，难免有疏漏和不足，敬请批评指正。

目 录

第一篇　第八届学术大会高层论坛（主题演讲摘要）

抓住机遇　奋发作为　推动江苏哲学社会科学事业繁荣发展
　　……………………………………………………… 双传学　3
加强主流意识形态建设工作须采取科学合理的对策
　　……………………………………………………… 洪向华　7
中国阶级阶层结构变化及社会治理的阶段性任务 …… 张　翼　9
法治是社会文明程度的核心标志 ……………………… 夏锦文　10
合理引导资金流向　发展创新驱动型经济 …………… 刘志彪　12
推进江苏现代农业建设再上新台阶 …………………… 周应恒　13
积极探索江苏生态文明建设有效路径 ………………… 陈　雯　15

第二篇　马克思主义理论、哲学、政治

论习近平关于理想信念思想的创新 …………………… 黄明理　19
新形势下坚定党员干部理想信念问题探讨 …………… 王同昌　26
社会主义核心价值观与青少年的道德自律 …………… 徐萍萍　33
证成与反驳：公民服从的政治哲学追问 ……………… 唐慧玲　40
思维方式和实践方式的差异、矛盾与和谐 …………… 刘国章　49
习近平党建思想探析 …………………………………… 张尚兵　56

社会主义核心价值观与青年的时代担当 …………… 林慧平 62
历史唯物主义视域中的中国道路 ……………………… 朱炳元 69
中共"一大"闭幕日期研究 ……………………………… 丁　进 76
地位、政治关注、政府信任与基层民主选举中的投票参与
　　——一项来自CGSS2010的Logistic回归模型研究
　　………………………………………… 李向健　孙其昂 83
十八届三中全会农村土地改革精神解读及江苏省实践探索
　　……………………………… 石晓平　王　岩　马贤磊 91
以中华优秀传统文化涵养社会主义核心价值观
　　…………………………………………… 彭安玉　李明国 98
江苏全面深化改革的路径选择研究
　　——基于政府决策者有限理性行为模型的分析
　　………………………………………………… 段　柯 104
我国基本经济制度与具体经济制度辩证统一的实践路径研究
　　…………………………………………………… 征汉文 110
司法理性与司法公信
　　——基于中国司法发展阶段的考察 ………… 韩　轶 118
调解制度和自由裁量权的理性重塑 …………… 俞　曦 126
基于区域法治分析范式的国家治理现代化研究
　　……………………………………………………… 姜　涛 133

第三篇　经济、管理

对我省二三线城市发展台资经济的观察与思考
　　——借鉴淮安市的做法 ……………………… 桑登平 141
苏南现代化示范区建设：金融服务视角
　　…………………………………… 成春林　华桂宏　吕永刚 148
依托于NVC的新兴产业开放互补式技术突破路径
　　——来自江苏昆山新兴产业与传统产业的比较分析
　　…………………………………… 黄永春　郑江淮　张二震 154

农地产权制度多元化争论问题的研究
.... 李厚廷 169

金融脱媒对我国资本配置效率的影响分析
.... 封思贤 章洪量 176

后发国家企业实现新兴产业赶超的时机选择研究
——基于GVC视角下的技术创新A-U模型
.... 黄永春 魏守华 184

创业企业家真实型领导、组织合法性与创业绩效
.... 顾建平 杨 波 王 磊 194

我国商品期货波动率重现期的可预测性研究
.... 周伟杰 党耀国 顾荣宝 202

二氧化碳排放绩效及减排潜力的国际比较:技术异质性视角
.... 王群伟 218

金融创新与创新型企业金融支持研究
——基于常州市的调查数据
.... 牟伟明 曹金飞 刘雪妮 229

江苏上市公司资本结构对公司绩效影响的实证研究:2001—2012
.... 史修松 236

生产分割、亲缘选择与技术创新博弈演化研究
.... 李守伟 袁 凯 245

土地产权经历、产权情景对农民产权安全感知的影响:基于江苏、湖北、广西、黑龙江四省(区)调研数据的分析
.... 马贤磊 仇童伟 钱忠好 253

前景理论下的健康保险选择效力与全民健康保险促进策略研究
.... 吴传俭 262

"一带一路"战略与苏北发展 .... 张建民 270

取消限购无法逆转楼市萧条趋势
.... 姚 军 金 鑫 276

传统文化融于现代设计的结构层级与转化方法
.... 熊 微 马 君 289

第一篇

第八届学术大会高层论坛
（主题演讲摘要）

抓住机遇　奋发作为
推动江苏哲学社会科学事业繁荣发展

中共江苏省委宣传部部务委员　双传学

关键词　马克思主义　中国特色社会主义　社会主义核心价值观　中国特色新型智库

推动文化建设迈上新台阶，提高价值引领力、文化凝聚力、精神推动力，建设社会文明程度高的新江苏，迫切需要哲学社会科学有新的飞跃和提升。

一、高度重视先进思想文化引领作用

坚定马克思主义"主心骨"。马克思主义是引领中国学术的旗帜和灵魂。要推动社科工作者自觉学习和运用马克思主义基本原理，更加坚定对马克思主义、对科学社会主义、对中国特色社会主义理论体系的信仰，用马克思主义之"矢"去射理论研究之"的"。要加强马克思主义理论学科建设，推动马克思主义研究从文本解释向文本创造转化，从碎片化研究向体系化研究转化。

抓好首要政治任务。习近平总书记系列重要讲话是中国特色社会主义理论体系的最新成果，是指导我们进行具有许多新的历史特点的伟大斗争的最鲜活的马克思主义。社科理论工作者要率先跟得上、跟得紧、跟得进，学而信、学而用、学而行，做学习宣传、研究阐释的先行者。

用中国特色社会主义凝聚共识。高举中国特色社会主义理论伟大旗帜，增强政治意识、大局意识、责任意识，用发展着的马克思主义指导研究阐释工作，引领主流社会思潮的传播，让各类社科阵地真正成为以科学理论引导人、武装人、塑造人的坚强堡垒。

二、着力加强社科理论热点问题研判辨析

加强理论热点问题引导。当前，要针对怎样牢固确立价值观自信、

怎样认识党的领导和依法治国关系、怎样看待我国国家治理体系与西方社会治理体系的差别等问题进行深入研究，有针对性地推出一批有分量的研究成果，强化正面引导，帮助人们纾心结、解扣子。

积极创新学术话语体系。中国特色社会主义的成功实践，为我们赢得话语优势提供了丰厚资源。社科界要打破"唯洋是举"的思维惯性，提炼融通古今中外的新概念、新范畴、新表述，构建有中国特色、中国风格、中国气派的学术话语体系，解读好中国实践、阐释好中国道路、研究好中国经验。

开展积极健康的理论斗争。与错误思潮的斗争是社科界一刻也不能放松的责任和担当。在大是大非面前，一定要旗帜鲜明、立场坚定、态度坚决，用科学的理论扶正祛邪、激浊扬清，深刻批驳其观点和主张，引导干部群众从离散的、个别的、表面的现象中明察动向、认清实质，清醒认识其本质和危害，以政治定力焕发理论战斗力。

三、切实加强重大理论和应用课题研究

深入研究"四个全面"的意义内涵。总书记在江苏首次提出"四个全面"的重大战略思想，江苏社科界要率先深化研究"四个全面"的特定内涵、内在逻辑和辩证关系，讲清楚全面建成小康社会是我们的战略目标，讲清楚全面深化改革、全面依法治国、全面从严治党是三大战略举措，讲清楚"四个全面"是实现中国梦的行动指南，也是我们接力推进"两个率先"的强大思想武器。

深入研究社会主义核心价值观。重点讲透彻社会主义核心价值观与中华优秀传统文化的历史传承，讲透彻社会主义核心价值观与国家治理体系和治理能力现代化的辩证关系，讲透彻社会主义核心价值观与西方"普世价值"的本质区别，进一步澄清纠正模糊认识和错误认识，引导人们增强价值观自信。

深入研究建设新江苏的现实路径。围绕"五个新台阶"集中攻关，回答好如何以科技创新为驱动力推动转型升级，如何以率先实现农业现代化为目标加快现代农业发展，如何在传承优秀传统文化中培育践行社会主义核心价值观，如何提高民生建设的普惠性，如何持续推进党风廉政建设等问题，多谋应对之策，为建设"强富美高"的新江苏提供学理支撑。

积极打造中国特色新型智库。积极打造一批在国内外具有重要影响的高端智库，构建特色鲜明、结构合理、形式多样的江苏智库发展新格局。多出、快出具有前瞻性、战略性、针对性和可操作性的研究成果，多建睿智之言，多献务实之策，做决策咨询的"最强大脑"。

四、做大、做强社科理论平台

积极参与马克思主义理论研究和建设工程"最大平台"。"马工程"实施10年以来，江苏社科理论界一批知名专家先后受聘担任学科组、教材编写组或课题组的首席专家、撰稿专家。要继续努力，带动更多的江苏学者为"马工程"贡献江苏智慧、江苏力量。

着力建设中国特色社会主义理论体系研究中心"最亮平台"。2014年，江苏省中国特色社会主义理论体系研究中心成立，要以此为统帅，有效整合研究资源，破除理论研究领域"单兵作战"和"孤岛"现象，凸显"集团"优势，孵化一批代表江苏水平的有分量的理论文章和学术成果。

夯实马克思主义学院"基础平台"。进一步加强和改进新形势下高校宣传思想工作，强化马克思主义学院建设中的组织管理、学科发展，规范教学安排、科研任务，着力推动马克思主义在高校中的传播，提升江苏马克思主义研究整体水平。

大力度推动报刊网络理论宣传阵地"传播平台"。继续推进人文社科期刊名刊建设工程，加大资助力度，扩大资助面，引导社科理论媒体刊发更多富有说服力、解释力、影响力的理论成果，把大道理讲好、讲活、讲清楚，进一步打造精品刊物和精品栏目。

五、不断壮大社科人才队伍

注重社科领军人才的培养。深入实施社科领军人才培育计划，组织"江苏社科名家"评选，进一步完善千人计划、长江学者奖励计划、"333"、"五个一批"等人才工程，推出更多更具代表性、影响力的江苏社科大家。

着力培育中青年社科人才。发挥好首届20名"青年社科英才"的引领示范作用，在课题、经费等方面加大倾斜力度，并为更多的青年社科人才营造良好的学习、工作和生活环境，使他们成长有机会、干事有舞台、发展有空间。

完善人才培养使用机制。积极打造人才成长、人才培养、成果展示、经费投入的机制，充分发挥社科基金的导向作用，加大课题资助力度。组织开展"坚守理论自信、共筑精神家园"大型主题实践活动，引导社科理论工作者脚踩坚实的大地、放飞思想的翅膀，通过更多有高度、有深度、有热度的精品力作，彰显社科理论的理性之美、信仰之美、实践之美。

（在高层论坛上发言摘要）

加强主流意识形态建设工作须采取科学合理的对策

中共中央党校科研部副巡视员　洪向华

关键词　中国意识形态　思想困惑　现实挑战

意识形态工作是党的一项极端重要的工作，能否做好意识形态工作，事关党的前途、国家长治久安、民族凝聚力和向心力。当前，主流意识形态建设面临两大主要问题，一是思想困惑，二是现实挑战。

在思想困惑方面，全面深化改革中，社会主义意识形态建设面临一些思想的困惑，这些困惑主要来源于对马克思主义的认识局限、多元文化和价值观念的共生与自主选择、"非意识形态化"等。

在现实挑战方面，有全球化给我国意识形态安全带来的现实挑战、资本主义新变化和国际共产主义运动的低潮带来的现实挑战、网络化对社会主义意识形态控制力的冲击、社会转型带来的现实挑战等。

以科学合理的对策加强主流意识形态工作可从五个方面入手。

一是澄清困惑和统一认识，使主流意识形态建设工作始终坚持正确的思维选择和理念取向。只要人类没有超越阶级社会时代，意识形态及其主导下的文化领域的斗争就永远不会停止，资本主义国家不放松，实力上处于弱势的社会主义国家更不能放松，在思维上要长期警惕、重视和抓紧。

二是加强主流意识形态的大众化传播。人民群众是历史的真正创造者和推动历史前进的主体力量。在多元意识形态和思想文化并存的当下，必须利用好传统媒体、思想政治理论课等途径和渠道，同时拓展社区、新媒体等新方法和新渠道，推进社会主义主流意识形态的大众化传播，巩固其主导地位和社会影响力。

三是主流意识形态建设的法治化、政策化和道德化的步伐要加快，从而为其提供法制、政策和道德保障。

四是大力培养能深入基层宣传普及主流意识形态的社会工作队伍，切实加强对基层党员干部和广大群众的主流意识形态教育。

五是创建有利于主流意识形态建设的社会生态环境。要处理好意识形态建设工作与政治、经济、文化和社会心理等环境因素的关系，为主流意识形态建设构建良好的外部环境。

（在高层论坛上发言摘要）

中国阶级阶层结构变化及社会治理的阶段性任务

中国社会科学院社会学研究所副所长　张　翼

关键词　中国　社会结构　社会治理　阶段性任务

改革开放以来,我国的社会结构发生了重大变化,而在未来,这一结构还将继续发生变化。这些变化给未来的社会治理提出了近期、中期和远期三大阶段性任务。

近期社会治理的主要任务是将社会资源向基层倾斜,向中西部地区倾斜,缩小收入差距,培养社区一级的矛盾化解能力。

中期社会治理的主要任务是健全公平的社会流动机制,解决就业与教育中的不公平问题,正视各个社会阶层的不同诉求,主要解决各阶层的物质利益获取问题,发挥社会保障在缩小社会收入差距中的作用。

远期社会治理的任务主要是在建立现代国家治理体系的过程中,发挥社会组织的矛盾协调能力,发挥法律的协调能力。党与政府重在管理社会意识形态与价值体系,即以社会价值治理规范社会行为。

（在高层论坛上发言摘要）

法治是社会文明程度的核心标志

镇江市委书记　夏锦文

关键词　法治　社会文明　德治

法学研究和理论建构必须坚持问题意识，强化问题导向，更好地回应现实发展的需要。法治发展如何积极推动新江苏建设，如何为提高社会文明程度服务，是江苏法学研究工作者面对的一项重大课题。

文明是人类所创造的物质财富、制度成果和精神财富的总和，一般分为物质文明、制度文明和精神文明。法治以法律制度为基础，是制度文明的重要组成部分。法治必须以法治观念、法治精神为灵魂，所以法治也是精神文明的重要组成部分。

在社会文明建设中，法治具有核心作用。法律是治国之重器，良治是善治之前提。法律本身就是文明的产物，依法治理应成为建设社会文明的核心手段，法治应是社会文明程度的核心标志。首先，法治是现代制度文明的核心。在现代社会，法治是制度文明的基石和核心，是社会治理的首要工具，所有其他社会治理的手段只能从属于法律并在法律确定范围内行使。其次，法治是精神文明的核心。思想建设是精神文明建设的灵魂，决定着精神文明建设的性质和方向，对社会的物质文明和制度文明建设有巨大的能动作用。中国特色法治观念、法治精神的培育和成长是思想建设的重要内容和主要任务。

对于江苏来说，提高社会文明程度，必须全面贯彻十八届四中全会精神，全面推进法治江苏建设，实现从"过程领先"到"水平领先"，加快构建全国法治建设先导区，突出"全面"和"内涵"两个关键词，推动江苏在科学民主立法、法治政府建设、公正廉洁司法、法治宣传教育、社会治理法治化、法治工作队伍建设水平等六个方面实现领先。

科学民主立法是前提。要在提高立法质量上下功夫，充分发挥立法的引领作用，不断完善中国特色社会主义法治体系，为加快建设法治江苏奠定良好制度基础。

法律高效实施是重点。法律的生命力在于实施,法律的权威也在于实施。执法机关严格执行法律,广大群众普遍守法依规,执法要有高效率,实施后要取得好效果。

法治文化培育是基础。法治文化是成熟法治社会的标志。当前,必须着力建设充分体现法治精神的规范性、引领性法治文化,在法治江苏建设中实现制度、机制、文化的有机统一。

各级领导干部在推进依法治国方面肩负着重要责任,要做尊法、学法、守法、用法的模范,带头严格依法办事,牢固树立法治观念,带头遵守法律、执行法律,营造法治环境,用法治思维和法治方式推进社会文明建设。

在全社会树立法治信仰。法律必须被信仰,否则形同虚设。人民群众信仰法治,是建设法治国家、法治江苏的思想基础。

法治须与德治有机结合。一个社会的道德水平越高、自律意识越强,法律也就越易施行、社会文明程度也就越高。应当加强道德和人心教化,启迪人性的良善和互利,大力培养既有法治信仰又有高尚道德情操、既接受他律又能够自律的现代公民群体。

(在高层论坛上发言摘要)

合理引导资金流向　发展创新驱动型经济

教育部"长江学者"特聘教授、南京大学商学院教授　刘志彪

关键词　资金流向　投资驱动　创新驱动型经济

中国一半的人口仍然在农村的现实,以及绝大多数城镇居民收入较低的格局,决定了大部分人的消费能力有限。现阶段不能完全指望以消费型内需拉动生产。同样,出口导向低成本发展也是不可持续的,因为从需求方面看,没有一个国家可以长期接受中国这么巨大的出口生产能力;从供给方面看,现在我国的要素成本尤其是劳动力上升太快,生产率提升速度明显跟不上,因此这就导致了企业的国际竞争力降低。

但是投资驱动的发展在现阶段还有一定的空间。一是依然需要建设大量的高铁、地铁、机场;二是必须加大环境治理和投资的力度;三是产能严重过剩一般都发生在制造领域,广大的公共服务设施方面,如医院,养老院,农村地区的卫生、教育和文化设施等方面,有较广阔的发展空间;四是随着创新经济的建设,越来越多的投资将进入具有强大外部性的研究开发领域。

为此应该通过资本市场的资源配置功能,把游离于金融体系之内的大量资金,优先集中地引入实体投资领域,支持发展创新驱动型经济。

（在高层论坛上发言摘要）

推进江苏现代农业建设再上新台阶

南京农业大学教授　周应恒

关键词　高标准农田建设　适度规模经营　经营模式创新

今年中央一号文件深入贯彻十八届三中和四中全会精神,强调全面改革创新,加快推进现代农业的发展。集约、安全、高效与可持续发展是中国特色现代农业发展的基本模式。推动农业发展上台阶,要在坚持基本农田保护红线的基础上,全面推进以高标准良田为基础,粮食干燥储藏设施和经济作物的商品化处理设施为重点的农业基础设施建设;要积极稳妥推进适度规模经营,因地制宜、因时制宜,构建多样化的复合型农业经营组织体系;要优化粮食—经济—饲料作物三元种植结构,创新农业经营模式,推广粮—饲(F—F)组合生产和农区农—牧联营。这就为江苏强农业、富农民、美乡村指明了方向。

第一,全面推进以高标准农田建设为核心、产后干燥、储藏和商品化处理设施建设为重点的农业基础设施建设,提升农业综合生产能力,这是现代农业发展的基础。随着我国经济进入新常态,财政收入也会进入新常态。江苏应加大投入,完善规划与管理,以粮食主产区和基本农田保护区为优先,集中连片,分步推进,坚持不懈,直至达标,尽快提高江苏农业的综合生产能力。要在主产区率先推进粮食作物的干燥储藏设备建设,逐步覆盖基本粮田保护区;以集中区的村镇为单位,推进经济作物的产后分等分级和产后商品化、品牌化建设,实现农产品的优质优价。

第二,积极稳妥推进适度规模经营,积极调整农业结构,培育新型经营主体,促进农业内部一二三产业融合发展,构建多样化的复合型农业经营模式,提升江苏农业的竞争力。江苏人多地少,经营规模细小,具有精耕细作的优良传统;农产品品牌化建设、特色化经营初具规模。在推动有条件的地区发展农业适度规模经营的同时,应立足自身实际情况,通过推动"一村一品、一镇一业"的方式,大力促进农产品加工业和流通商贸业发展,通过走农业内部的一二三产业融合发展(六次产业化)之路,构建复合型农业经营体系,发展一批优势产业,提升江苏农业的附加价值和产业化水平。

第三,加大改革创新力度,积极培育新型经营主体,培训新型职业农民推进农业走出去、提高江苏农业外向化水平和国际竞争力。我国农业市场开放程度高,保护水平低,国际竞争对我国农业影响日益加深。成本驱动和国内支持政策的共同作用,导致国际价格作为"天花板"与高成本形成的国内"地板"的"双挤压",进口增加,农业的价格竞争力弱,国内农业生产长期形成了资源短缺与环境恶化的"双约束"。要使江苏农业再上新台阶,还必须围绕强农业、富农民、美乡村的需要,加快其他各项制度创新。

(在高层论坛上发言摘要)

积极探索江苏生态文明建设有效路径

中国科学院南京地理与湖泊研究所研究员　陈　雯

关键词　生态文明　建设路径　环境治理

产业绿色化发展。优先发展服务业,推动以耗能和污染大的工业经济向服务经济转型。大力发展绿色制造业,促进现有产业,尤其是重化工业升级改造,重点发展节能环保、绿色建筑、高端装备和再制造业等产业。积极发展生态农业,推广生态种养模式。着力完善以企业为主体、市场为导向、产学研紧密结合的技术创新体系,打造创新及人才高地。

生态空间保护。以《江苏省主体功能区规划》划定的禁止开发区域和《江苏省生态红线区域保护规划》划定的生态红线区域为基础,构建形成"两横两纵"的生态保护屏障。加强生态红线保护与建设退让,严格按照生态红线区域的管制要求,实施严格的生态系统保护。科学有序调整绿色空间内与生态系统维护和主体功能导向不符的建设用地,推动生态系统功能恢复。

环境综合整治。大力推进城乡河道治理,持续实施以太湖为代表的湖泊、水库水环境整治工程,控制工业点源、农业面源污染,切实改善水质。着重控制各类大气污染源,运用总量控制、经济激励、区域合作等方式综合治理大气污染,切实降低雾霾、酸雨发生率。积极防治土壤污染,严格控制新增土壤污染。

能源资源集约利用。改变现行的土地利用方式,严格新增建设用地总量控制与计划指标政策,抑制建设用地过快扩张,加速推进"三集中"。建立以水资源总量控制红线与用水效率定额控制红线为核心的水资源利用管理机制,着力提高水资源利用效率。实施能源消费强度和消费总量"双控"制度,优化能源结构,逐步减少煤炭消耗量,重点推进工业领域、公共设施和交通节能。

绿色生活方式推广。按照生态文明建设要求,明确政府、企业、社会组织和个人应该承担的责任,推进生活方式绿色化转型。政府重点监管与民众生活息息相关的领域,保障饮用水、食品和环境等领域。强化企业社会责任感,推行企业环境信用管理制度。充分发挥社会组织的协调监管职能,促进环保社会组织及社会公众依法、理性、有序参与生态保护与环境治理。

生态文明制度建设。转变以经济建设为中心的发展模式和评估机制,把生态文明指标和实绩作为重要考核内容。建立反映市场供求和资源稀缺程度、体现生态价值和代际补偿的资源有偿使用制度和生态补偿制度。强化投入保障,建立"政府引导、市场运作、社会参与"的多元化投入机制。完善产业准入制度,按照主体功能定位的要求,明确各区域产业转型发展的总体方向和主要任务。

(在高层论坛上发言摘要)

第二篇

马克思主义理论、哲学、政治

论习近平关于理想信念思想的创新

黄明理

摘　要　习近平总书记关于理想信念思想的重要创新在于:"革命理想高于天"的论断和"纽扣论",根据时代变迁赋予了理想信念以"总开关"的特殊功能;"精神之钙论"赋予了理想信念以以人为本的价值理念,突出强调理想信念对个体安身立命的意义,使理想信念可亲近;"中国梦"和"洗澡论"赋予了理想信念以大众话语表达,有助于理想信念的大众化传播;"自信论"和"实干论"赋予了理想信念建设以基础和可行之方。

关键词　习近平　理想信念　创新

坚定的理想信念是我党成功的重要秘诀。因此,历届党的领导集体都非常强调理想信念建设。而习近平总书记把理想信念提升到"总开关"和"高于天"的高度,这在我党历史上则是第一次。坚定理想信念是贯穿习近平总书记系列重要讲话精神的一根红线,要深入理解习近平总书记系列重要讲话精神,就需要深入研究他关于理想信念思想的重要创新。

一、"革命理想高于天"、"纽扣论":赋予理想信念以"总开关"的特殊功能

中国共产党人的理想信念就是基于对马克思主义信仰而确立的对中国特色社会主义共同理想(如"中国梦")和共产主义奋斗目标的高度信服与追求。中国共产党的理想信念更是具有超越于其他政党的崇高性、科学性、实践性和人民性等特点和优点,它是我党最重要的精神支柱和成功法宝。因此,它始终为我党所高度重视。然而,在新的历史条

---

* 本文为江苏省社会科学基金重大项目"思想政治教育的内容结构与理论基础研究"(项目编号:14ZD002)的阶段性成果。

件下,中国共产党作为执政党面临着"四大考验"和"四大危机",使得理想信念问题成为解决党员干部诸矛盾中的主要矛盾。习近平总书记关于"革命理想高于天"的重要论断是在新的历史条件下,面对新问题,对理想信念全新功能与作用的创造性发展。

当经济越来越思想文化化的今天,思想文化不再仅仅是经济社会发展的配角,而是渗透与涵盖经济社会发展各领域、各方面并逐渐成为主角和决定性因素。当今的事实一再证明,一个国家即使经济没有崩坏甚至还保持着很高的水平,同样可能因为意识形态出现重大错误而崩溃;一个人即使物质上极其富有,同样也可能感受到极度不幸福甚至选择自我毁灭,这其中的根本原因就在于精神世界出现了问题。这足以说明,思想文化特别是价值观往往具有决定性的导向和引领作用,我们真正进入了一个用概念来思考和生活的时代,思想领导权正在提升为执政党的第一领导权。

坚定的理想信念始终是我们站稳政治立场、抵御各种诱惑的决定性因素。"理想信念动摇是最危险的动摇,理想信念滑坡是最危险的滑坡。"[1]因为,一旦理想信念动摇,内心就不会有任何敬畏,行为就会失去底线。共产党人的理想信念既是抽象的,也是具体的,它在今天的最主要表现样态就是确立属于自己的独立的道德价值信仰。习近平总书记指出:"一个民族、一个人能不能把握自己,很大程度上取决于道德价值。如果我们的人民不能坚持在我国大地上形成和发展起来的道德价值,而是不加区分、盲目地成为西方道德价值的应声虫,那就真正要提出我们的国家和民族会不会失去自己的精神独立性的问题了。如果没有自己的精神独立性,那政治、思想、文化、制度等方面的独立性就会被釜底抽薪。"[2]"釜底抽薪"意味着道德价值观对民族和个人命运的决定性作用。正如习近平总书记在"8·19"讲话中所指出的,一个国家的衰败往往是从精神世界开始的,如果精神防线被攻破了,其他防线很难守住。因此,"必须把意识形态工作的领导权、管理权和话语权牢牢掌握在手中,任何时候都不能旁落,否则就要犯无可挽回的历史性错误"[3]。

二、"精神之钙论":赋予理想信念以以人为本的价值理念

习近平总书记在强调理想信念的重要性时,不仅从国家命运和党

的事业高度,而且特别侧重于从个体角度阐发其重要性:"坚定理想信念,坚守共产党人精神追求,始终是共产党人安身立命的根本。"[4]这里的"共产党人"和"安身立命"都是在强调理想信念对"人"这一具体主体的意义。因为党是抽象的集合,党的理想信念必须具体化为每个党员个体的现实存在才是有根的。"理想信念是共产党人精神上的'钙',理想信念坚定,骨头就硬,没有理想信念,或者理想信念不坚定,精神上就会'缺钙',就会得'软骨病'。"[5]把理想信念比作人体中的重要元素"钙",形象地说明了理想信念对人的精神世界的决定性作用,即左右人的灵魂,激发人的斗志,指导人的行动。同时,它又深刻而全面地概括了理想信念缺失的严重后果:最终"就可能导致政治上变质、经济上贪婪、道德上堕落、生活上腐化"[6]。这是对现实中那些腐败分子共有教训的深刻总结。坚定的理想信念始终是党员干部站稳政治立场、抵御各种诱惑的决定性因素。执政党如果"缺钙"得了"软骨病",必然导致亡党亡国;个人如果"缺钙"得了"软骨病",必然招致身败名裂。

　　习近平总书记的上述论述视角与毛泽东、邓小平等几代领导人就这个问题的论证角度不尽相同,他将理想信念的功能由强调集体利益至上转化到高度关注理想信念对个体安身立命的意义,并将理想信念对个体的意义与对群体的价值有机结合。这一价值取向的转化,鲜明地突出了以人为本的理念,并在这一理念指导下将理想信念与个体切身利益的内在逻辑揭示了出来,使坚定理想信念的动因不再仅停留在国家、民族、党等宏观的和抽象的层面,而是落实到我们每一个人实实在在的生活感受、生命体验和事业前途上来,使得理想信念建设更富有生活气息,更能触动人的情感和灵魂。

　　理想信念不再是空泛的抽象存在,它就存在于我们的实际生活世界里,它与我们每一个人的命运休戚与共,正如习近平总书记在与青年人谈理想信念的价值时所指出:"理想指引人生方向,信念决定事业成败。"[7]理想信念的有无决定着我们每一个人是否能够确立正确的人生方向,事业上能否取得成功,生活上能否获得幸福。概言之,有了坚定的理想信念,我们就能够自觉地开阔眼界和提升境界,从而创造属于我们的幸福世界。

三、"中国梦"、"洗澡论":赋予理想信念以大众话语表达

理想信念作为意识形态性话语本身就具有严肃的政治色彩,唯有将政治话语生活化和大众化,才能使其容易入耳入心。习近平总书记把理想信念的意义形象地比喻为共产党人精神之"钙",这一比喻形象、生动、准确且富有警示性。以"钙"和"软骨病"强调理想信念对人的精神生命的重要性,极其精妙地做到了化抽象为形象、化政治理念为生活常识,以日常生活规律证明政治生活规律,它对人内心的强烈震撼要远胜于哲学的抽象或政治的大道理,相信这一比喻的实际影响也将是深刻而持久的。

习近平总书记在强调理想信念对青年人成长的重要意义时,用扣纽扣来比喻,恰当而寓意深长。扣纽扣是所有中国人都共有的生活内容,即使我们天天都在重复着扣纽扣的活动,也难免出现因为第一个纽扣扣错了而前功尽弃的经历。习近平总书记用这一基于大众生活的最普通的例子来说明青年人确立正确的价值观和树立理想信念的必要性,这一比喻是如此生动、形象而又贴切,仅就这一简单比喻,其说服力便远胜过一打深刻的哲学论证。

国家富强、民族振兴是中华儿女不分阶级、民族的几代人共同的奋斗目标。"中国梦"源于上述目标,但它既是原有政治精英话语的大众化表达,同时又增添了大众的理想诉求。因为未必每人都有振兴中华这一政治觉悟和现实行动,但梦想却是每个人都有的,梦想是我们每一个人行动的动力和精神支柱。虽然不同的人梦想不尽相同,但"中国梦"却在国人有差异的众多梦想中找到了最大的公约数和共鸣点。"中国梦"不仅在用语上贴近人民大众的生活,而且在价值内容上超越了整体利益至上的价值传统,实现了国家利益与人民群众个人利益的相辅相成。因此,"中国梦"是最接人民群众生活地气的当代中国特色社会主义意识形态概念的创新。习近平提出的"洗澡论",也具有异曲同工之妙。

四、"自信论"、"实干论":赋予理想信念建设以可行之方

首先,对中国特色社会主义事业的自信是确立理想信念的现实基

础。理想信念建设只有奠定在坚实的物质基础之上,才有现实的可能性。习近平总书记在"8·19"讲话中自豪地说,今天之中国同新中国成立之前之中国相比,有天壤之别啊,当今世界,要说哪个政党、哪个国家、哪个民族能够自信的话,那中国共产党、中华人民共和国、中华民族是最有理由自信的。这一点,我们理直气壮。

中国特色社会主义的"三个自信"是党员干部坚定理想信念的坚实基础。如果说,过去谈理想信念具有被动防御性,那么,现在谈理想信念便具有积极奋进性。坚定的理想信念既是我国和平崛起的精神支柱,同时也是和平崛起的中国之精神象征。一个缺乏理想信念的党无法领导一个大国走向强盛,强盛的大国一定伴随着精神世界特别是理想信念的强大。从国民生活水平看,绝大多数人已经告别了贫困,过上了小康生活,今非昔比。在逐渐富裕起来之后,精神生活对人的意义越来越重要,精神需要越来越强烈,与此相应,人们对不健康的精神现象越来越反感与忧虑。此时,高度重视理想信念建设恰逢其时,是对人民群众利益诉求的积极回应,必将得到人民群众的拥护和支持。

其次,确立唯物史观是坚定理想信念的根本方法论前提。与其他任何民族和国家相比,我们是最有理由自豪的,也是最理所应当能够坚定共产党人的理想信念的。然而事实上,党员干部却较为普遍地存在着理想信念缺失的状况,这种反常现象的根源是什么?习近平总书记认为:"理想渺茫、信仰动摇,根本的就是历史唯物主义观点不牢固。"[8]他在此揭示了一个看待历史和社会现实的根本方法问题。同样的现实,为何有的人从中得出乐观的、积极的结论,而有的人却得出悲观的、消极的结论,问题就出在世界观和由此决定的思维方法上,如果没有科学的世界观,看问题就会受情绪左右看不清事物本真。不掌握唯物史观这一"大道理",具体事情也不可能做得好,因为思路决定出路,思维水平决定工作水平。同时,不掌握唯物史观这一"大道理",不会唯物辩证地、历史地看待问题,不能用发展的眼光看待事物,也就不可能有开阔的眼界和高尚的境界,甚至会被社会现象甚至是假象所迷惑,被诱惑、假丑恶或暂时的挫折所击垮,进而产生怀疑主义和悲观主义。总之,唯物史观是思维智慧的结晶,有了这一智慧,就能够提高战略思维能力、历史思维能力、辩证思维能力、创新思维能力和底线思维能力。

真学真懂唯物史观,是把握与改造世界以及正确对待工作和人生的看家本领。

再次,坚定理想信念重在做实事和用行动兑现承诺。对于我们每一个人来说,一方面要"敢于有梦、勇于追梦",另一方面又要"勤于圆梦"、"梦在前方,路在脚下",从而真正做到顶天的理想与立地的行动相统一。理想信念毕竟是宏观而抽象的大道理,只有将其落细、落小、落实才能终见成效。新一届中央领导集体在理想信念建设方面的突出特点是用行动说话。他们公开声明,要让人民过上好日子,政府就必须过紧日子。紧随其后的中央"八项规定",首先从中央政治局做起,要求别人做到的自己先要做到,要求别人不做的自己坚决不做。"八项规定"的执行不折不扣,是典型的"大题小做"。事实证明,唯有"大题小做",才能抓得实、抓得牢。

以服务于人民利益为宗旨,是共产党人的本质,也是其理想信念的根本表现。开展党的群众路线教育实践活动,既准确地找到了党员干部理想信念问题上的病灶和病因,又回应了人民群众的热切关注。习近平总书记特别强调,"作风建设永远在路上,永远没有休止符",建立长效机制,决不允许出现一阵风过后就曲终人散,"四风"问题又"涛声依旧"的情况。这消除了关于理想信念建设会不会走过场的疑虑。

在反腐败问题上"无禁区、全覆盖、零容忍"的坚定态度让百姓对党重建自己的纯洁性充满信心。腐败是瓦解理想信念的毒瘤,是影响经济社会发展和国家长治久安的致命风险,坚持"老虎"、"苍蝇"一起打,表达的是决心,更是意志。反腐决不允许存在法外特权,如果"刑不上大夫",至多也只是"杀鸡给猴看",这反而使人们对反腐的决心、诚心与公正性产生怀疑。"老虎"、"苍蝇"一起打是对腐败"零容忍"承诺的兑现,更是赋予了法律以至上尊严和权威。

理想信念并不空泛和玄妙,它就蕴涵在日常工作和生活中,就看我们对工作的态度、对利益矛盾的处理方式以及能否经得起诱惑。所以,习近平总书记强调,坚定理想信念要从做事做人做起,正如他在十八届中央纪委第二次全会上所指出的:"干部廉洁自律的关键在于守住底线。只要能守住做人、处事、用权、交友的底线,就能守住党和人民交给自己的政治责任,守住自己的政治生命线,守住正确的人生价值。"理想信念就体现在做事和做人等细微之处。理想信念的衡量标准可分两个不同的层次,较高层次是看他对人民是否有情感、对工作是否有激情,较低层次是看他是否悲观失望和蜕化变质。

参 考 文 献

[1][5] 国务院新闻办公室会同中央文献研究室、中国外文局.习近平谈治国理政[M].外文出版社,2014:415,414.

[2][3] 中共中央文献研究室.习近平关于全面深化改革论述摘编[M].中央文献出版社,2014:88,86.

[4][7][8] 中共中央文献研究室.十八大以来重要文献选编[M].中央文献出版社,2014:80,278,116.

[6] 中共中央宣传部.习近平系列重要讲话读本[M].学习出版社,2014:159.

(作者单位:河海大学马克思主义学院)

新形势下坚定党员干部理想信念问题探讨*

王同昌

摘 要 坚定党员干部理想信念具有独特价值。当前,一部分党员干部全心全意为人民服务意识淡薄,一部分党员干部贪图私利甚至贪污腐败现象严重,一部分党员干部对中国特色社会主义理论的学习不够重视,一部分党员干部有迷信思想,不信马列信鬼神。在新形势下,要以发挥中国特色社会主义优越性为根本,搞好学习型马克思主义执政党建设,发挥党员干部坚定理想信念的激励作用和惩处其理想信念淡薄的警示作用,改进理想信念的宣传教育方法,增强理想信念教育的实效性。

关键词 中国共产党 党员干部 理想信念

党的十八大报告要求,全党要坚定"道路自信、理论自信、制度自信"。习近平总书记多次强调,理想信念是共产党人精神上的"钙",缺钙就会得软骨病。这都充分说明了理想信念的重要性。在当代中国,坚定理想信念,最根本的就是指坚定对中国特色社会主义的理想信念。党员干部是党的骨干力量,其一言一行无论在党内还是在人民群众中都比普通党员产生更大的能量。本文以党员干部的理想信念为考察重点,对新形势下坚定党员干部的理想信念问题作初步探讨。

一、坚定党员干部理想信念的党内价值

1. 坚定党员干部理想信念是筑牢马克思主义政党根基的本质要求

不同的政党对党员干部理想信念有不同的要求。如果把政党分为意识形态的政党(ideological parties)和选举的政党(electoral parties)两类的话,马克思主义政党属于意识形态的政党,它要求"以与已经建立的一套原则保持一致为支持自己的必要条件",而选举的政党则没有

---

* 本文为江苏省社会科学基金项目(项目编号:14JD005)的阶段性成果。

这方面的要求。因此，党员干部坚定的理想信念是马克思主义政党存在的前提条件。马克思、恩格斯在为共产主义者同盟制定的章程中就明确规定，接受同盟章程是加入同盟的前提条件。后来在无产阶级政党发展史上，列宁领导创建俄国共产党的过程中，也强调党员对党纲的承认，承认党纲实际上就意味着对党纲的信仰。中国共产党在建立和发展的过程中，也一直强调党员要坚定对共产主义的信念，并针对党的实际状况强调用无产阶级思想改造各种非无产阶级思想。从反面来看，如果理想信念崩溃了，马克思主义政党也就失去了根基。苏联东欧共产党失败原因是复杂的，但是理想信念的溃败是其重要原因。正如有学者指出："苏东崩溃首先是信念的崩溃，是抛弃了马克思列宁主义原则和共产党人的理想与信仰。"因此，只有坚定党员干部的理想信念，才能筑牢马克思主义政党的根基，才能永葆马克思主义党的生机与活力，才能使党立于不败之地。

2. 坚定党员干部理想信念是实现党的历史使命的根本保障

中国共产党是中国特色社会主义事业的领导核心，担负着实现中华民族伟大复兴的历史使命。实现党的"两个百年"奋斗目标，最根本的就是要坚定党员干部的理想信念，带领广大党员和人民群众共同奋斗。实践证明，坚定的理想信念是我们党实现奋斗目标的根本保障。邓小平曾经指出："如果我们不是马克思主义者，没有对马克思主义的充分信仰，中国革命就搞不成功，中国现在还会是四分五裂，没有独立，也没有统一。对马克思主义的信仰，是中国革命胜利的一种精神动力。"我国革命之所以能够取得胜利，就是因为我们有坚定的共产主义理想、信念、道德和纪律。在新时期，坚定广大党员干部对中国特色社会主义的理想信念，有助于广大党员把为中国特色社会主义的最高利益而奋斗作为自己言行的出发点。

3. 坚定党员干部理想信念是实现全党团结和谐的有效途径

保持党的团结统一，既是我们党建设的一条基本经验，也是我们党建设的一个重要目标。党的十八大强调："党的集中统一是党的力量所在，是实现经济社会发展、民主团结进步、国家长治久安的根本保证。"如何实现全党的团结统一呢？其有效途径之一就是坚定党员干部理想信念。"要团结就要有共同的理想和坚定的信念。我们过去几十年艰苦奋斗,就是靠用坚定的信念把人民团结起来,为人民自己的利益而奋斗。没有这样的信念,就没有凝聚力。没有这样的信念,就没有一切。"共同的坚定的理想信念是实现党内团结的基础,而理想信念的缺失或者淡化是政党分裂的导火索。20世纪80年代,苏共分裂为三派,也是首先从思想分裂开始的。吸取苏共的经验教训,要实现并加强党员的团结,就必须在坚定党员干部理想信念上下功夫。

二、当前坚定党员干部理想信念面临的问题

1. 一部分党员干部全心全意为人民服务意识淡薄

是否坚持全心全意为人民服务的根本宗旨,是党员干部是否具有坚定理想信念的标准之一。我们党的根本目的是实现好、发展好、维护好最广大人民的根本利益。党章也规定党员领导干部要坚持全心全意为人民服务的根本宗旨。但是,目前一部分党员干部不能严格按照党章的规定要求自己,他们当干部的目的不是为党分忧解愁,不是为人民谋利益,而是为了自己升官发财,为了谋取更多的个人私利,甚至一部分党员干部置党纪国法于不顾,严重损害党员干部的形象。有调查资料显示,有四分之一的党员干部在只有不损害自己利益的情况下才愿意帮助别人,甚至还有个别党员干部选择为了实现自己的目的不惜损害他人的利益。由此可见,一部分党员干部为人民服务的意识是何等淡薄。

2. 一部分党员干部贪图私利甚至贪污腐败现象严重

江泽民曾经指出,一部分领导干部之所以腐化堕落、贪污腐败,就是因为他们缺乏对中国特色社会主义理想的坚定信念。一部分党员干部认为中国特色社会主义不能从根本上改变世界社会主义的命运,对中国特色社会主义到底能够维持多久表示怀疑。因此,在工作中得过且过、贪图享乐。只想着把个人私利最大化,一旦国家有风吹草动,他们就可以首先逃到国外。目前一部分"裸官"的存在,就说明一部分党员干部对中国特色社会主义缺乏信心。一部分党员干部理想信念的缺失,致使我们党反腐倡廉建设面临严重挑战,贪污腐败趋势逐步蔓延。据十七届中央纪律检查委员会向十八大的工作报告显示:"2007年11月至2012年6月,全国纪检监察机关共立案643759件,结案639068件,给予党纪政纪处分668429人。"如此众多的违纪违法案件,反映了

一部分党员干部贪污腐败的严重程度。

3. 一部分党员干部对中国特色社会主义理论的学习不够重视

我们党一直强调党员干部要加强理论学习。为此,从革命战争年代的1933年就建立了中央党校和各级党校,加强对各级领导干部的教育。进入新世纪,我们党又创办了浦东干部学院、延安干部学院、井冈山干部学院等加强对干部的培训。党的十八大提出要建设学习型马克思主义执政党。可见,我们党对学习的重视程度。但是,一部分党员干部对经济、管理、法律、金融、会计等方面知识的学习相对比较重视,而对作为干部重要培训内容的马克思主义基本理论、中国特色社会主义理论体系则相对不够重视。正如有专家指出:"现在有些人,甚至一些干部,缺乏自信,老觉得我们的理论不行,道路不行,制度不行,不如外国。"他们认为,学习中国特色社会主义理论对实践的作用不大,还有部分党员干部认为中国特色社会主义理论与实践脱节很大,学习了理论反而会束缚实践的发展。笔者曾经从某乡镇干部处了解到,现在一部分基层党员干部普遍对理论不感兴趣。一部分党员干部几乎没有读过《邓小平文选》、《江泽民文选》等体现中国特色社会主义理论基本内容的主要书籍。

4. 一部分党员干部有迷信思想,不信马列信鬼神

历史唯物主义原理认为,人民群众是历史的创造者,社会的发展最终是由人民群众推动的。我们讲坚定对马克思主义的信仰、坚定对中国特色社会主义的理想信念,也不是对这种理论的盲目崇拜和迷信,而是因为中国特色社会主义理论正确揭示了在不发达的中国如何建设和发展社会主义的客观规律。在当代中国,只有中国特色社会主义理论能够指导中国人民解决前进中的问题。而当前一部分党员干部缺乏对中国特色社会主义的理想信念,转而信仰宗教、求神拜佛、相信风水看命之类的封建迷信,严重影响了一部分党员干部在人民群众中的形象。

三、坚定党员干部理想信念的对策

1. 以发挥中国特色社会主义优越性为根本,坚定党员干部的理想信念

理想信念的问题,实质上是一个利益问题。人们之所以信仰马克思主义和共产主义,是因为其代表了人类社会发展的未来,能够实现人的全面而自由的发展,能够逐步满足人类多样化的物质文化需求。要想从根本上坚定党员干部对中国特色社会主义的理想信念,最根本要走中国特色社会主义的发展。改革开放以来,我国经济社会平稳较快发展,人民生活水平显著提高,其主要原因就在于我们找到了中国特色社会主义。但是,在中国特色社会主义取得重要成就的同时,我们还面临一些问题,主要包括:"发展中不平衡、不协调、不可持续问题依然突出,城乡区域发展差距和居民收入分配差距依然较大,社会矛盾明显增多,教育、就业、社会保障、医疗、住房、生态环境、食品药品安全、安全生产、社会治安、执法司法等关系群众切身利益的问题较多,部分群众生活比较困难。"这些问题的存在,严重影响了中国特色社会主义优越性的发挥。因此,中国特色社会主义的发展要逐步解决这些问题。只有这些问题逐步得到解决,广大党员干部才能够从根本上坚定对中国特色社会主义的理想信念。

2. 建设学习型马克思主义执政党,通过学习理论而坚定理想信念

坚定的理想信念除了来自实践之外,还来自于学习。没有对中国特色社会主义理论的学习,要建立对中国特色社会主义的理想信念是很难的。建设学习型马克思主义执政党,最根本的内容是学习马克思主义、列宁主义、毛泽东思想和中国特色社会主义理论体系。在当前尤其是要做到以下几点:首先,学习中国特色社会主义理论体系,只有真正懂得了中国特色社会主义产生的时代背景、科学内涵、基本价值等,只有真正了解到中国特色社会主义为中国广大人民群众所必需、所急需,才能够从根本上坚定对中国特色社会主义的理想信念。其次,要学习中国共产党的历史。如果对我们党的历史不了解或者对我们党的历史有错误的认识,是不可能坚定对中国特色社会主义理想信念的。再次,要加强对马克思主义基本理论的学习,尤其是要掌握马克思主义的世界观、人生观和价值观。只有坚定了对马克思主义的理想信念,才能够坚定对中国特色社会主义的理想信念。

3. 发挥党员干部坚定理想信念的激励作用和惩处其理想信念弱化的警示作用

理想信念是主体对客体的认知结果,除了受主客体两个方面的影响,还会受到外界环境的影响,即评价机制的影响。就党员干部的理想信念而言,其坚定的理想信念的形成还受到党组织的影响。如果具有坚定理想信念的党员干部能够受到党组织的认可和表彰,而那些缺乏坚定理想信念的党员干部能够及时受到党组织的批评乃至免去领导职务,就会在党内和社会上形成崇尚坚定理想信念的社会氛围。正如习近平总书记所说:"衡量一名共产党员、一名领导干部是否具有共产主义远大理想,是有客观标准的,那就要看他能否坚持全心全意为人民服务的根本宗旨,能否吃苦在前、享受在后,能否勤奋工作、廉洁奉公,能否为理想而奋不顾身去拼搏、去奋斗、去献出自己的全部精力乃至生命。"因此,应对党员干部的理想信念问题进行一个客观的评价。将那些具有坚定理想信念的党员干部进行表彰,而对那些理想信念不坚定的党员干部进行深入的思想教育,将那些事实上已经缺乏理想信念的党员干部坚决清除出党。同时,还需要改革完善党的干部制度,把理想信念的内容纳入党员干部制度改革之中。在党员干部考核评价和选拔任用方面,把理想信念作为重要的考核指标。尤其要重视群众的参与,就党员干部的理想信念状况进行群众测评,对于群众测评不合格的党员干部不予提拔或者暂缓提拔。

4. 改进理想信念的宣传教育方法,增强理想信念教育的实效性

"党员干部理想信念教育既要从党的需要出发,也要从党员干部自我需要出发,把二者有机结合起来,最大限度地激发党员干部的内在动力。"这就说明,党员干部理想信念宣传教育要从党员干部实际需要出发,满足党员干部的自我需求。在革命过程中,我们党通过系统的宣传教育,普及了马克思主义,增强了党员干部的理想信念。在传统条件下,这种理想信念的宣传教育方法是有效的。但是,随着信息技术以及新媒体的发展,如果不对传统的宣传教育方法进行改进,党员干部理想信念宣传教育的效果就会显得苍白无力。在利用好传统的报纸、电视、杂志、书籍等媒介进行党员理想信念教育的同时,当前应充分利用好新媒体,充分办好党建网站,利用微博、微信等载体进行理想信念的宣传教育,从而增强理想信念教育的实效性。

参 考 文 献

[1] (美)史蒂芬·E.弗兰泽奇.技术年代的政党[M].商务印书馆,2010:8.

[2] 马克思恩格斯全集(第四卷)[M].人民出版社,1958:577.

[3] 黄苇町.苏共亡党十年祭[M].江西高校出版社,2002:219.

[4][5] 邓小平文选(第三卷)[M].人民出版社,1993:63.

[6] 中共河南省委组织部课题组.保持共产党员信仰纯洁性:问题与对策[J].中州学刊,2013(5):15-19.

[7][9] 党的十八大文件汇编[M].党建读物出版社,2012:103.

[8] 孙业礼.担当·定力·规矩——学习习近平系列讲话中的新概念、新韬略[J].党的文献,2014(2):79-86.

[10] 习近平.毫不动摇坚持和发展中国特色社会主义[N].人民日报,2013-1-6(1).

[11] 伍小涛.当前党员干部马克思主义理论素养的调查与分析[J].中国井冈山干部学院学报,2013(2):96-104.

(作者单位:河海大学马克思主义学院)

社会主义核心价值观与青少年的道德自律*

徐萍萍

摘　要　作为道德的本质属性,自律是道德主体的自我主宰、自我控制与自我约束,是个体道德能力的反映。同为公民道德建设的内容,道德自律与社会主义核心价值观的关系表现为:道德自律有助于社会共识的达成,是社会主义核心价值观的应有之义;道德自律所包含的心理因素是个体认同和践行社会主义核心价值观的重要条件。培育和践行社会主义核心价值观需从培养青少年的道德自律入手加强青少年对社会主义核心价值观的认同和践行。

关键词　社会主义核心价值观　道德自律　认同　践行

培育和践行社会主义核心价值观是全社会的共同责任,承载着民族未来和希望的广大青少年更应成为其中的生力军。中共中央办公厅印发的《关于培育和践行社会主义核心价值观的意见》提出,要从小抓起,从学校抓起,把培育和践行社会主义核心价值观融入国民教育全过程。培育和践行社会主义核心价值观需培养青少年的道德自律,这既是社会主义核心价值观的必然要求,也是加强其对社会主义核心价值观的认同与践行的重要动力。

一、道德自律与社会主义核心价值观理念

1. 道德自律与价值共识的达成

一种价值观的提出和弘扬必定与特定的时代政治经济背景尤其是社会道德水平和人们的精神状况密切关联。社会主义核心价值观的提出,既是我国改革开放和社会主义现代化建设的必然要求,又是应对新时期复杂社会形势的客观需要。

---

* 本文为2013年度全国教育规划教育部青年课题"青少年自律道德的发展与培养研究"(项目编号:EEA130384)的阶段性成果。

20世纪80年代后的中国社会的转型带来社会思想领域中的诸多变化。由社会转型带来了新的社会分层,利益主体变得多元化。利益是价值的基础,价值主体和价值诉求也随之变得更加多元。消解价值领域中的混乱状况、克服价值相对主义需要全社会达成价值共识,即形成一种核心价值观。核心价值观的应然是社会共识的"最大公约数"。但这种价值共识如何才能达成呢?现代经验主义的思路是关注以情感为中心的价值生活,以此寻找相对价值中的绝对性,即主体兴趣的社会普遍性。然而不同主体的利益诉求是多样化乃至冲突的,因此共识的达成就不能仅以客观现实为基础,更要通过理性的方式来获得,即诉诸公共理性和道德理性。公共理性以人的自由、平等、正义为基点,以互利双赢、和谐共生和可持续发展为价值取向,通过主体间的沟通、交往、对话、谅解等而达成。[1]道德理性作为一种高级的道德能力,其本质是一种有批判力、有思维的良心。通过公共理性达成关于现代多元良序社会政治生活的价值共识,通过道德理性达成关于人际关系的行为原则与善恶标准的共识。价值冲突的出现不仅源于价值本身的多元,还源于个体普遍放松了道德自律,逐利弃义,将自身利益置于公共利益之上,不审思、检视自己的价值观,不加强对自己行为的道德规约,其结果是每个主体的任性和恣意而为。

2. 道德自律与社会主义核心价值观的内涵

道德的本质在于它的自律性,用康德话来说"自律性是道德的唯一原则"[2],用马克思的话来说"道德的基础是人类精神的自律"[3]。康德认为自律是将客观的道德法则施加于自身的一种能力。它只在道德情境中发挥作用,即只有当主体面对道德难题时,理性才会告诉自己是否要做出被描述为遵从了普遍法则的那种行为,从而证实自己实施了自律性的心理行为。所以自律不是人在某一时刻或下一时刻所拥有的东西,即我们通常所说的美德,而是体现在一个人对自己的心理生活所连续实施的影响之中。道德本质在于自律而非他律,只有在自主自愿的道德践行中才能反映出相应的道德品质。当我们判定一个人道德与否时从来就不是只看其外在的行为表现,而是更注重其行为的发生是否出于真正的道德良知,是否为发自内心且忠实于自我、自主自愿地做出理性、正义的道德选择。

以这一维度来审视社会主义核心价值观所涉及的价值理念，其内涵必定不仅限于具体价值理念的付诸实践，还涉及理念实施主体的一种主观状态，即他是在何种程度上认同并践行这些价值理念：是出于主体自身的利益、迫于外在压力，还是在理性审思基础上形成的共鸣和发自内心的认同与自觉的践行。显然社会主义核心价值观要求的是后者，即各种价值理念应成为公民基于理性之上而自主选择的价值观，成为公民自觉恪守的基本行为准则和道德标准，并体现于公民自由自愿的践行之中。因此，特定的价值理念，如爱国、敬业、诚信、友善等只是作为社会行动的价值导向，而在社会主义核心价值观中同样还包含着对这些理念的获得与践行的要求，即他们应是主体基于道德自律精神来获得、把握和体现的。

二、道德自律与社会主义核心价值观的培育和践行

社会主义核心价值观在本质上是德，既是个人的德，也是一种大德，就是国家的德、社会的德。社会主义核心价值观是当前公民道德建设的重要内容。它在公民道德建设中的地位体现为：为公民道德建设提供了导向、内在支撑，是其中重要的组成部分和升华。公民道德建设要围绕社会主义核心价值观去进行，发挥它的导向、引领、整合、规范以及动员和推动作用。与此同时，道德自律的培养也是公民道德建设的内容。公民道德建设的价值目标是要在广大公民中形成普遍的、完美的道德人格。完美的道德人格必须是自律的道德人格，完美道德人格者必须具有极高的道德自律水平和道德自律能力，必须在道德行为中时刻体现出自主自愿自觉的自律性。因此，社会主义核心价值观和道德自律的关系表现为公民道德建设的内在价值导向与基础目标之间的关系。

不仅社会主义核心价值观理念中蕴涵了对公民道德自律的要求，而且其培育和践行也必须依赖于公民的道德自律。良好的道德修养和自觉的道德实践是培育和践行社会主义价值观的现实基础。从实施渠道上来说，社会主义核心价值观的培育和践行主要通过三个层面的合力作用：从意识形态战略高度着力培育国家层面的社会主义核心价值观、从社会管理创新制度着力培育社会层面的社会主义核心价值观、从

公民道德建设深度着力培育个人层面的社会主义核心价值观。这其中个人层面的道德教育和价值培养又是最基本的。因为无论哪个层面的社会道德水平的提高都是建立在公民个体道德水平提高的基础上的——只要通过道德教育提高公民对个体层面的"爱国、敬业、诚信、友善"的价值观的认同,继而才能有效地把国家、社会层面的价值观与人们日常行为规范连接起来,使其融入社会生活并内化为公民的道德意识和道德信念,从增强其对国家层面的"自由、平等、公正、法治"价值取向和社会层面的"富强、民主、文明、和谐"价值观的心理认同,并有力地凝聚社会共识。

道德自律不仅在途径上是培育和践行社会主义核心价值观的基础,而且从社会主义核心价值观的培育所涉及的心理过程来看,道德自律也有助于主体对社会主义核心价值观的认同和践行。

道德自律者具有理性反思的能力。正如赫斯特所说:"自律的运用是为了理性,也受限于理性。"[4]道德自律者能运用原则理智地反思和评判各种价值观念,并由此形成和确立自己的价值观点。只有通过深思熟虑的价值观才能得到主体最大的坚定和认同。

道德自律者是自我主宰者与为自己立法者。当他恪守和认同价值观时,他并非盲从这些准则。他在计划采取一个行动时,必先问自己是否与自己持守的价值标准相一致,是否愿意让这一标准普遍化。基于自身的价值准则和自我决定来采取行动,也就是使自己成为道德上负责任的人,获得道德上的主体性。

自律通常与自制、正直、勇敢、节制、坚持等意志品质相伴随。道德自律者必定是一位具有坚定意志的人。他能在行为中抵制各种不良偏好或情绪的左右,摆脱外在的不利因素或限制。顽强的意志力使他能够严格地自我约束,并使自己成为某一价值观的坚定的维护者。

上述三点实际上是基于彼得斯所说的道德自律的三个因素:可靠性、理性反思和意志力。也即是三种道德的功能,即自我立法、自我司法和自我行政功能。[5]这些因素也是个体认同和践行社会主义核心价值观的重要心理条件。

三、通过道德自律,加强对青少年的社会主义核心价值观教育

社会主义核心价值观之中包含了道德自律的理念,而道德上的自律又有助于公民对核心价值观的认同和践行。因此,在对公民进行社会主义核心价值观教育的同时,也必须注重对公民道德自律能力的培养,尤其是要培养青少年的道德自律,使之在培育和践行社会主义核心价值观中承担起生力军的作用。那么如何通过培养青少年的道德自律来进行社会主义核心价值观教育?笔者认为应从以下方面入手来加强青少年对当前倡导的社会主义核心价值观的认同与践行:

其一,确立青少年的道德自主性,促进其自觉的道德养成,以主动内化社会主义核心价值观。借用奥尔波特的自我理论来看,更高道德自律水平的个体必定是具有主动性、自主性的个体,因为道德的发展也是广义的自我发展的一个方面。因此,要确保青少年对社会主义核心价值观的接纳和内化必须从加强青少年的道德主体性意识入手,确立其在道德活动中的自主性,使其具有充分的意志自由,使其在认识到社会历史条件和道德必然性的前提下自然地做出选择,接纳并认同社会主义核心价值观。

其二,培养青少年的道德反思、判断能力,提高其道德认知水平,以深刻认同社会主义核心价值观。道德认知发展理论认为道德的核心是思维,道德的发展在本质上也是认知的。皮亚杰认为自律道德的特点之一在于主观责任感而非客观责任感,即道德判断的重点是行为的意向而非结果,这是个体道德认知水平提高的表现。[6]科尔伯格则更明确地指出阶段或者水平的概念都是涉及道德判断或推理的结构的。社会主义核心价值观的培育,特别需要增强人们的价值判断力。虽然它是关于真善美的价值观,是引导人们辨别什么是真善美、什么是假恶丑,从而做到常修善德、常怀善念、常做善举的价值观,但能否选择并认同这种价值观则取决于个体的道德理解、道德判断和道德反思能力。只有提高青少年的道德认知能力和认知水平,才能使其在不同价值观的冲击中做出正确选择。

第三,培养青少年的道德意志品格,加强对行为的自我约束和自我控制,以坚定拥护社会主义核心价值观。彼得斯将与道德自律相关的品格分为四类:一是作为特定的社会规则的内化的美德,比如守时、整

洁；二是作为行为动机的美德，如同情心；三是比较人为化的美德，比如正义、忍耐；四是自我控制类型的美德，比如个人的努力、决心等，这也是"更高层次的美德"[7]。道德自律尤其意指主体的自控性，即主体出于对善的目的的追求而主动地对不符合社会道德要求的动机和行为进行的自我控制。倘若缺少自控的意志品格，就难以将社会主义核心价值观坚定地拥护和一以贯之地坚持下去。因此只有形成良好的道德品格和坚定的道德信念，当代青少年才能抵御诱惑，才能成为社会主义核心价值观的坚定拥护者。

第四，培养青少年的道德担当和责任意识，激励其积极的道德行动，以自觉践行社会主义核心价值观。道德自律包含了对于行为的自律，"士不可以不弘毅，任重而道远"。坚忍自律乃是为了心系天下，以弘扬仁道为己任，至死方休。所以不能坐而论道，只说不做，关键是要落实到行动中。对当代青少年来说，这种道就是社会主义核心价值观。道德实践活动既能提高青少年的思想道德素质，增强他们对核心价值观的认同，又为培育社会主义核心价值观营造了良好的伦理环境。而作为当代青少年，要自觉承担起传播和践行社会主义核心价值观的生力军的角色，肩负起时代所赋予的道德使命，时刻以自己的言行来体现和彰显社会主义核心价值观，并以此促进良好社会风尚的形成。

青少年正处于道德自律发展的关键时期，皮亚杰认为自律道德的出现始于11~12岁，科尔伯格证实整个青年期都是自律道德发展的重要时期。与此同时，青少年又处在价值观的形成与确立的关键时期。道德自律与青少年价值观发展的同步性以及两者之间密切的关联使得我们看到对青少年的道德自律的培养不仅要与对其社会主义的核心价值观教育同步开展，而且应该以培养道德自律为契机，促进其对社会主义核心价值观的认同和践行。

参 考 文 献

[1] 周玉国,石曲.公共理性与和谐社会[J].安徽大学学报(哲学与社会科学版),2009(1):31-34.

[2] (德)康德.道德形而上学原理[M].苗力田译.上海人民出版社,1986:62.

[3] 中共中央马克思恩格斯列宁斯大林著作编译局.马克思恩格斯全集(第一卷)[M].

人民出版社,1995:15.

[4] P. H. Hirst. Moral education in a secular society[M]. University of London Press, 1974:61.

[5][7] (英)彼得斯.道德发展与道德教育[M].邬冬星译.浙江教育出版社,2000:47,225.

[6] (瑞士)皮亚杰.儿童的道德判断[M].陆有铨译.山东教育出版社,1984:486.

(作者单位:南京信息工程大学马克思主义学院)

证成与反驳：公民服从的政治哲学追问*

唐慧玲

摘　要　公民服从指的是公民基于内在意愿或外在约束而表现出的与某种政治权威要求相符的行为。同意理论、公平原则以及自然责任理论对公民服从的政治义务进行了理论证成，三种理论的解释和纷争使得人们对公民服从的思考更加深入。

关键词　公民服从　同意　公平　自然责任

公民服从指的是公民基于内在意愿或外在约束而表现出的与某种政治权威要求相符的行为。一个公民基于何种理由承担起一个国家的权利义务关系才是正当的？同意理论、公平原则和自然责任理论分别从不同路径对公民服从进行了政治哲学的追问。

一、同意理论与公民服从

简单而言，同意理论是指所有那些主张公民的政治义务建立在审慎思虑后的个人自愿行为基础上的理论。典型的同意理论在推导其立场时主要涉及四个核心命题：人生而平等自由、同意的目的在于自我保护、服从是同意的结果、国家是为其公民利益服务的工具。[1]这个理论因其对个人选择和信仰的充分尊重赢得人们的广泛认同。它告诉我们，生于一个政治共同体既不是人们所采取的行动，也不是人们所做决定的结果，因此这一事实不应成为约束人们自由的天然条件，也不应该成为人们受所在共同体之政府管束的理由。只有这个政府本身是人们愿意接受的，人们才会因此而承担起支持或服从政府法令的义务。政治义务不能继承，不能在不知情的情形下强加，其唯一的基础只能是深思熟虑后的主动承担。[2]

---

* 本文为国家社会科学基金青年项目（项目编号：13CZZ019）、教育部人文社科基金青年项目（项目编号：12YJC810022）的阶段性成果。

同意理论在现代政治理论中占有中心地位,然而它并非至善至美,其内在的理论困境同样也是明显的。

1. 历史性同意

休谟认为,政治共同体第一代成员的同意成为该国后来所有公民政治义务的来源这一点是令人质疑的。从社会现实看,关于某个国家起源于臣民同意的历史证据几乎是不存在的,因为当该国的臣民一出生时便发现自己实际上不得不去服从某个已经存在的权威,就算真的存在那样的"原始契约",它距离现代社会也是相当遥远以至无人能知晓的,除非能够证明"这种祖辈的同意对于其子孙、甚至对于最遥远的后代仍有约束力"[3],否则它对现代社会成员的约束力是无法证明的。

为了摆脱同意理论对难以证明甚至有些虚无缥缈的"原始契约"的依赖,洛克从"历史性同意"转向"个人同意",把每个公民个体的同意视为特定政治义务产生的前提条件,从而使公民服从义务变得更加真实可信。然而,将义务来源建立在每个公民个体同意的基础上首先需要面对的便是人口的代际更替难题,因为"这一代人一旦离开活动舞台,另一代人接着就上来;新上来的一代,假若他们有选择政府的能力(可惜人类的情况肯定不是这样的),就能自愿地经过普遍的同意建立自己文明的政体,丝毫不必考虑那些在前代人中流行的法律或先例"[4]。这必将带来社会政治秩序的频繁动荡,不利于政治的稳定和国家的长治久安。

2. 多数同意

经典的同意理论家通常认为,政府的合法性建立在被统治者的同意之上。这样一来,政府合法与否就转而依托于单个公民拒绝同意的可能性上。如果真有一位公民拒绝同意政府的权威,并因此使得他的政府变得非法,那么其他那些同意政府权威的个人,也没有服从的义务。这种情况的出现违背了同意理论家的初衷,于是他们纷纷采用"多数同意"来加以修正。[5]多数同意的学说避免了需经全体同意的结果,为把政府的合法性建立在同意基础之上提供了一个路径。

关于多数同意的问题,萨拜因也揭示了其内在的问题。第一,如果一个个人的权利真的是不可取消的,那么对他来说,这种权利被多数人剥夺就与被某个暴君剥夺并无区别。第二,我们也没有任何可靠的理由可以认为,一个个人主义者仅仅因为不同意他观点的是多数人就应当放弃他私人的判断。第三,如果"公众"或"社会"真的有它自己的整体品格,那么我们也没有先验的理由可以认为,它的决定必须始终由数量上的多数人做出。早先各种关于人民主权的理论一般都认为,一个社会的"优势一方"既可以用数量来衡量,也可以用质量来衡量。一般来讲,多数之治的原则并不具有洛克所说的那么鲜明的有效性。[6]

3. 默认同意

一个人同意受制于某个政府的充分表示形式是什么呢?洛克提出了"明白的同意"和"默认的同意"两种形式。前者很容易理解,那么什么是"默认的同意"呢?洛克提出:"事实上,只要身在那个政府的领土范围以内,就构成某种程度的默认。"[7]

默认同意的观点引发了无数争议。首先,古往今来大部分社会成员很少对国家权威真正明确表示过同意,虽然也没有明确表示不同意,但通常他们很少关注国家权威。洛克通过"默认同意"情境的设置,将沉默的大多数自然纳入到同意理论中,并使其承担起了自己的政治义务。对此皮特金强调说,洛克把同意的内涵扩大到"几乎无法辨认"的地步,这样就使公民的同意实际变得不由自主了。其次,居住地成为默许同意的象征信号,居留行为便构成同意这一论点也很难成立。对此,休谟最早进行了质疑和批判,在他看来居住地永远都不能构成对政府统治的默许,因为诸多的革命者、间谍、无政府主义者、流氓团伙和逃犯都有可能居住在这个国家中,如果说这些人也同意——即便是默许——他们所积极反对的政府的统治,那显然是荒唐的。[8]同时,如果表示不同意的方式是不合理的,或者很难做到,或者不同意的结果对于表态者来说是极端不利的,那么沉默或者不作为不能被看成同意的信号。因为只有当人们拥有充分的在国家间自由迁徙的权利时,默认同意才能真正对人们有意义。

4. 同意的限度

事实上,同意理论家们也承认个人同意之神圣性是有限度的。例如霍布斯就认为,当主权者的命令不能防卫臣民的身体时,臣民就可以不服从。因为"不防卫自己的身体的信约是无效的"[9]。这里面实际上隐含着同意理论家论证思路上的一个难题。一方面,同意理论家对个人决定表现出极大的尊崇,但神圣不可剥夺的权利主张却对这种尊崇构成牵扯。因为我放弃一项权利并不必然意味着它会被用来反对我。但是,同意理论不允许任何人的命运一出生就自动受到任何国家支配的主要动因,乃是因为即使是在一个以公民的利益为唯一宗旨的理想国度,也没有人可以决定别人的利益是什么,它唯一的宗旨就是公民的利益。[10]

以上几点是同意理论在证成公民服从义务时存在的主要理论困境。在对同意理论进行反思的过程中,理论家们提出了证明政治义务的另外一条路径——公平原则。

二、公平原则与公民服从

1. 公平原则的提出

公平原则最初是由哈特在20世纪50年代发表的论文中提出的。他指出:"如果一些人根据某些规则从事某种共同事业,并由此而限制了他们的自由,那么那些根据要求服从了这种限制的人就有权利要求那些因他们的服从而受益的人做出同样的服从。"[11]这一观点通常被人们称之为"相互限制"原则。

哈特的相互限制原则看似公平但内含诸多问题。首先,它在义务的分担上没有尊重承担人的个人意愿。如果某一公民不是出于提升其他公民的特殊福祉,仅仅是为实现其个人利益,而强行将获取利益的义务负担分摊给其他公民。在这种情况下,其他公民是不会情愿承担义务的,更不会对摊派者表示感谢。其次,如果合作事业所产生的利益或者利益的负担在分配上是不公平的,政治义务的证成也很难成立。我们如何才能判定一个人从合作所带来的公共产品当中得到了充分利益?在任何一项合作计划中,人们的价值目标可能并不相同,比如:"住在豪宅里的衮衮诸公会比住在贫民窟里的芸芸众生更在意空气污染;既得利益者总是比既失利益者更关心眼前的秩序。"[12]如果一个人拒不承认或不相信他从某项合作计划中获得了利益,事实上我们就很难证明他是那个合作计划的受益者。

为了摆脱哈特相互限制原则所引发的各种异议,罗尔斯加入了一些新元素,他提出至少在一个像我们这样的社会中,有一种服从法律的道德义务,这种义务是由某种普遍的正义原则或社会效用原则支撑和决定的[13],并在此基础上提出了公平游戏原则。这一原则的主要内容是:"当一些人根据规范参加了一种互利的合作冒险,就以产生对所有人的利益的必要方式限制了他的自由,那些服从这些约束的人们就有权要求那些从他们的服从得利的人有一同样的服从。我们不做我们的公平的一份工作就不应当从他人的合作劳动中得益。两个正义原则确定了属于社会基本结构的制度中的公平份额。所以,如果这些安排是正义的,那么当所有人都履行他的职责时,人人都有一份公平的工作。"[14]

罗尔斯的公平原则有助于我们解释为什么人们会负有一种他们完全看不到的公平游戏义务。"在现代世界的庞大国家中,政府似乎往往是一种遥远而陌生的力量,很难想象为什么我们身边的陌生人可以很好地成为我们合作事业中的伙伴。公平游戏原则向我们揭示了这一点,也揭示了为什么我们对他们负有义务——包括对他们所负的、遵守法律的义务——也有针对他们的权利。"[15]

2. 诺齐克对公平原则的质疑

对公平原则最著名的反驳是由诺齐克提出的,他通过具体的事例指出了这一原则与公民自由之间的内在矛盾。

> 现假设你的邻人(共 364 个成年人)确定了一种公开演讲制度,并决定创立一种公共娱乐制度,他们公布了一个名单,包括你在内,每人一天。一个人在指定给他的那天(人们可以容易地调换日期)去照管公开演讲会,在那里放唱片、发布新闻、讲他听到的逗人故事,等等。在过去了 138 天,每一天每个当班人都履行了他的职责以后,轮到了分配给你的那一天,你有义务去值你的班吗?你已经从它受益了,偶尔打开窗子倾听和欣赏某些音乐,或者因某人的滑稽故事感到开心。其他人都已经尽力了,而当轮到你这样做时,你必须响应这个号召吗?[16]

第一,诺齐克认为尽管你从这种公开演讲制度中获益了,但是你还是可以不必逼迫自己一定去完成那些指派给你的任务。第二,即使一个人从他人行为中的收益大于他本人履行义务的付出,公平原则还不具有足够的说服力。比如,"你所得的利益可能只与你所付的代价相等,而其他人却可能从这一制度中获得比你多得多的利益"[17]。第三,即使一个人在合作计划中的收益与他本人的付出相当,他仍有可能反对公平原则。因为也许你可能有另一套行动计划,可是如果你参与了指派给你的合作计划,那就只能放弃你个人所想的那套方案。

公平原则最根本性的问题在于它对个人自由的侵犯。"不管一个人的目的是什么,他不可能如此行动:先给人们利益,然后要求(或强取)偿付。任何一个群体也不能做这种事。"[18]也许人们根本不在乎被赋予的利益,更不愿因此而承担义务。

3. 克洛斯科对公平原则的调整与修正

针对罗尔斯的公平游戏原则,克洛斯科尝试着把公平原则发展成一套成熟的政治义务理论。他认为:"服从法律的义务根植于政府所提供的、也是我们不可或缺的公共产品(public goods)。政府最主要的作用就是提供安全,主要是国防、法律与秩序,这些东西是可接受的生活其他所有方面的前提条件。因为这些利益依赖于大量公民的合作,任何一个人从道德上说也必须参与合作,除非他与其他人之间存在着具有道德意义的差异。"[19]

克洛斯科理论的一个特色在于提出了"可排他性益品和不可排他性益品"之分,当然这种划分不是绝对的,而只是大体上的。一般而言,公共产品是不可排他性的。在他看来,公平原则对于提供可排他性益品的合作计划是非常适合的,但如何用它来证明不可排他性益品合作计划呢?实际上在这种情况下,作为受益者的个人未必是自愿的,这种受益对他来说,也未必是必需的,所以在这种情况下,如果强迫他去履行相关义务,他从心里可能不太认同,甚至会觉得比较委屈。因此罗尔斯的公平原则只是将它限定在可排他性计划的运用方面。人们也将这种主张称之为"限制性论证"[20]。

其实,现实生活中有很多情况是不能用公平原则来衡量的。特别对那些保家卫国的爱国将士而言,他们往往承受了比普通百姓大得多的危险,却没有多得任何好处,公平原则在他们身上是得不到解释的。其实公民在履行政治义务时未必总是建立在对利害得失和他人意向行为的计算上,在国家危急关头人们根本没有那么多的时间去进行比较和计算,起支配作用的往往是个人对国家的责任感和义务感,而这些才是政治共同体得以不断巩固的重要基石。

三、自然责任与服从

1. 罗尔斯论自然责任

实际上,公平原则似乎只适用于公共部门的工作人员,无论怎么修正,它都有一些无法摆脱的困难,于是罗尔斯在公平原则的基础上提出了自然责任原则。他认为支持和发展正义制度是每个人的自然义务。当正义制度存在并适用于我们时,我们必须服从正义制度并在其中尽我们的一份职责;当正义制度不存在时,我们必须帮助建立正义制度,至少在对我们来说代价不很大就能做到这一点的时候要如此。只要社会基本结构是正义的,那么每个人就都有一种去做要求他做的事情的自然义务。[21]

对这个自然责任义务的承认主要出于两方面的原因。首先,人在社会中安全感和相关利益的获得依赖于人们相互之间的尊重。如果社会成员都能履行相互尊重的自然义务,那么每个人都将在这种社会氛围中获益,而且这种获益所需付出的代价是较小的。其次,如果社会成员的相互尊重和帮助已成为一种公开知识,那么它将会创造出更大的社会价值。也就是说,自然责任原则的主要价值不是通过我们接受的帮助或实际受益来衡量的,而是根据我们对其他人善良意向的信任感和他人将在我们需要时给予帮助的公开知识体现的。[22]

2. 对自然责任理论的反驳

罗尔斯的这种论证是否充分呢?首先,对不正义法律的容忍会出现多种结果。一方面,既定社会秩序得以继续维持下去,政治统治的权威得以延续,社会成员基于不公正感的反抗行为被从心理和制度上拒绝,社会表现出相当的稳定性。但另一方面,如何保证这种不正义不是故意的?公然主张不正义是不可避免的,会成为更多不正义的借口,从而引发更不正义的法律、政策和制度。

其次,自然责任原则没能对个人忠顺具体社会的特殊性进行解释。它把服从要求仅仅建立在法律与政治制度的性质基础之上,"只要我的国家的政府是正义的,我就应当支持并服从它。但究竟是什么东西使它成为我的国家呢？我们大多数人都认为这是政治义务的一个重要方面，因为我们并不认为自己应当支持并服从任何一个正义的政府。这种反对意见认为，自然责任理论并不能解释'我的国家'在这方面所具有的道德力量"[23]。

再次，自然责任原则没有解释某一具体制度是如何成为个人应该服从并支持的制度的。"它认为在大多数情况下，社会中都存在一种'应用于我们'的制度结构，如果它是正义的，我们就有责任支持它。但是一个制度'应用于'一人这种观念需要解释清楚。制度仅仅声称要处理一个人的情况和要求，它就'应用于'他了吗？如果答案是肯定的，那就会有各种各样'应用于'他的制度。"[24]也就是说，罗尔斯的理论对政治与法律制度存在方式的解释并不充分。

同意理论、公平原则和自然责任理论是证成公民服从政治义务的三种主要学说，通过分析我们发现，任何一种理论都存在一定的局限性。虽然这三种义务论未能从根本上解决公民服从的问题，但并不意味着这个问题将被消解。种种尝试表明，除了同意理论、公平原则和自然责任理论的理性论证外，我们还可以从其他视角来看待和研究这一问题，或许我们也将因此而找到新的、更成功的论证策略。

参 考 文 献

[1][2][5][8][10] （美）西蒙斯.道德原则与政治义务[M].郭为桂,李艳丽译.江苏人民出版社,2009:57—63,65,65—66,88—89,62—63.

[3][4] （英）休谟.休谟政治论文选[M].张若衡译.商务印书馆,2010:123,129.

[6][15] （美）乔治·萨拜因.政治学说史(下卷)[M].邓正来译.上海人民出版社,2010:219—220.

[7] （英）洛克.政府论[M].叶启芳,瞿菊农译.商务印书馆,1964:下篇.

[9] （英）霍布斯·利维坦[M].黎思复,黎廷弼译.商务印书馆,1985:169.

[11] （美）理查德·阿尼森.公平原则与搭便车问题[M]//政治义务:证成与反驳.毛兴贵译.江苏人民出版社,2007:66.

[12] 程炼.公平游戏与政治义务[M]//哲学门(第一卷第一册).湖北教育出版社,2000:141.

[13] （美）罗尔斯.法律义务与公平游戏责任[M]//政治义务:证成与反驳.毛兴贵译.江苏人民出版社,2007:55.

[14][21][22] (美)罗尔斯.正义论[M].何怀宏等译.中国社会科学出版社,1988:106－107,333－334,338－339.

[16][17][18] (美)罗伯特·诺齐克.无政府、国家与乌托邦[M].何怀宏等译.中国社会科学出版社,1991:99,100,101.

[19][20] (美)乔治·克洛斯科.公平原则与政治义务[M].毛兴贵译.江苏人民出版社,2009:1－2,20.

[23][24] (美)沃尔德伦.特殊束缚与自然责任[M].//政治义务:证成与反驳.毛兴贵译.江苏人民出版社,2007:151,152.

(作者单位:扬州大学马克思主义学院)

思维方式和实践方式的差异、矛盾与和谐*

刘国章

摘要 要实现社会的可持续发展,要满足人们希望和平、有序、持续稳定与和谐的社会生活需要,思维方式与实践方式就成为关键。为此,严格遵循马克思揭示的"一定要适合"的客面规律,以及现代系统科学所揭示的"差异协同"规律,在理性自觉的层面形成能动的适合意识,并用适合的说法和做法,从事相关的活动,进而形成有序、和谐、稳定的社会生活氛围,从而避免和化解矛盾,实现社会文明进步的可持续发展。

关键词 辩证关系思维 思维方式 实践方式 不适合 适合

一、思维方式与实践方式的差异统一

思维方式实际就是人们认知、理解和把握客观事物,以及在思维领域如何改变客观事物的规划、设计和可操作程序的建构方法和观念上的运作程序。而实践方式就是指实际改变客观事物的运作方法和程序,是改造性思维活动的结果,即规划、设计、安排和可操作程序从理性精神的形式和内容到感性物质的形式和内容的转化。

在认识活动过程中,人的认知性思维活动就表现为对客观事物的认识,从片面到全面;从外部表现到内部耗散结构;从事物与环境之间的相互作用,到事物内部不同部分之间的相互作用,到事物自身纵向的展开过程不同现象、不同阶段的理解和把握。为了使这样的认知性思维活动能够不断地深入和持续并受到检验,就必须借助相应认知性实践活动的参与。这些实践活动形式在认识自然事物的领域,就是科学实验和科学考察;在认识社会事物的领域,就是社会调查和社会考古。四种具有认知性质的现代实践形式与认知性思维活动共同构成对自然

---

* 本文为江苏省社会科学基金项目(项目编号:12ZXA001)、江苏省高校哲学社会科学基金资助项目(项目编号:2011SJB720009)的阶段性成果之一。

和社会及人本身的认识及其成果——自然科学和社会人文科学的基础理论。

首先,在认识自然事物的过程中,认知性思维必须借助于科学实验和科学考察,认识、理解和把握自然事物的现实和历史,从而不断超越感性直观的局限,进而上升到理性的高度,理解和把握自然事物,并在这一过程中不断接受科学实验和科学考察的检验,联系实践的成果,验证认识是否符合客观事物的本质和变化规律,从而把握和揭示自然事物的真理,最终达到认识自然事物的目的。

其次,在认识社会事物的过程中,认知性思维必须借助于社会调查和社会考古,认识、理解和把握社会事物的现实和历史,进而不断地突破感性直观的局限,并上升到理性的高度,认识、理解和把握社会事物,并在这一过程中不断接受社会调查和社会考古的检验,验证认识是否符合社会事物的本质和变化规律,从而把握和揭示社会事物的真理,最终达到认识社会事物的目的。

而思维活动的认识过程及结果,通过对客观事物的真假判断、价值判断和价值选择而完成,并为人的改造活动奠定理性认知的基础,进而展开实践理性思维活动的过程,经过符合客观规律的科学规划、设计、安排和可操作程序的建构而完成。

其一,在实际改造自然事物之前,必须依据认识自然事物的科学成果,进行科学的规划、设计和安排,以及可操作程序的建构,并按照自然规律和人实现真善美的价值要求,把体现真善美的规划、设计和安排付诸实际的改造性实践,使自然物在低水平上适合人的物质生活需要,改变为在高水平上适合人的物质生活的需要,同时确证规划、设计、安排的有效、科学、合理,以及真善美的价值属性。

其二,在改造社会事物的领域,就是要依据认识社会事物的科学成果,按照人们实现平等公正、公平正义、民主法治、社会和谐的价值追求,符合规律地对社会、群体和个体的发展,进行科学的规划、设计、安排,以及可操作程序的建构,并使不同层次的规划、设计和安排系统化地连接起来,以这样的系统化的,具有现代科学合理性的,承载平等公正、公平正义与社会和谐价值的实践理性的思维成果,通过实际改造社会的实践,把不适合社会可持续和谐发展的社会关系,改变为适合可持续和谐发展的社会关系,并对体现公平正义的法律法规加以维护和巩固,最终使以强凌弱、强制适合的自然法则的阴影,逐步在现代民主法治的社会氛围中消失,充分展现社会主义价值体系的先进性和社会主义制度的优越性。

其三,实践方式没有思维方式的配合与参与,就不是人的实践;思维方式,没有实践方式的配合与参与,就不能展现出人的理性精神力量。有了人的理性精神力量,人才真正地强大起来,并能够成为自然的主体。

二、矛盾、和谐与思维方式的关系

要解决平时思想观点上的对立和矛盾,根本的是要解决思维方式上的不同和思维能力的差距,以及思维方式在运作过程中如何避免矛盾的发生或解决已经发生的矛盾,使得观点差异而不发生矛盾,又能够形成共识,就成为思维方式上需要解决的重要问题。

首先,为了避免思想意识和价值意识上的排斥、对立和矛盾,就要尽可能地做到全面地认识事物,整体和系统地理解、把握事物的本质和变化规律,也就是全面、整体和系统地把握事物与环境的关系,事物内部不同部分之间的关系,以及事物自身展开过程不同现象、阶段之间的关系。要具有这样的思维能力,就必须接受现代系统化的社会教育,要在学习过程中理解和掌握科学知识及其揭示的客观规律,更要在学习过程中学会独立地思考问题、发现问题、分析问题、准确地判断和解决问题,并通过学习马克思关于"一定要适合"的社会发展理论,以及现代系统科学和哲学所揭示的客观规律及其理论,逐步形成全面、整体和系统地认识、理解和把握事物的辩证系统思维方式。在这样的思维高度和境界来看待和理解"差异、不同、差别和差距",就能够有效地建构适合的沟通和交流方法,从而避免由于观点的差异而形成排斥、对立和矛盾的结果,进而在尽可能短的时间内沟通、交流和形成共识,达到提升思想和价值意识水平的目的。

其次,为了在尽可能短的时间内化解由于思想观点和价值意识的差异和不同而已经形成的矛盾,就必须在辩证系统思维的高度上来理解和分析矛盾的形成,是在层次上的,或是角度上的,或是结构上的,或是部分的,或是局部的,或是整体的,只要没有达到系统的高度,前述几个方面都容易形成排斥、对立和矛盾的状况。所以,上升到系统的高度理解矛盾是首要的;其二,调整层次、角度、结构、部分、局部上的不适合是必需的,缩小认识上的差距是必要的;其三,用辩证系统思维超越并取代传统思维是绝对的。以此为前提,形成适合的对话、沟通、交流和以理服人的系统方法,思想和价值意识上的分歧和矛盾就能够容易化解,转而形成思想和价值意识上的合力,在思想境界上共同提升,共同进步,为形成和谐的生活与和谐的社会贡献力量。

再次,人的思想意识上的分歧和矛盾,最终都要落脚到价值意识上,才具有实际的意义。而实际行为或实践方式的差异,加上不适合相互作用所引发的矛盾冲突,内含的就是价值意识上的排斥、对立和矛盾。所以,避免和化解思想意识上的矛盾,更为重要的是要化解价值意识上的矛盾。要做到这些,最为关键的是形成以"适合意识"为内核的辩证系统思维方式。在认知领域,必须借助相应实践形式的参与,用系统思维全面、整体和系统地认识、理解和把握事物,并做出正确的真假判断,依此就能做出正确的价值判断,进而才会有正确的价值选择。后续才会有科学合理的规划、设计与安排,以及可操作程序的建构,由此也才能有适合自己、适合他人、适合社会、适合自然环境的实践方式及结果。所以,差异、适合、协同、协调、和谐,正是辩证系统思维方式展现和谐的内在本质。而差异、不适合、排斥、对立、矛盾、不和谐,正是传统思维方式展现矛盾的内在本质。

最后,在辩证系统思维方式下,自觉、理性地形成能动的系统化的适合意识,是形成思想、情感和谐关系的根本,也是形成实践过程及结果给社会带来和谐的根本。因为有能动的适合意识,才可能有自觉、理性适合的实践方式。同时,能动的适合意识也是避免矛盾和化解矛盾的依据和保障,更是适合意识使得差异和不同、差别和差距所形成的合力成为避免矛盾和化解矛盾的强大精神力量。这样的力量是正义的化身、和平的使者、和谐的创造者,并承载着平等公正、公平正义和自由与博爱的人类价值。

所以,人与人之间存在方方面面的差异都不可怕,真正可怕的是没有适合的方法实现顺畅的沟通、交换和流动。更可怕的是,没有思想、情感和信息的顺畅沟通、交换和流动这一属于人的精神生活范畴的利益流动有序进行,物质生活范畴的利益流动也会随之而不时地中断,而导致整个社会生活的无序。因此,在思维活动领域,思维方式是展现差异和谐,或是差异矛盾,最终都要通过实践方式及其结果展现出来。展现差异矛盾,社会生活就难以和谐稳定。展现差异和谐,社会和谐稳定就成为必然。

三、矛盾、和谐与实践方式的关系

实践方式的运作过程及其结果的差异,不论是引发社会生活的无序和矛盾,还是形成有序与和谐,仅仅停留在感性直观上的好恶是不够的。因为不同而差异的实践方式及其结果,是引发矛盾,或是形成和谐,并不在于直接呈现的感性事实本身,而是内含在这些差异的实践方式及其结果之中的规划、设计、安排和可操作的实践程序是否具有符合客观规律的科学合理性。规划、设计、安排和可操作程序是否具有科学合理性,又取决于之前认知过程形成的真假判断、价值判断和价值选择是否全面、正确并符合客观实际。而这一切最终都要归结到思维方式的差异上来。要使差异的实践方式运作过程及其结果之间不发生排斥、对立和矛盾,并形成差异协同协调的和谐状况,作为社会生活中的实际个体和群体,都必须从自身做起,不断优化自身能够展现真善美的内在素质,尤其是社会价值意识的不断优化。而要解决差异的实践过程及其结果带来的排斥、对立和矛盾,首先要解决的就是思维方式及其活动形式和结果的差异,在不适合相互作用过程中所呈现的不同价值意识之间的排斥、对立和矛盾。

其一,就是不同的个体或群体,要实现科学合理地改变事物,就必须上升到唯物的辩证系统思维的高度与境界,认识、理解和把握事物,才能够做到全面、整体和系统。相应的真假判断、价值判断和价值选择才能做到正确而无遗漏,以此为前提所形成的规划、设计、安排和可操作程序的建构,才能具有科学合理的属性。相应的实践过程和结果才能形成社会生活的有序、稳定、和谐、轻松和愉快。同时也避免了矛盾发生的可能性,即便发生也容易在这样的社会和谐氛围中得到及时的化解。

其二,勇于面对实际存在的差异、差别和差距,自觉理性地形成能动的适合意识。因为适合本身就是系统的本质属性,没有适合就没有自组织(涌现)、层次转化、结构(耗散)功能、整体优化和差异协同的系统规律,没有系统规律的形成,也就没有和谐统一的展现。所以,能动的适合意识不仅注重自己的价值实现,也注重他人、社会环境和自然环境的价值实现。有了这样的思路和思想境界,自觉理性地形成系统化的社会价值意识就成为必然。有了这样的价值意识,相应的规划、设计、安排和可操作程序的建构,就自然消除了引发矛盾的可能,社会生活有序、稳定、和谐的进行就成为自然。

其三,要形成和谐的个体、群体、社会与环境,就要在敢于面对差异、差别和差距的同时,以能动的适合意识为前提理顺相互的关系。要清楚地意识到,只有真正懂得和理解具有全面、整体和系统属性的"适合"内涵,才可能真正知道自己适合需要什么,适合做什么,适合什么专业,适合什么职位,适合什么样的环境,适合形成什么样的方法与他人与社会进行顺利的物质、能量和信息的交换和流动,适合什么样的对象恋爱和组成家庭,适合与什么样的人交朋友,等等。简而言之,就是在所需要的一切方面做到差异前提下的适合,就能够轻松愉快、和谐而幸福的生活。因此,没有能动适合的意识,所作所为就容易出现不适合、局部不适合或部分的不适合,相应就容易引发整体的矛盾、局部矛盾和个别矛盾。对此,也需要适合的方法才能够很好而彻底地化解不同层次的矛盾,进而建设通向美好、幸福与和谐生活的通畅大道。

所有的人都渴望持久和平、避免战争、平等相待、相互尊重、和平友好相处、生态环境优美、社会可持续发展。但仅有美好的愿望是不够的,而是要在面对差异、差别和差距的同时,彻底摆脱传统的思维方式,用辩证系统思维方式认识、理解把握事物,科学规划、设计和改变事物。从全面、整体和系统的高度,认知适合、选择适合、做到适合、发展适合,体现平等公正、公平正义的社会价值意识及其实践就一定能展现出来。

参 考 文 献

[1] 马克思恩格斯选集(第 2 卷)[M].人民出版社,1995.
[2] 乌杰.系统哲学[M].人民出版社,2013.

[3] 刘国章.马克思新哲学观及其认识与改造理论研究[M].人民出版社,2008.

[4] (德)黑格尔.逻辑学(下卷)[M].商务印书馆,1982.

[5] (德)黑格尔.精神现象学(上卷)[M].商务印书馆,1983.

[6] 马克思恩格斯选集(第1卷)[M].人民出版社,1995.

(作者单位:南京信息工程大学马克思主义研究院)

习近平党建思想探析

张尚兵

摘 要 党的十八大以来,以习近平为总书记的新一代中央领导集体在党的建设方面提出了一系列新思想、新观点、新举措。在思想建设方面,强调理想信念教育和理论学习;在组织建设方面,强调建设高素质干部队伍和贯彻落实民主集中制;在作风建设方面,强调坚持"两个务必"和持之以恒改进作风;在反腐倡廉建设方面,强调"把权力关进笼子里"和"'老虎'、'苍蝇'一起打";在制度建设方面,强调严格遵守党章和提高制度质量。

关键词 习近平 党的建设 理论创新

党的十八大以来,以习近平为总书记的新一代中央领导集体紧紧围绕党的思想建设、组织建设、作风建设、反腐倡廉建设和制度建设提出了一系列新思想、新观点,为今后进一步加强党的建设指明了方向。深入学习研究这些重要思想,对于在新形势下全面提高党的建设的科学化水平具有重要现实意义。

一、关于党的思想建设

强调要把思想建设放在首位,强调理想信念是共产党人的"精神之钙",要求共产党人坚定共产主义的理想信念。习近平总书记提出,坚定理想信念,始终是共产党人安身立命的根本。在十八届中共中央政治局第一次集体学习时,他指出:"对马克思主义的信仰,对社会主义和共产主义的信念,是共产党人的政治灵魂,是共产党人经受住任何考验的精神支柱。形象地说,理想信念就是共产党人精神上的'钙',没有理想信念,理想信念不坚定,精神上就会'缺钙',就会得'软骨病'。"[1]在这里,他用十分形象的比喻,揭示了理想信念对共产党人的重要性。

领导干部特别是高级干部要带头学习马克思主义科学理论。中国共产党自成立以来,在革命、建设和改革的不同时期,都非常重视广大党员的马克思主义理论的学习。当前,"马克思主义过时了"的错误思潮仍此起彼伏,党内有些党员干部轻视甚至放弃对马克思主义理论的学习,在广大人民群众中造成了极坏的影响。若不及时加强党员干部对马克思主义理论的学习,必将导致部分党员干部理想信念弱化,给党和国家带来灾难性后果。习近平总书记深刻指出:"我们党在中国这样一个有着13亿人口的大国执政,面对着十分复杂的国内外环境,肩负着繁重的执政使命,如果缺乏理论思维的有力支撑,是难以战胜各种风险和困难的,也是难以不断前进的。"[2]他还接连在中央政治局会议、中央军委党的群众路线教育实践活动专题民主生活会、全国宣传思想工作会议等重要场合号召党的领导干部尤其是高级干部以及年轻干部自觉加强对马克思主义理论尤其是中国特色社会主义理论的学习,学会运用马克思主义的世界观和方法论认识和解决问题,坚定理想信念,提高战略思维、综合决策、驾驭全局等各种能力。针对要不要学习马克思主义哲学,他振聋发聩地指出,"马克思主义哲学依然是指导我们共产党人前进的强大思想武器"[3]。

二、关于党的组织建设

结合实际,创新了干部队伍建设的途径和方法。一是深刻阐述了干部队伍建设的重要性。习近平总书记认为,"关键在人,就要建设一支宏大的高素质干部队伍"[4]。二是提出好干部的五大标准。他指出:"好干部要做到信念坚定、为民服务、勤政务实、敢于担当、清正廉洁。"[5]把这五者统一起来作为一个完整的用人标准,体现了党的思想建设、组织建设、作风建设、反腐倡廉建设的高度统一。三是提出了成为一个好干部的途径。他指出:"成长为一个好干部,一靠自身努力,二靠组织培养。"[6]四是提出要改变考核干部的方法。他指出:"要改进考核方法手段,既看发展又看基础,既看显绩又看潜绩,把民生改善、社会进步、生态效益等指标和实绩作为重要考核内容,再也不能简单以国内生产总值增长率来论英雄了。"[7]五是提出了选人用人的新机制。党的十八届三中全会明确,要紧密结合干部工作实际,构建更加科学、高效的选人用人新机制。[8]六是要大力培养年轻干部。

强调领导干部要带头执行民主集中制。民主集中制是党一贯以来坚持的组织原则。习近平总书记多次强调各级领导干部尤其是主要领导干部贯彻执行民主集中制的重要性。他指出:"要健全和认真落实民主集中制的各项具体制度,促使全党同志按照民主集中制办事,促使各级领导干部特别是主要领导干部带头执行民主集中制。"[9]他还就中央政治局全面贯彻执行民主集中制作了全面部署,并特别强调:中央政治局在集思广益的基础上按少数服从多数的原则集体做出决策,并必须雷厉风行地执行决策。[10]习近平总书记还指出,批评与自我批评是抵制党内各种不良思想的一大法宝,要大胆使用、经常使用,促进民主集中制的贯彻执行。

除此之外,习近平总书记还就加强新时期的党员发展和管理进行了深刻论述。

三、关于党的作风建设

强调要牢记"两个务必",继续坚持和发扬艰苦奋斗的精神。习近平总书记号召全党依然要牢记"两个务必"。他指出,目前之所以"四风"问题严重,违背"两个务必"的现象时有发生,一方面是由于有些党员干部的世界观、人生观、价值观出了问题,另一方面是由于党要管党、从严治党的措施没有落到实处。他指出,在新的形势下"坚持'两个务必'要从领导干部做起,领导干部要以身作则"[11]。他强调:"抓改进工作作风,各项工作都很重要,但最根本的是要坚持和发扬艰苦奋斗精神。"[12]

提出"作风建设永远在路上"。在2014年年初召开的党的群众路线教育实践活动第一批总结暨第二批部署会议上,他指出:"作风问题具有顽固性和反复性,形成优良作风不可能一劳永逸,克服不良作风也不可能一蹴而就。以往的经验告诉我们,纠风之难,难在防止反弹。'由俭入奢易,由奢入俭难。'教育实践活动有期限,但贯彻群众路线没有休止符,作风建设永远在路上。"[13]基于此,他强调:"抓作风建设,贵在'常'、'长'二字,必须发扬'钉钉子'精神,持之以恒,锲而不舍,善始善终、善做善成。"[14]"要以踏石留印、抓铁有痕的劲头抓下去。"[15]"一年接着一年干,坚定信心,一抓到底,防止反弹。"[16]他教育全党:"各级领导干部都要树立和发扬好的作风,既严以修身、严以用权、严以律己,又谋事要实、创业要实、做人要实。"[17]

四、关于党的反腐倡廉建设

提出"把权力关进制度的笼子"。权力过分集中且缺乏对权力的有效制约与监督,是导致党员干部贪污腐败、违法乱纪现象层出不穷的重要原因之一。如何破解这一难题?习近平总书记深刻指出:"要加强对权力运行的制约和监督,把权力关进制度的笼子里,形成不敢腐的惩戒机制、不能腐的防范机制、不易腐的保障机制。"[18]党的十八届三中全会对如何强化权力运行制约和监督体系做出了详细部署,尤其是"新提任领导干部有关事项公开制度试点"、"推动党的纪律检查工作双重领导体制具体化、程序化、制度化,强化上级纪委对下级纪委的领导"、"推动省以下地方法院、检察院人财物统一管理,探索建立与行政区划适当分离的司法管辖制度"等措施体现了极大的政治勇气。

提出"老虎"、"苍蝇"一起打。习近平总书记在十八届中央政治局第五次集体学习时向全国人民郑重承诺:"保持惩治腐败的高压态势,做到有案必查、有腐必惩,坚持'老虎'、'苍蝇'一起打……努力做到干部清正、政府清廉、政治清明。"[19]在此,他向全党和全国人民传递了三层信息:一是坚持惩治腐败的高压态势,即反腐必"严"。二是坚持"老虎"、"苍蝇"一起打,即"抓大不放小"。习近平指出:"既坚决查处领导干部违纪违法案件,又切实解决发生在群众身边的不正之风和腐败问题。要坚持党纪国法面前没有例外,不管涉及谁,都要一查到底,决不姑息。"[20]三是惩治腐败的战略目标是"干部清正、政府清廉、政治清明",即实现"廉洁政治"。

同时,习近平总书记还提出要大力加强反腐倡廉教育和廉政文化建设、借鉴国内外反腐倡廉的有益做法和宝贵遗产、惩治腐败和预防腐败要相结合等观点。

五、关于党的制度建设

强调全党要严格遵守党章。党章是党的最重要制度,是全党的根本行为规范和党的根本大法。习近平总书记始终强调制度建设对党的建设的重要性,其中最重要的是严格遵守党章。他强调,党员干部要全面掌握党章基本内容,要严格遵守党章各项规定,要做学习党章、遵守党章的模范。他还指出,认真学习党章、严格遵守党章,对强化全党党章意识,增强党的创造力、凝聚力、战斗力具有极为重要的作用。[21]

强调本着于法周延、于事简便的原则,提高制度制定的质量,要立体式、全方位推进制度体系建设。党的十八大以来,先后出台了《关于改进工作作风、密切联系群众的八项规定》《中央党内法规制定工作五年规划纲要(2013—2017年)》等一系列制度和党内法规,促进党的制度建设进入新的阶段。

参 考 文 献

[1][9] 习近平.紧紧围绕坚持和发展中国特色社会主义 学习宣传贯彻党的十八大精神——在十八届中共中央政治局第一次集体学习时的讲话[EB/OL].[2012-11-19]. http://news.xinhuanet.com/2012-11/19/c_123967017_3.htm.

[2][3] 习近平在中共中央政治局第十一次集体学习时强调 推动全党学习和掌握历史唯物主义 更好认识规律更加能动地推进工作[N].人民日报,2013-12-5(1).

[4][5][6][7] 习近平.建设宏大高素质干部队伍 确保党始终成为坚强领导核心[N].人民日报,2013-6-30(1).

[8] 中共中央关于全面深化改革若干重大问题的决定[N].人民日报,2013-11-16(1).

[10] 对照检查中央八项规定落实情况 讨论研究深化改进作风举措[N].人民日报,2013-6-26(1).

[11] 李斌.党面临的"赶考"远未结束——习近平再访西柏坡侧记[N].人民日报,2013-7-14(1).

[12][15][18][20] 习近平在十八届中央纪委二次全会上发表重要讲话强调 更加科学有效地防治腐败坚定不移把反腐倡廉建设引向深入[N].人民日报,2013-1-23(1).

[13] 习近平在党的群众路线教育实践活动第一批总结暨第二批部署会议上强调扎实开展第二批教育实践活动 努力取得人民群众满意的实效[N].人民日报,2014-1-21(1).

[14] 李宣良.中央军委召开专题民主生活会 习近平主持会议并发表重要讲话[N].人民日报,2013-7-9(1).

[16] 中共中央政治局召开会议 决定成立中央全面深化改革领导小组[N].人民日报,2013-12-31(1).

[17] 习近平李克强张德江刘云山王岐山张高丽分别参加全国人大会议一些代表团审议[N].人民日报,2014-3-10(1).

[19] 习近平在中共中央政治局第五次集体学习时强调 积极借鉴我国历史上优秀廉政文化 不断提高拒腐防变和抵御风险能力[N].人民日报,2013-4-21(1).

[21] 习近平.认真学习党章 严格遵守党章[N].人民日报,2012-11-20(1).

(作者单位:淮阴师范学院政治与公共管理学院)

社会主义核心价值观与青年的时代担当

林慧平

摘 要 培育和践行社会主义核心价值观赋予了当代青年的成长成才以新的意义,同时需要青年一代履行与之角色相符的责任。这些责任既有建设中国特色社会主义和实现中华民族伟大复兴的时代使命,又有发扬奉献精神和给予现实关怀的社会担当,还有学习创新和提升道德的成才任务。当代青年应在自我期待上坚持成就自我与报效祖国的结合,在职业操守上坚持爱岗、尽责、精业、奉献的依次顺接,在道德养成中坚持诚实劳动与诚恳待人的统一,在社会交往中坚持与人为善和生态友善的统一。

关键词 社会主义核心价值观 青年 时代担当

一、培育和践行社会主义核心价值观对青年的意义与期待

2013年12月11日,中共中央办公厅印发《关于培育和践行社会主义核心价值观的意见》的通知指出:"培育和践行社会主义核心价值观,是推进中国特色社会主义伟大事业、实现中华民族伟大复兴中国梦的战略任务。党的十八大提出,倡导富强、民主、文明、和谐,倡导自由、平等、公正、法治,倡导爱国、敬业、诚信、友善,积极培育和践行社会主义核心价值观。"[1]这24个字是社会主义核心价值观的基本内容,为我们培育和践行社会主义核心价值观提供了基本准则,同时指明了国家层面的价值目标、社会层面的价值取向,而且包括广大青年在内的每个中国公民需要遵循的价值准则,这就赋予了青年一代的成长成才和幸福生活以新的意义。

当前,我国正处在经济转轨和社会转型的加速期,思想领域日趋多元、多样、多变,各种思潮此起彼伏,不同价值取向同时并存,原有的价值理念和道德标准受到了严峻挑战,特别是一些青年人在价值评价和行为选择上感到迷茫困惑,甚至无所适从。社会主义核心价值观在社会主义价值体系中处于核心地位,因此它发挥着其他价值观所不具备

的强大正能量。《正能量》一书的作者英国人理查德·怀斯曼曾说,正能量是一切予人向上和希望、促使不断追求、让生活变得圆满幸福的动力和感情。正能量的指引可以让青年一代逐渐形成积极、健康、进步的社会主流意识,树立远大理想,端正价值取向,遵循道德规范,全面提高综合素质。

社会主义核心价值观的培育和践行是一个长期的过程,需要青年一代履行与之角色相符的责任。作为特殊的角色群体,青年人较之其他社会成员更具有青春魅力、蓬勃朝气和创造智慧,作为引风气之先的社会力量和未来社会建设的中坚力量,青年一代肩负着更多的社会责任和公众期望。习近平总书记在2013年5月4日《在同各界优秀青年代表座谈时的讲话》中指出:"中国梦是我们的,更是你们青年一代的。中华民族伟大复兴的梦想终将在广大青年的接力奋斗中变为现实。"[2]这是社会对青年的期待,希望他们能够在社会建设中承担起自身的使命和责任,弘扬共同理想、凝聚精神力量,推动形成全社会奋发向上、崇德向善的强大力量。在现阶段,就是要求青年勇做走在时代前面的奋进者、开拓者和奉献者,在培育和实践社会主义核心价值观的过程中展示青春靓丽的自我。

二、青年在培育和践行社会主义核心价值观中的责任内涵

青年人正在或者即将走入社会,这一群体的特殊角色要求他们不仅要"完成使命",更要有自觉的"社会责任担当"。具体来说就是在特定的历史条件下,青年群体为了国家、民族、社会的和谐发展和自身的全面发展而自觉承担的使命、责任和义务。

1. 时代使命

每一代中国青年都有自身的历史使命,在辛亥革命时期是唤醒民众,推翻腐朽的封建帝制;在新民主主义革命时期是投身革命,建立新中国;在社会主义建设时期是艰苦创业、奋发图强、改变我国"一穷二白"的面貌。2013年3月17日,习近平总书记在十二届全国人大一次会议闭幕会上讲话中指出:"实现全面建成小康社会、建成富强民主文明和谐的社会主义现代化国家的奋斗目标,实现中华民族伟大复兴的中国梦,就是要实现国家富强、民族振兴、人民幸福,既深深体现了今天

中国人的理想,也深深反映了我们先人们不懈奋斗追求进步的光荣传统。"[3]总书记的讲话赋予了当代中国青年历史使命的深刻内涵:在改革开放和社会主义现代化建设时期,中国青年承担的是建设中国特色社会主义和实现中华民族伟大复兴的神圣使命。

中国特色社会主义事业是亿万人民的共同事业,需要一代代中华儿女不懈的努力奋斗。青年作为我国社会主义事业的建设者和接班人,必须勇敢地肩负起时代赋予的重任,做一名理性的爱国者。不仅要继承中华民族优良传统和前辈开创的伟大事业,更要志存高远、脚踏实地,努力在实现中华民族伟大复兴的实践中放飞青春梦想,在新的历史起点为推动中国特色社会主义建设事业贡献力量。

2. 社会担当

目前我们正处于社会转型中的矛盾高发期,市场经济中出现的良莠不齐的社会现象和拜金主义、享乐主义、极端利己主义等错误思想,极易导致个人自利意识的强势和社会责任的缺失。社会转型20多年来,青年利他行为(心理)弱化现象越来越普遍,利己与利他观念的倒置,在某种程度上已经成为严重的社会问题。[4]因此,当代青年的社会担当首先表现在能够正确处理"自利"与"公益"的关系。在思想上,把个人需要与社会需要统一起来,把个人利益与社会利益统一起来。真正意识到自我价值的实现离不开社会价值,而人的社会价值的实现是个体自我完善和全面发展的保障。

其次还要给予社会存在更多的现实关怀,既包括对当前社会贫困群体生存与境遇的关照,也包括对现今自然生态环境的关爱。我国目前贫困群体的数量多、分布广、程度深。在不同阶层、不同地区,不同年龄段都存在贫困群体。如果将城乡贫困人口,失业下岗职工,灾难中的受助者,残疾人,农民工等人口相加,当前的规模约为1.4～1.8亿人,占全国总人口的11%～14%。[5]自然环境是祖先留给我们的物质财富,也是我们生存和生活的基础。但在现实生活中,人与自然之间关系的不和谐在与日俱增:水源、空气、土壤受到严重污染,大量的动物和植物濒危乃至灭绝,土地沙漠化,森林和湿地迅速减少,可利用资源日益短缺甚至面临枯竭……生态系统已经向我们发出了警示,迫切需要人类对之进行关爱和保护。青年人是社会的主流人群，理应通过各种方式来关注和帮助那些贫困地区的人们和困难群体。青年一代又是社会未来的主人，理应成为关爱和保护自然生态环境的主力军。

3. 成才责任

首先是学习与创新的责任。"立身百行，以学为基。"任何人要想成长和发展，都必须通过努力学习。而创新是一个民族进步的灵魂，是国家兴旺发达的不竭动力。党的十八大报告明确指出，科技创新是提高社会生产力和综合国力的战略支撑，必须摆在国家发展全局的核心位置。因此，培养创新意识、发扬创新精神和努力提高创新能力是每一名中国人的责任。青年人思维敏捷，观念开放，具有创新潜力，是国家创新型人才的重要后备军，这个群体作为我国未来科学技术发展和经济建设的中坚力量，理应把培养学习力和创新力作为自己的责任。

其次是完善和提升道德的责任。"人无德行不可立于世，德为修身之首。"在当今价值多元、文化交锋、观念多样的复杂社会背景下，青年的道德品质、道德素养将直接决定社会的精神风貌和道德气息。青年人要牢记"从善如登，从恶如崩"的道理，始终保持积极的人生态度、良好的道德品质、健康的生活方式，通过不断的人生实践，提高自己的道德践履能力，凝聚引领社会风气之先的正能量。自觉加强思想道德修养，做一个知荣辱、讲道德的人是青年人自身全面发展、健康成才的重要条件。

三、青年在培育和践行社会主义核心价值观中的责任承担

"爱国、敬业、诚信、友善"体现了社会主义国家公民的基本价值追求和道德准则要求，立足个人行为层面概括出的社会主义核心价值观。这一倡导让青年人找到了核心价值观里的"个人定位"，也为青年人在诱惑颇多的多元化时代修炼个人道德操守指明了方向。

1. 培育以爱国主义为核心的民族精神

爱国作为个人的道德要求和社会主义核心价值观的基本内容，它是几千年来中华传统爱国精神和民族精神集中概括，更是对社会主义下全体公民爱国的要求和责任的集中体现。在实现中华民族伟大复兴的历程中，青年一代只有继续把爱国作为不可须臾离弃的价值观，才能不断增强自身对伟大祖国和中华民族文化的认同，才能把"团结统一、

爱好和平、勤劳勇敢、自强不息"的伟大的中华民族精神发扬光大。

爱国不仅是情感的表达,更要切实行动。自1993年底团中央发起实施青年志愿者行动以来,广大的青年和社会公众在扶贫开发、保护环境、应急救援、海外服务等领域提供了大量的志愿服务。目前中国正处于重要的发展机遇期,青年人要在其间尽一己之力,切切实实为实现强国之梦而努力。在思想上,自觉树立为人民服务的理念;在行动实践上,坚持自我价值的实现与服务民众的良性结合。青年人要积极从事志愿活动,努力成为良好社会风尚的倡导者、社会主义精神文明的传播者和社会主义核心价值观的践行者。

2. 倡导以敬业为主要内容的职业道德

敬业是积极向上的人生态度,是职业道德的核心内容,是人类社会化分工和发展的需要,更是事业心和责任心的集中体现。无论国家的发展与社会的进步,还是个人能够有所作为与价值的实现,都有赖与此。青年一代要始终保持勤奋的工作态度,加强学习、增强本领,努力践行敬业的价值观。

敬业首先要爱岗、乐业。爱岗和敬业是相辅相成、相互支持的。爱岗是敬业的前提,敬业是爱岗的升华。爱岗就是热爱自己的本职工作,热爱自己的工作岗位,为本职工作尽心尽力、尽职尽责。敬业就是要用一种恭敬严肃的态度来对待自己的职业,对自己的工作要专心、认真、负责;同时敬重自己所从事的事业、专心致力于事业,无论身处怎样的岗位从事怎样的工作,都能发挥出自己最大的能量,做最大的贡献;其次,敬业更要精业。邓小平曾说:"我们的事业总是要求精雕细刻,没有一样事情不是一点一滴的成绩积累起来的。"所谓精业,就是全面掌握专业领域的知识并不断实践,成为精通业务的能手;最后,奉献是敬业的最高境界。人生价值不在于索取,而在于奉献。爱岗敬业,就是要把个人价值和社会价值统一起来,在劳动中获取人生的意义。

3. 加强社会主义诚信体系建设

诚信即诚实守信,是人类社会千百年传承下来的道德传统,也是社会主义道德建设的重点内容,它强调诚实劳动、信守承诺、诚恳待人。对青年而言,要把诚信价值观作为修身立世的基本原则和价值追求,以此构建与个体行为目标相一致的价值规范。

在历史的长河中,诚信最初表现为人们在社会交往中通过彼此约定和相互认可的市场交易规则来寻求交易的公平、公正和对等。然而,在社会主义市场经济中,越来越多的人重视利益、轻视诚信。在利益的驱动下,各种制假售假、逃债骗贷、学术不端,各种欺骗、失信等诸如此类冲破道德底线的事件让社会失去了原本的秩序和温暖。因此,践行诚信价值观,加强社会主义诚信体系建设是全党、全社会的共同责任。青年肩负着全面建成小康社会和社会主义现代化建设的历史使命,就必须自觉加强诚信道德建设,把诚信作为高尚的人生追求、优良的行为品质和立身处世的根本准则,真正做一个诚实守信、遵守契约、诚实劳动、实事求是的公民。

4. 构筑社会主义新型友善关系

友善是公民优秀的个人品质,是构建和谐人际关系和社会关系的道德纽带,更是维护健康良好社会秩序的伦理基础。友爱、善良、互助、礼让等都属于友善的范畴,表现为对他人的尊重、理解和宽容,更表现为急他人所急、想他人所想的人生境界。青年一代要努力做到善待亲人以和谐家庭关系,善待他人以和谐人际关系,善待生态以和谐人与自然的关系。

在社会生活中,人际关系领域的友善可以分为三个层次:第一,当利益不相关时,友善是"善以待人"。主要表现为一种外在的气质与仪表言行。比如陌生人互相点头微笑致意、彬彬有礼地交谈,对公共场所规范的遵守等。第二,当利益相关时,友善是"己所不欲,勿施于人"、"老吾老以及人之老,幼吾幼以及人之幼"。主要表现为人际交往过程中的诚实可信、平等相处、相互帮助、理解宽容等良好品行。第三,当利益冲突时,友善是"乐于助人"。主要表现为当他人利益受损时,让渡自己的部分利益。扶危济困、雪中送炭等就属于这种友善。[6]

除了人际关系的友善,友善的内涵还包括生态友善——爱护自然、保护环境等。青年人要从自身做起,节约资源、保护环境,并通过关爱、保护环境的具体行动,向更多的人传达环境恶化的讯息,号召越来越多的人加入到环保的队伍中来,通过点滴力量的汇聚,使环保的力量不断增加和扩展。

参 考 文 献

[1] 中共中央办公厅印发《关于培育和践行社会主义核心价值观的意见》的通知[EB/OL].[2013-12-24].人民网.http://politics.people.com.cn/n/2013/1224/c1001-23925470.html.

[2] 习近平在同各界优秀青年代表座谈时的讲话[EB/OL].[2013-5-5].人民网.http://cpc.people.com.cn/n/2013/0505/c64094-21367227.html.

[3] 习近平在十二届全国人大一次会议闭幕会讲话侧记[EB/OL].[2013-3-17].新华网.http://newsxinhuanet.com/2013lh/2013-3/17/c_115055439_2.htm.

[4] 张志祥.当代青年利他行为弱化的多视角审视[J].中国青年研究,2005(12):20-25.

[5] 陈吉学.新时期我国社会弱势群体问题研究[D].南京大学,2013.

[6] 曹振坡.社会主义核心价值体系教育大家谈之三:如何传承友善之风[J].河北教育(德育版),2013(3):6-8.

(作者单位:苏州大学政治与公共管理学院)

历史唯物主义视域中的中国道路

朱炳元

摘　要　中国道路之所以会产生并取得成功,就是因为它符合和顺应了历史唯物主义揭示的人类社会发展的趋势和规律。根据历史唯物主义的理论观点,运用"选择、探索、实践、创新"这四个关键词,能够准确解读出中国道路的科学内涵。

关键词　唯物史观　中国道路　中国特色社会主义

中国道路就是中国特色社会主义道路,具有确定性的规定和丰富的内涵。这条道路之所以会产生和取得成功,就是因为符合和顺应了历史唯物主义揭示的人类社会发展的趋势和规律。本文用"选择、探索、实践、创新"这四个历史唯物主义的理论视点,深入解读中国道路的科学内涵。

一、选　择

马克思说过:"人们自己开创自己的历史,但是他们并不是随心所欲地创造,并不是在他们选定的条件下创造,而是在直接碰到的、既定的、从过去承继下来的条件下创造。"[1]中国道路是中国人民在一百多年的艰辛探索和不断奋斗中一步一个脚印走出来的。中国独特的文化传统、独特的历史命运、独特的基本国情,决定了中国必然要走适合自己特点的发展道路。

中国古代经历了几千年的封建社会,形成了以小农和手工业为主体的经济结构;以血缘和宗族为纽带的社会结构;以行政权力为中心的政治结构。这一经济结构以及与之相对应的社会关系和封建专制主义政治权力,具有内在的稳定性,如果没有外来势力的冲击,可能还要延续一段时间。这是中国古代社会曾经长期稳定不变和发展缓慢的主要

---

* 本文为国家社会科学基金重点项目(项目编号:14AZD004)的阶段性成果。

原因。可是到了晚清时期,外部世界已经发生了根本性的变化。这种变化对小农业、家庭手工业相结合的经济结构和专制主义政权产生了巨大的冲击和挑战。19世纪40年代,欧美各主要资本主义国家都已经相继完成了工业革命,资本主义固有的基本矛盾已经逐步暴露,生产过剩危机不断发生,无产阶级和资产阶级之间的矛盾和斗争不断激化。为了转嫁国内矛盾,寻找新的原料产地和产品的销售市场,各主要资本主义国家纷纷走上了侵略扩张的殖民主义道路。占领中国的广阔市场是它们的重要目标。

资本—帝国主义用重炮轰开了中国的国门。1840年鸦片战争以后,中国日益沦为一个半殖民地半封建社会,国家危亡、民不聊生。救国寻路,民族复兴,成为中国近代的基本政治主题。以林则徐为代表的封建统治阶级内部的爱国人士领导的反侵略斗争失败了,以太平天国为代表的农民起义失败了,康有为、梁启超等资产阶级维新派发起的改良运动失败了,孙中山先生领导的资产阶级民主革命最终也失败了。事实证明,不触动封建根基的自强运动和改良主义,旧式的农民战争,照搬西方资本主义的种种方案,都不能解决中国的问题。灾难深重的中华民族,处于被西方列强瓜分豆剖、亡国灭种的边缘。

"十月革命一声炮响,给我们送来了马克思列宁主义。"[2]社会主义苏联的横空出世,给处在苦闷和彷徨中的中国人民指明了全新的方向。中国走社会主义道路的可能性是从中国走别的道路的不可能性中产生的。中国人民选择社会主义和马克思主义,因为各种主义和思潮,如资产阶级改良主义、自由主义、社会达尔文主义、无政府主义、实用主义、民粹主义、工团主义等尽管尝试过,但是都不能解决中国的问题;中国人民选择共产党的领导,是因为中国其他各种政治力量都无力领导中国人民实现救亡图存、民族独立解放和复兴的历史任务,只有共产党才能使受尽屈辱、处于危亡边缘的中国进入历史的新纪元。"没有共产党就没有新中国",这不是一句空洞和抽象的口号,而是在历尽千辛万苦、付出巨大牺牲以后中国社会发展的客观现实与中国人民得出的历史结论。习近平说:"中国特色社会主义不是从天上掉下来的,是党和人民历尽千辛万苦、付出各种代价取得的根本成就。"[3]这条道路承载着几代中国共产党人的理想和探索,寄托着无数仁人志士的夙愿和期盼,凝聚着亿万人民的奋斗和牺牲,是来之不易的,必须倍加珍惜,精心呵护!

二、探　索

中国人民在中国共产党的领导下,经过长期艰苦奋斗,终于走上了社会主义道路。但是,对于什么是社会主义、怎样建设社会主义却不是一下子就能够搞清楚的。必须进行不断探索和反复实践,才能从不成熟走向成熟、从不完善走向比较完善。为了找到一条适合中国情况的现代化建设道路,以毛泽东为核心的中共第一代领导集体进行了大量的艰苦探索,取得了许多重要的理论成果和巨大的建设成就,并且积累了宝贵的经验。然而,后来的探索却出现了严重的错误。特别是在"以阶级斗争为纲"和"无产阶级专政下继续革命"这样的错误理论指导下发生的"文化大革命",更使中国社会陷入了严重的内乱,经济社会发展遭到重大挫折。党的十一届三中全会以后,通过思想理论上的拨乱反正,吸取社会主义建设正反两方面经验和教训,才不断弄清楚什么是社会主义、怎样建设社会主义这一命题,成功地开创了中国特色社会主义道路。在总结和研究这一段历史时,笔者想强调和说明的是:中国共产党的成功是在探索中取得的;同样,挫折和失败也是在探索的过程中产生的。无论是成功的经验还是失败的教训,都是我们向新的目标迈进的宝贵财富。

彻底否定改革开放前30年的新中国历史,否定中国共产党90多年的奋斗历史,把改革开放前30年的历史和改革开放30多年的历史割裂开来和对立起来,就是历史虚无主义。中国道路当然主要是指我国改革开放30多年历史,但是改革开放取得的巨大成就离不开改革开放前近30年的建设成就,没有前30年建立的社会主义经济制度、政治制度和社会文化制度,也就没有今天的中国道路。改革开放前30年的社会主义建设成就,为中国道路的开辟准备了思想基础、物质基础、制度基础和广泛的群众基础。改革开放前和改革开放后两个历史时期,是中国社会历史发展的整体性和阶段性的统一。正是坚持了四项基本原则,改革开放才取得如此巨大的成就;而改革开放取得的巨大成就,更进一步坚定了中国人民坚持四项基本原则的底气和决心。四项基本原则是立国之本,改革开放是强国之路,这两个方面构成了中国道路的核心内容。这条道路是中国人民自己选择的,而且实践证明这个选择是正确的。任何力量都无法动摇中国人民坚持走中国特色社会主义道路的信心和决心。"任何外国不要指望中国做他们的附庸,不要指望中国会吞下损害我国利益的苦果。"[4]邓小平在党的十二大开幕词中的话,斩钉截铁,落地有声,字字千钧,充分反映了亿万中国人民的共同心声!

三、实　践

马克思指出:"社会生活在本质上是实践的。凡是把理论引向神秘主义方面去的神秘东西,都能在人的实践中以及对这个实践的理解中得到合理的解决。"[5]中国道路在实践中产生,在实践中发展和逐步完善。中国道路这个概念本来就不是从什么文本中找出来的,而是从新中国成立60多年特别是改革开放30多年的实践中总结出来的。判断中国道路是否存在,不能根据什么文本,只能根据客观现实;检验中国道路是否正确的标准,同样不能根据文本和人们的观念,而只能依据实践。有人指责改革开放的方针政策和具体措施违背了马克思主义经典作家的这一说法和那一说法;还有人鼓吹中国应该放弃马克思主义而照搬西方新自由主义或民主社会主义理论。这些都不是从客观的现实出发,而是从某一文本或者某种观念出发的主观判断。

"摸着石头过河"是中国道路实践特征的通俗和形象的说法。"石头"就是指中国的具体而特殊的国情,"过河"就是指实现民族复兴和共产主义的奋斗目标,"摸"就是指实践。因此"摸着石头过河"实际上就是今天我们经常说的实事求是。"实事求是"这四个字,既概括了马克思主义的精髓,又具有鲜明的中国特色,并且几乎能够被所有的中国人理解和接受,是对马克思主义中国化、时代化、大众化的高度概括和提炼,是我们今后必须高扬的理论旗帜。中国道路的实践特色,就是在实事求是的理论旗帜指引下,研究和探索中国社会主义现代化建设的规律,推进中国特色社会主义的伟大事业。

"摸着石头过河",意味着中国道路不是从既定的观念出发,而是从客观的实际出发、从解决当前的问题出发不断向前推进的。问题是时代的声音，也是理论创新的源泉。中国的所有改革举措，都是以问题为导向、以实践为基础展开的。列宁说："还不善于着手研究事实时，总是先验地臆造一些永远没有结果的一般理论。"[6]这样的"改革"往往是很少能够成功的。当年，戈尔巴乔夫的所谓"改革"，鼓吹"民主"和"人道"的社会主义，发表了《改革与新思维》，提倡"民主化"和"公开性"，设计了苏联改革的"蓝图"，但是结果搞乱了人们的思想，导致了苏联的解体和东欧的剧变，造成了"20世纪最大的地缘政治悲剧"。20世纪80、90年代，世界银行等国际组织在"华盛顿共识"的指导下，对拉丁美洲一些国家设计的改革方案也是头头是道，既有"路线图"，又有"时间表"，但是结果给这些国家带来了灾难性的后果，使它们陷入了所谓的"中等收入陷阱"，经济停滞，人民贫困，社会动荡。"华盛顿共识"信誉扫地，这样才产生了所谓的"北京共识"。中国的改革不是为了改革而改革，而是为了解决问题而改革。改革在实践中探索和前进，在实践中检验改革的成败得失。离开了实践标准去空谈某种制度的好坏和某种道路的优劣，是毫无意义的。

"摸着石头过河"，也意味着中国道路的开放性和包容性。中国道路是在立足中国国情的基础上，博采众长，学习其他国家现代化成功经验的基础上形成的。和西方世界不同，中华民族自古以来就具有"取经"的传统，而没有"传教"的习惯。在中华民族的优良传统中，善于学习是一个重要内容。随着中国道路的不断深入，中国在取得巨大成就的同时，也面临着新的困难和挑战。只有重视学习、不断学习和善于学习，我们才能有效地应对各种风险和考验，顺利地推进中国特色社会主义事业。美国《国际先驱论坛报》文章指出："大家认为中国谦虚，美国傲慢。中国以自己的榜样来领导，而美国则以训斥、制裁乃至导弹来领导。……中国模式并非十全十美，但它已经丰富了整个世界在这个问题上的政治探索和智慧，从而也增加了可供选择的政策。"[7]这一评价是比较公正和客观的。

"摸着石头过河"，还意味着中国道路在发展的过程中，出现这样那样的困难和问题是难以避免的，但同样是可以通过实践加以克服的。历史唯物主义不辩护任何落后和错误的东西，它在本质上说是批判的和革命的。在实践中坚持真理、在实践中修正错误，是历史唯物主义与生俱来的特点和品格。从目前的情况来看,中国道路不是平坦的道路,而是充满了艰难险阻。邓小平晚年说过:"过去我们讲先发展起来。现在看,发展起来以后的问题不比不发展时少。"[8]在中国道路上,我们面临的机遇前所未有,面临的困难和挑战也前所未有。在经济领域,是发展不平衡、不协调问题;在政治领域,是权力腐败问题;在社会领域,是贫富差别问题;在意识形态领域,是"左"右思潮的干扰问题;在生态领域,是环境恶化问题;在国际上,则是西方大国的遏制问题,等等。中国道路是在不断解决问题和克服困难中走出来的,"沧海横流,方显英雄本色",我们正面临着必须进行具有许多新的历史特点的伟大斗争。中国道路要求我们知难而进,在实践中不断地发现问题和解决问题,发扬逢山开路、遇水搭桥的精神,积极进取,勇于实践,大胆探索,一步一步地推进中国社会的发展和进步、发展人民的福祉,最终实现中华民族的伟大复兴。中国道路"前途是光明的,道路是曲折的"。

四、创　　新

马克思主义哲学的历史使命不仅是为了解释世界,而是为了改变世界,即为了实现中华民族的伟大复兴,逐步实现人的自由全面发展。这就要求我们不断有所发现、有所创造、有所前进,不断丰富中国道路的实践特色、理论特色、民族特色、时代特色,坚定不移地沿着中国特色社会主义道路前进。

理论创新是道路创新的前提和基础。一个国家在走向现代化道路的过程中,一定会形成相应的理论成就,如果缺乏这样的理论成就,即使已经实现了经济和制度层面的现代化,也很难说是具有典范意义的现代化模式。中国特色社会主义理论体系系统地回答了在中国这样一个拥有十几亿人口的发展中国家如何加快实现现代化、巩固和发展社会主义的一系列重大问题,开辟了马克思主义的新境界,是我们党最宝贵的精神财富。这个理论体系不是封闭的和僵化的理论体系,而是开放的和发展的理论体系。党的十八大以来,习近平总书记发表了一系列重要讲话,深刻阐述了党和国家发展的一系列重大现实问题,提出了一系列富有创造精神的新思想和新观点,为中国道路的胜利前进提供了行动指南,进一步丰富和发展了中国特色社会主义理论体系。

中国道路丰富了历史唯物主义关于人类历史发展道路普遍性和多样性的理论，引导中国走上了民族复兴的康庄大道，并且为发展中国家的现代化道路提供了有益的启示，具有深远的理论意义、现实意义和世界意义。在中国道路上，我们取得了一系列历史性成就。我国的经济总量上升到世界第二位，社会生产力大幅提高，人民生活水平大幅提升，综合国力大幅增强。中华民族伟大复兴的光辉前景更加清晰地展现在我们面前。现在，我们比历史上任何时候都更加接近中华民族伟大复兴的目标，比历史上任何时候都更有信心、有能力实现这个民族的百年梦想。习近平《在纪念毛泽东同志诞辰120周年座谈会上的讲话》中指出："站在960万平方公里的广袤土地上，吸吮着中华民族漫长奋斗积累的文化养分，拥有13亿中国人民聚合的磅礴之力，我们走自己的路，具有无比广阔的舞台，具有无比深厚的历史底蕴，具有无比强大的前进定力。中国人民应该有这个信心，每一个中国人都应该有这个信心。"[9]这是何等豪迈的誓言，也是何等伟大和壮丽的事业！何谓道路自信、理论自信和制度自信？这就是道路自信的具体和生动的体现！

参 考 文 献

[1][5]　马克思恩格斯选集(第1卷)[M].人民出版社,1995:585,56.

[2]　毛泽东选集(第4卷)[M].人民出版社,1991:1471.

[3]　发展中国、稳定中国的必由之路[N].人民日报,2014-7-2(1).

[4]　邓小平文选(第3卷)[M].人民出版社,1993:3.

[6]　列宁选集(第1卷)[M].人民出版社,1995:11-12.

[7]　中国模式魅力[N].国际先驱论坛报,2006-11-2.

[8]　邓小平年谱(1975-1997)(下)[M].中央文献出版社,2004:1364.

[9]　习近平.在纪念毛泽东同志诞辰120周年座谈会上的讲话[N].人民日报,2013-12-27(1).

(作者单位：苏州大学政治与公共管理学院)

中共"一大"闭幕日期研究

丁 进

摘 要 学术界长期以来对中共"一大"的闭幕日期众说纷纭,至今未有定论。关于中共"一大"闭幕日期有7月30日、7月31日、8月1日、8月2日、8月3日、8月4日、8月5日7种观点。根据排除法,中共"一大"闭幕日可能是1921年8月2日和3日。其中,8月3日是最大的可能。

关键词 中共"一大" 闭幕日期 排除法

由于中国共产党在创建时期处于秘密状态,史料匮乏,加上当事人回忆录的相互干扰,学术界长期以来对中共"一大"的闭幕日期众说纷纭,至今未有定论。学术界关于中共"一大"闭幕日期有7月30日、7月31日、8月1日、8月2日、8月3日、8月4日、8月5日7种观点。

一、7月30日闭幕说不能成立

陈公博在中共"一大"结束后不久写作了《十日旅行中的春申浦》,发表在1921年8月出版的《新青年》第九卷第三号,这篇文章是叙述"一大"最早公开发表的文字,记忆较为清晰。作者记录了中共"一大"最后一次会议遭到法租界暗探和巡捕搜查事件,以及7月31日早晨发生在大东旅社的谋杀案。关于"大东旅社谋命案",《申报》、《民国日报》在8月1日、2日、3日有连续报道。陈公博在《共产主义运动在中国》中写道:"在大会的第一周周末,许多议案尚在考虑和讨论之中,这时法国警察突然出现了。"[1]笔者查证《申报》、《大公报》和《民国日报》报头,1921年7月30日这一天确实是周末(星期六)。

《民国日报》1921年7月31日本埠新闻栏还有一则"法租界取缔集会新章"的消息:"法总巡费沃礼君,昨特令中西探目派探分赴界内各团体知照,谓捕房订定于八月一日(即明日)起,如有开会集议,须在四十八小时前报告,一俟总巡核准,方许开会。如有私自秘密集议不将会议理由预先报告者,捕房查悉后,即照违章论,务请公堂讯究之。"[2]该消息表明法租界巡捕赴中共"一大"会址的时间是7月30日。

上述资料可以确认的史实是，7月30日是中共"一大"在上海召开最后一次会议的时间，由此证明7月30日闭幕说不能成立。

二、7月31日闭幕说不能成立

根据陈公博《十日旅行中的春申浦》一文，7月30日晚7时许会议召开不久，即有暗探闯入，大部分代表撤离后，就有法租界巡捕前来搜查，"骚扰了足足两个钟头"。由此推断，会场被法租界巡捕搜查结束，时间约在7月30日晚9点半左右。陈公博在1943年写的《我与共产党》一文补充回忆："惠僧走后，我和汉俊再谈几句，看时计已十点多钟，遂和汉俊告别。"[3]陈公博与李汉俊告别时是"看时计"的，时为当天晚上"十点多钟"，应是较为准确的回忆。

如果第二天即7月31日举行南湖会议，那么必须在7月30日晚深夜就做出决定，同时需要连夜通知全体代表于次日早晨坐火车赴嘉兴。要在当晚深夜去通知本来就分散居住、当晚又"各人找旅馆住宿"的全体代表于第二天早晨坐火车去嘉兴，从时间上已无可能；而会议召集人李达、主持人张国焘以及南湖会议的安排者王会悟，都没有忆及当晚曾经在李达家中召开会议讨论决定去嘉兴南湖开会。张国焘表示："这个意外事件发生后，我们为了避开警探的视线，决定第二天停会，并通知各代表俟找到妥当开会地点后再行复会。"[4]

上述讨论证明7月31日闭幕说不能成立。

三、8月1日闭幕说难以成立

1921年8月1日嘉兴发生了罕见的狂风之灾。笔者查阅了1921年7月下旬至8月上旬的《申报》，8月3日《申报》地方通信栏有报道："本月一日午后五时许，忽阴云四布，狂风大作，甚至屋瓦有声，故年久失修之房屋，以及短墙草棚等，吹倒者不少。此外农作物遭此狂风，受损颇多。最惨者，南湖中之避暑游船，于风起时不及傍岸，被风吹覆者四五艘，一般游客因不谙水性，而溺毙者竟有三人。狂风约一小时始止。此次损失总额，约计当在十余万左右，亦巨灾也。"8月4日《申报》地方通信栏有后续报道称，嘉兴东门外裕嘉缫丝厂因为8月1日午后狂风，"该厂所造成之三十八间房屋，为风吹倒者三十六间，并压伤漆工一名，仅有两间未倒"，"北丽桥上之桥石，亦竟吹去大石两方，幸未伤人"。以往多有学者称 8 月 1 日《申报》即有关于此次风灾的报道，或为笔误。

有论者认为，如果"一大"南湖会议在下午 5 点钟狂风之灾来临前结束，则 8 月 1 日闭幕说仍可成立。对此，王相箴整理了指明南湖会议起讫时间的回忆文章，包括陈潭秋、李达、张国焘、王会悟和包惠僧等人的有关叙述，基本上可以肯定南湖会议的结束时间最早在下午 6 点左右，也就是说，如果是 8 月 1 日开会，则肯定要遭遇风灾，后果不堪设想。[5]

上述可见，客观的狂风之灾的恶劣天气否定了 8 月 1 日闭幕说。

四、8 月 4 日闭幕说和 8 月 5 日闭幕说无法成立

中共"一大"代表 13 人，实际参会代表 12 人，留下回忆文章的有 8 人，其中写作、发表时间最近的是陈公博的《十日旅行中的春申浦》。笔者将署名公博的《十日旅行中的春申浦》一文中关于日期的文字麇集如下：关于从广州启程的时间，"我于是在七月十四日起程赴沪"；关于中共"一大"开幕的时间，"我到上海的翌日，就碰到两个从前外国的教授"；关于从上海去杭州的时间，"我们因为法巡捕房的优待，和邻房暗杀案的刺戟，三十一夜遂趁车赴杭"；从上海回广州的时间，"回上海第二日我们便赴新宁轮归粤"。包惠僧在《我所知道的陈独秀》一文中回忆说，"陈公博刚刚结婚，带了新娘坐邮船到上海"[6]。而通过陈公博所乘坐的交通工具来确认有关日期是一条重要途径，学者朱泽春、王相箴都进行了有益的探索。

共产国际代表马林和尼克尔斯基参加中共"一大"会议有 2 次，一次是 7 月 23 日的开幕式，一次是 7 月 30 日的第六次会议。结合陈公博描述的"我到上海的翌日，就碰到两个从前外国的教授"，可知陈公博是 7 月 22 日抵达上海。笔者查阅到 1921 年 7 月 23 日《申报》所刊登的《7 月 22 日轮船进口报告》，其中从香港来的邮船只有法国邮船包岛斯号。而 1921 年 8 月 4 日《申报》所刊登的《今日午刻出口之船》，第一条即为太古公司经停厦门、香港、广州的新宁轮。另外沪杭铁路在 1909 年 9 月 12 日正式通车，根据 1921 年 7～8 月份沪杭铁路行车时刻表，晚上从上海北站发车去杭州的只有 19 点 15 分发车的一班夜快车。由上述资料可以推断，陈公博是 7 月 14 日出发，坐了由香港转上海的法国邮船包岛斯号 7 月 22 日抵达上海；在 7 月 31 日坐 19 点 15 分的夜快

车从上海去杭州；从杭州回上海的第二天即8月4日坐新宁轮回广州。

陈公博回到上海以后，他在《我与共产党》一文中叙述："归来上海之后，佛海来找我，才知道最后大会已经在嘉兴的南湖上开过，会议算至结束。"前文已经论述陈公博在8月4日即坐太古公司的新宁轮离开上海，离开上海以前曾经和南湖会议结束后回到上海的周佛海相见，由此证明8月4日闭幕说和8月5日闭幕说无法成立。

表1　1921年7～8月份沪杭铁路行车时刻表

上海北站——→嘉兴			嘉兴——→上海北站		
快车	7:35	10:25	禾沪区间车	7:15	11:00
慢车	9:00	12:30	快车	9:28	12:05
四等客货车	10:00	14:35	慢车	11:22	14:35
特别快车	14:50	17:22	四等客货车	14:10	17:55
沪禾区间车	15:50	19:20	特别快车	16:30	18:50
夜快车	19:15	21:50	夜快车	20:15	22:45

资料来源：向真：《"一大"南湖会议几个问题的考订》，中共浙江省委党史资料征集研究委员会等编《中共"一大"南湖会议》，浙江大学出版社1989年，第127页。

五、中共"一大"闭幕于1921年8月3日

根据排除法行文至此，中共"一大"闭幕日期最有可能是8月2日和8月3日，笔者认为是8月3日。

1. 王会悟、李达、萧瑜等人的回忆表明中共"一大"闭幕日期是8月3日

在中共"一大"的知情人当中，南湖会议的具体安排人王会悟的回忆最多，包括1959年3月31日郭竹林记录整理的《"一大"在南湖开会的情况》，1959—1989年嘉兴南湖革命纪念馆三次派人专访王会悟，1983年11月12日王会悟复函王国荣，1984年八九月间肖甡、胡庆云两次专访王会悟，以及1985年第26期《瞭望》周刊发表的蒋曙晨文章《"一大"情景回顾——王会悟谈筹备"一大"的有关情况》，前后时间跨度达30年。笔者撰写过《金庸小说研究史稿》、《南京户外运动十年大事记》等多篇历史文献，并有采访抗战老兵的经验，深感被访谈者在后期的回忆，越来越多受到其他信息的干扰，所以在一般情况下早期的回忆更值得采信。

王会悟最早回忆南湖会议，是1959年3月31日："'一大'会议在

上海开了两天,因为有情况被迫休会,两天以后才决定到嘉兴南湖船上去开。决定后,李达同志叫我当晚去上海北站了解到嘉兴车的班次,第二天早上共代表十余人分两批去嘉兴。"[7] 由此可以判断,7月30日晚中共"一大"被法租界巡捕侵扰之后,会议的组织者们在7月31日、8月1日两天停会,"两天以后"的8月2日"决定"去嘉兴南湖续会;8月2日当晚李达请王会悟去上海北站了解到嘉兴车的班次,第二天早上即8月3日代表十余人分两批去嘉兴。8月3日召开南湖会议,8月3日与7月30日之间间隔4天,符合李达"隔了四天"召开会议的回忆。另外,毛泽东当时的朋友萧瑜写于20世纪50年代中期的《我和毛泽东的一段曲折经历》,也有中共"一大"连续停会几天的记忆。[8]

2. 没有南湖会议赴会人员提及嘉兴火车站的灾后景象说明中共"一大"闭幕日期是8月3日

最早指出存在嘉兴南湖灾害报道的,是日本学者藤田正典在1980年发表的《关于中国共产党第一次全国代表大会的代表、会期》。日本学者石川祯浩根据《申报》1921年8月3日、8月4日关于嘉兴此次狂风之灾的描写,认为假如会议果真在8月1日或者2日在嘉兴南湖举行,那么应该有某位代表记得并谈到这次灾害,但是有人记得南湖会议持续到晚上,却没有任何人谈及这场暴风灾害。这意味着南湖会议并不是8月1日或者2日召开的。[9]

笔者查阅了1921年8月上旬的《申报》,提及嘉兴狂风之灾的报道有4处,分别在8月3日和8月4日的地方通信栏和本埠新闻栏。关于8月1日的狂风之灾的情形已见前文所述,由于受到狂风袭击,"铁路车站之分路看守亭及电杆,被风吹倒吹折者不计其数,直至晚间八时,狂风始息,而雨未停,经各站站长据情报告车务总管,一面由电务工程二处立派工匠前往修复云"[10];"当时各站之门窗户壁,及银楼烟公司等在道旁所立之广告牌,亦被吹倒不少,所有各站损坏之电话线电杆,现经工程处立派工匠人等分头勘修,一时尚难恢复原状"[11]。由报道可见,嘉兴火车站因为受8月1日傍晚狂风之灾的影响,门窗户壁、道旁广告牌、电话线电杆等设施有所损坏,有关方面"立派"工匠人等进行修复应在8月2日。如果南湖会议是在8月2日召开,总会有赴会人员注意到嘉兴火车站的灾后景象,但是没有人事后提及这场狂风之灾以及灾后景象,由此推断,南湖会议召开时间是8月3日。

3. 陈公博8月2日晚从杭州返回上海证明中共"一大"闭幕日期是8月3日

以往多有论者认为陈公博是8月3日从杭州回到上海,笔者认为陈公博是8月2日晚从杭州回到上海。陈公博《十日旅行中的春申浦》在记录了自己7月31日夜从上海前往杭州以后写道:"我们在沪杭车上开一个旅行计划的协议。协议的终局是一日游山,二日游水,三日回沪,四日附轮回广州。"显然这里的日程安排只是旅行计划,实际的旅行日程并非如此。陈公博在《我与共产党》一文中回忆:"天热的杭州,等于一个大气炉,蚊大如蝇,夜热逾昼,我们只好赋归了。"在《十日旅行中的春申浦》中又说:"太虚既无暇相见,我也只好趁着夕阳赶车回上海了。"天气既热,预定的行程又不顺利,《十日旅行中的春申浦》正文前的内容提要最后一条明确表述:"西子湖中之两日游记。"[12]可见陈公博显然并未完成旅行计划,而是8月1～2日在杭州游览两天以后,在8月2日傍晚坐夜快车回上海,按照1921年7～8月份沪杭铁路行车时刻表,到上海的时间是22点45分。

假设中共"一大"闭幕日期是8月2日,那么除了毛泽东和刘仁静会后前往杭州游西湖,大多数代表在傍晚6点多钟结束会议后当晚赶回上海,根据1921年7～8月份沪杭铁路行车时刻表,只能乘坐20点15分的夜快车,也就是说,和陈公博夫妇同车回上海。试想,以当年车次不多乘客也少的情况下,代表们必将有3个多小时的车程和进出站时间可能邂逅陈公博。事实是没有一个"一大"当事人提及此事,特别是曾经和陈公博见面告知中共"一大"闭幕消息的周佛海。由此可以判断,中共"一大"闭幕日期是1921年8月3日。

上述论证也存在不足之处,如部分判断以回忆立论。中共"一大"南湖会议的安排人王会悟最早回忆南湖会议是1959年,距离1921年的会议时间已经38年。正如董必武1971年谈中共"一大"和湖北共产主义小组时所说:"两个人回忆一件事,如果事先不商量,回忆的结果就不可能一样。"而这也正是历史考证的魅力所在。笔者殷切期望学术界同仁对中共"一大"闭幕日期是1921年8月3日的论断批评、指正、讨论、补充,力争在2021年建党一百周年以前确定中共"一大"闭幕日期这个影响世界历史进程的重要时刻。

参 考 文 献

[1] 陈公博.共产主义运动在中国[M].中国社会科学院近代史研究所翻译室译,中国社会科学出版社,1982:102.
[2] 法租界取缔集会新章[N].民国日报,1921-7-31(10).
[3] 陈公博.寒风集[M].上海地方行政社,1945:甲211.
[4] 张国焘.我的回忆(第一册)[M].东方出版社,1991:143.
[5] 王相箴.中共"一大"闭幕日期考订[J].党的文献,2001(1):51.
[6] 包惠僧.包惠僧回忆录[M].人民出版社,1983:369.
[7] 中国社会科学院现代史研究室,中国革命博物馆党史研究室."一大"前后:中国共产党第一次全国代表大会前后资料选编(二)[M].人民出版社,1980:56.
[8] 萧瑜.我和毛泽东的一段曲折经历[M].陈重,张雯等编译,昆仑出版社,1989:167.
[9] (日)石川祯浩.中国共产党成立史[M].袁广泉译,中国社会科学出版社,2006:271.
[10] 大风雨吹倒路亭及电杆[N].申报,1921-8-3(14).
[11] 沪杭路嘉兴等站遭风之损失[N].申报,1921-8-4(14).
[12] 陈公博.十日旅行中的春申浦.嘉兴南湖革命纪念馆新馆馆藏.

(作者单位:江苏省行政管理科学研究所)

地位、政治关注、政府信任与基层民主选举中的投票参与*
——一项来自 CGSS2010 的 Logistic 回归模型研究

李向健　孙其昂

摘　要　CGSS2010 的 Logistic 回归模型研究表明：村民比城市居民、年龄较高的居民比年龄较低的居民、党员居民比非党员居民、政治关注度较高的居民比政治关注度较低的居民更有可能参与投票；民主选举中投票参与的社会经济地位模型并不适合中国城乡的居委会/村委会选举；对基层政府的信任程度较高的居民比信任程度较低的更有可能参与投票。要提高选举投票率，一方面政府应充分发动党员居民和积极分子积极参与，另一方面要增强基层群众对基层政府的信任。

关键词　政治参与　基层民主　投票参与

一、问题的提出

政治参与是普通公民通过各种合法方式参加政治生活，并影响政治体系的构成、运行方式、运行规则和政策过程的行为（王浦劬，1995）。在政治参与的诸多形式中，政治投票是制度化程度最高的一种参与形式，也是参与人数最多、最为集中的一种参与形式。中国公民在法律意义上拥有平等的政治参与权。但是，在现实情况中我国城乡居民政治参与情况存在着明显的差异，特别是基层社区中存在大量的置身于政治过程之外的"参与冷漠者"，这必然损害民主政治的健康发展。因此，深入分析城乡居民政治参与特别是居委会/村委会选举投票的影响因素具有非常重要的现实意义。

本文试图通过"中国综合社会调查（China General Social Survey, CGSS2010）"数据，建立地位、政治关注、政府信任与基层民主选举中的

---

* 本文为国家社会科学基金项目"社会现代化视野中大学生思想政治教育系统整合研究"（项目编号：13BKS086）、江苏省河海大学中央高校基本科研业务费项目"居住空间分异与社会距离"（项目编号：2013B28014）的阶段性成果。

投票参与的 logistic 回归模型，一方面检视社会经济地位、政治关注等变量对基层民主选举中的投票参与的影响，另一方面明确提出居民的政府信任是影响基层民主选举中投票参与的关键因素之一，这个结论不仅适用于农村样本，同样得到城市样本数据分析的支持。

因此，下文将对以下研究假设进行验证：

假设一：在居委会/村委会选举中，社会经济地位较高的居民比社会经济地位较低的居民更有可能投票。该假设又分为收入假设和受教育程度假设。

假设二：在居委会/村委会选举中，政治关注度较高的居民比政治关注度较低的居民更有可能投票。该假设又分为政治身份假设和时事关注假设。

假设三：在居委会/村委会选举中，政府信任程度较高的居民比政府信任程度较低的居民更有可能投票。该假设又分为政府机构信任假设和政府人员信任假设。

二、数据和变量

1. 数据来源

CGSS 是一项连续性的中国基本社会状况调查项目，主要目的是了解改革开放 30 多年来，中国城乡居民的就业、教育、社会关系、生活方式和生活环境等方面的状况。本文所用数据来自于中国人民大学社会系主持、与全国 25 家高校及社会科学院合作完成的中国综合社会调查(CGSS)项目 2010 年的调查数据。调查采用分层四阶段概率抽样方法，以全国(含 22 个省、4 个自治区、4 个直辖市，不含西藏自治区、港澳台)人口为调查总体，实际完成样本量为 11785 个，其中城市样本量 7091 个，占总样本量的比例(有效百分比)是 61.1%，农村样本量为 4519 个，占总样本量的比例(有效百分比)为 38.9%，缺失 175 个，数据经过加权处理。

2. 本文各变量的描述统计(见表1)

表1 变量值的描述性统计

变量名称		统计量		
		平均值	标准差	样本量
背景变量	居委会/村委会投票参与	0.48	0.500	11166
	城乡差异(农村=0)	0.61	0.488	11610
	性别差异(女性=0)	0.48	0.500	11783
	年龄	47.31	15.681	11779
社会经济地位	教育程度分层	2.14	1.074	11777
	收入分层	2.00	0.816	11785
政治身份	是否党员(非党员=0)	0.12	0.330	11769
政治关注度	是否知道人大常委会委员长(不知道=0)	0.25	0.434	11655
	时事关注因子	0.00	1.000	11699
政府信任	地方政府信任	3.68	1.096	11714
	政府员工信任	3.85	0.961	3631

三、数据分析

1. 模型结果解释

表2是对城乡居民参与居委会/村委会选举投票的影响因素logistic回归模型拟合结果,其回归结果展示了社会经济地位、政治关注度和政府信任等不同因素对居民参与居委会/村委会选举投票的影响。笔者在背景变量的基础上,先后加入社会经济地位、政治关注度和政府信任三类变量,形成三个模型。

模型1呈现的背景变量和社会经济地位对城乡居民参与居委会/村委会选举投票的影响,统计结果显示 NagelkerkeR^2=0.157,−2对数自然值=13851.709,卡方值为1376.841,P<0.001,城乡差别、性别、年龄、受教育程度均通过了显著性检验,在95%的置信度下,收入变量也通过了显著性检验。模型2在模型1的基础上加上政治身份变量和时事关注因子,统计结果显示 NagelkerkeR^2=0.161,模型的解释力度上升0.4%,−2对数自然值=13666.438,比模型1有所下降,卡方

值为 1398.137，P＜0.001，城乡差别、性别、年龄、受教育程度和时事关注因子均通过了显著性检验，在 99% 的置信度下，政治身份变量也通过了显著性检验。不过在模型 2 中，收入及是否知道人大常委会委员长对城乡居民参与居委会/村委会选举投票没有影响。模型 3 在模型 2 的基础上加入了地方政府信任和政府员工信任两个变量，回归的拟合度上升了 2.5%，NagelkerkeR^2=18.6，−2 对数自然值=4038.590，卡方值为 490.378，P＜0.001，相比模型 2，−2 对数自然值和卡方值明显下降，尽管有样本数的减少（加入政府信任变量时存在大量缺失值）。地方政府信任变量在 99%、政府员工信任变量在 95% 的置信度下通过了显著性检验。

表 2　居委会/村委会选举投票的影响因素

	自变量	模型 1		模型 2		模型 3	
		B	Exp(B)	B	Exp(B)	B	Exp(B)
背景变量	城市 a	−1.120***	0.326	−1.153***	0.316	−1.094***	0.355
	男性 b	0.188***	1.206	0.125**	1.133	0.129	1.138
	年龄	0.023***	1.023	0.021***	1.022	0.022***	1.022
社会经济地位	教育程度分层	−0.135***	0.873	−0.215***	0.806	−0.281***	0.755
	收入分层	0.067*	1.069	0.034	1.034	0.025	1.026
政治身份	党员 c			0.202**	1.224	0.212!	1.236
政治关注度	知道人大常委会委员长 d			0.012	1.012	0.054	1.055
	时事关注因子			0.143***	1.154	0.142**	1.153
政府信任	地方政府信任					0.111**	1.117
	政府员工信任					0.091*	1.095
	截距项	−0.413***		−0.104		−0.928***	
	N	10996		10879		3275	
	−2 对数自然值	13851.709		13666.438		4038.590	
	卡方检验	1376.841***		1398.137***		490.378***	
	NagelkerkeR^2	0.157		0.161		0.186	

注释：(1) ! 表示 P＜0.1，* 表示 P＜0.05，** 表示 P＜0.01，*** 表示 P＜0.001；(2) a 参考类别是农村，b 参考类别是女性，c 参考类别是非党员，d 参考类别是不知道人大常委会委员长。

2. 变量分析和假设回应

经检验,每个模型在增加不同自变量后,整体模型均达到显著性水平。各自变量经过不同模型的回归数据显示:

(1) 从背景变量来看。城乡差别、性别、年龄均对城乡居民参与居委会/村委会选举投票存在显著影响。村民参与村委会选举投票的可能性比城市居民参与居委会选举投票的可能性高,模型1、2、3中城市居民对村民的胜算比分别为0.326,0.315和0.315。对此,一项对上海的社区选举的考察表明,与村民自治相比,城市区选举之所以缺乏活力,关键在于村委会选举以分配性利益为基础,需要选出"当家人";而居委会选举以维持性利益为基础,只要选出"守夜人"(熊易寒,2008)。从已有的个案研究发现,部分社区居委会选举存在的高投票率是由于积极分子的"复票权"导致的。整体上,城乡差异假设,即村民比城市居民更有可能参与基层民主选举是成立的。同时,年长的人比年轻的人更有可能投票。随着年纪的增长,人的知识和阅历越来越丰富,政治关注度越来越高。不过,已有的研究发现,年龄与投票参与之间并非存在显著的线性关系,而是一种类似倒U型的拟线性关系,即年轻人参与率低,随着年龄增大,参与率增高,在45岁左右达到高峰,60岁以后逐渐下降(胡荣,2006)。

(2) 在社会经济地位方面。从模型估计的结果来看,教育程度回归系数通过显著性检验。不过,模型1、2、3中负的回归系数可能恰恰反映当前我国城乡居民的受教育程度与居民投票参与存在的现实性的关系——在欧美等发达国家中,受教育程度越高,居民的投票可能越高,而在我国居委会/村委会选举的投票参与和居民受教育程度没有太多关联。即使有关联的话,也是受教育程度相对较低的群体参与较多,这与我国城乡当下的居委会/村委会承担的行政职能有关。另外,统计数据表明收入也是影响居民投票参与的重要因素,即收入较高的人比收入较低的人更有可能参与投票,不过收入变量在模型2、3中均未能通过显著性检验。这样,社会经济地位假设未能得到验证。有关民主投票的社会经济地位理论模型在中国的适应性将在下一步的研究进行讨论。

(3) 在政治身份和政治关注度方面。从模型估计的结果来看,党员身份在模型2、3中均通过了显著性检验。即在居委会/村委会选举中,党员居民的投票可能性高于非党员居民。目前,我国城乡居民委员会/村民委员会既是横向的居民自治组织,同时也承担着来自纵向的国家行政任务。在现有体制下,党员身份是一种非常重要的政治资源,党员在社区居委会/村委会换届选举的过程中受到党组织的积极动员,并且他们还会发动周围很多熟人去参与投票。

是否知道当前我国的人大常委会委员长是谁,在模型1、2、3中都未能通过显著性检验。而时事关注因子在模型2、3中均通过了显著性检验,对时事关注程度较高的居民比关注程度较低的居民更有可能投票。经常阅读有关时事方面的报纸、杂志和书籍、常常与他人议论有关时事的话题的居民在了解国家政策方针、基层民主选举等方面要远远好于对时事漠不关心的居民。对居委会/村委会选举的信息获取与交流、对居委会/村委会自治职能的期待,都使得关注时事的居民更倾向参与基层民主选举,以试图表达自己的参与意愿和影响基层政治事件。

因此,假设二,即政治身份和时事关注假设得到验证。

(4)政府信任方面。模型3的拟合结果显示,居民对本地政府(农村指乡政府)的信任、对政府工作人员的信任都通过了显著性检验。即在居委会/村委会选举中,对本地政府(农村指乡政府)的信任程度较高的居民比对本地政府(农村指乡政府)的信任程度较低的居民更有可能投票;对政府工作人员的信任程度较高的居民比对政府工作人员的信任程度较低的居民更有可能投票。在民主政治过程中,信任有利于居民之间信息的共享、沟通,从而减少参与成本;并且,信任可以促进选举方和被选举方的合作。

在当前中国特殊的政治体制下,基层政府,特别是城市的街道、农村的乡政府,以及部分履行基层政府行政管理职能的居委会、村委会对基层社会的影响非常深刻。街道/乡政府通过执行上级的各种政策性任务和为居民提供各种公共服务等途径,与居民进行各种形式的互动。居民在日常生活的互动中形成了对街道/乡政府在社区治理所扮演的角色的基本认知,即基层"政府信任"。这种信任对于居民参与基层的政治活动有着显著影响。居委会/村委会选举投票就是在本地政府的推动或干预下进行的,对本地政府的信任度直接影响居民是否投票。

因此,假设三,即政府信任假设和政府员工信任假设得到验证。

四、基本结论和进一步的讨论

1. 基本结论

研究结果表明,村民比城市居民、年龄较高的居民比年龄较低的居民、党员居民比非党员居民、政治关注度较高的居民比政治关注度较低的居民更有可能参与投票;民主选举中投票参与的社会经济地位模型并不适合中国城乡的居委会/村委会选举;最后,对基层政府的信任程度较高的居民比信任程度较低的更有可能参与投票。

2. 进一步讨论:政治动员、基层政府信任和公民投票参与

(1)政治动员:国家的力量。从本文建构的回归模型可以看出,当加入党员身份和政治关注度两个变量,模型的解释力得到了提升。由此,从政府的立场出发,充分发动党员居民和积极分子的参与积极性,提升普通居民的政治关注度,有利于提升社区民主选举参与的效率与质量,化解社区居民参与的政治冷漠困境。通过自上而下的政治动员,建构居民的政治认同,提升居民对由执政党和政府发起的类似社区居委会/村委会选举投票参与等城市基层民主政治生活的信任度、认可度。同时,这种政治动员还会形成强大的舆论作用,引导普通居民的从众心理,使人们有效地抵触各种不良的思想,提高民主政治意识,自觉地关注和参与基层民主政治生活。

(2)基层政府信任:社会的接纳。参与居委会/村委会选举投票,是当前居民"制度性参与"我国基层民主政治过程的一种主要方式。对街道/乡政府及其工作人员的信任是影响居民是否投票的关键因素之一。有研究指出,之所以对乡镇基层党委、政府的信任影响村民参与更低一级(村委会)选举的行为,是我国特定的政治体制及其所带来的"压力型"地方治理机制所决定的(孙昕,2007)。这样的结论也得到了来自城市社区数据分析的支持。

进入21世纪以来,政府通过出台推行一系列的政策,诸如城市的"二级政府、四级管理"、"社区网格化管理"和农村"粮补"、"树补"等,使得改革开放以来,逐渐呈弱化趋势的国家力量重新掌控基层社会。我国的基层民主政治过程是在强大的国家力量的引导下进行的,在居委会/村委会选举投票中,民众对于所在区域基层政府的信任程度往往体现了国家对社会力量的控制程度和社会对国家力量的接纳程度。因此,基层政府在本地民众的社会经济生活中的作用、在日常生活的主要角色都会影响民众对其的信任度。尽管一再强调社会力量的自主发育、普通民众的政治文化观念的变革对基层政治参与的影响,通过行政体制改革,"使基层政府从既有体制下的'管制型政府'逐渐向新体制下的'服务型政府'转变,以此提高村民(或城市居民:笔者注)对基层政府的政治信任"(孙昕,2007),才是既定框架下提高居委会/村委会选举投票率、促进基层民主政治参与健康发展的根本途径。

参 考 文 献

[1] 王浦劬.政治学基础[M].北京大学出版社,1995:253.
[2] (美)格林斯坦,波尔斯比.政治学手册精选[M].商务印书馆,1996:371.
[3] (美)诺曼·H.尼,西德尼·伏巴.政治参与[M]//格林斯坦,波尔斯比.政治学手册精选.商务印书馆,1996:304.
[4] (美)安东尼·奥罗姆.政治社会学导论[M].上海人民出版社,2006:227,230.
[5] 陈镇明.政治学——概念、理论和方法[M].中国社会科学出版社,2003:326.
[6] 刘欣,朱妍.中国城市的社会阶层与基层人大选举[J].社会学研究,2011(6):34—58.
[7] 万斌,章秀英.社会地位、政治心理对公民政治参与的影响及其路径[J].社会科学战线,2010(2):178—188.
[8] 刘春荣.选举动员的框架整合——银杏居委会换届选举个案研究[J].社会,2010(1):22—45.
[9] 孙昕,徐志刚,陶然,苏福兵.政治信任、社会资本和村民选举参与——基于全国代表性样本调查的实证分析[J].社会学研究,2007(4):166—187.
[10] 熊易寒.社区选举:在政治冷漠与高投票率之间[J].社会,2008(3):180—204.

(作者单位:河海大学公共管理学院;河海大学社区研究中心)

十八届三中全会农村土地改革精神解读及江苏省实践探索

石晓平　王　岩　马贤磊

摘　要　本文基于对十八届三中全会中央农村土地改革精神的解读,立足江苏省实践探索,对江苏省农地股份合作社这一创新模式进行了较为全面系统的剖析,针对农地股份合作社发展过程中存在的突出问题,提出了明确界定农民的土地产权,使农民拥有稳定和完整的土地产权;统一和健全相关法规和条例,切实保障农民的土地权益;逐步建立农村土地交易市场,引导土地有序流转,提高土地资源的利用效率等政策建议。

关键词　农村　土地改革　江苏　实践探索

2013 年 11 月,中共十八届三中全会通过的《中共中央关于全面深化改革若干重大问题的决定》(以下简称《决定》)是在新的历史起点上对全面推进中国特色社会主义伟大事业、全面深化改革发展的战略部署和顶层设计,站在全局高度对"三农"问题尤其是农村土地问题做了系统论述,既回应了社会实践的强烈需求,又有针对性地提出了新思想、新论断和新举措,既立足当前,又展望未来,意义重大。而如何科学地推进农村土地制度改革,构建并完善适应新型农业的经营体系,保障农民的各种财产权利更是研究的重中之重。

一、中央政策及政策解读

1. 中央政策

《决定》以赋予农民更多权利和利益,推进城乡发展一体化为主线,明确提出了"三个赋予"、"七个允许"、"四个鼓励"、"五个保障"、"六个推进"等农村土地改革任务和举措。

三个赋予:赋予农民更多财产权利,赋予农民对承包地占有、使用、收益、流转及承包经营权抵押、担保权能,赋予农民对集体资产股份占有、收益、有偿退出及抵押、担保、继承权。

七个允许：允许农民以承包经营权入股发展农业产业化经营，允许通过试点推进农民住房财产权抵押、担保、转让，允许财政项目资金直接投向符合条件的合作社，允许财政补助形成的资产转交合作社持有和管护，允许合作社开展信用合作，允许企业和社会组织在农村兴办各类事业，允许农村集体经营性建设用地出让租赁入股，实行与国有土地同等入市、同权同价。

四个鼓励：鼓励承包经营权在公开市场上向专业大户、家庭农场、农民合作社、农业企业流转，鼓励和引导工商资本到农村发展适合企业化经营的现代种养业，鼓励农村发展合作经济，鼓励社会资本投向农村建设。

五个保障：保障农民集体经济组织成员权利，保障农户宅基地用益物权，保障农民工同工同酬，保障农民公平分享土地增值收益，保障金融机构农村存款主要用于农业农村。

六个推进：推进家庭经营、集体经营、合作经营、企业经营等共同发展的农业经营方式创新，推进城乡要素平等交换和公共资源均衡配置，推进城乡基本公共服务均等化，推进农业转移人口市民化，逐步把符合条件的农业转移人口转为城镇居民，推进城镇基本公共服务常住人口全覆盖，推进进城落户农民完全纳入城镇住房和社会保障体系、在农村参加的养老保险和医疗保险规范接入城镇社保体系。

上述重大论断和政策突破，必将对我国农村土地改革发展产生重大而深远的影响。

2. 政策解读

（1）推进家庭经营、集体经营、合作经营、企业经营等共同发展的农业经营方式创新。

第一，家庭经营、集体经营、合作经营、企业经营共同发展，是对农村基本经营制度的丰富和发展，以家庭承包经营为基础、统分结合的双层经营体制，是我国农村改革取得的重大历史性成果，推进家庭经营、集体经营、合作经营、企业经营共同发展的农业经营方式创新，就是适应城镇化和现代农业发展的客观需要，在"统"和"分"两个层次推进农业经营体制机制和方式创新，就是坚持家庭经营在农业中的基础性地位，稳定农村土地承包关系并保持长久不变，依法维护农民土地承包经营权；充分发挥不同经营模式在规模、效率、技术、市场等方面的优势。

第二，家庭经营、集体经营、合作经营、企业经营共同发展，能有效完善农地权能结构,推动农地制度创新发展。由所有权和承包经营权"两权并行分置"向所有权、承包权、经营权"三权并行分置"发展,这有利于进一步完善农村土地权能和权益关系,提高农地资源配置和生产经营效率。据农业部统计,截止到2013年底,全国农村土地流转面积达3.4亿亩,已占家庭承包耕地面积的26%,顺应实践要求,对土地承包经营权进行承包权和经营权分权设置,明确经营权流转及行使的法律地位,建立所有权、承包权、经营权"三权并行分置"的新型农地制度显得十分必要。

(2) 鼓励承包经营权向专业大户、家庭农场、农民合作社、农业企业流转。

第一,承包经营权向专业大户、家庭农场、农民合作社、农业企业流转,是培育新型农业经营主体的需要。随着农村劳动力不断向非农产业和城镇转移,留在农村务农的年轻人越来越少,农业生产人员老龄化、后继乏人问题日益严重,"将来谁来种地"已成为我国农业健康发展和农业现代化建设的一个重大问题,成为影响我国农业安全的一个突出问题。据第二次农业普查,全国农业从业人员中,51~60岁的占21.3%,60岁以上的占11.2%,即农业从业人员近三分之一已超过50岁。所以,培育新型农业经营主体十分迫切。

第二,承包地向专业大户、家庭农场、农民合作社、农业企业流转,是提高农业盈利能力和市场竞争力的需要。小规模分散经营情况下,农民靠土地种植实现不了充分就业,为了增加收入,必然要兼业,导致农业出现兼业化、副业化,难以成为有市场竞争力和经营吸引力的产业。农业部的调查表明,从我国资源禀赋和当前工农就业收益看,一年两熟地区户均耕种50~60亩,一年一熟地区户均耕种100~120亩,具有规模效益,农业就具有吸引力。

(3) 赋予农民对承包地占有、使用、收益、流转及承包经营权抵押、担保权能。

赋予农民对承包地占有、使用、收益、流转及承包经营权抵押、担保权能,使农民对承包地的权能更加完整和充分,这有利于进一步完善农民同土地的关系,有利于维护农民土地权益,有利于保护土地使用权作为农民的用益物权,有利于扩展农地的生产经营功能,有利于促进农业农村发展。由于《物权法》规定,耕地、宅基地等集体所有的土地使用权不能抵押,因而使得农民拥有的土地承包经营权的用益物权权能不完整。赋予农民更多的土地使用权权能,就是赋予农民对土地承包经营权拥有抵押、担保等权利,使农民能够以土地承包经营权进行抵押、担保等活动。

二、江苏省实践探索

随着江苏省城市化进程的不断加快,农民向二、三产业发展的选择性越来越大,农村土地抛荒、耕地资源闲置、农地效率低下现象普遍存在。为了更好解决这些问题,亟须在不改变土地承包经营权的基础上做出创新性的探索。农民以承包地的经营权作为主要出资方式,将土地承包经营权转化为股权,并按照股份从土地经营收益中获得一定比例的分红,这种土地合作经营形式,又称为农地股份合作社。这是农村土地制度改革的创新形式,丰富了家庭承包责任制的内涵,对实行土地适度规模经营、推进农业现代化具有重要的现实意义。

1. 农地股份合作社的运行态势及模式

近年来,江苏省各地围绕现代农业发展,积极推进农地股份合作制改革,呈现快速良好的发展态势。仅 2010 年一年,全省新增比较规范的农地股份合作社就达 670 家,新增入股面积 30 万亩,累计有比较规范的农地股份合作社 1800 家,入股土地面积 93 万亩。

(1) 农地股份合作社的发展模式。

内股外租型。目前大多数合作社都属于这种类型,并不是真正意义上的农地股份合作社,在这一模式中,农地股份合作社只是充当了土地流转的中介组织。其实质是农地股份合作社将农户的承包地集合起来,统一发包给专业种养大户集中经营或者委托农民专业合作社、农业龙头企业等进行经营。苏州吴江市同里科技农业示范园内全部土地都实行了土地股份合作,1174 户农民以土地承包权入股组建了土地股份合作社,一期 3000 亩土地分别由当地 9 位农民和 7 位农民组成的两个粮油专业合作社承包经营。

自主经营型。在成立农地股份合作社的基础上,依托产业优势,成立专业合作社,进行自主经营,这不仅符合现代农业的发展方向,提高了农业劳动生产率和效益,而且使农民收入持续增加有了保障。但目前江苏省这种类型的合作社比较少,还需在以后的发展中不断探索。

内股外租＋自主经营型。在这种模式下,农地股份合作社的土地大部分是以转包和租赁的形式交给专业种养大户集中经营,只留出一小部分土地进行自主经营,这属于以上两种模式的过渡。淮安市楚州区农地股份合作社入股土地面积达1130亩,其中有800多亩由合作社统一对外发包给种养大户进行经营,剩余的300多亩由合作社统一种植粮食,进行自主经营。

(2)股权设置与收益分配模式。

股权设置。目前,农地股份合作社股权设置主要有两种形式:一种是单纯的以土地入股。土地一般不作价,入股土地由合作社统一整合后实行对外发包或租赁,所得收入按入股土地份额进行分配。太仓市璜泾镇荡茜村村民自愿将自有的共计1105亩土地入股,组建农村土地股份合作社,所得租金按入股土地份额进行分配。另一种是以农民土地入股为主,资金、技术等参股的农地股份合作社。入股土地一般要作价折股,合作社经营收益按照股份进行分配。常熟市新港镇李袁村土地股份合作社的总股本为407.5万元,其中土地作价股本216.5万元,每亩土地作价1万元,集体现金入股91万元,经营者技术等折价70万元,收益按股份分配,形成风险共担、利益共享的紧密型利益联结机制。

收益分配模式。农地股份合作社为了充分保障入股农户的收益,往往实行保底收益和浮动分红相结合的收益分配方式。土地股份合作社一般先确定一个保底分配基数,减少农户入股风险,再按合作社实现的利润(扣除保底红利和公积金、公益金)进行股份分红。扬州市渌洋湖农林综合开发土地股份专业合作社每股每年保底分红600斤粳稻、50斤小麦;二次分配视合作社实际效益而定,近四年来二次分红分别为100元、145元、170元、210元。

2. 农地股份合作社发展的现实困境

农地股份合作社的登记不够规范。当前,农地股份合作社的登记注册模式还不够统一规范。农地股份合作社主要是到民政部门和工商部门进行登记,通过民政部门进行登记的占多数。兴化市76家农村土地股份合作社都是在民政部门进行登记,没有工商执照的农地股份合作社,不具有企业法人的独立资格,既不能在银行、税务部门开户,也不能对外签订合同、申请商标,更难取得贷款扩大再生产。

合作社内部管理制度尚不完善。当前,大多数地区的农地股份合作社还处于试点起步阶段,相应的管理制度和方法仍然滞后,实践运行中仍然存在一些不容忽视的问题。有些合作社的股东代表大会流于形式、董事会常受基层行政组织控制,"三会"制度作用微乎其微。

在内部管理方面,没有充分尊重入社农户的话语权,章程规定的"一人一票制"或"一股一票制"的民主管理制度未能得到充分行使,在决策中很难体现出公平、民主,一些重大事项仍然由村干部等少数人决定。

三、江苏省贯彻落实十八届三中全会农村土地改革精神的思路

作为东部发达省份,在立足江苏省实践探索的基础上,对农地股份合作社模式进行了较为全面系统的剖析,以期更好、更全面贯彻落实十八届三中全会精神,并在此基础上提出完善江苏省农村土地制度改革的政策建议。

1. 明确界定农民的土地产权,使农民拥有稳定、完整的土地产权

在坚持农村土地集体所有制的前提下,把土地产权直接赋予农民,使农民享有明确、稳定、完整而有效的土地产权。土地的占有权和使用权是土地产权的基础,土地的处置权是土地产权的象征,土地的收益权则是土地产权的实质和实现。因此,应当从法律上确保农民自由使用土地、处置土地的权利,并对使用、处置土地的收益享有排他性的收益权。

2. 统一和健全相关法规和条例,切实保障农民的土地权益

应通过立法进一步规范农村土地的产权,并对农民土地的所有权和使用权、处分权、收益权等权利做出明确的法律规定,使农民土地权利的法律依据更加明确化,从而保证权利主体的行使权。要尽快出台农地股份合作社工商登记细则,以明确农地股份合作社的法人地位,为其参与市场经济活动提供充分的法律保障。

3. 逐步建立农村土地交易市场,引导土地有序流转,提高土地资源的利用效率

由于农村土地市场化建设滞后,农村土地流转处于难以正常有序进行的局面。江苏作为东部发达省份,更应从保护农民土地权益,提高土地资源利用效率的目标出发,培育农村土地产权市场,健全土地流转的方式、程序,提高资源的利用效率,使全省农民能够通过市场化运作分享土地资产在流转中带来的增值收益。

参 考 文 献

[1] 刘守英.土改建言:中国土地制度的问题与改革[J].中国改革,2013(11):8-19.
[2] 刘世锦等.推进集体建设用地入市 为经济增长释放发展空间[J].发展研究,2014(4):4-7.
[3] 黄小虎.改革征地制度建议[J].国土资源导刊,2013(9):32-35.
[4] 国务院发展研究中心农村部.坚持与完善农村基本经营制度研究[M].中国发展出版社,2013.

(作者单位:南京农业大学公共管理学院)

以中华优秀传统文化涵养社会主义核心价值观*

彭安玉　李明国

摘　要　汲取中国传统文化中蕴含的伦理道德精华,对于增强社会主义核心价值观的生命力、感染力和说服力,无疑具有重要作用。当前,适应新的形势,必须推动中华传统美德规范的创造性转化和创新性发展。在实践中,要努力借鉴中华传统美德的教化经验,通过建立信仰、官员带头、循序渐进、融入生活等方式让社会主义核心价值观内化于心、外化于行。

关键词　社会主义核心价值观　中华文化　传统美德

2014年2月24日,习近平总书记在主持中央政治局集体学习时深刻指出:"培育社会主义核心价值观必须立足中华优秀传统文化,认真汲取中华优秀传统文化的思想精华和道德精髓,使中华优秀传统文化成为涵养社会主义核心价值观的重要源泉。"这揭示了弘扬中华优秀传统文化与培育社会主义核心价值观的关系,具有重要的指导意义。

一、充分认识中华优秀传统文化的根基作用

中国是一个有着悠久历史的文明古国,中华文化源远流长,曾经为人类文明的发展做出了非凡的贡献。汲取中国传统文化中蕴含的伦理道德精华,对于培育和弘扬社会主义核心价值观,增强社会主义核心价值观的生命力、感染力和说服力,无疑具有特别重要的意义。

中国传统文化是一种典型的伦理型文化,其间蕴含着许多优秀的伦理道德价值观。第一,中国传统文化强调人文精神,重视现世生活,崇尚道德人生,倡导以仁义胸怀、忠恕品格、自强不息等为标准的人格理论。第二,中国传统文化强调人的"乐群"精神,以"礼"、"乐"为本,重人伦和谐,无论是儒家的"仁义",还是墨家的"兼爱",都体现了人、我、群之间的有机联系,对于维系人与人之间的和谐关系,有着重要的借鉴意义。第三,中国传统文化强调人的道德修养,一方面主张用道德的办

---

* 本文为江苏省社会科学基金资助项目(项目编号:14SZB009)的阶段性成果。

法感化民众,用礼义的形式规范行止,使人们产生道德自觉,守法遵礼,知耻从善;另一方面认为执政者的德行对于统治效果具有决定性的作用,"治国、平天下"必须从"修身、齐家"做起。第四,中国传统文化强调国家利益高于个人利益,主张为了国家民族,不惜牺牲个人利益。第五,中国传统文化强调天人和谐,主张尊重自然,"天人合一"、"顺其自然"。这对于正确处理人与自然的关系,有着深刻的启示。

由此可见,中国优秀传统文化尚仁爱、重民本、倡和合、崇正义、尊自然、讲爱国、求大同,内涵极其丰富。尤其是儒家文化,是人类文明特别是东方文明的源头之一,不仅在历史上产生过巨大影响,而且将在培育和弘扬社会主义核心价值观中发挥不可替代的重要作用。

从历史价值看,中华优秀传统文化具有非常的凝聚力、向心力。几千年来,中华文明历尽沧桑,饱经磨难,一次又一次表现出强大的再生能力,成为世界文化不曾中断的古老文明。究其原因,中国优秀传统文化发挥了关键作用。在中华民族悠久的文明史上,涌现了无数不朽的道德箴言,诸如孔子的"仁者爱人"及"义以为上";孟子的"老吾老,以及人之老;幼吾幼,以及人之幼";诸葛亮的"鞠躬尽瘁,死而后已";文天祥的"人生自古谁无死,留取丹心照汗青"。在人民群众中,热爱祖国、勤劳节俭、尊老爱幼、诚实守信、谦虚明礼、以和为贵、助人为乐、成人之美等,世代相传,深入人心,蔚然成风。

从现实价值看,中华优秀的传统道德规范诸如"己欲立而立人,己欲达而达人","己所不欲,勿施于人"的仁爱道德;"言必行,行必果"的诚信道德;"一粥一饭,当思来之不易"的勤俭道德;"天行健,君子以自强不息"的自强道德,可以对现实生活中的消极道德起理性批判、抵制和消除作用。

从世界价值看,新加坡将"忠、孝、仁、爱、礼、义、廉、耻"加以转换,用于协调现代社会的人际关系,取得了令世人瞩目的效果。当代西方国家,高度发达的物质生活与相对落后的道德文明日益形成明显的反差,愈来愈多的西方有识之士将眼光转向东方,力求吸取东方文明中的传统美德以补其不足。

二、善于吸收中华传统美德规范的内涵

中华传统美德规范经过数千年的历史积淀,已经融进中国人的血液,深入中国人的骨髓,内化为全体中国人的"集体无意识",成为民族

精神的构成元素和中华文化的"根"。将中国传统美德规范与社会主义核心价值观有机结合,融为一体,可以起到"随风潜入夜,润物细无声"的奇效,让人们在自己熟悉的价值取向中认同社会主义核心价值观。

道德规范是人们判别善与恶、道德与不道德的基本尺度,也是人们选择应当怎样做与不应当怎样做的基本标准。中国传统道德规范有一个历史的演变过程。简而言之,春秋时期先有学者谈及仁、礼、惠、忠等道德规范,后则有孔子提出了仁的最高道德规范。战国时期的孟子提出了道德规范的两个系列,他将仁、义、礼、智视为最高规范,将孝、悌、忠、信视为基本规范;《礼记·中庸》提出了智、仁、勇"三达德"说;《管子》一书的作者则提出了礼、义、廉、耻"四维"之说。西汉大儒董仲舒在总结以往道德规范的基础上提出了"三纲五常"论,"五常"即仁、义、礼、智、信。宋元明清时期,礼、义、廉、耻、孝、悌、忠、信"八德"成为社会上普遍推崇的道德规范。明清小说则提倡忠、孝、节、义"四德"。由此可见,中国传统道德规范内容丰富,义理宏深,包括了仁、义、礼、智、信、忠、孝、廉、耻、勇、温、良、恭、俭、让、诚、勤、宽、敏、惠、慈、悌、友、敬、节、中、和、贤、淑、恕、善、爱、健、顺、雅,等等。

近代以来中国社会的急剧变革尤其是当代信息化、市场化、民主化的发展,极大地改变了传统中国的经济基础和社会结构。在自然经济加速解体、血缘关系日益瓦解、传统权威趋于弱化、全球融合不断加快的新的时代背景下,在培育社会主义核心价值观中,如何继承和弘扬这些优秀的传统道德规范呢?我们认为,将中华传统美德规范与全新的时代条件有机结合,推动中华传统美德规范的创造性转化和创新性发展,是我们对待中华文化特别是中华传统美德应该坚持的重要原则。所谓创造性转化,就是按照新时代的特点和要求,对中华传统道德规范中至今仍有借鉴价值的内涵和陈旧的表现形式加以改造,赋予其新的时代内涵和现代表达形式,激活其生命力,发挥其应有价值;所谓创新性发展,就是要按照时代的发展要求,对中华传统道德规范的内涵加以补充、拓展和完善,不断丰富中华传统美德在新的历史条件下展现的形式和内涵,增强其感化力和影响力。

如何对传统道德规范进行创造性转化和创新性发展,是一个实践性很强的问题,需要在反复实践中不断探索。但是,创造性转化和创新性发展必须正确处理好继承与创新的关系:一方面,历史积淀下来的传统道德,既有与社会变革相适应的成分,也有与社会变革不相适应甚至相悖的成分,这就要求在承接中华传统道德中与社会变革相适应的传统美德的同时,摒弃其落后于时代的与社会变革不相适应的封建性糟粕;另一方面,全球化时代背景下的社会主义核心价值观建设,要求我们与世界先进道德文化相贯通,及时转变观念形态,转换思维方式,转化行为模式,吸收人类道德文明成果,同时也不能简单地照抄照搬,更不能全盘西化,而应该以中国胸怀、世界眼光进行独特整合,形成融世界先进道德规范与中华传统美德于一体的新道德规范。

三、努力借鉴中华传统美德的教化经验

第一,建立信仰,形成高度的价值认同。我们的先人十分重视将传统美德内化于心、外化于行,形成坚定的信仰。早在远古时期,我们的先民已经有了对图腾的崇拜和对禁忌的恪守。在封建社会,又相继出现了道教、佛教、基督教等形形色色的宗教信仰。在初步建立信仰后,我们的先人还进一步培养对信仰的忠诚与敬畏。如果说西方人对信仰的忠诚与敬畏是建立在宗教的基础上之,那么在伦理代替宗教的中国传统社会,"农耕生产方式和宗法社会结构决定了仁、义、礼、智、信不仅是人伦之道,而且寄托了'修身、齐家、治国、平天下'的人生理想,承载了人们在维护和恪守现实社会规范中实现个体、家族乃至社会生命之绵延不绝的终极价值。义字当先、家国至上的社会价值观,是传统中国宗法社会绵延数千年而不绝的强大精神动力"[1]。当一种高尚的价值观内化为人的信仰时,浮躁的心灵就有了安顿,繁忙的工作就有了目标,人生的奋斗就有了意义。借鉴历史经验,培育和弘扬社会主义核心价值观必须首先重塑对社会主义价值信仰的忠诚与敬畏之心,使人们从内心深处高度认同社会主义核心价值观。

第二,官吏带头,建立鲜明的价值导向。中国古代极为重视官吏这一特殊群体的核心价值建设,有关官员应当为社会道德楷模的论述比比皆是。汉代荀悦说:"善禁者,先禁其身而后人;不善禁者,先禁人而后身。"从秦朝起,我国古代实际上一直有"以吏为师"的制度和传统。为加强官吏这一特殊群体的核心价值建设,中国古代有一套完整的做法。在官吏入仕之前,就在学校的启蒙教育中以儒家经典作为教材,让学生在熟读"四书"、"五经"等儒家著作的过程中,自然而然地接受"仁、义、礼、智、信"等核心价值观的熏陶,在潜移默化之中培养出学子们的君子人格。在官吏从政之后,皇帝或在接见新任官员时谆谆教导,循循

善诱,使核心价值观如春风化雨般滋润心田;或送箴言、刻石铭,劝谕百官;或奖俸禄、赏实物、委重任,旌表廉吏;或将品行高洁之官书于史册使世代相传;或查贪婪、惩腐败,形成鲜明的价值导向。在全社会倡导"以吏为师",并通过官吏的示范作用,化及全体百姓,是中国古代核心价值观培育的一条基本经验。借鉴这一经验,我们应当将核心价值观培育的重点放在各级领导干部身上,通过领导干部的规范行为和高尚人格感召群众、带动人民。唯其如此,社会主义核心价值观培育才能收到事半功倍的效果。

第三,循序渐进,提高价值培育的实效。《大学》提出了核心价值体系建设的三纲八目。所谓"三纲"是指"明明德"、"亲民"和"止于至善"。换言之,君子首先要"明明德",加强自身德行修养;继而"亲民",以德化民。"明明德"与"亲民"要"止于至善",即进入至善至美的境界。所谓"八目",是"止于至善"的路径,即所谓格物、致知、诚意、正心、修身、齐家、治国、平天下。推己及人,由格物而致知以至治国、平天下,体现了循序渐进的培育思路。中国古代对不同群体的核心价值观的培育也体现了循序渐进的培育思路。对蒙童则教之以孝敬父母,尊师敬长;对商人则强调货真价实,童叟无欺;对妇女则训以端习妇礼,相夫教子,敬奉公婆,和睦持家;对军人则讲究以身殉国家,战死疆场;对官员则要求廉洁奉公,忠君爱民。总之,由易到难,区别对待,是中国古代的基本做法。借鉴古人这一做法,我们培育社会主义核心价值观,也应该循序渐进,从落实"基本道德"入手,进而提倡"积极道德",最后激发"理想道德"。唯有如此,核心价值观的培育才更有针对性和实效性。

第四,融入生活,化为人们的自觉追求。一种价值观要真正发挥作用,必须融入社会生活,让人们在实践中感知它、领悟它。我们的先人不仅明白这个道理,而且付诸实施,将所倡导的价值观与人们日常生活紧密联系起来,从娃娃抓起,从点点滴滴的细微处入手,在落细、落小、落实上狠下功夫。以教育为例,中国古代将核心价值观的养成融入学前教化、"小学"教化、官学教化、书院教化和社会教化等各个阶段。"小学"教化则特别注重教材的编写,一些著名的启蒙教材往往由当时的大学者直接或间接编写。这些蒙童教材浅显易懂,朗朗上口,文风朴实,说理透彻,易读易记,让蒙童在读书识字的同时,自然而然地接受伦理道德熏陶,形成核心价值。社会教化则通过乡里、宗族和家庭这些社会组织灌输核心价值观,从而将教化延伸至社会的最基层。[2]借鉴中国古代的经验,我们应该将社会主义核心价值观的培育贯彻到日常生活的每一个细节,处处做有心人,通过讲故事、编教材、订学规、写家训等多种形式,使社会主义核心价值观像空气一样无所不在,如春风化雨,在日常生活中渗透进人的灵魂,成为人们的自觉追求。

参 考 文 献

[1] 彭安玉.赋予领导干部道德建设鲜明的中国元素[J].唯实,2012(8).
[2] 彭安玉.中国古代的诚信教化[N].光明日报(理论版),2002-07-2.

(作者单位:中共江苏省委党校校刊部;南京工程学院人文学院)

江苏全面深化改革的路径选择研究
——基于政府决策者有限理性行为模型的分析

段 柯

摘 要 政府决策者是政府应对社会不确定性的关键主导因素,其行为的理性程度直接关系到政府决策的时效性和有效性,也决定了政府应对社会不确定性的反应速度与效率。江苏推进全面深化改革,要着重推行行政体制改革、明确政府角色定位、提升政府领导者决策能力。

关键词 江苏 全面深化改革 路径选择 政府决策者 有限理性

党的十八大指出:"政府要加强发展战略、规划、政策、标准等制定和实施,加强市场活动监管,加强各类公共服务提供。"这一系列政府决策行为是江苏当前全面深化改革的关键所在,而政府决策者是政府行为的主导因素,其行为模式在很大程度上决定了政府决策效率与效果。本文试图从政府决策者的微观角度进行考察,在构建政府决策者有限理性行为模型的基础上,对江苏全面深化改革的路径选择提出政策建议。

一、有限理性约束下政府决策者行为模型

1. 有限理性影响战略决策的机理分析

有限理性的客观存在,意味着人类经济活动中必然存在着交易成本。按照新制度经济学的说法,交易成本主要包括机会主义,资本专用性以及信息处理等成本,但他们的前提是以个人同质性为假设,在这种假设前提下,每个人处理信息的费用是一样的,这与现实中不同个人理解信息能力的不同而产生理解成本差异的事实不相符。现实中,行为人进行一次决策,由于环境以及市场等动态因素的约束,其所能用于理解的时间是有限的,由此而产生的心智成本也应当是有限的,并非无限。因此,当我们采用个人异质性的假设,进而分析有限理性实现程度的差异,就能够在一定程度上对个体处理信息的成本进行说明。

如图 1 所示的机理模型,在个体异质性与有限理性约束的前提下,行为人在决策中存在认知偏差以及思维路径的依赖性。当外部环境发生变化,行为主体会对变化的信息进行收集与感知,并通过主体的认知结构与知识存量对捕获的信息进行甄别与处理。此时,在决策目标收益一定的情况下,行为人会将其捕获的信息与以往的经验进行比对,那么大体上就会出现两种情况:一种情况是当以往经验或知识可以完全解释信息变化时,主体的固有认知与知识则产生作用,行为主体可以在较短时间内实现较高的有限理性实现程度,从而在付出较低的心智成本情况下做出满意的决策;另一种情况则是当以往经验或知识无法完全解释信息变化时,行为主体首先要对其自身认知结构与知识存量进行调整,例如通过创新、学习等方式协调自身知识结构与心智模式,继而进行对信息进行处理、甄选等思考过程,在一定时间内实现与决策目标相匹配的有限理性实现程度,以做出满意的决策。相对于第一种情况,后者的心智成本要高一些。进一步地,在第二种情况下,又会因为个人的天赋、经验、知识结构、技术能力、个人偏好等因素的不同,而导致不同的决策主体在决策过程中所耗费的心智成本不同。但所有为达到与决策目标相匹配的有限理性实现程度的努力,都是为了尽可能地降低决策中的心智成本。这是有限理性约束下,战略决策的重要内涵。

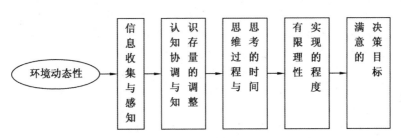

图 1　有限理性约束下的战略决策过程机理模型

2. 政府动态能力与战略决策交互作用的机理分析

政府动态能力是指政府适应环境变化的能力,这种能力体现在政府在应对环境动态变化时采取措施的反应速度与准确性。当环境的动态变化较为剧烈时,市场中的突发性事件将不允许政府决策者有较长的时间思考、认知以形成有限理性程度较高的决策,因而有限理性约束下的战略决策过程(图 1)中所形成的"满意决策目标"是短暂的,即伴随环境的持续变化,目标的满意程度也将发生变化。具体来讲,当环境发生变化,决策目标的满意度低于期望值或满意度过高时,决策者将仍依据其有限理性实现程度的高低重新选择满意的战略目标,即战略目标重建。

如图 2 所示的机理模型,环境的动态变化以及市场突发性事件常常会迫使政府被动地调节战略路线,更替战略目标以适应环境。然而,尽管面临动荡的环境,政府采取的策略性行为也并非完全被动,政府决策者可以凭借其认知、经验、知识等能力主动识别环境中信息等因素的变化,通过提高其有限理性实现程度制定出有效的战略决策以及满意的战略目标。决策目标的实现需要相应资源与能力的支持,决策者重建战略决策目标之后要对政府内、外部支撑性资源进行甄别,这主要包括对政府内外资源的重新配置及整合,获取并开发政府新资源以支持政府战略目标等内容。具体而言,决策者将政府动态能力(包括政府流程、惯例、人力等内容)与市场信息进行比对,以审视两者之间是否契合。通常情况下,市场的信息不完全以及不确定性等因素会迫使决策者通过流程再造、惯例重塑以及人员调整等措施提升政府动态能力,以使政府适应外部动态变化的环境以及市场的不确定性,从而为实现政府战略决策目标提供有效保障。

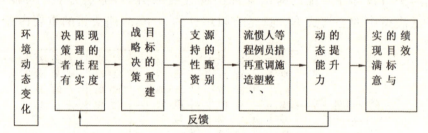

图 2　政府动态能力与战略决策机理模型

3. 有限理性、动态能力与战略决策过程机理的综合分析

综合图 1 与图 2,我们得出如图 3 所示的战略决策、动态能力与政府绩效三者之间的作用机理模型。此模型旨在揭示有限理性约束下,政府决策者的战略决策、动态能力以及政府绩效的交互影响的作用机理。然而,动态能力与决策者有限理性实现程度的这种关联在实践中并不易被察觉,原因在于有限理性实现程度是决策者的一种脑力和心理的活动,只有决策者清楚思考过程以及在思考过程中的付出。

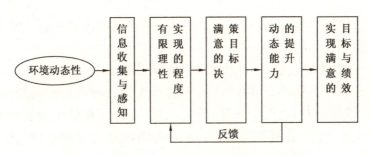

图3 有限理性约束下的政府决策者行为机理模型

尽管如此,从认知角度看,当政府面临外部环境变化以及市场不确定性等因素时,决策者首先要对环境中的变化因素进行认知,并在有限理性实现程度基础上,重新审视已有的战略目标以及与之相应的支持性资源。当两者不匹配,或者政府能力无法支持战略目标实现时,决策者将通过对政府资源进行整合、重新配置等措施提升政府能力,为实现目标构建新的能力体系。因此,决策者何时以及如何提升政府能力,是政府实现战略目标并获得成功的关键。

二、江苏地方政府转型升级的路径选择

近年来,江苏围绕加快转变政府职能,努力建设服务型政府、法治政府、责任政府和阳光政府,取得了重要进展。结合上述模型,从决策者微观角度考察,我们认为江苏地方政府转型升级路径选择应包含以下几点内容:

1. 改革干部人事制度,竞争性选拔从试点走向常态

江苏省先后出台了《江苏省公推公选党政领导干部试行办法》、《关于实施干部选拔任用工作四项监督制度的操作规程》以及《关于贯彻〈2010—2020年深化干部人事制度改革规划纲要〉实施意见》等政策文件,推动干部人事工作向科学化、民主化、制度化方向迈进。

2. 规范决策行为,完善政府科学民主决策机制

江苏省先后两次修订《江苏省人民政府工作规则》,把科学民主决策作为政府工作的基本准则。江苏省各级政府积极探索和不断完善公众参与、专家论证和政府决定相结合的民主决策机制。目前,江苏省政府决策法治化框架已初步形成。

3. 严格依法行政,着眼于推进法治江苏建设

江苏各级政府把依法行政作为一项事关全局的重点工作来抓,依

法行政水平大幅度提升,行政执法行为更加规范,化解社会矛盾的能力明显增强。

4. 打造阳光政府,行政权力网上公开透明运行

江苏积极打造阳光政府,大力推进行政权力网上公开运行、政务公开、政府信息公开、社区信息化、重大决策听证会、重要事项公示等方面工作。全省52个省级机关部门、13个省辖市及其所辖县(市、区)全部实现了行政权力网上公开透明运行。

三、江苏全面深化改革的现实路径

1. 推进行政体制改革,完善服务型政府制度建设

要加快建设服务型政府,强化公共服务,进一步转变政府职能,大力推进政事分开、政企分开,大幅度减少行政审批事项,提高行政效率,降低行政成本。要健全科学决策、民主决策、依法决策机制,增强公共政策制定透明度和公众参与度,强化行政问责制,改进行政复议和行政诉讼,提高政府的公信力。此外,着眼于"建体制、改体制、形成制度",江苏应努力实现研究制定以下九项制度:加快推进法治政府建设制度、深化政务公开制度、政府绩效管理制度、完善服务承诺制度、公务员公共服务能力提升制度、政府信息化服务制度、加强政府投资管理制度、行政成本控制制度、公共服务责任追究制度。

2. 明确政府角色定位,实现政府职能转变

党的十八大对政府的角色有着明确定位,即"继续简政放权、推动政府职能向良好发展环境、提供优质公共服务、维护社会公平正义转变","加强行政管理体制改革,建设服务性政府"。政府职能定位于解决公共问题,其他非公共问题权交于市场,发挥市场作用。政府职能转变中,重点是:第一,要加快审批制度改革步伐,减少政府对市场、社会干预;第二是要反对和打破地方行政性垄断;第三是要加强中长期规划;第四是要加强重点领域和关键环节的行政监管,比如市场秩序和社会秩序的维护;第五是要加强社会管理和公共服务,要以社会稳定和社会发展为目标形成多元社会治理框架,要提供以公平正义为导向的覆盖全社会的基本公共服务。

3. 提升政府领导者决策能力,提高政府应对不确定性的能力

政府领导者自身需要一定的经验与实践能力,并需要不断学习进步,不可故步自封。领导者应当努力获得来自政府内部、社会公众的认可和支持,努力改善自身的知识结构和知识储备,努力掌握科学的决策方法和思维模式。只有这样,才能提升政府整体的决策能力以及决策效率。提高政府应对社会不确定性的反应能力是关乎社会稳定、政局稳定的重大问题,政府应时刻警惕社会冲突等尖锐问题,采取相应的预警机制,尽力弱化这种存在公共危险的潜在冲突。

参 考 文 献

[1] 何大安.行为经济人有限理性的实现程度[J].中国社会科学,2004(4):91—101.
[2] 陈震宁.转型升级工程读本[M].江苏人民出版社,2013:319—321.

(作者单位:徐州市委党校)

我国基本经济制度与具体经济制度辩证统一的实践路径研究

征汉文

摘　要　回顾总结我国社会主义的实践历程,它揭示了一个重要问题:中国特色社会主义基本经济制度与具体经济制度的辩证统一在理论上的辩证性与实践上的选择性之间所具有的区别与联系。本文尝试对中国特色社会主义实践过程中的基本经济制度建设与具体经济制度建设在不同时期所经历的不同侧重从四个方面进行了研究:党的十四大报告阐述了社会主义市场经济体制与社会主义基本经济制度辩证统一的关系;党的十四大以来实践的选择性使辩证理论中的建立社会主义市场经济体制这一侧面上升到了优先的地位;建立社会主义市场经济体制的实践选择性也必将会使市场经济体制这一具体经济制度与社会主义基本经济制度辩证统一的本质得以回归;建立社会主义市场经济体制的实践选择性必将会使具体经济制度与基本经济制度辩证统一的本质得以回归所及左与右辩证关系的数学模拟分析。

关键词　中国特色社会主义制度　基本经济制度　具体经济制度　理论的辩证性　实践的选择性

　　党的十八大以来,以习近平为总书记的党中央,对高举中国特色社会主义旗帜的阐述,从"两个坚持"扩展到"三个坚持",亦即把中国特色社会主义制度与中国特色社会的道路、基本理论并列,是一个突出的亮点。在阐述"中国特色社会主义制度"时,又概括出"根本政治制度"、"基本政治制度"、"基本经济制度"、"具体制度"等不同方面、不同层次的内容。并且,"坚持和完善基本经济制度"被列为全面深化改革的一个重大问题。以笔者愚见,现在,理论界对"基本经济制度"与"具体经济制度"之关系问题的研究,需要予以更多的关注。本文拟以理论的辩证性与实践的选择性之间的差别与统一为基本思路,着重对中国特色社会主义基本经济制度与中国特色社会主义市场经济体制这一具体经济制度的辩证统一在实践中的具体过程进行初步探讨。

一、党的十四大报告阐述了社会主义市场经济体制与社会主义基本经济制度辩证统一的关系

我党自十一届三中全会决定以经济建设为中心，党的十三大决定发展有计划的商品经济，党的十四大决定建立社会主义市场经济体制。从此，社会主义的基本经济制度与具体经济制度的结合提上了理论与实践的日程。

党的十四大报告对社会主义基本经济制度与具体经济制度辩证统一关系的阐述，体现在其对建立社会主义市场经济体制的目标与实现这一目标所必须坚持的基本原则之间的辩证关系之中。

党的十四大提出了建立社会主义市场经济体制的目标问题。"实践的发展和认识的深化，要求我们明确提出，我国经济体制改革的目标是建立社会主义市场经济体制，以利于进一步解放和发展生产力。""我们要建立的社会主义市场经济体制，就是要使市场在社会主义国家宏观调控下对资源配置起基础性作用，使经济活动遵循价值规律的要求，适应供求关系的变化；通过价格杠杆和竞争机制的功能，把资源配置到效益较好的环节中去，并给企业以压力和动力，实现优胜劣汰；运用市场对各种经济信号反应比较灵敏的优点，促进生产和需求的及时协调。同时也要看到市场有其自身的弱点和消极方面，必须加强和改善国家对经济的宏观调控。我们要大力发展全国的统一市场，进一步扩大市场的作用，并依据客观规律的要求，运用好经济政策、经济法规、计划指导和必要的行政管理，引导市场健康发展。"

党的十四大同时提出了建立社会主义市场经济体制的基本原则问题。"社会主义市场经济体制是同社会主义基本制度结合在一起的。在所有制结构上，以公有制包括全民所有制和集体所有制经济为主体，个体经济、私营经济、外资经济为补充，多种经济成分长期共同发展，不同经济成分还可以自愿实行多种形式的联合经营。国有企业、集体企业和其他企业都进入市场，通过平等竞争发挥国有企业的主导作用。在分配制度上，以按劳分配为主体，其他分配方式为补充，兼顾效率与公平。运用包括市场在内的各种调节手段，既鼓励先进，促进效率，合理拉开收入差距，又防止两极分化，逐步实现共同富裕。在宏观调控上，我们社会主义国家能够把人民的当前利益与长远利益、局部利益与整体利益结合起来，更好地发挥计划和市场两种手段的长处。国家计划是宏观调控的重要手段之一。要更新计划观念，改进计划方法，重点

是合理确定国民经济和社会发展的战略目标,搞好经济发展预测、总量调控、重大结构与生产力布局规划,集中必要的财力、物力进行重点建设,综合运用经济杠杆,促进经济更好更快地发展。"

二、党的十四大以来实践的选择性使辩证理论中的建立社会主义市场经济体制这一侧面上升到了优先的地位

社会主义的基本经济制度与具体经济制度是能够在实践中辩证地统一起来的。但是,具体的实践与辩证的理论总是有差距的,二者差距的具体表现之一是:辩证的理论对事物发展的阐述是(尽可能)全方位的,具体的实践则是有选择性地突出其中的某一方面为重点。

因为实践的选择性要求,在已经过去的 20 多年建立社会主义市场经济体制的具体实践中,重点主要在于其目标:"就是要使市场在社会主义国家宏观调控下对资源配置起基础性作用,使经济活动遵循价值规律的要求,适应供求关系的变化;通过价格杠杆和竞争机制的功能,把资源配置到效益较好的环节中去,并给企业以压力和动力,实现优胜劣汰;运用市场对各种经济信号反应比较灵敏的优点,促进生产和需求的及时协调。同时也要看到市场有其自身的弱点和消极方面,必须加强和改善国家对经济的宏观调控。我们要大力发展全国的统一市场,进一步扩大市场的作用,并依据客观规律的要求,运用好经济政策、经济法规、计划指导和必要的行政管理,引导市场健康发展。"

因为实践的选择性要求,使建立社会主义市场经济体制的具体实践蒙受了不白之冤:不断地受到极"左"、极右两个方面错误思想的干扰。极"左"的思想的干扰,主要表现为:阻碍公有制企业的市场化改革,特别是阻碍部分公有制企业的非公化改革,每当看到在这些方面采取措施时,经常有人会提出疑问:这样的改革还是不是社会主义的?极右的思想的干扰,主要表现为:当看到采取公有制企业的市场化改革特别是部分公有制企业的非公化改革的措施时,就全盘否定马克思主义科学社会主义的公有制理论及实践,就认为西方的经济都是好的,就主张全盘搬用西方市场经济体制中的一切。这两种错误思想的直接危害,是搅乱了人们的思想,它使人们不能正确认识中国特色社会主义的基本经济制度与具体经济制度在总体战略与具体步骤之间的辩证关系。这两种错误思想产生的理论根源在方法论上是形而上学的,用一句俗语就叫做:只见其一,不及其余;只见树木,不见森林。它们都没有

看到:建立社会主义市场经济体制,除了采取属于市场经济的若干措施以外,还要坚持社会主义的基本原则。值得庆幸的是,在中国共产党的正确领导下,这两方面的错误思想都不能形成气候,在喧嚣一时之后必将偃旗息鼓,这就是它们的宿命。

因为实践的选择性要求,如果将辩证统一的中国特色社会主义基本经济制度和社会主义市场经济体制这一对立面可以分为左和右两个侧面的话,那么,我国社会主义市场经济的实践在以往强调大力发展非公经济时所经过的是偏右路线。所谓"偏右",意指其似乎偏离了坚持以公有制为主体的路线,在经济领域改革的具体表现如:大力发展非公经济,坚定地将部分公有制企业进行非公化改革。非公经济是社会主义经济的重要补充,但它不同于社会主义的公有制经济。于是,公有经济非公化的改革遭到了极左势力的强力反对。在这里,我们要区分"偏右"与极右的界限。极右是"改旗易帜的邪路",偏右则是中国特色社会主义前进过程中的阶段性的、不可避免的规律所致。

三、建立社会主义市场经济体制的实践选择性也必将会使市场经济体制这一具体经济制度与社会主义基本经济制度辩证统一的本质得以回归

由于实践的选择性,我国建立社会主义市场经济体制的实践的侧重点,必然会转为市场经济体制与社会主义基本制度的结合。根据辩证法,辩证统一双方中的起主导作用、成为矛盾的主要方面,一定会在发展过程中发生转换:在发展过程中的一个阶段由其中的一个方面为主导,而在发展过程中的另一个阶段则由其中的另一个方面为主导。在社会主义市场经济体制与社会主义基本经济制度的辩证统一关系中,已经过去了的 20 多年里,是以建立社会主义市场经济体制的实践为主导的方面。但是,随着实践的发展,从现在或者从未来的某个时期开始,必将会由以建立社会主义市场经济体制的实践为主导转为它与社会主义基本制度相结合的建设为主导。当然,发生社会主义市场经济体制的目标建设向其与社会主义基本制度相结合的建设转变是一个过程,它要由社会主义市场经济体制建设的程度、社会发展的客观需要、人们对这种转变的认识程度、人们对实现这种转变机会的把握等多种因素决定。

由于实践的选择性要求,从党的十八大将"制度"与道路、理论体系

相提并论来看,发生以建立社会主义市场经济体制的实践为主导转为它与社会主义基本制度相结合的建设为主导的转变即将来临。党的十八大提出要同时坚持道路、理论体系和"制度",可以看作是已经吹响了实现这种转变的号角。党的十八大再次重申中国特色社会主义的基本经济制度是建立社会主义市场经济体制的制度基础:中国特色社会主义制度包括"公有制为主体、多种所有制经济共同发展的基本经济制度,以及建立在这些制度基础上的经济体制、政治体制、文化体制、社会体制等各项具体制度"。其中的"经济体制",无疑是指社会主义市场经济体制;社会主义市场经济体制是建立在包括"公有制为主体、多种所有制经济共同发展的基本经济制度"在内的"这些制度基础上的经济体制"。

由于实践的选择性要求,党的十八届三中全会通过的《中共中央关于全面深化改革若干重大问题的决定》更是将"坚持和完善基本经济制度"列为若干"重大问题"的第一个加以全面阐述。它首先就开宗明义地指出:"公有制为主体、多种所有制经济共同发展的基本经济制度,是中国特色社会主义制度的重要支柱,也是社会主义市场经济体制的根基。"它向人们昭示:其一,制度建设在所有重大问题中具有特别重要的地位;其二,制度建设作为我党我国在今后深化改革过程中所要面临的一个重大问题已经正式提上了重要的议事日程。

由于实践的选择性要求,建立社会主义市场经济体制实践的侧重点由目标建设向与社会主义基本制度相结合的建设转变,就理论形态来说是向理论辩证性的本质的回归,就实践形态来说是向党的十四大报告所阐述的辩证关系回归。它与建立社会主义市场经济体制的初衷要求是一致的,它是中国特色社会主义实践的本质要求。

由于实践的选择性要求,党中央已经引导改革朝着中国特色社会主义的基本经济制度与具体经济制度辩证统一的方向走。党中央发出改革转向的信号,最早可见于建党九十周年大会报告中首次将制度与道路、理论体系并重。党的十八大传承了这一理论并有更新、更深入的阐述,如提出"三个自信"理论:道路自信、理论自信、制度自信。党的十八届三中全会则更将"坚持和完善基本经济制度"作为继续深化改革的一个重要问题进行了全面的阐述。为贯彻党的这一指导思想,习近平总书记反复强调制度问题。党中央强调制度的重要性而引到改革转向是正确的,我赞成有观点称它为"向左走",但是要把它与极"左"相区别。极"左"是"封闭僵化的老路",是纯而又纯的公有制的路,改革显然不能再回到这条老路上;"向左走"则是使社会主义的市场经济体制这一具体经济制度与以公有制为主体、多种经济成分并存这一基本经济制度更好地相结合,而这是改革所必须要走的路!

由于实践的选择性要求,党中央引到改革向左走的路程将会漫长而曲折。我国改革中发展多种经济成分,若以党的十三大为起点,到党的十八大强调制度建设,经过了25年的时间,那么,向左走可能至少也会要经过相当的时间。并且其过程也不可能是直线型的,而是曲线型的,可以预期的具体表现将是,还会出现对一些公有制企业的比较激烈的市场化、非公化等改革措施。因此,我们不要怀疑甚至否定向左走,也要对期间可能发生的曲折有必要的准备。

四、建立社会主义市场经济体制的实践选择性必将会使具体经济制度与基本经济制度辩证统一的本质得以回归所及左与右辩证关系的数学模拟分析

对于改革的实践,前面提到,强调发展非公经济可以区分偏右与极右,强调发展基本经济制度与具体经济制度的结合可以区分向左走与极"左",其中的右和左都应当是正确的,极右与极"左"则是要反对的。这里对左与右的肯定,与以往对左与右唯恐避之不及的认识大相径庭的。对此,我们用数学中的正弦函数图形解读二者的客观性与合理性,可以具有直观的效应。

数学正弦函数理论属于高中阶段学习的内容,因此,凡具有高中及以上学历的每一个人对它都不应该陌生。为便于直观与对比,现将数学正弦函数的平面图形显示于此:

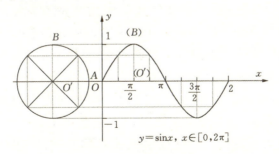

图1 作正弦函数的图象

现在,我们尝试用数学正弦函数图形类比中国特色社会主义实践

中具体经济制度与基本经济制度辩证结合的路径。

（1）如图所示，正弦函数曲线沿平面坐标系中的 x 轴方向，有原点 0，有极大值＋1 和极小值－1，从原点 0 到极大值，从极大值＋1 经与 x 轴相交值 0 到极小值－1，从极小值－1 经与 x 轴相交值 0 到极大值＋1。

（2）设 x 轴为马克思主义理论中的社会主义经济制度的轨迹，正弦函数曲线则是中国特色社会主义具体经济制度与基本经济制度辩证统一的轨迹。其一，我国自社会主义改造到改革类似于是从原点 0 向极大值＋1 的运动轨迹，从改革到党的十八大类似于从极大值＋1 向极小值－1 的运动轨迹，从党的十八大开始我国即将进行的包含"制度"内容的全面深化改革类似于从极小值－1 向极大值＋1 的运动轨迹。其二，我国自社会主义改造到党的十四大类似于从原点 0 经极大值＋1 再到与 x 轴相交值 0 的运动轨迹，自党的十四大经党的十八大到未来的某个事件类似于从与 x 轴相交值 0 经极小值－1 再到与 x 轴相交值 0 的运动轨迹。

（3）设定：从原点 0 经极大值＋1 再到与 x 轴相交值 0 的运动轨迹（x 轴上方的轨迹）为左，从与 x 轴相交值 0 经极小值－1 再到与 x 轴相交值 0 的运动轨迹（x 轴下方的轨迹）为右，那么，从 0 到＋1、－1 到＋1 的方向为向左走，从＋1 到－1 的方向为向右走。对于从＋1 到－1 的方向为向右走而言，从＋1 到 0 的方向为在左的线路上纠左而向右走，从 0 到－1 的方向为在右的线路上向右走。反之，从－1 到＋1 的方向为向左走，其中，从－1 到 0 的方向为在右的线路上纠右而向左走，从 0 到＋1 的方向为在左的线路上向左走。

（4）与数学正弦函数图形相对比，我国到目前为止社会主义的全部实践路径是：从建立社会主义经济制度到开始改革相对于从 0 到＋1，从开始改革到党的十四大确立社会主义市场经济相对于从＋1 到 0，从党的十四大倡导大力发展非公经济到党的十八大可以相对于从 0 到－1，从十八大开始则可以相对于从－1 到 0。总之，它经历了一个从左到极左、从纠左向右走再向左走的过程。但在向右走时并没有达到极右就已开始向左走，这是我党成熟的一个重要标志。

我们用数学的正弦函数理论来阐述具体事物的发展进程，与哲学用"事物发展的曲折性"、"事物发展的波浪式前进"等来阐述具体事物的发展进程相对比，无疑具有异曲同工之妙。

当然,对于中国特色社会主义实践出现于当前以强调制度建设为重点的线路图,我们还可以用其他理论来说明。例如,我们可以用"拐点"理论来说明,按这个理论,我国的改革可以看作是从强调社会主义市场经济体制这一具体经济制度的建设进入到了强调具体经济制度与基本经济制度辩证统一的建设的"拐点"。再如,我们还可以用"U"理念来形容,对此不再赘述。

参 考 文 献

[1] 中共中央文献研究室.习近平关于全面深化改革论述摘编[M].中央文献出版社,2014.
[2] 中共中央关于全面深化改革若干重大问题的决定[M].人民出版社,2013:7-8.
[3] 胡锦涛.坚定不移沿着中国特色社会主义道路前进 为全面建成小康社会而奋斗——在中国共产党第十八次全国代表大会上的报告[R].人民出版社,2012:12.
[4] 邓小平文选(第三卷)[M].人民出版社,1993.
[5] 胡锦涛在庆祝中国共产党成立90周年大会上的讲话[EB/OL].(201-7-1)[2014-10-8]中央政府门户网站.
[6] 党的十三大至十七大的工作报告.

(作者单位:江苏省社科联)

司法理性与司法公信
——基于中国司法发展阶段的考察

韩 轶

摘 要 "司法理性"与"司法公信"作为中国司法改革中的关键词，代表着司法"专业化"或"社会化"的不同发展走向。面对即将开始的第三轮司法改革，我们无法回避改革方向上的争议，也需要正视司法理性与司法公信复杂关系并加以权衡。中国司法发展仍应顺应司法规律、勿忘公正初心。

关键词 司法理性 司法公信 司法改革

2013年末至2014年初，国家司法体制改革设计方案被提出并讨论，在万众瞩目之下，唯可见改革框架初成，序幕开启。[1]过去十余年间，在对司法的浪漫主义期许过后，司法发展的步伐略显滞重艰难。或许从近十年中国司法领域被高频、高调使用的名词——"司法理性"、"司法公信"入手，概括司法发展期间矛盾焦点，铺陈对司法公正、司法专业化、司法社会化的审思，也许不失为一种反观司法改革与司法发展的视角。

一、中国司法发展的阶段划分

1. 司法的重建与司法专业化的努力

按照学者的总结，至今为止，我国的司法发展整体进程大致可以被划分为三大阶段[2]：

第一阶段是司法的恢复期。以十一届三中全会对司法工作的强调为标志，此后直至80年代中期，司法发展以法治化、审判独立、组织体制完善为要务。①

第二阶段大致为从20世纪80年代中期到90年代中期。该阶段

---

① 我国1954年宪法第78条规定："人民法院独立进行审判，只服从法律。"而此后的1975年宪法和1978年宪法中均删去了这一表述，直到1982年现行宪法第126条做出规定："人民法院依照法律规定独立行使审判权，不受行政机关、社会团体和个人的干涉。"

以实现审判工作正规化、规范化为目标,强调审判的独立和公开,同时对法院管理制度加以完善。

第三阶段为1997年持续至今的司法改革与探索时期。随着1997年依法治国、建设社会主义法治国家、推进司法改革的任务相继提出,1999年"依法治国"和"建设社会主义法治国家"正式入宪,司法改革作为法治国家建设的重要内容和动力,开始有计划、有系统地展开。

大体而言,维护司法的中立性、公正性、权威性是司法建设过程中一以贯之的目标。中国司法的重建之路围绕着司法机关权力配置与组织运作、司法审判具体制度两个方面展开,强调司法的存在价值、形塑司法的存在形态、走向专业司法。法院的职权范围和组织结构、审判业务流程在司法重建和发展过程中逐渐明晰规范。

2. 司法改革:在司法专业化与司法社会化之间的徘徊

与三轮司法改革相对应,司法发展的第三阶段可以被细分为三轮进程:

第一轮司法改革(1999—2007)强调审判质量,逐渐转向对体制性改革的关注,从减少"外部干预"、"内部干预",以及加强"法官个人约束"三个方面着手促进司法公正。[3]具体措施集中于通过程序、组织、人事等方面的改革推动审判权独立、司法权威以及法官职业化。① 本轮司法改革可被视为推进司法专业化的一次集中发力,也为之前持续了数十年的司法建设添加了重要注脚。

第二轮司法改革(2008—2013)以司法能动为主要标志,"司法为民"成为司法工作的理念导向,"司法能力的提升"和"满足社会对司法的需求"成为改革重点关注目标。[4]"司法公信"被作为衡量司法工作"是否令人民满意"的重要指标被强调,由司法专业化转而追求司法的社会化。

第三轮司法改革(2014—)相较前两轮改革而言,将其改革核心诉求提炼为去地方化、去行政化、法官专业化、重塑法院公信力。[5]

通过上述考察看出,直至20世纪90年代中期,属于司法发展大方向的摸索时期。在司法体制框架搭建完成后,进入司法发展的第三阶

---

① 1999年时任最高院院长的肖扬首次提出司法改革。按照2012年国务院颁布的《中国的司法改革》白皮书介绍,2004年是第一轮司法改革的正式启动时间;2008年启动了第二轮司法改革。

段,此时大量与审判制度相关的技术性问题横埂在司法改革方案的设计者面前:一方面司法专业化的推进迫切需要更加精细严谨的制度设计,以及合理的体制支撑;另一方面司法回应社会需求的倾向令司法承载诸多社会功能甚至政治功能,进而淡化了其专业化诉求。

在司法专业化与司法社会化两种思路的角力下,近十余年间勉力推进的两轮司法改革几乎成为一场试错式的改革——在司法法治化、审判独立化、法官专业化的推进效果不甚理想的情形下,在司法民主化的呼声下①,司法改革经历了一段平静沉默甚至退让的调整期。

3. 新一轮司改的启动与抉择

按照第三轮司法改革方案拟定者的期待,本轮司法改革目标大致是推动审判独立、通过判决公开等方式解决司法公信力下降等棘手问题[6],改革内容围绕法院人事组织关系、审判方式与程序等方面。② 第一轮司法改革中所着力推进的审判独立、司法专业化在第三轮司法改革中被重新强调;与此同时,第二轮司法改革中"直面大众"、"倾听民意"以图"司法公信"的经验也未被抹去。在前两轮改革虽竭力推进却难免力竭的困境下,第三轮改革又如何调处改革思路上的冲突?

如若我们将司法理性看作是司法法治化、审判独立、法官专业化、依法审判等表述的潜台词③,将司法公信归结为对"司法工作让人民满意"的学理言说,那么,司法理性与司法公信实质上即为司法专业化与司法社会化关系的中心问题,司法理性与司法公信的关系理解直接决定着对司法专业化或司法社会化走向的选择。继而,我们需要进行分析的问题是:司法的发展应当依赖于司法理性的充盈,还是司法公信的提升?

---

① 在一定程度上,司法民主化与司法社会化被认为都以司法为民、司法公信为追求目标诉求。笔者认为,尽管两者在许多学者的讨论中并未被加以严格区分,但并不能完全等同。相对司法民主化这一模糊和易致歧义的概念,本文采用司法社会化的说法来概括"司法过程和审判过程中应能适当倾听、理解和回应公众"这一认识倾向和发展导向。同时,如后文所述,笔者认为司法步入"社会化"的阶段是需要前提条件的。

② 根据 2013 年 11 月出台的《中共中央关于全面深化改革若干重大问题的决定》、2014 年最高人民法院司法改革思路,最高人民法院对《人民法院第四个五年改革纲要(2014-2018)》的通告。

③ 司法法治化、审判独立、法官专业化、依法审判等,实质均是指"法官有能力、有条件进行以独立判断为基础的复杂智识活动"。若不具备司法理性,法官难有判断的能力,因此"不受干扰的判断"既是对司法理性的实现和强调,也须以司法理性的具备为前提。

二、司法理性与司法公信的关系推究

1. 打破"完美"的假设

一般认为,司法以公正为诉求,要接近"司法公正"这一理想,需以司法理性为阶梯;一旦司法散发出公正之光,公众对司法的认同和信赖感油然而生并结成共识时,司法公信的建立也就顺理成章。不过,上述关系推导仅仅是一个美好的设想。问题的复杂性在于:所谓司法公正,是谁的公正?标准是什么?借助司法理性而得出的"公正"结论是否可能因不被公众接受而难立公信?由此,我们将"由司法理性导出司法公信的过程"转化为"经由法律和司法判断得出的理性结论能否得到公众接受"的问题,并尝试解答。

2. 关系的澄清:从司法理性到司法公信

(1) 推崇司法理性为避免偏见而不为真理。司法判断因其理性的注入而自然地令人们对其有着"更接近公正和正义"的预期,尽管人们承认,在多数情形下,理性可以提供判断和选择思路,却不能给出终极正确的答案。① 但要求一个不具偏见的司法机关进行公平审判的权利,对于一个名副其实的自由社会来讲乃是最为基本的要求。[7]

(2) 尊重司法理性是一种选择。司法理性对普通公众而言是难以具备的,也是裁判者获得尊重与地位的资本。严格说来,司法理性的成立是人们"内心与观念上的宁愿选择",而非"事实与经验上的确信无疑"。司法理性为司法裁判所必须,但也令司法者与公众隔绝。公众愿意容忍这种状态,只是出于对司法理性的肯定和尊重。人们宁愿相信司法者的明智和谨慎、对于真理的洞察与领悟拥有过人的能力,并忠实于职责事务,懂得节制和克己。如果不承认这一假设,司法存在的意义也将存疑。

(3) 司法公信是一种自然发生的"结果",无法也不应被作为"目标"刻意追求。司法公信力来自人们心目中累积叠加的无数次"对'司法判断'的判断",在这一意义上,其是随着人们对司法的期待和观察成长起来的,而并非基于惯性服从,也绝非通过施加外力强求便可达成。强调司法判决的不可置疑性本身便是不可思议的。司法的目的便是定

---

① "仅凭靠理性,立法者或法官并不总是能够在两个或两个以上可以用来解决某个问题的方法中做出一个确然的和完全令人信服的选择。"[美] E. 博登海默著:《法理学:法律哲学与法律方法》,邓正来译,中国政法大学出版社1999年版,第454页。

夺争议,若在司法判决面前毫无异议之声,那不外乎冷漠与沉默两种可能。也正因此,只有在"社会对理性与自由持有最基本的尊重"这一前提下,讨论司法公信才有意义。① 此时,司法公信只能是一种只能自然成长而不可强求的"变量",其并非司法判断的目标,而是司法公正的表现形式之一。

(4) 司法理性与司法公正同为司法公信的来源。司法公信的来源大致有二:对司法理性的尊重和对司法公正的认同。若无司法理性,便无真正意义上的司法,更枉论司法公正和司法公信。但司法公信要获得成长,可借助、却无法完全寄托于司法理性。况且,司法理性的极度伸张可能导致对司法公信的破坏。此时,也许只能从司法公正的角度对过度的司法理性进行矫正。

(5) 司法理性可能造成司法者与公众的隔阂。极度纯净的司法空间是不存在的,司法理性只能为司法者保有相对纯净的判断空间提供有效隔离。但若突破了"社会接纳的底线",此时仅以对"司法理性的坚持"以及"司法专业化的表现"之说辞加以应对,就显得羸弱无力了——形式理性要求下的制度化、规范严谨乃至烦琐却带来了司法的弊病,社会争议在被刻意隔绝的司法系统中流转,对理性判断的仰仗不知不觉演变为对社会的疏离与不负责任,理性的篱栅却带来了专业的狭隘。面对当事人或整个社会因此背负的沉重代价,司法公信面对司法理性的伸张却只能难以挽回地直直跌落谷底。②

3. 以正义之名:司法理性与司法公信的分歧弥合

由于思维方式和判断标准等种种差异,公众与司法者之间存在着对正义理解的分歧,他们既彼此影响又始终各执己见。司法公信的缓慢成长,在于这一片分歧的沟通弥合,而非寄望于司法理性的桀骜伸张。司法理性(司法者)与司法公信(公众)的隔阂,几乎成为制度与心灵的隔阂。人们打造了制度本身,追求极致的形式理性,却依旧无法赋

---

① 即承认公众对"司法判断"进行判断和评价的能力。

② 一如梁治平先生所描述的台湾地区一桩因事实查证艰难而拖延30年未决的诉讼,或因热心助人而面临侵权诉讼的案例中所描述的情形。梁治平:《〈流浪法庭30年!〉恪守正义与司法为民的理念》,转引自 http://cul.qq.com/a/20130401/000078.htm,最后访问日期2014年5月23日。类似的常理与法律、理性与人情的冲突并不鲜见,例如"彭宇案"、"二奶争产案"等。抛开对案件事实的争议,这类案件依法处理的结果却未能得到社会公众的平和接纳。

予制度以灵魂,直至创造和遵循制度的人只以制度的精巧严密为傲,却忘记了以人性为标尺对制度再度追问和衡量。也如同以理性接近正义,却终究忘了正义源于人类的共同需要,正义的要求便是这些"共同需要得到满足",而非"理性达到极致"。[8]有关司法者与大众的正义分歧,我们宁愿借用哲人之语,称之为理性与善的衡量。①

在梁治平先生看来,在制度之外而超越法律的"良心、仁爱、慈悲"是心灵与制度的契合点,恐怕才是司法者与公众的沟通凭借。这种从对正义的共通性理解出发修正司法理性的思路,尽管带有些许宗教意味,但也申明了公信与理性之间的距离感与亲和度:无论理性或公信,都不是司法的终极目标;若以司法公正为追求,理性与公信或许并非不可沟通契合。只不过对于司法者或公众而言,要共同守望心灵的光辉,都需要跨过太多的人性障碍与现实阻隔。

三、何去何从:基于司法发展阶段的取舍权衡

将上述对司法理性与司法公信关系的分析放置于中国司法发展的实践过程中,来为解决司法专业化与社会化的冲突提供解题思路,我们认为:如同司法理性的具备是司法公信成长的必经阶段,司法专业化也是走向司法社会化的必要阶段;司法专业化向司法社会化过渡的本质是对司法"极致专业化"的"纠偏"。因此,在司法专业化尚不成熟、司法理性尚未得到充分施展空间的情况下,就谈论司法理性达到极致所造成的"专业狭隘",有些为时过早。

1. 一种评价:理论与现实的往返关照

反观我们的司法改革,在司法理性与司法公信之间的游移,背后呼之欲出的,仍应是对司法公正的追求:在第一轮司法改革中,我们将司法公正托付于司法者,将司法公正的实现托付于司法理性;在第二轮司法改革中,我们则试图跨过司法理性的围栏,直接将目光投注到司法公正的社会投影——司法公信之中。这种探索中途的转向原因一则在于首轮改革缺乏整体权力体制的支撑和配合,司法权力运作空间借助司法理性取得的突破几乎到达极限,以至于不得不另辟蹊径;二则在于司法被逐步形塑成熟的同时又被重新附加了诸多职能,司法本身的目标

---

① 对公正的争议可能源于"善"的多变,也可能来自法的刻板、司法的狭隘与"善"之间的冲突。从司法者与大众的区分角度而言,主要指后者。

与价值再次隐没,此时人们试图刻意强调司法公信来反证司法公正的存在、凸显司法的价值,并回避前一轮改革遭遇的制度瓶颈。

结果,由于在司法专业化遭遇巨大阻力之际,所采取的"态度上的回避"和"行动上的另辟蹊径",两轮改革过后,"司法理性"与"司法公信"却面临着双重受挫。我们终究未能彻底享受司法理性的制度成果,也未能坦然接受司法公信背后不可避免的分歧。事实上,从司法本身的发展规律而言,我们面临的问题本是司法理性的不足、司法专业化程度远远不够,而非理性极度膨胀所引发的专业狭隘性及其与社会隔绝对立的风险。而第一轮改革的不彻底与第二轮改革的超前化,注定了对于2014年重启的司法改革而言,如何在司法的专业化和社会化之间取得协调将是一个不可回避的问题,但这不似一场取舍和抉择,而更像一种接纳和顺应——接受司法发展的必经阶段,顺应司法发展的客观规律。在一番思辨之后,置于幕后心间的无非是一个终极问题:赖以判断正义的依据究竟是什么?

2. 一种愿景:理性与善的合一

就司法理性和司法公信本身而言,它们是没有正误之分的,正如前文所言,大约只是"理性与善的衡量",而这有关司法理性与司法公信的共同归宿——正义或公正,已经属于另一个论题所要解决的问题。这里所做的讨论,仅是从司法发展阶段的角度考虑下一轮司法改革中两者的定位思路。只不过,按照司法发展的规律,我们最终、迟早要面对最后一个假设,当司法理性的发展已足够充分,在理性与善的衡量中,何去何从?

在司法专业化达成之后,再走向司法社会化,大约是指用一些善与爱,为冰冷的法律增加点温度。法的归宿,又何尝不是一种于人、于己、于周遭的关怀?好的判决当是具有精神或内心上的说服力,司法公信也绝不是对公众的迎合。为僵硬的理性加入一点心灵的柔软,不为迎合或取悦公众,而仅仅出自对善的体味和把握,司法者也是需要付出莫大勇气的。① 唯愿司法娓娓而行,坚定从容。

---

① 笔者认为,2013年的北京流浪猫伤人案可以看作一例。从判决看,二审法官解释"动物饲养人"并对流浪猫投食者的责任承担做出说理时,流露出对流浪动物的关爱性导向,但很难说法官所支持的观点,已经成为社会共识。

参 考 文 献

[1] 最高人民法院院长周强:新一轮司法体制改革拉开序幕[EB/OL].[2014-5-10]. http://politics.people.com.cn/n/2014/0114/c70731-24108313.html;法院改革最新消息:6省市先行司法改革试点[N].京华时报,2014-6-16(5).

[2] 夏锦文.当代中国的司法改革:成就、问题与出路——以人民法院为中心的分析[J].中国法学,2010(1):17-25;公丕祥.中国司法改革的时代进程(上、中、下)[N].光明日报,2008-12-15、12-22、12-30.

[3] 法官任免权上收至省级高院 第三轮司法改革艰难启程[EB/OL].[2014-5-11]. http://finance.ifeng.com/a/20140405/12062318_0.shtml.

[4] 韩轶,张宇坤.司法民主的正当性及其限度[J].政治与法律,2012(10):14-22.

[5][6] 着力解决影响司法公正和制约司法能力的深层次问题——最高人民法院司改办主任贺小荣解读"四五改革纲要"[EB/OL].[2014-8-10]. http://www.chinacourt.org/article/detail/2014/07/id/1336446.shtml;司法改革任务起草者:超预期或设司法委员会任免法官[EB/OL].[2014-7-11]. http://news.stnn.cc/c6/2013/12/17/1387266317756.html.

[7][8] (美)E.博登海默.法理学:法律哲学与法律方法.邓正来译,中国政法大学出版社,1999:524,271.

(作者单位:河海大学法学院)

调解制度和自由裁量权的理性重塑

俞 曦

摘 要 调解无法输出正式的司法公共产品,对调解的过度反应,会偏离诉讼调解的原意,不利于法治的形成和纠纷的解决。法治社会形成,需要法官运用自由裁量权对具体案件做出判断,形成示范效应,确立社会规则。我们应当在客观地分析当前司法、政治及社会环境的基础上,适时弱化对调解的过分要求,相对重视自由裁量权的规制和功效发挥。

关键词 调解偏好 自由裁量权 法治

我国现代调解制度在传统意识形态支配下具有内在自生性,是一种极其重要的审判权运行方式,尤其是在当今诉讼爆炸和权利觉醒的社会环境下,调解得到了进一步的扩张。调解的非程序化有利于快速高效解决案件,加之自上而下和外界的各种要求和评价,法院系统自然而然地将调解作为了解决纠纷的首选途径,但重视并不意味着数量上的居高不下,而在于对案件解决和法治形成的实质要求。

调解与裁判都是法院履行审判职能的重要手段,但调解毕竟无法输出正式的司法公共产品,相对于法院的正式判决而言,再多的调解也无法贡献法治上的价值,反而是大量同案不同果的调解方案,对规则的确立、法治的形成起到了巨大的负面作用。[1]而判决就需要法官运用自由裁量权结合案件和法律做出判断,最终不仅解决个案,更会通过法律示范效应的发挥促进全社会法治观念的培养。自由裁量权的运行过程,也就是展示法官素养的过程,就是社会规则形成的过程,就是用法治思维解决问题的过程。在全面推进依法治国过程中,应当弱化对调解的过分要求。

---

* 本文为2014年度"江苏省社会科学应用研究精品工程"立项一般课题"诉讼调解在社会矛盾纠纷综合调处机制中的角色定位研究"(项目编号:14SWB-110)的阶段性成果。

一、自由裁量权的内涵理解

关于自由裁量权的理解,目前并没有绝对权威的说法,但是从文意解释的角度离不开对自由、裁量和权力三个要素的规制。世界上有的国家直接在法律中对自由裁量权予以规定,比如《瑞士民法典》第1条第2款规定,"如本法无相应的规定时,法官应依惯例;如无惯例时,依据自己作为立法人所提出的规则裁判"。《奥地利普通民法典》第7条规定,"如果案件依然有疑问,则该案必须在考虑审慎搜集的情况并深入权衡的基础上根据自然法原则进行裁决"。由此可见,自由裁量权并不只是理论或者实践上的概念,它已经被提炼出来并法律化了。最高人民法院在2012年2月28日下发的《关于在审判执行工作中切实规范自由裁量权行使保障法律统一适用的指导意见》从最高审判机关的视角对自由裁量权的定义做出了解读:"自由裁量权是人民法院在审理案件过程中,根据法律规定和立法精神,秉持正确司法理念,运用科学方法,对案件事实认定、法律适用以及程序处理等问题进行分析和判断,并最终做出依法有据、公平公正、合情合理裁判的权力。"

考虑到依法治国的大环境,"先行调解"以及多元化纠纷解决机制则是具体要求,虽然调解更加重视实体结果而不是程序过程,但是内生于审判制度的调解与裁判一样,也会涉及基础法律和事实问题的适用和判断,因为法官主导型的调解要求法官对调解程序进行合理控制,对调解方案进行起码的合法性判断,甚至由法官直接在自由裁量的基础上提出解决方案。从程序控制角度,调解中的自由裁量无疑在调解不成转入审判后转化为裁判中的自由裁量(也即传统意义上的自由裁量)。对调解效益的发挥和自由裁量权的规制,不是简单地对自由、裁量和权力等要素加以苛刻限制,必须考虑当前调解偏好的现实,从利于纠纷解决和规则形成的重叠共识,寻求自由裁量权发挥最大效用的空间。

二、自由裁量权的独特基础

不同的文化,不同的法律渊源,不同的地域特征,不同的民族国家都有可能造成不同法域对自由裁量权的不同态度,基于我国的司法国情,在对自由裁量权的理解上,也有一些独特的基础。

1. 社会主义法律体系的内在需求

就立法层面而言,英国的衡平法就是大法官按照"遵循先例"原则在一个个具体案件的处理过程中,遵照内心确信,自由裁量而形成。而我国宪法明确规定,人民代表大会行使立法权,法院行使审判权。作为社会主义法律体系的重要环节,调解制度在不断发展,其内涵和要义也在不断更新,之前法院系统取其效率优势作为一种解决纠纷的应景选择,但在依法治国的背景下,只有裁判确立的规制之治才是法治的阶梯,法官判决的能力而不是调解能力,最终才是安身立命之本。

法官在履行审判职能的过程中,总会遇见无法可依或者法律规定模糊的情形,滞后性是法律的基本特征,立法往往跟不上社会发展的步伐,目前的司法实践中,同案不同判现象极多,这类棘手的案子,调解掉100个,也不见得会比判决1个来得更有价值。尽管法院一再声称法官发挥自由裁量权是为了社会主义法律体系的完善,但容易招致司法立法的批评,无论是学界或者相关部门都似乎因为种种原因倾向于严格限制法院的自由裁量权,由此形成了严格限制法官自由裁量权的主流话语。但是按照"价值中立"①的客观立场,法官的自由裁量权至少应该被给予指出问题的权力,而不是要求其以"和稀泥"的调解方式"摆平"问题。

2. 服务大局的上下需求

在当前的法院管理体系下,法官总会承受来自法律以外的压力,尤其是在处理各类难办案件(hard case)②时,自由裁量权的张力面对多方

---

① 价值中立(value-free)由德国社会学家韦伯(M. Weber,1864—1920)提出,他认为从科学观点看事物和从价值观点看事物乃是两种完全不同的视角。科学的任务是研究现象的存在,其本质是事实的真实性。它只能告诉人们事实是什么,人能够做什么,而不能教人应该做什么。价值知识则是一种规范性知识,一种从主观欲望,从伦理、哲学、理想的观点推论出的实践判断,它的本质在于有效性,而与事实之间没有逻辑的或本体论的联系,也不属于经验科学所要解决的问题。简而言之,"因果分析决无价值判断,价值判断也决非因果说明"。

② 苏力.法条主义、民意与难办案件,载《中外法学》2009年第1期。苏力教授认为,在当前社会矛盾复杂化语境中,难办案件(hard case)指事实清楚却没有明确的法律可用,或适用结果不合情理甚至有悖"天理"(自然法),法官因此面临艰难抉择,不得不竭尽所能运用自由裁量权去"释法"甚至"造法"的一类案件。笔者认为,恰恰在这类难办案件中,自由裁量权充满张力的理想与多方制掣的现实之间的鸿沟显得尤为分明,限制和松绑的矛盾才会显得越发尖锐。

制擘的现实尤为无力,这类案件也正是法院"重点调解"的案件所在。让"人民群众在每一个司法案件中都感受到公平正义"这一目标与其说是对法治的具体要求,更不如说是现阶段的一种理想,因为它首先考验的是法官处理个案矛盾的能力,而不是包含自由裁量权在内的法律思维能力。抛开法院和法官的政治立场,仅就司法活动本身而言,选择调解便符合了当前解纷程序"司法为民"以及实体上"接近正义"的司法大局要求,因此法官在做出事实认定和法律适用的自由裁量之前,必然存在一个在先的自由裁量问题:是调解还是裁判结案。

回顾新中国成立以来调解制度的发展进路,从1949—1957年的不重视调解;到1958—1991年的调解为主、着重调解;到1991—2002年的自愿合法调解;到2002—2004年的"能调则调、当判则判、调判结合";到2005—2007年的"能调则调、当判则判、调判结合、案结事了";到2008—2011年的"调解优先";最后到2013年的"先行调解"[2],国家对调解制度的态度有一个反复的过程。但我们一直是把调解作为审判权的一种行使方式,而不像多数法治发达国家一样,将其视为一种独立于裁判的替代性纠纷解决方案。

法官需要抉择,究竟选择哪些案件去调解,哪些案件去裁判,法律对此有部分规定,比如《最高人民法院关于进一步发挥诉讼调解在构建社会主义和谐社会中积极作用的若干意见》第5条规定:"人民法院对适合调解结案的民事案件,应当调解。"这些规定都比较笼统,主要还是依赖法官的判断。判断的过程必然涉及程序正义和实体正义的权衡,对事实有意无意的忽略[3],政治理性与司法理性的冲突[4],当事人合意的边界,个案解决和规则之治的边际效益衡量[5]等。值得注意的是,当前调解案件大量进入了强制执行[6],这无疑会让法官更加陷入利益选择的两难,选择裁判从而实现实体正义,但回头却降低了调解率等指标;选择效率优先进行调解,表面上赢得了现行指标评估体系的认同,但事实上还是得依靠强制执行,还不如直接作出裁判来得有效。

三、自由裁量权的理性重塑

1. 回应法治的呼唤

法院应当做出更多具有指导意义的裁判,展现法官自由裁量的过程,回应依法治国的呼唤。当前非法律性矛盾增多,且呈现出种类多、波及广、影响大的发展趋势,如"征地补偿,拆迁安置,企业改制,企业整治、取缔等社会活动和政府行为带来的纠纷,具有复杂性、群体性、综合性和敏感性等特点,加之群众民主、法律意识的增强,极易引发群众上访事件,甚至带来社会动荡"[7]。大部分案件,法官是可以通过正常法律途径解决的,法官慎重考量后做出的裁判,可以为今后的审判工作提供思路和借鉴,也正因为这些案件有示范效应,法官千万要注意慎思、慎量和慎裁,一个极端的例子就是彭宇案,一句稍欠推理的"理应……",起到了负面的作用。但是也有少数矛盾,涉及更深层次的公民权利和国家权力紧张性问题,或者是复杂的多方利益纠葛,在这种情况下,法院已经被动地从最后一道防线冲上了第一战线,主动纠集各方当事人坐下来调解,似乎是唯一的选择。

就笔者所在地而言,法院审判一线工作量趋于饱和,过于限制法官的自由裁量权显然不利于法院充分发挥解纷功能,法院自身解决不了,就只能想办法把皮球"踢回去"。基于法治和大局考量,对自由裁量权的适当松绑是应该的。在一些棘手案件中,法官在行使自由裁量权的同时,必然体现出一定的先决政治性判断,这属于被当前社会政治语境潜移默化产生的一种思维惯性,也是自由裁量权的基础,不管调解也好,判决也好,其最终目标都必须着眼于促进法治的形成,体现法官的法治思维。

2. 符合法条主义的要求

法条主义要求严格按照法条的字面意思来适用法律[8],法条主义的经典论述是:"现代的法官是自动售货机,投进去的是诉状和诉讼费,吐出来的是判决和法典上抄下来的条文。"[9]但是,假如严格按照法条主义的思维模式,得出的结论与社会现实或者道德共识不相适应怎么办?

笔者处理的某案例中,投保人投保交强险的起重机在路边起重作业的过程中致人损伤,在交强险的认定过程中,大家对案件中"道路交通事故"的认定产生了分歧,展开了激烈的讨论。有人从交强险的社会保障特性角度做出解释,有人从道路的封闭或者开放性角度做出解释,有人从特种车辆的特殊状态做出解释,有人从德国、日本比较法的角度做出解释,诸多角度的分析得出的观点,难分对错,但是大家都认为自己的观点是经得起推敲的,是正确的。由此见得,不同的法官在不同的裁量基础上会做出不同的结论,这是法条主义分析方法的特性决定的,在此基础上的自由裁量权也显示出了足够的开放性,这也是自由裁量权把握的难点和魅力所在。

3. 适度的错案追究

法官办一辈子案,出错难免,实用主义者认为,包括自由裁量权在内的一系列法律思维、观念、原则、实践都只是在不确定的社会和政治世界中用以工作和自保的工具。[10]法官基于趋利避害的人性寻求风险更小的解决方式,机械化、和稀泥、不负责任、无原则的调解大行其道,这可能也正是当前调解案件大量进入强制执行程序的重要原因。

错案的必然性和人性的本能由此产生了激烈的冲突,现在司法改革方案中,错案终身追究的呼声占了主流,但是按照"权责对等"的基本原则,终身负责对应的是司法独立。司法干预的情况如今大量存在,案件一旦进入法院,很多时候不是承办法官能够完全掌控的,司法工作目前越来越公开,司法过程往往受到各种各样的外来影响,如人大、政协监督已经出现了部分委员个案不当干预的情况,法律赋予的监督权甚至成为了合法外衣掩盖下的不当干预。社会公众也容易受到部分"意见领袖"以及居心叵测者的裹挟,丧失了理性的思考。法院内部也存在着请托、说情的现象。各方意见在案件中的博弈使得法官异常尴尬,为了不办错案,不得罪人,和稀泥式的调解当然成为了规避风险的首选。法官办错了案件,视情况予以惩罚是应该的,但是在当前的社会环境下,很多案件本身确实相当复杂,包含了法律、道德、政治等各种要素,一个所谓的错案到底是不是法官真实水平和意图的反应很难说,对法官实行严格的错案追究,需要一套相应的职业保障机制协同推进。

4. 职业化的技能培养

我国长期以来的调解偏好,抑制了对裁判的需求,抑制了自由裁量技能的发展,因为在调解方案的选择上,更多的是当事人自己的合意和妥协,法官只是中立的第三方,不需要花费太多的精力去思考法律适用的问题,甚至在事实认定方面,只要不是存在恶意诉讼、虚假诉讼,都可以非常宽松地予以确认。

但是,法官职业化的改革方向却对法官的自由裁量水平提出了更高的要求。调解很实用,效率高,当事人更合意,尤其是在一方面案件数量呈爆炸式增长,另一方面"司法便利化"和"接近正义"的司法改革导向引领全球之际,显得更具正当性。况且,通过裁判处理不少棘手案件之时,表面结果离我们社会目前的道德情感共识有一定距离,群众据此可能认为存在枉法裁判的问题,但其实因为诉讼的三角结构存在,在这种对抗性模式下,司法的一举一动都会受到来自多方的监督,法官徇私枉法的几率还是比较小的,真正的枉法裁判情形并不多,关键在于法官对自由裁量权的把握,法官有没有这个能力。在部分法无明文规定或者法律规定不明的情形下,虽然调解一时会取得良好的效果,但是却不利于规则形成,因此别寄希望于调解,在法治现代化的语境里,调解是替代性的一种方案,是多元化纠纷解决方式的一种,可能相对缺少了一点来自司法的强制。司法权就其本质而言,还是一种裁判权,审判工作一直是并且仍然、永远将是法院最重要和最本职的工作,因此调解偏好的适当弱化及自由裁量权的适当强化有其正当性和紧迫性。

参考文献

[1] 张卫平.诉讼调解:时下态势的分析与思考[J].法学,2007(5):18—27.

[2] 姚志坚.司法改革:诉讼便利化研究[M].法律出版社,2008:190—194.

[3] 李浩.查明事实,分清是非原则重述[J].法学研究,2011(4):120—135.

[4] 吴英姿.调解优先:改革范式与法律解读[C]//中国民事诉讼法学研究会论文集,2012.

[5] 苏力.关于能动司法与大调解[J].中国法学,2010(1):5—16.

[6] 李浩.当下法院调解中一个值得警惕的现象——调解案件大量进入强制执行研究[J].法学,2012(1):139—148.

[7] 章武生.论我国大调解机制的构建——兼析大调解与 ADR 的关系[J].法商研究,2007(6):111—115.

[8] 苏力.法条主义、民意与难办案件[J].中外法学,2009(1):93.

[9] (德)马克思·韦伯.论经济与社会中的法律[M].张乃根译,中国大百科全书出版社,1998:62.

[10] Jack Knight and James Johnson. The priority of democracy: a pragmatist approach to political-economic institutions and the burden of justification[J]. American Political Science Review,2007:47,49.

(作者单位:南京市中级人民法院)

基于区域法治分析范式的国家治理现代化研究

姜 涛

摘 要 法治建设的先导区之提出,是对国家法治过于均一化、缺乏能动性、实践性乏力等局限的反思,目标在于通过集体的坚信与意向,在国内优先形成一种政府依法行政、合理应对犯罪、公正廉洁司法、公民自愿守法等的自发秩序。区域法治建设应采取诱致型发展模式,一方面强化地方法治政府建设,另一方面重视公民的法律观培养。

关键词 治理现代化 法治先导区 区域法治 诱致型

如何实现国家治理现代化,这是社会转型时期必须思考的重大问题。当"法治建设的先导区"成为法治建设的主题词后,"区域法治"这一概念也必将进入法学的视域,成为国家治理现代化的必由之路。

一、法治建设的先导区:一个区域法治发展框架的提出

法治的真正合法性基础是社会,法治必须回应社会,而不是背离社会。当社会在不同区域有了不同的政治、经济、文化需求之后,其对法治建设的需要也就形成了个体上的差异,这就蕴含着区域法治形成化的可能性与必要性。

1. 区域性发展与法治建设的先导区之提出

法治中国建设的蓝图描绘与制度实践,需要发挥地方的主观能动性。毕竟,国家提出法治建设的目标,也只是从蓝图上为各地提供共同奋斗的目标和处理国家与公民之间的关系的大框架。如何处理这种关系,并实现"中国梦",则需要地方政府发挥法治建设的创造性,以"地方法治"的力量支撑国家法治这条大船的持续航行。2005年11月25日江苏省委发布的《中共江苏省委关于在全省开展建设"法治江苏合格县(市、区)"活动的决定》(苏发〔2005〕29号)指出"从2006年起,在全省开展建设'法治江苏合格县(市、区)'活动";"开展建设'法治江苏合格县(市、区)'活动,要以依法行政和公正司法为重点,每年解决一两个涉及人民群众切身利益、当前最需要解决并容易见成效的问题,以此作为工

作突破口,不断积累建设成果,渐进实现法治江苏的长远目标"。法治建设先导区,乃是一种对区域法治的整体性把握,区域法治正是通过区域强化地方法治建设的积极性、地方性,以强化省、市、县在法治建设中的功能。

法治建设的先导区之提出,是对国家法治过于均一化、缺乏能动性、实践性乏力等局限的反思。首先,法治建设先导区与地方自治不同,它并不是在中央立法的基础上,建构一套适合自己的地方立法系统,而是发挥执行中央立法的主观能动性,以率先在本区域实现国家法治的建设任务。其次,法治建设先导区虽然有地方立法,但这种地方立法基本上是中央立法的具体化,并且除中央立法的授权外,一般不具有司法裁决的效力,法官并不能把地方立法作为裁决依据。最后,法治建设先导区是以市、县为区域单位建构的法治模式,包括市级法治建设先导区和县级法治建设先导区,两者可能因保障措施、实施力度等差异,而造成实现路径及其效果上的差异。

2. 具体化法治与法治建设的先导区之定位

区域法治相对于国家法治而言,乃是一种具体化法治,是针对特定事务或特定区域所建构的法治模式。它可能适用于宗教事务的管理,比如,印度政府正在考虑在国内设立"伊斯兰银行"(al-Bank al-Islami)①,该银行将依据《古兰经》禁止利息的原则不向贷款者收取利息。按照《古兰经》和伊斯兰教法规定,利息属不合法的收入,必须禁止。印度联邦储备银行一位官员接受《海湾新闻》采访时表示,设立这样一家银行将有助于伊斯兰群体更快融入印度主流社会。[1]也可能是出于贸易自由化、便利化,并与国际接轨的考虑。上海自由贸易区的设立也说明这一点。

就目标而言,法治建设的先导区在于通过集体的坚信与意向,在国内优先形成一种政府依法行政、合理应对犯罪、公正廉洁司法、公民自愿守法等的自发秩序。毋庸讳言,法治建设的先导区,可以是通往真正法治的天梯,也可以是炫耀地方政法政绩的代名词。如果是后者,则这种法治建设的先导区并无太大价值,甚至是治乱败坏的捷径。因此,我们必须认真对待法治建设先导区的目标体系。

---

① 现代部分阿拉伯、伊斯兰国家依据《古兰经》禁止利息的原则在国内建立的金融信贷机构的统称。

二、区域法治建设的路径选择：强制型抑或诱致型

国家法治尚可采取强制型制度变迁，即通过国家法的制定、颁布与实施，建构一种法治秩序。但区域法治作为治国理政的地方性秩序，不仅会面临地方立法的效力问题，而且也会发生与国家法之间的冲突、地方之间的差异等实践难题，其实，区域法治更加应该依赖一种自发秩序，这不是可以型塑的，而是基于民众共同的意志。因为人的自由或权利保障意识愈是根据其外在人为现实因素的规制或外在环境的影响，愈少能有真正具创意或属于自己生命底层价值的自我实现。民众若能在权利保障的过程中，逐渐培养出这种意识导向，并以自我实现的动机来了解自己和实现自由，如此最自然的自我本性在社会共同生活中得以实现，最能引发出自己内在生命的精灵而喜悦于共同生活，这也是创造大国法治梦和追求美好生活的理想途径，而这条路径的铺设途径，就是法治。

有人可能会担心，当代中国地方立法机关所指定的地方性法律不具有司法裁判的效力，因此，实行区域法治具有制度上的障碍。在人为建构秩序的区域法治发展模式之下，规则模式论是一种很流行的区域法治分析结构和观念模式。它以"规则"或"规范"为核心范畴，把区域法治归结于地方立法机关制定的一套规则，好像区域法治就是"当A（假定的条件）存在时，B（某一行为模式）就应当存在，否则，C（社会危害）就会出现"的戒律或禁规。用规则模式去观察和思考区域法治，区域法治发展就是凌驾于社会之上，凭借地方权力支配社会成员的力量，是限制人的框框、控制人的绳索、制裁人的武器。人成为了纯粹的法治客体，而不是主体。法治成为地地道道的异在，人们对法治敬而远之、畏而避之。显然，规则模式论既忽视了人的生存和发展应当是法治的目的这一价值因素，也忽视了法治的运行依赖于立法者、执法者、司法者、法人和公民等法律主体的法律意识、法律素质和法律实践这一法治的主体因素，因而是对法治的主体与客体关系的颠倒。这种把活生生的区域法治发展描述为没有活性的、封闭的规则体系的改革范式，是对区域法治的极不适当的解释，尤其是扭曲了现代区域法治的精神和作用。[2]毕竟，"法律规则不再是一种外迫的工具，而是一种内信的价值，由此遵守法律将成为人们的自觉行动。反之，如果法律制度与法律文化相互冲突，法律制度就得不到人们的认同，书本之法会名存实亡，而观念之法则会是名亡实存。也正是在这个意义上，伯尔曼才强调法律

信仰的重要性,才认为20世纪的西方法律面临着危机,并寄望通过对实证法学、自然法学和历史法学的整合走出困境"[3]。

为何需要诱致型区域法治发展模式,这与地方的文化身份具有重要关系。关于文化身份(culture identity),荷兰学者瑞恩·赛格斯指出:"某一特定的族群和民族的文化身份只是部分地由那个民族的身份决定的,因为文化身份是一个较民族身份更为宽泛的概念。"[4]所以,通常人们把文化身份看作是某一特定的文化特有的,同时也是某一具体的民族或地域与生俱来的一系列特征。另一方面,文化身份又具有一种结构主义的特征。在那里,某一特定的族群或地域文化被看作一系列彼此相互关联的现象,被假设成为一种稳定的、不变的和连续的指涉和意义框架。它将"身份"的概念当作一系列独特的或有着结构特征的一种变通的态度,不仅仅隐含着一种带有固定特征的"身份"之含义,而且还体现了具有主观能动性的研究者所寻求的"认同"之深层含义。在这里,无论将其视为特征或建构,都说明文化身份问题在区域法治建设过程中变得越来越无法回避,区域法治本身是一种带有文化价值性的法治模式,法律作为人类基本的社会规范,其结构与功能应该与社会、文化的实在性结合,才能呈现出现实的合理性,这是几乎为近代法学家公认的法学定性。[5]以江苏为例,江苏政治、经济、文化均走在国家前列,建设法治的先导区,自然也成为一种客观的法治建设需要。

三、诱致型区域法治建设路径:一个文化论上的尝试性解答

文化作为一群人的共同价值,具有路径依赖现象。法治,只有在和平时期并通过公民的自觉守法行为才会得到长足的发展,因为法治必须体现公民的主体性和自觉性。

法治建设的先导区,乃是一种公共选择。而公共选择的理论基于个人是理性的,对任何决策都是基于个人利益的最大化。在数个选项中做选择,总是选择利益最大化的选项。如果人们对于共有资源采取自私自利的方式加以滥用,其结局是遵守规则的人受骗,而坏人获得大利。最后大家都学做坏人,滥用公共资源,公共资源只得枯竭,从而导致大家都受损。政府与民众之间在法律的实施上也会形成上述赛局。民众与政府需要的是在法律规则之下共同分享社会发展的红利,如果政府与民众在这种赛局中任何一方违背规则,则会造成诚信丧失,双方都去做坏人——官整民,民仇官。在这种情况下,不可能产生信仰法

律,进而形成法治。也因此,法治建设的先导区,需要我们付出两个方面的终极性努力:

一方面,强化地方法治政府建设。在中国固有的政治文化中,法的重要性远不如礼。法的问题在于,法一旦制定出来,就不问情景了,纯粹变成了一种技术活动。这就会存在着道德认同危机。尤其是现代西方人权与法治理念引入后,法律条文抽象、模糊,一般民众理解不了,只能靠专业的法官、律师、专家予以认定,于是公理正义就不能自在人心了。所以,当前中国法治建设的问题不仅是权大于法的问题,而且还涉及民众对法治建设的认同危机。前者解决不好,则不可能有真正意义上的现代法治,而后者不重视的话,法治建设也只能成为法治建设论者的一厢情愿。

另一方面,重视公民的法律观培养。历史经验表明,公权力主体并不会自觉地限制自己的权力,这需要形成制衡机制,需要把公民权利置于与权力对应、对抗的位置。目前,中国正在走进权利的时代。在这个时代里,人的尊严和自由借助权利语言逐渐成为社会进步和制度建设的核心价值。固然,现代民主政治的基石乃在于传统自由主义之精神,而此种精神之前提是信赖人民有追求幸福的能力,而非仰仗官署的干预。因此,地方政府宜从根本上放弃"作之君"、"作之师"的心态,勿再扮演指导国民何者可为,何者不可为之角色。[6]这就需要在城市政治体系建构上把重心下移,转移给社区与公民,包括社区治理、分权与公民参与。只有分权与公民参与,才能提升公民参与法治建设的热情,亦能更为有效地实现法治建设的先导区。

后现代的特色是保留了所有发展方向的可能性,因为后现代理论就是要去甄别各种主流的论述边缘的思路,是用什么创意或偶发的方式获得保留,或透过什么死而复生的方式重现江湖。对此,我们应该意识到,一方面,当一国家越民主时,地方自治的发展就越彻底,区域法治的发展倾向也就越明显;另一方面,健全的区域法治的存在不仅是民众法治意识的小学,亦是国家法治之暗区的防波堤。因此,本文的结论是:区域法治反映治国理政的本质,区域法治不是石块或木料,而是由它们的公民的品格做成的。公民的品格改变情势,并带动法治的实现。民众是社会组成的心脏。在每一个社会中,愈能透过人的自我实现去实践教育目的,愈会促成个人人格的自由开展与社会的多元化,也愈可让人民主动投入社会改善的力量。区域法治建设对国家治理现代化的贡献亦源于此。

参 考 文 献

[1] 印度考虑设立"伊斯兰银行"贷款不收利息[EB/OL].[2012-8-20]. http://intl. ce. cn/specials/zxxx/201208/20/t20120820_23601263. shtml.

[2] 张文显,于宁.当代中国法哲学研究范式的转换:从阶级斗争范式到权利本位范式[J].中国法学,2001(1):62-78.

[3][5] 姜涛.死刑制度改革与文化守成改造[J].刑法论丛,2013(1):1-42.

[4] (荷)瑞恩·赛格斯.全球化时代的文学和文化身份建构[M]//乐黛云等.跨文化对话(第二卷).上海文化出版社,1999:90-91.

[6] 法治斌.论出版自由与猥亵出版品之管制[M]//人权保障与释宪法制.月旦出版社股份有限公司,1993:173.

(作者单位:南京师范大学法学院)

第三篇

经济、管理

对我省二三线城市发展台资经济的观察与思考
——借鉴淮安市的做法

桑登平

摘 要 江苏在祖国大陆虽然是对台经济的大省,但台资经济在全省各地的发展并非平衡,尤其是在一些二三线的城市。近年来,淮安和台湾抓住两岸关系和平发展的机遇,全面深化经贸交流与合作。进入21世纪,"南有昆山,北有淮安"让海峡两岸已不再陌生,这既成为招引台资令人瞩目的"淮安现象",又形塑了台资企业向二三线城市,尤其是苏北地区转移集聚的成功范例。"淮安现象"对我省二三线城市如何推进理念创新,认清经济全球化和区域经济一体化的发展趋势,自觉摒弃老旧产业发展理念,深化对产业升级的认识,主动适应发展台资经济的新常态,起到积极的启示和促进作用。我省二三线城市在发展台资经济中,可以借鉴淮安的做法和经验,根据自身经济社会的发展需求,与台湾进行深层次、高质量的经济合作,共创互补双赢的辉煌典范。

关键词 淮安 二三线城市 台资经济 观察思考 对策建议

近年来,淮安和台湾抓住两岸和平发展的机遇,在经贸交流与合作中收获颇丰。这既成为招引台资令人瞩目的"淮安范本"、"淮安现象",又型塑了台资企业向苏北地区转移集聚的成功范例。

一、"淮安力度"在打造台资集聚高地中的作用

台资经济带给淮安的不仅是一座台资新城,更重要的是其背后的价值。

1. 台资集聚转型是淮台共创双赢的赛跑

2006年,台湾鸿海集团投资22亿美元在淮安建设富士康科技城,这从某种意义可以看作是台资北上的风向标。此后,一批又一批的台资企业纷至沓来,使得淮安在短时间内就迅速成为苏北拥有知名台资企业数量最多的区域。

台资高地的崛起,使淮安在抢抓台资北上的机遇赛跑中赢得了先

机。台资企业在淮安的大量集聚,又催生当地配套型本土企业的发展。2013年,淮安根据经济社会的发展需求,提出加快形成"4+2"特色产业(盐化新材料、特钢、电子信息、食品4个千亿级主导产业;高端装备制造、新能源汽车零部件2个战略性新兴产业)的体系战略。

对在淮台资经济的产业分析,富士康、明基达方电子是电子信息产业的龙头;台玻亦是盐化工新材料产业的领军企业;旺旺、康师傅则是食品产业的生力军;敏实就当仁不让地成为新能源汽车及零部件产业发展的主要支撑;而和大集团、江兴锻造又是高端装备制造的领头羊。因此,淮安台资企业在很大程度上已经建构了当地特色产业体系的骨架,亦正成为淮安"4+2"特色产业发展战略中的先行军和引领者。

台资企业的集聚,淮安既要让台商赢得产业发展的广阔空间,又要使自己从低层次的土地、劳力等资源型合作向技术、研发等市场型合作转化。2013年已竣工投产的实联化工项目就是台玻集团大陆企业进行产业发展的典范。为主导国际市场,台玻利用淮安地下储存1350亿吨岩盐资源的先决条件,又投资了13亿美元上马年产100万吨纯碱深加工和100万吨氯化氨的项目。敏实集团涂装生产线的技术效能早已领先全球,在完成由机器人操作快速换色、清洗等工序的同时,集团与当地合作,投入3亿美元设立电动汽车项目和2个研发中心。[1]

淮安台资企业在完善产业链延伸的同时,亦将科技作为企业发展的核心武器,这既是应对行业竞争的一个绝佳选择,更是转型发展的效果所在。几年来,淮安引进了中科院、国家钢研院、南京大学、兰州大学等10多家研发机构和高校分支机构,极力推动企业与高校及研发机构的"本地化对接"。此举不但创造了人才与经济协同发展的新模式,又为台资的集聚转型提供了必备的人力要素保障和智力支撑。截至目前,淮安全市规模以上的台资企业都已成立了研发(技术组织)机构。

2. 吸引台资的优化环境得益于热忱的服务

淮安在为台资企业不断打造发展环境的同时,又不停歇地打出许多有益于台资经济发展的好牌:市领导带头挂钩服务重点台企、出台了《关于进一步加强服务台资企业的意见》、建立台商子女入学等三条"绿色通道"和台企劳资纠纷协调四个服务平台。值得一提的是,淮安公安部门在不违反国家法律、法规和政策的前提下,在大陆率先推出台商权益特色保障制度——"盗抢先行赔偿制度",这种被广大台商形象地称为"企业被偷公安赔"的做法,使台商们免除了财产受损的忧虑。[2]这一系列惠台措施的建立,让以建成"服务高地、成本洼地、投资福地"为目标的淮安与台商们的距离越来越近。

2010年,淮安在全国地级市中第一个成立了副处级建制的"淮安市台商服务中心"。中心充分借鉴全国各地服务台商的经验做法,从全市各涉台部门的职能职责出发,筛选归纳出一套为台企台商服务的程序和内容,实施后赢得了台商们的赞誉。继2012年淮安首次跻身台湾电电公会公布的《中国大陆地区投资环境与风险调查报告》内"极力推荐城市"行列之后,近两年来又再获殊荣。

3. 打造发展对台经济的"聚议"平台

淮安在创造引进高质量台资项目的同时,更重视倾听两岸各界对淮安发展台资经济的高见。2006年,淮安创办了全国唯一以"台商"命名的论坛,尽管当时着眼点仅仅局限于台资与苏北经济发展这一区域性议题,但论坛始终围绕"创新、影响、实效",坚持"形式从简、内容从实、品位从高",突出"小活动、大宣传,小话题、大主题,小投入、大效应"的导向,力求"创新更多、品位更高、实效更好"的努力方向。因此,论坛一届比一届办得精彩成功、内容一届比一届务实深刻。从嘉宾规格、客商层次到论坛规模、招商成效,都在不断刷新纪录。参会人员从两岸政要到专家学者,从两岸企业家到青年精英,他们与淮安在"零距离"的接触沟通中,对发展台资经济各抒己见。这对丰富论坛的内涵,提升论坛的层次,放大论坛的效应,起到了积极作用。

淮安台资经济的发展之所以走上一条快捷崛起之路,在很大程度上应归功于带来一座城改变一城人的"台商论坛"。论坛带给淮安的不仅是一座台资新城,更重要的是其背后的价值:它改变了淮安人的传统观念和发展理念,以全球的视野来直接参与国际分工。经过八年发展的"台商论坛",现今已成为两岸政界交流的舞台、商界合作的平台、学界对话的讲台、民间往来的展台、媒体聚焦的看台。[3]而岛内的许多企业家们也正是通过这个平台,才走进淮安、认识淮安、投资淮安的。

二、借鉴淮安做法,把台资经济的集聚转型融入全省经济一体化中

产业转型既是两岸共同应对复杂经济形势的必然要求,更是两岸经济社会发展面临的极其难得的携手契合机遇。

1. 我省二三线城市如何在新常态下发展台资经济

目前中国经济社会的发展已进入到增长速度换挡期、结构调整阵痛期、前期刺激政策消化期"三期叠加"的新常态阶段。而我省一些二三线城市也同淮安一样，处于区域经济一体化、工业化、城市化的快速推进时期，虽然发展潜力不可低估，但不可避免地也面临着进入新常态后必须迈过的一道坎。在新常态下，发展台资经济已不能再依赖于"投资＋出口"的代工模式，而是要逐步转向"投资＋消费＋创新"的新型模式，这也是新时期苏台经济合作迫切需要打开的一扇窗户。

2. 苏台携手合作在集聚转型中延伸产业链

两岸产业合作的现实，正是双方应对全球化和区域经济一体化的发展趋势。在全球产业链中，两岸均处于生产环节，由于两头都受制于人，为了寻求产业链上更多的话语权，同处中间环节的两岸业界已在产业合作上合纵连横。现在两岸这种优势互补的影响效应已悄然向全球产业链的上游和下游延伸。从台商投资江苏的特点来看，一旦龙头落户到某地，上下游产业链上配套的中小企业就会纷至沓来。

由于工业链或价值链的积极转移，台企在我省的经营会更加本地化，随着城镇化的不断发展，城市中产阶级的增加，必将迫使内需扩大，这对台资经济的发展是一个极好的福音。因此，与岛内合作延伸自己的产业链，是我省二三线城市培育竞争新优势的必然选择。

3. 在集聚转型中做好现有台资企业的升级换代

淮安台资经济的转型与我省其他地区大致相仿，一是延续既有的产业模式，择机再向一些腹地转移，期望以更低的生产成本保证自己相应的利润；二是改变投资结构，逐步从利润低、耗能大的加工制造业中退出，转而向制造终端产品和现代服务业转移。

但从现实状况来看，这两种转型方式都存在着缺陷：如果从腹地劳动力成本、交通基础设施和市场环境等因素来考虑，未必对拉抬企业竞争力有所帮助。再则，如果企业只是简单地跳出代工产业链，加入到其他成熟领域里，那么与其他性质经济体的竞争结果未必看好。

因此，台商在大陆的真正优势在于与本土化的"合作"。产业转型升级是一种在市场竞争下的被动行为，而属地台资产业升级的核心竞争力是对当地乃至周边地区内需市场"深耕"的发掘，而"深耕"的关键又在于本土化。属地台资经济要稳固自己在产业链上的地位，就要努力实现真正意义上的"本土化"，与大陆的产业链携手创新发展。在现有制造业领域,台商将以自己的核心技术与大陆合作开发更多的新技术、新产品,力争向产业链的上游延伸。另外,在大陆现代服务业发展方兴未艾的时期,台资也会以技术和创意方面的优势,与大陆进行深度的合作,用创培出的大品牌来共同应对全球化的竞争。这或许是台资企业能够真正得到解困和升级的契机。

三、对我省二三线城市加大发展台资经济的思考

怎样做到站在高端再出发?在战略布局上:江苏作为大陆台资集聚高地之一,要更加凸显作为台湾企业布局两岸"桥头堡"的作用,从单向引资、项目合作转向共同开发、合作创新;从单纯招商转向合作切入全球产业链高端,让尽量多的二三线城市作为台湾企业开启大陆市场的支点地区。在产业合作上,由原先以传统台资制造业为主,向现代服务业和先进制造业并举转型的同时,大力引进台湾高端产业链和营销中心、研发中心及总部管理等。在合作发展战略性新兴产业方面,力求做到在产品研发上由岛内延伸到江苏,在生产加工上由当地布局到周边,在市场营销上由本省向长三角乃至整个大陆辐射,进而扩展到全球的苏台合作新形态。在交流对接上:苏台间的交流与合作,要从过去一般性的经济合作向人才、科教、文创和城市治理等诸多领域合作并进,共同创造合作共赢的新前景。

1. 全力构建与台湾的"产业联盟"

两岸产业合作是《两岸经济合作框架协议》(ECFA)实施过程中的重要内容,各地要把"走出去"和"本土化"结合起来,除了推动台资企业本土化,还要积极支持本土企业赴台投资兴业。双方产业联手必然会造就出许多互利发展的机会,二三线城市应根据自身发展规划,瞄准岛内相关产业,结合本地企业赴台投资,全力打造符合本地产业发展规划的"产业联盟"。

2. 积极打造"研发联盟"

各地应及时抓住当地台企重视研发的机会,欢迎台湾专业研发机构和高等院校就共同感兴趣的领域开展多种形式的产学研合作和科技开发合作。建立形式灵活、富有成效的研发中心、技术中心、功能中心等科技创新合作新平台,促进台湾更多的人才和高端科技资源来当地落户。台我双方结成"研发联盟",可使更多的科技成果在当地得到转化。

3. 尽力促成"金融服务联盟"

金融业在现代服务业中占有较大比重，随着台资企业不断入驻江苏，台企的融资问题亦已凸显。从台资企业的分布位置看，南京和苏州已在努力打造"区域性（台资）金融中心"和"功能性（台资）金融中心"。区域经济一体化的发展，使得岛内一些金融机构已将投资的目光瞄向大陆二三线繁荣城市，这对于迫切需要吸引台湾金融服务业的我省相关城市来说确是一个机遇。

省内一些有条件的二三线城市，可同步进行台资银行和台资金融租赁机构的引进工作。鼓励和规范发展台商投资融资租赁，争取单机单船的融资租赁企业试点；鼓励台资发起设立创投企业，争取股权投资基金。在有条件的地方还可以利用本地创新型农村金融，寻求与岛内相关性质的农商金融进行合作，以服务当地的农业现代化。

4. 加大与台湾文创产业的合作力度

在文创合作方面，充分利用江苏传统文化资源优势来对接台湾文创产业，打造两地文创产业的合作基地。在大力发展现代传媒、动漫游戏、设计创意等产业的同时，借鉴台湾的成功经验，开发地方性、传统性、创意性、手工性的文化资源，与地方台资经济做生态性的有机整合，利用高科技手段将文化和产业紧密结合起来，打造高品位的文创产品，完善文化创意产业链，提升其附加值。[4]

5. 以临空经济区建设为载体实现台资集聚新高地的再延伸

临空经济区在 20 世纪 90 年代初已在大陆萌芽，随着开放力度的加大和经济发展模式的变化，特别是航空运输业的发展，大陆临空经济区的发展已呈现出航空产业、航空物流业、高轻产品制造业、国际商务会展业、康体娱乐休闲业为主的五大高附加值产业向机场周边集聚的态势。我省是航空客货运输机场设置较为稠密的省份，省内的一些二线城市也都有了机场，且与台湾直航的机场在大陆是首屈一指。从地理位置上看，省内的一些三线城市完全可以配合集聚大量台资企业的一二线城市，以超前的意识来筹划当地临空经济区的建设。[5]

参 考 文 献

[1] 王金,杭卫东,蔡志明.转型:淮安"台资高地"再上层楼[N].新华日报,2014－8－26.
[2] 柏建波.个性服务品牌 加速高地崛起[N].淮安日报,2014－8－27.

[3] 王金,杭卫东,蔡志明.台商论坛,带来一座城改变一城人[N].新华日报,2013-9-22.

[4] 陈刚,张远鹏,桑登平.立基中华 苏台文创产业合作前景可期[R].江苏省2013年度社科研究(文化精品)重点课题.

[5] 桑登平.ECFA效应下的两岸经贸合作趋势[J].北京联合大学学报,2012(1):112-120.

(作者单位:江苏省台湾事务办公室)

苏南现代化示范区建设：金融服务视角*

成春林　华桂宏　吕永刚

摘　要　推进苏南现代化示范区建设过程中存在金融辐射能力弱，金融资源争夺激烈，金融风险积聚等现实问题，且实体经济发展和民生改善要求构成苏南金融发展的新挑战，需要强化金融服务：一是形成苏南金融自身发展的示范，打牢金融服务的基础；二是形成苏南服务实体经济的示范，明确金融服务的主要方向；三是形成金融服务苏南民生的示范，落实金融服务的社会责任。

关键词　苏南现代化示范区　金融服务　实体经济　民生

党的十八届三中全会通过了《中共中央关于全面深化改革若干重大问题的决定》，提出坚持社会主义市场经济改革方向，以促进社会公平正义、增进人民福祉为出发点和落脚点；改革最终要落到实处，在经济金融改革的大潮中，发达地区要起到示范和辐射作用，总结成功的经验和失败的教训，最为关键的是形成可复制的经验。江苏是全国经济金融发展的排头兵，而苏南又是江苏经济金融发展的翘楚，且正在推进现代化示范区建设。经济现代化是现代化的基础，人民日益幸福是现代化的目的，而金融作为现代经济的核心，也是社会性最强、社会化程度最高的行业，通货膨胀、房价调控、劳动就业、人身财产保险等百姓关注的民生问题，许多方面都与金融密切相连。因此，在苏南现代化示范区建设中理应重视发挥金融服务实体经济发展和民生改善的重要作用。

一、强化金融服务苏南现代化示范区建设的必要性

苏南经济总量和金融总量都占据江苏全省的大半江山。苏南地区具备现代化示范区建设的金融基础，但也存在不利于现代化示范区建设的现实状况。

---

* 本文为江苏省社会科学基金项目（项目编号：13EYB006）、江苏省高校哲学社会科学基金项目（项目编号：2014SJB279）的阶段性研究成果。

1. 金融能量不够大,辐射仍存在阻力

在长三角地区,上海毋庸置疑是个大金融中心,对江浙沪都能形成辐射力。很显然苏州和南京的金融发展水平远不及上海,在唐吉平等(2005)的研究中,认为上海作为国家级的金融中心,优势显著,苏州的金融外向性十分明显,南京对长江流域乃至内陆的金融辐射也值得重视。成春林等(2014)探讨了江苏13个地市的金融综合竞争力,得出南京和苏州是江苏地区金融综合竞争力排名前两位的城市,采用简化的威尔逊模型测算出苏州的金融辐射半径为258.34公里,南京为193.11公里,辐射不到广大的苏北地区,原因是金融辐射源能量不够大,金融辐射存在距离阻力、制度阻力和合作阻力等,金融辐射效果不佳。

2. 金融资源争夺激烈,金融风险积聚

随着交通、信息技术的提高,人的活动半径扩大,信息传播速度加快,苏南面临来自周边省市金融资源的争夺;近几年苏南诸市都提出构建金融中心的设想,但各地方政府都以建设金融中心或集聚区作为地方经济增长点难免造成重复建设,恶性竞争,金融资源争夺激烈,甚至金融脱离实体经济发展,诱发金融风险。金融行业与生俱来就具有脆弱性,倘若在苏南现代化示范区建设过程中,各地区盲目地追求金融总量规模,与其他城市争夺金融资源,导致金融风险的积聚,这必然会阻碍苏南现代化的进程。

3. 实体经济发展和民生改善给金融服务带来的机遇与挑战

当前经济全球化继续推进,我国国际产业分工地位不断提高,现代化示范区建设的目标更加明确,国家也给予苏南更多的支持政策措施,但苏南地区面临负重转型的种种压力,经济发展的质量和效益有待进一步提高;结构调整的深层次矛盾依然突出;生态建设中资源约束加重;改善民生任务依旧繁重。外部环境使金融危机的影响继续深化,发达经济体又陆续制定新的"游戏规则",使得苏南外向型经济发展受到冲击;国内经济发展又面临结构性减速,人口结构趋于老龄化,居民财产性收入增加,加上新型城镇化和新型工业化的推进,都给金融业的发展提出新的要求。金融服务需迎难而上,在注重风险防范的前提下不断创新,满足日益增长的金融多样化需求。

强化金融服务对于苏南现代化示范区建设非常有必要,除了形成金融自身发展的示范外,推进金融服务实体经济发展的示范和金融服务民生改善的示范更加有现实意义,也能为其他地区提供相应的经验借鉴。

二、苏南形成金融自身发展的示范,打牢金融服务的基础

苏南现代化示范区建设首先需要金融行业自身的发展,加快苏南地区的金融集聚,完善苏南金融生态,促成苏南五市的协同,可形成苏南金融自身发展的示范,打牢金融服务的基础。

1. 加快苏南地区金融集聚

随着上海自贸区的成立,与之相关的是人民币资本项目的可自由兑换,国际支付结算需求的增加,利率、汇率的市场化变动。苏南地区的金融行业将面临新的机遇和挑战。在此过程中仍需大力集聚各类型金融要素资源,进一步做大金融业规模,创造条件大力发展银行业、证券业、保险业,进一步营造良好的综合运营环境,扩大金融机构集聚优势。健全金融机构体系,积极引导资金对各地区特色产业的支持,金融机构通过对放贷对象、规模、期限和用途的选择和安排,进行资金在不同行业的配置;加快多层次资本市场的建设,促成资本流向有发展潜力的行业和部门;逐步完善金融部门进入和退出的机制,充分发挥市场对金融资源配置的主导性作用,从而更好地为苏南现代化示范区建设服务。

2. 完善苏南金融生态系统

完善金融系统可从以下几个方面着手:一是区位。苏南各地区需要加强交通基础设施和信息网络体系建设,着实提高科技文化水平,支持各种金融功能发展的"硬件"区位环境建设。二是经济。经济基础既是一地区金融发展的结果,又是推动金融系统完善的原因,苏南各地区发展经济需要内外并举。从内部经济来说,需要进行经济结构调整和产业优化;从对外经济来说,发展外向型经济是苏南各地区必由之路,开放需要自由、和谐的环境,如优惠的政策、要素资源的配套等。三是制度。继续完善金融体制机制和政策法律环境,切实针对金融业的发展瓶颈,推出能够吸引外资银行、投资机构落户苏南的有突破性的人才和税收政策等。四是加强金融风险防范。随着苏南开放程度的提高,金融资源争夺愈演愈烈,泡沫滋生,风险积聚程度越来越大,推进苏南金融发展的示范,需要构建金融风险的防火墙。

3. 构建各地区金融特色发展,协同推进金融示范

在苏南现代化示范区建设中,苏南五市有各自的特点,区位、经济、制度条件各不相同。南京是江苏省省会,金融发展的特色在于是金融机构总部所在地,更多地体现为金融现代化的信息中心、总部中心,能

很好地辐射镇江、扬州及安徽周边地区;苏州作为江苏外向型经济发展最好的地区,外汇交易量大、上市公司集聚,临近上海和大的港口,应在金融的开放和国际化程度上(国际化的金融集聚区)大做文章;无锡作为新型工业化产业示范基地,涉及装备制造、环保装备和传感网领域,除更好地与苏州和常州加强合作,形成合力外,应更好地在江苏地区起到承接东西,贯穿南北的作用;常州地区集聚大量的科技型中小企业,可以打造科技金融中心,更好地为科技型中小企业服务;镇江应积极地融入南京都市圈中来,引入南京的科教文化资源,做好南京的金融腹地,且在宁镇扬同城化建设中发挥金融的更大作用。苏南地区需要消除区域内的金融融合的行政壁垒,有效解决体制瓶颈,并通过合理的利益分配,开创金融跨区域合作新局面。

三、苏南形成金融服务实体经济的示范,明确金融服务的方向

苏南现代化示范区建设需发挥金融服务实体经济的作用。当前苏南实体经济发展确实面临一些如上文所述的现实问题,上海自贸区的试点又给苏南经济金融发展带来了新的机遇与挑战,金融服务苏南的特色产业集聚、自主创新和进一步开放同样可以形成示范。

1. 金融服务特色产业集聚

苏南经济发展以政府为主导,政策高度同质化,导致产业同构显著,竞争激烈。苏南五市应该形成各具特色的产业集群,如南京应该利用好丰富的科教人才资源、优越的区位交通条件创建国家产业转型升级和新型城市化实验区;苏州的园区需继续在全国起示范作用,发展服务型经济、创新型经济;无锡可打造覆盖制造业、现代服务业以及新兴产业等综合发展的集聚区;常州继续利用科教城、科技园集聚小微科技企业;镇江应利用南京的科教资源,全力推动产业高端发展。金融服务的方式也应该与之协同,金融机构可以进驻特色产业园区,为企业定制金融服务。形式可以多种多样,如科技产业园区,可以引入科技银行;如是出口企业园区,金融机构提供特色的金融服务,如引入进出口信用保险公司,银行的国际业务部等;如上市公司集聚区,可以引入为之上市提供服务的金融机构。以金融服务吸引特色产业进一步集聚,带动特色产业的转型与升级。

2. 金融服务苏南自主创新

产业发展要突出高端化、服务化、集聚化、融合化和低碳化,政府固

然需要规划引领,创新驱动也尤为重要,苏南的自主创新需要金融服务的创新,金融资源应该支持科技创新活动,创新初期风险大,收益小,需要长期资金的投入,风险厌恶的投资者进入会较为谨慎,这就需要"非常信用"的支持,"非常信用"是生产要素新组合的前提,企业家借助信用工具,能够把生产要素从原有用途中拔出,进行新组合,以创新带动产业升级,以创新带动现代产业集聚,创新的结果又会反哺金融发展。

3. 金融服务苏南进一步开放

苏南是江苏开放型经济的重点区域,尽管当前金融危机影响深化和经济增长结构性减速,加上资源约束以及周边地区竞争加剧等新情况和新问题,苏南现代化示范建设在劣境中仍然可以形成较好的示范。苏南会在招商选资和招商引资上迈出新的步伐,随着开放的进一步深入,与之相配套的金融服务需紧跟其上,开放需有良好的金融平台。如港口金融,苏南有条件的地区可以构建高效、快捷、便利的融资服务平台,为需要融资的港口客户解决融资难题。另外,苏南地区的开放除考虑与上海自贸区的对接外,还需积极进行苏南自贸区申报工作,一方面金融业可为苏南自贸区试点的进一步开展提供相应的服务,另一方面自贸区建设又会带动金融资源的集聚。

四、苏南形成金融服务民生的示范,落实金融服务的社会责任

苏南现代化示范区建设还需发挥金融服务民生的作用,可以通过金融服务苏南小微企业发展、新型城镇化发展,以及推进苏南金融机构多样化发展形成金融服务民生的示范,落实金融服务的社会责任。

1. 金融服务小微企业发展

从推动苏南小微企业融资,促进就业与创新来看,需要与其产权结构相对称的中小金融机构支持。应该允许具备条件的民间资本依法发起设立民营金融机构,更好地为小微企业服务。苏南地区由于人均收入水平较高,民间资本也相对充裕,与其流入非正规机构没有法律法规的约束,诱致社会性问题,不如健全政策引导,合理规章,让民间资本阳光化、正规化,也能缓解小微企业融资难的状况,带动就业和社会稳定。

2. 金融服务苏南新型城镇化发展

从推动苏南城镇化发展来看,需要商业性金融和政策性金融的双重支持。苏南城镇化发展对长期资金会有大规模的需求,当前地方政府融资平台风险过大,市政债券应适时推出,同样需要鼓励民间资本进

入,增加权益性资金的供给,引导长期性资金进入,并进一步发挥政策性金融机构的功能和作用。另外,在苏南城镇化过程中还存在失地农民的住房、子女教育、养老、闲散资金的出路问题,需要发挥金融服务民生的作用,设计金融产品以便"以房养老,以地养老"、"贷款助学",引导闲散资金助推城镇化,保障农村资金用于农村建设,防止闲散资金外流,金融改革大有可为。

3. 金融机构多样化服务满足苏南人们日益增长的金融需求

金融机构需要充分考虑经济社会需求,苏南地区人均收入水平较高,为了苏南居民财富的保值增值,可提供品种各异的理财服务,为了便利苏南地区居民消费,可以发展消费金融,网络金融;根据不同区域所需特色化的服务,可以发展社区银行、零售银行,如老年社区银行,农民工社区银行,高校社区银行等;为了应对居民未来的不确定性,增强抗风险能力,可以积极发展失业、医疗与养老保险,巨灾保险制度也应适时建立。毫不动摇鼓励、支持和引导金融机构多样性发展,激发其活力和创造力,以更好地适应未来人民日益增长的金融多样化需求。

参 考 文 献

[1] 叶南客.苏南现代化示范区建设中的南京功能定位研究[J].南京社会科学,2012(12):151—156.

[2] 李程烨.城市与区域联动转型:苏南现代化示范区的价值引领[J].江南论坛,2013(8):7—9.

[3] 唐吉平.长三角城市金融辐射力研究[J].浙江大学学报(人文社科版),2005(11):62—70.

[4] 成春林,华桂宏.金融综合竞争力的区域差异与提升路径[J].江海学刊,2014(1):227—233.

(作者单位:南京师范大学商学院;江苏师范大学;江苏社会科学院经济研究所)

依托于 NVC 的新兴产业开放互补式技术突破路径*
——来自江苏昆山新兴产业与传统产业的比较分析

黄永春　郑江淮　张二震

摘　要　我国传统制造业通过嵌入全球价值链（GVC）加工制造环节，实现了工艺升级和产品升级，但却无法实现功能升级。为避免我国新兴产业发展再次陷入"俘获式"成长困境，需要分析新兴产业攀升产业链高端所应采取的技术突破路径。本文对新兴产业和传统产业的创新方式进行了研讨，通过对昆山传统制造业和新兴产业创新特征数据的统计和计量发现：首先，新兴产业的创新广度具有开放性特征，其在融入 GVC 的同时，更倾向于借助国内价值链（NVC）的创新资源；而传统产业创新合作对象呈现单一性，即主要依赖于 GVC 的"链主"。其次，新兴产业的创新方向具有互补性特征，且具有较高主动权；而传统产业的创新多依附于 GVC "链主"的低端单向培训，且处于被动地位。再次，新兴产业的创新深度具有突变性特征，且能取得核心技术；而传统产业多具有技术依附特征，因此较易遭遇技术封锁。因此，本文提出为推进新兴产业的技术突破，应促进官产学研结合、强化与 NVC 上、下游企业的协同创新，加大与 GVC 上跨国企业的互动式创新，以助推新兴产业的技术突破。

关键词　价值链　新兴产业　技术突破路径　开放互补式创新

一、问题的提出

在传统工业面临规模扩大受限、产能严重过剩、资源环境制约以及被跨国企业低端锁定的背景下，后发国家要实现可持续增长，赶超先发国家，必须推进新兴产业的发展。然而，来自我国光伏、风力发电等新兴产业赶超实践表明，我国新兴产业在追赶过程中面临企业技术创新能力薄弱，缺乏核心技术（余江，2012）[1]，依赖国际市场驱动，依靠资源

---

* 本文为国家社会科学基金青年项目（项目编号：13CGL008）、中央高校业务经费重点专项（项目编号：2014B19914）、2014 年江苏省"青蓝工程"项目的阶段性成果。

环境消耗、廉价劳动力、政府补贴(刘铁、王九云，2012)[2]等问题，使得我国新兴产业陷入反倾销、反补贴等困境。例如，尽管我国风力发电产业快速发展，但由于内源性技术创新能力不足等原因，产业发展面临低端锁定风险(白雪洁，2012)[3]。因此，选择合适的新兴产业技术突破路径，有效防范我国新兴产业发展再次陷入与传统产业相似的"技术依赖陷阱"，并抢占技术竞争的主导权具有战略意义。新兴产业的技术复杂性和高风险性较高，具有市场规模小、主导技术尚未确立、互补技术和产品数量少等特征，这对我国新兴产业成功实现技术赶超提出了挑战。故而，需要深入研究我国新兴产业攀升GVC(Global Value Chain，全球价值链)高端所应采取的创新方式。鉴于复杂技术呈现和全球知识流动的趋势，Chesbrough(2008)[4]提出了开放式创新理论，指出创新模式正从"封闭式创新"向"开放式创新"转变。在此基础上，Rothaermeell(2010)[5]认为创新过程需要构建系统网络化的"互补创新"组织模式，即需要政府、企业、大学、科研机构和金融机构的共同参与。我国学者李晓华、刘峰(2012)[6]也指出，网络效应和不确定性的存在迫切需要促进企业与用户之间、企业与企业之间实施协同创新，以推进新兴产业生态系统形成。

为避免我国新兴产业在发展过程中陷入与传统产业相似的"技术依赖和市场堵截"等困境，本文拟借助昆山新兴产业和传统产业发展实践的比较，探讨新兴产业在创新过程中应从传统产业汲取的教训和应采取的创新方式。本文通过来自昆山的样本研究，得到如下启示：我国新兴产业尚处于起步阶段，加之新兴产业技术密集度较高、风险大、周期长等特征，企业必须实施开放性创新以获得技术溢出、共享和集成效应，并强化与价值链上下游企业的互补性创新以获得创新的协同效应，从而助推新兴产业实现突破式创新，获得产业核心技术。

二、描述性统计与理论假设

1. 数据来源与研究设计

本文统计数据源于昆山市政府和南京大学昆山现代化研究院于2011年3~5月进行的昆山产业转型与升级的调查问卷。此次调查共收回628份有效问卷，样本既包括传统制造业，如纺织(82个)、化学纤维(51个)、造纸(34个)、橡胶(48个)、金属制品(55个)等，也包括新兴产业，如新能源(26个)、新材料(45个)、生物医药(34个)、电子信息

(167个)、高端装备制造业(43个)、电动汽车(43个)等。因而,该样本能较好反映昆山传统制造业与新兴产业企业的创新情况。

2. 创新主体的创新开放性情况

(1)新兴产业更侧重利用科研院所等国内研发机构,而传统产业更侧重借助外资企业的研发机构。统计分析表明,新兴产业研发机构来源于自建(28.4%)、母公司(17.5%)、与高校共建(2010年为13.5%,昆山成立时仅为4.4%)的比例较多;而传统产业更倾向于自建(29.1%)和与其他企业共建(6.9%),见图1所示。这主要是由于新兴产业企业为了获取核心技术不仅会注重自主创新,而且会重视产学研联盟,以获取外部技术资源,以期通过开放式创新提升自主创新能力;而传统产业诸多产品已较成型,因此国内众多企业更倾向于借助外资企业的研发机构实力,以推进产品升级改进,但通常情况下外资企业只会提供边缘化技术和初级技能培训,从而难以实现技术突破。

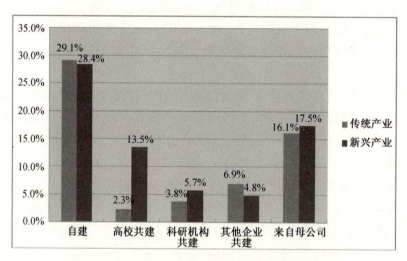

图1 新兴产业与传统产业研发机构来源情况的比较

(2)新兴产业更侧重利用科研院所的研发人员。统计发现,新兴产业的研发人员更多来源于企业自己培养(56.3%)、市场招聘(37.6%),并且倾向于借助高校研发人员(16.6%)和科研机构研发人员(6.6%)。而传统产业借助高校和研究机构的比例较低,仅为1.9%、3.4%(见图2)。这说明,新兴产业更注重产学研结合,更善于利用研究院所的人力资本,以夯实企业的内生创新能力,防范陷入技术依赖的陷阱。

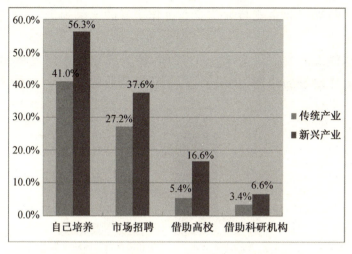

图 2　新兴产业与传统产业研发人员来源情况的比较

（3）新兴产业更善于整合国内外公共研发资源，而传统产业倾向于依附于外资企业的研发资源。在与科研院所合作方面，新兴产业企业在研发过程中更倾向于利用科技园或产业园孵化器（9.2%）、大型仪器设备平台（7.0%）；并且与传统产业相比，新兴产业利用"公共检测平台"（22.3%）、"与高校有合作项目"（26.6%）、"与科研院所有合作项目"（9.6%）的比例更高；而传统产业的比例较低，分别为6.1%、6.5%、6.1%、14.6%、5.0%（见图3所示）。在与企业合作方面，新兴产业企业更倾向于与大陆企业合作；而传统产业企业更侧重借助外资企业研

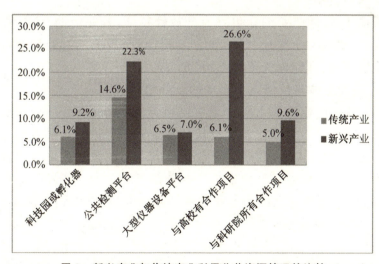

图 3　新兴产业与传统产业利用公共资源情况的比较

发力量。新兴产业企业与大陆企业合作研发的比例为7.3%,传统产业与大陆企业

合作研发的比例仅为1.9%;然而,传统产业与中国港澳台以及国外企业合作研发的比例为3.1%,高于新兴产业的0.9%(见图4)。

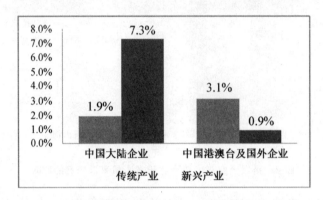

图4 新兴产业和传统产业与企业合作情况的比较

与此同时,统计数据也表明新兴产业在研发过程中逐渐利用国际研发资源,其"利用国际公共检测平台"的比例为1.3%;而传统产业比例仅为0.8%。这说明,我国新兴产业已开始对国外领先企业实施技术追赶,注重与跨国企业的合作研究与技术联盟,以增强企业的话语权。由此可见,新兴产业更多进行开放式创新,其善于利用国内外科研院所和公共研发资源,以降低新兴技术研发的不确定性和研发成本。由此本文提出假设1。

假设1:新兴产业创新更具有开放性特征,其在借助GVC创新资源的同时,更倾向于整合NVC的创新资源;而传统产业的创新合作显现依附性特征,即倾向于依赖GVC的"链主"。

3. 创新主体与价值链上企业的互补创新情况

(1)新兴产业要求上游企业参与其产品创新活动,且较易获得融资服务。新兴产业要求上游企业按照本企业要求进行产品设计和质量改进的比例为45.0%,希望上游企业提出产品设计和质量改进要求的比例为17.5%,希望上游企业参与本企业产品设计和研发活动的比例为12.2%,希望参与上游企业研发活动的比例为14.8%,见图5和图6所示。传统产业这些指标的比例分别为42.1%、28.0%、5.4%、7.7%。

另外,新兴产业的价值链主导权较强,较易获得上游企业的融资服务。调查表明,与新兴产业相比,上游企业愿意给传统产业提供融资服

务的比例仅为6.9%,而新兴产业高达13.5%。而与此相反,传统产业给上游企业提供融资服务的比例较高,为6.1%,高于新兴产业的5.7%。

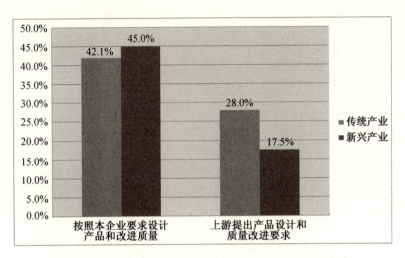

图5 新兴产业和传统产业与上游企业产品质量改进互动情况

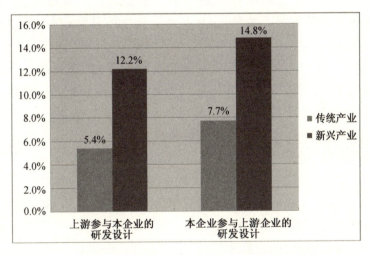

图6 新兴产业和传统产业与上游企业研发设计互动情况

（2）新兴产业下游企业倾向于参与其产品创新活动,且新兴产业企业更易获得融资帮助。与传统产业相比,新兴产业下游企业更倾向于对产品设计、产品质量环节提出要求,其比例分别为46.7%、55.0%;而传统产业这些指标比例分别为43.3%、52.9%。与此同时,新兴产业下游企业更希望参与其产品研发过程（10.5%）,也愿意为其提供预付款融资服务(7.0%);而传统产业的比例较低,分别为8.8%和6.1%。与此相反,传统产业下游企业更倾向于对产品生产环境标准(22.2%)提出要求(见图7所示)。

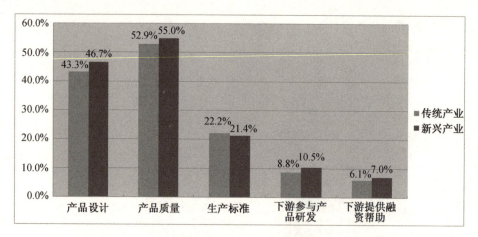

图7 新兴产业和传统产业与下游企业的创新互动情况

由此可见,新兴产业在创新过程中更侧重借助价值链上、下游企业的互动式创新实现产品升级,且在产业竞争中具有较强主导权,本文提出假设2。

假设2:新兴产业的创新互补性特征更明显,且在互补创新中掌握更多的主导权;而传统产业的创新较多依附于GVC"链主"的低端单向培训,因此极易处于被动地位。

4. 创新主体合作创新的突破性情况

统计表明,新兴产业主要依靠高校获得高难度技术(13.5%),且多涉及核心技术(5.2%);其次,新兴产业与企业合作的高难度技术较多(10.5%),且涉及核心技术的也较多(6.1%),见图8所示。然而,传统产业与企业合作过程中高难度技术虽然较多(12.6%),但多不涉及核心技术(12.3%),见图9所示。

由此可见,新兴产业善于借助国内外科研院所、企业等资源,实施涉及核心技术和高难度技术的原始创新;然而众多传统产业依赖于外资企业的俘获式创新,且局限于产品改进和质量改良。因此,本文提出假设3。

假设3:新兴产业的创新深度具有突变性特征,其借助开放互补式创新逐渐取得技术突破;而传统产业存在技术依附倾向,因此极易遭遇技术封锁。

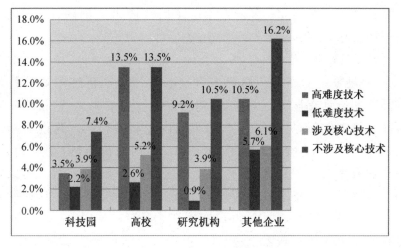

图 8 新兴产业技术合作的创新突破情况比较

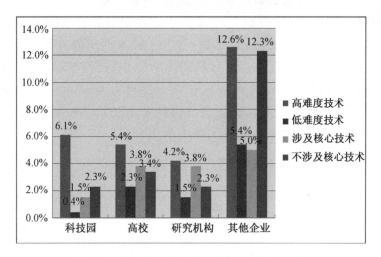

图 9 传统产业技术合作的创新突破情况比较

三、计量检验

1. 创新主体的创新开放性

（1）计量模型。

$ownb_i = \beta_1 selfp + \beta_2 plp + \beta_3 pfp + \beta_4 imit + \beta_5 auds + \beta_6 cwcr_i + v_i$

$techlead_i = \beta_1 selfp + \beta_2 plp + \beta_3 pfp + \beta_4 imit + \beta_5 auds + \beta_6 cwcr_i + v_i$

其中 ownbi 与 techleadi 反映企业是否创建自主品牌和技术水平是否领先，$i=1$ 代表新兴产业，$i=0$ 代表传统产业，其中 selfp 表示主营产品来源于自己专利，plp 表示购买国内专利，pfp 表示购买国外专利，

imit 表示模仿创新，auds 表示根据上下游厂商需求创新，cwcr 表示与科研院所合作创新。

（2）计量结果。

① 自己专利的影响。自己专利对新兴产业和传统产业的技术升级和品牌塑造具有显著正效应，且对新兴产业更加明显，这说明新兴产业更注重自主创新，见表1。② 购买国内专利的影响。这说明新兴产业更加注重与 NVC（National Value Chain，国内价值链）企业的合作，且对产业升级具有显著正效应。③ 购买国外专利的影响。购买国外专利对新兴产业的技术升级和品牌塑造具有显著正效应。这说明新兴产业在强化自主创新，利用 NVC 实现产业升级的同时，注重借助 GVC 获取技术溢出和技术联盟效应。④ 根据上下游厂商需求创新的影响。根据上下游厂商需求创新对新兴产业和传统产业的技术升级和品牌塑造具有显著正效应，但对新兴产业的效应更明显。这说明新兴产业通过与 NVC 上下游企业的合作创新，提升了技术创新能力和市场开拓能力，促进了产业升级转型。⑤ 与科研院所合作的影响效应。与科研院所合作对新兴产业和传统产业的技术升级和品牌塑造具有显著正效应，且显著高于传统产业。这说明新兴产业更注重与科研院所的合作，以借助科研院所的资源实现技术能力的提升。

表1　创新主体主营产品技术来源的计量分析结果

VARIABLES	ownb1 ownb	techlead1 techlead	ownb0 ownb	techlead0 techlead
selfp	1.578*** (−0.134)	1.056*** (−0.128)	1.264*** (−0.126)	0.515*** (−0.136)
plp	0.616*** (−0.132)	0.525*** (−0.127)	0.216* (−0.131)	0.520*** (−0.134)
pfp	0.991*** (−0.256)	0.551** (−0.254)	−0.116 (−0.407)	0.549 (−0.351)
imit	−0.203 (−0.323)	−1.411*** (−0.468)	0.166 (−0.302)	−0.175 (−0.352)
auds	0.486*** (−0.131)	0.673** (−0.123)	0.253** (−0.114)	0.383*** (−0.119)
cwcr	1.242*** (−0.173)	0.772*** (−0.151)	0.407*** (−0.205)	0.568*** (−0.212)
Constant	−1.251*** (−0.109)	−1.096*** (−0.0996)	−1.166*** (−0.0929)	−1.391*** (−0.101)
Observations	684	684	786	786

2. 创新主体的创新互补性

(1) 上游企业与创新主体的互动效果检验。

① 计量模型。

$$ownb_i = \beta_1 upgjwr + \beta_2 upyqwr + \beta_3 upcywr + \beta_4 wcyupr + \beta_5 uptgfs + \beta_6 tgupfs + v_i$$

$$teachlead_i = \beta_1 upgjwr + \beta_2 upyqwr + \beta_3 upcywr + \beta_4 wcyupr + \beta_5 uptgfs + \beta_6 tgupfs + v_i$$

其中 $ownb_i$ 与 $teachlead_i$ 反映企业是否创建自主品牌和技术水平是否领先,$i=1$ 代表新兴产业,$i=0$ 代表传统产业,upgjwr 表示上游根据本企业要求研发,upyqwr 表示上游对本企业提出研发要求,upcywr 表示上游参与本企业研发,wcyupr 表示本企业参与上游企业研发,uptgfs 表示上游给本企业提供融资服务,tgupfs 表示本企业为上游企业提供融资服务。

② 计量结果。

上游根据本企业要求研发的影响。上游根据本企业要求研发对新兴产业和传统产业的技术升级和品牌塑造均具有显著正效应,且对新兴产业作用更大。这表明,上游技术支撑对新兴产业风险降低、技术突破和市场突围的正效应更明显,更利于新兴产业实现协同创新。

上游对本企业提出研发要求的影响。上游对本企业提出研发要求对新兴产业的技术升级和品牌塑造具有显著正效应,且明显高于传统产业。

上游参与本企业研发的影响。上游参与本企业研发对新兴产业的品牌塑造和技术升级具有显著正效应,这主要是由于上游参与本企业的研发不仅将产生技术溢出效应,而且会协助企业培养研发人才,提升自主创新能力。

上游给本企业提供融资服务的影响。新兴产业企业拥有相关的核心技术,具有预期的盈利能力,但匮乏技术市场化的资金。因此上游的融资服务更易于新兴产业技术的商业化,从而实现创新的循环累积。

本企业为上游提供融资服务的影响。为上游提供融资服务对新兴产业具有显著负效应,而对传统产业不显著,这主要是由于新兴产业企业更匮乏资金,并且商业化风险较大,具体见表 2 所示。

表 2　创新主体与上游互动创新的计量分析结果

VARIABLES	ownb1	techlead1	ownb0	techlead0
upgjwr	1.055***	0.898***	0.666***	0.561***
	(−0.109)	(−0.11)	(−0.101)	(−0.107)
upyqwr	0.601***	0.572***	0.182	0.460***
	(−0.14)	(−0.141)	(−0.117)	(−0.121)
upcywr	0.315*	0.305*	0.285	−0.147
	(−0.174)	(−0.175)	(−0.215)	(−0.24)
wcyupr	0.286*	0.566***	−0.246	0.207
	(−0.165)	(−0.165)	(−0.205)	(−0.196)
uptgfs	0.513***	0.762***	−0.00896	0.124
	(−0.19)	(−0.197)	(−0.21)	(−0.225)
tgupfs	−0.866***	−1.079***	−0.162	−0.0755
	(−0.287)	(−0.319)	(−0.236)	(−0.244)
Constant	−0.754***	−0.945***	−0.899***	−1.199***
	(−0.079)	(−0.0833)	(−0.0752)	(−0.0834)
Observations	684	684	786	786

(2) 下游企业与创新主体的互动效果检验。

① 计量模型。

$$ownb_i = \beta_1 downtcprd + \beta_2 downtcpqd + \beta_3 downcyr + \beta_4 downtgfs + \nu_i$$

$$techlead_i = \beta_1 downtcprd + \beta_2 downtcpqd + \beta_3 downcyr + \beta_4 downtgfs + \nu_i$$

其中 $ownb_i$ 与 $techlead_i$ 反映企业是否创建自主品牌和技术水平是否领先,$i=1$ 代表新兴产业,$i=0$ 代表传统产业,downtcprd 表示下游对本企业提出产品研发要求,downtcpqd 表示下游对本企业提出产品质量要求,downcyr 表示下游参与本企业的研发,downtgfs 表示下游为本企业提供融资服务。

② 计量结果。

下游对本企业提出产品研发要求的影响。下游企业对本企业提出产品研发要求对新兴产业的品牌塑造和传统产业的品牌塑造与技术升级具有显著影响。

下游对本企业提出产品质量要求的影响。下游企业对本企业提出产品质量要求对新兴产业和传统产业均存在显著正效应,但对新兴产业的影响更明显。这可能是由于新兴产业的下游企业更关注产品的高科技特征,因此会对创新主体产生倒逼机制,并且会及时地将新兴产品的市场需求反馈给创新主体,从而促使企业强化自主创新。

下游为本企业提供融资服务的影响。下游企业为本企业提供融资服务对新兴产业和传统产业的技术升级具有显著正效应,并且对新兴产业的品牌塑造具有较大作用,见表3所示。这主要是由于新兴产业具有技术垄断性,能凭借高新技术产品获得市场融资,从而更有助于实现产业升级。

表3 创新主体与下游互动创新的计量分析结果

VARIABLES	ownb1	techlead1	ownb0	techlead0
downtcprd	0.337***	0.0266	0.198*	0.355***
	(−0.109)	(−0.111)	(−0.104)	(−0.112)
downtcpqd	0.691***	0.818***	0.486***	0.388***
	(−0.106)	(−0.109)	(−0.0997)	(−0.11)
downcyr	−0.178	0.231	0.0226	0.503***
	(−0.193)	(−0.194)	(−0.19)	(−0.187)
downtgfs	0.686***	0.444**	0.148	0.594***
	(−0.234)	(−0.223)	(−0.228)	(−0.227)
Constant	−0.656***	−0.811***	−0.934***	−1.258***
	(−0.0752)	(−0.0781)	(−0.0775)	(−0.0857)
Observations	684	684	786	786

由价值链上、下游企业与创新主体互补创新的计量结果可知,假设2成立。即新兴产业创新更具开放性特征,其合作对象较多地分布于NVC,且呈现GVC趋势;而传统产业创新合作具有依附性特征,即具有依赖于GVC的"链主"的特征。

(3) 创新主体合作创新的突破性。

① 计量模型。

$$ownb_i = \beta_1 dact + \beta_2 dbnc + \beta_3 ndbct + \beta_4 ndanct + v_i$$
$$techlead_i = \beta_1 dact + \beta_2 dbnc + \beta_3 ndbct + \beta_4 ndanct + v_i$$

其中$ownb_i$与$teachlead_i$反映企业是否创建自主品牌和技术水平是否领先,$i=1$代表新兴产业,$i=0$代表传统产业;dact表示合作的是高难度且核心技术,dbnc表示合作的是高难度但非核心技术,ndbct表示合作的是难度一般但核心技术,ndanct表示合作的是难度一般且非核心技术。

② 计量结果。

高难度技术的影响效应。高难度的技术合作对新兴产业和传统产业的技术升级和品牌塑造具有显著正效应,且对新兴产业的影响更明显。

新兴产业的合作创新更具有突破性。从新兴产业合作的四类技术来看,虽然四类技术对新兴产业的升级均具有显著正效应,但高难度且核心技术对新兴产业技术升级和品牌塑造的正效应显著高于其他类型技术,见表4所示。计量结果表明,新兴产业在与科研院所以及企业合作过程中,合作的高难度技术较多,且能够取得突破性进展,从而推动企业的品牌塑造和技术升级。然而,传统产业在合作过程中,很多合作技术因为难度一般和非核心技术,因此合作过程中很难取得技术突破,加之跨国企业的技术防范和阻击压制,从而难以实现技术突破和产业升级。

表4 创新主体合作创新的突破性程度计量结果

VARIABLES	ownb1	techlead1	ownb0	techlead0
dact	1.240***	0.873***	0.513***	0.809***
	(−0.147)	(−0.139)	(−0.15)	(−0.153)
dbnc	0.935***	0.736***	0.203***	0.687***
	(−0.142)	(−0.14)	(−0.173)	(−0.173)
ndbct	0.384*	0.13	0.25	0.347
	(−0.214)	(−0.223)	(−0.221)	(−0.23)
ndanct	0.312**	0.472***	0.000996	0.163
	(−0.135)	(−0.134)	(−0.153)	(−0.163)
Constant	−0.591***	−0.714***	−0.692***	−1.055***
	(−0.068)	(−0.0699)	(−0.0598)	(−0.0674)
Observations	684	684	786	786

由创新主体合作创新的突破性特征计量结果可知,假设3成立。即新兴产业在创新过程中倾向于借助NVC的科研院所、企业等创新资源提升自主创新能力,因此较易实现突破式创新;然而我国众多传统产业企业嵌入GVC加工制造,局限于产品改进和质量改良,因此难以取得核心技术。

四、政策启示

新兴产业的发展涉及多技术、多业务、多部门和多地区的分工协作,会面临纷繁复杂的协调失灵。因此,政府应结合新兴产业攀升价值链的演进路径和创新特征,制定推动新兴产业创新发展的保障机制,以加快新兴产业抢占新一轮技术变革的先动优势。

1. 培育和扩大 NVC 的本土市场需求

政府应积极培育国内中高端市场需求,以为 NVC 的创建构筑良好的本土市场。首先,政府可以借助政府采购扶持具有增长潜力但尚无广阔市场的新兴产业,使其在推广应用中不断得以技术升级。其次,强制推广,即通过法规强行推广经权威机构认可的高科技产品。此外,政府可通过示范工程增强消费者对新产品的认知,增强消费者的购买信心。

2. 促进官产学研的协同创新

首先,政府应促进官产学研用的有机结合,发挥科教资源优势,引导科研院所参与新兴产业技术研发的积极性;鼓励有实力的企业建立研发中心,与本地科研院所建立紧密的产学研合作关系,以弥补企业创新资源与能力的不足。其次,政府应推动官产学研技术合作模式的创新,促进协作体系切实进行协同攻关,而非流于表面形式。诸如,可通过项目招标方式,引导产学研协作创新,形成以企业为主体、院所为支撑的技术联盟。再次,应完善产学研联盟的利益分享机制和合作绩效的考评奖励机制,防范联盟的瓦解和短视效应。最后,政府应构建产学研合作创新的公共信息平台,解决信息不对称问题,减少合作的交易费用,促进新兴成果的转化和应用。

3. 强化与 NVC 上、下游企业的互补式创新

我国新兴产业企业应借助网络化、联盟化、集成化等互补创新模式获取本土创新的网络效应。鉴于此,政府应鼓励企业与 NVC 上、下游企业实施合作创新,以提高企业自主创新能力。首先,立法支持,即通过新立或修订法律法规等手段,支持研发合作。其二,经费支持,即政府出资引导多个创新主体的协作研究。其三,建立信息支持平台和网络组织,促成联盟实体间的知识流动。此外,应建立共性技术的研发平台,并鼓励高端生产性服务业的发展,以促进生产性服务业与新兴产业的融合互动(黄永春等,2012)[7],生成集群的"专有能力",最终形成由本土企业主导的 NVC 群链。

4. 整合 GVC 上的创新资源要素

应加大对新兴产业国际合作的支持范围与力度,引导企业突破依附式学习的惯性,而开展互补式创新合作。首先,政府应鼓励企业科学地引进发达国家新兴技术,获取 GVC 创新资源。其次,积极引进国际化的战略领军人才和关键人才,以吸纳顶尖的创新要素。再次,适当地采取"市场换技术"策略,引导本土企业与 GVC 开展合作创新。此外,培育 NVC 中具有垄断势力的终端集成主导企业,鼓励在 NVC 中获得竞争优势的终端企业自创品牌,继而逐步在发展中国家乃至发达国家建立 OBM(Own Branding & Manufacturing,自有品牌),并寻求与 GVC 主导企业的战略合作。

参 考 文 献

[1] 余江,陈凯华.中国战略性新兴产业的技术创新现状与挑战[J].科学学研究,2012(5):82—95.

[2] 刘铁,王九云.区域战略性新兴产业选择过度趋同问题分析[J].中国软科学,2012(2):32—47.

[3] 白雪洁,李媛.我国战略性新兴产业发展如何避免低端锁定——以风电设备制造业为例[J].中国科技论坛,2012(3):64—71.

[4] Chesbrough D,Wim V,Joel W. Open innovation:researching a new paradigm[M]. Oxford:University Press,2008:102—134.

[5] Rothaermel F T. Technological discontinuities and inter-firm cooperation:what determines a startup's attractiveness as alliance partner? [J]. IEEE Transactions on Engineering Management,2010(4):121—139.

[6] 李晓华,刘峰.产业生态系统与战略性新兴产业发展[J].中国工业经济,2013(3):41—54.

[7] 黄永春,郑江淮,杨以文等."跨工业化"经济增长模式分析——来自印度经济增长模式的启示[J].中国人口·资源与环境,2012(11):137—144.

(作者单位:河海大学商学院;南京大学商学院)

农地产权制度多元化争论问题的研究*

李厚廷

摘　要　面对"三农"问题"久攻不下"的严峻性和"必须攻下"的强制性,产生了丰富的实践探索经验和大量的理论研究成果,其中"农地产权制度多元化"的制度设计尤其引人注目,围绕这一主张引发了持续且具有高度社会参与度的争论。"农地产权制度多元化"具有良好的社会基础,旨在建立合理的产权结构而不是"土地私有化",同时也不会阻碍中国的城市化进程,更不会引发一系列危及社会基本稳定的社会动乱。

关键词　现代农业　产权结构　浸润效应　社会结构

在我国现存的众多结构性问题中,农业产业的落后具有典型性,多年来致力于解决"三农"问题,但依然远离"根本改观"。在全局性格局中,农业发展不仅是农民增收、农村发展的产业基础,也是城镇化、城乡协调发展、全面建成小康社会、基本实现现代化等一系列重大战略布局顺利实施的突出瓶颈。围绕农业发展,人们提出了大量卓有成效的对策建议,其中制度视角的研究一直备受关注,尤其是"农地产权制度多元化"具有极高的社会参与度,对相关问题的争论已近乎白热化。基于本人的实践感悟和理论思维,试图表达对相关争论问题的一己之见。

一、产权重要性源于适宜的产权结构

产权的重要性已经为人们所普遍接受,哈耶克曾将分立的财产与人类文明的进程摆在同等重要的位置。面对中国市场化进程中国有企业的窘境,一些人极力地渲染"公有产权悲剧",并由此得出国有企业无效率的结论;而面对中国市场化进程中所有制结构调整出现的种种社会性问题,另一些人又将此斥之为"私有产权神话"。这种争论源于"非此即彼"的思维方式,一些人只看到公有产权实践的市场哀歌,而没有看到公有产权的永恒意义,而另一些人注目于私有产权实践的历史成

---

* 本文为江苏省社会科学基金资助重点项目(项目编号:12GLA001)的阶段性成果。

就,而没有看到私有产权的固有局限!

相对于经济和社会发展而言,不同经济形式具有不同的功能性特征,单一产权形态必然出现"功能漏洞",多种经济形式并存事实上形成了一个互补性的功能体系。这一本质性联系决定不论你起初做出了何种选择,都会最终趋向于"公私并存",并且两者始终以"结构"形态并存,任何一种经济形式的过分减少都会通过其功能性不足而被拉升,而另一种经济形式的过分增加则会通过其功能性过剩而被推低。在宏观层面上,单一的产权形态往往蕴含着趋同、免疫力低下、调整空间狭小、缺乏竞争性、进取性降低等风险。这是宏观意义上的产权结构。

在微观意义上,我们同样接受产权的重要性,但这种重要性只能通过具体的产权结构加以体现,即抽象意义上的产权不能显示其重要性。产权结构中能否体现产权的根本属性是一个现实视角,如能不能以较低的排他成本界定产权、能不能依据有效性原则实施对产权的有效分解、能不能低成本地实现产权形态的转变。产权所具有的内部化、激励、约束、资源优化配置等功能均依赖于特定的产权结构。因此,在微观层面上,离开具体的产权结构无法比较"公有"和"私有"的优劣,也无法比较"国有"和"非国有"的效率高低,关键在于如何配置产权,形成与特定经济和社会发展阶段相适应的产权结构。

因此,产权的神奇不在于"公"或"私",而是在于结构,优化产权结构是发挥产权经济和社会功能的着力点。

二、土地产权结构调整不是"土地私有化"

在土地产权制度多元化的语境中,出现了农民个人土地所有制。一些人将此称之为"土地私有化"。

首先,我们应该秉持什么样的所有制理念?传统的所有制理论将单一公有制视作社会主义所有制的唯一存在形式!我认为,秉持这一所有制理念才会将一出现土地的个人所有就认为是"土地私有化"。如果是这样,我们对这一问题给出的答案就是"YES"。

其次,个人土地所有制的出现并不是单一的土地所有制形式。这可能来源于长期的单一所有制实践以及由此形成的思维方式,要么是单一的公有制,要么是单一的私有制,不存在公有制和私有制并存的所有制结构。"土地私有化"的责问者总是将农民个人土地所有权的出现视为全部土地都归个人所有,"要么没有,要么全部",这在理论上不成立,在实践上不可能。

再次,"既有私有化"和"未来私有化"。在我国改革开放的历史上,"私有化"曾经是一个难以跨越的"坎",吴敬琏先生将此称之为"所有制论战"。所有制结构调整不仅解决了很多在既定制度框架中难以解决的问题,而且开拓了我们的思维空间和行为空间。只要回顾一下我们曾经走过的路,这个"卡口"不攻自破:国有企业卖给私人是不是"私有化",国有企业接受私人参股是不是"私有化",国有住房出售给私人是不是"私有化",等等。还是那个关键,个人土地所有权的出现仅仅是产权的结构调整,在上述的几种"私有化"实践中,我们还有国有企业控制国民经济命脉,还有国有资本的控股地位,还有大量的公有住房资产!由"单一"回到"结构",一切理论问题就会迎刃而解!

三、农民个人土地所有权是"水到渠成"

从表面上看,农地所有权始终没有发生变化,土地始终归集体所有,但一旦引入"权能"概念,"土地集体所有"即刻呈现出另外一种状态。农地承包权独立化、长期化和商品化事实上使农地制度发生了实质性变化,农地承包权延续100年、可以买卖、可以抵押、可以继承,名义上的权属已经变得不重要,事实上就是你的。"永佃制"与农地"三化"方案殊途同归,同样是使产权结构趋向于对农民更加有利的方向。而在农地制度实践中,农民与土地之间的利益关联已经根深蒂固,经营权的持续、稳定和获得土地全部收益的制度安排已经使土地的公有属性接近于"名义化"。请看农民的行为方式及支撑这一行为方式的土地理念:相邻两家中的一家在地里种上了树苗,另一家会立刻效仿,如无重大变故,谁也不会先于另一家移除,以至于在很多地方出现大小几乎相同的成片大树;按照文化传统,祖祖辈辈的离世先人会聚在一起,但现在同辈中的先逝者会"离祖而居",葬在自己的承包地里,同辈中的后逝者如果必须葬在别人家的承包地里,则要知会于人,获得允许,多数情况下还要给予一定数量的经济补偿。注意观察就会发现,在相当广泛的领域中都存在因"浸润效应"而发生产权边界变动的景象,在不知不觉中使既定产权形态发生实质性变动。

因此,农民个人土地所有权的出现具有浓厚的经济和社会基础,体现现实的经济和社会发展需要,是"水到渠成"的产物,接受它,适应它,完善它,适时地把握其进退节奏,并形成与这种土地所有权形态及其相应的土地所有权结构相适应的管理制度，为其发挥积极功能提供条件。

四、农民个人土地所有权的出现不会阻碍中国的城市化进程

我曾经在调研中提出过一个问题：你认为在一定范围内将土地所有权还给农民如何？一位局长明确地说：不行吧，土地私有化必然加大征地成本，这样就会阻碍中国的城市化进程。

这种认知来源于以下事实：现实土地产权结构下城市化用地购买的是农民的土地经营权，而农民拥有土地所有权时城市化用地购买的是农民的土地所有权，交易标的的差异决定城市化用地成本具有巨大差异。但是，征地只是城市化的一个前置性环节，而不是城市化的总成本。另外，也不能仅仅考虑成本，还要考虑"城市化收益"。

新中国成立之后至20世纪80年代初期，城乡二元结构体制将中国分割成泾渭分明的城乡两个独立的社会模块，离开农村进入城市是农民祖祖辈辈的梦想，但是农民离开农村几乎不可能在城市生存下去。这时呈现出来的状态是"不能进城"。改革开放之后，二元结构体制有所松动，持续而大规模的农村剩余劳动力转移为工业化提供了低廉的劳动力资源。但是，"农民工"成为产业工人的道路异常艰难：不断推高的城市生活成本和劳动力供大于求的格局并存使"农民工"难以从根本上改变维持生计的境地，他们的理想状态是在城市的所获收益大于他们在农村经营农业的收益，至于全家在城市安家则成为绝大多数农民工遥不可及的期待！这时呈现出来的状态是"能进城而无力在城市安家"，由一种"体制性障碍"变成了一种"经济性障碍"，性质不同但结果一样！

从历史上看，土地私有化背景中的西方城市化进程以及规模巨大、城市体系完善、功能强劲的国际性都市的兴起似乎也不能支持这一结论。

五、拥有土地所有权的农民不会轻易卖掉属于自己的土地

农民拥有了土地所有权后，出售土地成为农民出售土地所有权并获得其经济收益的一项权能，如果在配置给农民土地所有权的同时却限制土地的可交易性，就会使农民土地所有权大打折扣。因此，农民出

售其土地所有权的情形有可能发生。问题的关键在于农民出售其土地所有权在什么情况下才会发生。

农民拥有土地所有权强化了农民和土地之间的利益关系,当前和潜在的经济利益成为农民如何处置其财产的基本出发点,其卖掉土地的决策一定是慎重的,而不是轻易的,更不可能是随意的。

农民拥有土地所有权存在以下几种具体选择形式:直接经营土地获得经济收益实现土地所有权;不直接经营土地,采取租赁等形式获得经济收益实现土地所有权;采取兼业形式经营土地获得经济收益实现土地所有权。

如果农民选择出售土地所有权,以下三种情况可能是支撑这一决策的现实背景:

已经在城市拥有了基本的生存基础,全家迁居城市;

借助于出售土地的收入可以使全家在城市奠定基本的生存基础;

依然生活在农村,但不愿继续拥有土地,或选择成为产业工人,或进行某种投资活动。

这三种可能出售土地的行为都是自愿的,出售土地的行为本身就行为人主观判断而言都属于"锦上添花",如果不能实现对拥有土地所有权的有效替代,农民就会"原地踏步"。

可以得出以下几点结论:在存在农民土地个人所有权的制度结构中,农民拥有是否出售土地的权力,并可以在符合国家相关制度安排的前提下通过土地市场行使这种权力;拥有土地所有权意味着土地的当前价值和未来价值提升,农民不会轻易地出售土地;在土地的保障性功能还明显存在的情况下,农民不会轻易地出售土地;在其他收益途径不足以超越土地收益的情况下,农民不会轻易地出售土地。

六、将土地所有权配置给农民不会出现"贫民窟"、"社会动乱"之类的社会后果

这一问题来源于农民被强制性地出售土地,现实中存在以下两种形式:遇到大规模的公益性或者是商业性开发;家庭遇到重大变故。第一种强制性不会剥夺农民的正当利益,农民通过交易得到了土地所有权的价值,因此,这种强制性和"贫民窟"、"社会动乱"不存在因果关系。

与"贫民窟"和"社会动乱"相关联的可能只能来源于第二种强制

性:因为急用,在没有其他途径获得经济资源的情况下,可能出售土地,甚至贱卖。事实上,这种情形形成"贫民窟"的可能性也值得进一步研究:"贫民窟"的形成是农民卖掉土地这一经济行为的聚合,必须达到一定规模且社会无法有效应对的情况下才可能出现,现代社会中这种"聚合"不具必然性,且政府具有把握和控制"临界点"的资源条件和能力基础。随着社会结构的日趋完善,那些致使农民不得不出售土地的各种情形大大减少,"大病医保"、"助学贷款"、"保险事业"等在降低强制性方面都发挥了积极作用。家庭出现重大变故,当事人的各类社会关系会伸出援手,社会保障制度的"兜底"功能会合力助其渡过难关。在现实生活中,当事人无能为力、当事人的各类社会关系难以应对、社会保障制度无济于事相互叠加同时发生的情形少之又少。即使这种小概率事件确实出现了,社会救助体系的完善和社会慈善事业的发展可以成为保障社会安全的最后一道屏障。

温铁军明确提出我国不能实行土地私有化,他着重强调经验依据:"几乎所有人口过亿的大型发展中国家,在继承或采行西方制度之后,普遍受制于耕者无其田和城市贫民窟化,并由此造成社会动乱。"我们要问:历史上出现过的事实一定会再现吗?他国出现过一定会在中国出现吗?温铁军的这一研究更多的是提示性意义——在农村土地农民个人所有权存在的制度中需要提防这类景象的出现!我们应力争使之"淮北为枳,淮南为橘"。

参 考 文 献

[1] 江泽民.全面建设小康社会,开创中国特色社会主义事业新局面[M].人民出版社出版,2002:16-17.

[2] 何传启.中国现代化报告2012——农业现代化研究[M].北京大学出版社,2012:Ⅸ.

[3] 文贯中,刘愿.从退堂权的失而复得看"大跃进"饥荒的成因和教训[J].经济学,2010,9(2):1083-1118.

[4] 文贯中.土地制度必须允许农民有退出自由[J].社会观察,2008(11):10-12.

[5] 文贯中.结构性失衡、内需不振、过时的土地制度和走出困局之路[J].南开经济研究,2010(2):17-27.

[6] (英)F.A.哈耶克.致命的自负[M].中国社会科学出版社,2000:9.

[7] 吴敬琏.当代中国经济改革[M].上海远东出版社,2003:172.

[8] 党国英.当前中国农村土地制度改革的现状与问题[J].华中师范大学学报(社科版),2005(4):8-18.

[9] 卢小广,宋敏.投资视角:我国农业生产制度创新研究[J].现代财经,2006(12):33-37.
[10] 温铁军.我国为什么不能实行农村土地私有化[J].红旗文稿,2009(2):15-17.
[11] 杰克·J.弗罗门.经济演化——探究新制度经济学的理论基础[M].李振明等译.经济科学出版社,2003:7.

(作者单位:江苏师范大学商学院)

金融脱媒对我国资本配置效率的影响分析*

封思贤 章洪量

摘 要 与现有绝大部分文献不同的是,本文认为,金融脱媒不只是资金需求的去银行化,还包括资金供给的去银行化。在阐释相关理论的基础上,本文首先将非金融机构对金融机构的资产和负债进行了综合处理并得到了我国的金融脱媒指数,然后通过 DEA 法和 Malmquist 指数测算了我国的资本配置效率。接着,本文运用 SVAR 模型等计量方法实证研究了金融脱媒对我国资本配置效率的影响效果。结果表明:金融脱媒对配置效率的影响存在"期限结构效应",即金融脱媒在短期内能显著促进我国配置效率的提高,但这种促进效应持续时间较短并在中期内转为抑制效应;长期来看,金融脱媒并未明显改进我国的资本配置效率。最后,本文分析了结论的形成原因并提出了相关政策建议。

关键词 金融脱媒 资本配置效率 期限结构 SVAR 模型

一、引 言

为了维持物价稳定并有效促进经济结构的积极调整,我国货币供给最近两年来的增幅明显放缓。受此影响,大量的资金需求开始绕过银行,转向民间借贷、信托融资、融资票据、债券、新三板资本市场等融资渠道。同时,随着互联网金融业的爆发式发展,大量存款流出银行,转向理财产品等各种渠道。这些现象的集中涌现正是对当代世界经济发展呈现金融脱媒趋势的快速反应。所谓金融脱媒,是指资金绕过银行等传统的金融中介(即"媒"),直接在交易双方之间调剂并产生资产/负债关系的现象。

资本配置效率是指将稀缺的资本资源配置到边际效率最高的经济

---

* 本文为教育部人文社科基金"我国财政政策与货币政策的组合优化问题研究"(项目编号:13YJC790026)、江苏高校哲学社会科学重大项目"物价稳定目标下两大经济政策的组合优化问题研究"(项目编号:2013ZDAXM013)、江苏"333 工程"项目、南京师大创新人才培养基金项目"利率市场化、影子银行与金融创新"(项目编号:14CX_010G)的阶段性成果。

区域、行业或企业等部门的有效程度。从宏观的角度来看,健康的金融市场能有效促进经济发展,提高资本配置效率。然而,我国金融市场发展尚不完善,这将在一定程度上影响我国金融市场引导资本配置的效率,即金融脱媒趋势的日益增强或许并未明显改进我国的资本配置效率。事实上,一些普遍现象似乎也在印证这种猜测,比如:大量优质的中小企业目前还很难从资本市场获得融资机会,但同时我国资本市场也存在大量低效率上市公司,等等。本文将在理论分析的基础上,探讨金融脱媒对我国资本配置效率的作用机理,并结合改革开放30多年来的数据,实证分析金融脱媒对我国资本配置效率的影响效果。

二、金融脱媒影响资本配置效率的理论分析

1. 金融脱媒影响资本配置效率的微观机理

(1) 基于消费者行为理论的分析。假设企业 m 是"融资"这个商品的消费者,根据等边际原理:$MU_{xm}/P_{xm}=MU_{ym}/P_{ym}$,$x$ 为直接融资,y 为间接融资,MU 为边际效用,P 为融资成本。满足这个等式则意味着实现了消费者均衡,即此时资本配置的效率是最优的。现假设企业 m 为私营企业,企业 n 为国有企业,如果资本配置有效,那么 n 企业同样应该满足 $MU_{xn}/P_{xn}=MU_{yn}/P_{yn}$ 的条件,且此时 $P_{xm}=P_{xn}$、$P_{ym}=P_{yn}$,即无论是在直接融资市场还是在间接融资市场,资金成本对于不同的消费者应该是相等的。由于现实中的国有企业往往在融资博弈中更具有相对优势,因而国企 n 会在融资过程中拥有更多的定价话语权,此时资本配置的均衡状态就会被打破并容易变为 $MU_{xn}/P_{xn}=MU_{yn}/P_{yn}$,$P_{xn}<P_{xm}$,$P_{yn}<P_{ym}$。这样,一些高成长性的私有制企业就很难得到资本的青睐,进而降低了整个社会的资本配置效率。

(2) 基于生产者行为理论的分析。假设生产函数为 $Y=f(K,L)$,成本函数为 $C=rK+wL$,K 为资本、L 为劳动、r 为融资成本(利率)、w 为劳动力价格(工资)。本文主要考察资本配置效率,因此生产函数可简化为 $Y=f(K)$。金融脱媒促进了间接融资直接化。当不考虑企业异质性时,资本成本降低至少会通过两个渠道来影响资本配置效率。第一,资本成本 r' 的降低改变了等成本线的斜率→新的生产者均衡 $\left(MRTS_{L,K}=\dfrac{w}{r}\right)$ 迫使企业改变产量以满足既定成本下的产出最大化→均衡产出改变影响资本配置效率,即金融脱媒→资金成本 r'→

$MRTS_{L,K} \rightarrow Y$。第二,投资 I 对利率 r 的反应函数为 $I = I(r)$,且 $dI/dr < 0$。资本成本 r' 的降低增加了投资 I。结合索罗模型可知 $I = \Delta K$,K 为资本存量,则 $Y = f(K)$ 可转化为 $\Delta Y = g(\Delta K) = g(I)$,这样对产出的最终影响为 ΔY,进而改变了资本配置效率,即金融脱媒→资金成本 $r' \rightarrow \Delta K \rightarrow \Delta Y \rightarrow Y$。

2. 金融脱媒影响资本配置效率的宏观机理

在 IS-LM 模型中,投资函数 $I = I(r)$,储蓄函数 $S = S(y)$,货币需求函数 $L = L(y, r)$,其中 I、S、y、r 分别为投资、储蓄、产出(收入)、利率(图 1)。金融脱媒拓宽了投资渠道,这既可能通过投资意愿的增强而使 IS 线向右上方平移($IS_0 \rightarrow$

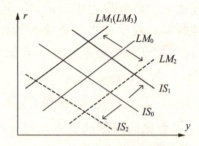

图 1 IS-LM 模型中的金融脱媒与资本配置

IS_1),也可能通过储蓄意愿的下降而使 IS 线向左下方平移($IS_0 \rightarrow IS_2$)。金融脱媒通常会增加企业在直接融资市场的融资机会,这将在一定程度上缓解央行货币供给的压力,进而使得 LM 线左移($LM_0 \rightarrow LM_1$)。但是,金融脱媒也会通过交易性货币需求的降低使得 LM 线右移($LM_0 \rightarrow LM_2$),或者通过投机性货币需求的增加而使得 LM 线左移($LM_0 \rightarrow LM_3$)。不难看出,无论是 IS 线、LM 线还是综合两者的新均衡状态,金融脱媒对产出的最终影响方向均是不确定的,即金融脱媒既可能会提高也可能会降低资本配置效率。

三、金融脱媒对资本配置效率影响的实证分析

1. 变量选取及数据来源

依据经济学原理,影响资本配置效率的因素主要有三类:资金、劳动力、技术。同时,考虑到我国 1978 年以来所处的特殊背景,本文将添加"制度"这一因素。本文的实证数据主要来自国家统计局、中国人民银行、外汇管理局、证监会、中国社会科学院金融研究所网站,以及《新中国五十年统计资料汇编》。

(1)资本配置效率(CAE)。基于数据包络分析(DEA)方法在测算效率时的一些优越性(如采用非参数估计、无须投入和产出等变量的价格信息等),本文通过 DEA 方法来构建 Malmquist 指数并最终将其作

为我国资本配置效率的衡量指标。借鉴王兵、颜鹏飞(2006)提供的基于时间序列的 DEA 分析法并采用 DEAP2.1 软件,我们得到了 Malmquist 指数的测算结果,并以 1978 年为基期进行了处理,将相对值换算为各年对应的绝对值,进而得到了我国的资本配置效率走势(图2)。

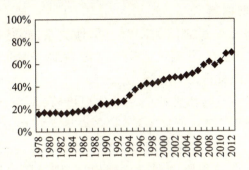

图 2　我国的资本配置效率(1978—2012)

(2)金融脱媒指数(FDR)。该指标为主要解释变量,是影响效率的"资金"类因素。根据非金融部门的中介化比率和证券化比率等两大类共四个指标,Schmidt 等(1999)、Filipa 和 Paulo(2008)等测算了英国、法国、德国和葡萄牙等国的金融脱媒程度。借鉴这些成果,本文初步选取非金融部门对金融部门的资产中介化比率(NFAIR)、非金融部门对金融部门的负债中介化比率(NFDIR)、非金融部门的资产证券化比率(NFASR)、非金融部门的负债证券化比率(NFDSR)共四个指标来评估我国的金融脱媒程度。然后将两个中介化比率(NFAIR、NFDIR)通过"去中介化"处理得到:非金融部门对金融部门的资产去中介化比率(NFADR＝1－NFAIR)和非金融部门对金融部门的负债去中介化比率(NFDDR＝1－NFDIR),然后通过主成分分析法综合处理成金融脱媒指数(FDR),并用其来衡量金融脱媒程度(图3)。

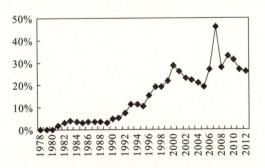

图 3　我国金融脱媒指数(1978—2012)

(3) 科技进步(TEC)与对外开放水平(OD)。这两个指标为控制变量,是影响效率的"技术"类、"制度"类因素,分别用"国家财政用于科学研究的支出环比增长率"、"当年进出口总额占国内生产总值的比例"来衡量。

2. 计量模型构建

为了捕捉各个变量之间的即时结构性关系,同时也为了增强计量模型在经济理论上的说服力,本文主要选择结构向量自回归模型(SVAR)用于实证分析。

(1) 单位根检验与协整检验。单位根检验(ADF)结果说明这四个序列均为一阶单整 I(1),可用来检验"各变量之间是否存在长期稳定关系"。Johansen 协整检验结果显示,原序列之间存在长期的协整关系。但是,我们发现,若使用原序列来构建模型,则 AR 根检验结果显示模型不符合稳定性条件。因此,我们采用各变量一阶差分后的平稳序列来估计模型参数。

(2) SVAR 模型的参数估计。根据 AIC 和 SC 信息准则,我们可确定出各变量的滞后期为 1,则 SVAR 模型的原型为:

$$A_0 M_t = \alpha_0 + \alpha_1 M_{t-1} + \mu_t \tag{1}$$

其中,M_t 是包含所有 t 期变量的 1×4 向量(1 行 4 列,下同),α_0 是 1×4 的参数向量,A_0、α_1 是 4×4 的参数向量,μ_t 是 1×4 的随机误差向量。引入相应变量后,SVAR 模型的表达式则为:

$$\begin{bmatrix} 1 & -x_{12} & -x_{13} & -x_{14} \\ -x_{21} & 1 & -x_{23} & -x_{24} \\ -x_{31} & -x_{32} & 1 & -x_{34} \\ -x_{41} & -x_{42} & -x_{43} & 1 \end{bmatrix} \cdot \begin{bmatrix} DCAE_t \\ DFDR_t \\ DTEC_t \\ DOD_t \end{bmatrix}$$

$$= \begin{bmatrix} a_{10} \\ a_{20} \\ a_{30} \\ a_{40} \end{bmatrix} + \begin{bmatrix} a_{11} & a_{12} & a_{13} & a_{14} \\ a_{21} & a_{22} & a_{23} & a_{24} \\ a_{31} & a_{32} & a_{33} & a_{34} \\ a_{41} & a_{42} & a_{43} & a_{44} \end{bmatrix} \cdot \begin{bmatrix} DCAE_{t-1} \\ DFDR_{t-1} \\ DTEC_{t-1} \\ DOD_{t-1} \end{bmatrix} + \begin{bmatrix} u_{1t} \\ u_{2t} \\ u_{3t} \\ u_{4t} \end{bmatrix} \tag{2}$$

根据 SVAR 模型的识别条件,4 个变量的结构模型须附加 $n(n-1)/2$ 个约束条件,即 6 个约束条件。根据效率理论可知,要素投入到最终产出再到效率存在周期,因而我们施加:$x_{21}=0$、$x_{31}=0$、$x_{32}=0$、

$x_{41}=0$、$x_{42}=0$、$x_{43}=0$。

3. 格兰杰因果关系检验

检验的原假设 H_0：解释变量不是被解释变量变动的格兰杰原因。备择假设 H_1：解释变量是被解释变量变动的格兰杰原因。检验结果显示，在99%的置信水平下，金融脱媒是引起资本配置效率变化的格兰杰原因。此外，在95%的置信水平下，金融脱媒、科技进步与对外开放水平能同时格兰杰影响资本配置效率。

4. 脉冲响应函数分析

图4显示，从第1期到第2期，金融脱媒对资本配置效率的影响呈现出逐渐增强的正向效应；从第2期到第3期，正向效应逐渐减弱；从第3期到第5期，金融脱媒对配置效率的影响体现为逐渐减弱的负向效应；在第5期后，影响效果逐渐减弱并在第8期左右收敛于0。这种脉冲响应的轨迹表明，金融脱媒对我国资本配置效率的影响具有明显的"期限结构"特征，即金融脱媒在短期内促进了我国配置效率的提高，但这种促进效应持续时间较短，并在中期内转为抑制效应；长期来看，金融脱媒并未改进我国的资本配置效率。

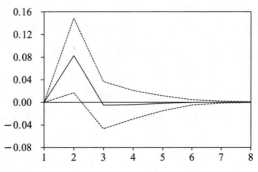

图4 资本配置效率对金融脱媒冲击的响应

5. 方差分解分析

方差分解的结果表明，第1期的冲击全部由资本配置效率（DACE）本身引起（贡献率为100%）。随着时间推移，资本配置效率自身和金融脱媒（DFDR）的贡献度都逐渐减少，而技术因素（DTEC）和制度类因素（DOD）的贡献度逐渐增大。总体来看，金融脱媒对资本配置效率的贡献度一直维持在15%左右，远高于技术类因素和制度因素。

四、结论与建议

在界定相关概念的背景之下,本文首先阐释了金融脱媒影响资本配置效率的微观与宏观机理,然后,在测算资本配置效率与金融脱媒指数的基础上,添加了"技术"类指标、"制度"类指标等控制变量,运用SVAR模型等计量方法实证研究了金融脱媒对我国资本配置效率的影响机制与影响效果。结果表明:(1)金融脱媒已成为我国金融系统未来改革不可逆转的趋势与潮流;(2)金融脱媒是影响我国资本配置效率变动的格兰杰原因,其对配置效率的贡献度远超过"技术"因素和"制度"因素;(3)金融脱媒对我国资本配置效率的影响存在"期限结构效应",即金融脱媒在短期内促进了我国配置效率的提高,但这种促进效应持续时间较短,并在中期内转为抑制效应;长期来看,金融脱媒并未明显改进我国的资本配置效率。本文认为,形成该结论的原因可能是:无论是闲散资金通过理财品市场或互联网金融等途径流出银行,还是资金需求方(企业、政府等)通过资本市场、民间借贷或信托平台等非银行渠道获取融资,这样的金融脱媒均会在短期内有效盘活社会存量资金,从而加速资金周转并有利于提高配置效率。但是,由于受到金融资源长期分配不均、资本市场融资条件过高、利率市场化程度较低等金融因素的制约,金融脱媒对资本配置效率的促进作用将随着时间的推移而大大削弱。根据上述结论,本文提出如下建议:

第一,优化商业银行经营模式,不断提高商业银行应对金融脱媒趋势的能力。随着金融脱媒趋势的不断增强,社会闲散资金流向银行的比例将降低,社会融资需求转向非银行途径的比例将提高。这意味着,商业银行依靠传统的信贷扩张经营模式来攫取息差利润的难度将大大增加。因此,商业银行既要不断优化信贷结构,减少对产能严重过剩、所处行业不符合国家产业升级政策等低效率企业的贷款,增加对高成长性中小企业和小微企业的贷款,又要以客户需求为导向加强金融创新,拓展多元化的负债来源,完善金融服务,提高中间业务收入比重。

第二,构建并完善多层次的资本市场体系。优化资源配置是资本市场的主要功能之一,然而金融脱媒在中长期内并未明显改进我国的资本配置效率,这与我国的资本市场运行不规范、体系不完善有密切关系。规范公司信息披露、健全内幕交易监管措施、实施严格的退市制度、构建并完善包括互联网金融市场等在内的多层次资本市场、扩大企业债券市场和中期票据市场规模等方面是目前急需改革的重点。

第三,促进商业银行与资本市场的协调发展。本文的结论表明,金融脱媒对资本配置效率的促进效应存在一定的期限结构。因此,我们不能简单认为"金融脱媒程度越深,资本配置效率就越高"。考虑到我国金融市场体系现行发展条件的客观不足(如我国资本市场价格波动幅度大、市场风险高,但投资者风险接受能力普遍较低;资本市场上的融资资源十分有限,等等),本文建议,在大力发展资本市场的同时,我国绝不能忽视贷款这一传统间接融资形式,总体上应权衡好直接融资与间接融资的比重,从而促进商业银行与资本市场的协调发展。

参 考 文 献

[1] Boutillier M, Bricongne J C. Disintermediation or financial diversification? The case of developed countries[R]. Working Paper, Banque de France, 2012.

[2] Fare R. Productivity growth technical progress and efficiency change in industrialized countries[J]. American Economic Review, 1994, 84(1).

[3] Filipa L, Paulo S. Financial disintermediation and the measurement of efficiency in banking: the case of portuguese banks[J]. Journal of Banking, Accounting and Finance, 2008(1).

[4] Schmidt R H, Hackethal A, Tyrell M. Disintermediation and the role of banks in europe: an international comparison[J]. Journal of Financial Intermediation, 1999, 8(1-2).

[5] 封思贤,李政军,谢静远.经济增长方式转变中的金融支持——来自长三角的实证分析[J].中国软科学,2011(5):74-82.

[6] 李青原等.外商直接投资、金融发展与地区资本配置效率[J].金融研究,2010(3):80-97.

[7] 刘洪钟,齐震.中国参与全球生产链的技术溢出效应分析[J].中国工业经济,2012(1):68-78.

[8] 宋旺,钟正生.中国金融脱媒度量及国际比较[J].当代经济科学,2010(2):26-37.

[9] 王兵,颜鹏飞.中国的生产率与效率:1952-2000——基于时间序列的DEA分析[J].数量经济技术经济研究,2006(8):22-30.

[10] 王大鹏,朱迎春.改善资本配置效率的Malmquist指数分解方法[J].数量经济技术经济研究,2009(1):99-108.

(作者单位:南京师范大学商学院)

后发国家企业实现新兴产业赶超的时机选择研究*
——基于 GVC 视角下的技术创新 A-U 模型

黄永春　魏守华

摘　要　加快新兴产业的赶超发展是后发国家的战略举措,然而后发国家企业创新能力较薄弱,且面临先发企业的阻击压制,因而面临较高的赶超风险。但若后发国家企业准确地把握赶超时机,亦可较快地实现对先发企业的赶超。本文以全球价值链(GVC)为视角,基于技术演化的 A-U 模型和后发优势理论,通过理论研究、数理模型以及实证数据的分析,探讨了后发国家企业在新兴技术演化不同阶段赶超新兴产业所面临的优劣势,研究了后发国家企业进入新兴产业实施赶超的最佳时机。研究指出,技术赶超实力较强的后发国家优势企业可以选择新兴产业演化的不稳定阶段进入新兴产业,并通过开放创新能力的培育,积累技术赶超能力,以在过渡阶段实现赶超。而赶超能力较弱的企业应把握新兴产业演化过渡阶段的机会窗口,强化技术学习和吸收,集中资源突破关键技术,以在稳定阶段实现赶超。

关键词　GVC　后发国家　新兴产业　时机选择

一、引　言

新兴产业属于资本、技术密集型产业,具有跨学科、跨领域的特征,但也具有较高的外部性、不确定性和风险性。统计表明,新兴产业的投资失败率在 60%~80% 左右(贾品荣,2012)。[1] 由于后发国家的技术创新能力薄弱,加之发达国家的阻击压制,故而后发国家的新兴产业赶超面临更大的技术创新风险和阻力(黄永春,2013)。[2] 尽管如此,但若后发国家能合理地把握新兴产业赶超时机,并充分发挥后发优势,亦能降低赶超风险,进而实现对先发国家的技术赶超。现有研究表明,如果后发国家进入新兴产业的时机较早,可积累大量产业技术经验并建立知

---

* 本文为国家社会科学基金青年项目(项目编号:13CGL008)、中央高校业务经费重点专项(项目编号:2014B19914)、2014 年江苏省"青蓝工程"培养对象的阶段性研究成果。

识目录(Dowell&Swaminathan,2006)[3],并可参与主导技术的设计和产品标准的建立(Rindova&Petkovat,2007)[4],抢占市场主导权,从而获得先动优势(Gaba&Pan,2002)[5];但同时也面临动态市场、成本风险、技术不确定性等威胁。但如果后发国家赶超新兴产业的时机较迟,虽可以通过资源利用和模仿学习降低赶超风险(Mathews,2002)[6],并降低赶超成本,但却面临较高的技术壁垒,遭受市场份额被抢占的劣势(Vakratsas&Rao,2003)[7]。因此,选择合适的新兴产业赶超时机对后发国家企业的技术赶超至关重要。

当前,有关技术赶超时机选择的研究,前人主要探讨了企业进入新兴产业时机的影响因素。例如,有学者指出具备较强研发能力和丰富技术创新资源的企业倾向于早进入市场(Robinson,1992;Rindova&Petkovat,2007)[8],并可获得先发优势(郭晓丹,2011)[9];而具备较强营销、模仿技能和丰富劳动力等制造资源的企业则倾向于晚进入市场。也有学者从市场需求和竞争强度角度,研究了企业进入时机。例如,Fuentelsaz(2002)[10]指出,当新市场呈现较高程度的需求增长或较低程度的资源竞争时,企业选择该时期进入的概率最高。然而,前人研究并未基于新兴产业的演化轨迹,并结合后发国家企业赶超新兴产业的优劣势,研究后发国家企业应在新兴产业演化的哪个阶段实施技术赶超,以较准确地把握新兴产业赶超的机会窗口,规避新兴产业研发的高风险,并谋取最大的后发优势。

二、后发国家企业进入新兴产业赶超时机选择的理论分析

1. 后发国家企业进入新兴产业实施技术赶超的优劣势

依据 Abernathy 和 Utterback(1975)[11]的技术演化 A-U 模型,将新兴产业的演化划分为不稳定阶段(混沌阶段)、过渡阶段(主导设计阶段)、稳定阶段(成熟阶段),并结合后发优势理论,分析后发国家企业在新兴产业演化三阶段实施赶超所面临的优劣势。

(1) 不稳定阶段赶超的优劣势。

① 不稳定阶段赶超的优势分析。在不稳定阶段,关键技术仍在预研阶段,产业国际分工格局尚未形成,由此世界各国几乎面临同等的新一轮科技革命机会(杨传社,2012)[12]。因此,具有较强赶超能力的后发国家企业可利用此次机会弯道超越,缩小与先发国家的技术差距。与此同时,后发国家若集中本国优势资源,也可以促使优势企业在局部技

术领域取得技术突破(王利政,2011)。[13]如俄罗斯优先发展航空航天产业,巴西优先发展新能源产业等(林育勤,2012)。[14]

② 不稳定阶段赶超的劣势分析。首先,研发投入不足劣势。后发国家通常存在研发投入不足、资本市场不完善等困境,并且政府"零经验"的财税引导政策也会降低企业的研发动力和效率。其次,高端人才匮乏劣势。后发国家人力资源储备虽然丰富,但科技创新领军人才稀缺。这种"金字塔"状的人才结构制约了新兴产业企业的技术赶超(朱瑞博,刘芸,2011)。[15]再次,技术基础薄弱。

(2) 过渡阶段赶超的优劣势。

① 过渡阶段赶超的优势分析。在该阶段,部分先发国家企业存有在位者惰性(郑江淮,2010)。[16]故而,后发国家企业在此阶段进入新兴产业赶超将面临如下优势:首先,资金集聚优势。资本边际收益的递减使得先发国家新兴产业投资成本不断上升,驱使先发国家的资本流向后发国家。其次,技术溢出效应。后发国家企业在该阶段可以通过"搭便车"和二次创新低成本地实现技术蛙跳。再次,本土市场需求增加。后发国家市场需求容量较大,加之后发国家消费者购买力的上升(郝凤霞,2012),可为后发国家新兴产业的赶超创造需求拉动效应。

② 过渡阶段赶超的劣势分析。首先,技术封锁困境。掌握主导设计的先发国家抢占了技术和市场的双垄断优势,将对后发企业的技术赶超实施封锁压制。其次,商业化配套和市场需求滞后。新兴产业的形成不仅需要技术突破,而且需要市场需求的拉动和商业配套的支撑。然而,后发国家新兴技术关键元器件主要依赖国际市场,技术产业化的规模市场仍未形成,产业配套程度也不够,这将阻碍新兴产业商业化。再次,投资潮涌现象。部分国内投资者过度迷恋新兴产业的高收益特征,而忽略后发国家本土市场的需求量,亦未考虑外销市场竞争趋势,由此出现"野蛮生长"态势(林毅夫,2007)。

(3) 稳定阶段赶超的优劣势。

① 稳定阶段赶超的优势分析。首先,技术引进机会增多。先发国家本国市场基本饱和,为寻求新的经济增长点,会投资市场成熟度比较低的后发市场。故而,后发国家可以低成本地承接国外先进技术。其次,技术消化成本降低。在稳定阶段,后发国家企业的技术能力有所提升,可以充分吸收先发国家企业的先进技术。再次,技术赶超时间缩短。后发国家企业可利用技术溢出效应,在较短时间内达到先发国家

的技术水平。

② 稳定阶段赶超的劣势分析。首先,技术轨道已成熟。后发国家企业倘若在此阶段进入新兴产业,赶超机会较少,并且将囿于现有技术范式,极易陷入技术依赖陷阱。其次,发达国家的技术压制。先发国家作为系统集成者,将设置一系列隔绝机制,对价值链各环节施加压力,制造瀑布效应,从而使后发国家难以突破技术路径依赖的"怪圈"。再次,发达国家的市场堵截。在稳定阶段新兴产业市场空间基本被先发企业分割垄断,并且先发企业会进行市场阻击,加之消费者的消费惯性和转换成本,使得后发国家企业难以开拓市场。

2. 后发国家企业进入新兴产业赶超时机选择的理论解析

(1) 具有明显先动优势和技术较强赶超能力的后发国家企业,应选择新兴产业演化的早期实施技术赶超。此类企业与先发国家企业技术差距小,赶超资源较充足,且抵抗风险能力强,面临较低的市场准入门槛,故而较早实施赶超可以捞取"创新租",并能抢占市场(黄永春,2012)。[17]此时,该类企业应基于市场洞察力、产品改进及原始创新等能力储备,及时识别先动机会和赶超时机。

(2) 赶超能力较弱的后发国家企业应积累技术赶超资源,提升技术赶超能力,关注技术赶超环境和技术演化趋势,选择新兴产业技术演化"战略窗口"的形成期,即过渡阶段实施技术赶超。在过渡阶段,主导设计日趋明确,此时赶超的风险已降低,但仍有可观的市场空间。因此,后发国家的弱势企业应把握此时的机会窗口,充分发挥后发优势。当然,后发国家企业也可通过对产业的"再学习"重建竞争规则,完成对既有产品和技术的跳跃性变革,成为产业新的主导者。

三、后发国家企业进入新兴产业时机选择的建模分析

为了构建符合后发国家企业赶超新兴产业的数理模型,本文基于后发国家企业技术赶超能力的实情提出了如下假设:

假设1:后发国家的诸多初始技术源自国外,因此后发国家新兴技术的演化具有一定的外生性,即与先发国家的技术研发、转移和扩散密切相关。

假设2:后发国家企业对新兴技术的消化、吸收、再创新体现于人力资本和生产设备的投资。后发国家企业的创新能力较弱,较少进行原始创新,而较多地进行技术引进再创新,即引进关键技术、设备,培养二

次创新的人才,以加快新兴技术的消化吸收和再创新。

基于后发国家企业技术赶超能力和优劣势的理论分析以及研究假设,本文构建了后发国家企业新兴产业的生产函数:

$$Q = A_0(1+\gamma)^t K^\alpha L^\beta \qquad (1)$$

其中,Q 指后发国家某企业新兴产业的产量,K、L 分别指后发国家某企业用于新兴产业赶超的资本和劳动力投资,α、β 分别为资本和劳动的弹性系数,A_0 指后发国家企业的技术基础、知识积累,γ 指新兴技术的年进步速度,t 指新兴产业的演化发展时间。因此,$A_0(1+\gamma)^t$ 指后发国家企业基于技术积累和对先发国家技术引进所形成的技术创新能力,该能力由后发国家企业技术积累基础、先发国家新兴技术研发速度,以及伴随时间推移而产生的技术扩散转移共同决定。

在此基础上可以得到,后发国家企业进入新兴产业的收益函数:

$$L = P_e \cdot Q = P_e \cdot A_0(1+\gamma)^t K^\alpha L^\beta \qquad (2)$$

其中,P_e 指某新兴产业的产品价格。由于后发国家企业进入某新兴产业的技术赶超成本主要体现于资金和劳动力的投资,因此进一步构建新兴产业的赶超成本函数:

$$C(K,L) = P_K \cdot K + P_L \cdot L \qquad (3)$$

其中,P 分别指要素 K 和 L 的价格。运用拉式极值法求解 K、L,具体过程如下:

$$F(K,L,\lambda) = P_K \cdot K + P_L \cdot L + \lambda \cdot (Q - A_{(t)} \cdot K^\alpha \cdot L^\beta)$$

分别求 K, L, λ 的偏导,并令其等于 0

$$\frac{dF}{dK} = P_K - \alpha\lambda A_{(t)} \cdot K^{\alpha-1} \cdot L^\beta = 0$$

$$\frac{dF}{dL} = P_L - \beta\lambda A_{(t)} \cdot K^\alpha \cdot L^{\beta-1} = 0$$

$$\frac{dF}{d\lambda} = Q - A_{(t)} \cdot K^\alpha \cdot L^\beta = 0$$

得出:$K = A_t^{\frac{-1}{\alpha+\beta}} \cdot \left(\frac{\alpha P_L}{\beta P_K}\right)^{\frac{\beta}{\alpha+\beta}} \cdot Q^{\frac{1}{\alpha+\beta}}$ $L = A_t^{\frac{-1}{\alpha+\beta}} \cdot \left(\frac{\alpha P_L}{\beta P_K}\right)^{\frac{-\alpha}{\alpha+\beta}} \cdot Q^{\frac{1}{\alpha+\beta}}$

由此得到后发国家企业进入某新兴产业的成本函数:

$$C = P_K \cdot A_t^{\frac{-1}{\alpha+\beta}} \cdot \left(\frac{\alpha P_L}{\beta P_K}\right)^{\frac{\beta}{\alpha+\beta}} \cdot Q^{\frac{1}{\alpha+\beta}} + P_L \cdot A_t^{\frac{-1}{\alpha+\beta}} \cdot \left(\frac{\alpha P_L}{\beta P_K}\right)^{\frac{-\alpha}{\alpha+\beta}} \cdot Q^{\frac{1}{\alpha+\beta}} \qquad (4)$$

进而得到后发国家企业进入某新兴产业的利润函数:

$$\pi = L - C \qquad (5)$$

$$= P_e \cdot A_t \cdot K^\alpha \cdot L^\beta - K^{\frac{\alpha}{(\alpha+\beta)}} \cdot L^{\frac{\beta}{(\alpha+\beta)}} \left[P_K \cdot \left(\frac{\alpha P_L}{\beta P_K}\right)^{\frac{\beta}{(\alpha+\beta)}} + P_L \cdot \left(\frac{\alpha P_L}{\beta P_K}\right)^{\frac{-\alpha}{(\alpha+\beta)}} \right]$$

令 $N = P_K \cdot \left(\dfrac{\alpha P_L}{\beta P_K}\right)^{\frac{\beta}{(\alpha+\beta)}} + P_L \cdot \left(\dfrac{\alpha P_L}{\beta P_K}\right)^{\frac{-\alpha}{(\alpha+\beta)}}$,

则 $\pi = P_e \cdot A_t \cdot K^\alpha \cdot L^\beta - K^{\frac{\alpha}{(\alpha+\beta)}} \cdot L^{\frac{\beta}{(\alpha+\beta)}} \cdot N$ (6)

假设规模报酬不变，即 $\alpha + \beta = 1$。其中，K、L、λ 随着时间 t 的变化而变化，即是 t 的函数，则得到：

$$\pi = P_e \cdot A_t \cdot K_t^\alpha \cdot L_t^\beta - K_t^\alpha \cdot L_t^\beta \cdot N$$
$$= K_t^\alpha \cdot L_t^\beta \cdot [P_e \cdot A_0 \cdot (1+\gamma_t)^t - N]$$
$$Ln\pi = \alpha Ln k_t + \beta Ln L_t + Ln[P_e \cdot A_0 \cdot (1+\gamma_t)^t - N]$$
$$\frac{d(Ln\pi)}{dt} = \frac{d(\alpha Ln k_t + \beta Ln L_t + Ln[P_e \cdot A_0 \cdot (1+\gamma_t)^t - N])}{dt}$$
$$= \frac{\alpha}{K_t} \cdot K_t' + \frac{\beta}{L_t} \cdot L_t' + \frac{P_e \cdot A_0 \cdot (1+\gamma_t)^t \cdot Ln(1+\gamma_t)}{P_e \cdot A_0 \cdot (1+\gamma_t)^t - N}$$

通常，为了尽快地实现对先发企业的技术赶超，以在新兴产业市场谋取一席之地，处于赶超中的后发国家企业通常会强化资本和劳动的投资，因此 K 与 L 呈递增趋势，故而 $K'_{(t)}$，$L'_{(t)}$ 均大于 0，因此只需比较：

$$P_e \cdot A_0 \cdot (1+\gamma_t)^t - N = P_e \cdot A_0 \cdot (1+\gamma_t)^t - \left[P_K \cdot \left(\frac{\alpha P_L}{\beta P_K}\right)^{\frac{\beta}{\alpha+\beta}} + P_L \cdot \left(\frac{\alpha P_L}{\beta P_K}\right)^{\frac{-\alpha}{\alpha+\beta}}\right]$$
(7)

(1) 由技术演化的 S 曲线可知，在新兴产业演化的早期，新兴技术进步速度较慢，即 γ 较小。与此同时，在新兴产业演化的早期，后发国家消费者的需求存在滞后效应，且购买力较弱，故而后发国家市场对新兴产业的有效需求较小，因此新兴产业的价格指数 P 也较小。值得说明的是，即使后发国家部分新兴产业产品价格在早期较高，但并非市场出清价格，即此时有效需求不足，往往很多新兴产品有价无市。因此，在新兴产业演化的早期，其产品的市场出清价格 P 较小，即在新兴产业萌发的最早期，$\lim\limits_{t \to 0} P_e \to 0$。与此同时，在新兴产业演化的最早期 t 值较小，即 $\lim\limits_{t \to 0} P_e A_0 (1+\gamma)^t \to 0$。此外，后发国家企业技术储备薄弱，加之技术创新能力薄弱，故而后发国家企业的初始技术水平 A_0 也相对偏小。因此，$\lim\limits_{t \to 0} P_e A_0 (1+\gamma)^t \to 0$。由于，$N$ 为取决于资本和劳动价格及其弹性的常数。故而，在后发国家新兴产业演化发展的较早期，$P_e \cdot A_0 \cdot$

$(1+\gamma_t)^t - N < 0$。因此，$\frac{dLn\pi}{dt} < 0$，即此时后发国家企业进入新兴产业的利润 π 呈下降趋势。这主要是由于后发国家企业的技术赶超能力较弱，过早地进入新兴产业将面临较高的风险和不确定性。但随着新兴产业演化发展，新兴技术日趋成熟，新兴产品也会逐渐被消费者接受，故而 p_e 会上升，与此同时，$(1+\gamma_t)^t$ 也会增大，故而会存在 t_1 使得 $P_e \cdot A_0 \cdot (1+\gamma_t)^t - N = 0$，如图 1 所示。该阶段即为新兴产业演化的不稳定阶段 $(0, t_1)$。后发国家弱势企业倘若在该阶段进入新兴产业实施赶超将面临高度的技术风险和市场不确定性，难以在短期获取投资回报。

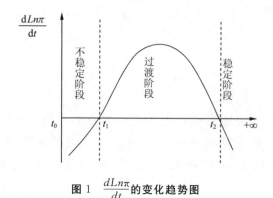

图 1　$\frac{dLn\pi}{dt}$ 的变化趋势图

(2) 随着新兴产业的演化发展，新兴技术逐渐成熟，当其进入稳定阶段后，主导设计将形成，此时新兴技术的进步速度将提高，即 γ 会变大。与此同时，随着时间的演化、技术的成熟，加之企业对新兴产品的推广，以及后发国家消费者对新兴产品的购买欲望和购买力的提高，新兴产品市场需求将开启，其市场出清价格 P 会出现上升趋势。因此，$P_e \cdot A_0 \cdot (1+\gamma_t)^t$ 的值会呈现上升趋势。与此同时，在该阶段主导设计已形成，故而，后发国家企业可以在该阶段借助引进学习和模仿创新等方式进行二次创新。因此，后发企业在该阶段实施赶超的创新成本会偏小。其次，后发企业的干中学和技术经验的积累会降低企业在该阶段的研发成本。此外，后发国家政府为发展区域经济，通常会对从事新兴产业研发的企业给予资金、技术等政策扶持。故而后发国家企业在该阶段进入新兴产业实施技术赶超的资本、劳动力的投入成本 PK 和 PL 相对于不稳定阶段会偏小，即 N 会呈现下降趋势。故而，在新兴产业演化的过渡阶段 $P_e \cdot A_0 \cdot (1+\gamma_t)^t - N > 0$。因此 $\frac{dLn\pi}{dt} > 0$，并将呈现上升趋势,即后发国家企业在该阶段进入新兴产业的利润 π 将增加。

(3) 随着新兴产业的演化发展,一旦新兴产业的演化进入稳定阶段,技术轨道将成熟,此时新兴技术的进步速度将递减,即 γ 会下降。与此同时,由于先发企业的销售竞争和市场的抢占,以及后发国家企业的模仿创新,新兴产品的 P_e 会出现下降和平缓趋势。因此,$P_e \cdot A_0 \cdot (1+\gamma_t)^t$ 的值会呈现下降趋势。与此同时,随着新兴技术轨道的成熟,新兴产业有可能嬗变为传统产业,加之下一轮新兴技术的出现,一方面,政府会削减甚至停止对既有新兴产业的扶持,故而会使后发国家企业的研发成本上升。另一方面,后发国家的经济发展和通货膨胀等不利因素,也会提高后发企业的研发成本。另外,后发国家在该阶段极易遭遇先发企业的技术阻击和市场垄断,也会提高后发企业的研发成本。故而,后发国家企业在该阶段进入新兴产业实施技术赶超的 PK 和 PL 会偏高,即 N 会呈现上升趋势。故而,式(7)会再度出现等于零和小于零的情形,即会存在一个时间临界点 t_2,使 $P_e \cdot A_0 \cdot (1+\gamma_t)^t - N = 0$;并使得当 $t > t_2$ 时,$P_e \cdot A_0 \cdot (1+\gamma_t)^t - N < 0$,故而 $\frac{dLn\pi}{dt} < 0$。因此,后发国家倘若在新兴产业演化的稳定阶段 $(t_2, +\infty)$ 进入新兴产业,其利润 π 会呈下降趋势,如图1所示。

由模型分析结果可知,在技术基础薄弱、高端人力资本匮乏、新兴产业市场需求尚未完全开启的后发国家,技术赶超能力较弱的后发企业应选择新兴产业演化的过渡阶段 (t_1, t_2) 实施技术赶超,以规避新兴技术研发的高风险和市场不确定性,充分谋取技术溢出效应,并借助二次创新降低赶超成本。但对于具有先动优势的部分后发国家企业,倘若其能在高度不确定性环境中把握赶超机会,也可以选择在新兴产业演化的不稳定阶段或其偏后期 $(0, t_1)$ 实施赶超,其可通过开放式创新能力的培育最大限度地谋取先动优势,避免新兴产业演化的风险,以成为行业的准领先者(黄永春,2012)。[18] 然而,当新兴产业演化进入稳定阶段 $(t_2, +\infty)$,新兴技术已较成熟,技术赶超的机会窗口将关闭,此时新兴产业的创新利润呈下降趋势,并且极易遭遇先发国家的阻击压制,即使赶超成功也将面临夕阳产业的困境。

四、研究结论

本文基于技术演化的 A-U 模型和后发优势理论,分析了后发国家在新兴产业演化的不同阶段实施技术赶超所面临的优劣势,并解析了后发国家所应选择的新兴产业赶超时机。在此基础上,借助 C-D 生产函数,构建基于资金、人才、技术、新兴产业时间演化的收益函数模型,指出后发国家应把握新兴产业演化的过渡阶段,利用新兴技术演化轨迹的机会窗口,强化技术学习和吸收,集中资源开发产业关键技术,以在稳定阶段实现对先行者的赶超。当然,具有较强技术赶超实力,且能在高度不确定性环境中把握赶超机会的企业,也可以选择在战略性新兴产业演化的早期不稳定阶段进入,其可通过开放式创新能力的培育,积累技术赶超能力,以在过渡阶段实现对先行者的赶超。

参 考 文 献

[1] 贾品荣. 战略性新兴产业的七大驱动因素[J]. 企业研究,2012(1):46-49.

[2] 黄永春,郑江淮,杨以文等. 中国"去工业化"与美国"再工业化"冲突之谜的解析[J]. 中国工业经济,2013(3):7-20.

[3] Dowell G,Swaminathana A. Entry timing,exploration and firm survival in the early us bicycle industry[J]. Strategic Management Journal,2006(12).

[4] Rindova V P,Petkova A P. When is a new thing a good thing? Technological change,product form design,and perceptions of value for product innovations[J]. Organization Science,2007(2).

[5] Gaba V, Pan Y. Timing of entry international market:an empirical study of US fortune 500 firms in China[J]. Journal of International Business Studies,2002(1).

[6] Mathews J A. Competitive advantages of the latecomer firm:a resource based account of industrial catch-up strategies[J]. Asia Pacific Journal of Management,2002(19).

[7] Vakratsas R C. An empirical analysis of follower entry timing decisions[J]. Marketing Letters,2003 (3).

[8] Robinson W T,Fornell C,Sullivan M. Are market pioneers intrinsically stronger than later entrants[J]. Strategic Management Journal,1992(8).

[9] 郭晓丹. 战略性新兴产业的进入时机选择:领军还是跟进[J]. 中国工业经济,2011(5):119-128.

[10] Fuentelsaz L,Gomez J,Polo Y. Followers entry timing:evidence from the Spanish banking sector after deregulation[J]. Strategic Management Journal,2002(3).

[11] Utterback J M,Abernathy W J. A dynamic model of process & product inovation[J]. Omega,1975(3).

[12] 杨传社.中国新兴产业竞争优势的瓶颈制约与培育路径分析[J].知识经济,2012(6):9—10.

[13] 王利政.我国战略性新兴产业发展模式分析[J].中国科技论坛,2011(1):12—15.

[14] 林育勤.新兴大国新兴产业发展与合作研究——基于金砖国家的一个比较分析[J].社会科学研究,2012(5):52—59.

[15] 朱瑞博,刘芸.我国战略性新兴产业发展的总体特征、制度障碍与机制创新[J].社会科学,2011(5):10—16.

[16] 郑江淮.理解战略性新兴产业的发展——概念、可能的市场失灵与发展定位[J].上海金融学院学报,2010(4):5—10.

[17] 黄永春,郑江淮,谭洪波,杨以文.后发地区发展战略性新兴产业的时机选择与赶超路径——以平板显示技术的赶超实践为例[J].科学学研究.2012(7):1031—1038.

[18] 黄永春,郑江淮,张二震.依托于NVC的新兴产业开放互补技术突破路径[J].科学学研究,2014(4):519—530.

(作者单位:河海大学商学院;南京大学商学院)

创业企业家真实型领导、组织合法性与创业绩效

顾建平 杨 波 王 磊

摘 要 本文基于真实型领导和组织合法性理论,采用多元层次回归分析方法,探讨创业企业家真实型领导影响组织合法性进而对创业绩效的作用。分析表明真实型领导对组织合法性和创业绩效均有显著正向影响,组织合法性在真实型领导与创业绩效之间起部分中介效应。创业企业家要注重培养和展现真实型领导行为,提高组织合法性水平,为新创企业争取更多成长资源,促进企业快速发展。

关键词 创业企业家 真实型领导 组织合法性 创业绩效

在中国经济新常态和体制转型背景下,创业在增加市场就业机会、带动区域创新发展等方面发挥重要作用。然而,现实情况下大多数新创企业在初期创业绩效较低,导致以失败告终。外界变化、复杂的不确定环境使得新企业面临技术制度环境障碍和创业企业家管理危机是一个重要原因,它直接影响着企业的创业绩效(厉以宁,2013;袁凌,2009;张青和曹魏,2010;胡小龙,2013)。本文从组织合法性视角,分析创业企业家的真实型领导行为对创业绩效的影响。

一、理论综述与研究假设

1. 理论基础与相关概念界定

(1)真实型领导。真实型领导由 Burns(1978)首次提出,但由于研究目的的差异性,众学者对真实型领导的定义有所区别,突出表现为特质/行为观和过程观的分立。前者倾向于对"真实型领导者"的描述,Avolio 和 Luthans 等人(2004)认为"真实型领导者"是指那些对自身思想和行为有深刻认识,并且在外界看来,这些领导者对自己和他人的价值观、优点、知识和工作处境有清晰认识的人,他们是自信、乐观、满怀期望、有韧性且具备高尚道德素质的企业领导者。Luthans 和 Avolio(2003)认为"真实型领导"是指通过不断增强领导者的自我意识、内化道德观、持续提升与员工工作关系的透明度,逐步促进自身及员工积极发展的一种领导风格。综上所述,"真实型领导"主要描述对下属以及

领导者—下属关系互动,接受对象为企业内部员工,"真实型领导者"注重领导者自身的特质和外在行为的描述,接受对象为企业内外部人员,范围涵盖外部投资观望者。

(2) 组织合法性。组织合法性(Organizational Legitimacy)一词源于新制度主义理论,组织具有合法性说明组织价值观念与组织所嵌入的社会关系的价值观相契合。学者们普遍接受 Suchman(1995)提出的组织合法性定义,是指组织的行为在社会规范、信仰和公众价值观系统中是适合的、令人满意的。企业合法性主要源于企业外部利益相关人员,依据企业所在的制度和文化环境,对企业行为的主观判断和评价。企业获得合法性意味着能够获取企业成长和发展的资源,包括企业外界投资者的资本、政府的支持、经销商的认可以及高技术员工的留职等,某种程度上能够有效弥补新创企业进入特定行业所固有的缺陷。Scott(1995)将组织合法性具体划分为规制合法性、规范合法性和认知合法性,规制合法性是组织行为是否符合政府、专业机构和协会等部门所指定的规章制度;规范合法性是指企业行为是否与社会的价值观相一致,这里的判断主体是社会公众;认知合法性强调行为被人们广为接受或者认可。

(3) 创业绩效。相关研究将创业绩效一般为主观指标和客观指标两类:主观指标即非财务指标,包括市场份额、市场营销能力、新产品或新服务开发能力等指标;客观指标即财务指标,包括平均资产报酬率、销售利润率、净利润等财务指标。但是用以上两种指标衡量创业绩效都容易造成一定程度的偏差,因此,有些学者倾向于综合财务指标与财务指标来测量新创企业的创业绩效,以生存和成长两个维度(Miller等;Barney;Baum 等;沈超红;易朝辉等)进行测量。

2. 研究假设

Timmons(1999)、Wickham (2003)、蔡莉等(2005)、Obschonka 等(2012)均指出,创业领导者的特性对创业绩效有重要影响,真实型领导者具备谦虚、上进心、品德高尚、责任意识感强等个人特质,成为新创企业成功的关键因素;创业主体既有创业领导者,也囊括创业活动中的创业团队,Ronstadt 和 Shuman (1988)将创业团队视为创业绩效的重要影响因素,指出团队有效性对新企业绩效产生积极影响,孙海婷(2013)实证研究发现真实型领导对企业成立初期的创业团队有效性具有正向影响,进一步揭示真实型领导与创业绩效之间的相互关系;Avolio 等(2004)、Robert(2007)、Walumblwa (2008)、刘芳等(2010)、韩翼和杨百寅(2011)等国内外学者的研究分析结果显示,真实型领导对企业员工的组织公民行为、工作能力、工作绩效、创新能力具有正向影响。综上,本文提出假设:

假设1:创业企业家真实型领导对创业绩效具有正向影响。

组织合法性对创业绩效的积极影响已得到众研究者认同:Aldrich和Fiol(1994)发现成熟行业中的企业对组织合法性的需求程度要低于一个新兴行业中的企业对合法性资源的需求;Certo等(2007)的研究发现,组织合法性较高的新创企业相比其他同类型的新创企业更能获取外部投资者的信任,继而获得外部投资者的资源支持;邓新明等人(2008)研究发现,经营合法性中的实用合法性显著影响企业的短期绩效,认知合法性和道德合法性显著影响企业的长期绩效;杜运周和刘运莲(2012)以整合制度理论和社会网络为研究视角,采用209个新企业样本数据,结果发现组织合法性与新企业绩效正相关。综上所述,真实型领导所带来的组织合法性水平的提升,能增强外部投资者的投资信心,企业从中获取成长亟需的资源并促进创业绩效,对此,本文提出以下两个假设:

假设2:创业企业家真实型领导对组织合法性具有正向影响。

假设3:组织合法性在创业企业家真实型领导与创业绩效间起中介作用。

二、研究方法

1. 数据收集与研究方法

本文研究问卷发放的时间为2013年6月到2014年6月。在数据采集中,选取创业创立时间不超过8年的民营高技术创新型企业,问卷由创业团队中最高决策者来填写,数据来源于南京市浦口区高技术产业开发区、苏州市高新技术产业开发区、无锡市高新技术产业开发区、常州市高新技术产业开发区等高新技术企业开发区。在与上述各区管委会联系后,累计发放问卷141份,回收问卷132份,去除不合格问卷10份,回收有效问卷122份,有效回收率为86.52%。

2. 测量工具

为克服同源方差问题(Common Method Variance,简称CMV),选取选项重置法和答卷中信息隐匿法,后采用Harman单因素检验法对调研的样本数据进行检验。真实型领导采用Walumbwa等人(2008)开发的量表。组织合法性综合 Certo 和 Hodge(2007)、杜运周和张玉利(2012)相关量表。创业绩效借鉴易朝辉和谢振东(2007)相关量表。

3. 信度和效度分析

真实型领导是由关系透明、内化道德、平衡处理和自我意识构成的四维度概念,Walumbwa等人(2008)为测量真实型领导而开发的量表,已被国内学者普遍使用,因此本文采用 AMOS6.0 软件对真实型领导进行验证性因子分析(CFA),结果显示,CMIN/DF=1.394,RMSEA=0.054(小于 0.100),NFI、IFI、CFI 和 GFI 分别为 0.877、0.962、0.961 和 0.895,皆超过 0.850,说明拟合度良好,即真实型领导四个维度具有较好的结构效度。运用 SPSS16.0 进行信度分析,显示 Cronbach's Alpha 为 0.877,说明量表具有良好的信度(见表1)。综合验证性因子分析(CFA)结果和探索性因子分析(EFA)的因子载荷,说明量表效度达到统计要求。

表1 真实型领导因子载荷与信度分析

题项	载荷	信度
关系透明		0.882
我能很清楚地表达我的意思	0.763	
我犯了错会承认错误	0.788	
我鼓励每个人说出他们的想法	0.773	
我会坦诚地告诉下属事情的严重性和困难程度	0.759	
我表达的情感是内心的真实写照	0.686	
内化道德		0.808
我表现出的信念与我的行为一致	0.644	
我根据我的核心价值观做出决策	0.781	
我要求员工持有符合自己核心价值观的观点	0.816	
我在面对艰难困境时,能够根据高标准的道德守则做出决策	0.681	
平衡处理		0.800
我征求不同于我同有立场的观点	0.813	
我在做出决策前会分析相关数据	0.841	
我在得出结论前会认真听取各种不同意见	0.815	
自我意识		0.785
我通过征求反馈来改善与他人的互动关系	0.750	
我能准确地描述他人如何看待我的能力	0.652	
我知道该何时重新评估我对重要问题的看法	0.721	
我能够理解特殊行为对他人的影响	0.730	

同样,组织合法性、创业绩效的量表均采用 AMOS6.0 软件对组织

合法性量表进行验证性因子分析(CFA),结果显示数据具有较好的拟合度,量表具有非常好的结构效度。同时,采用SPSS16.0对量表进行信度检验,综合验证性因子分析结果与探索性因子分析的因子载荷,说明量表的效度均达到统计学要求(具体见表2和表3)。

表2　组织合法性因子载荷与信度分析

题项	载荷	信度
组织合法性		0.761
员工会自豪地告诉别人他们是您公司的职员	0.611	
竞争者对您的公司很敬重	0.632	
与您关系密切的官员高度评价您的企业	0.607	
供应商希望与您做生意	0.797	
顾客高度评价企业的产品	0.689	
政府高度评价企业的经营行为	0.707	
投资者愿意与公司接洽	0.732	

表3　创业绩效因子载荷和信度分析

题项	载荷	信度
生存绩效		0.758
我们公司会持续经营至少八年以上	0.743	
面对危及企业生存的危机时,我们公司能够很好应对	0.756	
成长绩效		0.884
销售总额的年增长率	0.776	
公司利润的年增长率	0.848	
公司员工的年增长率	0.854	
投资回报的年增长率	0.860	
市场份额的年增长率	0.868	

三、数据分析与结果

1. 描述性统计与相关分析

对各变量的均值、标准差以及变量之间的相关性进行测量结果如表4所示:真实型领导与创业绩效正相关($r=0.701, p<0.01$),假设1得到初步证实;真实型领导与组织合法性正相关($r=0.738, p<0.01$),假设2得到初步证实;组织合法性与创业绩效正相关($r=0.644, p<0.01$)。综合上述相关性分析,初步可以证实组织合法性在真实型领导与创业绩效之间起中介作用,但是否成立仍需要进一步回归分析来验证。

表 4 相关矩阵与描述性统计

变量	均值	标准差	1	2	3	4	5
1. 企业年龄	2.45	1.084	1				
2. 企业规模（员工人数）	98	0.736	0.095	1			
3. 真实型领导	2.831	0.567	0.230**	−0.072	1		
4. 组织合法性	2.710	0.674	0.077	0.011	0.738**	1	
5. 创业绩效	2.532	0.670	0.168*	0.112	0.701**	0.644*	1

注：N=451，** 表示 P 值<0.01，* 表示 P 值<0.05。

2. 回归分析与中介效应检验

为进一步验证组织合法性的中介效应，采用层次回归分析法进行检验（见表 5），在控制企业年龄、企业规模的情况下，第一步，做因变量（创业绩效）与自变量（真实型领导）的回归分析（模型 1），结果显示，真实型领导正向影响创业绩效（$c_0=0.696$，$p<0.01$），这与相关性分析（$r=0.701$，$p<0.01$）结论一致，即假设 1 成立，说明在企业成立初期，真实型领导者的真实性、透明性、开放性等行为，感染内部员工和外部投资观望者，提高创业企业家信誉。创业企业家既通过自身榜样力量，鼓励下属表达真实性观点，带动员工的工作绩效，提升创业绩效；同时，真实型领导行为所展现的道德素质、对企业的责任意识和上进心等，会提升外部投资者对创业企业家的信任度，并提供新创企业所需资源，为新创企业成长奠定基础。第二步，将中介变量（组织合法性）与自变量（真实型领导）进行回归分析（模型 2），结果显示真实型领导正向影响组织合法性（$a=0.754$，$p<0.01$），结果与相关性分析（$r=0.738$，$p<0.01$）的结论一致，所以假设 2 成立，创业企业家的真实型领导行为能够体现个人的道德素质、责任意识、进取意识等，这与社会规范和社会主流价值观念相吻合，容易被公众接受和肯定，作为外部投资者评价标准的组织合法性得到相应提升。第三步，自变量（真实型领导）与中介变量（组织合法性）同时对因变量（创业绩效）进行回归分析（模型 3），结果发现真实型领导对创业绩效的正向作用显著下降，但其对创业绩效的影响依然显著（$c_1=0.509$，$p<0.01$），同时组织合法性对创业绩效的正向影响显著（$b=0.249$，$p<0.01$），回归方程中所有变量的多重共线性诊断的 VIF 值均低于 2.5，说明不存在明显的多重共线性问题，依据 Baron 和 Kenny（1986）中介效应检验的三步回归法原理，可以判定本文的组

织合法性在真实型领导与创业绩效之间起部分中介作用,假设3成立,说明新创企业在欠缺长久稳定的运营绩效情况下,真实型领导行为有助于提升组织合法性程度,外部投资者以此为评价标准,投资信心得到增强并给予投资,为提升创业绩效的各项措施提供支持。

表5 真实型领导与创业绩效:组织合法性的中介效应的回归检验

变量	变量名称及相关指标	因变量:创业绩效(模型1)	中介变量:组织合法性(模型2)	因变量:创业绩效(模型3)
控制变量	企业年龄	0.028	−0.087	0.050
	企业规模	0.158**	0.052	0.145*
自变量	真实型领导	0.696**	0.754**	0.509**
	组织合法性			0.249**
F值		37.188**	42.742**	32.914**
R^2		0.530	0.564	0.557
ΔR^2				0.027

注:N=451,** 表示 P 值<0.01,* 表示 P 值<0.05。

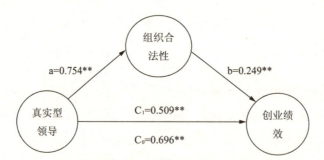

图1 真实型领导、组织合法性与创业绩效间的部分中介效应

注:N=451,** 表示 P 值<0.01,* 表示 P 值<0.05。

四 结论与启示

本文基于真实型领导与组织合法性视角,从理论视角探讨了真实型领导对创业绩效的重要作用以及组织合法性在两者之间的中介效应,采用多元回归分析验证了本文假设,结果显示:真实型领导对组织合法性和创业绩效皆具有显著的正向作用,其中组织合法性在真实型领导与创业绩效之间起部分中介作用。在当今中国经济转型的时代背景下,创业企业家要重视自身真实型领导行为的培养和展现,提高新创企业的组织合法性水平,克服资源禀赋的不足,促进新创企业持续、快速和健康发展。

参 考 文 献

[1] Ahlstrom D, Bruton G. An institutional perspective on the role of culture in shaping strategic actions by technology focused[J]. Entrepreneurship: Theory and Practice, 2002, 6(22): 53-69.

[2] Aldrich, Fiol. Fools rush in? The institutional context of industry creation[J]. Academy of Management Review, 1994(19):80-86.

[3] Avolio B J, Gardner W L, Walumbwa F O, Luthans E, May D R. Unlocking the mask: a look at the process by which authentic leader's impact follower attitudes and behaviors[J]. The Leadership Quarterly, 2004, 15(5):801-823.

[4] Baron R M, Kenny D A. The moderator-mediator variable distinction in social psychological research: conceptual, strategic, and statistical considerations[J]. Journal of Personality and Social Psychology, 1986, 51(6):1173-1182.

[5] Bitektine A. Toward a theory of social judgments of organizations: the case of legitimacy, reputation, and status[J]. Academy of Management Review, 2011, 36(1): 151-179.

(作者单位:南京师范大学商学院;中国人民大学信息管理学院;南京师范大学商学院)

我国商品期货波动率重现期的可预测性研究*

周伟杰 党耀国 顾荣宝

摘 要 极端事件发生规律是研究者一直寻找的目标。本文利用复杂性研究方法,以新的视角分析我国商品期货市场的波动率重现期特征,结果表明:不同阈值下的重现期具有概率分布标度一致性,其尾部可用幂律函数来拟合,说明极端事件的分布特征可由一般事件来推导;重现期具有短记忆性和长记忆性,暗示重现期的可预测性;此外,与波动率类似,重现期也具有聚集性。进一步通过蒙特卡洛模拟与原始数据相近的 ARMA、GARCH 类序列,找出重现期聚集性产生的原因。最后,讨论重现期在风险管理中的应用,提出可以用久期模型(ACD)对重现期建模分析。

关键词 重现期 标度一致性 记忆性 聚集性 风险管理

一、引 言

近年来,我国各地频现暴雨、暴雪、干旱、地震、极冷等自然灾害,使当地经济遭受巨大损失,而在社会经济系统中也曾出现严重的金融危机,一般将这些异常、难得出现的事件称为极端事件,它一直是人们关注的焦点。越来越多的研究表明,极端事件的出现远比正态分布描述得更为频繁。极端事件的度量,即大风险的估算,在自然系统中(比如气温、降水、地震等),一般先用数据拟合形成概率模型,通过设定平均重现期(倒数即概率),求出风险出现的最大值[1];在社会系统,也是采用与自然系统相似的概率模型,求出在给定概率下的风险损失最大值。例如金融资产中的 VAR 测度,一般通过假定收益分布服从某种分布(正态、t 分布、有偏 t 分布等),再求出给定置信水平下的风险损失。[2]然而,这样所得到的风险信息是模糊的。利用上述模型可以估算出风险值一定时,事件出现的概率或是平均时间,但并不能给出下次出现极端事件与

---

* 本文为国家自然科学基金项目(项目编号:71371098)、中央高校基本科研业务费专项资金资助(项目编号:NC2012001)、江苏省高校哲学社会科学重点研究基地重大项目(项目编号:2012JDXM005)的阶段性成果。

本次出现的时间间隔(重现期),而重现期的估算在风险管理中有着极其重要的作用,对重现期规律的掌握可以做到事先预防、减少灾害的作用。但极端事件的数据较少,对其时间动力机制的研究一直较为困难。

最近几年,随着对自然系统特征(例如分形、长记忆、幂律分布等)的深入研究,许多新的分析方法已建立起来。由于金融市场与自然系统的类似性,这些新的模型也逐步应用于金融市场中。[3-6] 其中,对极端事件重现期的度量是国际上持续研究的热点之一。[7] Kazuko[8]等通过分析包括 S&P500 指数在内七只股票和七只外汇数据的波动重现期,发现它们具有标度化概率密度分布(Scaled Probability Density Distribution)一致性,短记忆性和长记忆性。Wang[9-12]等通过分析股票市场、石油市场、金市场等的日波动率和日内波动率的重现期,发现这些市场的重现期也具有与 Kazuko 研究市场类似的特征,均具有标度一致性和记忆性;同时也发现波动率重现期的多标度特征,并从原始序列的非线性性、资产、风险、成交量等研究多标度产生的原因。Ren[13]等对中国股票市场也进行了重现期分析。此外,Meng[14]等基于 Modified Mike-Farmer(指令驱动)模型,研究人工股票市场收益率的重现期,发现也具有上述特征,并探讨微观层面的规则对重现期宏观层面特征的影响。

目前对期货市场的研究主要集中于期货和现货互动关系的研究,包括价格发现、风险信息传递,以及期货的套期保值研究,很少有文献从时间角度来分析。由于杠杆作用以及做空做多机制的存在,期货市场的小幅波动都有可能使投资者血本无归。而风险总是客观存在的,因此,若投资者或风险管理者能掌握风险发生的时间规律,则可以尽量规避风险。那么我国商品期货市场资产波动重现期是否也存在一些规律呢?在本文中,将采用上述重现期分析方法研究我国商品期货市场的波动率重现期特征,发现也有一些类似性质。此外,大多数论文都提及重现期具有聚集性,但没有给出聚集性产生的原因,为此,在文中利用蒙特卡洛法模拟产生与原始序列较为接近的序列,来分析重现期聚集产生的原因,最后给出重现期在风险管理中的应用前景。

二、数 据

本文选取上海期货交易所的铜(CU)、铝(AL)、锌(ZN)、燃料油(FU)、天然橡胶(RU),大连商品交易所的玉米(C)、黄大豆(A)、豆粕(M)、豆油(Y)、棕榈油(P)、聚乙烯(L),郑州商品交易所的强麦(WS)、硬麦(WT)、棉花(CF)、白糖(SR)、精对苯二甲酸(TA)、菜籽油(RO)的日价格数据作为实证研究对象,时间从各期货品种自上市之初至今。并按交易时间的长短分为两类,第一类包括 CU、AL、RU、A、WT;第二类包含 ZN、FU、C、M、Y、P、L、WS、CF、SR、TA 以及 RO。数据来源于 Wind 资讯。第一类代表我国期货市场上比较成熟的品种,第二类为 2005 年之后的新兴品种,这类期货也已日渐成熟。

定义每日对数收益率为:$R_t=\ln(P_t)-\ln(P_{t-1}), t=2,3,$ (1)

定义规范化波动率为:$V(t)=\dfrac{|R_t|}{(<|R(t)|^2>-<|R(t)|>^2)^{1/2}}$, (2)

其中 P_t 为 t 日收盘价,$<\cdot>$在本文中表示序列均值符号。重现期的定义遵循研究惯例,为波动率连续两次超过阈值 q 的时间间隔,即:

$$\tau_q(i)=t(i+1|V>q)-t(i|V>q), i=1,2,$$ (3)

同时称$<\tau_q>$为平均重现期,图 1(a)为期货铜一段波动率不同阈值 q 下的重现期,图 1(b)为阈值 q 与平均重现期$<\tau_q>$的双对数图,经拟合有$<\tau_q>\approx 3.6q^{2.8}$,显然,$q$ 值越大,平均重现期也越大,即与小波动率相比,大波动率之间的间隔更长。

为了能观察不同阈值 q 下重现期的统计特征,且考虑到本文数据选取为日数据,取 $q=0.81, 1.04, 1.23, 1.42, 1.56, 1.8$(第二类数据只取前 5 个值),以保证有足够的样本分析重现期性质。

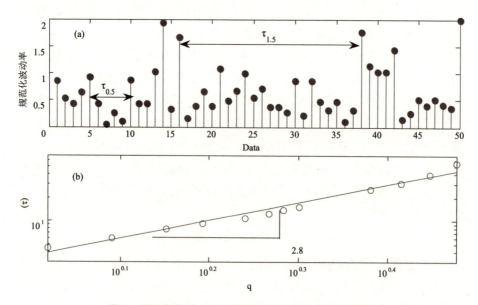

图 1　重现期的构成及均值重现期与阈值的近似关系

三、重现期的概率分布

为了能刻画不同阈值 q 下的重现期 $\{\tau_q\}$ 的统计特征,先作出重现期的经验概率密度分布 $P_q(\tau)$。图 2(a) 和 (c) 为期货铜、豆油的波动率重现期的概率分布。从中可以看出,对于不同的阈值 q,其分布相差较大。在概率分布的尾部,呈现系统性偏差,q 越大的重现期越远离 q 较小的重现期分布。这主要是由于 q 值越大,重现期 τ 越大造成的。若不同阈值 q 的概率分布探讨至此,仍难以掌握极端事件的概率分布特征。

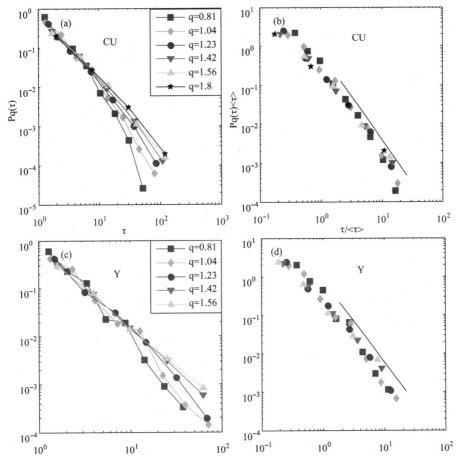

图 2 期货铜、豆油重现期的概率分布和标度化概率分布

根据上面的分析,q 值越大,重现期分布越远离 q 较小的重现期分布,并且这是由于 q 值越大,重现期相应变大引起的,那么是否可以先对重现期进行标准化处理,然后作出其概率分布图,从而得出一定的规

律来呢?为此,对不同的重现期进行标度化处理,即 $\tau_q'/<\tau>$,$<\tau>=<\tau_q>$,再作出相应的概率分布图。图 2(b)和(d)为期货铜、豆油的标度化概率分布,从中可以看出,对于不同的阈值 q,重现期的分布几乎一致,这也就意味着,相应于去标度化前的概率分布函数 $P_q(\tau)$,有:

$$P_q(\tau)<\tau>=f(\tau_q/<\tau>) \tag{4}$$

称 f 为标度函数,它独立于 q。至此,若对于某个阈值 q 重现期已知,那么就可以根据式(4)估算出其他阈值 q 的重现期概率分布,特别地,极端事件的概率分布可由阈值 q 较小的推导出来。这对于数据量较少的极端事件而言,是极为重要的。因为通过式(10),极端事件的概率分布可以通过阈值 q 较小的推导出来。步骤如下:

Step1:拟合 q 较小(一般事件)的重现期去标度化概率密度函数 $f(x)$。

Step2:由 $<\tau_q>\approx cq^\alpha$ 计算出大 q(极端事件)的平均重现期。

Step3:$f(x)/<\tau_q>$ 即为极端事件的概率密度分布函数。

重现期的概率密度函数确定,可为重现期时间序列模型的参数估计提供可行性。

对于标度函数的确定,一般用幂律函数(Power-Law)或是拉伸指数函数(Stretched Exponential)进行拟合。通过初步观察图 2(b)和(d)中经验标度化概率密度函数,本文用幂律函数来拟合标度函数 f。

令 $$f(\tau/<\tau>)=f(x)=cx^{-\delta},x\geq x_{\min} \tag{5}$$

其中 $x_{\min}$ 为幂律分布函数的下界。对于不同的阈值 q,经验标度化概率分布具有一致性,可以将所有不同 q 下标度化后的重现期中大于 $x_{\min}$ 的部分汇合在一起计算 f 中的参数 c 与 δ。由于最小二乘估计的偏误无法度量的特点,本文将采用 Clause[15] 等最近提出的基于 Kolmogorov-Smirnov(KS)统计的极大似然估计,以对 f 有个较为精确的估计。假定 F、F_{pl} 为实证数据的累积经验概率分布和拟合的幂律函数,称为 KS 统计量。估计思想是通过使经验概率密度分布与幂律函数尽可能相似来确定最优的幂律参数。其估计过程如下。Step1:最小化 KS 统计量得出 $x_{\min}$。Step2:利用极大似然估计出参数 c 与 δ。Step3:利用 KS 统计量来检验幂律拟合的效果(Goodness of Fit),这又可分为三小步:① 由 Step2 拟合出的最优幂律分布产生 1000 条模拟样本。② 类似于最初实证数据,对每条模拟新样本也进行最优幂律拟合,并计算 KS 统计量,即:$KS=\max\limits_{x\geq x_{\min}}(|F_{sim}-F_{sim,pl}|)$。③ 计算 KS_{sim}

>KS 的频率 p。作为度量实证数据幂律性拟合优劣的 p 值,按照 Ren 等的做法,若 $p>0.01$,即认为实证数据的概率分布能用幂律分布来拟合。

$$KS = \max_{x \geqslant x_{\min}}(|F - F_{pl}|) \qquad (6)$$

表1 期货波动率重现期概率分布的幂律拟合参数及拟合度

	$\hat{x}_{\min}$	δ	c	KS	p
CU	3.683	2.790	0.864	0.039	0.242
AL	2.769	2.563	0.592	0.040	0.175
RU	4.600	3.410	3.424	0.486	0.592
A	1.961	2.905	0.963	0.050	**0.004**
WT	4.695	3.849	9.543	0.077	0.135
ZN	2.279	2.928	0.687	0.068	0.163
FU	1.689	2.553	0.498	0.063	0.010
C	3.000	3.946	5.859	0.078	0.036
M	2.126	3.007	1.031	0.059	**0.007**
Y	1.944	2.735	0.688	0.063	0.193
P	2.867	3.349	2.247	0.056	0.383
L	4.739	3.983	7.912	0.068	0.776
WS	1.700	2.702	0.580	0.051	0.177
CF	1.084	2.245	0.313	0.067	0.161
SR	1.463	2.900	0.727	0.072	**0.000**
TA	2.962	3.743	3.001	0.053	0.125
RO	0.869	2.135	0.229	0.073	**0.000**

注:表中黑体为拟合度检验 p 值未超过 0.01。

表1为17只期货波动率重现期经验概率密度分布的幂律拟合,从中可以看出:所有序列估计的 $\hat{x}_{\min}<5$,表明概率分布的标度一致性范围超过一个数量级;拟合的幂律指数在3.0左右波动;在17只期货数据中,仅有4只没有通过幂律性检验,表明对于大多数期货波动率重现期,其概率分布尾部是可以用幂律分布来拟合的,由于幂律分布形式简单,这为进一步研究期货波动率的风险度量带来方便。

四、重现期的记忆性

除了研究期货波动率重现期的概率分布之外,对重现期的时变相关性的分析也可为重现期特征认识提供一条路径。因为若波动率重现期具有短记忆性或长记忆性,也就意味着重现期可以预测。根据 Pincus 和 Kalman[16] 对长记忆与近似熵关系的研究,序列的记忆性越强,其可预测性也越强。为此,下文对我国商品期货市场的重现期记忆性进行分析。

1. 短记忆性

本文利用条件概率密度分布和条件均值重现期研究波动率和成交量重现期的短记忆性。令波动率重现期条件概率密度函数为 $P_q(\tau|\tau_0)$,表示一个大小为 τ_0 出现后,紧随其后 τ 出现的概率。若 $P_q(\tau|\tau_0) = P_q(\tau)$,即重现期 τ 出现的概率与 τ_0 出现与否无关,则表明序列无短记忆性;若 $P_q(\tau|\tau_0) \neq P_q(\tau)$,表示序列存在短记忆性。由于单个 τ_0 条件概率统计较差的特点,我们对一组 τ_0 进行分析,过程如下:将重现期序列按升序排列后等分成四个子集 Q_1、Q_2、Q_3、Q_4;Q_1、Q_4 即由第一四分位以下、四分位以上的数据组成。在图 4 中,分别作出波动率和成交量重现期的经验条件标度化概率密度函数,实心代表 Q_1、空心代表 Q_4,计算 Q_1、Q_4 两子集的条件概率密度函数 $P_q(\tau|\tau_0)$。可以观测到,$P_q(\tau|Q_1) \neq P_q(\tau|Q_4)$,对于较小的 $\tau/\langle\tau\rangle$,$\tau_0 \in Q_1$ 条件概率密度 $P_q(\tau|\tau_0)$ 大于 $\tau_0 \in Q_4$ 的 $P_q(\tau|\tau_0)$;而对于较大的 $\tau/\langle\tau\rangle$ 值,$\tau_0 \in Q_4$ 条件概率密度大于 $\tau_0 \in Q_1$ 的 $P_q(\tau|\tau_0)$,说明大的重现期后更容易跟随大的重现期,小

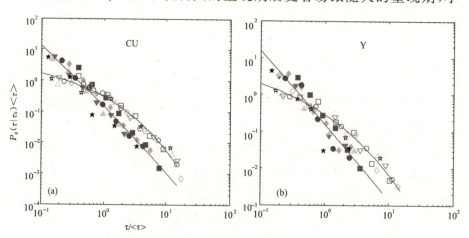

图 3　期货铜、豆油的条件概率分布图

的重现期后更容易跟随小的重现期,表明重现期具有短期记忆性。进一步,以上分析说明大的重现期易聚集在一起,小重现期也易聚集,暗示重现期与波动率类似,具有聚集性。这与市场震荡有时会接踵而来,有时需要很久才出现一次相印证。对于这一点,将在第五节中继续讨论。

除此之外,也可以用条件均值重现期$<\tau|\tau_0>$来分析波动率重现期的短记忆,其中$<\tau|\tau_0>$为$P_q(\tau|\tau_0)$的一阶矩。图4为期货铜与豆油的条件均值重现期,可以看出,τ_0与$<\tau|\tau_0>$成正比,小(大)的τ_0值后面紧跟的τ_0值也较小(大)。这与用条件概率密度分析的结果一致。作为对比,我们通过打乱原始序列(破坏序列的记忆性),分析打乱后的序列记忆性,图中以空心点表示。打乱后的序列条件均值重现期在1左右摆动,说明其不随τ_0值的改变而改变,即暗示打乱后的序列无记忆性,这表明原始序列的记忆性对重现期的记忆性有影响。

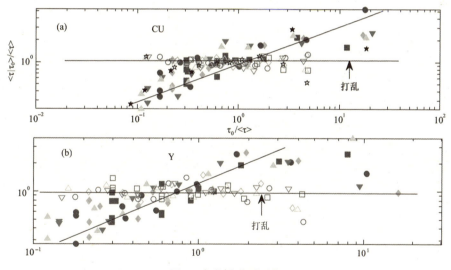

图4 条件均值重现期

2. 长记忆性

在上节中,分析出波动率重现期与波动率有类似聚集性,且序列的记忆性对重现期的记忆性也有着影响,而金融数据波动率的长记忆性是众所周知的,为此也可以类似研究重现期的长记忆性,我们采用金融物理中普遍应用的去趋势分析法(DFA)来分析,计算过程如下:

① 设$\{x_t\}$,$t=1,2,\cdots,N$为初始序列,计算序列$\{x_t\}$的累积离差序列

$\{Y_i\}, Y_i = \sum_{t=1}^{i}(x_t - <x>), i = 1, 2, \cdots, N, <x> = \sum_{t=1}^{N} x_t/N$。

② 对$\{Y_i\}$按标度s进行正序和逆序分割,得到$2N_s$份数据。

③ 对每份利用多项式去趋势,得到方差$F^2(s,v) = \sum_{i=1}^{s}\{Y[(v-1)s+i] - y_v(i)\}^2/s, v = 1, 2, \cdots, N_s; F^2(s,v) = \sum_{i=1}^{s}\{Y[N-(v-N_s)s+i] - y_v(i)\}^2/s, v = N_s+1, \cdots 2N_s, y_v(i)$为多形式,可以是一次、二次、三次、甚至是高阶多项式。

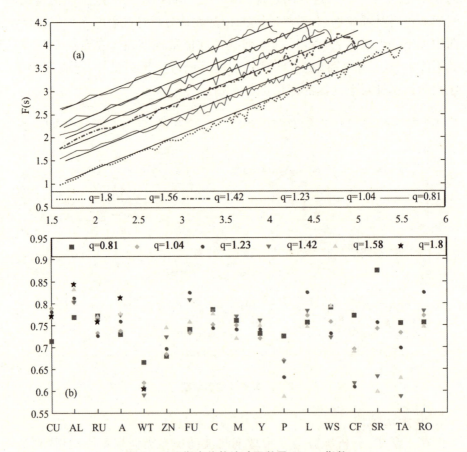

图5　重现期去趋势波动函数及Hurst指数

④ 计算均值方差$F(s) = \left[\sum_{v=1}^{2N_s} F^2(s,v)\right]^{1/2}/2N_s$,及Hurst指数$H$: $F(s) \propto s^H$。当$H=0.5$时,表明序列服从随机游走,无记忆性;当$0.5<$

$H<1$ 时,序列存在长记忆性。图 5(a) 为期货铜不同阈值下的重现期波动函数 $F(s)$,可以看出不同阈值下的波动率函数几乎平行,表明 Hurst 指数基本相等,其他期货序列与此类似。图 5(b) 为 17 只期货的波动率重现期 Hurst 指数,所有的 Hurst 指数均大于 0.5,表明期货波动率的重现期也具有长记忆性。

五、重现期的聚集性

在前文分析中,得出重现期与波动率类似,都具有聚集性特点。在图 6(b) 中,作出 $q=1.42$ 时期货铜波动率重现期序列,从中可以看出,重现期的确存在聚集性。进一步,对 $q=1.42$ 时,期货铜的重现期序列 $\{\tau_{1.42}\}$ 以其中位数为界,在图 7(a) 和 (b) 中分别作出连续超过中位数聚集个数和连续低于中位数聚集个数的概率分布图。聚集个数指的是将重现期连续超过或低于其中位数组成集合,该集合所包含元素的个数。

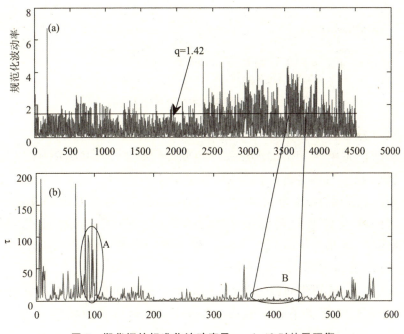

图 6 期货铜的标准化波动率及 $q=1.42$ 时的重现期

由于在构造重现期时,是通过较大的波动率时间间隔计算得出的,因此,重现期的聚集性反映到波动率中,表示大的波动有时隔很久出现一次,如此循环多次(对应于大的重现期 τ 聚集);有时又会接踵而来

(对应于小的重现期 τ 聚集),那么自然会问,重现期的聚集性是如何让产生的?显然,由于波动率的聚集性,大的波动会呈现集中出现的情形,此时对应的重现期较小,且比较集中,从而波动率的聚集性可部分解释较小重现期聚集的情形,见图 6(b)中的 B 区域。然而,对于图 6(b)中的 A 区域,即较大的重现期聚集现象如何解释呢?为了能找出这部分重现期聚集的原因,本文通过蒙特卡洛产生与原始序列性质相似的模拟序列来进行分析。

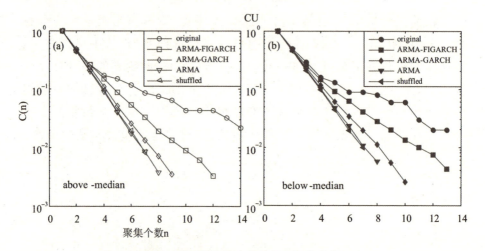

图 7 重现期聚集个数的累积概率分布

具体过程如下:

Step1:先用 ARMA、ARMA-GARCH、ARMA-FIGARCH 对原始期货铜收益序列 $\{R_t\}$ 进行拟合,结果见表 2。

Step2:分别用拟合出来的 ARMA、ARMA-GARCH、ARMA-FIGARCH 参变量系数在模拟生成 ARMA、ARMA-GARCH、ARMA-FIGARCH 序列各 1000 条。同时,作为对比分析,对 $\{R_t\}$ 随机打乱也生成 1000 条新序列。

Step3:与原始序列 $\{R_t\}$ 类似,对模拟生成的四类数据逐条求出 $q=1.42$ 的重现期聚集个数的累积概率分布,并对每类数据求平均,结果见图 7(a)和 7(b)。

以上做法主要是为了鉴别出序列的何种特征(短记忆、波动率聚集、波动长记忆性)形成重现期的聚集性。

表 2　ARMA、GARCH 类模型拟合期货铜收益率的参数值

模　型	参　　数
ARMA	AR(1)=0.834,AR(2)=0.052,MA(1)=−0.851
ARMA-GARCH	AR(1)=0.731,AR(2)=0.050,MA(1)=−0.761,C=3.04E−06 $\alpha=0.06749, \beta=0.914$
ARMA-FIGARCH	AR(1)=0.472,AR(2)=−0.984,MA(1)=−0.479,MA(2)=0.987 $\alpha=0.219, \beta=0.5949, d=0.38$

在模拟 ARMA-GARCH 过程中,由于拟合出的系数 $\alpha+\beta\to1$,如直接依此进行模拟生成序列,会导致序列波动性持续性较强,衰减较慢,即有长记忆性[17−18],这将与 ARMA-FIGARCH 模拟的结果类似①,从而难以区分波动聚集性与波动长记忆性对重现期聚集性的影响,为此在模拟时,取 $\alpha=0.067, \beta=0.814$ 以削弱长记忆性。从图 7 的结果来看,无论是位于中位数以上的聚集个数,还是在中位数以下的聚集个数及其累积概率分布,用 ARMA-FIGARCH 模型模拟出的结果与原始序列最为接近,而用 ARMA 以及打乱的方法模拟出来的结果与原始序列偏离最远,其聚类个数最多只有 6 个或是 7 个。用 ARMA-GARCH 模拟出的结果居于中间,其超过中位数和低于中位数的个数分别为 9 和 10。这说明,短记忆或无记忆不能形成重现期的聚集性,波动率聚集性对重现期聚集性只有小部分贡献,序列波动的长记忆性是重现期聚集性的主要来源。

六、风险管理中的应用

(1) 在风险管理中,常用 VaR(value at risk)度量风险损失,考虑到在期货市场中,价格的上涨或是下跌都有可能给投资者带来损失,为此,我们利用波动率来定义损失,令

$$\int_{\mu}^{+\infty} P(V)\mathrm{d}V = p^* \tag{7}$$

其中 $P(V)$ 为波动率,即收益的绝对值的概率密度分布。一般而言,对于金融时间序列,在波动率分布尾部,有 $P(V)\sim V^{-\xi+1}, \xi=3$。由于 $<\tau>=\sum_{i=1}^{s}\tau(i)/s, \sum_{i=1}^{s}\tau(i)\approx$ 波动率的个数,且 $s+1=$ 阈值超过 q

---

① 在文中没有给出结果,若需要可联系作者。

波动率的个数,则有:

$$<\tau>^{-1} = \int_q^{+\infty} P(V)dV = \frac{波动率超过阈值的个数}{波动率的个数} \quad (8)$$

上式揭示出波动率的 VaR 与重现期的内在关系。对于条件波动率 $P(V|\tau_0)$,也可得到类似关系:$<\tau|\tau_0>^{-1} = \int_q^{+\infty} P(V|\tau_0)dV$。

(2) 由于重现期存在记忆性,根据图 6,以前一次出现的重现期为条件,估算出下一次均值重现期。本文所取序列为日数据,得到的 $\tau_0/<\tau>$ 与 $<\tau|\tau_0>/<\tau>$ 关系比较模糊,只知道大概是正比关系,以后可以用高频数据分析,拟合出 $\tau_0/<\tau>$ 与 $<\tau|\tau_0>/<\tau>$ 的精确关系,从而求解出较为准确值。对于阈值大的重现期,预测可以通过 $<\tau>\approx cq^\delta$ 推导出来。上述估计要比单纯利用 VaR 估计风险损失更精确些。

(3) 在金融时间序列中,随着高频数据的可获取性,除了利用各种模型对交易的价格、收益、成交量刻画外,对交易或价格的持续期(久期)的建模也越来越受到人们的重视。久期最初指的是交易达到时间的间隔。在实际应用中,往往定义为前后两次价格变动超过某一阈值所需的时间。为此,最初定义可认为是一种特殊情况。目前,主要利用 Engle 和 Rusell(1998)提出的 ACD 及其扩展模型来刻画久期。研究表明,久期具有记忆性以及聚集性。对于重现期,可以看出,无论在定义上还是在性质上与久期具有很强的相似性。为此,可以用 ACD 模型来研究重现期的时序结构,包括预测分析等,从而更细致地了解重现期的动力机制。

(4) 考虑到重现期具有长记忆性和短记忆性,本文考虑利用具有长记忆结构的久期模型(FIACD)对铜期货波动率重现期进行建模分析。也以 $q=1.42$ 进行分析。FIACD 模型:

$$x_i = \psi_i \varepsilon_i \quad \varepsilon_i \sim iid(0,1)$$

$$[1-\beta(L)]\psi_i = \omega + \{1-\beta(L)-[1-\alpha(L)](1-L)^d\}x_i$$

其中 $\{x_i\}$ 久期序列,$\psi_i = E(x_i|I_{i-1})$ 为条件期望久期,I_{i-1} 为 t_{i-1} 时刻的信息集,ε_i 服从指数分布 e^{-x}。L 为滞后算子,$\beta(L) = \sum_{i=1}^p \beta_i L^i$,$L^i x_k = x_{k-i}$;$\alpha(L) = \sum_{j=1}^q \alpha_j L^j$,$d$ 为长记忆系数。建模结果如下:

表 3 铜波动率重现期序列久期建模

Cu	ω	α_1	β_1	β_2	d	log L	AIC
	0.092789	−0.38332	0.5331	−0.95549	0.92107	−390.84	3.45
	(0.018756)***	(0.083196)***	(0.073925)***	(0.031471)***	(0.082210)***		

从结果可以看出,参数均是显著的,并且长记忆参数 $0.5<d<1$,从计量角度再次印证了重现期具有长记忆性,利用 FIACD 模型能较好地刻画波动率重现期。

七、结 论

金融市场上的风险度量一般针对收益率或波动率序列,很少涉及风险发生时间的刻画,利用金融物理学和金融时间序列模型,本文分析我国商品期货市场的重现期特征及其产生原因,得出以下结论:

(1) 不同阈值下的重现期概率分布具有标度一致性。为此,可以用阈值较小的重现期分布推导出阈值较大,特别是阈值很大的重现期(对应于极端事件)概率分布,以弥补其统计数据较少而无法掌握规律的缺陷。

(2) 重现期具有短记忆性和长记忆性。这就意味着重现期具有可预测性。根据重现期有短记忆性,当本次出现风险灾害时,可以预测出下一次出现的平均时间。

(3) 与波动率类似,重现期也具有聚集性特点,利用蒙特卡洛模拟,指出波动率聚集对重现期聚集(主要是重现期较小的部分)只有部分贡献,序列波动率的长记忆性是重现期聚集的主要来源。

(4) 根据以上对重现期特征的分析,以及比较重现期与久期的相似性,提出可用久期模型对重现期建模分析等,这部分内容将是未来研究的一个方向。

参 考 文 献

[1] 马京津,李书严,王冀.北京市强降雨分区即重现期研究[J].气象,2012,38(5):569—576.

[2] 魏宇.多分形波动率测度的 VAR 计算模型[J].系统工程理论与实践,2009,29(9):7—15.

[3] Kantelhardt J W, Zschiegner S A, Koscielny B E, et al. Multifractal detrended fluc-

tuation analysis of non-stationary time series[J]. Physica A, 2002, 316:87—114.

[4] Kantelhardt J W, Zschiegner S A, Koscielny B E, et al. 非平稳时间序列的多重分形 [J]. Physica A, 2002, 316:87—114.

[5] 郭琨,周炜星,成思危. 中国股市的经济晴雨表作用——基于热最优路径法的动态分析[J]. 管理科学学报,2012,15(1):1—10.

[6] Mu G H, Zhou W X. Tests of non universality of the stock return distributions in an emerging market [J]. PHYSICAL REVIEW E, 2010, 82: 066103.

[7] Mu G H, Zhou W X. 新兴市场的股票收益率分布非一致性检验 [J]. PHYSICAL REVIEW E, 2010, 82: 066103.

[8] Bundea A, Havlinb S, et al. The effect of long-term correlations on the return periods of rare events [J]. Physica A, 2003, 330:1—7.

[9] Bundea A, Havlinb S, et al. 长记忆对极端事件重现的影响[J]. Physica A, 2003, 330:1—7.

[10] Bunde A, Eichner J F, Kantelhardt J W, et al. Long-term memory: a natural mechanism for the clustering of extreme events and anomalous residual times in climate records [J]. Physical Review Letters, 2007, 99: 240601.

[11] Bunde A, Eichner J F, Kantelhardt J W, et al. 长记忆性:气候中极端事件与异常事件的自然机制 [J]. Physical Review Letters, 2007, 99: 240601.

[12] Kazuko Y, Muchnik L, Havlin S, et al. Scaling and memory in volatility return intervals in financial markets [J]. Proc. Natl. Acad. Sci., 2005, 102(26): 9424—9428.

[13] Kazuko Y, Muchnik L, Havlin S, et al. 金融市场波动率重现期的标度性与记忆性 [J]. Proc. Natl. Acad. Sci., 2005, 102(26): 9424—9428.

[14] Wang F Z, Shlomo H, et al. Scaling and memory of intraday volatility return intervals in stock markets [J]. Physical Review E, 2006,73: 026117.

[15] Wang F Z, Shlomo H, et al. 股票市场中日内波动率重现期的标度性与记忆性 [J]. Physical Review E, 2006,73: 026117.

[16] Wang F Z, Weber P, Kazuko Y, Havlin S, et al. Statistical regularities in the return intervals of volatility[J]. Eur. Phys. J. B, 2007, 55: 123—133.

[17] Wang F Z, Weber P, Kazuko Y, Havlin S, et al. 收益重现期的统计规律[J]. Eur. Phys. J. B, 2007, 55: 123—133.

[18] Wang F Z, Weber P, Kazuko Y, Havlin S, et al. Indication of multiscaling in the volatility return intervals of stock markets [J]. Physical Review E, 2008, 77: 016109.

[19] Wang F Z, Weber P, Kazuko Y, Havlin S, et al. 波动率重现期的多标度现象[J]. Physical Review E, 2008, 77: 016109.

[20] Wang F Z, Weber P, Kazuko Y, Havlin S, et al. Multifactor analysis of multiscaling in volatility return intervals [J]. Physical Review E, 2009, 79:016103.

[21] Wang F Z, Weber P, Kazuko Y, Havlin S, et al. 波动率重现期多标度的多因素分析 Multifactor analysis of multiscaling in volatility return intervals [J]. Physical Review E, 2009, 79:016103.

[22] Ren F, Guo L, Zhou W X. Statistical properties of volatility return intervals of Chinese stocks [J]. Physica A, 2009, 388: 881—890.

[23] Ren F, Guo L, Zhou W X. 中国股票市场波动率重现期统计规律 [J]. Physica A, 2009, 388: 881—890.

[24] Meng H, Ren F, Gu G F, et al. Effects of long memory in the order submission process on the properties of recurrence intervals of large price fluctuations [J]. EPL, 2012(98): 38003.

[25] Meng H, Ren F, Gu G F, et al. 订单过程的长记忆性对价格波动重现期的影响 [J]. EPL, 2012(98): 38003.

[26] Clauset A, Shalizi C R, M. E. J. Newman. Power-Law distributions in empirical data [J]. Siam Review, 2009, 51(4):661—703.

[27] Clauset A, Shalizi C R, M. E. J. Newman. 实证数据的幂律分布 [J]. Siam Review, 2009, 51(4):661—703.

[28] Pincus S, Kalman R E. Irregularity, volatility, risk, and financial market series [J]. Proc. Natl. Acad. Sci. 2004, 101(38):13709—13714.

[29] Pincus S, Kalman R E. 金融时间序列的不规则、波动、风险性[J]. Proc. Natl. Acad. Sci. 2004, 101(38):13709—13714.

[30] Mantegna R N, Stanley H E. An introduction to econophysics: correlations and complexity in finance [M]. Cambridge University Press, 2000.

[31] Mantegna R N, Stanley H E. 金融物理学:相关性与复杂性 [M]. Cambridge University Press, 2000.

[32] Wang Y D, Wu C F, Wei Y. Can GARCH-class models capture long memory in WTI crude oil markets? [J]. Economic Modeling, 2011, 28(3): 921—927.

[33] Wang Y D, Wu C F, Wei Y. GARCH 类模型能捕捉到原油市场的长记忆性吗? [J]. Economic Modeling, 2011, 28(3): 921—927.

(作者单位:常州大学商学院;南京航天航空大学经济与管理学院;南京财经大学金融学院)

二氧化碳排放绩效及减排潜力的
国际比较:技术异质性视角

王群伟

摘 要 利用共同前沿函数和非径向 DEA 方法提出了一种新的二氧化碳排放绩效评价指标,并实现了对二氧化碳排放绩效损失来源的分解。对 58 个国家和地区 1995—2007 年二氧化碳排放绩效及其损失状况的实证研究表明:以共同前沿为评价基准时各国各地区的二氧化碳排放绩效均不大于以组别前沿为参照时的情形,但显示了最佳生产技术条件下最大的绩效改善潜力;欧洲二氧化碳排放的绩效表现好于美洲和亚洲,同时,亚洲、欧洲和美洲的技术差距比分别呈现先下降后上升、上升后趋于稳定以及始终维持高位的不同走势;生产技术差距和管理无效都是导致二氧化碳排放绩效损失的来源,并在总体上显示出后者明显高于前者的特征。

关键词 二氧化碳 绩效分解 生产技术 共同前沿函数

一、引 言

当前,越来越多的国际组织和国家意识到必须采取积极措施以应对气候变化带来的挑战。为明确各国减排义务,149 个国家在 1997 年通过了以量化目标为约束的《京都议定书》,首次提出了二氧化碳减排"共同但有区别的责任"原则。为落实此项原则,国家层面有关二氧化碳排放的评价问题就显得尤为重要,这是讨论和分配各国承担责任的基础,也是衡量二氧化碳排放绩效、公平发展机会的前提之一。

对二氧化碳排放所做的评价,国际上已形成了二氧化碳排放总量、二氧化碳强度、二氧化碳生产率、人均二氧化碳排放和贸易隐含二氧化碳排放等若干指标[1-5]。这些指标基本都是以总量或两个相关指标的比值衡量,虽然计算简单且容易理解,但没有反映二氧化碳产生过程,也忽略了能源结构、经济发展、要素替代等作用,可称之为单要素指标[6-7]。基于此,Zhou 等以生产理论为基础,将二氧化碳视为要素投入后的一种非期望产出,较早提出了全要素二氧化碳排放绩效指标,并利用数据包络分析(DEA)方法对 28 个主要碳排放国进行了实证研究[8]。

此后，基于类似的思路，刘明磊等考虑能源结构约束，对中国各省区的二氧化碳排放绩效进行了测评[9]，王群伟等拓展了二氧化碳排放绩效的概念[10]，提出了基于DEA方法的单一二氧化碳导向以及二氧化碳与经济产出综合导向两种条件下的绩效测度方法。

本文尝试在考虑生产技术异质性的前提下，将共同前沿函数和DEA方法结合，在理论上提出一种新的二氧化碳排放绩效测度方法，同时对绩效损失的来源进行分解。另一方面，以全球主要二氧化碳排放国和地区为研究对象进行实证研究，期望为碳减排的国际谈判和责任分解提供一些政策借鉴。

二、研究方法

1. 基于共同前沿函数的二氧化碳排放绩效指标

不妨设有 N 个被评价国家或地区（即 N 个DMU），其投入要素为资本（k）、劳动力（l）和能源（e），产出要素为期望产出国内生产总值（y）和二氧化碳排放（c）。[11] 根据生产技术的不同，所有国家或地区可独立地划分为 $J(J>1)$ 个不同的组别，第 j 组的DMU数为 N_j，且满足 $\sum_{j=1}^{J} N_j = N$。设 T^j 和 T^{meta} 分别表示组别前沿和共同前沿的生产技术集，则 T^j 和 T^{meta} 具有如下性质[12]：若对任意 j，存在投入产出组合 $(k, l, e, y, c) \in T^j$，则 $(k, l, e, y, c) \in T^{meta}$；若 $(k, l, e, y, c) \in T^{meta}$，则对部分 $j \geq 1$ 存在 $(k, l, e, y, c) \in T^j$；$T^{meta} = \{T^1 \bigcup T^2 \cdots T^J\}$ 且满足拱形（overarching）要求。T^j 和 T^{meta} 除具有闭合、有界与凸性特征外，同时具有投入要素的强可处置性、二氧化碳的弱可处置性及二氧化碳与GDP的"零结合"性等属性。[13,14]

由此，可利用DEA线性规划方法在组别前沿和共同前沿两种条件下构建二氧化碳排放绩效损失的测算模型，如式（1）和式（2）。其中，λ^j 和 μ^j 对应为两种前沿下被评价国家或地区观察值的权重。ω_c 和 ω_y 表示二氧化碳减少与GDP增加的优先控制系数，满足 $\omega_c + \omega_y = 1$。β^j 和 β^{meta} 以及 α^j 和 α^{meta} 分别表示组别前沿和共同前沿两种生产技术状态下二氧化碳可减少的比例与GDP产出可扩张的比例，ρ^j 和 ρ^{meta} 则是其线性组合。进而，某一个国家或地区基于组别前沿和共同前沿的全要素二氧化碳排放绩效可表示为 $GCP = 1 - \rho^j$ 与 $MCP = 1 - \rho^{meta}$，且有 $\rho^j \geq 0, \rho^{meta} \geq 0$。$GCP$ 和 MCP 越接近于1，说明该国家或地区在相应前沿内的绩效越高,增加 GDP 产出并降低二氧化碳排放的潜力就越小。反之,若 GCP 和 MCP 越小,说明绩效越低,减排潜力也就越大。

$$\max: \rho^j = \omega_y \alpha^j + \omega_c \beta^j$$

$$s.t. \sum_{n=1}^{N^j} \lambda_n^j k_n^j \leqslant k^j, \sum_{n=1}^{N^j} \lambda_n^j l_n^j \leqslant l^j, \sum_{n=1}^{N^j} \lambda_n^j e_n^j \leqslant e^j,$$

$$\sum_{i=1}^{N^j} \lambda_n^j y_n^j \geqslant (1+\alpha^j) y^j \tag{1}$$

$$\sum_{n=1}^{N^j} \lambda_n^j c_n^j = (1-\beta^j) c^j, \alpha^j \geqslant 0, 1 > \beta^j \geqslant 0, \lambda_n^j \geqslant 0,$$

$$n = 1, 2, \cdots, N^j$$

$$\max: \rho^{meta} = \omega_y \alpha^{meta} + \omega_c \beta^{meta}$$

$$s.t. \sum_{j=1}^{J} \sum_{n=1}^{N^j} \mu_n^j k_n^j \leqslant k^j, \sum_{j=1}^{J} \sum_{n=1}^{N^j} \mu_n^j l_n^j \leqslant l^j, \sum_{j=1}^{J} \sum_{n=1}^{N^j} \mu_n^j e_n^j \leqslant e^j,$$

$$\sum_{j=1}^{J} \sum_{n=1}^{N^j} \mu_n^j y_n^j \geqslant (1+\alpha^{meta}) y^j \tag{2}$$

$$\sum_{j=1}^{J} \sum_{n=1}^{N^j} \mu_n^j c_n^j = (1-\beta^{meta}) c^j, \alpha^{meta} \geqslant 0, 1 > \beta^{meta} \geqslant 0, \mu_n^j \geqslant 0,$$

$$n = 1, 2, \cdots, N^j, j = 1, 2, \cdots, J$$

与以往研究中全要素二氧化碳排放绩效只寻求单一二氧化碳排放降低的思路不同[15,16],此处构建的二氧化碳排放绩效指标还考虑了 GDP 产出增加的要求,这更符合绝大部分国家倡导的在发展中缓解温室气体排放问题的思路,也便于从两个方向寻找二氧化碳强度降低的路径。

2. 二氧化碳排放技术差距比及减排潜力分解

共同前沿是通过对具有不同生产技术的组别前沿的包络而形成的,为了定量刻画各组别生产技术的异质性程度,构建 j 组别中第 n 个国家或地区二氧化碳排放的技术差距比(TGR)指标,如式(3)。

$$TGR_n^j = \frac{MCP_n^j}{GCP_n^j} \tag{3}$$

由于 GCP 和 MCP 分别是基于组别前沿与共同前沿所测算的二氧化碳排放绩效,且组别前沿的生产技术是共同前沿的子集,所以总有 $MCP \leqslant GCP$ 且 $TGR \in (0,1)$。TGR 越接近于 1,组别前沿与共同前沿下的两个绩效水平越为接近,相应生产技术的异质性程度越低;TGR

越接近于0,则说明共同前沿下的绩效与组别前沿下的绩效相比,其值越小,生产技术的异质性程度越高。

TGR 刻画的两者数值的差异为绩效损失(减排潜力)的来源提供了分解的思路。[17] 由于共同前沿隐含了所有 DMU 的最佳生产技术水平,某个国家或地区以此为基准测算的损失可认为是总的绩效损失(MTI)。其中,一部分是由于组别前沿和共同前沿的技术差距造成的(TGI),一部分是由于组别内的管理无效造成的(GMI),分别由式(4)、式(5)和式(6)表示。

$$TGI_n^j = GCP_n^j(1-TGR_n^j) = \rho_n^{meta} - \rho_n^j \quad (4)$$

$$GMI_n^j = 1 - GCP_n^j = \rho_n^j \quad (5)$$

$$MTI_n^j = TGI_n^j + GMI_n^j = \rho_n^{meta} \quad (6)$$

三、实证研究

1. 数据来源

根据数据的可获得性及二氧化碳排放量的大小,选择 58 个主要排放国和地区为研究对象,样本时间为 1995—2007 年。能源(e)和二氧化碳(c)数据直接来源于美国能源信息署 2009 年公布的统计资料;资本存量(k)利用佩恩世界表(PWT6.3)中的相关数据由永续盘存法估算获得;劳动力(l)和 GDP(y)数据也由 PWT6.3 收集而来。为消除价格波动带来的影响,资本存量和 GDP 数据均是经过购买力平价法调整后的数据,用美元表示,且以 2005 年为固定价格进行折算。

不同国家和地区生产技术异质性的来源可能有多种,这给全部决策单元进行组别的划分带来了困难。但一个最易接受和理解的想法是地理上接近的地方其生产技术相对接近,是"天然准则",地理位置相距较大的地区由于不易带来技术扩散而往往会导致较大的生产技术异质性。[18] 因此,本文把 58 个国家和地区根据其地理位置划分为亚洲、美洲和欧洲三个组别,非洲由于二氧化碳排放量相对较少且数据缺失较多没有包括在内。同时,把美国和加拿大划入欧洲组,把澳大利亚和新西兰划入亚洲组。[19]

2. 结果与讨论

控制二氧化碳排放与实现经济发展是大多数国家和地区共同的目标,对其赋予相同的权重,即 $\omega_c = \omega_y = 0.5$。根据式(1)和式(2)可计算各国家或地区分别以组别前沿生产技术和共同前沿生产技术为参照时的二氧化碳排放绩效 GCP 与 MCP，根据式(3)可计算技术差距比 TGR，根据式(4)和式(5)可分别计算由技术差距及管理无效导致的两类绩效损失 TGI 与 GMI。上述数值在样本期间的均值整理在表1中。

从二氧化碳排放的绩效表现来看，有8个国家和地区(编号为2、4、16、17、27、29、34、48)不论是以共同前沿还是以组别前沿作为比较基准，MCP 和 GCP 的均值都为1，始终是位于生产前沿面上的。这些国家和地区既是所在组别二氧化碳排放绩效的领先者，同时也是全球二氧化碳排放的最佳区域。由于共同前沿是基于所有样本的生产技术形成的，包含了最佳的资源利用和产出信息，以此为基准获得的绩效水平可以提供各国各地区潜在的最大改善空间。若仅以组别前沿为比较基准，处于前沿面上的国家和地区增加为13个(GCP 的均值为1)，且所有国家和地区的二氧化碳绩效表现都高于或等于共同前沿条件下的情况。这也说明了不同国家、地区和组别之间生产技术异质性的存在。组别前沿是由生产技术相当的样本所确定，因此其绩效水平可以提供各国各地区在现有技术水准上的改善潜力。由技术差距比 TGR 考察在共同前沿和组别前沿两种生产技术条件下的绩效差异，绝大部分国家和地区平均的 TGR 都在0.8以上，罗马尼亚(编号为31)的 TGR 值不足0.4，是最小的。

表1　二氧化碳排放绩效表现、技术差距及绩效损失分解

序号	MCP	GCP	TGR	TGI	GMI	MTI
1	0.663	0.724	0.924	0.061	0.276	0.337
2	1.000	1.000	1.000	0.000	0.000	0.000
3	0.499	0.589	0.847	0.090	0.411	0.501
4	1.000	1.000	1.000	0.000	0.000	0.000
5	0.716	0.775	0.922	0.059	0.225	0.284
6	0.713	0.857	0.835	0.144	0.143	0.287
7	0.519	0.642	0.810	0.123	0.358	0.481
8	0.730	0.777	0.941	0.047	0.223	0.270
9	0.761	0.908	0.840	0.148	0.092	0.239
10	0.619	0.697	0.890	0.078	0.303	0.381
11	0.780	0.932	0.837	0.153	0.068	0.220
12	0.721	0.813	0.890	0.091	0.187	0.279

序号	MCP	GCP	TGR	TGI	GMI	MTI
13	0.979	1.000	0.979	0.021	0.000	0.021
14	0.815	0.971	0.839	0.155	0.029	0.185
15	0.598	0.872	0.714	0.275	0.128	0.402
16	1.000	1.000	1.000	0.000	0.000	0.000
17	1.000	1.000	1.000	0.000	0.000	0.000
18	0.497	0.740	0.673	0.242	0.260	0.503
19	0.912	0.949	0.963	0.037	0.051	0.088
20	0.727	0.741	0.982	0.014	0.259	0.273
21	0.794	0.850	0.933	0.056	0.150	0.206
22	0.730	0.757	0.963	0.027	0.243	0.270
23	0.963	0.988	0.975	0.025	0.012	0.037
24	0.728	0.774	0.940	0.046	0.226	0.272
25	0.917	0.994	0.922	0.077	0.006	0.083
26	0.893	0.946	0.947	0.053	0.054	0.107
27	1.000	1.000	1.000	0.000	0.000	0.000
28	0.714	0.743	0.963	0.029	0.257	0.286
29	1.000	1.000	1.000	0.000	0.000	0.000
30	0.761	0.880	0.871	0.119	0.120	0.239
31	0.231	0.517	0.397	0.286	0.483	0.769
32	0.824	0.870	0.951	0.046	0.130	0.176
33	0.951	1.000	0.951	0.049	0.000	0.049
34	1.000	1.000	1.000	0.000	0.000	0.000
35	0.593	0.949	0.629	0.356	0.051	0.407
36	0.894	1.000	0.894	0.106	0.000	0.106
37	0.682	0.713	0.958	0.031	0.287	0.318
38	0.823	0.877	0.945	0.054	0.123	0.177
39	0.819	0.852	0.962	0.033	0.148	0.181
40	0.931	1.000	0.931	0.069	0.000	0.069
41	0.896	0.910	0.985	0.014	0.090	0.104
42	0.967	0.975	0.992	0.008	0.025	0.033
43	0.945	0.965	0.978	0.020	0.035	0.055
44	0.977	0.977	1.000	0.000	0.023	0.023
45	0.808	0.812	0.995	0.004	0.188	0.192

序号	MCP	GCP	TGR	TGI	GMI	MTI
46	0.625	0.637	0.981	0.012	0.363	0.375
47	0.929	0.990	0.939	0.061	0.010	0.071
48	1.000	1.000	1.000	0.000	0.000	0.000
49	0.430	0.466	0.925	0.036	0.534	0.570
50	0.676	0.704	0.960	0.028	0.296	0.324
51	0.357	0.423	0.843	0.066	0.577	0.643
52	0.495	0.496	0.997	0.001	0.504	0.505
53	0.994	0.998	0.996	0.004	0.002	0.006
54	0.818	0.845	0.969	0.027	0.155	0.182
55	0.991	1.000	0.991	0.009	0.000	0.009
56	0.401	0.436	0.961	0.035	0.564	0.599
57	0.993	0.993	1.000	0.000	0.007	0.007
58	0.587	0.608	0.967	0.021	0.392	0.413

注：编号1—18、19—38和39—58分别是属于亚洲、欧洲和美洲的三个国家和地区。

尽管有部分国家和地区在两种生产技术条件下因处于生产前沿上而不存在二氧化碳排放的绩效损失，但对大部分国家和地区而言，其绩效损失还是明显的。比如中国（编号为3）在共同前沿时的二氧化碳排放绩效 MCP 为0.499，则其总的绩效损失 MTI 为0.501，其中由技术差距造成的损失 TGI 和管理无效造成的损失 GMI 分别为0.090与0.411。GMI 大于 TGI 说明中国二氧化碳排放的绩效损失主要是由管理方面的不足造成的，反之则说明是相对次要的因素，如马来西亚（编号为11）。在所有样本中，35个国家和地区二氧化碳排放的绩效损失与中国类似，主要是由管理因素造成的，技术差距是15个国家和地区二氧化碳排放绩效损失的主要来源。其余8个国家和地区由于 MCP 为1，TGI 和 GMI 都为0。

图1给出了三大洲在共同前沿下二氧化碳排放绩效的四分位数及均值的排列状态（实体中的虚线和实线分别表示中位数和均值）。显然，欧洲二氧化碳排放绩效的平均水平是最好的（0.807），这也体现在远高于美洲与亚洲的25%分位数上，欧洲各国的绩效水平也较为集中；美洲总体的平均绩效排在第二（0.781），亚洲第三（0.756）。同时，区别于亚洲和欧洲二氧化碳排放绩效中位数与平均值较为接近的特点，美洲的均值远小于中位数，说明其绩效分布具有明显的左偏特征。

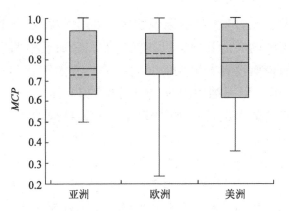

图1 亚洲、欧洲和美洲二氧化碳排放绩效的四分位数

图2给出了亚洲、欧洲和美洲二氧化碳排放技术差距比 TGR 随时间的变动趋势,容易发现三大洲有着各自的特征。其中,亚洲总体的 TGR 值是偏小的,并大致经历了先下降后上升的两个阶段。这说明亚洲与潜在最佳的生产技术相比处于落后的地位,但近年来的 TGR 值有逐年提高的态势,正缩小与二氧化碳排放相关的生产技术差距。欧洲的 TGR 值在经历了 1995—2002 年的持续上升后趋于稳定,并已处在领先的位置,与其在共同前沿下最高的二氧化碳排放绩效是一致的。欧洲在涉及资源利用、二氧化碳排放和经济发展等相关的技术条件方面已有了显著的进步和提高,总体上是全球二氧化碳排放高绩效的代表。

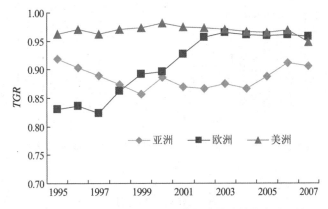

图2 亚洲、欧洲和美洲二氧化碳排放绩效的技术差距比

美洲的 TGR 变动较为特殊,美洲总体的二氧化碳排放绩效并不是最好的,其技术差距比在除 2007 年外的其他年份却是最高的,且基本

没有发生大的变动,但这并不能说明美洲的生产技术是最好的。一方面的原因是美洲的大部分国家以共同前沿和区域前沿两类生产技术为评价基准时的绩效没有发生大的变化。另一方面则是美洲大部分国家的工业化、城镇化历程刚刚起步,所处阶段相对滞后,二氧化碳排放远小于亚洲和欧洲的发达国家及中国、印度等人口众多的发展中国家,造成一些国家(如编号40、42、54)在两种前沿下都显出二氧化碳排放的高绩效,在一定程度上拉高了美洲平均的 TGR 值。从二氧化碳排放的绩效损失来看(图3),亚洲、欧洲和美洲与总体的情况基本是类似的。导致二氧化碳过多排放及 GDP 产出相对不足的主要来源是管理的无效,而技术差距导致的损失较小。

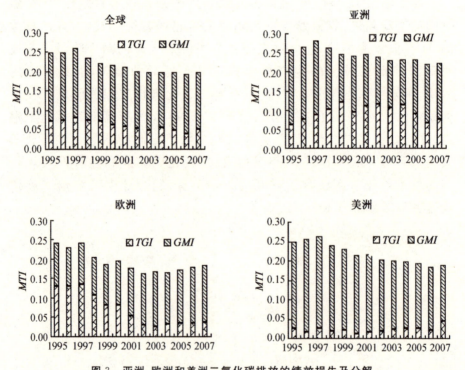

图3 亚洲、欧洲和美洲二氧化碳排放的绩效损失及分解

四、结论与启示

本文的主要结论包括:首先,以不同的生产技术为参照会导致二氧化碳绩效和损失评估的差异。共同前沿隐含了最佳的生产技术,以此为基准的二氧化碳排放绩效低于以组别前沿为参考对象时的情况,可

反映被评价国家或地区最大的绩效改善潜力。其次,不同国家或地区的二氧化碳排放绩效呈现出较强的差异性且生产技术的变动各有特点。欧洲的二氧化碳排放绩效相对最高,美洲的绩效水平低于欧洲但高于亚洲。同时,亚洲、欧洲和美洲的技术差距比分别呈现先下降后上升、上升后趋于稳定以及始终维持高位的不同走势。第三,管理无效和技术差距是导致二氧化碳排放绩效损失的两大来源。在整体上,亚洲、欧洲和美洲都表现为管理无效导致的绩效损失大于技术差距导致的绩效损失,但各个国家和地区的情况有所差别。

本文的政策启示在于:第一,在全球碳减排谈判及责任分解时,要充分考虑各国各地区生产技术的异质性问题,除使用二氧化碳强度这一单要素指标外,还可把全要素二氧化碳绩效指标作为辅助。第二,二氧化碳排放绩效及减排潜力的差异性要求特别注重并坚持国与国之间、地区与地区之间"共同但有区别"的责任原则。相应的节能减排政策既要符合全球范围内的共同目标,又要着眼于不同国家和地区发展的实际情况。第三,整体上应从缩小技术差距和提高管理水平两个方面提升二氧化碳排放绩效。特别的,要摒弃碳减排主要与技术有关而与管理无关的思想,充分发挥并挖掘管理因素在碳减排方面的作用和潜力。第四,为实现生产技术的共同进步,应该积极推进主要二氧化碳排放国之间的交流与合作,以保证先进技术、管理经验能够得到有效扩散。

参 考 文 献

[1] Wang C, Chen J, Zou J. Decomposition of energy-related CO_2 emission in China: 1957—2000[J]. Energy, 2005, 30(1): 73-83.

[2] Fan Y, Liu L C, Wu G, Tsai H T, Wei Y M. Changes in carbon intensity in China: empirical findings from 1980—2003 [J]. Ecological Economics, 2007, 62 (3): 683-691.

[3] 何建坤,苏明山. 应对全球气候变化下的碳生产率分析[J]. 中国软科学, 2009 (10): 32-37.

[4] Jobert T, Karanfil F, Tykhonenko A. Convergence of per capita carbon dioxide emissions in the EU: legend or reality? [J]. Energy Economics, 2010, 32(6): 1364-1373.

[5] 王文举,向其凤. 国际贸易中的隐含碳排放核算及责任分配[J]. 中国工业经济, 2011(10): 56-64.

[6] Ramanathan R. Combining indicators of energy consumption and CO_2 emissions: a cross-country comparison [J]. International Journal of Global Energy Issues, 2002, 17(3): 214—227.

[7] 史丹. 中国能源效率的地区差异与节能潜力分析[J]. 中国工业经济, 2006(10): 49—58.

[8][11][13] Zhou P, Ang B W, Han J Y. Total factor carbon emission performance: a malmquist index analysis [J]. Energy Economics, 2010, 32(1): 194—201.

[9] 刘明磊, 朱雷, 范英. 我国省级碳排放绩效评价及边际减排成本估计:基于非参数距离函数方法[J]. 中国软科学, 2011(3): 106—114.

[10][14][15] 王群伟, 周德群, 周鹏. 区域二氧化碳排放绩效及减排潜力研究——以我国主要工业省区为例[J]. 科学学研究, 2011, 29(6): 868—875.

[12][16][18][19] Oh D H. A metafrontier approach for measuring an environmentally sensitive productivity growth index [J]. Energy Economics, 2010, 32(1): 146—157.

[17] Chiu C R, Liou J L, Wu P I, Fang C L. Decomposition of the environmental inefficiency of the meta-frontier with undesirable output [J]. Energy Economics, 2012, 34(5):1392—1399.

（作者单位:苏州大学商学院）

金融创新与创新型企业金融支持研究*
——基于常州市的调查数据

牟伟明　曹金飞　刘雪妮

摘　要　本文首先在界定创新型企业概念及特征的基础上,剖析金融体系支撑技术创新的机理,并且对常州市创新型企业的情况作了简要分析,在对常州市创新型企业的融资需求和供给的比较分析基础上,揭示出目前常州市创新型企业在融资方面的困难所在:普遍缺乏长期大额资金。文章最后提出通过金融创新,构建"大力发展直接融资,稳固间接融资,积极推进创新融资工具应用"的多元化创新型企业融资体系的金融支持路径和政策措施,为常州市创新型企业的发展和常州经济的转型升级注入新的动力和活力。

关键词　创新型　金融支持　直接融资　间接融资

面对复杂多变的国内外环境和国内改革发展任务,党中央、国务院明确提出实施创新驱动发展战略。在国家"十二五"规划中提出了"创新驱动,实施科教兴国战略和人才强国战略"。2014年8月18日召开的中央财经领导小组第七次会议上,习近平总书记发表重要讲话,进一步阐明实施创新驱动发展战略的重要意义,并且做出重要部署。

为进一步实施创新驱动发展,常州市以创新型科技园区建设为抓手,提出"一核两区三园多基地"的发展模式。重点打造一批"特色园区",形成各具特色的主导产业,提升园区核心竞争力。与此同时,为了深入贯彻省委、省政府《关于加快推进金融改革创新的意见》(苏发〔2014〕17号),充分发挥金融服务实体经济、促进经济转型升级的重要作用,市委市政府分别出台了《市政府关于切实加强金融支持实体经济发展的意见》(常政发〔2014〕95号)、《关于加快推进金融改革创新发展的实施意见》(常发〔2014〕25号),还制定了推进产城融合、十大产业链建设、传统优势产业转型升级"双百"行动计划和创新型企业"十百千"

---

* 本文为常州市2014年社会科学重点攻关课题(项目编号:CZSKY2014-09)的最终成果、常州工学院社会科学基金资助项目(项目编号:YN1229)的阶段性成果。

计划,加速推进工业经济转型升级,不断促进产业结构优化提升,加快区域创新布局。

一、创新型企业的内涵和特征

1. 创新型企业的内涵

本文认为创新型企业是指拥有自主知识产权的核心技术,知名品牌,具有良好的创新管理和文化,整体技术水平在同行业居于先进地位,在市场竞争中具有优势和持续发展能力的企业。

2. 创新型企业的特征和界定

本文认为创新型企业主要包括以下特征:① 持续创新性;② 系统性;③ 内生性;④ 高风险性;⑤ 高收益性。创新型企业主要分布在高科技企业、消费品行业以及知识密集型服务业。创新型企业是一个国家最有活力的企业,是创新型国家建设的主力军和重要基础,应该成为政府重点扶持的对象。

二、金融支持体系促进技术创新的机理作用

按照金融的功能观点认为,金融体系具有筹资功能、资源配置功能、项目筛选功能和风险管理功能等,其在推动技术创新、降低交易成本等方面具有重要作用。

1. 金融体系的筹融资功能

金融体系的基本功能,就是为具有良好经济前景的项目筹融资,为技术创新的各个阶段的顺利进行提供资金支持。

2. 金融体系的资源配置功能

金融具有分配社会资源的功能。资源的配置首先表现为资金的配置,资金的配置是通过金融市场完成的。金融资源动员和配置的效率,决定着一国技术创新的发展路径、质量和效果。

3. 金融体系的风险管理功能

技术创新是一项既能带来高收益又具有高风险的活动。在技术创新过程中,创新主体往往难以独自承担全部风险。而金融系统的一个重要作用就是减少、分散和转移风险。

4. 金融体系的项目选择功能

技术创新过程实质是一个包括技术创新方向的筛选确定、创业

合作伙伴的选择、战略联盟对象的确定、融资方式选择、技术创新调整等不断筛选择优的过程,而由于不同的金融制度安排导致软预算约束和硬预算约束的结果。金融体系的重要功能之一,就是项目筛选与监控。

三、常州市创新型企业发展情况

常州市创新型企业发展至今已初具规模,截至 2014 年 5 月,常州市有创新型企业 830 家,是常州市经济发展的主要支柱之一。高新技术企业是创新型企业的典型代表。据省科技厅、省统计局联合发布的高新技术产业统计公报显示,2013 年,国家创新型科技园区"一核八园"企业营业总收入 1291.6 亿元,净利润 76.2 亿元,科技活动经费总投入 74.0 亿元。新建公共技术服务平台 3 家;新增市级以上企业研发机构 198 家,其中省级以上 70 家。新增市级孵化器、加速器 13 家,新增省级孵化器 2 家、国家级孵化器 2 家,新增孵化、加速面积超 100 万平方米,培育科技企业近 4900 家。高新技术产业产值总量列全省第 5 位,并呈现出效益增长快于产销增长的良好发展态势。

另一方面,在创新型企业快速发展过程中,也反映出资金面紧张的问题,笔者通过实地调查、问卷调查和访谈等多种途径对常州市创新型企业作了一次详细的调查研究。

四、常州市创新型企业融资需求和供给分析

1. 常州市创新型企业融资需求分析

本次调查以问卷和访谈等方式开展,其中问卷调查通过现场发放、电子邮件和邮寄等途径进行。调查对象主要是以新能源、新材料、生物医药、智能装备业等产业为主的创新型中小企业。调查共发放问卷 150 份,收回 123 份,其中有效问卷 117 份,有效问卷回收率 78%。根据调查数据统计结果显示:常州创新型企业的融资需求有以下特点:

(1) 资本来源单一,以创立人及职工集资为主。从回收的调查问卷来看,所调查企业资金来源非常单一,90% 以上的企业是依靠创立人和职工集资创建,企业资本来源单一,民营、私企的特色显著。

(2) 运营资金筹资渠道相对狭窄,外部融资以银行贷款为主。相应地,融资渠道也呈现出较为狭窄的状况,根据调查数据统计结果显

示,企业日常营运资金的筹集,50.8%是来源于自有资金,40.3%是依靠银行贷款,还有少量来自于民间借贷及风险投资等。

(3) 银行融资方面,除银行贷款外,贸易融资、票据贴现等方式运用较少。问卷调查结果显示,约43.6%的企业通过银行融资时,只运用银行贷款方式融资。样本公司中运用过票据贴现的仅为39.3%,运用过委托贷款方式的为31.6%,而运用过贸易融资、应收账款融资等动产融资的企业就更少。

(4) 融资时缺乏担保和抵押以及政府政策优惠力度不够是影响企业融资的主要障碍因素。从本次调查的结果来看,仅34.2%的企业认为自身融资担保能力较强,约58.8%的企业认为自身融资担保能力一般或差,而问及企业融资存在的主要问题时,64.1%的企业选择了融资时缺乏担保和抵押,47.9%的企业认为政策优惠力度不够是融资中存在的主要问题。

(5) 企业普遍存在融资需求,并且相对于短期小额资金,更多企业渴望取得长期大额资金支持,初创企业或准备进一步扩大规模的企业中资金不足现象较严重。从回收的调查问卷来看,样本公司中只有4.3%的企业没有融资需求,其余95.7%的创新型企业都需要资金支持,并且一年以内的短期资金有19.7%的企业有需要,69.2%的企业期望一年以上的长期资金。对资金需求量进行调查发现,3000万以上资金需求的企业最多,占25.9%,资金需求在1000万以上的企业合计占样本公司的47.9%,而资金需求量在100万以下的企业仅有5.1%。

(6) 企业融资更多用于扩大生产能力、拓展市场,较少用于临时性生产周转。问卷调查统计结果显示:40.4%的创新型企业近期融资主要是用于扩大生产能力,23.3%的企业融资是用于扩展市场,之后依次是满足日常周转、购买固定资产、人力资本投资等,反映出创新型企业多数对未来看好,希望有更大规模的发展。

(7) 上市融资比例偏小,但有进一步发展的趋势。对创新型企业上市融资情况进行调查显示,已上市的企业仅占2.6%,准备改制的企业占8.5%,正在改制的企业占3.4%,拟作国内上市的企业占25.6%,可以看出这一群体占比超半数。总体可以看出,当前常州市创新型企业上市融资的比重偏低。

(8) 在地方政府众多的服务帮助中,税收优惠、资金扶持及融资帮助是企业最看重的。从企业希望得到政府的服务帮助来看,调查中样本公司有 57.3% 认为税收方面支持最重要，56.4% 的企业认为资金扶持方面很重要，融资方面的帮助被排在第三位，有 50.4% 企业认为政府给予融资方面的帮助比较重要。

综合以上对企业融资需求方面的分析，可以看出：目前常州市创新型企业的资金来源单一，企业融资渠道狭窄，企业融资担保能力不强；多数企业短期日常周转资金不存在问题，而对于期限较长、额度较大的大额资金，不少的企业却表现出强烈的需求愿望。在考察影响企业融资因素时发现，企业自身条件限制、金融机构支持不够以及政府扶持力度不够是当前制约常州市创新型企业融资的最主要因素。

2. 常州市创新型企业融资供给分析

（1）银行信贷供给。课题组对常州市包括国有商业银行、股份制银行、地方商业银行、政策性银行等 19 家银行进行问卷调查和走访调查，了解到有关金融机构对创新型企业融资供给的情况存在以下特点：① 企业盈利能力是银行向企业放贷首要考虑因素；② 银行对创新型企业放贷时普遍要求有抵押物；③ 依法可转让的股份、股票是银行对企业放贷时要求最多的质押物；④ 银行对创新型企业的贷款期限主要为 1 年内的短期贷款；⑤ 银行对企业贷款审批时长不一。

（2）担保公司金融服务。担保业是为解决中小企业融资难和降低银行风险而出现的，虽然担保并不直接提供资金支持，但是担保业在降低银行借贷风险，化解银行与中小企业之间信息不对称时起着重要的信用桥梁作用。

截至 2013 年底，常州市有从事担保业务的企业 25 家。受访的担保公司，户均注册资本 11923 万元，注册资本规模总体较高。但在考察目前担保行业存在的突出问题时，96% 的担保企业认为主营业务收益过低是突出问题，56% 的企业认为银行认可度低也是制约担保业发展的障碍。

（3）风险投资、创业投资。截至 2014 年 5 月，常州市累计共有创业投资和股权投资机构 72 家，资本规模达到了 116 亿元。课题组在调研走访中发现，创业投资机构对创新性企业的支持力度较少。被调查 117 家企业中仅 13 家曾获得过专业投资机构的资金支持，其余的企业都无缘与创业投资机构合作。

3. 基于供需比较的常州市创新型企业融资问题分析

通过上述资金需求和供给的角度对常州市创新型企业融资问题进

行的基本调查分析,我们可以归纳出创新型企业融资需求与供给失衡的几方面因素:① 企业自身条件限制;② 政府扶持资金门槛过高,中小企业难以受惠;③ 金融机构支持有限。

五、常州创新型企业金融支持的路径选择和政策建议

创新型企业融资是一个系统问题,并不是仅仅依靠政府部门就能够完全解决的,需要多管齐下。要建立"大力发展直接融资,稳固间接融资,积极推进创新融资工具应用"的多元化融资体系,这就需要常州市政府部门充分发挥政府在创新型企业融资中的导向作用,加强领导,组织协调,集中力量把支持常州创新型企业发展当作一个战略任务来抓。

(1) 大力支持鼓励常州创新型企业在"创业板","新三板",Q板、E板等全国或区域性股权交易市场上市或挂牌交易,以及到境外上市,充分利用境内、境外两个市场及场内、场外两类交易市场。

(2) 继续探索发行各种企业债券,创建常州金融资产交易中心,并积极探索创新型企业债务资产证券化(ABS)。

(3) 进一步推进产业引导基金建设,大力支持风投、创投资金对创新型企业的投入,积极促进股权投资发展。

(4) 改善企业信用环境,进一步完善以"政府主导,社会参与,市场运作,规范管理"为指导思想的"一体两翼三层"的担保体系建设:"一体"指试点模式的主体,可概括为"多元化资金、市场化操作、企业化管理、绩优者扶持";"两翼"指国内现有的专业担保和企业互助担保;"三层"指担保体系中市政府主导或控股的政策性担保公司,各辖市区(县)参股并吸收民间资本的民营担保公司,商业性担保公司。

(5) 组建金融控股集团、科技银行和科技小额贷款公司。

(6) 提高商业银行的金融服务水平和效率,推进创新融资工具在企业的运用。

(7) 创立和搭建多种公共服务平台。包括企业征信系统、政务信息服务平台、科技金融服务公司、公共技术平台、技术成果转化中心、创新型科技企业上市培育工程以及会计、法律、资产评估等中介服务平台等多方面综合性服务平台。

参 考 文 献

[1] 周松兰.国外创新型中小企业界定理论综述[J].工业技术经济,2012(3):42-45.
[2] 郑立文.中小企业技术创新金融支持体系中外比较研究[J].科学管理研究,2012(5):98-101.
[3] 杨大蓉.中小企业自主创新的金融支持策略研究[J].浙江金融,2013(5):30-31.
[4] 唐文娟.创新型企业的金融服务支持研究[J].中小企业管理与科技,2012(30):23-24.
[5] 吴翌琳,谷彬.金融支持创新影响机制的三阶段递推CDM模型研究[J].财经问题,2012(12):45-51.
[6] 何江,张馨之.中国区域经济增长及其收敛性:空间面板数据分析[J].南方经济,2013(05):44-52.

(作者单位:常州工学院经济与管理学院)

江苏上市公司资本结构对公司绩效影响的实证研究:2001—2012*

史修松

摘 要 本文以江苏省2001—2012年上市公司为例研究公司资本结构对公司绩效的影响,对样本进行整体回归、分行业回归和分地区回归,结果分析表明公司资产负债率与净资产收益率是负相关,即资产负债率与公司绩效呈现负相关。而随着行业和地区的不同,国有股持股比例和长期负债率与净资产收益率的关系强弱也会发生变化,但是总体上国有股持股比例和长期负债率与净资产收益率是呈现弱负相关。

关键词 江苏省 上市公司 资本结构 公司绩效

一、引 言

公司资本结构对公司绩效具有重要影响已经被国内外学者研究所证实,如何影响以及有什么样的影响,不同学者的研究结果存在一定的差异。传统净经营收益理论从公司净收益角度研究认为资本结构对公司的绩效几乎没有什么影响;传统折中理论通过资本结构变化对公司绩效影响研究认为存在一个最优资本结构,这个最优结构可以使公司的价值达到最大化。现代资本结构的理论研究阶段是以MM定理为中心,是建立在传统的资本结构理论的基础之上。迪格里亚尼和米勒提出了MM理论认为公司的负债越多则价值越大(Jordan, J. Lowe, Taylor, 1998)。在新资本结构的理论研究阶段形成了以信号传递理论和委托代理理论两大思想。代理成本的高低与公司选择的不同融资方式有关,最优化的资本结构可以使公司的代理成本最小化(Schiantarelli, Srivastava,1996)。中国改革开放以来,市场经济体系逐步完善,企业的资本结构得到了优化。众多学者进行了研究,容宇恩(2014)认为零售企业付息债务资产比是更为优良的指标,与绩效负相关,第一大股

---

* 本文为中国制造业发展研究院开放课题(项目编号:SK20130090—9)、江苏省"青蓝工程"项目的阶段性成果。

东持股比例与公司绩效正相关;冯跃,盛斌(2013)对 2008—2010 年间纺织、机械、信息行业上市公司进行研究认为负债率与公司绩效都呈显著的倒 U 型关系。江苏是经济发达地区之一且市场发展较为完善,本文以江苏省 58 家上市公司存在资本结构为例,以 2001—2012 年的企业数据为样本对资本结构对企业绩效的影响进行实证研究。

二、模型与变量

1. 变量选择

公司绩效变量。对于用来衡量公司的绩效指标目前没有统一的体系,可以分为单一指标与多指标,单一指标主要用净资产收益率或者托宾 Q 值表示,多指标主要包括四大类:有从公司的盈利能力状况、资产营运状况、偿债能力状况和发展能力状况来进行分析。盈利能力状况可以用净资产收益率、总资产收益率、销售毛利率、每股收益等来表示;资产营运状况可以用总资产周转率、流动资产周转率、存货周转率、应收账款周转率来表示;偿债能力状况可以用资产负债率、权益乘数、流动比率、已获利息倍数等来表示;持续发展能力可以用销售增长率、总资产增长率来衡量。本文结合江苏省上市公司实际情况,选择净资产收益率作为公司经营绩效的评价指标变量。

资本结构变量。通过对国内外理论和实证研究结果的查阅发现,处于不同地区和不同发展时期的企业,其资本结构会有不同的变化和特点。结合前人研究成果及江苏省上市公司自身特征,本文从总资本结构、负债结构和股权结构三个方面分别选择了资产负债率、国有股持股比例、长期负债率作为表示资本结构的变量。公司的负债比例的影响是双向的,这一结论都已经有学者的验证,因为较高的负债比例会给经理层带来一种潜在的压力,一定程度上限制经理层对个人利益的追求,从而影响公司的经营绩效。国有股比例较高时会导致公司的所有者缺位,难以形成有效的国有资产保护机制和完善的公司治理结构,这就不利于公司管理层和员工能动性的发挥,从而对企业的绩效产生负面的影响。短期负债具有流动性强、优先偿付的特点,而长期借款偿还期限较长,因此,短期负债比长期负债在约束管理者滥用自由现金流量、促使管理者努力工作方面的治理作用要强,所以过高的长期负债率可能会对公司绩效产生负面影响。

2. 模型建立

本部分研究的根本目的在于检验江苏省上市公司资本结构对公司绩效的影响,在前文假设建立及变量选择的基础上,构建公司绩效变量和资本结构变量之间的计量回归模型如下:

$$ROE_{it} = \alpha + \beta_1 DAR_{it} + \beta_2 SOS_{it} + \beta_3 LDAR_{it} + \varepsilon$$

其中:ROE 表示净资产收益率,i 表示不同的上市公司,t 表示不同的年份,DAR 表示资产负债率,SOS 表示国有股持股比例,$LDAR$ 表示长期负债率;β_1、β_2、β_3 表示自变量系数,ε 表示残差量。

三、样本与数据

本文以 2001 年在沪深交易所 A 股上市的江苏省上市公司作为研究对象,数据来源于公司年报,从样本公司财务报表中提取 2001—2012 年的 12 年间相关的财务数据。为了保证样本数据的科学性以及准确性,本文依据以下标准对江苏省截至 2012 年末仍在沪深交易所公开上市的公司进行筛选,确保符合标准的公司构成样本:

第一,剔除出现 ST、PT 或出现异常值的上市公司。如果将这些被 ST、PT 的公司和异常的公司选入研究样本,会很大程度上影响结论的准确性、可靠性和一致性。

第二,因为需要获得江苏省上市公司连续 12 年的财务数据,因此剔除 2001 年 12 月 31 日后上市的公司,同时也剔除 2001 年之前上市但出现倒闭、重组、并购而导致数据缺失的公司。截至 2012 年年底江苏省的 191 家上市公司中,其中 2001 年年前上市未出现数据缺失的共有 58 家上市公司。

根据以上条件最终选定 58 家符合要求的样本公司,本文研究数据除来源于 58 家样本公司 2001—2012 年各年的财务报表外,还来源于中国国家统计局、新浪财经、凤凰财经等披露上市公司相关资料数据的网站。数据的含义与计算处理如表 1。

表 1 各个变量的计算方法

变量符号	变量名称	计算方法
ROE	净资产收益率	净利润÷平均净资产
DAR	资产负债率	负债总额÷资产总额
SOS	国有股持股比例	国有股÷公司持有股票数量
LDAR	长期负债率	长期负债÷资产总额

四、计量回归结果与分析

1. 公司的区域与行业分布

样本显示江苏省上市公司分布具有显著的区域特征和行业特征。区域分布上大部分上市公司分布在南京、无锡和苏州等经济较发达地区,其中将近半数集中在南京,其次分布在南通、扬州等城市。南京市上市公司的数量占到全江苏省的近一半(如表2),而南京市的财政税收就占到江苏省全省的27%左右。从分布行业看,江苏省上市公司分为5种行业,其中制造业所属的公司最多(表2),约占江苏省上市公司的68.97%,表中显示零售业、房地产业、交通运输业所占比重比较均衡,这表明江苏省上市公司中服务型的行业所占比重不是很大。本文分别从整体、行业和区域角度进行计量分析,结果如下:

表 2 江苏省上市公司行业与地区分布状况

分布行业		地区分布			
分布行业	公司数量	分布地区	公司数量	分布地区	公司数量
交通运输、仓储和邮政业	5	南京	21	镇江	3
房地产和建筑业	4	无锡	12	徐州	2
零售业	5	苏州	6	盐城	2
租赁与经济服务业	4	南通	4	连云港	2
制造业	40	扬州	3	常州	2
		泰州	1		

2. 整体回归结果

用stata11软件对样本数据进行回归分析的结果如表3。从表3可以看出在模型一中即把资产负债率、国有股持股比例、长期负债率一并考虑对净资产收益率的影响,其中资产负债率的P值小于0.1即通过10%的显著性检验,说明这个变量对净资产收益率是有影响的而且是呈现负相关,即资产负债率每增加1%则净资产收益率会减少0.11的数值。而国有股持股比例没通过10%的显著性检验,所以国有股持股比例与公司绩效关系不强。长期负债率也没有通过10%的显著性检验,说明长期负债率与公司的绩效关系不大。

而在模型二中,即把资产负债率和国有股持股比例组合考虑与净资产收益率的关系。其中资产负债率通过了10%的显著性检验,说明这个变量对净资产收益率是有影响的而且是呈现负相关,即资产负债率每增加 1% 则净资产收益率会减少 0.099 的数值。同时我们可以发现在模型一中增加了一个长期负债率这一变量后资产负债率的变量系数的绝对值变大,这表明增加了长期负债率之后资产负债率对于净资产收益率的影响更加显著。在模型三中,是将资产负债率与长期负债率进行组合与净资产收益率进行分析。其中资产负债率的 P 值小于 0.1 即通过了显著性检验,公司绩效与国有股持股比例和长期负债率比例无论怎么重组,P 值都大于 0.1,未能通过 10% 的显著性检验,说明这个变量对净资产收益率是有影响的而且是呈现负相关,即资产负债率每增加 1% 则净资产收益率就会减少 0.109 的数值。同时我们可以发现模型一中增加了一个国有股持股比例这一变量后资产负债率的变量系数的绝对值变大,这表明增加了国有股持股比例后资产负债率对净资产的影响更加显著。在模型四中,是直接将资产负债率与净资产收益率进行分析,资产负债率的 P 值依然小于 0.1,通过了显著性检验,即资产负债率每增加 1%,则净资产收益率会减少 0.0986 的数值。比较模型一中增加了国有持股比例、长期负债率这两个变量后,资产负债率的变量系数的绝对数值变大,这表明增加了国有持股比例和长期负债率这两个变量后资产负债率的变量系数的绝对值变大,这表明增加了国有股持股比例和长期负债率两个变量后加强了资产负债率对净资产收益率的影响,强化了资产负债率对净资产收益率的负相关性。

综上所述,对样本进行整体回归分析表明资产负债率与净资产收益率呈现一定程度的负相关,但是国有股持股比例和长期负债率与公司绩效关系未能通过 10% 的显著性检验,表明在全样本中国有股持股比例和长期负债率对净收益率没有很强的关系。

表3 整体回归模型

ROE	模型一	模型二	模型三	模型四
DAR	−0.110*	−0.0989897*	−0.109*	−0.0986*
	(0.065)	(0.083)	(0.064)	(0.081)
SOS	0.0412	0.0400313		
	(0.608)	(0.604)		
LDAR	0.089		0.068	
	(0.524)		(0.623)	
C(常数)	9.905	9.747302	11.7228	11.445*
	(0.047)	(0.040)	(0.001)	(0.001)

ROE	模型一	模型二	模型三	模型四
R^2-within	0.0098	0.0106	0.0084	0.009
R^2-between	0.0003	0.0036	0.0002	0.0022
R^2-overall	0.0028	0.0008	0.0022	0.0007

注：***、**、*分别表示1%、5%、10%水平上显著。

3. 按行业回归结果

在前文中已经将58家江苏省上市公司分为了五种行业。行业一、二、三、四和五分别表示交通运输、仓储和运输业，零售业，房地产业和建筑业，租赁与经济服务业和制造业。将这五个行业分别导入stata11软件进行研究得出下列结果：

表4 分行业回归模型

ROE	行业一	行业二	行业三	行业四	行业五
DAR	−0.3*	0.0143	−0.123	−0.552*	−0.044
	(0.10)	(0.898)	(0.148)	(0.055)	(0.453)
SOS	−0.460	−0.379	−0.085	0.145	0.069
	(0.181)	(0.163)	(0.45)	(0.594)	(0.355)
LDAR	0.552	−0.203	−0.406	0.044	−0.022
	(0.211)	(0.553)	(0.134)	(0.948)	(0.872)
C(常数)	30.78	20.885	15.2371	30.618	2.951
	(0.007)	(0.148)	(0.01)	(0.157)	(0.518)
R^2-within	0.0671	0.0671	0.0939	0.1429	0.0037
R^2-between	0.0388	0.0388	0.7938	0.3218	0.0089
R^2-overall	0.0037	0.0037	0.1379	0.0868	0.0048

注：***、**、*分别表示1%、5%、10%水平上显著。

从表4中可以看出交通运输、仓储和运输业，以及租赁与经济服务业的资产负债率的P值都是小于0.1的，即都通过了显著性检验，即资产负债率与净资产收益率是呈现负相关，与前文的结论一致。在交通运输、仓储和运输业中资产负债率的系数为−0.3，即资产负债率每增加1%，则净资产收益率就会降低0.3的数值。在租赁与经济服务业中资产负债率的系数为−0.552，即资产负债率每增加1%，则净资产收益率就会降低−0.552的数值，而观察制造业发现它的拟合度只有0.0048，说明制造业的资本结构与公司经营绩效的关系不大，因为制造业的行业资本结构比较稳定,不会出现大的变动,所以资产负债率与净资产收益率关系微弱。而在房地产业和建筑业中,如前文分析凤凰股份的国有股持股比例达到 74.56%,国有股持股比例过大导致了国有股持股比例对于资产负债率产生了影响,从而导致了资产负债率对净资产收益率没有很强的相关性。

4. 按地区回归结果

通过对样本数据进一步观察发现还可以将江苏省 58 家上市公司按所在市分为 11 个组,将 11 组的数据用 stata11 软件进行分析,结果如表 5。

表 5　分地区回归分析模型

ROE	南京	无锡	常州	苏州	镇江	扬州	南通	连云港	徐州
DAR	−0.047 (0.695)	−0.055 (0.359)	−0.897*** (0.009)	−0.066 (0.653)	−0.027 (0.647)	−0.186 (0.570)	−0.589 (0.141)	−0.127*** (0.002)	0.146 (0.186)
SOS	0.143 (0.403)	−0.517 (0.055)	−0.738** (0.020)	0.273 (0.175)	−0.118 (0.39)	−0.059 (0.913)	0.569 (0.179)	−0.178 (0.137)	−0.897*** (0.000)
LDAR	−0.018 (0.925)	−0.417** (0.039)	−2.480*** (0.000)	0.064 (0.825)	0.313 (0.184)	0.589 (0.871)	−0.157 (0.903)	0.425 (0.325)	−0.384 (0.630)
C (常数)	7.058 (0.555)	5.219 (0.202)	23.703 (0.065)	−1.192 (0.915)	9.023 (0.38)	4.483 (0.845)	10.81 (0.739)	25.202*** (0.000)	−32.5*** (0.000)
R^2_within	0.0139	0.0869	0.6177	0.0106	0.0037	0.0517	0.0042	0.2628	0.5818
R^2_between	0.0478	0.0032	1.0000	0.0036	0.0089	1.0000	0.7906	1.0000	1.0000
R^2_overall	0.0034	0.0517	0.6590	0.0008	0.0048	0.1383	0.0888	0.4934	0.6092

表 5 反映了苏南、苏北、苏中地区上市公司的回归分析结果,发现常州市资产负债率的 P 值小于 0.1 通过了显著性检验,国有股持股比例的 P 值小于 0.1 通过了显著性检验,长期负债率的 P 值小于 0.1 通过了显著性检验,及在常州市资产负债率与公司绩效呈负相关,即资产负债率越高反而越不利于公司的经营。国有股持股比例与长期负债率也都与净资产收益率呈现负相关,与前文分析一致,同时还发现在无锡市长期负债率与净资产收益率呈现负相关。在苏南地区,发现资产负债率与净资产收益率是负相关,虽然国有股持股比例和长期负债率与净资产收益率的关系微弱,但是还是可以看到它们之间呈现的负相关。苏中地区上市公司的回归分析结果显示国有股持股比例与净资产收益率呈现负相关,而其他市的相关指标并没有通过显著性检验,苏中地区的行业集中在制造业,而前文行业分析因为制造业的资本结构较稳定,

所以与公司的绩效影响不是很强。苏北地区上市公司的回归分析结果表明资产负债率与净资产收益率呈现负相关,国有股持股比例与净资产收益率呈现负相关,资产负债率和长期负债率与净资产收益率呈现负相关,与前文所做的假设一致。

五、结 论

本文以江苏省2001—2012年上市公司为例研究公司资本结构对公司绩效的影响,对样本进行整体回归、分行业回归和分地区回归,根据结果分析,我们认为资产负债率与净资产收益率是负相关,即资产负债率与公司绩效呈现负相关。而随着行业和地区的不同,国有股持股比例和长期负债率与净资产收益率的关系强弱也会发生变化,但是总体上国有股持股比例和长期负债率与净资产收益率是呈现弱负相关。

通过对江苏省上市公司资本结构对绩效影响的分析发现,江苏省上市公司的股权结构行业间差异较大,国有股持股比例在不同公司、不同行业存在较大的差异。造成这一现象的原因与江苏省的行业和地区分布有关,南京市分布着江苏省将近半数的上市公司,作为省会城市有着丰富的资源,政府比较重视南京地区的发展,国有持股比例自然较高。总体而言,江苏省上市公司的资本结构与经营绩效之间存在较低的相关性,关联性不够显著。所以应该以南京市为中心建设江苏省上市公司的优良金融生态环境,努力构建有利于上市公司培育、发展的政策和制度环境,通过放松管制、引进外资、创新结构等途径优化公司的外部环境,如债券市场和银行信贷市场,来改良江苏省上市公司的资本结构,从而改变现状,为江苏省上市公司外部融资提供便利,通过股票期权等薪酬激励经理层,提高经营者管理水平,加快资金和资产的利用效率来提高公司经营绩效。

参 考 文 献

[1] Jordan J, Lowe J, Taylor P. Strategy and financial policy in UK small firms [J]. Journal of Business Finance and Accounting, 1998(25):1—27.

[2] Schiantarelli, Srivastava. Risk of ruin and the cost of capital[J]. Journal of Finance, 1996(9):356—403.

[3] 容宇恩. 上市零售企业资本结构与公司绩效关系的实证研究[J]湖北经济学院学报(人文社会科学版),2014(4):26—27.

[4] 冯跃,盛斌.资本结构对公司绩效影响的实证研究——以中国上市公司 2008－2010 年数据为例[J].社会科学家,2013(9):67－70.

[5] 肖作平.上市公司资本结构与公司绩效互动关系实证研究[J].管理科学,2005(3):16－22.

[6] 鲁靖文,朱淑芳.上市公司资本结构与公司绩效的实证研究[J].财会通讯,2008,(11):6－8.

(作者单位:淮阴工学院经济管理学院)

生产分割、亲缘选择与技术创新博弈演化研究[*]

李守伟 袁凯

摘 要 基于专业化分工和资源要素禀赋形成的生产分割已成为制造业生产国际化的主要形式。生产分割促使生产环节在全球不同区域内的集聚，形成了产业生态系统中的"产业社区"，产业社区内企业关联紧密，而产业社区间企业关联稀疏。企业技术创新的外部性导致创新收益在产业社区内溢出，使得资源配置偏离帕累托最优，造成技术创新供给的不足。基于汉密尔顿的亲缘选择理论和产业社区结构，本文构建了以适应度函数为目标函数的企业技术创新演化博弈模型，并应用企业个体与产业社区间的相关系数给出了演化稳定策略满足的条件。然后，本文对线性成本以及收益做了理论分析和计算实验，同时也分析了启动成本和固定收益的影响。

关键词 生产分割 技术创新 演化博弈 亲缘选择 计算实验

一、引 言

在过去几十年里，生产分割（Fragmentation of Production）迅速发展，成为越来越普遍的制造业国际化现象。[1]生产分割是指将生产过程分割成不同的环节，而这些环节可能发生在两个或者两个以上的企业或者地区。生产分割包含着两层的含义：从纵向看，生产分割是基于专业化比较优势的产业链分解；从横向看，生产分割是基于资源禀赋的产业空间布局。例如，集成电路（Integrate Circuit，IC）芯片的生产具有典型的生产分割模式，其产业链通常可以分为设计、制造和封测等三个环节，这主要是由于其高技术、高投资、高风险的特征所决定的。随着国际分工的加剧，基于各地的资源禀赋，集成电路产业又在全球多个区域集聚，形成了遍布于世界的多个地区产业集群[2]（如图1所示）。

生产分割意味着一体化生产过程的不同区段在空间上被分割开来，位于不同的企业或地区，按照各区段要素密集度与当地要素禀赋相

---

[*] 本文为国家社会科学基金一般项目（项目编号：11BJL074）、中国制造业发展研究院2013年度开放课题（项目编号：SK20130090-11）的阶段性成果。

适应的原则组织生产。[3]生产分割的发展不但使一定经济区的区域内贸易和中间品贸易迅速扩张,而且带动了技术在企业间的扩散和产业技术创新的发展。[4]

经济外部性(或溢出)给技术创新带来了新的属性——公共物品,也就是说,在一定意义上,可以将技术创新视为一种准公共物品。企业不但从自身的创新受益,而且也会受益于由于溢出而形成的公共技术。那么,在生产分割状态下,企业技术创新困境的根源是什么?在竞争中企业如何决策自己的技术创新产出?本文第二部分从技术创新的外部性上分析了技术创新供给不足的问题。基于汉密尔顿(Hamilton)的社会选择发展理论,第三部分构建了一般技术创新的博弈演化模型;第四部分对线性成本函数和线性收益函数做了进一步的分析和实验分析。

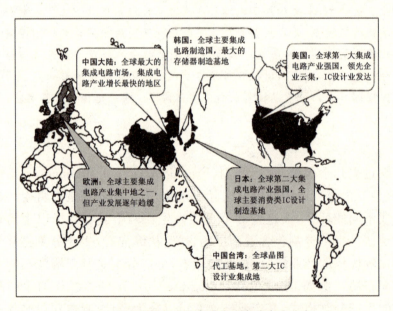

图1 生产分割形成的全球集成电路产业分布

二、产业社区与技术创新困境

生产分割的发展,促进了各个生产环节在不同区域的集聚,形成了产业生态系统中的"社区"(Community)。生产分割促使产业内的各个企业之间建立各种各样的联系,因此这个产业社区不同于一般意义上的产业集群,它是有结构的。产业社区内的企业联系密切、关系紧密,而产业社区间企业的联系相对稀疏,(如图2所示,其中,节点表示企业,连线表示企业之间的生产联系)。因此,技术创新的外部性首先作用于同产业社区内的企业,然后才影响整个产业系统。

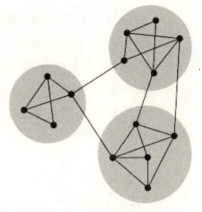

图2 生产分割形成的产业社区示意图

下面分析产业社区内企业技术创新的外部性影响。技术创新的外部性是指同行业内的其他企业可以通过模仿、学习或从创新企业挖取关键研发人员,受益于该企业技术创新,而无须付出高昂创新成本。假设企业的技术创新供给为 Q,那么其技术创新的边际收益 $MR_1(Q)$ 是 Q 的函数,随着 Q 的增加而减少;其边际成本 $MC_1(Q)$ 也是 Q 的函数,随着 Q 的增加而增加。同样,分别记 $MR_2(Q)$ 和 $MC_2(Q)$ 为企业所在产业社区的技术创新边际收益和边际成本。

通常,由于技术创新不存在负外部性,则企业的边际成本等于产业社区的边际成本,即 $MC_1(Q)=MC_2(Q)$;由于技术创新存在正外部性,创新成果会产生溢出效应,所以,产业社区边际收益大于企业边际收益,即 $MR_2(Q)>MR_1(Q)$。令 $\Delta MR(Q)=MR_2(Q)-MR_1(Q)$,那么 $\Delta MR(Q)$ 即为由于溢出效应而致使企业损失的边际收益,也是整个产业社区从企业技术创新中获得的额外收益(如图3所示)。

对于创新企业而言,企业从自身帕累托最优出发,将会以 Q_1^* 供给技术创新,而服从产业社区帕累托最优的技术创新供给却为 Q_2^*,由于 $MR_2(Q)>MR_1(Q)$,所以 $Q_2^*>Q_1^*$。令 $\Delta Q^*=Q_2^*-Q_1^*$,那么,ΔQ^* 就是由于正外部性而导致技术创新供给不足的额度。显然,某项技术创新的正外部性越强,则其溢出效应就越显著,$\Delta MR(Q)$ 也就越大,最终使得 ΔQ^* 越大,技术创新供给不足的问题就越严重(如图3所示)。技术创新的正外部性必然导致产业社区的资源配置偏离于帕累托最优标准,使得市场机制调节失灵,造成了非最优的技术创新供给。

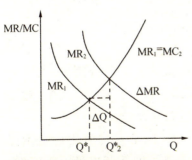

图3 技术创新边际成本、边际收益与技术创新产出的关系

三、技术创新演化博弈模型及其 ESS 条件

一个产业在生产分割的作用下,可能被分成若干个环节或者区域。基于生产分割,若干企业被分割成多个既相互独立又相互联系的产业社区。在产业社区内,面对技术创新的供给决策,企业之间相互博弈,一方面降低技术创新的成本,另一方面提高技术创新的收益(私有收益和溢出收益)。溢出收益的提高又进一步加剧了创新供给的不足(如图 3 所示)。

假设在某个产业社区上,共有 N 个企业,每个企业面对技术创新决策,选择技术创新产出为决策变量,记为 y。企业进行技术创新的成本为 $C(y)$,它是关于创新产出 y 的单调增函数;技术创新带来的收益,也是关于创新产出 y 的单调增函数;由于经济外部性的作用,技术创新带来的收益被分成了两个部分:一个是企业自身私有的直接收益,记为 $b(y)$,它是企业自身创新产出的函数;另一个是创新溢出给群体带来的溢出收益,记为 $b(z)$。这里,z 表示群体内企业技术创新产出的平均值,也可看作是群体的技术创新效率。

从一定程度上说,创新的外部性是一种利他行为。由于生产分割的存在,在生产系统中,企业的技术创新总是先利于产业社区内的相邻企业,然后使整个产业系统获益。因此,生产分割下的某一区域上的企业博弈服从汉密尔顿的亲缘关系选择理论,即关系越近,彼此合作倾向和利他行为也就越强烈;关系越远,则表现越弱。汉密尔顿又提出了广义适应度(Fitness),作为亲缘选择和利他行为的解释。[5] 根据汉密尔顿的广义适应度,我们定义企业的适应度作为企业进行创新决策的目标函数。

企业技术创新的适应度 f(Fitness)是技术创新成本 c(Cost)和收益 b(Benefit)的函数,如下:

$$f(y,z)=\left[\frac{1-c(y)}{1-c(z^*)}\right]\left[\frac{b(y)+b(z)}{2b(z^*)}\right] \quad (1)$$

这里的 z^* 是所有产业社区中 y 的平均值。在生产分割中,所有产业社区覆盖了产业链与产业空间布局的全部。在上述的(1)式中,通过 $1-c(z^*)$ 和 $b(z^*)$ 对企业的创新适应度进行标准化。

在企业技术创新博弈的演化中,我们的目标是寻找演化稳定策略(ESS):$y=z=z^*$,也即是说,当企业在选择技术创新产出量的策略时,没有任何企业可以通过对 ESS 的少量偏离来获得更高的适应度。

企业的技术创新产出 y，应该与本地产业社区的平均创新产出值 z 相关。这种相关性是由技术创新溢出作用的层次性决定的，先影响产业社区内的企业，然后影响整个生产过程的企业。因此，我们基于产业社区的视角展开技术创新演化博弈的分析。

对于给定的企业适应度 f，企业以什么样的创新产出 y 来最大化目标函数——企业适应度。对于企业技术创新产出 y，适应度的导数为：

$$\frac{df}{dy}=\frac{\partial f}{\partial y}+\frac{\partial f}{\partial z}\frac{dz}{dy}=f_y+rf_z \tag{2}$$

上式可以由复合函数的求导法则（或全导数公式）得到。其中 f_z 和 f_y 分别是适应度函数 f 的偏导数，且 $r=\frac{dz}{dy}$。r 是方程 $z=ry+\varepsilon$ 的线性回归系数，也是变量 z 和 y 的相关系数。因此，r 是个体和群体行为相关性的测量。

将适应度表达式(1)代入公式(2)中，并令导数为零，可以得到 ESS 解满足的条件为：

$$\frac{(r+1)}{2}\frac{b'}{b}=\frac{c'}{1-c} \tag{3}$$

这里的 b' 和 c' 分别表示收益函数和成本函数的导数。在等式(3)的条件下，演化稳定策略(ESS)满足 $y=z=z^*$。

由等式(3)可知，演化博弈的稳定策略(ESS)满足社会规则：在权重 $\frac{r+1}{2}$ 下的产业社区边际收益 $\frac{b'}{b}$，必须等于边际成本 $\frac{c'}{1-c}$。权重 $\frac{r+1}{2}$ 中，数字 1 表示企业自身的相关性，来自于技术创新的私有收益；而回归系数 r 则表示企业技术创新产出与产业社区平均产出的相关性，来自于技术创新的溢出收益。

四、线性成本与收益的演化博弈及其计算实验分析

1. 演化博弈及其实验分析

等式(3)给出了生产分割下企业技术创新博弈演化的一般稳定条件。下面对特殊形式的成本函数和效益函数加以分析，即采取线性成本和线性收益。

假设企业技术创新的成本和收益是线性的，即线性成本函数 $c(y)$

$=y$,线性收益函数为 $b(y)=y$、$b(z)=z$,将线性成本和线性收益函数代入公式(1)和公式(2)可以得到演化稳定策略(ESS)解为:

$$y^* = \frac{r+1}{3+r} \qquad (4)$$

为了验证前述分析,本文基于 Matlab 软件设计了实验仿真的程序,采用随机数模拟企业的技术创新产出量,对演化博弈进行计算实验。

假设企业的技术创新产出 y 服从[0~1]上的均匀分布。通过对等式(1)和 ESS 的分析可以发现,由线性成本和线性收益构成的企业适应度应上下波动并逐渐收敛到1。因此,采用适应度与1的距离小于某个给定的小数作为演化终止的条件之一;在每一次的竞争演化中,每个企业的决策量都是[0~1]之间的随机数,有可能造成某个企业的适应度在长时间内无法逼近1,因此,采用最大迭代次数作为另一个演化终止条件。

本文采用单个产业社区的演化加以验证,通过模型分析可知,其实验结果与多个产业社区演化的结果相同。为便于观察,本文选取产业社区中的某一个企业作为观察对象,抽取创新产出 y 序列和适应度 f 序列,同时统计出每一次博弈后的产业社区创新产出的平均值 z,在同一个图中进行对比列示,如图4所示。由于每次决策都是随机数,演化程序每次运行后显示的演化图形也不尽相同,图4也只是选取了便于观察的有代表性的一次观察对象的演化结果。

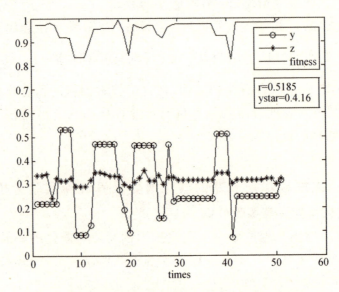

图4 具有线性成本和收益的企业技术创新产出演化

然而,通过多次的对比观察可以发现,每次的演化都会满足下列规律:

(1) 图1中 y 曲线的水平部分意味着企业决策后的适应度更加偏离1,因此其保持程序产出 y 不变;

(2) 适应度曲线的变化不但受到 y 的影响,而且受到 z 的影响(即,其他企业决策的影响);

(3) 与 z 曲线相比,y 曲线的波动程度更大;

(4) 创新产出 y 序列逐渐向产业社区创新产出平均值 z 序列靠近;

(5) 演化终止时,企业创新产出 y 和相关系数近似满足等式(4)。

2. 启动成本与固定收益的影响

企业进行创新,需要投入大量的人力、物力和资本等。有时候,在创新的初始阶段,需要更高的创新成本,当然承担的风险也就会更高。这个初始的高成本,包括了启动成本(Start-up Cost)。对于市场而言,有的学者将其看作是创新进入的障碍,或者门槛。市场进入障碍是一种使市场新进入者的长期成本高于市场现存企业的长期成本的状况;此启动成本意味着,当产业社区的技术创新在非常低的水平(创新初期)时,企业很可能会付出显著的高成本,而从某一创新水平的基础上提高创新的产出,可能不会增加太多费用。另外,从表现形式看,启动成本也可以看作是固定成本,这个固定成本在 y 较小时,相对于 y 的比重较大;而在 y 较大时,相对于 y 的比重较小。

为此,假设具有启动成本的线性成本函数为:当 $y>0$ 时,$c(y)=k+y$;当 $y=0$ 时,$c(y)=0$,这里 k 为企业创新的启动成本。

在创新利益的分配方面,往往更现实是假设一些的生产力没有形成公众利益(即,溢出)。特别地,假设线性收益函数为 $b(y)=s+y$、$b(z)=s+z$,这里有一个固定的生产力 s 没有产生溢出,形成公众利益。

基于以上这些假设,可以得到博弈演化的 ESS 策略为:

$$y^* = \frac{(1+r)(1-k)-2s}{3+r} \tag{5}$$

如果 $s > \dfrac{(1+r)(1-k)}{2}$,则 ESS 时的产出策略对产业社区没有贡献,即 $y^*=0$。因此,低的相关性(r)或高的收益(s)有利于产业社区创新的预扣税,与一般的概念相一致的是:有竞争力的情况下,往往不利于对公共产品的贡献。增加固定收益 s 或者固定成本,都会降低演化稳定时的创新产出,但是固定收益 s 的影响更大一些(因为 $1+r<2$)。

与前面类似,本文对启动成本和固定收益的演化博弈进行了实验模拟,演化结果之一如图5所示,其中固定成本 $k=0.2$,固定收益 $s=0.3$;与图4相比可以看出,图5中的创新适应度在演化过程中波动较大,而创新产出 y 波动较小,这主要是由其他企业的创新决策 y 的变化造成的。也说明了 k,s 对适应度影响较大、企业间竞争激励。

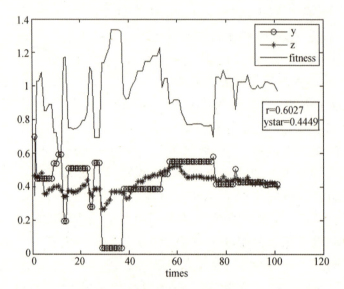

图5 具有启动成本与固定收益的企业技术创新产出演化

参 考 文 献

[1] 郭炳南,段芳.国际生产分割、要素禀赋与工业集聚——基于省际动态面板模型的GMM检验[J].山西财经大学学报,2011,33(4):34－43.

[2] 李守伟.技术创新社会化服务网络的生成机理与动态演化研究[M].科学出版社,2012:6.

[3] 牟丽,吴声功.生产分割、新经济地理与产业区位:理论模型和经验证据[J].世界经济研究,2012(1):9－13.

[4] 高越,李荣林.国际生产分割、技术进步与产业结构升级[J].世界经济研究,2011(12):78－83.

[5] 刘鹤玲,蒋湘岳,刘奇.广义适合度与亲缘选择学说:亲缘利他行为及其进化机制[J].科学技术与辩证法,2007,24(5):26－29.

(作者单位:江苏大学管理学院)

土地产权经历、产权情景对农民产权安全感知的影响：基于江苏、湖北、广西、黑龙江四省（区）调研数据的分析[*]

马贤磊 仇童伟 钱忠好[*]

摘 要 本文利用2014年江苏、湖北、广西、黑龙江四省（区）调研数据实证检验了土地产权经历、产权情景对农民土地产权安全感知的影响。研究表明，安全的土地产权经历和产权情景会强化农民的土地产权安全感知，不安全的土地产权经历和产权情景会弱化农民的土地产权安全感知，且产权情景对不同类型农户的农民土地产权安全感知的影响存在差异。持有土地承包经营权证书和经历土地调整分别提高和降低了农民土地产权安全感知，村级土地调整情景和土地承包经营权证书发放时间抑制了农民土地产权安全感知，并且村级土地调整情景和土地承包经营权证书发放时间对不同类型农民产权安全感知影响存在差异。为此，当前需进一步提高农民土地产权经历安全感知，加强土地产权情景安全建设。

关键词 土地产权经历 产权情景 农民产权安全感知

一、引 言

改革开放以来，中央在推行农地均包制、赋予农民农地承包经营权的同时，不断强化农民土地产权完整性和安全性。[1,2] 1998以来，相继颁布的《土地管理法》、《农村土地承包法》、《物权法》、《农村土地承包经营纠纷调解仲裁法》虽然从抑制土地的行政性调整、提高土地承包经营权证书发放率、完善土地流转纠纷解决机制等维度一定程度上提升了土地产权安全性，但农民的土地产权安全感知仍较低。[3,4]

已有研究表明，农地产权安全通过交易成本效应、交易价格效应和土地生产性效应影响农地流转决策[5-9]，通过确保投资收益、提高信贷

---

[*] 本文为国家自然科学基金应急项目（项目编号：71341037）、国家自然科学基金面上项目（项目编号：71373127、71373224）、南京农业大学中央高校基本科研业务费人文社科基金项目（编号：SKCX2014003）的阶段性成果。

可获性及允许通过交易获取收益等路径激励农地投资。[10-12]但法律的和实际的产权安全需通过影响农民土地产权安全感知最终影响农民的土地利用行为,因而土地产权安全感知形成了农户土地利用决策的基础。[13,14]已有研究发现:经常性的土地调整和缺乏土地承包经营权证书降低了农民的产权安全感知[15,16],土地登记和农户投资行为则有助于提高农民的产权安全感知[17-19];农户家庭收入结构、信贷能力及户主的政治地位等因素也显著影响农民的产权安全感知[20]。然而,现有研究大多忽视了土地产权情景对农民土地产权安全感知的影响。谢利等的研究发现,行为人的感知的形成不仅取决于历史性的个体经历,还受其所处社会情景的影响。[21]因此,农民土地产权安全感知的形成不仅取决于个体的土地产权经历,还受到诸如村级土地调整和土地承包经营权证书发放情况等土地产权情景的影响。

为深入分析土地产权经历、产权情景对农民产权安全感知的可能影响,文章从认知心理学视角理论阐述了土地产权经历、产权情景对农民产权安全感知影响的"强化效应"、"替代效应"和"时间效应",并利用第一手的调查数据经验检验了理论假说,希望提出提高农民土地产权安全感知的政策启示。

二、土地产权经历、产权情景与产权感知:理论分析

Broegaard(2005)认为,农民土地产权安全感知是由农民对所处产权环境的主观评价以及对未来土地财产纠纷的恐惧感所组成。[22]社会心理学认为,历史性的产权经历先验建构了农民产权安全的事实性认知,且受到农民所处产权情景的作用。个体经历和情景对主体感知的影响主要借助于预防性防御机制、接种防御机制、效应替代机制和时间弱化效应机制来实现[23],如图1所示。

(1)农民初始产权安全感知水平为T_1,在面临安全和不安全的产权经历时,形成新的农民土地产权安全感知水平T_{11}和T_{12}。安全的产权经历通过预防性防御机制和接种防御机制强化了农民的土地产权安全感知;反之,不安全的产权经历通过替代弱化效应机制降低了农民的土地产权安全感知;故,农民土地产权安全感知水平T_{11}高于T_{12}[24,25]。

(2)农民初始产权安全感知水平为T_1,在面临安全和不安全的产权情景时,形成新的农民土地产权安全感知水平T_{21}和T_{22}。当农民产权安全的先验感知与现实情景表现一致时,同向强化效应将发挥作用;

反之,替代弱化效应将发挥作用;故,农民土地产权安全感知水平 T_{21} 高于 T_{22}。

(3) 农民初始产权安全感知水平 T_1,除了受到产权经历和产权情景的影响向 T_{11}、T_{12}、T_{21}、T_{22} 演变时,还受到时间弱化效应的影响。已有关于记忆的研究表明近期事件的记忆度明显高于远期事件。[26]因此,产权经历和产权情景已发生时间越久,由于时间弱化效应的存在,它们对农民产权感知的影响越小。

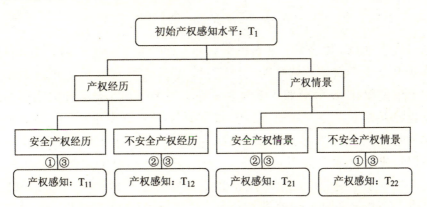

图 1　土地产权经历、产权情景对产权安全感知影响的一般性逻辑框架
注:① 表示同向强化效应;② 表示替代弱化效应;③ 表示时间弱化效应。

综合(1)、(2)、(3),可以发现,安全的土地产权经历和产权情景会强化农民的土地产权安全感知,不安全的产权经历和产权情景会弱化农民的土地产权安全感知,产权经历和产权情景已发生时间越久,对农民产权感知的影响越小。

基于以上分析,提出以下研究假说:

假说1:安全的产权经历将提升农民土地产权安全感知水平。

假说2:安全的产权情景将提升农民土地产权安全感知水平。

假说3:不同产权经历、不同产权情景下农民的土地产权安全感知水平存在差异。

三、样本介绍与模型选择

1. 数据来源与介绍

本研究使用的数据来源于扬州大学中国土地政策研究中心联合广西大学、华中农业大学和东北农业大学于2014年1—2月在江苏、湖北、广西和黑龙江4省(区)针对农户户主和村干部进行的实地调查。调查样本为105个村、1114户农户2006—2013年的相关数据。经过对不适宜数据的处理,本文使用的有效样本包括2013年78个村626户农户。

2. 模型选择

为检验土地产权经历和产权情景对农民产权安全感知的影响,本研究识别模型Ⅰ为:

$$Y_{ij} = a_0 + \sum_{m=1}^{4} a_m X_{im} + \sum_{n=1} a_n D_{in} + \varepsilon_i \qquad (式Ⅰ)$$

式Ⅰ中,Y_{ij}代表第i个农民第j种土地产权安全感知,Y_{i1}表示农民感知未来5年内土地调整的二分变量,其中,1表示未来5年内不会发生土地调整,0表示未来5年内会发生土地调整;Y_{i2}表示农民感知土地承包经营权证书保护农民土地权益重要性的二分变量,其中,1表示土地承包经营权证书保护农民土地权益重要,0表示土地承包经营权证书保护农民土地权益不重要。X_{im}表示第i个农户土地产权经历和土地产权情景变量,X_{i1}表示农户家庭是否经历过土地调整,X_{i2}表示农户家庭是否持有土地承包经营权证书,X_{i3}表示第二轮承包期以来村级层面土地调整的总次数,X_{i4}表示村级土地承包经营权证书已发放年限。D_{in}表示影响农民产权安全感知的其他控制变量,包括户主特征、农户家庭特征、区域特征等。a_0表示常数项,a_m和a_n分别表示方程待估计系数,ε_i表示残差项,并符合正态分布。考虑到因变量为二分变量,故采用Probit模型估计式Ⅰ。

为识别土地产权经历和产权情景对不同类型农民土地产权安全感知的影响,本研究识别引入交叉项的模型Ⅱ:

$$Y_{ij} = \beta_0 + \sum_{m=1}^{4} \beta_m X_{im} + \beta_{j1} X_{i1} X_{i3} + \beta_{j2} X_{i1} X_{i4} + \beta_{j3} X_{i2} X_{i3}$$
$$+ \beta_{j4} X_{i2} X_{i4} + \sum_{n=1} \beta_n D_{in} + \varepsilon_i \qquad (式Ⅱ)$$

式Ⅱ中,可以识别土地产权情景变量对四类不同产权经历的农民(持有土地承包经营权证书且没有经历土地调整农民、持有土地承包经营权证书且经历土地调整农民、未持有土地承包经营权证书且没有经历土地调整农民、未持有土地承包经营权证书且经历土地调整农民)的产权安全感知的影响。β_0表示常数项,β_m、β_{j1}、β_{j2}、β_{j3}、β_{j4}、β_n表示待估计系数,其余变量定义与估计方法同式Ⅰ。

3. 变量选择

本文选择的变量如下：

（1）因变量：未来五年不会发生土地调整的感知、土地承包经营权证书重要性感知。

（2）土地产权经历变量：是否经历土地调整、是否持有土地承包经营权证书。

（3）土地产权情景变量：村级土地调整次数、村级土地承包经营权证书已发放年限。

（4）户主特征变量：户主性别、户主年龄、户主受教育程度、户主非农就业经历。

（5）家庭特征变量：家庭农业劳动力、非农就业劳动力、农业固定资产。

（6）土地特征变量：家庭承包地地块数、家庭承包地面积。

（7）区域变量：广西壮族自治区、湖北省、黑龙江省。

四、结果与讨论

1. 土地产权经历、产权情景对农民产权安全感知的影响

表1汇报了模型Ⅰ的估计结果，可以发现，经历土地调整降低了农民未来5年不会发生土地调整的感知和土地承包经营权证书重要性的感知，持有土地承包经营权证书则提高了未来5年不会发生土地调整的感知和土地承包经营权证书重要性的感知。该发现论证了假说1。就土地产权情景对农民产权安全感知的影响来看，村级土地调整次数越多，农户未来5年不会发生调整的感知越低；村级土地承包经营权证书已发放年限越久，农民土地承包经营权证书重要性感知越低。该发现验证了假说2。

表1 农民土地产权安全感知影响因素估计表（模型Ⅰ）

变量	未来5年不会发生土地调整感知		土地承包经营权证书重要性感知	
	系数	Z值	系数	Z值
土地产权经历和产权情景				
土地调整	−1.11***	−4.63	−0.685***	−3.49
土地承包经营权证书	0.648***	2.94	0.534***	2.79

续表

变量	未来5年不会发生土地调整感知		土地承包经营权证书重要性感知	
	系数	Z值	系数	Z值
村级土地调整次数	−0.103***	−4.58	0.021	0.86
村级土地承包经营权证书已发放年限	0.135	0.86	−0.021*	1.65
户主特征				
户主性别	0.673**	2.21	−0.436	−1.06
户主年龄	−0.003	−0.38	0.019**	2.41
户主受教育程度	−0.041	−0.41	0.058	0.60
户主非农就业经历	−0.039	−0.20	−0.002	−0.01
家庭特征				
家庭农业劳动力	−0.001	−0.01	0.117*	1.64
非农就业劳动力	0.065	0.68	0.104	1.21
Ln(农业固定资产原值)	−0.039**	−1.92	−0.061***	−2.72
土地特征				
家庭承包地地块数	−0.026	−1.36	−0.023	−1.35
Ln(承包地面积)	−0.255**	−1.89	−0.102	−0.79
区域变量				
广西壮族自治区	−0.642***	−2.54	−0.656***	−2.85
湖北省	0.872***	4.06	−0.368**	−1.73
黑龙江省	1.282***	3.23	−0.468*	−1.54
观测值	373a		578a	
伪R^2	0.224		0.146	
伪最大似然率对数	−180.75		−219.26	

注：***、**、*分别表示1%、5%、10%的显著水平。a 在两个回归中，样本数分别为373和578，其中包括325户相同的农户，因此合计总样本数为626。

2. 土地产权情景对不同类型农民产权安全感知的差异性影响

根据模型Ⅱ的估计结果（由于篇幅限制，此处省略），表2计算了土地产权情景对四类不同产权经历的农民土地产权安全感知的影响系数。可以发现，村级土地调整次数对所有四类农民未来5年不会发生土地调整的感知均具有显著的负影响，但对具有不安全土地产权经历农民的影响大于具有安全土地产权经历的农民。该发现验证了假说3的前半部分，表明村级土地调整通过同向强化效应加剧了对具有不安全土地产权经历的农民的产权安全感知。村级土地调整次数对农民土地承包经营权重要性感知的影响不显著,与表1中的发现一致。村级土地承包经营权证书已发放时间负向影响持有土地承包经营权证书且没有经历土地调整农民的土地承包经营权证书重要性感知,但正向影响未持有土地承包经营权证书且经历土地调整农民的未来5年不会发生土地调整的感知,验证了假说3的后半部分。

表2 产权情景对不同类型农民土地产权安全感知的差异性影响

产权情景	土地产权经历	未来5年不会发生土地调整感知		土地承包经营权证书重要性感知	
		系数	Z值	系数	Z值
村级土地调整次数	有证书、无调整	−0.08***	10.06	0.01	0.17
	有证书、有调整	−0.23**	4.97	0.04	0.40
	无证书、无调整	−0.13*	3.45	0.09	2.12
	无证书、有调整	−0.28**	4.94	0.12	2.16
村级土地承包经营权证书已发放年限	有证书、无调整	0.00	0.10	−0.05***	11.5
	有证书、有调整	0.12	2.44	−0.04	0.88
	无证书、无调整	0.03	1.20	0.04	2.29
	无证书、有调整	0.15**	3.61	0.05	0.56

注:***、**、*分别表示1%、5%、10%的显著水平。

五、简要的结论

本文研究结论表明:(1)产权经历方面,持有土地承包经营权证书提高了农民对土地承包经营权证书重要性和未来5年不会发生土地调整的感知,经历土地调整则降低了农民对土地承包经营权证书重要性和未来5年不会发生土地调整的感知。(2)产权情景方面,村里土地调整越多,农民对未来5年不会发生土地调整的感知越低;村级土地承包经营权证书发放年限越久,农民的土地承包经营权证书重要性感知越低。(3)村级土地调整情景对不安全产权经历的农民产权安全感知影响更显著,村级土地承包经营权证书的发放时间越近,初始具有安全产权经历的农民土地产权安全感知越高、初始具有不安全产权经历的农民土地产权安全感知越低。由此,当前需进一步提高农民土地产权经历安全,加强土地产权情景安全建设。

参 考 文 献

[1] 冀县卿,钱忠好.中国农业增长的源泉:基于农地产权结构的视角的分析[J].管理世界,2010(11):68—75.

[2] Ma X. Does tenure security matter? Rural household responses to land tenure reforms in northwest China[D]. Wageningen University, 2013.

[3] Van Gelder J L. What tenure security? The case for a tripartite view[J]. Land Use Policy, 2010,27(2): 449—456.

[4] Ma X, Heerink N, Feng S and et al. Farmland tenure in China: comparing legal, actual and perceived security[J]. Land Use Policy, 2015,42: 293—306.

[5] 姚洋.集体决策下的诱导性制度变迁——中国农村地权稳定性演化的实证分析[J].中国农村观察,2000(2):11—19.

[6] 何凌云,黄季焜.土地使用权的稳定性与肥料使用——广东省实证研究[J].中国农村观察,2001(5):42—48.

[7] 钱忠好.农村土地承包经营权产权残缺与市场流转困境:理论与政策分析[J].管理世界,2002(6):35—45.

[8] 钱忠好.农地承包经营权市场流转:理论与实证分析——基于农户层面的经济分析[J].经济研究,2003(2):83—91.

[9] 甘庭宇.土地使用权流转中的农民利益保障[J].农村经济,2006(5):29—32.

[10] Besley T. Property rights and investment incentives: theory and evidence from Ghana[J]. Journal of Political Economy, 1995,103(5): 903—937.

[11] Brasselle A S, Gaspart F, Platteau J P, Land tenure security and investment incentives: puzzling evidence from Burkina Faso[J]. Journal of Development Economics, 2002,67(2): 373—418.

[12] Beekman G, Bulte E H. Social norms, tenure security and soil conservation: evidence from Burundi[J]. Agricultural System, 2012,108: 50—63.

[13][22] Broegaard R J. Land tenure insecurity and inequality in Nicaragua[J]. Development and Change, 2005,36(5): 845—864.

[14] Van Gelder J L, Feeling and thinking: quantifying the relationship between perceived tenure security and housing improvement in an informal neighborhood in Buenos Aires[J]. Habitat International, 2007,31(2): 219—231.

[15] Holden S, Yohannes H. Land redistribution, tenure insecurity and intensity of production: a study of farm households in Southern Ethiopia[J]. Land Economics, 2002,78(4): 573—590.

[16] Deininger K, Jin S. Security property rights in transition: lessons from implementation of China's rural land contracting law[J]. Journal of Economic Behavior & Organization, 2009,70(1): 22—38.

[17] Reerink G, van Gelder J L. Land titling, perceived tenure security and housing consolidation in the kampongs of Bandung, Indonesia[J]. Habitat International, 2010,

34(1):78—85.

[18] De Souza F A M. Perceived Security of land tenure in Recife, Brazil[J]. Habitat International,2001,25(2):175—190.

[19] Ma X, Heerink N, van Ierland E and et al. Land tenure security and land investments in Northwest China[J]. China Agricultural Economic Review,2013,5(2):281—307.

[20] Yi, Y. Property rights, tenure security and forest investment incentives: in the context of China's collective forest tenure reform since 2003[D]. University of Gothenburg,2011.

[21][23] (美)谢利·泰勒等.社会心理学[M].崔丽娟,王彦,等译.上海人民出版社,2010:3—4.

[24] McGuire W J. Inducing resistance to persuasion: some contemporary approaches [M]//L. Berkowitz (Ed.). Advances in experimental social psychology. Academic Press. 1964:192—229.

[25] McGuire W J, Papageorgis D. The relative efficacy of various types of prior belief defence in producing immunity against persuasion[J]. Journal of Abnormal and Social Psychology,1961,62:327—337.

[26] (美)罗伯特·索尔所等.认知心理学[M].邵志芳,何敏萱,高旭辰译.上海人民出版社,2014:191—193.

(作者单位:南京农业大学公共管理学院;南京农业大学公共管理学院;扬州大学管理学院)

前景理论下的健康保险选择效力与全民健康保险促进策略研究[*]

吴传俭

摘　要　前景理论认为,在不确定条件下的保险选择,消费者总是容易在风险概率和损失等方面进行非理性主观加权,并对损失的反应灵敏度大于相同的收益,这种非理性的决策行为导致在健康保险选择时造成很大的选择效力损失。树立起正确的健康保险消费理念,不仅需要推动消费者的理性选择,还需要结合消费者非理性选择的形成机制,从政策层面制定相应的激励。

关键词　健康保险　选择效力　前景理论　全民健康覆盖

一、引　言

与一般商品的消费和风险资产保值投资不同,健康保险不仅是一种基于期望效用而不是确切期望值的决策(N Bernoulli,1738)[1],而且保险具有多重的目的性。Howard C. Kunreuther(2013)等人认为,消费者选择健康保险产品的目的主要有四个,即投资、履行法律或政府的要求、忧虑或遗憾、满足社会和(或)认知规范[2],不同的保险目的影响了消费者保险选择的理性程度。在我国社会医疗保险基本全民覆盖的背景下,要达到"所有的人都获得所需要的高质量的卫生服务,而不必担心陷入经济困难"的全民健康覆盖目标[3],必然需要对消费者的健康保险选择的非理性问题做出有效的理性纠偏。

健康保险的消费者选择效力,主要是指消费者对健康保险产品选择的有效性,健康保险市场的基本假定,是消费者能够在市场上发现正确的健康保险产品,而且能够从更广泛的选择中获得的净收益是正的(Enthoven,1988)。[4]理想的健康保险选择是在保险费用支付的经济能力和面临的健康风险损害约束下,通过健康保险化解风险损害带来的经济负面效应,使消费者具有承担保险基金补偿后的损失的能力。消

---

[*] 本文为教育部人文社会科学研究青年项目(项目编号:11YJCZH186)、全国统计科学研究计划项目(项目编号:2013LY041)的阶段性成果。

费者选择健康保险的基本动因在于避免因为健康风险损失,使自己陷入财富的较大减少,但对健康保险的持有程度,是基于持有财富可用于健康保险支出的规模。

二、健康保险消费者选择有效性文献分析

传统经济学的有效市场理论假设消费者具有充分的选择能力,但事实上消费者对似乎可供选择的健康保险了解很少。在美国健康保险市场上的各级分摊费用均衡政策,已经接近全额给付保险,Frank(2007)认为这是最没有价值的保险保障形式。[5] Kaiser家庭基金组织的一项调查结果显示,美国仅有36%的消费者认为了解保险计划。[6] 逆向选择、道德风险和保险欺诈等问题损害了健康保险的保障效率(Cutler and Reber,1998)。[7] Akerlof(1970)认为逆向选择是导致美国65岁以上老年人难以购买所需要健康保险产品的原因。[8] 张维迎根据Rothschild和Stiglitz(1976)的文章[9],给出了最优保险合同的判断标准。[10] 魏华林(2011)基于全额保险和预算约束线,分析了保险最优效用。[11] 支付能力对健康保险需求具有较大的制约性,进而影响到对保险的投入收益的评价(Bradley and Taylor[12],2013;Alexander S.[13]等,2013;Paul D. Jacobs[14],2011)。

前景理论认为消费者不仅难以获得健康风险的损失概率,也难以用复杂的方法对效用最大化做出理性决策。[15] Kahneman和Tversky(1979)认为,针对健康风险等未知时间的概率估计,人们通常表现得很无知。[16] 1992年Tversky和Kahneman在1979年前景理论基础上,给出了新的概率主观加权权重函数。[17] 认为在高概率时,存在对收益的风险损失厌恶和对损失的风险追逐;在低概率时,则是对收益的风险追逐和对损失的风险厌恶,由此将客观中性的概率曲线,加权为一个反S型的曲线。面对复杂决策时更希望减少备选数目,采取延迟决策或默认选项回避选择(Johnson,1993)。[18] Benartzi和Thaler(1999)认为投资者存在直觉判断,在面对两个以上的投资选择决策时倾向于将结果分开评估。[19] Frank(2007)认为健康保险需求不足和投保过度等问题亟待进行有效的修正。[20]

三、前景理论下的健康保险选择效力形成机制

1. 健康损失概率决策加权导致的消费者剩余偏倚

首先是考虑在全额保险下的效率损失。全额保险是保险金额 A 等于健康风险导致的损失 X,且 $A=X$。设定风险事故发生的概率为 p,消费者支付的保险费用为 pA,消费者购买的保险金额等于其风险资产,而其支付的代价保险费用 pA 是从财富总额 ω 中的保险费用扣除。由于消费者对健康保险产品的选择,是基于客观风险概率 P 加权后的主观概率 $W(p)$,保险费用支付是概率和保险金额的一个乘数 pA,消费者愿意增加的最大保险费用支出额度是:

$$PrA = (W(p) - \pi(p)) * A, 其中 W(p) > \pi(p)。$$

如果健康保险产品是较大概率的常规医疗保险,那么加权后的概率小于实际风险概率,即 $W(p) < \pi(p)$,消费者愿意提供的超额保险费用为:

$$PrD = (\pi(p) - W(p)) * A, 其中 W(p) < \pi(p)。$$

假定消费者关注概率大于 $S(p_1, W(p_1))$ 并小于 $M(p_E, W(p_E))$ 时的健康风险,其中 $0 < p_1 < p_E$,此时保险选择效力的总损失为被主观加权概率的函数,在该区间上所有健康保险消费者的总效率损失为:

$$H_L = \int_{p_1}^{p_E} (W(p) - \pi(p)) dp * A, 其中 0 < p_1 < p_E。$$

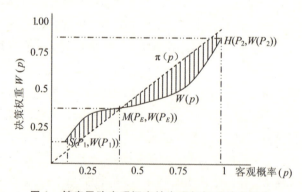

图 1 健康风险客观概率被主观加权后效率损失

同样可以推导出在风险概率大于 $M(p_E, W(p_E))$ 点,且小于 $H(p_2, W(p_2))$ 点的较大发生概率时,消费者进行健康保险选择时的效率损失:

$$H_H = \int_{p_E}^{p_2} (\pi(p) - W(p)) dp * A, 其中 p_E < p_2 < 1。$$

2. 风险损失厌恶效应导致的健康保险选择效力偏倚问题

前景理论则认为,在社会福利方面,更多的消费者表现出的态度是对损失风险厌恶程度,要比获得相同的收益带来的效用满足反应得更为强烈,对于相同的收益与损失表现为:

$$V(A) < -V(-A),当 A > 0 时。$$

将消费者收益效用部分反转后的函数表示为 $u^-(B)$,因损失效应,消费者的超额效用损失额度为 $u(-B) - u^-(B)$,消费者的超额总效用损失为:

$$\int_0^{max}(u(-B) - u^-(B))du,其中 Max 为消费者的最大损失额度。$$

对于任何多重收益,消费者因为直觉判断效应带来的效用价值,等于各个收益效用的和再加上直觉判断带来的超额效用收益 $\sum V^+(x_i)$,即:

$$V(x_1) + L + V(x_i) = \sum(V(x_i) + V^+(x_i))$$

根据直觉判断原理,对于任何多重损失,消费者因为直觉判断导致的效用损失,等于各个损失导致的损失效用之和再加上直觉判断导致的超额效用损失 $\sum V^-(-x_i)$,即:

$$V(-x_1) + L + V(-x_i) = \sum(V(-x_i) + V^-(-x_i))$$

由此可以推断,在多层次健康保险体系建设过程中,应该尽可能减少超额损失的负面效应,并能够充分利用超额收益对消费者健康保险效用的激励作用,确保超额效用损失与收益的和最大。

3. 保险选择效力不足导致的健康保险效率总损失情况

根据健康保险定价是根据期望效用的基本原理和 Jensen 不等式,消费者愿意参加健康保险必须满足确定性效用大于期望效用:

$$u_c(\omega_c - H) \geq E[u_c(\omega_c - X)]$$

其中 ω_c 为消费者确定的财富水平,H 为保险费用,X 为健康风险损失的随机变量。而对于保险人来讲,则是期望通过承保健康风险,能够使未来的财富水平效用大于现有的财富效用[21],即:

$$E[u_I(\omega_I + G - X)] \geq u_I(\omega_I)$$

其中 ω_I 为保险人的期初资产,G 为收取的保费,X 为承保风险的随机损失变量。

在最大期望效用原理下,交易成立的基本条件是消费者支付的最

高保费 H^*,必须大于等于保险人能够接受的最低保费 G^*,并同时大于纯保费水平 $E(X)$,即 $H^* \geqslant G^* > E(X)$,称大于纯保费的区域 $[G^*, H^*]$ 为可行价格区域。此时,消费者愿意支付的保险费用 H_P 被编辑为两个区间,即:

$$H_P = \begin{cases} H^* + H_L, & 0 < P_1 < P_E \\ H^* - H_H, & P_E < P_2 < 1 \end{cases}$$

在 $0 < p_1 < p_E$ 区间,消费者往往出现过度投保问题,而在 $p_E < p_2 < 1$ 区间,消费者往往出现投保不足的问题,由于消费者损失厌恶效应的存在,消费者参保的超额效用损失表现为:

$$u_c(B) = \int_0^{\max}(u_c(-B) - u_c^-(B))du_c$$

在有免赔额 D、共付比例 r 和封顶线 C 的情况下,自负的损失 X_S 则被矫正为:

$$X_S = D + (1-r)X + C$$

一旦健康风险发生,消费者只获得了 rX 的一次性补偿,而要在支付保险费用的基础上,还要支付免赔额 $D+(1-r)X+C$ 的费用,消费者参保的期望效用公式被编辑为:

$$u_c(\omega_c - H) + V^-(-H) \geqslant E[u_c(\omega_c - rX)] + E[V^-(-D-(1-r)X-C)]$$

其中 $V^-(-H)$ 为在损失效应下,保费支付产生的额外负效用值。$V^-(-D-(1-r)X-C)$ 为消费者在健康风险发生后,需要再次支付的费用的超额负效用值。

四、基于健康保险选择效力的促进全民健康保险覆盖实现路径

1. 多层次健康保险体系下的有效选择空间与路径分析

无论是社会医疗保险模式和国家福利模式,还是储蓄医疗保险模式和商业健康保险模式,其健康保险体系基本上是由国家统一强制实施的基本医疗保险和与职业相关的补充医疗保险,以及由市场提供的自愿购买的商业补充健康保险和由于补偿等待基本医疗保险服务中发生费用的多重健康保险。前三者为大部分经济发展水平发达国家的基本模式,多重健康保险主要用于支付等待接受基本医疗服务时,因转诊和等待服务时间较长时使用,爱尔兰和澳大利亚等国家的人口覆盖比例高达48%和45%。[22]世界卫生组织2013年度工作报告《全民健康覆盖研究》,从健康保险的宽度、高度和深度三个维度,提出达到全民覆盖

的基本要求。

2. "生命价值"基础上的全民健康保险促进策略

期望效用理论往往是建立在现有财富效用最大化基础上的,往往没有考虑消费者因健康风险导致的间接财富损失。根据 S. Huebner(1924)生命价值理论[23],对于健康保险来说,特别是具有较长续保期限的健康保险,不仅意味着能够在健康风险损害发生以后,通过有效的医疗费用补偿,避免已有财富过多用于支付医疗费用而陷入经济困境,重要的是确保通过及时的医疗救治,以最快恢复健康,以获得其潜在的财富收益。因而在测度有效的保险费用支付水平时,有必要在现有财富水平的基础上,将消费者潜在的生命价值或者其潜在的财富收益,作为重要的约束因素。如果消费者能够在健康保险选择时,能够更为理性地认识健康保险对未来财富的保障作用,他们在对健康保险未来保障作用的效用贴现也更为理性,进而改善其健康保险选择效力。

3. 损失厌恶效应下的商业健康保险与社会医疗保险一体化联动策略

要尽可能消除消费者对损失的负面效用编辑,需要尽可能促进社会医疗保险与商业健康保险的一体化联动模式,在筹集社会医疗保险费用的同时,积极制定相关的激励措施,鼓励消费者同期缴纳能够有效对社会医疗保险范围外费用进行补偿的健康保险费,当健康风险发生以后,消费者无须多次分批承担共付医疗费用。要推动社会医疗保险与商业健康保险一体化联动,不仅要对社会医疗保险做出准确的定位,还要对消费者的健康保险需求进行分类分层测度,根据其经济承受力水平、健康保险需求和参保偏好,测度在不同水平上的缴费规模和分担责任主体,并以医疗救助和优惠政策加以全方位的促进。积极实现社会医疗保险机构与商业保险公司之间信息共享,加强部门之间的联动合作。

4. 基于消费者剩余角度的全民健康保险促进策略

根据前景理论,消费者并不关注罕见概率风险事件可能带来的损失,为了避免因为主观概率非理性加权导致的效率损失,政策激励首先要确保消费者充分的剩余效用,在较低概率区间采取限额保费投入激励政策,如允许一定额度的保费作为税前扣除范围,减少消费者对健康保险的过度投入;同时对保险公司的定价机制和投保资格审查行为进行监管,必要时给予一定的税收优惠或财政补贴,鼓励和规范保险人提供适度的大病健康保险产品,对基本医疗保险形成有效的补充。而对于较大概率的健康保险需求,由于消费者剩余明显不足,政策激励主要是通过税收饶让或补贴,或者以政府服务采购和外包方式,使消费者剩余能够得到有效的纠正而增加合理的健康保险需求。由于较高概率区间的健康风险具有普遍性,在政府财政、个人支付能力和基本医疗服务供给能力适度的情况下,尽可能将其纳入基本医疗保险范围,作为提高保险水平和扩大基本医疗保险覆盖范围的主要目标区域,社会医疗保险的强制性更有助于修正消费者非理性的概率主观加权带来的保费投入偏离问题。

参 考 文 献

[1] Bernoulli N. Exposition of a new theory on the measurement of risk[J]. Econometrica, 1954,22(1):481—485.

[2] Kunreuther H C, Pauly M V, Stacey McMorrow. Insurance and behavioral economics: improving decision in the most misunderstood industry [M]. Cambridge University Press, 2013.

[3] 世界卫生组织. 全民健康覆盖研究[R]. 2013 年世界卫生报告,2013:7.

[4] Enthoven A C. The theory and practice of managed competition in health care finance [M]. Amsterdam:1988,North—Holland.

[5][20] Diamond P, Vartiainen H. Behavioral economics and its application(中译本)[M]. Princeton University Press,2007:195—215.

[6] Kaiser Family Foundation. National survey on Americans as health care consumers: an update on the role of quality information. highlights of a national survey[R]. Rockville, MD: Kaiser Family Foundation, and the Agency for Health-Care Research and Quality,2000.

[7] Cutler D M, Reber S J. Paying for health insurance: the trade-off between competition and adverse selection [J]. Quarterly Journal of Economics, 1998, 113: 433—466.

[8] (美)乔治·阿克洛夫. 柠檬市场:质量的不确定性和市场机制(中译本)[J]. 经济导刊,2001(6):1—8.

[9] Rothschild M, Stiglitz. Equilibrium in competitive insurance markets: an essay on the economics of imperfect information[J]. Quarterly Journal of Economics, 1976, 90: 629—650.

[10] 张维迎. 博弈论与信息经济学[M]. 上海三联书店,上海人民出版社,1996: 556—559.

[11][23] 魏华林,朱铭来,田玲. 保险经济学[M]. 高等教育出版社,2011:56—58.

[12] Bradley E H, Taylor L A. The American health care paradox: why spending more is getting us less [M]. Public Affairs, 2013:153—166.

[13] Preker A S. Scaling up affordable health insurance: staying the course [M]. World Bank Publications, 2013:153—166.

[14] Jacobs P D. The affordability of private health insurance: econometric evidence from household and firm surveys[M]. Proquest, Umi Dissertation Publishing, 2011: 69—71.

[15] Wilkinson N, Klaes M. An introduction to behavioral economics [M]. Palgrave Macmillan,2012.

[16] Kahneman D, Tversky A. Prospect theory: an analysis of decision under risk[J]. Econometrica, 1979, 47(2):263—291.

[17] Amos T, Kahneman D. Advances in prospect theory: cumulative representation of uncertainty [J]. Journal of Risk and Uncertainty, 1992, 5(4): 297—323.

[18] Johnson E J, Hershey J, Meszaros J. Kunreuther H. Framing probability distortions and insurance decisions[J]. Journal of Risk and Uncertainty, 1993(7): 35—51.

[19] Benarzi S, Thaler R H. Risk adversion or myopia? Choice in repeated gambles and retirement investments [J]. Management Science, 1999,45(3):364—381.

[21] 刘玉杰,张世英,王振强. 前景理论在保险学中的应用[J]. 西北农林科技大学学报,2006,6(3):9—12,34.

[22] OECD. Health at a Glance—OECD INDICATORS[R]. OECD Publishing,2014(4):138—139.

(作者单位:南京审计学院金融学院)

"一带一路"战略与苏北发展

张建民

摘 要 "一带一路"战略实际上是中国全面对外开放的重要标志，也是中国经济"走出去"的重要标志。对位于"一带一路"战略节点位置的苏北地区来说，是一个加快振兴苏北的重大契机。深刻认识苏北在国家"一带一路"战略上独特的地位与作用，积极研究并规划推进"一带一路"建设的苏北区域战略，适时提出苏北的应对措施，对于苏北的全面小康与开启基本现代化进程都有着十分重要的意义。

关键词 一带一路 战略 苏北

习总书记关于"要加快'一带一路'建设，集中力量办好这件大事"[1]的重要指示，显示了党和国家加快"一带一路"建设的意志和决心。随之，有新的消息显示"一带一路"国家战略方案有望于近期出台。这对位于亚太经济圈节点位置的苏北地区来说是一个重大的利好消息，一个加快振兴苏北的重大契机。深刻认识苏北在国家"一带一路"战略上独特的地位与作用，积极研究并规划推进"一带一路"建设的苏北区域战略，适时提出苏北的应对措施，对于苏北的全面小康与开启基本现代化进程都有着十分重要的意义。

一、充分认识苏北在国家"一带一路"战略中的独特地位与作用

苏北在国家"一带一路"战略中有着独特的地位与作用。这不仅指的是苏北在"一带一路"战略上有着独特的地理优势，苏北与古丝绸之路有着割不断的历史，而且苏北的现在及未来与"一带一路"战略更有着休戚与共的关系。

（1）苏北在历史上与海陆两条丝绸之路有着密切的联系。苏北五市都与古丝绸之路有着各种各样的关系。"丝绸之路"历经两千年早已成为一个文化概念，它很好地浓缩了中国早期与周边国家的交往，是对世界各民族优秀文化的吸纳和融合。拿徐州来说，无论是《汉书》记载的解忧公主乌孙和亲，还是汉画石像上的胡人图形，都从文化上佐证了

徐州自古就与中亚西域地区有着密切联系。连云港也与海陆丝绸之路有着密切的联系，徐福是海上丝绸之路的最早开拓者，连云港的孔望山佛教造像是佛教东传的最早见证，连云港的阿育王塔是宋代时佛教的遗物，连云港的汉代界域石刻是海上丝绸之路的重要见证。唐代时，日本、韩国的许多僧人来华学习佛法，许多商人来华经商均在苏北各市留下了许多遗迹。日本的圆仁和尚记载的《圆仁日记》对此曾有丰富的记录。韩国新罗王子金乔觉曾在连云港登陆后到九华山成佛。韩国人崇拜的民族英雄张保皋曾在淮安、连云港等地留下了足迹，连云港的著名风景区宿城就有唐代时韩国人居住的新罗村，该地现在还有"新罗人系船处"遗迹。

（2）苏北独特的地理位置决定了在"一带一路"战略中的独特作用。苏北地区具有独特的地缘优势。从地理位置来说，苏北位于三大经济圈的节点位置，即亚太经济圈、环渤海经济圈和长三角经济圈的节点位置；苏北位于两大经济走廊的节点位置，即新亚欧大陆桥经济走廊、我国沿海经济走廊的节点位置。这两大节点位置揭示了苏北向东与日韩隔海相望，向西通过新亚欧大陆桥，将太平洋沿岸和上合组织成员国、西亚乃至欧洲紧密联系起来，具有沟通东西、连接南北的独特区位，既是新亚欧大陆桥的桥头堡，又是丝绸之路经济带的东端起点，同时是陆上和海上丝绸之路的战略交汇点。这种区位优势，有望使苏北成为"一带一路"规划的战略枢纽。

（3）苏北和"一带一路"战略中涉及的许多国家及地区经济互补性很强，对于苏北的转型升级有着重要的意义。实践往往走在理论的前头。仅举几例：一是连云港在全力拓展中亚市场。2013年9月，连云港市与哈萨克斯坦国有铁路股份公司在两国元首的见证下正式签署合作协议。连云港港口集团与哈国国有铁路股份公司共同出资组建公司和建设集装箱物流场站。2014年5月中哈两国元首又在上海通过视频连线的方式正式启动该项目。这是"一带一路"战略提出后全国第一个实体项目。二是盐城在拓展东亚市场。2014年中国盐城（首尔）经贸合作说明会10月在首尔举行，盐城努力打造中韩交流合作的先行区和示范区，韩国已经成为盐城最大的外资来源国和贸易合作国。三是徐州在拓展欧洲市场。2013年徐工集团获得全球重工行业第五的排名，并在德国克雷菲尔德市投资3600多万欧元，这是它在海外建立的第一个研发中心，也将成为徐工集团全球布局中最重要的研发和应用中心。

四是淮安成为长江以北台资大项目最多、知名企业最多的地区,淮安在抢抓台资北上的赛跑中占得了先机。与海上丝绸之路互动密切,这些都预示着苏北在"一带一路"建设中前景极其广阔。

(4)苏北全面建设小康社会及基本现代化目标的实现与"一带一路"战略的实施也有着不可分割的战略关联。"一带一路"沿线国家与地区是有着30亿人口的大市场,有着丰富的自然资源,是苏北基本现代化的资源所在,因此它是苏北全面小康与基本现代化的重要市场;"一带一路"沿线许多国家与地区与苏北经济互补,关系着苏北经济的转型升级与质的提高。完全可以说,做好"一带一路"战略这篇大文章关系着苏北全面建设小康社会与基本现代化的今天与未来。

二、苏北在共同构建"一带一路"战略中大有作为

苏北与古海陆丝绸之路有着辉煌的过去,续写美好的今天与未来,是当代苏北人义不容辞的责任担当,无愧于后人的历史担当。当前,苏北在共同构建"一带一路"战略中的着眼点应是什么呢?我觉得至少应把握以下几个重点:

(1)把握好国家推进"一带一路"战略的时间节点,有序跟进。"一带一路"建设将分阶段实施,近期目标重点是基础建设与投资的便利化,包括道路、能源管线、电信、港口等基础设施共建和互联互通,提高贸易和投资便利化程度;中期目标是在条件成熟的国家和地区朝自由贸易区迈进,打造中国与东盟自贸区升级版,与中亚国家建立自贸区,将非洲东海岸和拉美地区环太平洋国家纳入合作机制;远期目标是建成覆盖中亚、南亚、西亚、欧洲、非洲、拉美国家的自由贸易区群,覆盖全球100多个国家。据国家有关部门透露,由国家发改委、外交部、商务部牵头编制的"一带一路"总体规划已上报国务院,总体规划出台后将进一步制定专项规划,相关的扶持政策将陆续出台。我认为,苏北各市应在省委省政府的统一指挥下,建立苏北各市应对"一带一路"的协商机制,成立落实"一带一路"战略的苏北办,统筹做好苏北的顶层设计,从远期着眼,中期着想,近期着手,协调一致地谋划苏北各市应对"一带一路"带来的重大机遇,有重点、有步骤地做好苏北的各项工作。

(2)苏北要积极争取新亚欧大陆桥经济走廊的东桥头堡城市群地位。新亚欧大陆桥经济走廊与丝绸之路异曲同工,具有十分重要的地位。为此,一是苏北五市要共推"桥头堡"。"桥头堡"具有丰富的内涵、

外延及深刻的战略意义。自习近平总书记提出共建"一带一路"战略构想以来，国家发改委正在拟定战略规划，其中突出的有三大经济走廊，新亚欧大陆桥经济走廊又是其中的主轴线。这样一来，新亚欧大陆桥东方桥头堡的战略地位就非常突出了。然而，现在仅靠连云港市一家难以支撑这一重任，必须将苏北五市团结在一起，共同形成桥头堡群。我以为，"一带一路"战略下新亚欧大陆桥经济走廊的东桥头堡应该是作为一个整体的苏北城市群。在当前各地竞相"抱团"融入丝路竞争的大格局下，苏北五市也要加强联合，不能再把"联合"作为一句口号了。要敢于亮剑，勇敢地承担起新亚欧大陆桥经济走廊东桥头堡的重任。苏北五市要形成桥头堡集团，形成桥头堡集群。二是苏北五市要共推"口岸一体化"。为了推动区域协调发展，江苏检验检疫局在连云港、徐州、盐城、淮安、宿迁五市启动了检验检疫区域一体化，实施"通报、通检、通放"新机制。实施检验检疫区域一体化后，苏北五市将口岸延伸，例如，连云港口岸就是淮安的港口，进口棉花直接从连云港港口拉到淮安，在生产地进行检验检疫。这是苏北五市联合的实实在在的举措，也是共推桥头堡的实实在在的行动，苏北应该有五市"口岸一体化"的意识与自觉。

（3）苏北五市在对外开放上要联合抢抓几大开放平台上的机遇。"一带一路"战略的本质要求是全方位对外开放，开放平台又是落实这一战略的先机。为此，一是积极争取在国家"一带一路"战略中三大经济走廊平台的先行先试。在国家"一带一路"战略中，着力打造中新经济走廊、新亚欧大陆桥经济走廊、中伊土经济走廊三大走廊，这对苏北来说，既是机遇也是挑战。加快融入新亚欧大陆桥经济走廊。这是一条辐射亚欧两大洲 40 多个国家和地区的新兴国际经济大走廊。据悉，"一带一路"方案将以推动建设自由贸易园区或港区的形式推动该经济走廊建设。苏北如果成为"桥头堡集群"，在此基础上大胆申请苏北自贸区，将会确立苏北在这一经济走廊中的明显优势。加快融入中新经济走廊与中伊土经济走廊。中新经济走廊是贯穿中南半岛国家的跨国陆路经济带，中伊土经济走廊也是共建 21 世纪"海上丝绸之路"的重要组成部分。二是尽快融入中国东盟自贸区升级版。升级版主要有两个方面内容，一个方面是筹建亚洲基础设施投资银行，可以争取设立苏北分行。另一个方面是设立中国—东盟海上合作基金，苏北应利用好这个合作基金带来的机会，发展好海洋合作伙伴关系。三是苏北要依托上海合作组织争取"中哈自由贸易试验区"先行先试平台,加强与中亚五国全方位的经贸合作。连云港市与哈国铁路股份有限公司已经在连云港建设物流基地,连云港还计划建设上合组织成员国的物流基地,这为苏北争取成为中亚五国的物流基地创造了有利的条件。另外,苏北要进一步使用好江苏省内已建的保税物流中心和出口加工区等海关特殊监管载体,积极争取"中哈自由贸易试验区"先行先试平台,推动苏北与中亚五国全方位的经贸合作,并在此基础上共同推动设立服务"一带一路"战略的苏北自由贸易区,以此来显著提升苏北对外开放和贸易层次。四是融入国家"一带一路"战略,苏北要争取加紧复制上海自由贸易区经验,争取其溢出效应。上海自贸区的试验将对国家战略层面的"一带一路"的推动产生深远影响。习近平总书记最近提出:上海自贸区经验要尽快推广。对试验取得的可复制、可推广的经验,能在其他地区推广的要尽快推广,能在全国推广的要推广到全国。苏北要联合起来,打造苏北经济一体化,共同为复制上海自由贸易区经验做出贡献。

(4)苏北要将"一带一路"战略建设作为自身转型升级的重要契机。与古丝绸之路相比,新丝绸之路覆盖的面积将更广,路线更密集,也更发达,从而可以在更广泛的区域内把资源与市场串联起来。一是苏北经济的转型升级要与构筑我国全方位对外开放新格局紧密结合起来。苏北经济的转型升级不仅要在向东开放中实现,而且还要在向西开放中实现,从而在苏北东西双向开放的新格局中实现苏北经济全面的转型升级,因此"一带一路"战略是苏北经济转型升级的内在需要。二是苏北的转型升级发展以创新驱动为主动力。创新驱动靠什么?靠的是科技与人才,这也正是苏北当前面临的突出问题。"一带一路"战略为苏北的创新驱动提供了广阔的前景,关键在于苏北自身能否及时抓住这个重大机遇。

(5)苏北要加强与"一带一路"战略各国及地区的人文交流。推进苏北与"一带一路"沿线国家与地区的人文交流,可从以下四个方面着手。一是要积极加强人文交流。加强与中亚各国的人文交流是当前苏北亟待加强的重要事项。苏北要大力加强与沿线各国城市的友好交流,通过友城建设推进人文交流。从中国与哈国的人文交流来看,建交以来,中哈两国人文交流亮点频现,高水平文化团组互访已成为常态。双方互办文化节活动,中国各地艺术团先后赴哈进行文化交流。已建成的两所孔子学院发挥着促进中哈文化交流的重要作用,为哈培养各类汉语人才3000多人,并在阿拉木图举办了中国景德镇瓷器展与中国工艺制品艺术展;在阿斯塔纳举办了"丝绸之路—中国的丝绸艺术展",此外,两国艺术家在影视领域也开展了密切合作。苏北要认真借鉴国内其他城市在中哈交流中的经验,大力开展与中亚各国的人文交流。二是培养适应海陆丝绸之路经济带要求的各类人才。当前海陆丝绸之路需要多方面人才,包括各类语言人才、产业技术人才、现代化管理人才、文化交流人才,特别是急需创新人才汇聚机制。为此,要以产业作为人才集聚的动力基础,以文化作为人才集聚的强大吸引力,以政策作为人才集聚的最有效动力,以区位作为人才集聚的直接推力,以市场作为人才集聚的影响力,建立起海陆丝绸之路经济走廊沿线人才资源共享的智力支撑平台,形成沿线人才规模效应,降低沿线人才成本。淮安在全国率先实施教师海外培训,有千名教师海外受训,展示了良好的示范效应。三是加强旅游交流。旅游是"一带一路"战略中最容易见效的地方。要大力发挥苏北历史文化资源集聚优势,培育一批具有世界影响的历史文化旅游品牌,把苏北打造成"一带一路"战略沿线国家与地区有影响力的文化旅游中心。四是加强对外宣传,通过多种形式、多条渠道提高"苏北声音",还要创造条件建立"一带一路"战略论坛。

参 考 文 献

[1] 习近平总书记在中央经济工作会议上讲话[N].人民日报,2014-12-11(1).

(作者单位:连云港市社科联)

取消限购无法逆转楼市萧条趋势

姚 军 金 鑫

摘 要 本文主要根据官方公布的数据(包括极少数的国内权威媒体统计数据)为研究对象,针对具体的多个城市在不同时期的房价、成交量、库存和去库存的时间来反映政策对这些数据的影响。其次,再从房地产开发商的信心指标来研究政策能不能让拿地的开发商恢复开工信心。根据数据的变化和趋势,来总结和预期取消限购政策的影响。

关键词 房地产 限购 库存 去化周期

一、引 言

进入2014年,房地产市场结束了十年的辉煌历史,成交量开始萎缩,开发商降价销售的广告也是铺天盖地地袭来,房地产市场的萧条开始显现。这也使得开发商拿地的热情大幅消退,因此依靠土地财政的地方政府希望推出相关政策来刺激楼市回暖。其中放开限购是地方政府首先使用的手段,从中央到地方,连续几年的全国多种版本的限购政策终于在2014年要被大面积地取消。

根据2011年1月国家出台的《国务院办公厅关于进一步做好房地产市场调控工作有关问题的通知》,要求直辖市、省会城市、计划单列市及房价过高且上涨过快的城市实行限购政策,据媒体统计全国共有46个城市实行过限购政策。而截至2014年10月10日,目前仅剩最后5个城市未取消和松绑限购政策,包括北京、上海、广州、深圳和三亚。在全国各个城市纷纷取消限购救市背景下,取消限购真的就能促使房地产市场再次繁荣吗?我们根据各个城市不同的情况,选取了三大类城市,根据它们的房价、成交量、库存、去化周期以及新开工面积等一些指标的统计和研究,探讨限购政策能否成为支撑房地产市场回暖的动力。

二、正 文

1. 城市分类

我们根据限购政策的不同情况来对城市做个简单的分类。

第一类:官方明确放开限购政策的城市。

关于样本的选择:

(1)按照官方明确松绑或取消限购政策(包括官方发文和国内媒体报道某市松绑或取消限购政策并得到当地政府相关部门确认)的时间先后来选择样本城市。因为时间越早,政策公布后的数据越多,数据结论也越具有说服力。

(2)绝大多数城市均采取在操作层面实质取消或放松,但没有明确发文或没有明确表明,时间点不易确定,因此不在样本城市的选择中。

(3)我们还增加了刚刚正式发文取消限购的南京和珠海两大城市,来看看十一黄金周地产市场对这两个刚刚取消限购城市的反应。

样本城市:呼和浩特、济南、苏州、无锡、温州、南京、珠海。

呼和浩特:6月26日内蒙古呼和浩特市的政府办公厅出台的《关于切实做好住房保障工作促进全市房地产市场健康稳定发展的实施意见》,提出要充分发挥市场对资源配置的决定性作用,取消商品房的销售方案备案制度,居民购买商品住房含二手住房在办理签约、网签、纳税、贷款以及权属登记时,不再要求提供住房套数查询证明。

济南:据央广网报道7月10日正式取消,居民购买新房和二手房都不再有套数的限制,另外外地人口在济南买房也不再需要提供一年以上的纳税或社保证明。

苏州:7月12日住建局最新证实,苏州楼市的限购政策已做调整,90m^2以上住房全面放开,到7月21日苏州正式在执行层面取消限购政策。

无锡:7月26日,无锡取消90m^2以上(含90m^2)住房的限购政策,记者从无锡市房管局获悉,从8月30日起,无锡在原先取消90m^2(含)以上住房限购政策的基础上,再度取消90m^2以下的住房限购政策。

温州:7月29日,温州市住建委召开新闻发布会,温州放开住房限购政策,在房屋交易登记时不再核查现有住房情况。在外温州人和新温州人在温购房享受与温州市户籍居民同等待遇,该政策从发布会后起即开始实行。

南京:9月21日,南京新"宁七条"出台,正式全面取消限购。

珠海:9月26日珠海市发布住房和城乡规划建设局印发《进一步加强我市住房保障和供应体系建设的意见》,正式取消限购。

第二类:至今仍未正式取消或松绑限购政策的 5 个城市,即北京、上海、广州、深圳和三亚。

第三类:没有实行过限购的城市。

关于样本的选择:不容置疑房地产市场与经济发达程度有直接的关系,因此在选择没有实行过限购的城市中,经济发达地区的房地产市场景气情况可能更优于经济落后的地区。因此根据这个标准,我们首先确立选择全国 GDP 最大的两大省:广东和江苏。再根据这两个省之间的比较来确定城市:江苏省人均 GDP 远远超过广东省,同时江苏省的城市经济分布也比广东省要均匀得多。在 2013 年国家统计局公布的城市 GDP 数据中,我们将两个省一共 34 个地级市的 GDP 做了排名。其中排名前 10 位的城市中,江苏省占了 6 个;前 15 名的城市中江苏省占了 10 个;而排名最后的 10 个城市全部是广东省的。因此在没有实行过限购的城市中,我们主要选取江苏省的部分城市。

样本城市:南通、常州、扬州、镇江、泰州、连云港、淮安、宿迁等。

关于数据的处理说明:

(1)以下各项指标的数据比较中,均按照上述城市的分类次序。图 1 为第一类城市情况,图 2 为第二类城市情况,图 3 为第三类城市情况。

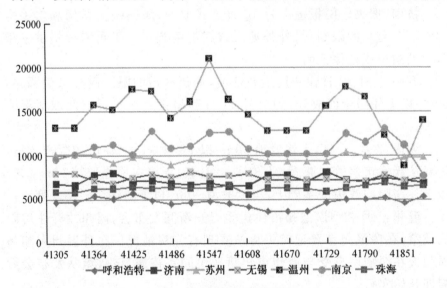

图 1　七城市住宅销售均价

数据来源:Wind 资讯

备注:商品住宅销售均价指当月该城市住宅商品房总销售额除以当月该城市住宅商品房总销售面积。

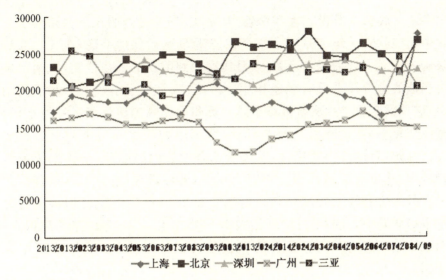

图 2 五大城市住宅均价

数据来源：Wind 资讯

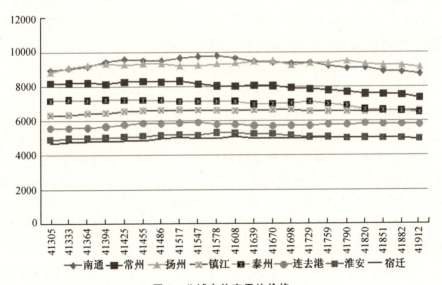

图 3 八城市住宅平均价格

数据来源：根据新闻整理

（2）极个别月份因官方相关部门没有公布详细的数据，为了保证数据作图的完整性和连贯性，未公布的数据均采用前一期的数据代替处理。

2. 各个城市的房屋均价

从七个城市的销售均价上看，样本中正式取消限购城市的时间集中在 6 月底和 7 月份。呼和浩特：从 2013 年 6 月开始几乎一路处于下跌中，直到 2014 年 2 月才小幅企稳，3 月反弹后保持平稳，在 6 月取消限购，7 月房价不涨反而下跌，8 月再次回到前期的平稳位置，取消限购对当地的房价几乎没有刺激作用。济南：房价处于小幅上下起伏波动中，取消限购后次月房价继续下跌。苏州和无锡的房价基本保持平稳，整体变化不大，少数月份有小起伏，取消限购的次月房价均有微幅上涨。温州：整体房价变化大，从去年 9 月份达到高点后，整体处于下跌趋势中，途中有少数月份价格有大反弹，随后再次大幅下跌，限购取消的次月房价有较大幅度反弹。而南京在 2014 年前 6 个月房价一直处于平稳攀升中，直到 7 月份开始大幅下挫，并创 2013 年以来的最低点。因限购刚刚取消，目前最新的数据官方还未公布，目前影响还不太明朗。

因此从正式取消限购的城市看，只有房价出现大幅下跌的城市，一旦取消限购，因房价下跌过多，或刺激购房者入市，短期房价有所反弹。其他近 1 年多内房价变化不大的城市，取消限购政策后房价有小幅下跌的，也有微幅上涨的，整体来看影响微乎其微。

而我们从其他仍未取消限购的城市来看，房价在进入 2014 年后，广州房价一直处于小幅上涨趋势中，并在 6 月份创出去年以来的新高，随后小幅回落，整体房价仍处于高位。深圳和广州近似，一直上涨到 5 月份才开始小幅回落，整体价格仍高于去年同期。北京和三亚在 2014 年也都出现了一年多来的新高后有所回落，目前房价也处于高位。而上海却较不同，今年房价整体处于下跌趋势中，直到 7 月份创一年多的新低后，房价下跌相对较多后在 9 月份出现大幅反弹并创一年多来的新高。因此这五大城市房价依旧强势，依旧是引领全国房地产价格最高的几个城市，并不需要通过取消限购来刺激房价回升。

我们从一直未实行过限购政策的八个城市来看，在进入 2014 年后，镇江和连云港房价保持平稳中有 1‰ 以内（即上涨下跌每月不超过 40～60 元/平方米）的微幅上涨；而淮安和宿迁房价有 1‰ 以内的下跌。其他四个城市房价均处于一路下跌中，期间几乎没有一点反弹。而从房价上看，这四个城市房价远高于另外房价平稳波动的四个城市。

3. 各城市住宅成交套数

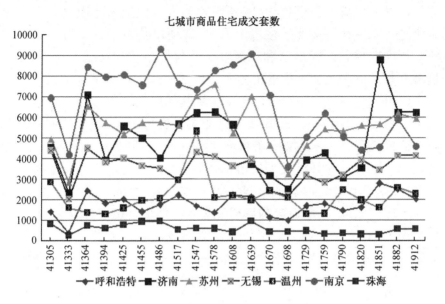

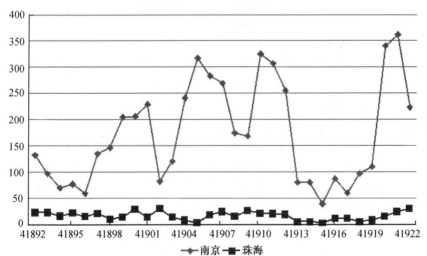

图4 七城市住宅月成交套数和两城市住宅日成交套数

数据来源：Wind资讯

从七个城市的住宅成交量上看，正式放开限购政策，短线对成交量的刺激影响较明显。其中呼和浩特在取消限购后连续2个月，即7月和8月成交量纷纷创下自2013年以来的最高点和次高点，随后9月出现回落。济南在取消限购的当月就创出近21个月来的成交新高，随后虽然快速回落,但仍处于成交高峰期。苏州自2014年2月份开始成交量一直处于小幅上升通道中,取消限购的次月成交量也有所提升。无锡和温州今年都一直处于波段上升中,取消限购政策的次月均出现了较大幅度的增长。而南京和珠海8、9月份楼市成交均处于低谷,尤其是南京9月份成交量更接近1年多的最低点。这两城市在9月下旬才刚刚取消限购,我们从这两个城市最新的日成交图上看会更清晰。南京在21日取消限购后,次日楼市成交大幅增加,除了国庆期间回落到前期低成交量外,一直保持在高成交量区间,按照从取消限购9月21日到10月10日的日成交平均值来估算,一个月成交有望达到6000套左右,要高于9月份的总成交量。另外,珠海方面成交量反应不强烈,但除了国庆假期外,取消限购后成交量较前期也是稳中有升。

因此,取消限购对房地产的成交影响较明显。尤其是济南、苏州、无锡、温州和南京这类经济较发达的城市,限购政策压制了一些刚性需求,一旦政策放开后,市场需求得到快速释放。

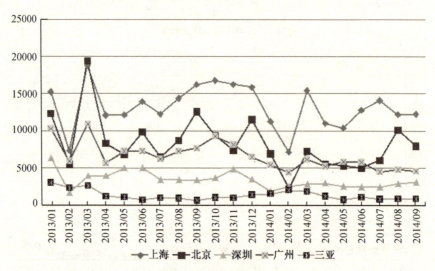

图5 五大城市成交套数

数据来源:Wind资讯

而我们从未取消限购的五个城市来看,房地产市场在刚进入2014年前后成交量均出现了大幅下跌,但随后都有所反弹,然后再次逐渐走低。尤其是三亚目前成交量已经接近2013年以来的最低点。而另外四个一线城市的成交量和去年相比,也均处于较低水平。除了北京、上海个别月份能反弹到去年的平均成交量外,其他月份以及深圳、广州今年以来的月成交量均远低于去年的平均成交量,因此限购政策对楼市的成交需求影响明显。

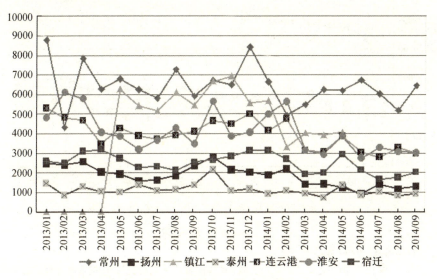

图 6　七城市商品房成交套数

数据来源:Wind 资讯

备注:淮安采用住宅商品房成交(签约)套数,其他城市均采用商品房成交套数。

最后我们从未实行过限购政策的城市住宅成交套数来看,各城市今年楼市的成交量较去年都有大幅的下降,而且除了常州部分月份和镇江、宿迁极个别月份反弹明显,其他月份和其他城市均没有像样的成交反弹。因此,这也可以从中窥见一些,2014 年房地产市场确实成交较难,市场不景气。而这些城市因为没有限购过,因此也就无法通过取消限购政策来刺激楼市短线出现较明显的反弹。

4. 住宅商品房可售套数和去化周期

从住宅的可售套数库存方面来看,目前只有济南在放开限购后,成交量大幅上升使得市场库存有所下降外,其他城市取消限购政策后,可售套数依旧在小幅攀升。可见楼盘的推出速度已经远大于市场的购买需求,即使取消限购,短期小幅刺激成交量放大,也依旧对市场的库存几乎没有一点实质性的影响。

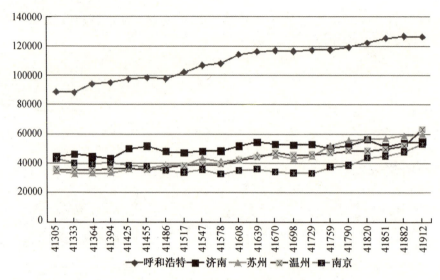

图7 五城市可售套数

数据来源：Wind资讯

备注：温州采用的是商品房可售套数，而其他城市采用的是住宅商品房可售套数。

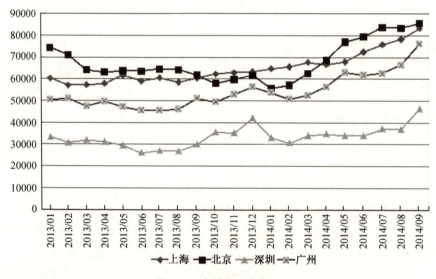

图8 四大城市可售套数

数据来源：Wind资讯

我们从未取消限购的四个城市来看，在2014年住宅可售套数全部呈现上升趋势，同时都纷纷创出了2013年以来的新高，而且目前仍没有回落的迹象。

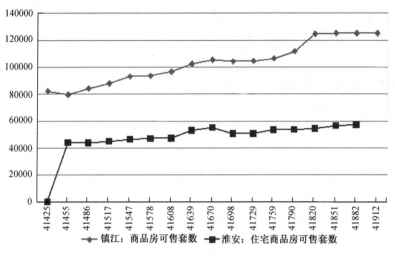

图 9 两城市可售套数

备注：部分城市因当地房产局没有准确的数据公布，因此在商品房库存数据上不够完善，有所缺失。另外镇江采用商品房可售套数，淮安采用的是住宅的可售套数。

目前从公布的两个未实行过限购城市的库存看，也都一路呈上扬走势，创 2013 年以来的新高，而且也没有止步的迹象。因此限购政策在各个城市减少库存上几乎没有起到一点作用。真正决定库存的本质还是供需关系，在政策没有改变供应量下，又无法大幅增加需求量时，库存只能是一路高涨。

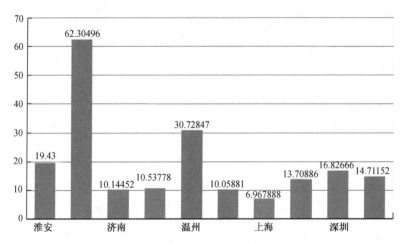

图 10 各大城市去库存周期

数据来源：Wind 资讯

备注：去库存周期＝2014 年 10 月 10 日各大城市的可售住宅商品房套数/最近 6 个月住宅的平均成交套数。

最后我们从各个城市的去化周期上看,更能清楚地展示各城市的差距明显。其中取消限购的城市呼和浩特和温州两大城市去化周期均需要2年以上的时间,呼和浩特甚至超过5年。换句话说,这两个城市即使不再有新的楼盘推出,按照目前的平均成交速度,也需要很长时间才能消化掉现有的库存。

其他未实行过限购的淮安和未取消限购的北京、深圳、广州情况也较严重,去化周期均超过1年。目前放开限购政策的济南、苏州和南京情况较好,去化周期在1年以内,在放开限购后,去化速度或许会有所提高。而去化周期较短的上海,房地产市场运行依旧良好,基本不需要通过放开限购来调节房地产。从各城市比较来看,三类城市中都各有好坏,因此无法准确地说明限购政策对各城市的去化周期是否有积极的影响。

5. 各城市住宅新开工面积

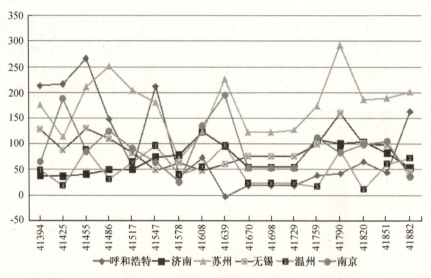

图11 六城市住宅房屋新开工面积

数据来源:Wind 资讯

最后我们从新开工面积变化来看开发商对市场的信心:在限购政策内,新开工面积跌宕起伏,开发商的信心也波动较大。但从6、7月份开始,各城市相应取消限购后,除了济南、无锡新开工面积继续下降外(南京7月份仍处于限购中,新开工面积也下跌),其他城市新开工面积都出现了反弹上升,其中呼和浩特上涨幅度最大,创今年以来的新高。

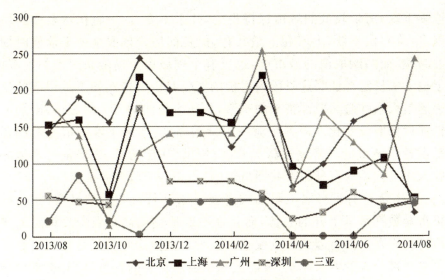

图 12　五大城市住宅房屋新开工面积

数据来源：Wind 资讯

另外五个未取消限购的城市中，广州新开工面积 8 月份出现大幅反弹，同时今年新开工面积也处于较高位置。而深圳和三亚均在 4 月份创下近 1 年来的最低点后一直呈现小幅反弹走势。而全国标志性的两大城市——北京和上海新开工面积 8 月份均创下 2014 年以来的最低点，这两大城市开发商的信心下跌较快。另外，样本中未实行过限购政策的 9 个城市新开工面积均没有具体数据公布，因此这几大城市的开发商信心暂时不好评估。

三、总结分析

通过对三类不同的城市的对比，我们可以看出：

（1）取消限购政策，对楼市最明显的影响主要在刺激了楼市的成交上，尤其是在经济较好的发达城市，限购压抑了部分人的需求，在取消限购后，短期成交量有所增加，但能否长期使得成交量保持在较高的水平，目前仍需观察。另外，取消限购扩大购房者人群，推出优惠的购房政策，对开发商的短期信心有提振作用。

（2）其他方面的影响（无论是从未实行过限购的城市还是一直限购没取消的城市，或是前期限购，今年取消的城市）。房价上：限购政策在其中起的作用微乎其微。一直没有实行过限购的城市，房价高的在连续下跌,房价较低的城市保持稳定,几乎不变;而一直执行限购的城市,房价起伏不断,上涨和下跌共存,但目前房价依旧是处于鼎盛时期的高位;而限购取消的城市中,也仅有个别城市短期带来房价的上涨,但也无法肯定地证明这阶段内房价的变化是由房价大幅下跌引起的反弹还是因限购政策取消带来的刺激,其他房价波动不大的城市,限购取消前后依旧没变化。而各个城市房价的高低,上涨下跌的情况最终还是由各个城市的经济发达状况、人口规模、住房的需求、房价与当地的收入水平差距等多种因素共同决定的,不是一个限购政策能改变的。

(3)无论有没有取消限购或者在从未实行过限购的城市,住宅的可售套数都是呈上升的趋势,而且在不断地创新高。限购政策对地产市场的库存上没有起到一点改变。因为取消限购政策只是短期刺激了很少一部分人的购买需求,没能大幅增加购买者的数量,同时也不可能降低开发商推出楼盘的速度(取消限购对开发商信心具有提振作用,因此只会加速其开发,可能会推出更多的楼盘)。因此最终只能是库存持续的高涨,而长期大量的库存存在,必然会影响企业的周转,从而给房地产企业带来多方面的财务压力,而这些都不是一个取消限购政策能改变的。

最后从整体来看,取消限购政策对房地产市场影响不大,仅仅只对个别指标的短期有影响,无法扭转房地产市场的趋势。因此,房地产市场的发展最终还是要回归到市场本身,不同的城市人口结构,经济发达的情况、投资和刚性的需求等影响供求关系而决定了房屋的库存、房价、销售量、开发商信心,等等。如果行政手段改变不了楼市的这些主要因素的话,那么行政手段的限购或者是取消限购都只能是短期对楼市起到微幅改变,而没办法彻底改变楼市发展的趋势。正如曾经一波又一波从中央到各个地方城市的多个史上最严厉的限购政策,没能阻止2010年到2013年房价快速上涨的趋势一样,本轮全国绝大多数城市取消限购政策,也将无法阻止房地产逐渐萧条的趋势。

(作者单位:南京 Wind 资讯有限公司;江苏省社科联)

传统文化融于现代设计的结构层级与转化方法

熊 微 马 君

摘 要 文章通过对传统造物文化中所蕴含的设计思想和设计造物的解读和辨析,依照笔者对传统文化的分层思考,从思维置换、意境再现、技艺革新、制度配置这四个方面进行论述。并围绕创新设计的四个层次——物质层、情趣层、生活方式层、观念意义层,进行设计解读和案例分析,探寻传统文化融于现代设计的创新转化方法,批判表层复制方式,指出当代设计创新的重心在于凝练、转化和传播。

关键词 传统文化 现代设计 结构层级 转化方法

一、引 言

在设计学范畴内进行传统文化的研究,常见的研究视角主要有以下三类:其一是注重古籍资料爬梳整理和校阅评述;其二是从社会制度、文化心理与造物美学角度归类阐释;其三是依据传统造物的材质、技艺、形态、装饰等方面进行个案研究。

考察和设计史料综合研究等方面已实现了历史性突破。由阴法鲁等主编的《中国古代文化史》从古代思想、制度、文化、技术、技艺等诸多方面,以编年史为叙事线索,以同类归纳为记录方法,从天文历法、度量衡制度、兵器发展、饮食造物、宗法礼仪、工艺绘画等诸多方面做了系统讲述。[1]笔者也曾在《传统文化的可持续设计——以生活用品设计为例》一文中通过对中国传统文化元素在思维、意境、制度、技艺四个层次的归纳,就生活用品设计中传统文化元素创造性转化的原因、实现的手段等方面做了具体探讨。

目前研究成果主要集中表现在两个方面:一是从史实出发,搜集和整理出大量典型案例,注重需求适应性分析、生活方式分析等设计学考察;二是依托传统社会制度及传统文化心理研究,探求传统器物中体现出来的设计思维模式及设计制度制约的特殊性规律。但在传统文化融于现代设计的表象、结构、方法等宏观理论问题,尤其在传统文化的结构层次及转化方法等关键问题方面的研究仍需持续深入推进。

二、中国传统设计文化的辩证思考

传统设计文化既是包括传统设计制品在内的物质文化体系,又是民族精神的具体符号体现。

有学者将"传统文化"定义为一个空间概念,将"现代文化"定义为一个时间概念。Leong(2003)曾提出将文化分成三层范畴(见图1):关注衣食住行的物质文化;包含人际关系的社群文化;囊括艺术、宗教、伦理的精神文化。"文化从表现程度讲,是生活中外显和内隐的生活样式设计。"本文提出物理逻辑、行为逻辑、文化逻辑的演进,并将附加文化价值的设计造物由外在表现层到内在意义层巧妙对接,其结构关系如图2所示。传统设计文化是包含设计思想、工艺造物、民族习俗、生活情境在内的丰富体系,根据不同的社会阶层又可分成宫廷贵族传统、文人精英传统、民间工艺传统,但如前文所述,为了对传统文化进行更完整的认识,我们似应脱离具体历史传承中的种种纷扰,抽象提取出思想、意境、制度、技艺等四个层次,针对这四个不同层次进行创造转化。

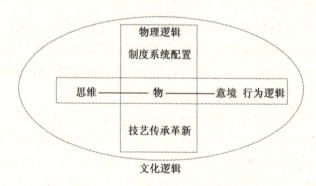

图1 Leong关于文化空间的观点

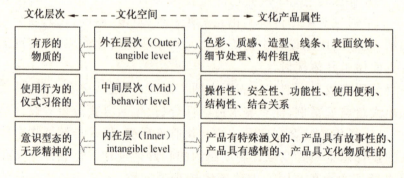

图2 设计文化的转化结构

三、传统文化融于现代创新设计的转化结构层级

1. 传统设计思维解读

古代造物审美离不开"天人合一"的境界论,古代先民认为万物有灵,并将天、地、人、事等万物联系起来,形成一种独特的东方式整体思维模式。经济技术的发展使设计逐渐摆脱了神性桎梏,走向了人类意识的觉醒。从而形成了基本的造物文化体系。

从世界范围看,希腊将文化逐步转化为科学知识,实现认知的思辨;印度地区则逐步衍生为宗教造物,传播信仰教义;而伴随中国传统文化根深蒂固的中央集权,让设计造物成了统治阶级教化人类的工具,表现为一种社会学意义上的身份认同和秩序等级。这种对应关系还必须规范在一个大的系统中,局部要素都在整体中找到相应的位置。我们熟知《考工记》中的"天有时,地有利,材有美,工有巧,合此四者,然后可以为良",描述的就是局部对整体的影响,一种整体系统的造物思维构架。

2. 传统文化认知关系分解

我们可将文化认知关系分为"知物"、"造物"、"用物"三层。"知物"取决于个人文化构建和赏析能力,甚至是形而上的哲学思辨,是在社会价值观念和文化场域影响下的一种形态认同。原始社会人类对于自然的崇拜观念伴随着人类意识的自觉,转变为对祥瑞图腾的崇拜和儒道教义的崇尚,表现为圆融隐忍、相生相克的超然物外的精神意向。李砚祖曾提到"智者创物",由此形成了智者、巧者与百工三个不同的人事阶层。"智者创物"的思想具有明显的时代局限性,是当时占统治地位的思想在设计中的反映。在文化认知关系的分析基础上,可以进一步延伸出美学意境的总结。宗白华提出"错彩镂金"与"芙蓉出水"两种传统设计美学意境。而将不同的美学意境对应皇家贵族、文人雅士等不同阶层的实际需求,这与我们当今强调的"以用户为中心"的设计方法不谋而合。

3. 设计制度规范约束

设计造物过程中不但注重人机关系,同样注重调节人与人的关系、不同行业的利害关系。典型的行会产生于隋唐,最初源于街巷的贩卖商铺,到宋代形成了体系。为了调整同业关系,保护同行利益,协调与上层的关系,同业或相关行业联合起来组成行会,这种行会带有地域和行业两重性。明清以后,行会进一步发展到会馆、公所,组织也更为严

密,订有行规、业规、帮规等制度,形成一种垄断势力,清末期日益衰落。这一切都在无形中规范着传统设计造物的发展和行业市场的销售规范。

4. 传统造物技艺细分

技艺是人与术的关系。"术"指一种技巧,是材质、工艺、技术的综合,体现了人通过对材料的理解和操作以达到合目的性的高度。提到造物技艺不得不提"材美"与"工巧"的原则,巧妇难为无米之炊,所谓"材美",是对材料质地、品性的选择性,要求对材料的特性有科学的认知。"工巧"则包含主体创造性的把握,要求造物主体对"美材"予以"巧"治,即常谓的"适材加工"。但这里所说的"巧"有辩证性,既强调适材加工的材料依赖,也有工匠的娴熟技艺,同时也以消解独立创造性为前提,强调改造物的品性融于自然本身。

四、传统文化融于现代创新设计的转化方法

1. 设计思维置换重塑

"设计思维"这个词始自20世纪80年代,随着人性化设计的兴起而引起世人的瞩目。Peter Rowe 1987年出版的《设计思维》首次引人注目地使用了这个词语,它为设计师和城市规划者提供了问题解决的依据。

笔者认为传统设计思维的置换可被分为三层:一是基于人类文化积淀的传统造物深层理解,属于认识置换,要求我们把对传统设计的认识不是简单停留在对熟识符号拿来就用的表层上,而是选取经过提炼过的传统符号,巧妙对接到现代人的实际需求中。

2. 意境再现营造方式

"意境"是中国传统美学范畴内的重要概念。意境是属于主观范畴的"意"与属于客观范畴的"境"二者结合的一种艺术境界。"意"是情与理的统一,"境"是形与神的统一。在两个统一过程中,情理、形神相互渗透,相互制约,就形成了"意境"。笔者所阐述的意境不单是传统审美文化的道境(该概念可参见拙文《传统文化的可持续设计——以生活用品设计为例》,《创意与设计》2012年第1期)和美境,而是结合传统文化语境和当代使用情境的意境营造,落实到具体再现方式上又可分为三种情况:

(1) 形制相似性构建。这方面主要是基于物本身的局部借代拼接、元素解构重构等方式从而形成陌生化体验的设计。如图3所示,法国设计师 Mathieu Lehanneur 为设计品牌 Lexon 量身定做了一款收音机的外观设计,手工编织的藤条与银色的塑料外壳完美结合,圆弧的流畅轮廓让人眼前一亮。利用喇叭表面的织网结构与传统藤编形制结合,局部采用传统材料拼接对称,收音机配有天线方便用户接收信号,标榜着它的现代设计气息。

图3 Lexon 收音机作品

元素的离散重构则是将传统造物的各部分拆解提取,保持核心部件后的形态再塑。另有毕业于罗德岛艺术设计学院的工业设计师 Louie Rigano,用和纸、竹子制作了扇子灯"Fan Lamp"(图4)。该设计采用了和传统折扇同样的原材料,只是将竹子稍作弯曲处理,就形成了这款颇有东方韵味的扇子灯。

图4 Fan Lamp

(2) 功能应用性对接。这里不单是功能和形式的相互转化,更是物境的转换,是物态和动态的巧妙对接。如图5所示,上海"融设计"为有机农产品品牌"丰番农品"所做的传统文化气息的包装设计——"年年有鱼"米口袋,除了有传统祝福谚语的吉祥意味,功能上还借鉴了传统物件褡裢,中间自然地就变成把手,将拎鱼的动态与提拎米袋的动态生动地结合,这件包装设计不禁让人回味起某种打鱼回家

图5 "年年有鱼"米口袋

图6 创意火柴

的丰收景象,带有情趣化的使用情境体验。

（3）文化情感性唤醒。这类设计相对缺乏前两者"巧妙对接"的虚实转化,在设计中多表现为一种文化创意产业的再生和价值再造,多为将传统图案、图形通过现代印刷技术附着于不同物品之上,成为文化表征品。比如,上海田子坊等文化复兴展区的创意产品（图6）,创意火柴集中表现为将具有一定文化背景的插图印刷在盒体上。这里所谓的意境再现不是基于技术或是产品使用功能的创新,而是产品附加值的构建。

3. 设计制度系统配置

传统设计制度可分为造物形制本身的规格尺度和受制于中央集权的监工管理制度体系。从理解消费者的角度来解析《考工记》所蕴含的设计制度理念萌芽,我们可将与设计流程相关的各管理要素分为四类:人、行业、技术、社会。

《考工记》中记录的人士阶层分为三种:智者、巧者、百工。现代设计流程所说的"人"包括设计师、消费者、使用者、中介者、商人、活动或利益相关者等。另外,现代行业制造有比传统更严谨和复杂的行业规范,例如建筑规划设计需要有相应的资质凭证,任何从事设计作业的加工行业都有配套的设计流程和加工工序,这其中不可缺少任何一个环节。

技术层面的设计制度在过去受到加工工艺的制约。当然,当今的设计更是要依托技术的发展和推进。

设计必须被当时、当世所接受,被社会所消费,这是设计本身的目的性决定的,也是设计师把用户研究摆在设计前端的原因。

4. 技艺传承价值革新

伴随着现代机械化造物对行业的整合,以及分部件加工对传统一条龙行业的冲击,原有的单一技艺无法独立满足个体生产和附加加工的系统化方案实施,甚至有些造物方式已经不适宜当代社会的生产需求。为了延续有创造价值的技艺,要着眼于现代技艺高度和设计需求,结合传统技艺当代实用性延续和价值转化。这可分两部分展开:

（1）实用技艺的解构提取。技艺提取强调围绕造物过程的核心元素，将传统设计技艺和加工材料分解，分为材质提取和技法提取。中国传统生活中，竹工艺一向扮演重要角色，以前就被制作成与生活息息相关的农具、篮子、建筑及生活用品。文化及技艺需要更多的交流及沟通才能持续创新，古今中外对于竹的再设计不胜枚举（图7）。图8为日本传统漆器工艺品牌与知名钟表制造商共同打造的"Mtiers d'Art La Symbolique des Laques 莳绘"腕表系列，代表东西两大工匠传统工艺相交融的无限可能性，是传统技术与现代制造加工行业的完美对接。

图7　竹灯

图8　"Mtiers d'Art La Symbolique des Laques 莳绘"腕表系列

图9　传统家具装饰部件

（2）象征技艺的价值转化。关于技艺象征意义的转化更多提及的是文化遗产保护和当代价值的演化。曾在中国有几千年历史的传统家具五金配件作为古典家具结构与装饰艺术中的一个重要组成部分（图9），工艺考究，造型也很丰富，为传统家具尤其是明清家具增添了不少光彩。拉手，"握住"金龙和仕途；箱扣，"套住"幸福和长寿。在现代环境中，传统五金拉环褪去了原有的实用功能，可被作为吉祥装饰装裱在相框内，作为馈赠礼物或者是墙面装饰，可以说实现了原始造物由实用功能向现代文化象征的价值转化和跨越延伸。

五、结　论

本文以物质的可实现化和非物质的可感知化为主旨,围绕物理逻辑、行为逻辑、文化逻辑贯穿展开论述。一切设计似乎都是在寻找各方的结合点,诸如物质与意识的结合、人与自然的结合、材料与功能的结合。

传统文化的设计转化受制于多种因素:历史的、民族的、地域的、时代的、技术的,等等。当下,设计的发展在前进中制定规则,设计概念的嬗变使得人们对于设计的理解和实践不断发生变化。要打破对传统设计概念的原有认知,需要我们在动态创新中不断整合有效方法和多种资源来实现。

参 考 文 献

[1] 阴法鲁.中国古代文化史[M].北京大学出版社,2008.
[2] 夏燕靖.中国设计史[M].上海人民美术出版社,2009.
[3] 胡飞.中国传统设计思维方式探索[M].中国建筑工业出版社,2007.
[4] 张凌浩.符号学产品设计方法[M].中国建筑工业出版社,2011:251.
[5] 熊嫕.器以藏礼——中国设计制度研究[D].中央美术学院,2007.
[6] 曾曦.中国古代设计思维方式的再辨析[J].艺术教育,2010(9):136.
[7] 李砚祖."材美工巧":《周礼·冬官·考工记》的设计思想[J].南京艺术学院学报(美术与设计版),2010(5):78－81.
[8] 王方良.《考工记》设计管理思想探究[J].电影评介,2006(8):104－105.

（作者单位:江南大学设计学院）

全面深化改革

江苏新机遇·新思考·新探索

下

江苏省哲学社会科学界联合会 编

江苏省哲学社会科学界第八届学术大会论文集

苏州大学出版社
Soochow University Press

图书在版编目(CIP)数据

全面深化改革：江苏新机遇・新思考・新探索：江苏省哲学社会科学界第八届学术大会论文集：全2册/江苏省哲学社会科学界联合会编. —苏州：苏州大学出版社,2015.7
ISBN 978-7-5672-1323-4

Ⅰ.①全… Ⅱ.①江… Ⅲ.①哲学－学术会议－文集②社会科学－学术会议－文集 Ⅳ.①B-53②C53

中国版本图书馆CIP数据核字(2015)第149581号

全面深化改革：江苏新机遇・新思考・新探索
江苏省哲学社会科学界第八届学术大会论文集
江苏省哲学社会科学界联合会　编
责任编辑　董　炎

苏州大学出版社出版发行
(地址：苏州市十梓街1号　邮编：215006)
苏州工业园区美柯乐制版印务有限责任公司印装
(地址：苏州工业园区娄葑镇东兴路7-1号　邮编：215021)

开本 700 mm×1 000 mm　1/16　印张 38.75　字数 687 千
2015 年 7 月第 1 版　2015 年 7 月第 1 次印刷
ISBN 978-7-5672-1323-4　定价：80.00 元(上下册)

苏州大学版图书若有印装错误，本社负责调换
苏州大学出版社营销部　电话：0512－65225020
苏州大学出版社网址　http：//www.sudapress.com

说　明

　　为深入学习研究宣传党的十八大，十八届三中、四中全会和习近平总书记系列重要讲话精神，贯彻落实省委十二届六次、七次、八次全会精神，营造全面深化改革的良好思想理论氛围，促进哲学社会科学理论学术创新，省委宣传部和省社科联共同举办江苏省哲学社会科学界第八届学术大会，学术大会系列活动从2014年10月正式开启，一直延续至2015年2月上旬结束。

　　学术大会主题为"全面深化改革：江苏新机遇·新思考·新探索"，先后举办了8个学科专场、4个学术聚焦、4个区域专场、1个学会综合专场等17个系列活动。2015年2月9日举行第八届学术大会高层论坛，把学术大会推向高潮。

　　学术大会收到论文6000多篇，参会人员达7000人次。期间，有18位外省知名专家、85位省内专家做了主题演讲，253位学者做了学术交流发言，60位专家做了精彩点评。大会研讨内容非常广泛，既有马克思主义中国化最新理论成果的研究阐释、学术前沿问题的讨论争鸣、国际学术前瞻的跟踪借鉴，也有江苏区域研究的战略思考、地域特色的人文探讨。学术大会较好地做到了理论与实践、基础与应用、研究与宣传的有机结合，生动展示了江苏社科强省建设的显著成效。

　　为更好地反映学术大会的会议成果，经过专家评审，择优选出82篇论文汇集成册，正式出版。

　　由于编辑时间比较紧迫，我们在文章的遴选、文稿统筹等方面，难免有疏漏和不足，敬请批评指正。

目 录

第四篇 社会、文史、艺术、教育

社会救助体系的历史变革、发展现状与政策设计
　　——基于江苏省的调查 ………………………… 秦 岭 3
新媒体语境下公共危机事件舆论生成机制与政府应对策略研究
　　…………………………………………………… 肖 泉，等 10
多维视角下的新型城镇化内涵解读 ……………… 段进军 殷 悦 17
邓小平与苏州古城保护 ……………………………………… 张原诚 23
社区的社会如何可能
　　——基于中国五城市社区的再研究 ……………… 闵学勤 29
推进基层社会治理实践规范化建设的思考 …………… 张 明 37
新型城镇化尚需健全环保公众参与机制 ……………… 宋言奇 44
论社会新媒体使用的价值判断、行为选择及其习惯性影响
　　　　　　　　　　　　　　　 费 坚 胡 涛 陈景岭 50
从"治理社会"到社会治理的历史新穿越
　　——中国特色社会治理要论：融国家治理、政府治理于社会治
　　理之中 ………………………………………… 乔耀章 56
社会记忆与社区融入：理解城市社区中随迁老人的二维视角
　　………………………………… 张新文 杜春林 赵 婕 63
江苏人口老龄化：现状、趋势、影响及对策 …… 黄健元 王 欢 71

以生态权利的确立和保障为引领推进我国生态文明建设
………………………………………………… 白 璐 孔维军 80

论社会转型风险中国家治理能力现代化的建构逻辑
………………………………………………………… 赵欢春 86

从敦煌壁画看佛教教化对当代价值观教育的启示
………………………………………………………… 文苑仲 93

话语转向：文学理论的历史主义归趋 ………… 姚文放 101

镜像中的他者
——中国转型时期电视剧女性形象批判 ……… 李佩菊 107

苏北江淮方言字音释 ……………………………… 叶正渤 116

雍乾学人群体与清代词学复兴的进境 …………… 曹明升 125

上海沦陷时期路易士诗歌论 ……………………… 李相银 132

论"中"：泰州学派王艮美学范畴研究 …………… 黄石明 139

行体乐府四题 ……………………………………… 王福利 145

唐传奇《裴航》笺证 ……………………………… 宋斌 152

江苏书画艺术"走出去"的难点与突破路径研究
………………………………………… 陶小军 楚小庆 158

动态景观艺术产业与技术可行性研究
………………………………………… 郑德东 Gert Groening 164

从出土材料看南朝绘画
——以刘宋元嘉二年石刻画像与敦煌本《瑞应图》为中心讨论
………………………………………………………… 王菡薇 172

商业空间视觉设计中的修辞分析
………………………………………… 李玉波 朱钟炎 179

图形界面的直觉化交互设计研究
………………………………………… 崔天剑 董甜甜 186

社交媒体在健康医疗领域的应用现状与前景探讨
………………………………………… 肖东娟 辛向阳 194

扬州市新型城镇化路径探讨 ……………………… 李晓琴 200

设计符号学理论下应对噪音干扰的产品设计方法研究
································ 褚鹏 吴琼 214
从唐三彩纹样解析我国唐代的绞缬艺术
···························· 刘素琼 高卫东 梁惠娥 220
本土品牌标志形象设计创新探析
································· 陈新华 刘菲菲 230
基于历史文化视角的常州城市性格研究
···························· 黄启发 王维倩 王冬梅 235
空间生产视角下的文化遗产开发模式研究
——以南京民国文化遗产为例 ········· 姜照君 顾江 241
社交媒体视域下的社会治理研究
——以南京市为例 ················ 华彦玲 申雨鑫 250
大学内部治理的关键自变量 ················ 曹叔亮 256
高校学生群体性事件风险评估系统的构建
······································· 崔玉平 263
中国教育信息化战略规划的世纪变迁 ············ 王运武 273
美国高校创业教育课程建设路径 ········ 张卫民 母小勇 281
特殊教育教师职业认同与工作满意度的调查研究
··· 柴江 287
协同创新视角下的高校文化环境特征分析
································· 胡纵宇 毛建平 295
高校教师教学能力评价机制优化研究 ············ 何静 301

第四篇

社会、文史、艺术、教育

社会救助体系的历史变革、发展现状与政策设计
——基于江苏省的调查*

秦 岭

摘 要 我国社会救助制度经历了计划经济和市场经济两个不同的发展阶段,它对于保障城乡困难群体的基本生活、维护社会稳定等方面起到了十分重要的作用,也取得显著成绩。但无论是道义性救助还是制度性救助都还存在不少问题。尽管江苏省社会救助工作由以往的政策举措性传统方式正在转向以体制机制设为重点的轨道,但仍然存在着一些问题。因此,建立更加完善的覆盖城乡的社会救助体系制度赢利不容缓。

关键词 社会救助 历史沿革 制度变迁 政策设计

实施社会救助是建设美好江苏的社会基础。省长李学勇在省第十二届人大第一次会议上指出:"今后五年,是江苏全面建成更高水平小康社会、开启基本实现现代化新征程的关键时期",并且将"完善社会救助体系"列为2013年的工作目标。从2007年起我省已开始建立覆盖城乡的社会救助制度,国家和省也出台了不少有关社会救助方面的政策,但缺少与"社会保障全民覆盖"相衔接与配套的救助政策与法律法规。"社会保障全民覆盖"是建设美好中国的重要基础,作为一项民生工程,要想起到良好的作用,必须要考虑其政府政策的制定,如目前还没有《社会救助法》、《最低生活保障法》等国家层面的法律,同时我省也缺少与目前现有政策相衔接和配套的政策,因此,更需要通过理论研究为政策的制定提供理论支撑和实践依据。

一、我国社会救助制度的历史变革

1. 计划体制下的道义性救济

新中国成立之后,党和政府始终把解决群众困难放在突出重要的位置,高度重视社会救助工作。在国民经济恢复和社会主义改造时期,

---

* 本文为江苏省社会科学研究学会专项课题(项目编号:13SXH-070)的阶段性成果。

面对数以万计的民众遭受贫困、饥饿、瘟疫和死亡的威胁,1950年4月,中央人民政府在财政非常困难的情况下,拨出大量的粮食和经费,对不同类型的困难群众给予不同的救济,使挣扎在死亡线上的人员有吃、有穿、有住,摆脱了死亡的威胁。国民经济恢复后,随着整个国家经济形势的发展变化,社会救济工作开始由突击性的紧急救济走上了经常化、规范化的轨道。在进入全面建设社会主义时期,城市有劳动能力的人员在国营或集体单位就业,享受吃、住、医等多方面的福利待遇,形成了就业与保障一体化的单位保障制。农村农民的生老病死残主要由家庭和生产队负责,国家也下拨大量救济款物,救济农村贫困户。这个时期,社会救济工作的一项重要创新和发展就是农村"五保"供养制度的建立,其标志是1994年《农村五保供养工作条例》的颁布与实施。这一阶段,农村中的孤寡老人得到较好救助,并通过"保吃、保穿、保住、保医、保葬(保教)"的供养方式来满足他们的基本生活需求。

回顾这一段历史,党和政府尽管对城乡贫困人群实施不同程度的社会救助,也取得明显成效,但存在的问题仍很明显,主要是社会救济经费的增长尚未与国民经济的增长同步,社会救济标准偏低,且不带有社会保障意义。

2. 市场体制下的制度性救助

21世纪以来,国家相继颁布和实施《城市生活无着落的流浪乞讨人员救助管理办法》、《农村五保供养条例》等法规,2009年10月1日开始施行《城市居民最低生活保障条例》,至目前为止,已初步形成社会救助法律体系。2008年,温家宝总理在十一届全国人大一次会议上宣布,中国城乡社会救助体系已基本建立,这个体系以城乡低保制度为基础,以农村五保供养制度、灾害紧急救济制度、医疗救助、流浪乞讨人员救助为主要内容,以住房救助、教育救助、司法援助制度相配套,以临时救助制度为补充,与慈善事业相衔接,从而使得社会救助从此步入法制轨道,社会救助资金的筹措机制日渐健全,救助资金有了可靠的政策支撑。2012年年底,全年各级财政共支出城市低保资金674.3亿元,比上年增长2.2%;全年各级财政共支出农村低保资金718.0亿元,比上年增长7.5%。

尽管覆盖城乡的社会救助体系已经形成,但国家履行的义务仍存在如下不足:一是救助群众数量庞大,城乡差距开始扩大,从2005年起,城乡最低生活保障人数呈剪刀状,且从2010起,这一差距急剧扩大

(见下图);二是救助措施设计不科学,救助资源配置欠公平;三是救助资金筹集机制不合理,基层政府负担过重。

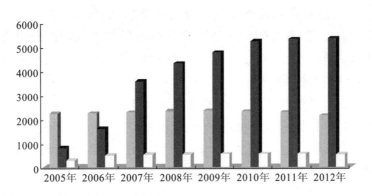

数据来源:2012 年社会服务统计公报,民政部网站,2013 年 6 月 19 日。

二、对我省社会救助现状的分析

经过多年不懈努力,我省已初步建立起以最低生活保障、农村五保供养为基础,以医疗救助、住房救助、教育救助、灾害救助、特殊困难残疾人救助、临时救助等专项救助为辅助,以慈善援助、社会帮扶为补充的广覆盖、多层次、斜坡式的社会救助体系。据江苏省民政厅与国家统计局江苏调查总队联合调查结果显示,目前,我省困难群众的生存权益已经得到保障,社会救助水平已接近国际公认标准。同时,在制度设计和实务操作层面打造了不少具有江苏特色的新亮点。

1. 政策性救助逐步向机制性救助转变

以全面建立城乡低保标准增长机制为标志,江苏社会救助工作由以往的政策举措性传统方式转向以体制机制建设为重点的新路子。改变了以往主要由部门协商、领导裁定的传统决策形式,实行了与城乡居民人均收入水平直接挂钩、同步增长的新途径。从 2013 年 7 月起全省全面提高城乡低保标准,做到"三个不低于",即城乡低保标准不低于当地上年度城镇居民人均可支配收入和农民人均纯收入的 20%,城乡低保标准增长幅度不低于当地上年度城乡居民人均收入的增长幅度。同时切实提高城乡低保资金发放时效,城市低保资金按月发放,农村低保资金按月或按季于季度首月发放。2013 年,全省城乡保障标准分别为 437 元/月和 363 元/月,分别比 2012 年 9 月底增长 81.33%和

188.1%。按现行汇率计算,已超出1美元/人天的国际公认贫困保障标准线。

2. 补缺型救助制度逐步向适度普惠型福利制度转变

近年来,江苏省按照让全省人民共享改革发展成果的新思路,逐步将"补缺型"救助引向"适度普惠型"福利制度转变。目前已使350万困难群体共享到"发展红利"。

一是建立了低保标准与居民收入直接挂钩的增长机制。二是不断完善优抚对象抚恤补助标准增长机制和关爱制度。江苏在全国首先建立优抚对象抚恤补助标准自然增长机制。近5年,优抚对象抚恤补助标准平均增长80%,省财政用于优抚的经费增长246%。三是启动了临时救助制度。2014年,省政府出台了《城乡困难群众临时生活救助办法》,将救助体系覆盖范围从绝对贫困群体拓展到相对贫困群体,如2014年春节前,省财政厅拨付2.4亿元,对全省城乡240万贫困人群进行生活救助。四是健全了社会救助管理"联席会议制度"。省政府决定,各级政府建立以政府分管领导为组长,民政、财政、劳动、卫生、教育、司法、工会、妇联、残联等部门参加的"联席会议制度",明确联席会议的主要使命是及时研究制定和协调救助政策,确保救助政策的统一性,保证救助公平、公正。目前,"联席会议制度"已覆盖全省。

3. 政府一元救助逐步向政府、社会多元救助转变

近5年是江苏民生事业投入最多、发展最快的5年,也是困难群众得实惠最多的5年。首先各级政府不断加大公共财政支撑力度。近5年,全省在低保专项补助上已累计安排资金10.7亿元,并以每年20%的速度增长;2013年,我省共安排城乡低保省级补助资金21.18亿元(含中央6亿元);省政府连续3年拨款4.38亿元实施"关爱工程",市级以下政府自筹5.22亿元。其次,体现在社会的广泛响应和参与上。以推动慈善和福利彩票发行事业健康快速发展为主抓手,社会互助在新型社会救助体系中的重要辅助和补充功能日益彰显。目前,慈善机构已覆盖全省各市县,并向乡镇延伸。

21世纪以来,我省社会求助体系尽管已日臻完善,但仍然存在一些亟待解决的问题:社会救助工作难以适应建立和发展社会主义市场经济体制的要求,救助对象家庭经济状况难以准确把握,社会救助政策不能从根本上解决受救助对象贫困问题,基层民政队伍建设不能适应新形势下社会救助要求等。

三、完善覆盖城乡的社会救助体系制度设计

1. 突破单一"输血救助"模式,实现救助方式的多样化

目前,我国对贫困人口实施救助主要以物质形态出现,这属于被动式的救助方式。而解决城乡贫困人口问题的关键则在于为有劳动能力的贫困人口脱贫提供就业援助,重点是提高贫困人口的综合素质特别是就业技能。首先,建立规范的职业教育培训制度,提高受救助者的脱贫能力。各级政府应针对城乡贫困人口的自身能力,对其进行针对性的分类职业教育培训,提高其就业能力;要根据用工单位的不同需求,开展定向培训。要充分利用各种社会资源,鼓励社会力量的参与。其次,实施政策支持与资金扶助相结合,合理引导就业,支持自主创业。各级政府要加强对城乡贫困人口的就业引导,在政策和资金扶持上给自主创业者以大力支持,充分发挥自主创业者的优势和潜能。再次,要为城乡贫困人口就业提供信息咨询、择业指导、就业技能辅导、政策解释等服务。大力开发面向居民生活服务和社区公共管理服务以及清洁、绿化、社区保安、公共设施养护等公益性就业岗位,以扩大贫困人口的就业面。

2. 探索建立低收入家庭经济状况核对机制

针对救助对象家庭经济状况难以准确把握这一现实,积极探索建立低收入家庭经济状况核对机制势在必行。一是加强政府组织领导,建立核对工作综合体系。以县为单位,建立社会救助对象家庭经济状况核对领导小组,负责制定相关政策和措施,协调各相关部门工作,同时成立"城乡居民家庭经济状况核对信息中心",提供公民工资、存款、股票、车辆、房屋、遗产等收入信息,为有关部门提出的家庭经济状况核对申请提供权威解答。二是整合部门信息资源,打造数字化核对平台。民政部门可借助经济和信息化委员会"低收入家庭经济状况信息比对管理系统"平台建设,调取相关部门建立的公民信息,如住房和城乡建设部门有关公民房产、房产交易、房产出租等信息;人力资源和社会保障部门有关社会保险费交纳和社会保险金领取等信息;公安部门有关户籍和机动车辆拥有信息;税务部门有关个人征税、交纳情况信息;住房公积金管理中心有关住房公积金交纳和使用信息;工商部门有关工商经营活动及其经营活动的收入信息;交通部门有关客运车辆驾驶员的收入信息;银行等金融部门有关个人银行存款、股票红利等金融性资产收入信息;其他涉及的相关部门均有提供相关比对信息的职责和义

务。三是重点加快乡镇(街道)社会救助管理和服务网络建设,建立健全救助信息数据库,形成省、市、县、乡镇(街道)、村(居)委会五级纵向贯通、部门横向互联的救助信息共享机制;同时,强化责任制,建立村(居)初审、乡镇(街道)复审、县(区)审核、市级抽审等机制,以确保核对数据之准确。

3. 建立和推进多元主体参与社会救助制度

政府是社会救助的主体,但是并非是唯一主体,应建立各级政府、社会组织、企业等多元主体参与社会弱势群体救助和帮扶制度。一是各级政府要为城乡贫困人口就业援助提供制度与资金保障。对吸纳城镇贫困人口就业的企业从税收减免、资格准入等方面给予政策倾斜与支持,支持和规范慈善团体、相关基金会等社会资本参与城镇贫困人口就业援助,对城镇贫困人口自谋职业和积极就业的进行奖励。同时,对于城镇贫困人口实现真正意义上的就业后,要实施救助渐退政策。二是认真组织实施政府购买社会服务活动。现阶段,全省各地均先后出台实行政府购买社会组织服务的指导意见,据此,我们在着力健全和完善政府公共服务体制机制,落实相关配套政策措施,强力推行向社会组织购买服务的同时,也应采取相应措施,积极培育与规范社会组织,使之成为合格的政府购买公共服务的供应方。三是广泛动员社会资源参与社会救助。对参与社会救助的企事业单位和个人,给予足够的税收抵免等优惠政策;充分发挥慈善机构等社会组织开展扶危济困活动的积极性。同时整合社会救助力量,形成科学有效的社会救助制度,极力避免过度救助、过度福利与救助不足并存的不合理现象。

4. 以农村低保救助为重点,促进社会救助制度的完善与公平

我国是一个农民占绝大多数人口的发展中国家,因此,农村中的贫困群体便成为我国社会救助对象的主体。一是省市财政应加大对贫困地区农村低保资金救助力度,保证制度公平。通过省市财政对农村低保资金投入的制度化,逐步提高和稳定救助力度和保障水平,分类分地区投入,平衡全省的低保待遇。二是各地制定科学合理的最低生活保障线,凡是在低保标准线以下的农村居民应尽数列入救助范围。三是切实做好农村低保与扶贫政策的衔接。根据国办发〔2010〕31号《关于做好农村最低生活保障制度和扶贫开发政策有效衔接扩大试点工作的意见》中的要求,"实现'低保和扶贫'两项制度的有效衔接,充分发挥两项制度的作用",在资金供给上灵活调整在两项制度上的比重,结合各

地区的实际情况,调整两项制度的实施范围和力度,惠及更多需要保障的农村贫困群体。四是从法律角度对农村低保制度进行定位,提高制度效率和制度刚性,保障制度的有效和规范运行,确保地方政府在事权、财权上相关政策的兑现。五是加强监督和动态检测,重视对低保制度的实地绩效考察和评价。

(作者单位:扬州市江都区委党校)

新媒体语境下公共危机事件舆论生成机制与政府应对策略研究

课题组负责人：肖 泉

课题组成员：李金宝、肖学亮、顾理平、魏 赟、李 蔚、朱韵怡

摘 要 近年来，中国群体性突发事件呈多发、频发趋势，涉及社会公共安全的意外事故和灾害性事件也同时增加。虽然在各类危机事件面前，我国各级政府能够迅速决策并强力处置，政府形象在危机事件处理过程中得到一定提升，但由于受我国特有的传统文化基因和新媒体语境的影响，在公共危机事件面前，群情容易激愤，理性相对缺乏，给政府处置工作带来越来越大的困难。因此，如何有效化解新媒体语境下的公共危机、维护政治社会稳定，是当前我国各级政府所面临的重大课题。

关键词 新媒体语境 公共事件 政府 应对策略

近年来，中国群体性突发事件呈多发、频发趋势，涉及社会公共安全的意外事故和灾害性事件也同时增加。虽然在各类危机事件面前，我国各级政府能够迅速决策并强力处置，政府形象在危机事件处理过程中得到一定提升，但由于受我国特有的传统文化基因和新媒体语境的影响，在公共危机事件面前，群情容易激愤，理性相对缺乏，给政府处置工作带来越来越大的困难。因此，如何有效化解新媒体语境下的公共危机、维护政治社会稳定，是当前我国各级政府所面临的重大课题。

一、新媒体语境对公共危机事件的影响

随着越来越多的公众以网络为接受信息和传播信息的重要渠道，新媒体语境已然客观存在。新媒体与传统媒体一起构成的社会语境，呈现出新的传播特点。

1. 公共危机事件容易成为媒介事件

公共危机事件本身所具有的破坏性特点及其对社会的重大影响，使其具有极强的新闻价值和舆论价值，很容易成为媒体和社会关注的

焦点。对于很多危机事件来说，从原初具有的典型性和公共价值来看，它们或许并不具有标本意义，但由于其中的某些因素可能具有悖谬性、荒诞性或可供深度阐发的特性，而获得网民的注意，经过网民大规模群体推动，成为社会关注的"媒介事件"。在网民这里，诸如法官嫖娼等一些具体事件具有可供深度阐释的符号学意义。网民们积极在网络上发帖、转帖，在网上形成庞大的舆论景观。网民具有丰富的创造性，能够以多种话语表达方式对公权力进行调侃。当这些事件在网络上被人知晓，引起公众关注之后，便具有重要的新闻价值，继而能够得到更多的传统媒体关注，被报道出来、扩散出去。[1]

2. 公共危机事件容易滋生谣言风暴

公共危机发生后，它往往会打乱正常工作生活秩序，甚至对公众的生命财产造成威胁。常态破坏，不确定性增加，就会造成公众心理恐慌，生产出各种谣言。在新媒体语境下，公共危机事件发生时，谣言借助互联网又呈现出集中爆发、"病毒式"扩散、几何级数增长的特点。其中最主要的原因有：① 社会转型时期的结构性矛盾为谣言产生和扩散提供了外部条件；② 权力部门信息不透明和社会诚信机制缺失是谣言产生扩散的直接原因；③ 政府信息管理工作的滞后助长了谣言的传播扩散；④ 媒介生态环境的变化是谣言传播扩散的平台。与民众生活关系紧密，谣言的流传程度就更大。[2]当前，也出现另外一种情况，就是通过制谣、传谣，故意放出不实消息，倒逼政府及部门出面澄清，以期验证。这类谣言如果被公众误听误信，危害极大。研究表明，谣言风暴的"萌芽—高潮—衰落—拖尾"生命周期与危机事件呈现高度一致。[3]

3. 公共危机事件容易产生集合行为

集合行为（Collective Behavior），又译作"聚合行为"或"聚群行为"，是在人们激烈互动中自发发生的无指导、不受正常社会规范约束的众多人的狂热行为。在危机事件中，社会成员可以分为三个不同的部分，即运动的"参与者"、运动的"反对者"和"旁观者"（也就是"非直接利益者"）。公共危机事件的参与者和"反对者"往往主观地认为自己知悉了足够的信息，面对政府和媒体的舆论引导时容易进行"对抗式解读"或"协调性解读"。在相当一部分危机事件中，参与其中的大多数人与危机事件没有直接利益关系，之所以"参与"其中，或仅仅抱着"观看"的态度，或是同情事件"参与者"，或是存在跟此事件以外的利益相关事件，借此发泄不满，给相关部门施压。在新媒体语境下，公共事件的这种群体极化非常明显,原已存在的倾向性通过相互作用而得到加强,使原有观点朝着更极端的方向发展,即保守的会更保守,激进的会更激进。

二、公共危机事件的舆论生成机制

传统政治学和舆论学认为,舆论是一种"社会合意",它的产生是依照"问题出现→社会讨论→合意达成"的一个理性过程。[4]纵观危机事件的发展及危机事件的舆论传播,公共危机事件通常与舆论相伴相随。从整个传播链条来看,公共危机事件的舆论生成机制,包括舆论触发机制、传播机制、引导机制三方面内容。

1. 公共危机事件的舆论触发机制

相对于特定事件而言,舆论有先导性舆论和后起性舆论。有些公共危机事件在初始阶段并不具有公共性和重大性,而是在某一时间节点上发生急遽变化并演变为重大公共危机事件。在这个过程中,初始事件作为导火索引爆新媒体语境中的舆论,新媒体语境中的舆论又作为催化剂使事件的影响严重程度加剧。舆论触发的作用机理是既可能有外在因素对事件进行撞击,同时也可能有事件的内在因素及由此引发的社会心理因素助推了舆论的聚变,内在因素和外在因素共同发挥着作用。在新媒体语境中,重大公共危机事件的舆论触发,一般来说有赖于以下条件:首先,有可以作为议论或"围观"对象的事端、事件;其次,参与议论、"围观"者的相应行为有一定的保障;最后,广大公众方便地掌握参与形成和传播舆论的技术手段。[5]在新媒体传播世界里,传播者的身份并不重要,重要的是传播的内容是否具有分享意义和社会穿透力。

2. 公共危机事件的舆论传播机制

与传统媒体的舆论传播线性路径和圈层式受众覆盖不同,以网络为主的新媒体语境下的舆论传播呈现的是非线性的散播路径和交叉、重复、叠加式传播覆盖,具有传播爆炸性特点。可以说,在新媒体语境中,作为新兴媒体的互联网和新传播形态的微博微信,已经具备超强的舆论发酵能力和舆情催化能力,舆论完全可在极短时间内被触发和引爆。从网络曝光到网络公共舆论的产生,实质上是与曝光事件有关的信息在网上的传播扩散过程,曝光事件的扩散范围在一定意义上决定了网络公共舆论的强度。网络公共舆论的产生源于揭发者对某一特定"焦点事件"进行了曝光。在网络曝光中,网络舆论对应的一般程序是:

网络曝光—网络传播—网络公共舆论兴起—政府应对—政府追责。在应对网络曝光的整个流程中，政府（组织）处于比较被动的地位。首先，就事件的线索而言，网络曝光的很多信息都是政府（组织）始料不及的，很多信息是网民通过"人肉搜索"突然暴露在公众面前，并且这些信息的真伪有待政府（组织）进一步核实确认；其次，在网络公共舆论的形成过程中，政府（组织）处于被动地位。再次，在网络公共舆论压力下，政府（组织）部门"不得不"做出回应，"不得不"查清事实真相，"不得不"做出相关决策。[6]

三、多元化公共舆论生态与政府舆论引导策略

自20世纪80年代以来，西方学者对重大公共危机事件相关信息传播造成的社会恐慌、失序等严重后果进行了研究，并对重大公共危机事件相关信息管理与传播策略颇为关注，后来逐步发展成为危机传播理论体系。其中较有代表性的理论有：格鲁尼格和亨特提出的"优化理论"、伯诺伊特提出的"形象修复"理论。与西方发达国家比较而言，我国是从相对传统的社会一步跨入充分开放的信息社会的，思想准备不够充分，社会管理能力欠缺，更加需要我们对公共危机事件舆论引导加强研究，并将中外优秀研究成果运用于公共危机处置的实践之中。

1. 区别对待三大舆论场，牢牢掌握舆论主导权

在突发公共事件的处置中，政府执行力与舆论话语权存在着内在必然联系与高度的交互性。舆论话语权是舆论形成影响力、控制力、规训力，展现的是舆论的话语权力。当危机事件发生以后，现实中会存在三个并不完全重合的"舆论场"：一个是政府通过现场处置、现场公告、新闻发布会等正式官方渠道所力图营造的"政府舆论场"；一个是报纸、电台、电视台和网络等新媒体通过新闻报道和相关评论所形成的"媒体舆论场"；一个是人民群众获知事件后，口口相传、私下议论形成的"民间舆论场"。"三个舆论场"的划分无疑对政府改进危机舆论引导模式，具有重要的意义。

在公共危机事件的应对中，政府（组织）应高度重视议题设置，有步骤运用不同的发言方式，营造公信度高、覆盖面广、有利于化解危机的"政府舆论场"。第一，当危机事件发生后，政府应该主动、迅速地进行告知发言，表明政府对事件的关注，向公众告知目前为止政府部门获知的基本信息以及政府的基本立场和处置原则。此时告知发言的信息不

能太复杂,表明政府的原则立场即可,不需要联系事件作详细说明和分析,信息量要适当,避免过多涉及未确定的消息和传闻,这个阶段的政府新闻发言以时效性取胜。第二,当危机事件的状态初步明朗,主管部门掌握了较为明确的相关信息时,就应该进行初步的观点发言,这一步骤的作用是表明政府对危机事件的具体立场,对事件进行定性,告知政府的危机应对原则和手段,在大众媒体上设置政府的议题,适当引导社会舆论。第三,正式发言,这是突发事件传播管理中最为重要的一次发言,应该通过影响力较大的主要传播媒介进行发布,如新华社和当地的党报党台等。这是在公共危机事件状况明朗化,相关原因调查有了结果后,政府部门通过发言来引导媒体报道和社会舆论。正式发言应该由相关政府部门负责人和这个部门的新闻发言人进行。根据实际情况,如果危机事件发生或产生了各种社会传闻和流言蜚语,应通过追加发言或者评论性发言来平息流言和争议。[7]

在公共危机事件的应对中,政府应高度关注和重视"民间舆论场",特别需要重视公共事件中网络舆论危机的形成。纵观危机事件传播过程,政府网络舆论危机形成的原因主要在于政府部门对某一事件保持沉默和回应不及时,或者是政府在应对舆论中出现失误。舆情应对失误主要表现为言辞失当、姿态不当和措施失当等。政府决策部门需要特别重视网络舆论的影响,加强网络舆情监测,建立危机预警机制;实行政府信息公开,加强网络管理;重视意见领袖的作用,提高新媒体舆论引导力;增强媒介从业人员职业使命感,提高"把关意识"。

2. 遵循危机传播规律,综合运用危机新闻处置策略

危机传播是指政府、企业、组织面对危机事件所采取的旨在减少危机损坏程度的沟通信息、树立和修复形象的公关策略。在危机处置过程中满足公众知情权、接受舆论监督、掌握舆论主导权是至关重要的。针对媒体质疑和公众参与,政府不能回避,更不能屏蔽打压公众参与热情,而应沟通与互动,最终赢得公众的理解与支持。根据我们对危机事件新闻处置的观察和研究,政府通常需要综合运用以下几种策略:

(1)基于政府议程设置理论的引导策略。公共危机事件的舆论引导中,第一,要通过媒体来引导。在危机事件处置过程中,对相关舆论不封堵、不禁止,而是用好议程设置功能。在相关证据链条完整公布、舆情开始转型时,及时与重点媒体沟通,从肯定政府重视舆情、公开透明的角度,推出正面报道和评论,引导舆论。第二,要用议题来引导。在危机事件的不同阶段,利用相关议题来引导,就算是舆情平静之后,相关部门也要推出专项行动等议题,修复部门形象和政府(组织)形象。第三,通过第三方来引导。通过第三方的声音,特别是在网络上具有重要影响力的舆论领袖或行业专家发声来引导,增强信息发布的权威性。[8]

（2）基于"3T原则"理论的告知策略。在新媒体的语境下,任何隐瞒都可能会带来更大的危机。在危机发生后,政府(组织)需要以诚恳的态度进行告知,以赢得公众的理解与支持。告知策略中,可采取以下三种方式：第一是主动告知。即政府(组织)应积极、主动发布危机事态信息,以抢占事件话语权和解释"框架"。第二是全面告知。即政府(组织)应将事态的信息毫无保留进行发布。在学界,关于"全面告知"与"选择性告知"一直存在争议,该"全面告知"还是"选择性告知",这需要因时、因事、因危机情境而定,但总体说来,在新媒体语境下需要政府(组织)以最诚恳的态度进行最大可能的全面告知。第三是迅速告知。即政府(组织)应最大限度地争取时间,以最高效率发布危机信息。第一时间发现舆情、第一时间调查取证、第一时间对外发布。这里"迅速"并非一味求"快",事实的过硬和"时机"的选择同样重要。

（3）基于权力必须接受监督理论的适度策略。现代政治学理论认为,政府的权力是人民群众让渡和授予的,必须接受人民群众的监督。在突发事件发生时,人民群众对政府的监督往往更加严厉甚至苛刻,很容易导致舆论危机。这就要求政府在处理各类突发事件过程中必须格外小心,把握分寸,用好"适度"原则。一是言行适度。这里主要指参与危机处置或接受记者采访的领导干部要谨言慎行。最近几年,已有为数不少的领导干部因为言行不当而落马。前车之鉴,不可不慎。当然,领导干部谨慎,并不是要在危机中不讲话、不作为,而是要在讲话办事之前,以负责任的态度,认真思考,精心准备,讲出符合身份、有利于事件处置的话,做好维护人民群众切身利益、有利于树立或修复政府形象的事。二是警告适度。即重大突发公共事件发生后,要把事件真相及危害性告知公众,提醒民众做好防范,千万不能大事化小,麻痹民众。三是低调适度。这一条适用于非突发公共事件发源地但受连带影响的地方。

（4）基于责任政府建设理论的协调策略。随着我国经济和社会的快速发展,大量社会矛盾也在快速积累之中,这就需要各级政府必须把行政资源更多地集中到社会管理和公共服务领域。在社会公共危机发生后,政府要切实担负起处置和化解的责任和义务。具体到公共危机的舆论处置上,当前和今后一个时期,应该建立和坚持三个原则:一是统筹协调原则。即坚持事件处置和新闻报道工作同步安排、同步推进。事件处置领导机构的"一把手"应该同步担任舆论处置的第一责任人,同时要有专门负责协调新闻事务的具体责任人。对事件发生现场,要公开透明、开放有序,授权有关新闻单位第一时间进入采访。二是属地责任原则。一般性突发公共事件,负责事件处置的地方和部门是信息发布的主体责任人,要依照法律法规和有关规定,及时准确发布信息,并向当地宣传部门通报情况。三是扎口管理原则。事件处置小组要明确新闻发言人,一个声音对外,不能出现多种声音,防止部门间因缺乏沟通导致信息的相互矛盾或冲突。

参 考 文 献

[1] 史松明,袁光锋.话语的政治:网民舆论监督的实践、逻辑与反思[J].现代传播,2011(3):23—27.

[2] 尹朝晖.公共危机事件中的谣言传播与政府治理[J].郑州航空工业管理学院学报,2012(6):132—135.

[3] 孙燕.谣言风暴:灾难事件后的网络舆论危机现象研究[J].新闻与传播研究,2011(5):52—62.

[4] 郭庆光.传播学教程[M].中国人民大学出版社,1999:219.

[5] 丁柏铨.新媒体语境中重大公共危机事件舆论触发研究[J].新闻大学,2012(4):109—117.

[6] 韩恒.网络公共舆论的生成与影响机制——兼论网络反腐的内在机理[J].河南社会科学,2011(2):52—57.

[7] 张宁.公共危机事件中的政府新闻发言与议题管理[J].思想战线,2007,33(5):85—88.

[8] 罗忠政.多元舆论生态下的政府危机应对策略——以深圳"5·26"事件为例[J].特区实践与理论,2012(4):81—82.

(作者单位:江苏省政府;南京体育学院体育系;江苏省政府办公厅新闻联络处;南京师范大学新闻与传播学院;江苏省政府办公厅新闻联络处;江苏省政府办公厅秘书六处;江苏省政府办公厅新闻联络处)

多维视角下的新型城镇化内涵解读

段进军 殷 悦

摘 要 新型城镇化"新"在哪里?本文认为应体现在以下几个方面:相对于传统的城镇化,新型城镇化机制应体现在政府主导型的城镇化向市场主导型城镇化的转变;从城镇化发展的阶段性来看,城镇化应进入由"化地"到"化人"的重大转变;相对于外生的城镇化模式,新型城镇化应体现为内生城镇化模式,要特别关注城镇化的区域视角;相对于出口和投资驱动下的城镇化,新型城镇化动力应建立在消费驱动的基础上;从发展目标上来看,城镇化应由"一维"的经济目标转型到基于资源环境、社会和经济发展的"三维"目标。

关键词 传统城镇化 新型城镇化 转型

2008年欧美发达国家金融危机对世界发展产生了深刻的影响,它预示着全球经济进入新一轮结构调整中,调整过程不是短期能够结束的,因此,我国建立在出口和投资驱动基础上的外向型发展模式面临着严峻的挑战。支撑出口导向型发展模式的土地、劳动力和环境容量等传统要素的稀缺性表现得越来越突出。内外双重倒逼机制迫使我国城镇化必须转型,探索出一条具有中国特色的新型城镇化道路。新型城镇化内涵与传统城镇化相比应体现在六个方面的不同:即城镇化的新机制、新阶段、新模式、新动力、新格局、新目标。

一、从发展机制上来讲,应实现政府主导型城镇化向市场主导型城镇化的转型

"世界经济论坛"在《全球竞争力报告(2006—2007)》中,将世界各国划分为三个特定阶段:要素驱动、效率驱动和创新驱动。这是具有洞见性的战略判断。[1]第一个阶段政府起到重要的作用,政府通过压低要素价格力争竞争优势。刘守英认为:"土地的宽供应和高耗费来保障高投资,通过压低的地价来保证高出口,以土地的招商引资保证工业化,靠土地的抵押和融资来保证城镇化推进的过程。土地在这里其实是起着一个非常关键的作用,在我看来就是一个发动机的角色。"要素驱动虽说是经济发

展的必经阶段,但要素驱动的发展模式是不可持续的,因为其通过非市场行为压低要素价格而产生的不合理的竞争优势,易于导致高投入、高耗能、高污染、低效益、低附加值的粗放式的发展方式。吴敬琏指出,中国城镇化最大的问题就是效率太低,对土地的严重浪费。[2]要应对中国城镇化的低效率,地产制度一定要改革。随着人口红利、资源红利等内部要素红利的衰减,我国经济发展进入效率化和创新化阶段,政府主导的城镇化模式必须转向市场主导的城镇化模式,这是经济发展规律使然。

二、从发展阶段上来讲,应实现由"化地"到"化人"的重大转变

我国城镇化主要表现在"土地城镇化"严重超前于"人口城镇化",特别是在"九五"和"十五"期间,城镇化出现了"冒进"态势。[3]这种冒进城镇化带来了严重的资源环境问题,引发了严重的社会问题,改变了传统的城乡社会结构。许多政府过分追求城镇化指标,利用行政力量,片面做大城市规模,使土地城镇化远远快于人口城镇化。1996—2008年,全国城市用地和建制镇用地分别增长了53.5%和52.5%,但农业户籍人口仅减少了2.5%。2000—2008年,21个省(自治区、直辖市)城镇用地增长率快于城镇非农人口增长率。部分地方为了扩大新增建设用地指标,背离城乡建设用地"增减挂钩"政策,擅自扩大挂钩规模,导致强拆强建、逼农民上楼等恶性事件时有发生。

"化地"不仅表现在空间的蔓延和扩张,也包括附着在其上政府办公大楼、宽马路、立交桥、高速公路、高速铁路等交通基础设施的超前建设。著名经济地理学家陆大道院士将其称之为"空间失控"。他说,大规模发展交通运输建设是近年来我国各地区发展战略的重要组成部分,是 GDP 两位数增长的重要支撑。2008 年起,我国高速公路建设进入快速发展阶段。按照各地区的规划,全国高速公路的总里程要达到 18 万公里左右,许多省提出了"县县通高速"。许多省份的高速公路的长度和密度均超过了发达国家。远程城际高铁、大城市的城郊铁路系统的盘子过大,大项目上得过快。由于超大规模的交通规划和建设,导致交通投资占 GDP 的比重上升到 7~9%,这是很不正常的比例。[4]

由"化地"到"化人"的转变,是推动我国社会经济可持续发展的重要基础。为了实现由"化地"到"化人"的转变,需加快农民工市民化进程,很好地利用"第二次人口红利"。"第一次人口红利"的利用形式主要是劳动力从农业转向非农产业,虽然转换了就业结构和就业身份,但

其消费模式、社会身份没有转化,所以他们的消费贡献、对社会公共服务以及城市居住设施提出的需求还没有被充分挖掘。因此,我们需要将推进农民工的市民化,推进公共服务均等化,看作是对人口"第二次红利"的挖掘。现在我国人口城镇化率已超过50%,而非农业户口人口的比重只有35%左右,中间还有15个百分点的差距,"第二次人口红利"开发将有利于我国内需的扩大,经济发展方式的转变。

三、从发展模式上来讲,应实现由外生城镇化模式到内生城镇化模式的转变

著名城市规划专家约翰·弗里德曼将城市发展划分"城市营销"与"准城市国家"两种模式。[5]第一种模式是一种无情的零和游戏。主要依靠低廉的工资、温顺的劳动力,"灵活和敏感"的地方政府,以及各种优惠政策——减免税收、免费土地、津贴等。第二种模式是"准城市国家",城市—区域不可能期望从自身外部获得一种可持续发展动力。要获得可持续发展,就必须牢固地依靠它们自身的天赋资源。

我国为发达国家市场大批量生产面临着严峻的挑战,其主要依靠低成本竞争的产业集群支撑,这种集群在全球产业链中获取了极其微薄的利润。我国大多数城市的产业区都是依靠逐底的低成本竞争。在1996年,美国《洛杉矶时报》对芭比娃娃玩具的全球生产与价值分配体系所做的一项调查显示:一个在美国市场上售价9.9美元的"芭比娃娃"玩具,其海运、仓储、营销、批发、零售和利润环节就占了7.99美元;在余下仅仅2美元的分配结构中,中国香港管理和运营中心占1美元,从中国台湾地区、日本、美国、沙特阿拉伯进口和中国内地市场采购的原材料占0.65美元,剩下的0.355美元才是中国工人的加工费——在全球玩具产业的价值链上,加工制造环节的附加值仅为3.5%(Tempest,1996)。[6]但随着中国劳动力等生产要素价格的不断上涨,这种低附加值的产业链在我国东部发达地区已经面临着严重瓶颈问题。新型城镇化必须通过新型的产业集群提升发展的内生性,要从供应链型的GVC走向基于区域的NVC,实现全球化和本地化的辩证统一,摆脱"代工—出口—微利化—品牌、销售终端渠道与自主创新能力缺失—价值链攀升能力缺失"的非意愿恶性循环的发展路径。[7]同时,作为城市和区域要高度重视城市和区域的财富创造的内循环,只有这样才能支撑全球贸易大循环可持续。

四、从发展动力上来讲,应实现由投资出口驱动到消费驱动的转变

根据陈志武的研究,自 1995 年到 2007 年的 12 年里,政府财政税收年均增长 16%(去掉通货膨胀率后),城镇居民可支配收入年均增长 8%,农民纯收入年均增长 6.2%。[8]这期间国内生产总值的年均增幅为 10.2%。我国政府财政收入高速增长所导致的一个结果是,从 1995 到 2007 年,去掉通货膨胀成分后,财政收入增加了 5.7 倍,呈现一种高速增长的态势,城镇居民人均可支配收入只增长了 1.6 倍,农民的人均纯收入才增加了 1.2 倍。近年来,在经济高速增长的同时,劳动者报酬所占比例下降更快。

从国际比较来看,目前我国消费率太低,而固定资产投资率太高,积累与消费比例已经严重失衡。按照当年的价格计算,2011 年我国最终消费率为 49.1%,资本形成率为 48.3%,其中固定资本形成率为 45.7%。近年来,在中国经济高速增长的时期,最终消费率却不断下降。2000 年,我国最终消费率为 63.2%,此后十年间最终消费率一路下降了 14.1 个百分点,2010 年为 48.2%。2011 年最终消费率在金融危机后内需刺激政策下有所回升,为 49.1%。按照世界银行统计,目前全球平均消费率约 77%(美国消费占国内生产总值的份额为 86%,德国为 78%,日本为 75%),固定资产形成率为 23%。2011 年,我国的消费率比世界平均水平低近 30 个百分点,固定资本形成率比世界平均水平高 30 多个百分点。[9] 我国消费率不仅远远落后于欧美一些发达国家,甚至和印度等发展中国家比较也有相当大的差距。

基于上述分析,以前消费与投资的分配比例支撑着出口导向和投资的发展模式,如果转为内需就必须相应推动投资消费的比例的变化,否则启动内需和消费驱动只能是一句空话,同时也需要围绕着消费社会的建立,加快社会保障制度的改革,消费驱动经济的发展必然需要相应社会结构和经济结构的转变作为支撑。[10]

五、从空间上来讲,要由"非均衡型"的城镇化转为"均衡型"城镇化

在今后一段时间内,城市空间扩张蔓延应转变为协调城乡空间结构为主的均衡的城镇化模式。以 2008 年市政公用设施建设固定资

投资为例，城市人均投资分别是县城的 2.26 倍、建制镇的 4.48 倍、乡的 7.27 倍和行政村的 20.16 倍。城镇等级体系和规模结构出现严重失衡。2000—2009 年，我国特大城市和大城市数量分别由 40 个和 54 个骤增到 60 个和 91 个，城市人口占全国城市人口的比例由 38.1% 和 15.1% 增加到 47.7% 和 18.8%，而同期中等城市和小城市的数量分别由 217 个和 352 个变化为 238 个和 256 个，城市人口比例由 28.4% 和 18.4% 下降到了 22.8% 和 10.7%。近 10 年来，我国城镇年占用耕地在 300~400 万亩。因此，城市化的空间均衡是中国城市化进行过程中的发展方向，对于促进城市化健康、可持续发展具有重要作用。中国城市化的"非均衡"突显、"城市病"出现以及农村"空壳村"问题是"均衡型城镇化"的现实动因，在城市进程中以及城市化模式抉择的形势下，实现城市的网络化、寻找最佳城市规模、实行农村"就地城市化"和优化产业空间、促进产业升级，已经成为我国实现均衡型城市化的现实策略选择。[11]

在未来城镇化的过程中，要改变城镇化的空间模式，要不断地优化大城市的发展，加快中小城市和重点小城镇的基础设施建设，积极构建"特大和大城市—中等城市—小城市（包括县城）—小城镇—农村新型社会"为框架的城镇等级体系。要科学推进农村新型社区及中心村的建设，特别是中小城市、小城镇在城乡统筹发展中发挥着重要的作用，以县域城镇化作为未来 10—15 年中国城镇化发展的重要环节。

六、从发展目标上来讲，应实现由"一维"经济目标向"三维"目标的转变

从发展目标上来讲，我们长期以来的城镇化是简单的一维城镇化，是一种典型的 GDP 主义主导下的城镇化，以牺牲社会和生态环境为代价，但当其发展到一定阶段，必然受到资源环境和社会结构的限制。郑永年曾指出，当前的 GDP 主义导向对于社会发展具有极大的破坏性。[12] 第一，GDP 主义进入很多社会领域，错误地把社会政策领域"经济政策化"。第二，GDP 主义盛行，社会政策就不可能建立起来。这主要表现在社会保障、劳动保护、教育公平、农民工权利等方面。没有社会政策，已经形成的中产阶级就没有保护机制，而更多属于中下层的人更难以上升为中产阶级。所以，GDP 是以破坏社会来保障经济增长的。

当这种"一维"的经济城镇化进行到一定阶段,要想取得进一步的可持续发展,必须要在社会、经济、和生态"三维"的目标取得平衡。城镇化进程中经济结构、社会结构和自然生态结构具有相互制约性和相互的促进性。合理的经济结构必须要有合理的社会结构来支撑,同时合理的经济结构和社会结构也受到合理的自然生态结构的支撑。畸形的经济结构必然伴随着畸形的社会结构和生态环境结构。新型城镇化必须要实现社会、经济和生态之间的协调发展,这是一种在三维目标下的高级协调。

参 考 文 献

[1] 田国强.中国经济发展中的深层次问题[J].学术月刊,2011(3):59—64.

[2] 吴敬琏.中国城镇化的最大问题[N].人民日报,2012—10—24.

[3] 陆大道等.2006中国区域发展报告——城镇化进程及空间扩张[M].商务印书馆,2007:1—4.

[4] 刘卫东等.2011中国区域发展报告——金融危机背景下的区域发展态势[M].商务印书馆,2011:1—11.

[5] (美)约翰·弗里德曼.城市营销与准城市国家:城市发展的两种模式[J].国外城市规划,2005(5):28—36.

[6] 王缉慈等.超越集群——中国产业集群的理论探索[M].科学出版社,2011:142.

[7] 刘志彪,于明超.从GVC走向NVC:长三角一体化与产业升级[J].学海,2009(5):59—67.

[8] 陈志武.陈志武说中国经济[M].山西出版集团,2010:34—41.

[9] 倪建伟等.基于扩大内需背景的城市化战略创新[J].经济体制改革,2010(6):49—54.

[10][11] 张明斗等.均衡型城市化:模式、动因及发展策略[J].兰州商学院学报,2011(6):53—57.

[12] 郑永年.保卫社会[M].浙江人民出版社,2011:26—42.

(作者单位:苏州大学中国特色城镇化研究中心)

邓小平与苏州古城保护

张原诚

摘　要　有着2500多年历史的苏州古城,是中国世界文化遗产最多的城市,其古城保护成效显著。苏州古城保护的历程,是科学谋划、项目带动、综合整治、活态保护、文旅融合的探索过程。苏州古城保护的成功实践启示我们:必须把保护古城、兴盛文化与兼收并蓄、推陈出新有机结合起来;必须把保护古城、兴盛文化与改善民生、塑造环境有机结合起来;必须把保护古城、兴盛文化与思路创新、方法创新有机结合起来。苏州古城保护,曾两次得到邓小平的批示与关心。在邓小平诞辰110周年之际,谨以此文以示纪念!

关键词　古城保护　苏州　邓小平

苏州古城已有2500多年,至今城址未变。悠久的历史,为古城留下了众多的文物古迹,现有各级文物保护单位161处,其中国家级18处。从数量来说,在全国仅次于北京和西安,从文物密度来说,则是全国最高的城市。古城内的拙政园等8处园林已列入世界文化遗产名录。2014年6月22日在卡塔尔举行的第38届世界遗产大会上,中国"大运河"文化遗产申请获通过,其中苏州共有4条运河故道和7个点段列入申遗名录,苏州也因此成为运河沿线唯一以"古城概念"申遗的城市。苏州古城与园林之所以能够得到如此好的保护,与邓小平的关心与支持是分不开的。

一、邓小平对苏州古城保护的关心

1981年的10月17日,全国政协常委吴亮平到苏州调研时,发现苏州这座历史文化古城在"文革"中受到严重破坏,"文革"后又未受到地方足够重视。回到北京后,他将一份《关于苏州园林名胜遭受严重破坏情况和建议采取的若干紧急措施的报告》(以下简称为《报告》)呈送给邓小平等中央领导同志,并在报告里附上他的一纸亲笔信。《报告》认为"苏州园林名胜是祖国的瑰宝",但现在这一美丽的地方却遭到"触目惊心的严重破坏",建议中央责成江苏省委采取措施予以解决。邓小平看过《报告》后,于11月20日作了批示:"此件转江苏省委研究,采取有效措施,予以保护。"

1983年2月6日,邓小平到苏州调研。调研的课题主要是1982年9月党的十二大确立的小康目标能不能实现。经过3天的调研,邓小平对实现小康社会的蓝图也有了一次直观的体认,因为苏州当时虽然只是人均工农业总产值接近800美元,但人民群众在吃穿用、住房、就业、教育文化以及精神面貌等六个方面的发展变化,帮助他勾勒出小康社会发展的美丽图景。调研之余,心情舒畅的邓小平前往吴中名胜虎丘及全国四大名园之一的留园游览。

去游览之前,邓小平曾一再嘱咐,园林要像往常一样开放,不要封园。邓小平作为一个普通游客,悠然置身于群众之中。在游览过程中,他对苏州的同志说:苏州园林是老祖宗留给我们的宝贵遗产,一定要好好加以保护。他还指示:苏州作为风景旅游城市,一定要重视绿化工作,要制订绿化规划,扩大绿地面积,发动干部群众义务植树,每年每个市民要植树20株。在乘车视察市容市貌时,邓小平一再叮咛:要保护好这座古城,不要破坏古城风貌,否则,它的优势也就消失了,要处理好保护和改造的关系,做到既保护古城,又搞好市政建设。

二、苏州古城保护的探索历程

在邓小平的关心与重视下,为保护和传承古城的独特风貌,苏州对古城保护和文化传承进行了多方面的积极探索和实践。20世纪80年代,搬迁古城内工厂,抢救古典园林并整治开放。90年代,推动古城企业"退二进三"和工业向园区集中,并积极启动旧城整治试点。新世纪开始,实施历史街区的保护性修复和环古城风貌保护工程,切实让更多的历史文化遗存得到有效保护和传承发展。

1. 科学谋划、有序推进

古城是苏州最为独特的不可替代的资源,是最具竞争力的资源。多年来,苏州不断深化古城保护理念,科学规划,完善法规,确保古城保护和文化传承依法依规有序推进。

(1) 树立科学的保护与利用理念。一是全面保护的理念。苏州古城保存着自建城以来历代的城市遗址和众多的名园名宅、名胜古迹、老街古巷以及完整的历史风貌,同时还拥有极其丰富和灿烂的优秀地方文化艺术等非物质文化遗产。只有对这些物质的和非物质的文化遗产进行全面保护,才能留给后人一个完整、无价的历史苏州。二是保护与利用并重的理念。保护是前提、利用是关键,在保护古城传统风貌、视域空间、街巷肌理、人文遗产的同时,通过功能转换,促进古城保护与旅游开发、人居环境改善的有机统一,努力在保护中继承,在继承中创新。

(2)健全完善保护规划。为保证古城保护与文化传承工作的顺利推进,苏州于1986年制定《历史文化名城保护规划》,强调古城保护的整体性、综合性,明确了一城(古城)、二线(上塘线、山塘线)、三片(虎丘片、枫桥镇寒山寺片和留园、西园片)的综合保护框架。1996年修编的《城市总体规划》,又详细划定了"一城二线三片"的范围,重点划出了四个不同类型的历史文化保护区(平江、拙政园、怡园、山塘街历史街区)和三个传统风貌地段保护区(盘门地区、观前街地区、十全街地区),并在古城街坊控规中确定了45个大小不等的历史地段作为古城风貌保护的重点。

(3)严格依法依规保护。为保证古城保护规划的实施,苏州先后制定了《苏州市城市规划条例》、《苏州市历史文化名城名镇保护办法》、《苏州市古建筑保护条例》等地方性法规、规章,初步形成了与现行国家法律相配套的、符合苏州实际的较为完善的文化遗产保护地方性法规规章体系,并以此作为保护古城的刚性要求,并接受社会监督。

2. 项目带动、重点突破

在对古城历史文化资源进行常规性保护的同时,苏州根据居民群众的要求、专家学者的呼吁、古城的特点和城市整体发展的需要,在充分调查研究的基础上,集中力量实施了几大古城保护与更新工程。

(1)桃花坞历史文化片区综合整治保护利用工程。桃花坞名扬海内外,不仅因为她有着诗一般的名字,还因为她深厚的文化底蕴。但由于桃花坞片区内部分古建筑、传统民居、古街老巷都已年久失修,较多物质文化遗存缺乏有效保护,非物质文化遗存缺少展示基地,造成资源流失与浪费。2010年3月,苏州正式启动桃花坞历史文化片区综合整治保护利用工程,对该地区进行综合改造。

(2)虎丘地区综合改造工程。虎丘山、虎丘塔,留有许多历史遗存,也流传着许多传奇故事,令人向往,古往今来一直是苏州城市的标志之一。由于历史原因,虎丘景区周边渐渐呈现出基础设施落后、区域布局混乱的景象,与景区形成鲜明的反差。2010年3月,作为苏州实施城乡一体化建设的重要任务和重大实践的虎丘地区综合改造工程正式启动。

(3) 古城墙修复工程。古城墙是历史文化名城苏州具有风貌特色和历史价值的标志性建筑之一，也是苏州人心目中的一个文化符号。由于历史原因，原本总长15公里的古城墙，目前保留较完整的仅剩盘门、金门等地，不到1.5公里，约10%左右，另有20%到30%只剩下残垣断壁，即使这些残垣断壁，也因缺乏维护管理，不断遭受蚕食，危在旦夕。为此，苏州启动古城墙修复工程，重塑古城风貌。

3. 综合整治、整体保护

历经岁月沧桑，具有苏州古城特色的小街小巷、古宅民居、小桥流水，有的道路坑洼，有的墙体脱落，有的水流不畅，与古城风貌很不协调。为此，苏州本着既要保护古城，也要改善民生的工作理念，开展了一系列的环境综合整治。

(1) 水环境综合整治：让东方水城再现神韵。水是苏州城市最大的特性。河水质量、沿河环境不仅影响市民的生活质量，也直接影响到苏州的整体景观。苏州一方面努力提升老城区河道水质，开展市区河道杂船整治专项行动，通过"截污、清淤、畅流、保洁"四个环节，全面提升河道管理水平，使老城区水质、水景观明显改善，彻底消除河道黑臭现象。

(2) 街巷综合整治：在完善生活设施中保护街巷风貌特色。千余条小巷犹如古城掌心中那阡陌纵横的脉络，绵延着苏州古老优雅的文化根基，保护好这些小巷的街容巷貌也是保护古城历史文化的重要内容。为恢复背街小巷往日粉墙黛瓦、青石小径、宁静淡雅的街容巷貌，切实改善老街巷居民的生活条件，从2007年起，苏州古城区对千余条背街小巷进行了综合整治。

(3) 老新村综合整治：不换房也能有好环境。在老城区内，不仅有历史文化厚重的传统建筑，也有20世纪七八十年代建设的老住宅小区。随着岁月的流逝，小区内的配套设施不断老化，房屋、道路、绿化、雨污水排水系统和环境等问题比较突出，影响了居民的基本生活。为改善这些居民的生活环境，也为了使老住宅小区的环境面貌与苏州城市的发展相协调，从2005年开始，苏州对老住宅小区开展综合整治。

4. 活态保护、综合利用

古城的保护与利用是一个有机统一的整体，苏州重视古城资源的有效利用和资源整合，正确处理好保护与利用的关系，把古城保护、开发和利用有机结合起来,充分发挥古城资源应有的作用。

(1) 鼓励多元投入。首先是发挥好政府的主导作用,苏州针对古城保护与更新问题进行专题研究,除组织实施虎丘地区综合改造、古城墙修复保护、水环境治理、古宅名居修缮等重点工程项目外,市、区两级政府还从古城保护的长远出发,设立专项保护基金,列入每年财政预算,并随着财政收入的逐年增长而增加;根据保护与更新的需要,建立专项资助资金和项目引导资金,积极推进古城的保护与更新。此外是广泛吸引社会资本参加。

(2) 实行综合利用。针对过去修复后往往束之高阁、不闻不问的做法,近年来老城区积极探索保护利用新路子、新方法,力求保护与利用互动,实现双赢。有的作为公益性场所。如况公祠由政府修复后,作为沧浪区文化活动中心对外开放。有的作为企业经营场所。如清微道院修复后用于油画、国画及书法作品等文化艺术品的展示与经营。有的作为休闲旅游场所。如山塘街的汀州会馆、鲍传德庄祠现均作为会所使用。

(3) 动员社会参与。一是设立古街区标志牌。在古城区选择了42条古街巷,设置了古街巷标志牌。二是发动市民寻找身边需要保护的物质遗产。通过寻宝活动,找到有价值的保护线索250多处,经过专家现场踏勘评估、认定,有16处被列为市保单位。三是组建古城保护志愿者队伍,充分发挥广大市民群众的积极作用。成立古井保护志愿队,公开招募古城保护志愿者等。

三、苏州古城保护的启示

苏州古城得到有效保护,文化得到繁荣发展,正在向世人展示着既古老又现代的苏州古城独特魅力。回顾这一实践与探索,我们有以下深刻体会:

1. 必须把保护古城、兴盛文化与兼收并蓄、推陈出新有机结合起来

文化是城市之魂、城市之根。传承历史文化,建设现代文明,是展示苏州魅力和生命力的关键。这些年来,苏州在古城保护与更新中,始终注重历史文化资源的挖掘,大力弘扬苏州的建筑文化、园林文化、戏曲文化、民俗文化等传统文化。同时,苏州有关部门正确处理苏州传统文化与外来文化的关系问题,积极吸取外来文化的优秀成果,实现二者的融合发展。

2. 必须把保护古城、兴盛文化与改善民生、塑造环境有机结合起来

人是城市的灵魂,失去人的活动,古城就会"空壳化"。城市,让生活更美好,城市的功能首先是宜居。在现代化建设的新时期,城市又被赋予了更深的期待和要求。在苏州古城保护过程中,始终坚持以人为本,千方百计改善古城区居民的生活条件、生活环境,满足居民群众多样化的精神文化需求,实施了一系列实事工程、惠民工程,使古城保护与更新的成果惠及所有居民,从而使苏州的古城保护与更新得到老百姓的拥护和支持。

3. 必须把保护古城、兴盛文化与思路创新、方法创新有机结合起来

在城市现代化建设中保护古城、兴盛文化是一个全新的课题,必须用新的思路、新的方法进行探索,用灵活的体制机制作保障。苏州在古城保护与更新的过程中,始终根据城市现代化建设的时代特点和人民群众不断变化的新期待,不断创新古城保护的思路,不断增强古城保护的投入能力、建设能力和利用水平,把"死保"变为"活保",使苏州古城保护不断推陈出新,不断创造新的亮点。

2012年9月,经国务院批准,苏州市沧浪区、平江区、金阊区三个老城区合并设立姑苏区,江苏省政府也批复同意建立苏州国家历史文化名城保护区。姑苏区的成立,对古城区的发展是重大利好,通过统一资源整合、统一规划设计、统一资金筹措、统一政策标准、统一保护利用、统一建设管理,形成强有力的体制保障和协调机制。可以预见,苏州古城将会在城市现代化的历史进程中焕发更加迷人的魅力,将会在增强中心城市首位度、更好地带动和促进城乡经济社会一体化发展中发挥出更加重要的作用。

参 考 文 献

[1][2] 中共中央文献研究室.邓小平年谱(1975—1997)(下)[M].中央文献出版社,2004:787,887.

(作者单位:苏州市委党史研究室)

社区的社会如何可能*
——基于中国五城市社区的再研究

闵学勤

摘　要　持续30多年各方资源共同涌入的中国城市社区,已成为民众个体生活和公共生活的承载空间。2009年至2014年对北京、深圳、南京、沈阳和西宁等五个城市社区的再研究表明,国家对社区的行政干预随着社区委员会的日渐式微正转向间接和隐性的方式,来自市场的物业公司对社区的经济侵入并未赢得治理权威,代表社区居民利益的业委会受困于选举难、自治难和维权难等未获得预期的成长。如此之下,社区的社会如何建构?通过AMOS对数据库进行结构方程分析显示,由二十一个观察变量生成五个互相关联的潜变量,其中社区意识和社区参与形成主观系统,社区组织、社区硬件和社区运行生成客观系统,社区主客观系统共通整合才能建构社区社会。受制于外部社会种种局限的社区社会,只有当多方利益主体各司其职,并确保民众在社区有机会习得自组织能力时,由内到外、由小到大推动建构中国好社会才有可能。

关键词　社区社会　再研究　社区治理　自组织

正如康德在18世纪要问"自然如何可能"、齐美尔在20世纪初要问"社会如何可能"一样,进入21世纪,国家导向下的中国改革开放仅仅30多年,如果贸然问中国社会如何可能或许还有些贪早的话,转向承载单位替代的社区,30多年各方持续投入人力、物力、财力的社区,现在是否可以问社区的社会如何可能?

一、五城市社区的再研究

2009—2011年,笔者有幸在北京、深圳、南京、沈阳和西宁五个城

---

* 本文为教育部人文社科规划基金项目"公民导向的社区治理模式及其评估体系研究"(项目编号:13YJA840017)、"社区权力博弈过程中的公民性建构"(项目编号:09YJA840019)的阶段性成果。

市进行社区实证研究,当时中国城市社区建设在经历多轮硬件发展之后,社区软件系统中的权力结构有所松动,以居委会为单一中心的社区权力固有秩序呈现解构迹象[1],不断成长起来的物业公司、业主委员会、社区居民代表大会、社区议事会等营利及非营利社区组织正以各种形式参与到社区事务中,通过协商、交换、合作来消弭居委会在社区中的权力,促使社区权力的分化和重组,这一景象昭示着在社区中介于国家与公众之间的社会有萌芽的可能。而社区外的另一场景进入后单位时期,被市场化摇醒的公众群体在没有单位的终身眷顾下,发现在社区中才有私域空间建构的合法性和效度,尤其在社区冲突中自组织的成长、与正式组织的博弈让社会有了些许壮大的可能。当时选择上述五个城市,在资源有限的情形下既要考虑区域的覆盖,更多考虑到五大城市其社区发展各有特色,例如深圳模式、沈阳模式等,且城市经济社会发展及区域文化差异在社区有投射,为此2009年10月至2009年12月对五个城市进行了1020份随机抽样入户问卷调查,获得了宝贵的一手数据资料。时隔近五年,市场化程度不断深入,国家在城市逐步施行"以社区为中心"的发展战略、在全社会推行"加强社会建设"的转型思路。于是,一方面基层政府开始了多元化、策略性的社区治理创新,另一方面,社区治理主体仍呈此消彼长的多样化格局,是继续自上而下的行政主导还是孕育自下而上的公民导向社区治理模式,也还在各城市、各社区分头探索过程中。为了持续观察研究中国城市社区的发展样貌,寻求社区治理及社区之社会建构的可能,2014年1月至2014年2月笔者和研究生们一起对北京、深圳、南京、沈阳和西宁等五个城市共随机抽样发放2120份问卷,有效回收2000份,有效回收率达94.3%。此番五城市社区再研究①,即重访五城市社区,并不是像人类学的再研究方法那样,大多以他人的田野工作点为再访对象[2],而是既有做历时性对比的最初设想,也想看一下原先的发达地区与欠发达地区经济社会的差异在社区治理中是进一步放大还是有所缩小,当然最重要的是通过时空结合的配对样本,更能有效观察社区的内外部动力,而不是社区原本的个体发展差异对社区社会建设的贡献。

---

① 在此特别感谢房芳、张越、陈丹引、王子壬、耿梦园、门雪洁、高鹏远和卞晓宇,以及罗毅、张永乐、冯雪、宋婷、任路江、刘太福同学分别参与前后两次五城市社区调研!

为了便于比较,前后两轮调研共 3020 个样本在五大城市均匀分布,即每个城市分别有 600 个左右的样本(北京和南京各多出 10 个样本),其中男女分别占比 47.6%和 52.4%、文化程度在本科及以上的占 48.2%、企事业单位的普通职员占 59.4%,年收入在 2~20 万元的占 57.7%。

二、社区的社会如何建构?

五城市 2009 年、2014 年的对照数据分析显示,城市社区的市场化程度正日益加深,物业公司在获得社区物业服务的合法性后,在一定程度上充当了社区管理的替代者,社区委固有的管理权正在持续萎缩,同时由于业委会法人地位的缺失及自组织能力偏弱,其在社区的自治权近几年内几乎没有得到扩张;另一方面,社区多组织割据、资源分散,正呈现去精英化、个体化的场景,社区居民只能根据不同的需求和不同的组织进行对接,或者与各组织都保持隔离。社区既非经济体,也非行政体,作为一个生活体、共同体,急需找寻社区社会的出口。

社会是由各要素有机结合而成,在齐美尔那里,这些要素有主观与客观之分、先验和后验之异[3];在哈贝马斯的功能论中,社会是复杂系统的一种整合,包括物质力量的整合以及交往互动中产生的文化知识的整合[4];在吉登斯的结构说里,社会是行动者利用规则和资源跨越时空的互动情境[5]。综合各类学说,笔者认为社区的社会是由维护社区运行的各种客观存在(包括社区组织及社区各类硬件设施等),与社区成员的主观意识和日常行动(包括社区意识、日常交往和社区参与等)整合建构而成。从社区发展的实践来看,社区生活的物质设施、管理机制等的建立与社区意识、社区情感的发育原本就是同一过程[6],只是在后发的中国城市,先硬件后软件,先客观后主观地一路走来,前后两轮的社区实证研究均显示,至今为止"社区安全"(Q15)、"社区环境"(Q16)这两项社区客观指标仍是被访者心目中社区治理的重中之重,2014 年这一轮的调查在接下来的治理重点中依次是"社区养老"①(Q27)、"邻里交往"(Q26)、"财务公开"(Q23)、"物业精细化"(Q18)、"网络互动"(Q28)、"居民介入"(Q21)、"物业市场化"(Q17)、"活动开展"(Q24)、"选举业委会"(Q19)、"开会议事"(Q25)、"直选社区委"(Q20)和"组织介入"(Q22),与2009年相比,提供更多社区养老便利、增进邻里交往和公开社区财务等指标跃居社区治理重点的四至六位,而对那些与社区组织建构相关的指标跌至最后。

为了更深刻、更系统地探究社区社会的建构路径、建构形态,针对2014年度的调研数据库,笔者将上述14个评价社区治理的客观变量,汇同与社区居民主观意愿和行动相关的7个变量,包括"我有义务参与社区活动"(Q38,即"有义务参与")、"我所在的社区活动丰富"(Q39,即"活动丰富")、"我有大量时间参与社区活动"(Q40,即"有闲参与")、"参与社区活动对大家有好处"(Q41,即"有利益共享")、"人人参与让社区更美好"(Q42,即"人人参与")、"我应在社区尽更多的责任"(Q43,"有责任共担")、"我经常上网参与表达"(Q44,"网络参与"),共计21个变量,经赋值转换成相同的五份变量,相关分析显示它们两两之间的相关度最高达0.643,最低为0.007,形成下三角的相关矩阵,导入结构方程软件AMOS18.0,获得如下模型(详见图1),该模型由5个潜变量(椭圆形)、21个观察变量(矩形)和21个残差变量(e1至e21)组成,单向箭头上的数字均为标准化回归系数,双向箭头上的数字均为相关系数,经多次模型修正,其总体模型的绝对适配度指数 GFI=0.951>0.9,RMSEA=0.052<0.08 且 AGFI=0.932>0.9,说明假设模型隐含的矩阵与观察数据库所得的矩阵可以适配。

首先聚焦模型内核部分的五个潜变量:社区硬件、社区运行、社区组织、社区意识和社区参与,它们分别由21个观察变量通过一阶因子分析获得,从各个单向箭头上的系数可看出,观察变量对5个一阶因子的贡献都非常高,最高系数达到0.80("人人都介入"对社区意识的贡献),最小系数也达到0.43("物业市场化"对社区组织的贡献),而且5

---

① 在治理重点的问题上两次调研的内容有所差异,2014年调研中这一组题目为矩阵题:"针对您所在小区的问题,您认为社区治理的重点在于下列哪些方面",5分为"非常重要",1分为"完全不重要",得分越高排名越靠前,括号中为2014年调研的题目序号。2009年从第三位起的治理重点依次为"直选社区委"、"居民参与"、"物业市场化"、"选举业委会"、"居民维权"、"分工明晰"、"财务公开"、"广开社区资金来源"、"提高管理者素质"、"引进更多民间组织"。

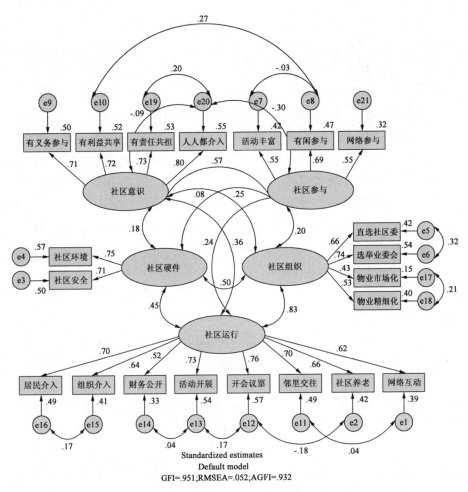

图 1　社区社会生成的结构方程模型图

个潜变量之间的互相关程度也非常高,在社区组织和社区运行之间的相关系数达到最高的 0.83。模型分析过程中本想在 5 个一阶因子中继续生成一个统一的二阶因子,但模型运行过程中的提示及适配度都显示目前的五因子互动、循环、整合的复杂系统是社区社会生成的最佳结构模型,也预示着只有当模型上端的两个主观指标——社区意识及社区参与,和下端的三个客观指标之间共通、共融,同步成长才能达到社区社会的完整建构。

1. 社区社会的主观指标及其建构

(1) 社区意识。模型中非常清晰地显示为社区意识做主贡献的 4 个观察变量,按标化系数的大小依次是"人人都介入"(0.55)、"有责任共担"(0.53)、"有利益共享"(0.52)和"有义务参与"(0.50)。特别是人人都参与才能让社区更美好的理念在7个主观指标中的认同度最高,达到3.81分(最高5分)。其实在社区共同体中,无论居住者的阶层如何分化,无论社区组织和运行体系如何,因共同居住而产生的共同意志、共同约束力[7]和情感在某种程度上形成了社区价值观,一旦人人参与的意识被内化为社区价值观、被激发为社区参与行动,并进而强化社区成员对于价值观的承诺,那么社区扮演了非常重要的社会角色。而"有责任共担"、"有利益共享"分别以3.49分和3.08分的认同度紧随其后。对社区意识做贡献,与公民社会的核心理念也不谋而合。从社区意识与其他四个因子的关联度看,它直接影响到社区参与(r=0.67)和社区运行(r=0.36)。

(2)社区参与。社区参与不足一直是困扰中国城市社区发展的重要阻碍,从单位制下的动员式参与过渡到权责观驱动下的主动式参与,社区迈向居住、参与融合的公共空间,社区社会的建构才有可能。模型右上方的社区参与因子生成路径表明,居民有时间参与和参与的活动丰富、有吸引力是提升社区参与度的重要元素,因子得分系数分别达到0.69和0.65。近年来社区参与中有一种独特现象:一旦涉及利益受损,社区成员临时集结参与还是比较容易的,而当利益补偿到位、冲突消解,参与又几乎归为零。从"有利益共享"的残差e10与"有闲参与"的残差e8的互关联也可看出,模型修正时两者的联结与其他修正相比能减少最大方差。当然,"网络参与"为解决社区成员不在场的参与提供了新通道,网络参与在将外部大社会与社区小社会融会贯通方面的作用还将得到不断延展。

两个主观指标之间除了从理念到行动,以及由行动的累积进而更新理念,循环往复并保持0.67的高相关系数之外,残差与潜变量之间、残差与残差之间的关联度也非常活跃,表明来自社区成员的能动性是社区社会的活力源泉,他们的社区价值观、社区参与度直接带来社区社会的发生和进步。

2. 社区社会的客观指标及其建构

(1)社区组织。在2009年的调研中"直选社区委"的选项在社区治理重点中还排第三位,2014年的调研已落到第十三位,结构方程模型中此项对社区组织因子的贡献(因子得分系数为0.42)也落后于"选举业委会"(因子得分系数为0.54),国家行政力量在社区的衰减原本是社区社会萌芽的契机,但目前的模型中物业对社区组织的贡献占据两项,一项是"物业市场化"(例如收费与服务对等)、另一项是"物业精细化"(例如提供更多服务内容),而象征社区社会的另一股力量——"组织介入",即社区民间组织更多卷入社区事务,并没有对"社区组织"有显著贡献,目前仅作为社区运行的一分子,还未形成对社区组织权力的瓜分。从社区组织中的国家、市场和社会的架构中也可看出社会的弱小;社区委表面上是居民自治组织但大多行使国家末端的行政职责、业委会在组织地位的认定上还存在模糊地带,而社区民间组织通过政府购买或政府孵化进入社区,成为国家治理体系的一个有机组成部分,最多参与"准社会"的建构。

(2) 社区硬件。五城市的再研究中唯独"社区环境"、"社区安全"这两项硬件指标连续在重要性均分上稳居前两位,其他变量在两轮的调研中其重要性都各有差异。由 2014 年数据生成的结构模型中这两个变量也非常清晰地区别于其他因子,以 0.76 和 0.71 的高因子得分独立生成"社区硬件"这一因子。在中国城市社区短短三十多年的发展历程中,社区基础设施、配备仍不能完全满足需求,社区成员对此的最基本期待也在一定程度上影响了社区社会的快速发育。

(3) 社区运行。在日常社区运行中有 8 个观察变量同时做贡献,且因子得分系数均衡地分布在 0.62 和 0.76 之间,社区社会的建构不是一朝一夕、一蹴而就,从居民、组织全方位介入,到邻里互动、社区活动、社区议事的常规开展,再到社区为全社会未来最关注的养老问题提供服务平台,以及如何应对最近几年社区信息公开中呼吁较多的财务公开,最后到社区社会的网络延展等,无一不需要社区系统的良性运行来作保障,很难说孰先孰后、孰轻孰重,残差的多维互关联也印证这点。

就上述结构模型中五因子所形成、整合的复杂系统,再按照哈贝马斯关于公共领域结构转型中关于公共、开放、公益性、公开、非强制性、理性批判等[8]的七个标准,中国城市社区从相对封闭的居住空间,走向多元介入、主动参与和共担责任的主客观兼容的社会空间,已有了一个基本雏形,但阻碍其实现的羁绊仍明显存在,社区社会的理想建构还有待进一步的反思和行动。

参 考 文 献

[1] 闵学勤.转型时期居委会的社区权力及声望研究[J].社会,2009(6):22-38.
[2] 兰林友.人类学再研究及其方法论意义[J].民族研究,2005(1):36-46.

[3] (德)齐美尔.社会是如何可能的[M].林荣远编译.广西师范大学出版社,2002:361.
[4] Jürgen Habermas. Communication and the evolution of society[M]. Heinemann, 1979:239.
[5] (英)安东尼·吉登斯.社会的构成[M].李康,李猛译.三联书店,1998:101.
[6] 冯钢.现代社区何以可能[J].浙江学刊,2002(2):5－11.
[7] (德)斐迪南·滕尼斯.共同体与社会[M].林荣远译.商务印书馆,1999:71.
[8] (德)哈贝马斯.公共领域的结构转型[M].曹卫东等译.学林出版社,1999:5－6.

(作者单位:南京大学社会学院)

推进基层社会治理实践规范化建设的思考*

张 明

摘 要 本文对国内外关于基层社会治理研究的理论观点进行了概述,主要包括西方有关治理概念、治理主体、治理目标、治理理论的研究,国内近年来在社会治理研究方面已形成的研究成果。简要回顾了新中国成立后城乡基层社会治理发展的历程,针对基层社会治理的实践和面临的困境,对如何推进城乡基层社会治理实践的规范化建设进行了初步探讨。

关键词 城乡基层 社会治理 规范化 建设

中共十八届三中全会做出的《中共中央关于全面深化改革若干重大问题的决定》提出,要创新社会治理体制,提高社会治理水平。相较于"社会管理","社会治理"更加倾向社会各界共同关心、共同参与公共事务。一字之差,显示了一种执政理念的转变。改革开放以来,随着工业化、信息化、城镇化、市场化进程的加快,社会日益呈现出阶层分化、流动加速、利益多元化的格局,这对城乡基层社会管理提出了新的挑战和要求。本文在简述基层社会治理研究成果的基础上,简要回顾基层社会治理发展的历程,并针对基层社会治理实践面临的困境、对基层社会治理实践规范化建设进行思考。

一

在国外,学界早就对社会治理内涵进行过界定。第一,关于治理的概念。世界银行于1989年首次提出了现代治理的概念。"治理"的概念开始流行,其含义宽泛而富有弹性,强调多元的分散主体达成多边互动的合作网络。全球治理委员会在《我们的全球之家》的研究报告中对治理做出了具有代表性和权威性的界定:治理是各种公共的或私人的个人和机构管理其共同事务的诸多方式的总和;它是使相互冲突的或

---

* 本文为苏州大学中国特色城镇化研究中心项目(项目编号:GJ213117)的阶段性成果。

不同的利益得以调和并且采取联合行动的持续的过程;它既包括有权迫使人们服从的正式制度和规则,也包括各种人们同意或以为符合其利益的非正式的制度安排。它有四个基本特征:首先,治理不是一整套规则,也不是一种活动,而是一个过程;治理过程的基础不是控制,而是协调;治理既涉及公共部门,又包括私人部门;治理不是一种正式的制度,而是持续的互动。第二,关于治理的主体。治理意味着有一系列来自政府但又不限于政府的社会公共机构和行为者;治理意味着参与者最终将形成一个自主的网络;治理意味着办好事情的能力,并不仅限于政府的权力,不限于政府的发号施令或运用权威。第三,关于治理的目标。社会治理的目标就是实现善治,构成善治有四大因素——公民安全得到保障,法律得到尊重;公共机构正确而公正地管理公共开支,即有效的行政管理;政治领导人对其行为向人民负责,即实行责任制;信息灵通,便于全体公民了解情况,即具有政治透明性。学界在对基本概念界定的同时形成了若干理论模型。J. N. 罗西瑙(J. N. Rosenau)在《没有政府的治理》等论著中较系统地提出了现代治理理论。皮埃尔·卡蓝默在《破碎的民主——试论治理的革命》一书中提出了对现代治理模式进行全新革命的思想。目前,在西方学术界产生了公共选择理论、多中心理论、治理理论等社会治理理论。治理理论寻求政府、社会与市场三者之间的合作和互动,寻求一种通过调动各种力量和资源达到"善治"的社会体制。

在国内,近年来在社会治理研究方面形成了一批研究成果。有学者认为,用社会治理来代替过去的社会管理,并不是说"管理"这个词不能用了。社会管理应该从社会权利和社会治理两个方面来理解,社会治理是社会管理的基本实现方式。也有的学者把西方治理理论同我国政府的治理实践有机结合,研究国内公共治理。有的则从行政伦理的角度提出了基于信任的社会合作治理模式。还有的从学科视角对转型中国城乡社会治理进行了比较深入的研究。虽然学术界对"治理"有不同的观点,但有三个要素比较明确:一是治理主体的多元化;二是主体间责任界限的模糊性和权力依赖性;三是自主自治网络体系的建立。通过设计多元、有效的正式或非正式制度安排,重构政府、企业、社会、市民等多元主体之间的关系,协商、互动地解决社会公共问题,保障公共利益最大化,是社会治理的主要目的。

基层社会治理是社会治理的基础。所谓基层社会治理,是指基层社会的治理主体以相对平等的身份,就基层社会公共事务进行合作共治,通过社会关系的协调与社会行为的规范,解决社会问题、维护社会公正与稳定,以促进社会和谐的活动。基层治理,是中国地方治理的基础。从政治学的角度看,基层是国家政权的最低一个层次,在农村是乡(镇),在城市是区。从管理学的角度看,基层是管理的最低层次,是直接面对管理对象的一个管理层次。基层治理是以乡镇、村或城市的邻里社区为基本范围,直接面对社会和居民,依靠治理机制,发挥各种社会力量作用,共同解决社会公共问题的活动。从社会学的角度看,基层主要是指城乡社区。农村基层治理(或称乡村社区治理)和城镇基层治理(或称城镇社区治理)是基层治理的两个传统部分。一般认为,我国基层社区治理实践实际上形成了社区治理行政主义和自治主义两种不同的主张和倾向,社区治理的行政主义强调"强国家"模式,追求行政干预;而社区治理的自治主义强调"强社会"模式,追求社区自治。社区治理理论的两种倾向导致了在实践过程中形成了行政型、自治型和混合型三种中国特色的社区治理模式。

二

新中国成立后,我国城乡基层治理经历了不同的发展阶段,可以分为四个时期。一是民主建政时期。1949年至1957年,我国农村和城市有计划、有步骤地开展了民主建政运动,实现了从新民主主义到社会主义的转变。在农村开展的农业合作化运动中,建立了乡镇政权和带有政权性质的行政村,实行政社分设,政权组织与集体经济组织并存。在城市,建立了街道办事处和居民委员会,负责除生产经营之外的社会管理职能。政府在该时期的主要任务是建立和巩固民主政权。二是政社合一时期。1958年至1980年,农村实行"三级所有、队为基础"的管理模式,组织方式由政社分设逐步过渡为政社合一,人民公社组织既履行经济管理组织的职能,也履行社会管理组织的职能。"文化大革命"时期,农村基层组织改变成人民公社和大队革命委员会,其主要职能是"实现无产阶级在社会中的稳固地位"。在城市,也建立了类似人民公社和革命委员会的组织。政府在该阶段的主要责任就是通过这些"革命"性组织的建立,对城乡基层进行强制性整合与控制。三是基层自治时期。1982年至2002年,中国城乡基层治理体制发生革命性的改变。以1982年全国人大通过的新宪法为标志,稳步推进农村村民自治和城市社区居民自治。在农村,废除人民公社体制,恢复了乡镇人民代表大会和人民政府组织,建立了村民委员会和村民小组。村民自治在农村逐步推行,使乡村社区治理的结构和方式发生了一系列重要变化,呈现出"多元共治"的乡村民主治理新格局。村民通过民主选举正逐步成为乡村治理的重要主体,他们参与村务决策的深度和广度在不断提高,村务公开和民主监督的程度在持续提高,以村民委员会为代表的群众性自治组织在乡村治理中发挥着越来越重要的作用,乡镇党委、乡镇人大与政府、上级政府在乡镇的职能派出机关、村党支部、乡镇村的各类协会及社团组织、各种经济组织等在乡村治理中形成分工协作的互动关系。在城市,解散了革命委员会,恢复了街道办事处和居民委员会组织。随着城市经济体制改革的深化,国家推动的城市社区建设逐步展开,传统的"单位制"逐步被"社区制"所取代。城市社区治理是充分发挥社区居民委员会自治功能、社区居民广泛参与而形成的城市基层治理模式。四是社会建设与治理时期。进入21世纪,随着我国经济社会的快速发展,社会矛盾和社会问题日益突出,并全面渗透到城乡基层,甚至引起社会不稳定,于是按照中共十六大上提出的进行社会建设的目标任务,政府在基层治理中开始承担起社会建设的责任,其主要任务是向基层提供基本公共服务,同时实现对基层的治理。可见,中国治理变革沿着一条从一元治理到多元治理、从集权到分权、从人治到法治、从管制政府到服务政府、从党内民主到社会民主的治理轨迹进行。

各地在基层社会治理实践方面进行了许多有益的探索。上海市在探索城市基层社会治理创新上的主要做法是:建立一站式服务的社区事务管理中心、实行联席会议制度下的社区共治、推行"条包块管"式社区居民自治、鼓励民间社会组织的介入等。浙江杭州市政府积极探索社会治理和发展的多主体、多中心模式,提出了"社会复合主体"的概念。温州市以镇街为基础加强国家政权建设,以社区为单元创新社会治理,以合作社为单位配置集体产权,探索了一套全新的城乡一体的基层治理体系。宁波市从"包容性发展"理念和价值观出发,通过基层社会治理主体结构的扩展和优化、合作治理机制的构建等几个方面构建基层社会治理体系,实现社会管理的创新。安徽亳州市形成了独具特色的为民服务全程代理制的"谯城模式",即坚持以科学发展观为指导,以解决群众"办事难"为突破口,在借鉴外地经验的基础上,因地制宜,开拓创新,探索建立"设施齐全、功能完善、制度规范、服务高效"的三级为民服务全程代理体系,实现服务项目明细化、代理流程规范化、全程监控智能化,项目全覆盖,服务无盲区。江苏太仓市在全国率先开展"政社互动"实践,积极推动政府行政管理与基层群众自治有效衔接和良性互动,通过厘清政府和基层群众自治组织职责,采取政府"购买服务"的方式委托基层群众自治组织承担部分社会服务管理职能,开展政府和基层群众自治组织"双向评估",转变了政府职能,规范了政府与基层群众自治组织的关系,建立了基层治理和公共服务新机制,形成了基层社会治理的合力。

三

当前,我国城乡基层社会治理实践既积累了成功经验,也面临着一些现实困境。如城市单位制解体后建立的社区体制无法承载全部基层社会治理功能,造成基层治理的低效,甚至真空;政府在城乡基层治理层面权责不清,"三位"现象("错位"、"越位"和"缺位")严重;城乡基层公共产品与服务供给匮乏和非均等化,严重损及基层治理的效果;社会主体利益多元化,加上利益诉求与信息反馈渠道不畅,导致基层社会矛盾冲突加剧,基层社会治理难度加大;国家体制内治理资源与民间治理资源尚未形成合力,甚至产生摩擦,影响到基层整体的社会治理效果;基层治理中财权和事权的不匹配,加上财政预算的软约束问题,导致基层治理方面的财政紧张等。在城乡一体化进程中,迫切要求加强基层社会治理实践规范化建设,构建城乡一体的治理制度与机制。

所谓"规范化",在《现代汉语词典》中的解释是"使合于一定的标准"。事实上,《现代汉语词典》对规范化的解释仅仅道出了其含义的一部分。我们今天所要探讨的规范化的内涵要远远超越《现代汉语词典》所做的解释。综合学术界的研究成果来看,对于"规范化"学者们有三种不同的认识:第一种观点认为,所谓规范化就是确定一定的标准和规范,使得相应的行为和活动有"章"可循,这种观点我们称之为"前提说"。第二种观点认为,所谓规范化就是通过努力使相应的行为和活动符合所确立的标准和规范的过程,这种观点我们称之为"过程说"。第三种观点认为,所谓规范化就是通过努力使得相应的行为和活动与所确立的标准和规范相符合的状态,这种观点我们称之为"结果说"。"规范化"就是"在经济、技术和科学及管理等社会实践中,对重复性事物和概念,通过制定、发布和实施标准(规范、规程和制度等)达到统一,以获

得最佳秩序和社会效益"。因此,城乡基层社会治理研究的着力点应在以下几个方面:

(1) 树立社会治理的全新理念。社会治理是社会管理的理念升华与方式创新,是一种新型有效的社会管理机制,对民生、民主建设发挥着重要的作用。

(2) 借鉴国外社会治理的理论。从我国基层社会治理的实际出发,学习借鉴国外社会治理理论,总结归纳国外社会治理实践的经验教训,为我国基层社会治理实践规范化提供理论与经验参考。

(3) 发挥社会治理多元主体的协同作用。基层社会治理的主体不仅是政府,还包括党组织、社会组织、企事业单位、社区以及市民等诸多的行为主体。主体间相互协同,依法对社会事务、社会组织和社会生活进行规范和管理,最终实现公共利益最大化。

(4) 改进社会治理的方式手段。基层社会治理的方式手段应是规范而又充满活力的,要深入学习贯彻党的十八届四中全会精神,自觉运用法治思维和法治方式办事情,做决策。此外还应强调市场的、文化的、习俗的等多种方法和技术的运用。通过大力改进社会治理的方式与手段推进基层社会治理规范化。

(5) 构建社会治理规范化建设的指标体系。在调研基层社会治理实践的主要实现方式、技术手段、有效策略抑或失败教训的基础上,构建基层社会治理规范化建设和评估的指标体系。

(6) 完善基层社会治理的体制机制。基层社会治理实践要实现规范化建设,需要完善社会治理体制机制。按照"创新社会治理体制"的总要求,着眼于维护最广大人民根本利益,不断完善基层社会治理规范化建设的体制机制。创新社会治理方式,提高社会治理水平,激发社会组织活力,通过实现社会治理的法治化、系统化、社会化、信息化,不断推进城乡基层社会治理的规范化建设。

参 考 文 献

[1] 俞可平.全球治理引论[J].马克思主义与现实,2002(1):20—32.

[2] 韩朝华.利益多元化与社会治理结构转型[J].中国特色社会主义研究,2007(1):49—54.

[3] 俞可平.中国治理变迁30年(1978—2008)[J].吉林大学社会科学学报,2008(3):5—17.

[4] 戴玉琴.新中国成立以来农村治理模式变迁的路径、影响和走向[J].毛泽东邓小平理论研究,2009(4):53-56.
[5] 程又中,张勇.城乡基层治理:使之走出困境的政府责任[J].社会主义研究,2009(4):1-9.
[6] 魏波.多主体多中心的社会治理与发展模式[J].社会科学,2009(8):79-84.
[7] 史云贵.中国现代国家构建进程中的社会治理研究——一种基于公共理性的研究路径[M].上海人民出版社,2010.
[8] 陶希东.中国特大城市社会治理模式及机制重建策略[J].社会科学,2010(11):78-86.
[9] 向德平,申可君.社区自治与基层社会治理模式的重构[J].甘肃社会科学,2013(2):127-150.
[10] 于水,杨萍."有限主导—合作共治":未来农村社会治理模式的构想[J].江海学刊,2013(3):133-137.

(作者单位:苏州大学社会学院)

新型城镇化尚需健全环保公众参与机制*

宋言奇

摘 要 新型城镇化的宗旨是为居民提供良好的人居环境,健全环保公众参与机制对于新型城镇化而言意义重大。当前,在推进新型城镇化过程中,需要健全六大环保公众参与机制,即环境信息公开机制、环保民主协商机制、居民参与环境管理机制、环境社会组织培育机制、环保利益激励机制、环保项目推动机制。

关键词 新型城镇化 环保 公众参与 机制

当前,推进新型城镇化成为我国社会经济发展的重大战略。新型城镇化的含义比较复杂,但是毫无疑问,塑造良好的生态环境是新型城镇化题中应有之义。塑造良好的生态环境不能仅仅依赖政府管理,还必须调动公众参与。为此,在推进新型城镇化的过程中,要健全环保公众参与机制。

一、环保公众参与机制对于新型城镇化而言意义重大

环保公众参与机制是良好生态环境的保障。对于我国目前推行的新型城镇化而言,健全环保公众参与机制的意义尤其重大,主要体现在以下几个方面。

1. 落实新型城镇化各项环保制度的需要

就环保维度而言,新型城镇化是对以往我国传统城镇化的一种反思与修正。传统城镇化是一种"粗放型"城镇化,过于追求"量",土地与资源粗放使用,导致诸多环境问题。新型城镇化追求"质",强调节约资源与保护环境,核心是"集约、智能、绿色、低碳"。

为了实现"集约、智能、绿色、低碳",保护资源与环境,党和政府出台了一系列制度措施,为新型城镇化"保驾护航":一是出台了严格的环境空间管控制度——以环境空间管控为基础平台,整合环境准入、环境

---

* 本文为教育部人文社会科学重点基地苏州大学中国特色城镇化研究中心"城乡一体化背景下的人口城镇化(苏南)研究"创新团队项目的阶段性成果。

影响评价、污染物总量控制、环境资源承载力监测预警、生态补偿等各项环境管理政策,从源头上控制城市无序开发、环境超载等问题,引导城市空间布局、产业类型、人口分布、资源开发、项目建设等内容合理发展,不超过城市资源环境阈值。二是出台了最严格的环境监管制度——严格监管所有污染物排放,环保部门独立进行环境监管和行政执法。三是出台了环境问责制度——对环境决策失误造成重大损失的行为,予以责任追究,而且是终身追究。《中共中央关于全面深化改革若干重大问题的决定》明确指出:探索编制自然资源资产负债表,对领导干部实行自然资源资产离任审计,建立生态环境损害责任终身追究制。[1]

这些制度的实施,无疑为新型城镇化提供了强有力的保障。但是把这些制度落在实处,不能仅靠行政机制,而脱离公众参与。环境空间管控制度涉及人们生产与生活的方方面面,离不开公众的参与;环境监管制度与环境问责机制能否落在实处,居民的监督是关键,公众参与也是不可或缺的。因此只有推进公众参与,才能真正落实新型城镇化的各项环保制度。

2. 新型城镇化中维护居民环境权益的需要

新型城镇化旨在改善居民的生活环境,提高居民的生活质量。但城镇化促使人口与产业集中,也会带来一定的环境风险,操作不当,就会损害居民的环境权益。尤其是将过去较为分散的农民集中起来,改变了农民的生活环境,带来了一定的环境不确定性。在推进新型城镇化的过程中,为了减少环境风险,保护居民的环境权益,必须加强公众参与,如果居民连参与的机会都没有,维护自身权益只能是一句空话。

在既往的环境保护中,我国公众参与极为有限。首先,国家对公民的参与权都是一种宏观界定,缺乏详细的操作方案。其次,参与路径也基本上是"自上而下"的,缺乏"自下而上"的路径。相关的建设展开时,有关部门会召开一些会议,或者通过问卷、访谈的形式,听取居民意见,而居民在其中完全是被动的,缺乏主动参与的途径。再次,参与的范围狭窄。环境管理涉及一系列的程序,包括调研、评估、方案、论证、决策、实施以及监督等众多环节,而居民只能参与到调研等有限的环节之中,即使是这些环节,参与也往往还是"象征性"的,这使得公众参与"名不副实",也使得居民的环境维权举步维艰,多次发生的环境群体事件就证明了这一点。

新型城镇化的推进,必须给予居民名副其实的参与,这样才能切实维护居民的环境权益,以防重蹈以往城镇化道路的"覆辙"。

3. 彰显新型城镇化内涵的需要

新型城镇化是"人"的城镇化。新型城镇化的内涵之一是以人为本,强调关心人、尊重人、赋予人均等的机会,发挥人的潜能等。而要实现这种内涵,最好的途径就是推动公众参与。只有公众全面参与各种社会事务(环境保护是其中一个方面),才能感受到被关心、被尊重、被赋予均等的机会,潜能才能得以发挥。

新型城镇化的内涵之二在于社会转型,即"政府管理"与"社会自组织"二者之间合理分工、相互补充、相得益彰。环保公众参与就是社会转型的必要途径,通过公众参与,公民"自组织"能力得以培养,社会建设得以加强,最终促发社会转型。综上而言,环保公众参与也是彰显新型城镇化内涵的需要。

二、新型城镇化需要健全六大环保公众参与机制

当前,在推进新型城镇化过程中,需要健全哪些环保公众参与机制?从国情出发,我们认为以下六大机制不可缺少:

1. 环境信息公开机制

环境信息公开是政府把一些环境公共信息(空气质量、水质量等)以及企业环境信息等向社会公布。环境信息公开是公众参与环保的基础条件,缺乏及时准确的环境信息,公众参与就无从着手。日本学者宫本宪一认为,为了保护环境和人类的健康,必须公开军事上的、产业上的以及行政上的所有机密,否则环境政策就不会取得进步。[2]当今世界,不少国家都在积极推进环境信息公开,美国1986年颁布《应急规划和公众知情权法案》,要求企业必须向当地应急规划编制机构报告自己使用、储存、排放有毒有害化学品的情况。美国还要求企业必须真实公布排污情况,政府将收集的信息进行公开,并建立了有毒物质名录制度。公民通过网络,只要输入邮政编码,就可以查询到附近企业的污染状况,对企业污染排放的监督就不再只是政府的事情,而成为全社会的事情,整个社会形成了一张强大的"监督网"。

在新型城镇化进程中,我国政府部门要做好信息公开工作,及时公布各种环境公共信息以及相关企业的环境信息,以使公众更好地发挥监督作用。而且在有条件的情况下,要通过"激励性的"方式,促使企业

的环境信息公开,例如政府可以将企业环境行为信息公开化评级,把企业评为五档——绿、蓝、黄、红、黑,分别代表很好、好、一般、较差、很差,把企业评级并通过媒体发布,把企业形象与环境行为紧密挂钩。这样就可以让公众更好地了解企业相关环境信息,更好地让公民参与进去,从而有针对性地监督企业环境行为。

2. 环保民主协商机制

环保民主协商是通过多主体(包括公众)协商的途径,共同解决环境问题。环保民主协商是协商民主的体现,是对传统民主的修正。在环境保护领域,传统民主注重多数人利益(往往采取投票形式),忽略了一部分贫困群体的环境利益,而这部分贫困群体才是社会应当关注的主要对象。协商民主则可以克服传统民主的弊端,通过"面对面"互动,让参与者畅所欲言,可以照顾贫困群体的环境利益。

在实践中,环保民主协商的具体形式是环保圆桌会议与环境听证会。环保圆桌会议的机理是政府官员、企业负责人以及有关居民三方定期就环境问题进行商谈,通过平等化对话,相互理解,达成共识,提出环保解决对策。环保圆桌会议制度有一举多得的效果:首先,可以发挥居民智慧,大大节省管理成本;其次,可以让各方加强协商沟通,推动环境问题更好地解决;再次,让居民参与进去,不断学习,不断提高,对推进居民的参与水平大有好处;最后,可以由"事后处理"演进到"事先预防",防患于未然。因此这种形式可以在我国广泛推广。

环境听证会模拟司法审判,由意见相反的双方互相辩论,其结果通常对最后的环境问题的处理有约束力。环境听证会制度具有很多优点:首先,环境保护是一个利益博弈的过程。在环境保护中,存在着各种利益主体。如何在环境保护中实现社会成本最低?这不能仅仅依据少数人的判断,而是要靠群策群力才能决定的,环境听证会制度有助于实现这一点。其次,环境保护不仅存在社会成本最低的问题,而且存在社会成本由谁承担的问题,这些都要靠协商解决。在环境保护中,贫困群体的利益往往会被忽视,环境听证会制度给贫困群体提供了一个表达权益的机会。目前,我国不少地方已经实施环境听证会,但目前还处于初级阶段,很多地方尚需完善:例如虽然建立了制度,但往往注重形式,而不注重内涵;参与人一般是指定的,而不是真正需要博弈的利益代表,自然也不会真正代表相关主体的利益;虽然命名为环境听证会制度,但还没有实现制度化,缺乏相关长效机制的保障等。这些都有待于进一步完善。

3. 居民参与环境管理机制

居民参与环境管理,是指政府部门创造条件,让一些利益相关的居民直接参与到各种环境管理的事务中。例如,可以让居民参与监督企业污染排放。城镇化导致产业集中,使毗邻工业区的居民受到污染的威胁。以往工业区的排污由相关部门组织进行检查,居民鲜有机会参与其中。这就造成一种悖论:利益最相关的主体没有发言权,这显然不合逻辑。有鉴于此,在新型城镇化进程中,可以考虑建立居民检查制度,让居民代表或者利益受损者参与检查企业排污,真正发挥监督作用。又如,在一些环保领域,可以聘请一些利益相关的居民担任环境管理协管员。这样更能调动居民的积极性,从而取得较好的管理效果。

4. 环境社会组织培育机制

环境社会组织培育,是指通过培育社会组织,推动居民更好地参与环境保护。相比个体的"散兵游勇",以"组织化"形式参与的效率更高、效果更好。在新型城镇化进程中,为更好推动环保公众参与,还需要积极培育环境社会组织。在有条件的社区,政府可以引导一些关心环境、热心公益事业、有志愿服务意识、有威望的居民组成生态协会,开展环境监督、环境教育、环境维权工作,用以维护居民的环境权益,提高居民的环境意识。政府可以给予政策、资金以及场地等方面的适当支持。对已有的环境社会组织,要在准入环节降低"门槛",在资金方面予以扶持,同时合理划分政府与社会组织在环境管理中的空间,把一些环境管理事务委托给社会组织,并予以制度化,使之发挥更大的作用。

5. 环保利益激励机制

环保利益激励机制,是指通过利益激励,推动公众参与环境保护,这是由我国国情决定的。中国台湾学者萧新煌曾经将环境公众参与分为两种模式——"污染驱动模式"与"世界观模式",前者是与环境恶化及被害者生存有着密切的关系、为特定的事件所激发而产生的,后者是由对地球的健康和平衡的考虑而触发的。[3]西方国家公民环境意识较高,公众参与基本上属于"世界观模式",人们基于偏好美好的生态环境而组织起来。我国公民环境意识较低,公众参与大多属于"污染驱动模式",为了维护自身利益而参与进去。

鉴于我国公众环境意识相对低下的国情,目前要注重利益引导,以调动居民参与环保的积极性。例如可以设置有奖举报制度,对于检举企业污染的居民,在保护当事人隐私的情况下,给予适当奖励;再例如可以给从事环保的志愿者一定的物质奖励与精神奖励等。

6. 环保项目推动机制

环保项目推动,是指相关政府部门通过设立环保领域的项目(如垃圾分类、河道管理等),让社区依据自身特点申报,并由社区居民"自主"完成。在新型城镇化进程中,项目推动的好处是非常多的。首先,项目推进能够增强居民的环境意识。在实施环境项目的过程中,居民可以"直截了当"或者"潜移默化"地认识到环境保护的重要性,逐渐提高环境意识。其次,项目推动能够实现"增权"。在完成环保项目的过程中,居民的能力不断提高,可以不断"增权",从而提高参与能力。第三,项目推动有利于社区建设与社会建设。项目推动不仅有利于居民参与环境保护,而且在共同的参与中,社区居民之间容易发展友谊,形成良好的人际关系,生成社会资本,有利于社区建设与社会建设,这是在保护环境之外,又一"沉甸甸"的收获。

参 考 文 献

[1] 中共中央关于全面深化改革若干重大问题的决定[N].人民日报,2013-11-16(2).
[2] (日)宫本宪一.环境经济学[M].朴玉译.生活·读书·新知三联书店,2004:188.
[3] 胡美灵,肖建华.农村环境群体性事件与治理——对农民抗议环境污染群体性事件的解读[J].求索,2008(12):63-65.

(作者单位:苏州大学社会学院)

论社会新媒体使用的价值判断、行为选择及其习惯性影响[*]

费 坚 胡 涛 陈景岭

摘 要 本文基于社会管理学的心理账户和习惯性理论的视角,对当今社会新媒体使用的价值判断和行为选择进行了研究和分析。本文研究发现:① 社会新媒体不同的社会功能(如关系维系、审美娱乐性、信息风险、时间成本)对用户使用该技术的价值判断和行为选择有不同程度的影响;② 长期使用社会新媒体的用户会形成使用习惯,用户的习惯性行为从另一方面缓和以至改变其社会功能与使用的价值判断、行为选择的结构关系。这些发现对信息管理领域进一步认识社会新媒体的使用具有理论和现实价值,同时也对社会各领域部署和应用社会新媒体具有具体的指导意义。

关键词 社会新媒体 心理账户 习惯 价值判断 行为选择

对于社会新媒体的使用,有两个问题一直困扰着我们:① 社会新媒体的功能属性对个体用户使用该技术的价值判断和行为选择有何不同的影响?② 用户的习惯性行为是怎样进一步影响该技术使用的?在本文中,我们从社会管理学的心理账户和习惯性理论的视角,对一所美国综合性大学的本科生、研究生使用社会新媒体的价值判断和行为选择进行了研究分析。本文系统地汇报了该研究的理论和主要发现,以及我们在此基础上对当今社会新媒体使用的思考。

一、心理账户和习惯性理论的视角

心理账户理论是美国经济学家 Richard Thaler 提出的一个个体经济行为理论。该理论对个体经济活动的价值判断、行为选择进行了细致的描述性分析。[1]首先,个体在参与经济活动时,会将具体的经济行为划分为两个不同的心理账户:经济所得和经济所失。所得账户又可

---

[*] 本文为国家自然科学基金(项目编号:71303206)、美国国王大学杰出教师发展基金(项目编号:1127)的阶段性成果。

细分为审美娱乐性所得和实用功能性所得。前者指行为过程中个体的审美愉悦感；后者指行为的外在实用目的性。所失则是指个体在经济活动中所付出的成本，包括金钱、时间和交易风险等。[2]

心理账户理论指出，个体在经济活动中，会涉及两个阶段的感知、行为活动。在第一阶段，个体对所得及所失账户的重要性进行比较，形成对经济行为的价值判断。在第二阶段，个体在价值判断的基础上，形成对经济活动的行为选择。在这一系列的感知、行为中，由于各心理账户在性质和功能上的不同，它们对于经济活动的价值判断、行为选择的影响也因此而显著不同。在表1中，我们把个体经济活动的主要心理账户、它们与个体经济活动的价值判断及行为选择的结构关系进行了归纳。在下文中，我们将这些概念和结构关系运用于社会新媒体使用的具体环境中，以期对其使用的价值判断和行为选择有一个崭新的认识。

表1 心理账户与个体价值判断、行为选择的结构关系

心理账户	心理账户对个体价值判断和行为选择的影响
所得账户：审美娱乐性 实用功能性	审美娱乐性与实用功能性所得对个体经济活动的价值判断、行为选择的影响有显著不同。其影响的程度和重要性取决于经济活动本身的性质。
所失账户：金钱 时间 信息风险	个体更重视金钱所失，而对时间、信息风险所失缺乏敏感性。相对于信息风险所失，时间所失更灵活，也更难量化把握。
总体得失：总体所得 总体所失	比较总体所得与所失，个体会将不重要的所失纳入比较重要的所得中，从而所得账户的重要性超过所失账户，而小的所失被忽略不计。

另一方面，社会心理学认为，习惯性是个体在相对稳定的环境中、通过对一系列相同行为长期不断地重复，而形成的一种自动性的行为方式。[3]一般地讲，当个体行为成为习惯的时候，个体的自觉意识对行为选择的影响会减弱，而习惯性本身成为最直接的行为选择。[4]在本文中，我们把习惯性这一概念融入心理账户理论中，来考察个体在使用社会新媒体时，习惯性是怎样进一步影响其对该技术使用的价值判断和行为选择的。

二、从心理账户和习惯性理论的视角看社会新媒体的使用

基于心理账户和习惯性理论的基本观点，并结合社会新媒体的具

体功能和属性,本文指出,首先,个体使用社会新媒体的活动可以界定为四个不同的心理账户:关系维系的实用功能、审美娱乐性功能、时间成本、信息风险成本。它们分别属于所得账户(关系维系、审美娱乐)和所失账户(时间、信息风险)。在社会新媒体使用中,个体会对这四项心理账户的重要性进行衡量,并在此基础上对该技术的使用进行价值判断、行为选择。因为这些心理账户在性质上是不同的,它们对于个体使用社会新媒体的价值判断、行为选择的影响也会显著不同。第一,鉴于社会新媒体的使用主要是满足用户的审美娱乐之需,用户会视其审美娱乐功能的重要性高于其维系网络社会关系的实用功能。第二,在使用成本方面,相较于时间成本,社会新媒体使用的信息风险更具体可感。所以,在对其使用的价值判断和行为选择的影响的重要性上,用户会视其信息风险高于其时间成本。第三,社会新媒体构建审美娱乐和实用功能的巨大成功,使用户对该技术使用的价值判断、行为选择上倾注了极高的期许。比较而言,用户对社会新媒体使用所需的时间、信息风险等成本则比较漠视。他们在衡量该技术使用的重要性时,会视所得账户远高于所失账户,进而忽略其使用成本。

其次,基于习惯性理论,当用户长期使用社会新媒体形成习惯时,各心理账户对该技术使用的价值判断和行为选择的影响会因习惯性而弱化。个体用户使用社会新媒体的时间越长,越是出于习惯,其心理机制中的自觉意识就越少。逐渐地,习惯性削弱并改变了各心理账户对该技术使用的价值判断和行为选择的影响。

三、主要研究发现

该研究的数据收集是通过对社会新媒体用户的两次网上问卷进行的。我们选择了美国中南部一所综合性大学商学院的本科生和研究生作为数据样本,因为大学学生是一般公认的社会新媒体的主要用户群。[5]我们对研究数据进行了系统的统计分析。研究发现,首先,在衡量社会新媒体的使用价值时,用户视其审美娱乐性功能和关系维系的实用性功能同等重要。在行为选择中,用户更重视社会新媒体的审美娱乐性功能;其维系和发展社会关系的实用性功能反而退居次席了。其次,在使用成本方面,用户对信息风险对其使用价值和行为选择的消极影响比其所需的时间更重视。比较而言,用户更可能因个人信息在社会新媒体使用中的不安全性而低估其使用价值,进而降低使用行为的频度、深度和时间长度。再次,用户对社会新媒体使用的所得高度重视,进而忽略了使用该技术的信息风险和时间等方面的成本。该研究也进一步证实了个体的习惯性行为对社会新媒体使用中上述结构关系的改变。习惯性不同程度地削弱了社会新媒体的审美娱乐、关系维系功能对其使用价值、行为选择的积极影响。同时,习惯性也削弱了时间成本对使用价值、行为选择的消极影响。该研究同时证实了用户的习惯性削弱信息风险对行为选择的消极影响。

四、从心理账户和习惯性理论的视角对社会新媒体使用的思考

1. 理论思考

从历史来看,信息技术的应用和管理深深地植根于理性选择的传统。然而,在信息技术的实际使用中,我们发现,用户有时候并不完全遵循理性化原则。这导致了一些异常的使用行为和价值判断。而这种异常恰恰是传统的理性选择理论不能解释的。

例如,我们的研究发现,个体在使用社会新媒体时,其审美娱乐性功能比关系维系的实用性功能更显著地影响用户的行为选择,个体使用社会新媒体的非理性倾向非常明显。他们往往沉溺于其巨大的审美娱乐和关系维系方面的利益所得,而罔顾其使用成本的消极作用。个体用户,尤其是青少年用户在使用社会新媒体时,所表现出的不计成本、不计后果的快乐主义、娱乐至上的倾向,可能是与该技术与生俱来的娱乐功能、个人化属性密切相关的。[6]这使得该技术的应用先天地具有了非理性的性质。这一发现为我们预测和解释用户使用信息技术时所表现出的非理性倾向提供了理论依据和实证基础。与此同时,我们把习惯性这一变量融入心理账户理论中,提出并证实了用户在使用社会新媒体时,其习惯性对一系列结构关系的缓和以至改变作用。这一发现丰富并拓展了信息管理领域对习惯性这一非理性因素的探索。

2. 实践思考

我们的研究成果为社会新媒体管理者、使用机构谋求长远的市场发展和提高管理效能提供了具体的战略方针,进而为促进该技术本身的竞争力和创造数字经济利润提供了可行性建议;同时也对该技术的管理者和开发者理解该技术,并据此进行技术革新、功能配置提供了具体的方向。

首先,因为社会新媒体用户在网络空间中的活跃程度决定了该技

术使用的根本性质,所以,注册用户的数量、他们对该技术使用的价值判断和行为选择对社会新媒体的生存和扩张具有至关重要的意义。我们的研究建议:① 要注重对社会新媒体审美娱乐性功能和关系维系的实用性功能的全面开发和推广,使用户能够从该技术的使用中得到丰富具体的利益和实惠。② 要在审美娱乐性功能和实用性功能并重的前提下,适当突出前者;尤其在用户的实际使用阶段,更应该大力推广社会新媒体的审美娱乐性功能。③ 要让用户理解社会新媒体网站保护个人资料和隐私安全的具体措施,加强用户的个人信息安全感。④ 要注重对用户使用习惯的培养,注重开发推广对用户习惯性有积极影响的功能和属性。

其次,近年来,社会新媒体在商业、企业、政府部门等领域的应用已蔚然成风。该技术在企业公关、产品宣传、行政管理、知识创新和传播等领域起着愈来愈重要的作用。因为我们的研究数据来自于一般公认的社会新媒体的典型用户群,所以该研究成果对理解组织环境中个体用户的心理账户机制和使用习惯对该技术使用的价值判断和行为选择具有一定的指导意义,进而对这些机构部署、配置和使用该技术体具有积极的启发作用。该研究表明,商业、企业和政府机构在使用该技术辅助管理的时候,应该积极培养员工的使用习惯和积极的价值判断,进而促进他们对该技术的长期持续的行为选择。这将大大有利于组织机构运作的效能和透明度,从而推动整个管理体系向现代化、数字化的转型。

3. 对中国社会新媒体使用现状的思考

中国的社会新媒体的应用技术以及运营模式全面承袭了西方发达国家尤其是美国的既定体系。在社会新媒体用户群的基本状况方面(例如,用户性别比例、受教育程度、工作状况等),中美两国也有着惊人的一致性。[7]鉴于此,我们相信,该研究成果对我国社会新媒体的使用具有普遍的参考价值。从长远来说,建立在严格、科学的实证基础之上的、深刻揭示社会新媒体的社会功能和属性的研究成果,对各级政府建立行之有效的电子政务的网络体制、促进我国和谐社会的建设和构建民主"中国梦"具有重大的政治意义。

与此同时,在当今社会新媒体时代,越来越多的高等教育部门开始意识到这一新型媒体在知识创造、储备和传播等方面对我国现行教育方法、教育体制的战略意义,以及对当代大学生价值观、行为方式的巨大影响。[8]我们的研究成果对我国高等教育领域的从业人员、管理人员理解、认识社会新媒体使用的价值判断、行为选择具有一定的指导意义。

需要进一步指出的是,当前,我国的社会新媒体产业已经进入群雄割据、争夺市场和用户的战国时代。这种产业之间的竞争甚至已经扩展到了国与国之间的技术和用户之争。从这个意义上来说,该研究成果有助于我国社会新媒体开发管理部门正确理解认识该技术的使用功能、用户的使用价值和行为选择,并为民族企业在更有效地吸引用户、制定长远的竞争战略、保持市场竞争力和扩展国内外市场份额等方面,提供了实证决策依据。

参 考 文 献

[1] Thaler R. Mental accounting matters[J]. Journal of Behavioral Decision Making, 1999(12).
[2] Cunha M J, Caldieroro F. Sunk-cost effects on purely behavioral investments[J]. Cognitive Science 2009(33).
[3] Ortiz de Guinea A, Markus M. Why break the habit of a lifetime? Rethinking the roles of intention, habit and emotion in continuing information technology use[J]. MIS Quarterly, 2009,33(3).
[4] Limayem M, Hirt S G, Cheung C M. How habit limits the predictive power of intention: the case of information systems continuance[J]. MIS Quarterly, 2007,31(4).
[5] Lenhart A, Purcell K, Smith A, Zickuhu S. Social media & mobile internet use among teens and young adults[EB/OL]. [2010-2-3]. Pew Research Center.
[6] Hu T, Poston R, Kettinger W. Non-adopters of online social network services: is it easy to have fun yet[J]. Communications of the AIS, 2011,29(1).
[7] Simcott R. Social media fast facts: China[EB/OL]. [2014-3-29]. Socialmedia Today.
[8] 李岩,曾维伦,何海涛.新媒体环境下的大学生思想政治教育新载体探析[J].重庆邮电大学学报(社会科学版),2010(5):21-26.

(作者单位:扬州大学社会合作与服务处)

从"治理社会"到社会治理的历史新穿越
——中国特色社会治理要论：融国家治理、政府治理于社会治理之中*

乔耀章

摘 要 社会治理是相对于国家治理和政府治理而言的，各有其相对独立又相互联系的主客体及其侧重点。社会需要治理，社会决定治理，社会决定于治理。中国特色社会治理的主要目的不在于谋求对社会的统治、管理甚至为治理而治理本身，而在于谋求维护最广大人民根本利益，最大限度增加和谐因素，增强社会发展活力，全面推进平安中国建设，维护国家安全，确保人民安居乐业，社会安定有序。中国特色社会治理要在坚持唯物主义和辩证法有机统一的历史进程中，处理好社会与主义，社会主义与中国社会主义，中国特色科学社会主义与马克思主义科学社会主义的相互关系。在全球化的情境中，力求做到融国家治理和政府治理于社会治理之中，逐步实现从国家、政府"治理社会"，到国家、政府与社会的"共同治理"，再到国家、政府与社会的"相互治理"的历史新穿越、新境界。

关键词 治理社会 社会治理 中国特色 他治理 自治理 受治理 相互治理

社会治理是相对于国家治理和政府治理而言的，各有其相对独立又相互联系的主客体及其侧重点。社会需要治理，社会决定治理，社会决定于治理。在全球化的情境中，中国特色社会治理力求从国家与社会关系的唯物辩证法视阈，从社会与主义及其相互关系的辨析中，揭示我们国家、政府是如何在党中央坚强有力的领导下，融国家治理、政府治理于社会治理之中，从而实现从事实上的"治理社会"向事实上的"社会治理"的历史新穿越、新境界。

---

* 本文为江苏省社会科学基金重点项目（项目编号：13ZZA001）、国家社会科学基金重点项目（项目编号：14AZZ001）的阶段性成果。

一、国家与社会关系视阈中的社会治理

从人类社会起源角度来看,先有社会后有国家。国家是社会发展到一定历史阶段的产物,亦即国家是社会的发明物、创新物。国家产生于社会,社会离不开国家,国家与社会二元对立且疏离,这是国家与社会关系问题上的三个基本假设。一方面,根据这些基本假设,使西方国家与社会关系理论的逻辑起点得以生发和拓展开来。例如,个人(自由主义)权利观念,公共权力理念,消极国家观,小政府、大社会,弱政府、强社会以及权力制约的构想或理论,等等。西方国家的这些构想或理论,在总体上描述的是一幅在国家与社会关系问题上的极度紧张与二元对立,是一种历史常态,也是一种现实困境。经过初步的思考和研究,我以为西方国家的这种社会常态和社会困境所反映出的是一种可谓社会优先于国家的"社会崇拜"现象。这种现象在社会管理、社会治理问题上,主张让国家、政府走开,让"社会"、"公民社会"或市场来主导整个社会秩序。显然,这是一种极端的倾向。另一方面,1949年以后的新中国,在比较特殊的主客观历史条件下,在国家与社会的关系问题上走向了另一个极端,即无视社会和市场的存在与作用,一切由国家、政府来计划、主导。从特定意义上,我把这种极端的倾向相应地称为"国家崇拜"现象。1978年以来的改革开放,特别是十八届三中全会以来的全面深化改革,究其实质或实际而言,真正是在反思历史传统,正视现实实际和实践的基础上,逐步走出"二元极化思维"的模式,重建新型的"一体化"的国家与社会关系,使"国家崇拜"倾向或现象逐步有所改观。

从社会存续视角看,社会需要治理。社会之所以离不开治理,主要是因为社会是会"生病"的(杜维明语),社会有时也是会"溃败"的(孙立平语)。既然如此,社会就需要治理。这种治理可分为三种情形:一是"自治理";二是"他治理";三是"受治理"。

从唯物主义视角看,社会决定治理。社会需要治理,但是这种治理的主体尤其是作为"他自理"的主体是不能自行的。根据中国古代治国理政的"舟水理念",我们是否可以认为在社会治理问题上,社会若水,国家(政府)如舟。社会具有先在性、至上性,而国家、政府则具有从属性、派生性。既然我们已知世上没有不需要治理的社会,无论是社会的"他治理"还是社会的"自治理",都不是施行治理行为的组织或人员自己主观决定的,而是由其社会本身的成长程度、发展程度、文明程度等

客观情形决定的。从一个特定意义上,马克思曾把社会描述为是一个自然历史过程。有什么样的社会就会可能有什么样的社会治理。

从辩证法视角看,社会决定于治理。决定于治理,亦即社会治理决定、反作用于社会存在。正如恩格斯指出的:一切政府,甚至最专制的政府,归根结底都不过是本国状况的经济必然性的执行者,它们可以通过各种方式——好的、坏的或不好不坏的——来执行这一任务;它们可以加速或延缓经济发展及其政治和法律的结果,可是最终它们还是要遵循这种发展。[1]就是说,国家、政府的"自治理"和"他治理"能动地反作用于社会,往往表现在好的、坏的、或不好不坏以及加速或延缓等方面。比较理想的状态当然是诉诸积极能动的反作用的好的、加速的"正能量"方面。上文在国家与社会的关系问题上,我们已经指出了"社会崇拜"和"国家崇拜"这两种极端的倾向。其实,从特定意义上说,"社会崇拜"实际上是比较片面地强调了社会(之"私域"),尤其是作为社会分子的个人的先在性或至上性,不恰当地把社会即个人"唯物化"了,视国家、政府为消极、被动的"边缘化"了的存在物,甚至视为"必要的恶"、"利维坦";而"国家崇拜"则实际上是比较片面地强调了国家(之"公域"),尤其是政府反作用于社会的能动性或决定性作用,不恰当地把国家、政府"辩证化"或"唯心化"了,忽视或否定了社会对于国家和政府所具有的先在性或归根结底意义上的决定性作用。正是从这个特定的意义上说,我曾经在20世纪就率先提出行政管理可持续发展思想,认为没有落后的社会,没有落后的国家,只有落后的政府、政府管理及其政府治理。[2]

二、正确处理社会治理中的社会与主义的关系

一般说来,社会存在决定社会意识。有什么样的社会就有什么样的主义,同样的社会存在会产生若干不同的主义,各种主义中必有一种起主导或支配地位和作用的主义,这种主义是由该社会的主要矛盾和主要矛盾的主要方面决定的。

自1840年以来,中国社会似乎总是处于"过渡、接轨、转型"之中。其中至少有三个历史性的坐标:其一是辛亥革命以后中国社会向何处去;其二是1949年以后中国社会向何处去;其三是1978年以后中国社会向何处去。每当相应的历史关口,中国社会往往是处于"主义"纷争的时候,或曰中国社会陷入"主义丛林"之中。与三个历史性坐标相应

的是"新文化运动"、"五四运动"、中国共产党的横空出世、新民主主义革命,"过渡时期"、"三大改造运动"、"文化大革命"以及"改革开放的新革命运动"等历史性事件。与历次历史性事件相关联的是各种各样的"主义"相伴随、相搏杀。其中最主要的有"六种主义"即:封建主义的专制主义,资本主义的自由主义,三民主义,新民主主义,社会主义以及共产主义等。辛亥革命以来的中国历史已经证明并且还将继续证明,究竟什么主义与中国之社会更相适应、更相符合,它并不完全取决于特定历史条件下的政治家以及真正历史创造者——大众的、主观的、一次性的、非理性的——单项选择,而最终取决于合乎中国社会历史发展规律的自觉选择。在当今世界(主要是西方)资本主义仍然占主流的全球化时代,在可预见的未来相当长的历史时期内,其他任何主义都将暂时从属于资本主义,"大中国"社会也不例外。一方面,大中国(包括大陆、香港、澳门、台湾)社会自身资本主义的客观存在,远不能成为历史;另一方面,大中国社会与世界(主要是西方)资本主义社会正、负能量的并存、合作、竞争,是必须正视的残酷现实。在践行"一国两制"的过程中,中国香港、澳门以及台湾秉持的是资本主义的自由主义以及三民主义;中国大陆秉持的是在承接新民主主义社会尚未完成的历史任务的同时,施行一定范围、一定程度、可调节的中国式的资本主义的自由主义、新民主主义,并始终坚持以(中国的)社会主义为定向性的发展为基础。[3]

需要特别指出的是,社会与"主义","主义"与问题,价值(也可视为一种"主义")与事实等是须臾不可分割的。成熟时期的中国共产党历来主张把马克思主义、列宁主义同中国革命、建设、改革开放的具体实际、具体实践相结合,进而产生中国化的马克思主义。正是从这个意义上说,中国共产党从诞生以来,就一直高度重视"主义"之真、伪的辨析与坚守,就一直高度重视思想、理论的创新、建设和发展,就一直高度重视核心价值体系和价值观的培育与践行。在多种主义同时并存和多种价值体系同时并存的当今中国社会,毫不动摇地确立起社会主义及其价值体系的核心地位![4]

还需要特别指出的是,在社会与"主义"的关系问题上,我们之所以如此推崇"主义"、思想、理论、发展观、价值观及其法治战略思维等的极端重要,其主要目的在于强调:其一,只要社会存在,就有问题与"主义"同在,不能只谈问题不谈"主义";其二,问题分轻、重、缓、急,有时为抓主要问题,而"少谈主义"但绝不是"不谈主义";其三,强调"主义"的不可或缺、不可替代性,绝不表明推崇某种"主义至上",因为相对于社会存在,社会才具有至上性或"社会至上"。我主张唯中国社会之实,应当因社会而"主义",因社会而国家,因社会、国家而"主义";而不是因"主义"而社会,因"主义"而国家,因"主义"而社会、国家或国家、社会。[5]从探究中国社会与"主义"的关系可见,无论是从价值层面还是从事实层面来看,当今中国社会治理不完全或不纯粹是"社会主义社会治理",因为当今中国社会还不能选择"单边主义"为立论基础。

三、融国家治理、政府治理于社会治理之中

始终坚持共产党的正确领导,是当代中国最鲜明的政治特色。相对于学术界已有的大量的关于社会治理中的"协作治理"、"合作治理"、"共同治理"而言,我更倾向于"相互治理"或"互治"。一方面,国家治理、政府治理以历时态和共时态的多种形式作用于社会治理,另一方面,国家治理、政府治理也包容在社会治理之中。

客观现实已经向人们证明,从社会统治到社会管理再到社会治理是一种历史的进步。这种进步何以可能及其程度,主要取决于特定社会生态中的统治者与被统治者、管理者与被管理者、治理者与被治理者之间的认知水平、智慧程度、力量对比以及德行操守等多因素的博弈与较量。虽然我国选择了科学社会主义发展方向和价值目标,但只是为我们开辟了一条实现理想社会治理的道路,而理想社会治理的实现还有赖于我们在事实层面上的辛勤劳动与自觉创造。于是乎,我国的社会治理便不得不经历这样一个自然历史过程:过去,即改革开放以前,由于新中国成立以后的社会自身还处于总体落后的被动、沉睡、无意识状态,社会的"自治理"的条件比较不具备,社会的"他治理"更不可能,只能处于被治理或"受治理"状态。又由于在比较特殊的国内外形势下,新中国成立后的革命领袖、政党、国家、政府肩负着人民共和国的重托,比较热情、"自信"、"自觉"地代表人民,对我国社会进行探索性的、全方位的"他治理"(治他)。这是一个比较名副其实的政党、国家、政府"三位一体"的"治理社会"的历史时期。这个时期我称之为"独家管理"时期[6],政党、国家、政府的"自治理"既不正常又不恰当,更谈不上政党、国家、政府的"受治理"了。"治理社会"的结局众所周知。其原因多多,教训极其惨痛、深刻而当勿忘。后来即 1978 年改革开放至今,我国

取得了举世瞩目的巨大成就,我国的社会也正处于全方位的苏醒与活跃时期。一方面,政党、国家、政府三位一体的"治理社会"开始比较地理性、科学、自信、自觉起来,不断从统治、管理理念向治理理念转变。政党、国家、政府更加趋于成熟,表现在履行"他治理"基本职能的过程中,其治理体系和治理能力正在不断地趋向现代化,法制、法治化。与此同时,政党、国家、政府也越来越敢于和善于正视和逐步克服"自治理"方面存在的严重问题,在负有强烈的危机感、责任感、使命感中不断地加强自身建设,并且已经开始产生了一定的"受治理"的心理准备、思想准备和行动准备。开始表现为淡化统治、管理、"治理社会"观念,逐步回归社会治理本位。另一方面,随着政党、国家、政府对社会更加趋向于科学化、民主化、法治化、现代化治理的过程中,我国社会也得到了迅速成长:社会"受治理"的认知与行为也越来越趋向于理性自觉;社会"自治理"的能力也在成长的烦恼中不断得到提高;社会"他治理"的意识逐步得到增强,要求也有条件地兑现,并日益走出"被"的困惑。这两方面的不断有机结合,使得我国的政治社会化与社会政治化的诉求相得益彰,逐步形成政党、国家、政府与社会的"政社互动"、"合作治理"、"共同治理"的生动活泼的社会治理画面。以党的十八届三中全会为新的历史坐标,今后我国的国家治理、政府治理和社会治理("三治"),必将要求在科学化、民主化、法治化、道德化、科学社会主义化基础上进一步搞好分工与协作,特别是要求在各自的"受治理"部分达成"多边共识"。倘若如此,我国的社会治理将会在目前的合作治理、共同治理的基础上,进入"相互治理"的新的理想境界。①

由此可见,我们认为,在我国从政党、国家、政府的"治理社会"(独治)到政党、国家、政府与社会的"合作治理"、"共同治理"(共治)再发展为"相互治理"(互治)是历史的必然趋势。古有"治国先治吏"、"以吏为

---

① 合作治理、共同治理是近几十年来国内外理论界实业界探讨的热点问题,成为经济学、管理学、法学、政治学、社会学等跨学科综合研究的课题。国内许多著名学者如俞可平、张康之、何增科等的研究都取得了丰硕成果。但是我所主张的"相互治理"或"互治"同他们主张的"合作治理"、"共同治理"最主要的区别有两点:第一,"共同治理"强调的是各参与主体对具体公共事务的治理,各主体往往是不对称的对"事"的治理;而"相互治理"则强调的是各参与主体之间互为治理的主客体,各主体往往是平等、对等的"人"的治理。第二,"共同治理"所侧重的往往是"当下"的状态;而"相互治理"所侧重的往往是"未来"的情景。哪有治理者不首先接受党纪国法治理的?

师"等治国理政智慧,今有"人民当家做主"的现代理念和"全心全意为人民服务"的宗旨,等等。有古人的智慧,有现代理念,有党的宗旨,有现代科学技术……当今中国在社会治理的历史进程中,融国家治理和政府治理于社会治理之中,进而谋求"官民互治"的中国特色是完全有可能的。其充分必要条件之一就在于:治国理政要做到"依法治官吏"与"依法官吏治"的有机统一。[7]

参 考 文 献

[1] 马克思恩格斯选集(第4卷)[M].人民出版社,1995:715.
[2] 乔耀章.应当把"可持续发展"思想引入行政管理[J].中国行政管理,1998(4):21.
[3] 乔耀章.略论作为社会主义定向的政治发展[J].江苏社会科学 2002(2):147-153.
[4] 乔耀章."社会主义核心价值体系"多重解析——兼对"社会主义"新释义[J].中共南京市委党校南京市行政学院学报,2007(6):15-19.
[5] 乔耀章.多质态社会行政价值散论——兼论"中国特色科学社会主义"[J].学术界,2013(1):44-52.
[6] 乔耀章.论社会治理原理与原则[J].阅江学刊,2013(6):5-14.
[7] 乔耀章.从治民到官民互治——行政现代化的历程分析[J].北京行政学院学报,2002(2):12-18;乔耀章.政府理论续篇[M],苏州大学出版社,2013:305-313.

(作者单位:苏州大学政治与公共管理学院)

社会记忆与社区融入：理解城市社区中随迁老人的二维视角*

张新文　杜春林　赵　婕

摘　要　随迁老人的产生与当前中国城市化的快速发展密切相关。随迁老人离开自己长期居住的乡村，随子女寄居于"陌生的"城市，其能否顺利地融入城市社会，事关个体的发展以及社会的稳定。本文尝试构建一个基于社会记忆功能与社区融入维度的二维分析框架，根据对南京市三个社区的随迁老人以及社区工作人员的多次深度访谈，分析随迁老人所保留的传统乡村社会记忆对其逐步融入城市社区造成的诸多障碍。而社会记忆的可建构特征为其整合功能、认识功能、规范功能、传承功能以及批判功能的发挥，并为推动随迁老人融入城市社区提供了理论支撑；社区融入的经济整合、文化接纳、行为适应与身份认同四个维度的划分为随迁老人融入城市社会提供了可操作路径。

关键词　随迁老人　社会记忆　社区融入

一、研究缘起与研究问题

近年来各地城乡户籍制度的逐步松绑以及新型城镇化战略使得农村向城市的人口转移成为未来发展的必然趋势。大量青年人口通过高校就业、城市招工、购房定居等方式从农村向城市转移，成为拥有城市户籍的城市新移民，而在传统家庭价值基础上的乡村社会记忆中，子女会选择把年迈的农村父母及亲属接到身边生活，由此形成了随迁老人①这一特殊群体。本研究发现随迁老人不仅在城市的生存状况不容乐观，而且还给城市社区的管理带来诸多不便，然而学界对随迁老人的研

---

*　本文为国家社会科学基金项目"农村公共服务供给的'碎片化'及其治理研究"（项目编号：14BGL150）、江苏省社会科学项目"江苏农村的治理现代化研究——社会政策的视角"（项目编号：14SZB016）、南京农业大学中央高校基本科研业务费（项目编号：SKPT2014033）的阶段性成果。

①　关于如何界定随迁老人，普遍的共识是指由于子女从农村进入城市，在城市定居而将其接入城市，并在城市生活的拥有农村户籍的60岁以上的公民。

究还处于起步阶段,随迁老人作为一个社会群体还未完全进入各界的视域。本研究通过对南京市三个社区随迁老人以及社区工作人员多次面对面的深度访谈为实证材料,通过构建社区记忆与社会融入的二维分析框架,探寻随迁老人融入城市社区的困境,并以此提出问题解决的路径。

二、社会记忆与社会融入的二维分析框架

1. 社会记忆的功能与社会融入的维度

所谓社会记忆是指横跨时间与空间两个维度,连接过去、当下和未来的社会事实以及社会过程。社会记忆是更广阔的集体记忆,是由多样的社会群体所形成的记忆,在一定程度上还是个体化和具体化的。[1]从社会治理的角度而言,社会记忆是一种有效的连接个体与社会、过去与当下以及历史与未来的整合机制,个人记忆可以褪去,但社会记忆却一直在持续地进化发展,社会记忆方式在性质、特点、功能等方面均不同于个人记忆[2],而社会记忆的功能,可以从整合、认识、规范、传承和批判五个方面理解。社会记忆的五个功能之间也是一个逐步推进的关系。本文所探讨的社会记忆实际上是将宏大的社会记忆在时间和空间跨度上的缩小化,是指一个社区在某个时段所形成的对历史的记忆。而社会融入是指特定社会中的流动人口通过结构调整与主体自我适应,能够享有基本的经济、政治权利与广泛的社会权利,在平等参与的过程中逐步融入主流社会。社会融入包含多个维度,杨菊华构建的社会融入框架包括经济整合、文化接纳、行为适应和身份认同四个维度。这四个维度既存在一定的递进关系(见图1),也相互交融,互为依存,共同构成复杂的融入体系。[3]

2. 社会记忆与社区融入分析框架的构建

本研究认为随迁老人的社区融入来源于社会记忆因素的影响,很明显,城市社区的社会记忆明显弱于乡村社区。社会记忆与社区融入之间的联系为本研究分析框架的构建奠定了基础,而社会记忆与社会融入之间的关系何在?这是本研究关注的焦点。社会记忆的整合功能对于促进流动者在流入地实现经济整合和文化接纳具有重要作用;而社会记忆的认知功能使流动者和流入地居民在相互认知的基础上实现文化接纳;社会记忆的规范功能旨在引导流动者理性行为,为其在城市社区中实现再社会化提供可循依据;社会记忆是在对社会信息、经验的

保存、传递和批判的基础上实现社会化,而流动者对社会信息的甄选、内化以及扬弃,形成自身的价值判断,这又推动其实现身份认同。社会记忆的功能与社区融入的维度间的关系构建了本研究的分析框架(见图1)。

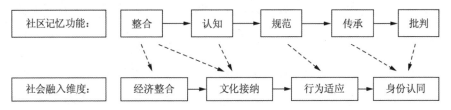

注:图中实线表示递进关系;虚线表示作用关系。

图1 社区记忆与社会融入的分析框架

值得注意的是,尽管社会记忆影响个体的社区融入,但社会记忆并不是从来就有的,它是一个社会建构的过程[4],社会记忆的可建构特征为发挥其功能,推进随迁老人的社会融入提供了理论支撑。社会记忆的可建构性为建构社会记忆提供了选择的自主性,同时也为有效的社区融入提供了可供选择的路径。

三、社会记忆缺失与当前随迁老人的融入现状:来自访谈材料的分析

社区是指那些有着共同价值取向、人口同质性较强的社会共同体。[5]而现代社区逐渐蜕变成满足人们物质需求的居住地、生存地或休息地,居民的异质性较高,很难形成社区居民认同的社区文化,不能满足人们寻求共同信仰、观念和价值的精神需求,现代城市在社会记忆的缺失已是一个不争的事实。随迁老人在城市社区中的"身在曹营心在汉"形象,反映出其所扮演的社会角色也逐渐边缘化,体现在以下方面:

1. 经济地位的瓦解与保障措施的不足

经济独立是流动者立足于流入地的基础,只有流动者在流入地获得一定的经济基础,他们才会更有信心、更有能力与流入地居民进行更深层次的文化、行为等方面的交流。在问及随迁老人的经济基础以及社会保障方面的问题时:

E1①:不好的一点就是这医疗(保险)转不过来,小病小痛的话养老金也就够花了,一有大毛病就觉得看病不方便,这个要是解决了就好了。

从社会记忆的角度来看,随迁老人经济上的不独立主要表现在两个方面。首先,对于随迁老人而言,尽管保留着传统的乡土社会记忆,但在家庭内部所扮演的经济角色日益边缘化,其处于资源分配核心地位的观念在城市社会中不断瓦解。其次,社会保障体系的不完善成为随迁老人融入城市生活的后顾之忧。以养老保障为例,在传统的乡土社会中,随迁老人群体保留的是家庭养老的社会记忆,由于城市的社会记忆中缺乏家庭养老的观念,随迁老人无法与城市老人享受同等的社会养老待遇。

2. 城乡文化差异与排斥

社区可以理解为地方文化的维持与联系。地方文化包括那些特有的情感、行为方式、礼仪、情绪,这些东西或是地方原有的,或是融合吸收的,地方生活的这一侧面,可以称之为"文化社区"。在社会记忆的范畴里,通过象征的形式被客体化的方面叫作文化记忆,文化记忆在离开承载主体的情况下依然能够持续。[6]文化差异对随迁老人的社区融入也产生诸多负面影响:

E6:听说这个学校的退休老师都是在那个老人活动中心,人家那都是素质高的人,像咱这村里来的和人家说话也怕人家笑话。

随迁老人背井离乡,乡土社会记忆尽管比较完整,但与城市生活格格不入,再加上随迁老人大都文化水平较低,思想保守,也不愿意接受本来就"支离破碎"的城市社区记忆,正如王春光所提及的没有移居目的的人,不会把接受地当作自己的家,不会深入地了解当地的社会,也不会刻意地去适应当地社会[7]。

3. 交往行为的中断

正是在与他人共有领域中接触和交流,我们固有的记忆潜能才成为可能,并且存入内容和形成格局。[8]因此,社会记忆的形成需要个体

---

① 本研究的访谈对象为南京市三个社区的12位随迁老人及6名社区工作人员,其中E、S分别代表受访的随迁老人和社区工作人员;E1、S1是对受访随迁老人和社区工作人员的编号。

与他人之间互动。对于随迁老人而言,首先,乡村社会记忆围绕着血缘、朋友以及邻里关系的社会互动,而城市社区中血缘关系的逐渐淡化,朋友关系和邻里关系尚未建立,致使随迁老人的交往行为中断,因此随迁老人也逐渐被边缘化。此外,城市社区中邻里关系以及朋友关系的消失。访谈的结果也证明了这些观点。

> E10:我和老伴儿以前在农村的时候每天简简单单的,搬过来以后我们的社会交往,生活环境都不一样了,和女儿、女婿住一起很多方面都是不相适应的,吃住有很多磨合不了的地方。

4. 身份认同感缺失

Deaux认为身份认同是一个人对自己归属哪个群体的认知[9],而有学者认为身份认同不仅仅是个体对自我身份的确认和对所属群体的认知,还包括所伴随的情感体验及行为模式进行整合的心理历程[10]。因此,身份认同不仅需要个体参与群体互动,还要对群体进行认知并形成归属感。在乡村社会记忆中,个体的身份认同是建立在彼此之间长期的社会交往以及对村庄共同体认识的基础之上的,而城市社区不能为随迁老人的社会参与以及人际交往提供有效的途径。再加上户籍制度的隔阂,使随迁老人依然保留着对乡村社区中农民的身份认同,并没有把自己当"城里人"。

> E8:我觉得自己在小区挺受欢迎吧,不过不觉得自己是社区一员,老家好,山里空气清新。

四、社会记忆的建构与随迁老人社区融入

权力对于社会记忆的建构起到至关重要的作用,通过在适当情境下的权力配置,可以有效建构社会记忆。城市社区作为社区自治范围内权力的所有者和使用者,对于建构社区共同体范围内的记忆起到不可替代的作用。而社区所建构的记忆既包括物质层面,也包括文化层面。正如费孝通指出,社区建设的目的之一,是要建设一个守望相助的共同体。[11]共同体是社区文化的载体,社区文化建设是形成社会记忆的重要途径,社会记忆文化所带来的聚合效应是不可估量的。

1. 以社会保障制度为切入点推动经济整合

经济整合是社区融入的第一步,是随迁老人立足于城市社区的物质保障,也是社区融入的最基本要求。大部分随迁老人缺乏稳定的收

入,而乡村社会记忆中建立在血缘关系上的资源分配机制也趋于瓦解,实现对随迁老人的经济整合就需要对当前的政策进行调整。尽管这已经超越了社会记忆的范畴,但政府通过公共权力配置适当的社会政策,有助于形成广泛的社会记忆。

> S3:随迁老人都希望享受与户籍老人同等的养老以及医疗待遇,但是我们社区资源有限,根本不可能满足随迁老人的要求,政府需要为这一群体的社会保障支出买单。

2. 以社区包容为理念的文化接纳

随迁老人所承载的是与城市社区文化相异的乡村社区文化,融入城市还要经历再社会化的历程。因此,构建以社区包容为理念的城市社会记忆对于促进不同文化之间相互接纳,以至于相互适应具有重要意义。文化接纳以及文化适应需要特定的环境,专业性社会工作者的积极介入有助于促进不同文化之间的相互融合、适应,还能整合不同的文化群体,乡村社区文化与城市社区文化在此基础上就可以形成文化适应,作为文化群体的随迁老人与城市社区居民也走向融合。

> S1:户籍老人应当改变自身"一等公民"的观念,真正从心理上接受并认可乡村文化,靠拢这一群体。

3. 以社会互动为基础的行为适应

随迁老人的乡村社会记忆中,个体之间相互了解,互动频繁,同质性较强,个体之间的交往呈"强连带"的特征;而城市社会记忆恰恰与之相反,从而缺乏使随迁老人融入城市社区的交往平台。因此,城市社会记忆的构建应当着重于为随迁老人搭建交往互动的平台,引导随迁老人有效地适应社会环境和人际关系。从这个角度来看,家庭内部中的成年子女与随迁父母的交流是老人们适应城市生活的第一步,能有效地起到引导和调节作用。

> S5:农村随迁老人在融入城市的时候首先应该调整自己的心态,努力适应新的生活,建立新的人际圈子。

4. 以社区共同体建设为导向的身份认同

身份认同不仅是一种心理现象,更是一种社会现象,随迁老人既缺乏对归属群体的认知,又缺乏对自我身份的确认,而认同是人们获得其生活意义和经验的来源,它是个人对自我身份、地位、利益和归属的一致性体验。[12]王春光曾指出社会记忆与认同之间的关系,人们总是凭借这样的记忆(或经验)来确定自己的行为,建构自己对周围的认识,当然这样的记忆并不属于个人,而是属于社会。没有社会记忆,人们在互动上就找不到一致性,就缺乏行动的规则;也正是因为不同的记忆,造成了不同群体之间存在的交流和沟通困难,因为这样的记忆影响着彼此的认同。[13]社区共同体建设是创造社会记忆,有效实现其传承和批判功能的重要途径。

> S2:说完全融入是不可能的,这部分老人属于城市的边缘人物,不是当地人的话很多政策优惠是享受不到的。

五、结　　语

(1) 个体与社会记忆。尽管社会记忆是以集体的形象出现的,但却是通过个人来传达的,随迁老人是传统的乡村社会记忆的载体,因此,社会记忆的构建重点在于如何让随迁老人接受与乡村社会记忆相异的城市社会记忆,而不是刻意磨灭其保留的乡村社会记忆。

(2) 权力与社会记忆。社会记忆的构建并不能过度地依靠强制力的管控,过度强调权力的作用就会导致社会记忆的构建顾此失彼、系统性和完整性缺失。因此,权力之于社会记忆的作用重在引导和规范,构建完整、系统的社会记忆,逐步实现随迁老人的社区融入。

(3) 社会记忆与社区融入。社会记忆建构对随迁老人的社区融入意义重大,社区融入维度的逐步深入为采用不同层次社会记忆的功能提供了依据,社会记忆的功能递进以及社区融入维度的逐步深入是相互依存的。

参 考 文 献

[1] 王汉生,刘亚秋.社会记忆及其建构:一项关于知青集体记忆的研究[J].社会,2006(3):46－68.

[2] 孙德忠.社会记忆论[M].湖北人民出版社,2006:20－30.

[3] 杨菊华.从隔离、选择融入到融合:流动人口社会融入问题的理论思考[J].人口研究,2009(1):17－29.

[4] (法)莫里斯·哈布瓦赫.论集体记忆[M].上海人民出版社,2002:2－10.

[5] (德)斐迪南·滕尼斯.共同体与社会:纯粹社会学的一个基本概念[M].商务印书馆,1999:2－6.

[6] 杨·阿斯曼.关于文化记忆理论[M]//陈新,彭刚.文化记忆与历史主义.浙江大学出版社,2014:132.

[7] 王春光.巴黎的温州人——一个移民群体的跨社会建构行为[M].江西人民出版社,

2000:12—20.

[8] D. Schacter. Searching for memory: The brain, the mind, and the past[M]. Basic Books,1996:22—27.

[9] Deaux K. Reconstructing social identity[J]. Personality and Social Psychology Bulletin, 1993(19):4—12.

[10] 张淑华,李海莹,刘芳.身份认同研究综述[J].心理研究,2012(1):21—27.

[11] 费孝通.对上海市区建设的一点思考——在"组织与体制:上海社区发展理论研讨会"上的讲话[J].社会学研究,2002(4):1—6.

[12] 曼纽尔·卡斯特.认同的力量[M].社会科学文献出版社,2003:12.

[13] 王春光.新生代农村流动人口的社会认同与城乡融合的关系[J].社会学研究,2001(3):63—76.

(作者单位:南京农业大学公共管理学院;南京农业大学农村发展学院)

江苏人口老龄化：现状、趋势、影响及对策*

黄健元　王　欢

摘　要　在分析江苏人口老龄化"两大三高"特征的基础上，对人口老龄化趋势进行了预测，显示江苏将于2017年、2027年左右分别进入人口老龄化的深度和重度状态。人口老龄化对经济社会产生深刻影响：相对减少劳动力供给数量、降低劳动力供给质量，使社会保险面临巨大支付压力等；与此同时，人口老龄化也能带动消费、促进老龄产业发展、激发劳动力需求。围绕人口生育政策调整、老龄产业发展、老年人力资源利用、退休年龄改革、社会保险完善等方面提出了相应的对策建议。

关键词　江苏　人口老龄化　劳动力市场　社会保险　老龄产业

一、江苏人口老龄化现状及特征

江苏早在1986年就进入了人口老龄化社会。之后，老龄化进程不断加快。江苏人口老龄化的特征主要可以概括为"两大三高"：绝对数量大、地区差异大；高速、高龄、高老年抚养比。

1. 绝对数量大

江苏是人口大省。在30余年的改革开放中，人民生活水平不断提高，医疗卫生条件日益改善，人口平均预期寿命不断延长。老年人口数量呈不断增长趋势。1982年江苏65岁及以上老年人口为335.67万人，2010年达到856.78万人，2012年为970.37万人，2013年进一步增长至1017.94万人（见图1）。

---

* 本文为江苏高校哲学社会科学重大项目"江苏人口老龄化对经济社会发展影响及其对策研究"（项目编号：2010ZDAXM004）的阶段性成果。

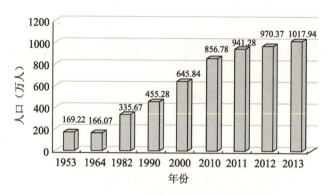

图1 江苏65岁及以上老年人口总量情况

注:数据采集于江苏历次人口普查公报及相关年份统计年鉴。

2. 地区差异大

(1) 各地市间差异大。江苏人口老龄化水平地区差异明显。第六次人口普查资料(常住人口统计口径)显示:2010年南通市65岁及以上人口的占比高达16.51%、泰州市为14.24%,而拥有大量流入人口的苏州市这一比例仅为8.51%。

(2) 城乡差异显著。由于经济发展差异、人口流动等多方面因素的影响,江苏人口老龄化同时也存在显著的城乡"二元性"。第六次人口普查资料(常住人口统计口径)显示:2010年江苏城市、镇、乡65岁及以上老年人口的占比分别为8.21%、10.16%、13.39%。第六次人口普查时江苏农村老年人口已达到721.77万人,占全省老年人口的77.48%。

3. 高速

1990年江苏65岁及以上人口占比为6.79%;2000年65岁及以上老年人口占比为8.84%,高出同期全国平均水平1.88个百分点;2010年,江苏65岁及以上老年人口占比达到10.89%,高出同期全国平均水平2.01个百分点;到2013年,江苏65岁及以上老年人口占比达到13.38%(见图2)。目前,江苏人口结构老化速度还在不断加快。

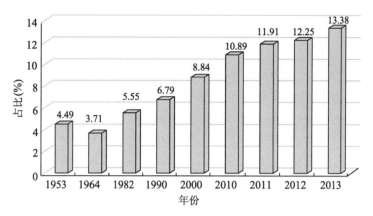

图 2　江苏 65 岁及以上人口占总人口比重情况

注：数据采集于江苏历次人口普查公报及相关年份统计年鉴。

4. 高龄

江苏人口高龄化趋势明显：1982 年，江苏 80 岁及以上的高龄老年人口仅有 40.34 万人，占 60 岁及以上老年人口的 7.67%，占江苏总人口的 0.67%；而到 2013 年，80 岁及以上高龄老年人口达 197.33 万人，占 60 岁及以上老年人口的 13.14%，占江苏总人口的 2.49%（见表 1）。

表 1　江苏老年人口结构变化情况　　　　　　　　　　（单位：%）

年龄组	1982 年	1990 年	2000 年	2010 年	2011 年	2012 年	2013 年
60—69 岁	62.60	61.20	55.86	54.84	56.13	54.35	57.31
70—79 岁	29.73	29.99	33.36	31.84	29.53	31.08	29.55
80 岁及以上	7.67	8.81	10.78	13.32	14.34	14.57	13.14

注：根据有关年份全省人口普查、抽样调查或统计年鉴资料推算得到。

5. 高老年抚养比

随着人口老龄化程度的不断加重，在相当长的一段时间内江苏老年抚养比将不断攀升（见表 2）。

表 2　江苏有关年份老年抚养比情况　　　　　　　　　（单位：%）

年　份	1953	1964	1982	1990	2000	2010	2011	2012	2013
老年抚养比	7.75	6.56	8.47	9.77	12.23	14.50	14.60	15.30	15.89

注：根据有关年份全省人口普查、抽样调查或统计年鉴资料推算得到。

二、江苏人口老龄化发展趋势

根据人口预测结果,江苏将于2017年、2027年左右分别进入人口老龄化的深度和重度状态,这意味着江苏从1986年进入人口老龄化社会到转变为超级老龄化社会仅需要41年时间。同样的人口老龄化进程,德国需要60年(1950—2010),英国需要80年(1950—2030),美国需要85年(1950—2035)。2045年左右,江苏65岁及以上人口占总人口的比例将突破30%,2060年将达到38%,届时江苏多于三分之一的人口将会是老年人。老年人口负担系数也迅速上升,将由2010年的14.3%不断上升到2060年72.73%的超高水平,倘若扣除在校生、低收入、失业、提前退休等人口,实际老年人口负担系数则更高。江苏高龄老年人口占总人口比例会由2011年的2.19%逐渐增加到2045年的9.13%,随后持续增加至2055年的峰值12.31%后开始逐渐下降(见图3)。

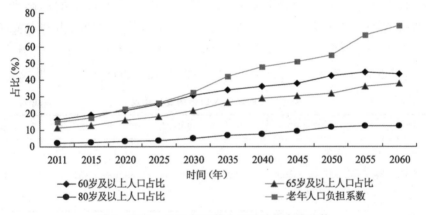

图3 2011—2060年江苏人口老龄化发展趋势

数据来源:由2011—2060年江苏人口预测结果整理得到。

三、江苏人口老龄化对经济社会发展的影响

1. 对劳动力市场的影响

(1) 对劳动力供给的影响。江苏已经迎来劳动年龄人口的转折点,开启了劳动年龄人口减少的阶段(见图4)。

随着总体人口年龄结构由成年型向老年型过渡,劳动年龄人口的相对高龄化趋势也逐渐显现。劳动年龄人口高龄化意味着劳动力整体创新能力和对新技术接受能力的降低,会较难适应产业调整对劳动力的需求,从而容易造成结构性失业,后果将是劳动力供给质量下降、劳

动生产率下降、社会总产出下降和经济发展速度减缓,这将成为江苏经济发展中的突出矛盾。

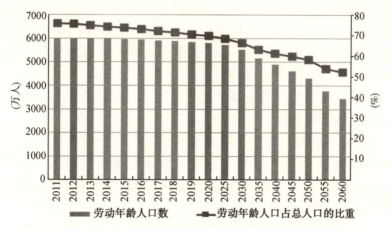

图4 2011—2060年江苏劳动年龄人口变动趋势

数据来源:由2011—2060年江苏人口预测结果整理得到。

(2)对劳动力需求的影响。人口老龄化对劳动力需求的影响主要是以消费为杠杆通过对产业结构、就业结构的影响来实现的。按照消费经济学的观点,当老年人口的绝对数量增加到一定程度时,将形成一个崭新的、庞大的消费市场,以满足具有老年人特色的衣、食、住、行、乐、医等方面的物质、文化需求。这会促进一个"朝阳产业"——老龄产业的兴旺发展,使其成为调整生产结构、消费结构和市场结构的强大推动力,进而开辟劳动力市场需求的新领域,对促进劳动力需求量增加产生积极影响。

2. 对消费的影响

基于1990—2013年江苏省人口及消费数据建立计量经济模型,实证研究表明江苏人口老龄化对城乡居民消费水平具有显著的正相关关系。

老年人消费同时还具有非物质性特征。随着生活水平的提高,老年人对生活质量的要求也会不断上升,在满足吃、穿、住、用、行等基本物质生活要求的基础上,更加注重精神文化生活的丰富性,对家庭服务、休闲旅游等非物质方面提出更多需求。日益增多的老年人物质需求及非物质需求双重作用会作用于现有市场消费结构,长期来看,这种作用机制将引导整体市场消费结构发生改变。

3. 对社会保险的影响

(1) 基本养老保险基金面临巨大支付压力。江苏基本养老保险基金支出增长迅速,从 2000 年的 121.1 亿元增加至 2013 年的 1309.6 亿元,年均增长 91.42 亿元,年均增长率达到 20.1%。基于江苏省人均基本养老保险基金支出和 65 岁及以上老年人口比重自然对数的时间序列回归分析模型结果显示,两者具有长期的协整关系,人口老龄化与基本养老保险基金支出具有显著的正相关关系。基金支出的迅速增长将影响到制度的可持续性。

此外,快速的人口老龄化对基本养老保险制度存在的其他问题也具有潜在放大作用,使基本养老保险基金面临重大支付压力。随着进入退休队伍的老年人越来越多,基本养老保险"隐性债务"和个人账户"空账运行"等问题的负面效应也会日益增强,这也会使得基本养老保险面临巨大的制度风险。

(2) 基本医疗保险资金需求迅速攀升。日益严重的人口老龄化将导致医疗费用的大幅度增长。同时,随着社会经济水平的提高,人们的健康意识不断提高,医疗技术不断进步,许多先进的医疗仪器、设备、检查和治疗手段的运用使医疗费用上升更快。

江苏城镇职工基本医疗保险基金支出不断增加,由 2000 年的 20.86 亿元增加至 2013 年的 496.1 亿元,年均增长 36.56 亿元,年均增长率达到 27.6%。对江苏省人均基本医疗保险基金总支出、老年人口比重分别取自然对数并建立计量经济学模型,经检验发现两者具有协整关系。江苏老年人口比重与人均基本医疗保险基金支出具有显著的正相关关系,基本医疗保险制度将面临巨大的支付压力。

4. 对老龄产业的影响

(1) 能够刺激老年消费,对扩大内需、促进经济增长具有积极作用。人口结构老化过程中,老年人口的不断增多必然导致这类人群对服饰、日常饮食、保健用品、照料护理、文化用品乃至投资理财用品等方面特殊需求的增长,老年人需求的存在会引发生产与交换的形成,从而催生老年市场的发育,使得日益增长的老年人消费需求通过老年市场转化为有效内需,进而为现阶段经济增长注入动力。

(2) 能够催生产业结构调整。随着人口老龄化的迅速发展,当老年人口绝对数量增加到一定程度后,具有老年人特色的衣、食、住、行、乐等各方面数量极大的物质和文化需求将形成一个庞大的消费市场,为老年人提供针对性的消费产品与服务,进而促进一个"阳光产业"——老龄产业的兴旺发展,通过老年产业发挥杠杆作用带动第二、三产业快速发展,成为促进生产结构、消费结构和市场产品结构调整的巨大推动力。

(3) 能够带动就业结构调整,特别是促进新型服务业发展。人口老龄化过程中,面对日益增多的老年人需求,最值得关注的是老年医疗保健业、老年家庭服务业、老年保险业、老年娱乐业及老年心理健康咨询业等,这些新型服务业的发展将成为老龄产业的龙头,在优化产业结构的同时,将不断吸引第一、第二产业劳动力向第三产业转移,从而带动就业结构的调整优化。

四、江苏应对人口老龄化挑战的对策

人口老龄化在对经济社会发展带来挑战的同时也提供了全新的发展机遇。面对挑战与机遇,我们需要积极应对。

1. 适度调整生育政策,规避未来劳动力供需缺口风险

人口老龄化带来的劳动力供给不足的根本原因在于持续低生育率引起的人口再生产功能萎缩。严格的计划生育政策成功控制了人口总量过快增长的势头,但也成为了人口结构老化程度不断加速的推进器。现阶段,我们不仅要注重对人口数量的控制,更要关注对人口结构的优化调整。可以在以江苏为代表的超低生育率省份(地区)适当放宽生育政策,逐步去除二孩准生的限制。适时适度地调整生育政策,有利于阻止生育率的进一步下滑,促进人口自身可持续发展,规避未来劳动力供需缺口风险。

2. 充分挖掘老年消费需求,大力发展老龄产业,创造经济新增长极

在江苏人口老龄化进程不断加快的过程中,满足老年人需求的产品、服务和设施会相对短缺,这就需要根据目前市场的供求状况,把调整产品结构、产业结构同开拓老龄产业市场、发展老龄产业密切结合。同时,充分的市场供给必然要求建立在对需求特性的全面了解基础之上,因而提高、带动老年人消费需求就需要充分挖掘老年人的消费需求信息。当然,促进老龄产业更好更快地发展离不开政府的正确引导与政策扶持,政府应针对涉老企业出台、改革完善相关的市场规范、统一行业标准,明确具体的优惠措施,进一步完善老年消费市场的经营环境，更好地为涉老企业提供财政补贴和税费优惠，引导和支持老龄产业健康发展。创造江苏经济新的增长极。

3. 重视老年人力资源利用

高度重视老年人力资源利用已经成为当务之急。对于政府而言，首先，应完善维护老年人就业合法权益的政策，保障老年人就业权益，为老年人力资源利用提供政策依据，并加强对政策落实情况的监督；其次，政府应积极为老年人力资源利用提供必要的条件，如规范老年人就业市场、提供就业的相关信息等；此外，政府还应加大宣传教育的力度，引导社会消除对老年人再就业的歧视。对于社会而言，首先，应为老年人力资源利用营造良好的氛围，同时通过为老年人提供相应的岗位来延长劳动者的工作年限，如在劳动强度较低的产业部门为老年人就业提供相应的岗位；其次，针对老年人在知识更新、新技术学习等方面能力逐渐弱化的特点，应为老年人提供学习的场所，保障老年人在接受教育和培训等方面的机会。

4. 在破除相关制约因素的基础上，渐进式延迟退休年龄，实行弹性退休制

随着人口平均预期寿命的延长及现行退休年龄的固化使得老年人力资源利用遭遇瓶颈，为有效应对人口老龄化挑战，应：① 适时延迟退休年龄。退休年龄的延迟不能一蹴而就，面对现阶段存在的如基本养老保险制度公平性缺失等障碍性因素，可以采用渐进式延迟退休年龄的方案。② 实施弹性退休制度。借鉴国际经验，从有利于社会稳定的角度出发，在实行渐进式延迟退休年龄的同时，应配套实施弹性退休制度，在过渡期允许公民在旧制度与新制度之间自行选择，对选择较高退休年龄的公民予以鼓励，增发一定比例养老金；对选择较低退休年龄的公民则适当降低养老金水平。

5. 进一步促进城乡社会保险改革，完善社会保险制度

基本养老保险制度采取三支柱模式。对于第一支柱，江苏在中央政府财政支持下，应积极调整优化财政支出结构，加大对基本养老保险基金的支持力度，逐步解决隐性债务和个人账户空账问题，促进基本养老保险自身恢复财务平衡发展，扩大基本养老保险覆盖面，提高基本养老保险基金的统筹层次，增强基金流动性，采取安全稳妥的投资方式实现基金保值增值。对于第二支柱，政府应大力引导、加快发展企业补充养老保险，支持企业为职工建立企业年金作为重要补充。对于第三支柱,政府应积极引入市场力量,鼓励个人参加储蓄性养老保险。多层次、多支柱养老保险制度的建立能够合理发挥三支柱各自的功能与作用,二、三支柱的充分发展可以减轻作为第一支柱的基本养老保险的运行压力,这将有利于基本养老保险基金平衡发展。在医疗保险方面,随着医疗需求的不断增加,政府应逐渐加大对医疗保险的财政支持力度,同时应注意提高新农合、城镇居民医疗保险的保障水平,缩小城乡之间、城镇居民与城镇职工之间的保障力度、保障水平的差距。继续提高城乡社会保险参保率,切实做到应保尽保。

(作者单位:河海大学人口研究所)

以生态权利的确立和保障为引领推进我国生态文明建设

白 璐 孔维军

摘 要 生态权利的确立和保障是全面均衡推进生态文明建设的主线,决定了生态文明建设的方向、宽度和深度。借鉴国外的有关经验,我国生态权利的确立和保障应从生态权利观的确立和生态权利实现机制的建立两方面展开。

关键词 生态权利 生态文明建设 确立 保障

改革开放三十多年以来,我国取得了巨大的经济建设成就,民众生活水平显著提升,但是与此同时各种生态危机事件层出不穷,经济发展不断受到生态环境的约束和挑战。如何有效实现经济的可持续发展,推进生态文明建设,成为重大的现实课题。党的十八大报告用单独篇章重点论述了生态文明,指出"把生态文明建设放在突出地位,融入经济建设、政治建设、文化建设、社会建设各方面和全过程,努力建设美丽中国,实现中华民族永续发展",彰显了党和政府推进生态文明建设的决心,表明我们党对中国特色社会主义总体布局认识的深化。目前理论界从不同角度对如何推进生态文明建设提出了不同的观点,但是生态文明建设是一项复杂的系统工程,包括生态意识的形成、生态技术的发展以及生态制度的构建等多个方面。如何全面均衡地推进生态文明建设需要认真予以思考,有必要理出一条主线,以点带面推动我国生态文明建设的深入发展。

一、生态文明建设的核心应该是生态权利

生态文明侧重强调人类在处理与自然关系时所达到的文明程度,以人与自然的和谐交融为基本特征,包含一系列为此而进行的制度设计和安排。生态文明不是静态的,而是动态的,其形成和演进有其内在的规律。从其形成来看,生态文明是对工业文明的扬弃,其本质是权利的扩展。权利历来是人类生存和发展过程中应当拥有的某种利益、主

张、资格、力量或自由,其围绕人的社会存在展开。工业文明的价值基础是对自然的利用和征服,人的权利体现在对自然所拥有的纯粹的物质所有权,自然只具有工具价值。随着技术的进步,人对资源的需求越来越多,导致人与自然的矛盾不断激化,人的生存状态不断恶化。生态权利逐渐纳入人类对自身拥有权利的认识之中。于是在生态文明阶段,权利扩展至人的自然存在,人对自然不仅仅是物质的所有,更是包含自然资源所有权和生态环境享有权在内的整体生态权。因此,生态权利是以人与自然关系为主体,牵涉社会关系和自然界自在规律在内的权利系统。生态文明的建设必然需要关注生态权利,这对生态文明建设的整体规划具有重要意义。

1. 生态权利主体的界定决定生态文明建设的方向

生态权利主体包含两个层面,即个人主体和国家主体。个人作为主体,其生态权利来源于个人在自然界的生存要求以及享受美好生态环境的发展要求。国家作为主体,其生态权利来源于全体国民的委托授权,强调自然资源和生态环境归全体国民所有。不同的层面标识了生态文明建设的不同维度,从个人主体层面来看,生态文明建设应围绕观念的培育展开;从国家主体来看,生态文明建设重心应放在制度的设计和运行上面。因此,审慎分析一个国家生态权利主体有助于厘清生态文明建设的重点和方向。

2. 生态权利谱系决定生态文明建设的宽度

生态权利谱系包括三个不断拓展的层次。生态权利最初仅指对物质状态自然资源和整体生态环境系统的所有。随着工业文明的发展,要素的流动和集聚,逐渐出现地域之间、低收入人群与高收入人群之间等生态权利的不平等,于是生态权利的区域平等成为生态权利谱系的重要拓展。资源是有限的,在这一前提下,此代人和下代人之间代际生态权利的均衡分配也开始进入生态权利谱系分析的视野。由此可以看出生态文明建设的边界取决于生态权利谱系的变化。

3. 生态权利保障程度决定生态文明建设的深度

生态权利保障包括政府保障、市场保障以及社会组织保障。在不同的国家,生态权利保障的途径有不同的侧重,其生态权利的有效保障决定了一个社会生态文明建设的水平。采用一定的方法科学合理地评估一个社会生态权利保障的程度可以有效评价生态文明建设的程度和绩效,从而为深化生态文明建设提供标准。

二、国外生态权利确立和保障的理论经验借鉴

在我国尚处于工业发展阶段初期的时候,西方许多发达国家已经开始意识到人类对自然的过度利用所带来的生态危机,并采取了一系列从国家到个人、从观念到行动的措施,旨在保护自然、降低能源消耗、维护生态系统的稳定可持续。其中关于生态权利的确立和保障方面不乏具有借鉴意义的理论和举措,概括起来有以下几个方面:

1. 生态文明观念的强化

个人主体生态文明观的深入人心。在教育方面,比如日本早在 1964 年就成立了中小学教师污染控制措施研究会,并在中小学教育大纲中增加了对青少年进行"公害教育"的内容;美国于 1965 年率先在高等教育中开设有关环境方面的课程,成为世界上第一个把环境教育纳入本科层次课程体系中的国家。在社会生产方面,产品绿色设计理念已经成为时代潮流,信息技术、智能交通、物联网技术等无不体现产品设计者的生态文明理念。

2. 公共政策的生态转向

美国著名学者阿尔温·托夫勒、海蒂·托夫勒认为,以科技信息革命驱动的第三次浪潮,正在彻底改变建立在工业革命上的工业文明。这个新文明以多样化和再生能源为基础,为我们重新制定了行为准则,并使我们超越标准化、同步化和集中化,超越能源、货币和权力的集聚化。20 世纪 90 年代以来,德国学者的生态现代化理论已经成为发达国家环境社会学的一个主要理论,日益为欧洲政策精英所接受。它要求采用预防和创新原则,推动经济增长与环境退化脱钩,实现经济与环境的双赢。该理论不仅促进经济和生态可持续发展,而且为可持续发展提供了理论框架。[1] 随着生态文明理论的深入研究,西方绿色政治风起云涌,其标志是绿色政党的产生和发展,其观点和理念日益成为影响政府公共决策的重要因素。

3. 生态权利的立法保障

首先是宪法保障。世界各国通过各种制定法和案例理论的整合,在召开各种国际会议的同时,逐步统一了对环境问题的共识,把环境权(笔者认为环境权是生态权利的主要内容)提升到新型人权(即第 3 代人权)的高度来推崇和提倡,并使其进入宪法层面。比如韩国 1980 年宪法就顺应这样的国际形势首次就环境权作为基本人权做出了明确规定。其次,欧洲发达国家对开发利用环境资源权设定了一系列的法律

限制。最重要的限制措施规定在技术性和工具性制度中。例如,环境质量标准、排放标准、行政许可、雨夜捕捞和野生动物狩猎许可证和配额等。这些限制性规定禁止对环境资源的滥用,要求每一个人以理性的和可持续的方式行使其财产权利。在欧洲发达国家的环境法中,行政许可制度和许可证运用的非常普遍。这些制度使得传统的个人财产权利在环境法中发生了改变。① 种种法律保障,使生态权利日益成为国外发达国家法律建设的中心和重点。

三、现阶段我国确立和保障生态权利的思路

既然生态权利是生态文明建设的核心,我国现阶段就应该积极借鉴国外先进经验,立足我国国情大力发挥后发优势,围绕生态权利的确立和保障,改变公共政策和公民行为中屡见不鲜的支离破碎、见木不见林的思维方式,用整体性思维方式推进我国生态文明建设的纵深发展,即知行统一,"知"就是观念,"行"就是行动。

1. 生态权利观的确立

在人与自然关系领域,凸显人对自然主体性的现代观念是生态破坏的观念根源,并在实践中形成了对人的生态权利的忽视。因此,生态权利观在社会范围内的广泛确立并以其来推进生态文明建设具有强烈的紧迫性。生态权利观确立的方式可以从以下几个角度展开:

(1)宪法确立。宪法是公民权利的保障书。党的十八届四中全会也强调"完善以宪法为核心的中国特色社会主义法律体系,加强宪法实施"。既然生态文明社会的核心是生态权利,那么从宪法的高度予以保障就是题中应有之义。目前,我国宪法涉及环境问题的仅有两条。即第九条和第二十六条。第九条第二款规定:国家保障自然资源的合理利用,保护珍贵的动物和植物。第二十六条第一款规定:国家保护和改善生活环境和生态环境,防止污染和其他公害。而且这两条都规定在总纲中,并不是以公民权利的规定来出现的。[2]显然对生态权利的关注力度不够。而且宪法不对生态权利做出明确规定,必然使其他有关生态权利的保护立法也就缺乏宪法依据。因此,生态权利保障的宪法调整有助于提升全体国民对于生态权利的意识和观念。

---

① 欧洲发达国家公民环境权的发展趋势。

(2) 教育确立。生态权利观念的确立是一个潜移默化的过程,教育在其中承担着重要的角色。目前我国基础教育体系已经增加了有关生态文明理念、生态意识的教育内容;后续教育体系中,各相关部门也通过各种方式不断加强生态文明教育。但是现有的教育仍停留在生态文明理念的宏观层面,作为更关注自身利益的理性人(也包括公共部门)很难将理念贯彻到现实行为中去。因此,以生态权利为核心的教育更能触及本质,使受教育者能够清晰判别自身在生态社会中所享有的权利和与之相对应的义务。从个体来讲,当面对重大公共决策时可以从生态权利的角度出发来保证自身权益不受损害,在一定程度上约束政府行为;从国家来讲,其相关规划政策的出台会更为关注生态权利在不同群体之间的博弈,包括落后地区与发达地区、国内与国外等各群体之间,有利于生态的动态均衡。

(3) 宣传确立。生态权利观念的确立也离不开社会范围内的宣传和普及,可以通过广播电视、报纸杂志、互联网络等各种新闻媒体,将生态权利意识渗透到各个层面,增强公众的生态权利意识,减少"集体沉默"现象的出现。

2. 生态权利实现机制的建立

离开生态权利的实现,谈生态权利保障就是一句空话,因此,保障生态权利的重要内容就是生态权利实现机制的建立。这一机制需要统筹考虑区域之间、代际之间生态权利的平衡,涉及相关政策的配套改革。从我国现状来看,重点需要做两方面的工作。

(1) 调整干部绩效考核标准,保障个体生态权利实现。我国改革开放以来经济巨大增长的重要原因就是地方干部升迁的"锦标赛机制"[3],各级地方领导干部唯 GDP 马首是瞻,在 GDP 指挥棒的导引下,资源过度开发利用、高污染高能耗产业重复建设、区域间过度竞争等现象层出不穷,地方干部更关注 GDP 增长率、财政收入等可以测度的指标。在这一干部考核机制下,地方干部追求自身升迁的理性行为就必然带来漠视辖区民众生态权利的非理性结果。尽管近年来在国务院统一规划和组织下,进行了大面积退耕护林、还草和生态移民等生态补偿措施。但是从长远来看,如果不从干部绩效考核这个源头上做文章,很多工作都治标不治本。因此,在干部绩效考核指标体系中加入并提高有关保障生态权利的内容就成为当务之急。这样做不仅能够改变地方干部"对上不对下"的工作思维惯性,使其充分关注民众的生态权利,而且能够促使其加快绿色科技的应用转化,从更高层面保障生态权利的实现。

(2) 深化行政体制改革,保障区域生态权利均衡。党的十八届二中全会深刻阐述了深化行政体制改革、转变政府职能的重要意义,其核心就是实现政府职能从管理到服务的转变,促使地方政府从"运动员"的角色中退出来,当好"裁判员",更好地关注区域公共产品的生产和提供。在此基础上适时减少行政层级,大力探索省直管县体制改革,实现县域善治,能够促使城乡居民的生态权利得到同等程度的保障,实现城乡生态权利均衡;同时地方政府作为区域生态权利的代表人,可以同其他地区就生态问题进行博弈,有助于区域间的生态均衡。

参 考 文 献

[1] 王宏斌,王学东.近年来学术界关于生态文明的研究综述[J].中共杭州市委党校学报,2012(2):91-96.
[2] 张震.环境权——现行宪法应规定的一项公民权利[M]//张庆福,韩大元.中国宪法年刊.法律出版社,2005.
[3] 周黎安.中国地方官员的晋升锦标赛模式研究[J].经济研究,2007(7):36-50.

(作者单位:江苏省哲学社会科学界联合会;江苏省委党史工作办公室)

论社会转型风险中国家治理能力现代化的建构逻辑*

赵欢春

摘 要 社会转型既催生一系列不可多得的历史机遇,也产生了一系列风险问题。就当下中国所处的历史方位而言,在改革开放政策所开启的现代化转型进程中,经济、政治、文化观念、社会结构等方面的总体转型带来了相应的风险问题。其内在逻辑是社会秩序的革命性变迁提出的国家治理能力现代化的整体性创新要求;其关键在于实现有效的治理需要建构现代化的国家治理能力。而正确认识和剖析社会转型风险中国家治理能力现代化建构的认知逻辑和行动逻辑,对于国家治理能力现代化建构不仅具有理论上的指导意义,也具有实践层面上的操作意义。

关键词 治理能力现代化 社会转型 风险治理 认知逻辑 行动逻辑

进入21世纪以来,中国面临着一系列前所未有的困难和挑战。市场力量的扩张,引发了社会结构的整体转型,随之也产生了一系列风险问题,继而引发了旨在保护人、自然和生产组织的治理行动。卡尔·波兰尼把这样一个社会变迁的过程定义为"社会转型的'双向运动'"。其内在逻辑是社会秩序的革命性变迁提出的国家治理体系和国家治理能力现代化的整体性创新要求;其最紧迫的任务是需要客观而全面地把握中国的当下境遇及风险问题,理性认知当下中国社会转型风险,积极建构适应现代化要求的国家治理能力,有效应对转型风险。

一、社会转型:中国的当下境遇及其风险问题

当下中国"正处于由改革开放开启的从农业的、乡村的、封闭的半

---

* 本文为国家社会科学基金项目"复杂经济背景下省域经济风险预警与控制研究"(项目编号:12BJY001)、国家社会科学基金重大招标项目"中国马克思主义学术史"(项目编号:12&ZD108)的阶段性成果。

封闭的传统社会,向工业的、城镇的、开放的现代性社会的转型过程中"。由经济、政治、文化、社会、价值观等诸多领域构成的社会结构模式发生了具有进化意义的整体性转换和性变。社会转型总是伴随着社会风险,而每一次社会转型都伴随着社会风险的历险——它既是社会积累问题的总爆发,更是转型过程中新问题的再累积。在当下中国,在经济、政治、文化、社会、生态等领域里所积累的矛盾已经产生了大量的风险问题。

第一,经济双重转型及其风险问题。"从1979年起,中国经济进入双重转型阶段。双重转型是指体制转型和发展转型的结合或重叠。"改革开放以来,我国经济发展取得了举世公认的成就,经济总量已位居世界第二,但是,"目前中国的经济发展,已经出现西方社会那样的景象:经济发展及其水平与人们的幸福和快乐指数不呈正相关,甚至是负相关"。经济高速发展的同时也带来了许多社会问题,譬如贫富两极分化、官员腐败、人文精神失落、道德危机;住房、医疗、教育、就业等民生问题遇到重大障碍和困难;生态环境遭到严重破坏;等等。

第二,政治重心转向及其风险问题。政治转向与经济转轨两者是相辅相成的,没有政治转向,经济转轨也是难以实现的。改革开放以来我国的政治转向表现为相互联系的三个层面,即"由革命政治转向发展政治"、"由集权政治转向民主政治"、"由威权政治转向平民政治"。毫无疑问,这些转型体现了我国政治文明发展的取向,然而也同时也带来了许多显性的以及隐性的风险问题:其一是"以经济建设为中心"战略和理念的错位。"以经济建设为中心"本质上是一种发展"战略",而不是"理念"。"当在理论上把'战略'当作'理念'时,便潜藏着由'经济中心'走向'经济至上',再走向'经济的价值霸权'的可能和危险;在实践上也必定遭到许多难题和困境。"其二是公民政治生活中对政治的疏离。这与改革开放前政治高于一切的"唯政治化"、"泛政治化"形成了鲜明的对照。

第三,文化多元多样多变及其风险问题。改革开放以来,我国社会文化呈现出多元多样多变的状况。据调查,对当前中国社会影响较大的前五位的文化观念依次是:市场竞争观念、拜金主义、传统道德、流行文化、享乐主义,而马克思主义只居第十。这说明,马克思主义对世俗生活的文化影响力不大,这样同时表明党和国家提出巩固马克思主义在意识形态领域的指导地位还没有在当下中国社会文化生态中落地生根、枝繁叶茂。此项调查还表明,和以前相比,当下社会人际关系的变化状况居前五位的是:更缺少人情味、更有独立意识、更为精明、生活质量更高、更加自私贪婪。这说明,以"自我"为中心的社会价值存在已成为普遍的社会文化倾向,这给主流意识形态所提倡的集体主义观念带来风险和威胁。

第四,社会结构变动及其风险问题。社会结构与经济结构是相互影响的,但是我国在总体转型过程中,与经济结构的变化相比,社会结构的变化离橄榄型社会阶层结构还有很大的差距。另外,作为社会转型之独特标志的单位社会的终结,使得原来单位社会里的"国家—单位—个人"的社会结构向"国家—社会—个人"的社会结构转变,并在转变过程中孕育着巨大风险。同时,转型后的"单位"所承载的意识形态和政治因素退居幕后,而其利益功能却空前高涨。而且,原来可以从单位获取的公共精神生活资源现在却无法获得,甚至会引发理想主义坠落、物质主义盛行和社会冷漠等严重的公共精神生活危机。

二、社会转型风险中国家治理能力现代化建构的认知逻辑

国家治理能力现代化是对社会转型风险的积极回应。社会转型与国家治理是相伴相生和相互推动的,这是特定历史力量作用的结果。然而,随着社会转型的不断推进,国家治理在某些领域和某些问题上出现了失效,从而引发了相应的社会风险问题。在特定情况下,社会风险问题会转化成国家安全问题,甚至从根本上动摇国家存在的合法性。所以,真正的风险不是权力的转移,而是因国家权力的失效导致的国家崩溃。因此,如何改革传统的高度集中的治理结构,培育和发展更多的治理主体,协调相互间的关系,建构互补性的互增强治理网络,提升国家治理的有效性,以应对社会转型进程中不断出现的各种风险问题,就成为中国目前国家治理能力现代化建构的首要问题。

其次是制度体系的现代化建设。就中国而言,其转型与治理的方式体现了与西方国家不同的特点,最显著的特征就是"强国家"治理模式在体制转型和国家治理的适应性调整中得到延续。因此,如何扬弃传统的制度,建构现代化的制度体系,实现制度体系的优化、整合、创新,发挥其综合效益,从而在应对内外部风险方面发挥重要作用,乃是当前中国国家治理能力现代化建构的关键问题。

再次是治理路径的本土化选择。当代中国的国家治理不同于西方

资本主义的显著特征,西方资本主义走的是一条"公民造社会,社会造国家,国家造政党"的道路,中国走的是一条"政党造国家,国家造社会,社会造公民"的道路。显然,中国治理路径决不能套用西方的样式,但是也不能拒绝西方治理方式中现代化的合理元素。本土化本身并不拒绝现代化,建立在本土化基础上的现代化治理路径,才能有效应对社会转型风险。

尽管国家治理在政策和战略选择上采取了"渐进的方式",但中国30多年市场化转型过程是迅速的,由此产生的经济、社会、环境及思想文化领域的转型风险及其对国家治理的挑战是十分严峻的。首先,从市场经济的本质而言,需要国家进行及时和适度的干预。其次,市场化转型导致的社会和环境问题也是十分突出的。再次,市场化转型也在一定程度上产生了思想文化变革。价值观的多元化削弱了传统文化价值观,并引发次级风险。市场化转型所产生的种种经济问题、社会问题最终都是政治问题,需要通过政治体制改革来应对和解决。中国的政治体制民主化转型是通过务实的体制内调节而逐渐推进的。在理论上可以把它归纳为"治理适应型"政治体制改革模式。在国家政治生活领域,表现为由"全能主义国家"政体回归"常态国家"政体。政治生活由"不确定性"向"可控民主"目标审慎推进。在社会生活领域,进一步扩大民主参与,从各个层次、各个领域扩大公民有序政治参与,最广泛地动员和组织人民依法管理国家事务和社会事务;在政府治理层面进一步推进制度的理性化,从管制走向服务,从人治走向法治,从集权走向分权。较好地巩固了民主政治的合法性基础。

必须指出的是,中国的社会转型,是工业化、市场化、信息化、城镇化、国际化等同时并举,还与价值观念和意识形态的转变咬合在一起,是一个非常复杂的变化过程。中国的社会转型总体上是循序渐进的过程,在党和国家的坚强领导下,在特定时间内就经济、社会、文化的某些方面进行有限调整,使得高额的社会成本在渐进的改革过程中比较妥善地得到转移。但是我们离"强大的社会主义国家"还有较大距离,切不能盲目乐观。

三、社会转型风险中国家治理能力现代化建构的行动逻辑

国家治理能力现代化,作为中国现代化总体进程中的重要内容,是一个伴随对社会转型风险的认知而不断建构的过程。有学者认为,国

家治理能力现代化的衡量标准至少应包含四条：国家治理的民主化、国家治理的法制化、国家治理的文明化、国家治理的科学化。据此，其行动逻辑围绕以下几个重点问题展开，即"由谁来治理"、"治理什么"、"怎么治理"、"治理成什么样"。

首先是国家治理的主客体建构。即明确"由谁来治理"、"治理什么"这两个紧密关联的问题。其建构的重点在于：其一是培育"多元"治理主体。这要求调整国家力量在国家和社会生活中绝对主导者的地位，国家要与社会组织、企事业单位、社区以及个人等不同的行为主体，通过平等的合作关系，依法、民主、科学地对国家的经济、政治、社会、文化等事务进行规范和管理，最终实现社会资源的最有效配置和公共利益最大化。其二是搭建"多向共治"的治理平台。展现的是一个上下互动、合作包容的关系，它主要通过合作协商、建立伙伴关系、确立和认同共同目标等方式实施对公共事务的管理。其三是打造"分权协同"的治理格局，真正形成一个权力行使有限，政府、市场、社会职能边界清晰的"现代国家治理体系"，实现有效治理。

其次是国家治理的路径建构。即明确"怎么治理"。国家治理路径的有效性成为国家治理能力现代化建构的关键环节。其建构重点是：① 抓住治理的制高点——观念塑造。国家治理首先要在全社会培育和践行社会主义核心价值观，实现核心价值观的公民认同。② 抓住治理的切入点——源头治理。从源头上治理，就要明确矛盾争端的缘起和发展状态，明了矛盾原委，辨析事实真伪，依法妥善解决。③ 抓住治理的着力点——依法治理。"关键是提高各级领导和公职人员依法找法、用法靠法的能力。"④ 抓住治理的突破点——综合治理。国家治理不能"头痛医头，脚痛医脚"，而应全面处理、综合治理，从根本上解决"剪不断、理还乱"的各种社会矛盾。

再次是国家治理的目标建构。即明确"治理成什么样子"。国家治理能力现代化须在四个维度上下功夫：其一是激发社会活力，要根据实际情况尊重差异、包容多样、考虑个别，让公民和社会组织充满生机活力，使社会保持动态平衡稳定状态。其二是扩大人民民主。国家治理要以保证人民当家做主为根本，健全民主制度、丰富民主形式；坚持党内民主、推进协商民主、发展基层民主；还要广泛发动各类社会组织和公民参与政府的治理工作或者进行自治，赋予他们在城乡社区治理、基层公共事务和公益事业中以更多责任；更要培育壮大社会中介机构，其三是实现社会正义。国家治理就是要努力营造公平的社会环境,促进形成正义的社会制度。其四是增进人民福祉。谋民生之利,解民生之忧,解决好人民最关心、最直接、最现实的利益问题。

国家治理能力现代化建构的行动逻辑,提醒我们在实践中纠正以下三种国家治理能力的非现代化状态。一是国家(政府)的职能范围与权力的控制范围过大。为了实现有效治理,首先需要确定:国家(政府)的作用应该是什么,政府能做什么和不能做什么。而"政府不能做什么",恰恰是现代国家治理的智慧。二是政府的自由裁量权过大。从历史上看,绝对主义国家的自由裁量权要高于立宪主义国家,传统君主政府的自由裁量权要高于现代民主法治国家,但历史事实证明,前一类国家的治理能力是高度不稳定的,而且通常都会不断弱化。三是各级领导人的个人权力过大。反腐败中落马的一些所谓政治强人都昭示着,无论哪一级的领导人,一旦个人权力过大、不受约束,都有可能破坏正常的政府功能与行政的有序运作,其结果必然会削弱政府的治理能力。

四、结 论

世纪之交中国社会的现代化转型的风险,一方面意味着矛盾、冲突和发展的不确定性,带有很强的负面意义;另一方面转型风险在附带危险的同时,还预示着机会和希望。正如风险理论创始人贝克所认为的那样,风险和机遇是影响社会运动的两种力量。值得欣慰的是,当下中国已经在制度性的背景下察觉和认知了转型过程中发生的风险,它促使我们积极地去建构现代化的国家治理能力,主动去预防、识别、处置转型风险,使我们的社会保持生机和活力。同时,放眼世界文明发展史,"中国的历史坐标"提示我们,在国家治理能力现代化建构的进程中,要坚守三个立场:一是坚守国家权力在治理体系中的威权地位;二是坚守中国共产党在国家权力结构中的组织力量地位;三是坚守国家对经济和社会的主导作用,建设"自主性"国家。唯有此,才能有效应对转型风险,早日建成具有中国特色的社会主义现代化国家。

参 考 文 献

[1] (英)卡尔·波兰尼.大转型:我们时代的政治与经济起源[M].冯钢,刘阳译.浙江人民出版社,2007:112.
[2] 郑杭生.改革开放三十年:社会发展理论和社会转型理论[J].中国社会科学,2009

(2):10-19.
[3] 厉以宁.中国经济双重转型之路[M].中国人民大学出版社,2013:2-11.
[4] 樊浩.中国大众意识形态报告[M].北京:中国社会科学出版社,2012:10,8,50.
[5] 陆学艺.当代中国社会结构与社会建设[N].学习时报,2010-8-30.
[6] 徐湘林.转型危机与国家治理:中国经验[J].经济社会体制比较,2010(5):1-14.
[7] 何显明.政府转型与现代国家治理体系的建构——60年来政府体制演变的内在逻辑[J].浙江社会科学,2013(6):4-13.
[8] 何增科.理解国家治理及其现代化[J].马克思主义与现实,2014(1):11-15.
[9] 江必新.推进国家治理体系和治理能力现代化[N].光明日报,2013-11-15.
[10] 冯平,汪行福等."复杂现代性"框架下的核心价值建构[J].中国社会科学,2013(7):22-39.

(作者工作单位:南京审计学院马克思主义学院)

从敦煌壁画看佛教教化对当代价值观教育的启示

文苑仲

摘 要 当代的价值观教育不能只简单地把中华文化中的优良道德传统"拿来",更需让我们的传统美德在今天的社会土壤中生根、发芽。佛教的教化无疑是中国传统教化思想中的重要维度,从敦煌壁画中可以窥探佛教教化思想的内容、形式及其中国化之路。对敦煌壁画中佛教的教化思想、教化方式进行研究对当代的价值观教育势必有重要的借鉴意义。

关键词 佛教 教化 敦煌壁画 价值观教育

当代的价值观教育需要立足于中华文明的优秀传统。然而,在全球化浪潮席卷下的当今社会,价值观教育不能只是简单地把中华文化中的优良道德传统"拿来",更需要让我们的传统美德在今天的社会土壤中扎根、生长、发出新芽。这就需要我们在价值观教育的过程中对优良道德传统从内容到形式、从观念到手段,进行立体的、全方位的借鉴与整合。这既是继承传统的过程,又是与当代多元文化融合的过程,更是中华民族精神的新生之路。

佛教自汉代传入中国,便开始了与中国本土文化不断融合的历程,并最终成为中国传统文化中与儒、道并立的一极,对中国社会的伦理观念、审美取向、价值追求有着极为深远的影响。佛教的教化无疑是中国传统教化的重要维度,更是中国本土价值观念与外来价值观念交流、融合、共生的典型范例。因此,对佛教的教化思想、教化方式进行研究对当代的价值观教育势必有重要的借鉴意义。

正如张彦远在《历代名画记》中所言:"夫画者,成教化,助人伦,穷神变,测幽微,与六籍同功。"艺术在历史上承担着极为重要的教化功能,佛教的教化亦不例外。敦煌,自汉代以来,一直都是中原连通西域咽喉的交通要道,东西方文化在这里汇聚、交融与碰撞。敦煌莫高窟是佛教艺术的瑰宝,始凿于前秦建元二年(366),历经十六国、南北朝、隋唐、五代,直到宋元,从中可以窥探佛教教化思想的内容、形式及其中国化之路。

一、以理服人——敦煌壁画的思想内容

敦煌壁画中有大量故事性的绘画,其中蕴含着丰富的教化内容,主要通过佛本生故事表现善恶有报、追求真理、舍生取义等精神。

善恶有报是佛教基本的价值观,敦煌257窟中的《九色鹿本生图》(北魏,图1)就是表现这一观念的。美丽的九色鹿从恒河中救起溺水之人,并嘱咐不要告诉别人见过它。当时国中王后梦见一鹿,身毛九色,欲得之以鹿皮为衣,白角为饰,并以死威胁国王。于是国王悬赏求鹿。溺人见利忘义,到宫廷告密,并带领国王前往捕捉九色鹿。乌鸦对空长鸣,唤醒正高卧山中的九色鹿。九色鹿毫无惧色,向国王诉述溺人忘恩负义的劣迹。国王深受感动,放鹿归山,并下令全国禁止捕猎九色鹿。后来,溺人周身生疮,王后也心碎而死。

图1　九色鹿本生图

舍生取义是佛教教化思想中一个非常显著的方面。如275窟北壁上的《毗楞竭梨王本生图》(北凉,图2)。毗楞竭梨王为普度众生广求妙法,有一个叫劳度叉的婆罗门自称可以传授妙法,但听法者必须在身上钉1000颗钉子。毗楞竭梨王为得妙法欣然应允。壁画用黑褐色的粗线高度简练地描述了劳度叉往毗楞竭梨王胸膛钉钉子的瞬间。劳度叉瞪着的双眼表现了他出手时的力度,毗楞竭梨王经受的痛苦清楚地写在他右下方一个侍从(或眷属)惊恐的脸上,而毗楞竭梨王本人却合上双眼默默承受着常人难以忍受的痛苦,静穆的表情突出了他坚定的决心和舍身求法的勇气。

不仅为了对法（真理）的追求可以舍弃身体和生命，为了帮助或救护其他的生命同样可以。254窟的《尸毗王本生图》（北魏）讲述的就是尸毗王甘愿舍身割肉以救护一只被饿鹰追逐的鸽子的故事。一只被鹰追逐的鸽子请求尸毗王的保护。但鹰说，吃不到新鲜的血肉它也会死。尸毗王为了救下两个生命，甘愿用自己等量肉来代替鸽子的肉。众天神都被他普救众生的善行感动，齐声赞叹，并撒下无数天花。原来鹰和鸽子都是帝释天和大臣化成的，来试尸毗王的诚意和信心。

图2　毗楞竭梨王本生图

这些佛本生故事纵然有些血腥、残忍，但其表现的价值关怀无疑是积极的，即勇往直前的追求真理和利益众生的慈悲精神，甚至为此不惜奉献自己的生命。当然，佛教绝非单纯地宣扬牺牲与奉献，而是有着深刻的本体论基础，即佛教所说的"空"。佛教强调"性空"，即事物本身的无自性，皆由因缘会聚而成。色、受、想、行、识都是"空"，只有"看空"方能领悟佛理。既然一切皆空，那么，不仅世间的财富、权力都是过眼云烟，即便是肉身甚至生命也不过是梦幻泡影，皆可舍弃，如《金刚经》所言："一切有为法，如梦幻泡影。如露亦如电，应作如是观。"正是出于这样的信念，毗楞竭梨王才能舍身求法，尸毗王才能割肉贸鸽。他们舍弃的是虚幻的色身。只有明白其本质上的"空"才能做到无所畏惧地"放下"，才能做出世人眼中不可想象的牺牲。

显然，佛教的伦理价值观念并非全部适合于当代社会，但其中不乏具有普世意义的内容，包括"诸恶莫做、众善奉行"、"自利利他、自觉觉人"、慈悲救济、戒杀护生等观念，不管是在个人修养层面还是在社会发展层面都具有积极的意义，值得借鉴和发扬。

二、以美动人——敦煌壁画的艺术形式

教化不仅要以理服人,同样需要以美动人,才能产生积极的效果。所以,敦煌壁画在佛理的表现上往往运用丰富的表现手法,兼收中外艺术之长。主要有三种形式:① 主体式单幅画,即以一个画面表现故事的一个典型情节。多个主体式单幅画也可以并列成组画。② 异时同图单幅画,即在一个画面上表现故事不同时间、不同地点的若干个情节。③ 连环画,表现有时间、有地点、有完整情节的故事画。

前文提到的《毗楞竭梨王本生图》就是一幅典型的主体式单幅画。254窟的北魏壁画《萨埵太子本生图》(图3)则是异时同图单幅画的代表。萨埵太子在郊游途中见到一只饿得奄奄一息的母虎和几只幼虎,为救虎命,他跳下悬崖舍身饲虎。画面采用"异时同图"的表现方式,把整个故事的情节集中表现出来。壁画中间是太子兄弟三人,右上方是太子跳崖的情景,下为饲虎;左下是太子的两个兄弟见状后回告父母;左上是父母抱尸痛哭并修塔供养。人物的神态和动作全都以简练、粗放的线条刻画,画面的深褐色调突出了悲剧的气氛。这样的造型和色彩统一在满满当当的,甚至可以说拥挤的构图中,表现出虔诚、朴实而又热烈的宗教情感。

图3 萨埵太子本生图

在北周的428窟中"萨埵太子本生"的故事则以连环画的形式表现了出来。画面构图为横向三排的连环画形式,情节发展呈"S"形走向。

图中的山脉和树木既是故事发生的环境,又自然地把情节间隔开来,同时也起到了装饰的作用。画中的三个层次也不是绝对的分割,下一层的山峦树木时常超出层次的分界,越到上一层。简单勾勒的人和物使得中国艺术的自由神韵和丰富想象表露无遗。此外,上文提到的《九色鹿本生图》采用横卷式连环画的表现形式。

如果说佛本生图以灵活多变的形式向观众讲述佛理故事,经变图则是以华美的场面描绘把观者引进佛国净土之中。320窟的《西方净土变》(图4)是一幅盛唐时期的作品。画面中部一个绿波浩渺的七宝池,雕栏环饰,各色莲花盛开。佛、菩萨端坐于莲花之上,面目慈祥,池中童子嬉戏玩耍。宝池上方,碧空晴朗,彩云缭绕,化佛腾空,飞天起舞,天花乱坠。宝池下方,乐师演奏着各种乐器,舞伎宝冠罗裙,跳起西域的舞蹈。整幅画面呈现出一派欢乐、祥和的景象。

图4 西方净土变

显然,这些壁画是美的。这种美绝非是可有可无的华丽"点缀",而是具有实际的教化功能。正如康德指出的,"美是那不凭借概念而普遍令人愉快的"[1],美感的普遍必然性不能由概念引出,也不能从经验的普遍性推论出来,而是依据一个主观性的原理,即人的"共通感"(Sensus Communis)。在美的对象上,想象力和知性两种认识能力在感觉的推动下实现了相互协调,这种协调带来审美愉悦,这些认识能力和感官又是人人都具备的,因此美感也是共通的,具有普遍性。也就是说,审美判断依据的情感不是私人情感而是一种共同的情感。这种共同的情感能够深入每个人的心中,使人在审美的愉悦中对壁画中的教化内容产生欢喜心,从而在潜移默化之中影响了观者的认知,起到教育的作用。

三、相融相生——佛教教化与中国本土文化的融合

一个民族、一个文明的成长总是在与其他民族文化之间的碰撞、交流、融通之中得到呈现。中华文明同样如此,"中华民族精神绝对不是一个顽固保守、因循守旧的体系,历来具有与时俱进的品格"[2]。来自印度的佛教文化的汇入,显然是中华民族精神和文化传统在历史发展过程中的一件大事。

佛教在中国的传播和发展是一个逐渐本土化的过程,这一过程体现在佛教教化的思想内容上,就是本土的神仙信仰和儒家的价值观念逐渐融入佛教的教化体系。这在敦煌艺术中有着鲜明的表现。如开凿于西魏的249窟中的壁画上就有西王母、雷公等神明的形象。到了北朝后期的壁画中,与儒家忠孝思想契合的故事多了起来。如299窟的《睒子本生图》(北周),描写睒子和盲父母在山中修行时,被狩猎的迦夷国王误射。睒子临终念父母无人供养,天神为睒子孝心所感,施药相救。国王有感而发,率领群臣、百姓共行十善,从此国泰民安、富足康乐。这个故事虽然源自佛经,但显然与儒家宣扬的价值观念是相通的,体现了在文化交流过程中佛教与儒家教化思想的融合,而且这种融合是佛教"往往都主动接近儒学,而不是在扬佛贬儒的基调下来融合儒学"[3]。正是通过这种融合,"佛教的慈悲戒杀精神及大乘精神中的'自利利他、自觉觉人'理想与儒家的'博施济众、仁民爱物、己立立人、己达达人、己所不欲勿施于人'的伦理主张结合,深深影响了中华民族的道德理念和实践"[4]。

此外,敦煌壁画的表现形式也充分吸收了中国本土的艺术风格,将中国本土艺术与来自印度的佛教艺术进行了整合。就中国文化对佛教艺术的改造来讲,首先,剔除了印度艺术中的裸体形象,并充分发挥线条的造型功能和灵动的特点,创造出极具特色的飞天形象(图5);其次,吸收中国绘画中场面开阔、注重山水环境塑造的特色,摒弃了西亚和印

度壁画或浮雕中人物布满整个画面的布局,大大推进了空间感的表现。唐代的经变画以中轴线为中心对称构图,两侧的建筑形成的斜线与中轴线相连,形成像鱼骨似的排列,造成一定的透视感。虽然这种表现方式比起科学的透视法尚不完善,"但在科学的透视法还未发现之前的 8 世纪,这样的构成显然是表现空间远近关系最有效的办法"[5]。这样的表现形式也更有助于中国的民众接受佛教的教化观念。

图 5 飞天

从敦煌壁画中可以看到,佛教的教化在思想内容和艺术表现形式上都积极吸收、融合中国本土的价值观和艺术手法。在这个过程中,佛教文化与中国本土文化形成了相融相生、共同发展的局面,从而使得佛教的很多价值观念跃出宗教信徒的范围,成为中华传统价值文化的组成部分,千百年来深深地影响着中国人的社会行为和道德取向,构成与儒、道并立的格局。

四、佛教的教化方式对当代价值观教育的启示

价值观教育需要深入被教育者的内心,使人触动情感、产生共鸣。敦煌壁画中表现的佛教教化的思路、方法对当今的价值观教育有着积极的启示。首先,在内容上,价值观教育要以理服人,既要符合普遍的价值诉求又要扎根于我们的文化传统。其次,在形式上,价值观教育也要以美动人,用灵活、丰富的形式激起受众的内心共鸣和情感认同。再者,价值观的教育要处理好外来文化与本土文化的关系。既要让外来

的价值观念融入本土的文化环境,使人乐于接受,满足人们的价值诉求;又要让二者互惠共生,提升、转化本土的价值观念,使之在新的时代获得新生。为此,当代的价值观教育可从以下几方面着力建设:

第一,充分尊重被教育者的主体地位和个体独立性,与其所处的文化背景、知识结构相融合,尊重受教育者的主体性。第二,创新培育方法,把价值观教育的模式从传统的填鸭式、灌输式转变为开放、民主、互动的多元模式,特别是发挥艺术在价值观教育中的作用,让被教育者能够在美的欣赏中陶冶情操、提升道德水平。第三,把对传统文化的传承与对现实的关注并重。第四,正确处理外来价值与传统价值的关系,一方面立足本土,弘扬我们的优良传统;另一方面要面向全球,以开放的心态接收外来文化的优秀品质,使中华文明得到丰富、发展和新生。

参 考 文 献

[1] 康德.判断力批判(上卷)[M].宗白华译.商务印书馆,1996:57.
[2] 袁久红,甘文华等.社会主义核心价值体系的中国灵根——中华民族精神新论[M].江苏人民出版社,2013:59—60.
[3] 洪修平.中国儒佛道三教关系研究[M].中国社会科学出版社,2011:20.
[4] 王月清.论中国佛教伦理思想及其现代意义[J].南京大学学报(哲学·人文科学·社会科学版),2002(5):95—102.
[5] 赵声良.敦煌艺术十讲[M].上海古籍出版社,2007:55.

(作者单位:东南大学马克思主义学院)

话语转向:文学理论的历史主义归趋*

姚文放

摘 要 在20世纪的一头一尾,文学理论经历了两次转向,这两次转向恰恰都是在语言学的地盘上发生的,其中后一次转向即话语理论的提出。对于话语理论做出最大贡献的,当数法国学者福柯。福柯力图为话语问题提供一种制度化的背景,一种权力关系的基础,在话语问题上打开一条通往历史、社会、政治、文化的路径。福柯作为后现代思想的一个主要来源,作为文化政治和身体话语的理论先驱,作为知识考古学和权力谱系学的开创者,对于晚近文学理论的从形式主义到历史主义的转折发挥了重要的参照效用。中国文学理论一直致力重建自己的话语系统而从未停息,无论是时代变迁、体制更替还是社会思潮的激荡,都在文学理论话语的嬗变中得到及时的回应。从对于国内学界风靡一时的"关键词批评"这一个案的分析可知,"关键词"作为文学理论话语,它的铸成乃是在社会、政治和经济结构的演变中穿行,在各种权力关系的博弈中被形塑的动态过程。

关键词 话语转向 文学理论 历史主义 福柯 关键词批评

一、文学理论的话语转向

"话语转向",是近年来在社会知识中发生的最重要的方向转换之一,也是近年来文学理论发生的最重要的方向转换之一。20世纪文学理论在"语言学转向"的总体背景下经历了"形式转向"与"话语转向"两个阶段,前者以俄国形式主义、英美新批评、结构主义、符号学为代表,而后者由林林总总的文化研究新潮唱主角。如果说前者的主旨在于研究语言形式本身的话,那么后者的要义则在于寻绎社会、历史、文化、政治等的实际状况对于话语的构成和运用的制约作用,它关注的并不仅

---

* 本文为国家社科基金重点项目"从形式主义到历史主义——晚近文学理论'向外转'的深层机理探究"(项目编号:11AZW001)、江苏高校优势学科建设工程资助项目(PAPD)的阶段性成果。

仅是纯粹的语言形式和结构,还包括深藏在语言形式和结构背后的历史语境和权力关系。话语是语言但又超越了语言,"话语转向"生成于"语言学转向",最终对"语言学转向"实行了消解,这种超越和消解标志着文学理论从形式主义走向了历史主义。

对话语理论做出最大贡献的,当属法国学者福柯。从20世纪60年代末以来,福柯的话语理论经历了从"考古学"到"谱系学"的方法论演变,对于知识话语与权力关系、身体话语与微观政治的联系进行了开掘和建构。福柯的话语理论表现出一种强烈诉求,力图为话语问题提供一种制度化的背景、一种权力关系的基础,在制度化、体制化的层面上将话语视为历史语境和权力关系的表征,并形成一种特定视角,在话语问题上打开一条通往历史、社会、政治、文化的路径。而这一切对于晚近文学理论的"话语转向"都起到积极的推动作用,同时为审视中国当代文论中的话语问题提供了方法论的眼光。

二、福柯的话语理论与文学理论

福柯曾对于文学予以高度关注,写过许多文学批评的文章,广泛研究过法国以及其他欧美作家的创作。他的学术著作常常引用文学作品为例,包括传统的和新潮的,譬如他早期对于疯癫史的研究就是从"愚人船"题材的文学和绘画作品开始的,甚至招致"以文学想象虚构历史"的诟病。他讨论过"什么是文学"、"什么是文学性"、"什么是作者"的问题,讨论过文学批评和文学史的问题,他还主持过有关文学的学术讨论会并参与讨论、发表意见。总的说来,福柯的学术研究不乏文学的趣味,也显示出良好的文学理论学养。

福柯对于文学抱有兴趣主要在20世纪60年代,他的文学批评文字也基本发表在这一时期,期间还出版了他唯一的文学评论专集《死亡与迷宫:雷蒙·鲁塞尔的世界》(1963)。但在1969年以后,福柯便很少讨论文学问题,也鲜有关于文学理论的论述,这一转变在该年出版的《知识考古学》,后来的《规训与惩罚》、《性经验史》等著作中颇为明显。个中原因,福柯作过解释,对于文学,虽然他曾经有过迷恋,但后来改变了这一状态。在他看来,并没有人赋予文学特别的神圣性,文学囿于作家个人特定经验领域的表达,缺乏普遍性,因而是不及物的,文化给予文学的位置是非常有限的,为此他声称在具体研究中不会给文学留一席之地,他致力寻找非文学的话语,就是为了排除文学本身。非常有趣,当访谈者针对福柯的这一转变,指出这与以往他迷恋文学的时代所发表的见解相左、给公众造成的形象前后不一时,福柯显得非常尴尬,只好顾左右而言他。[1]

吊诡的是,尽管福柯后期对于文学抱持如此偏激的拒斥态度,但这并不妨碍他的理论在文学理论中被广泛接受和运用。就国外而言,福柯一直得到文学理论的认可,有统计结果显示,福柯在 1994—1998 年间新出版的文学理论概论中被提到的概率仅次于德里达和罗兰·巴特,跟阿多诺并列,但排在了布尔迪厄和拉康前面。近几十年的文学科学正是从福柯的著作那里汲取了新的养分,很多文学理论的研究方法与福柯有着直接的关系,很多文学研究者常常到福柯的理论中寻找依据。[2]乔纳森·卡勒试图对于这一现象做出解释,在他看来,其原因在于福柯的话语理论作为"理论"这一新文类的范例,对于文学理论恰恰不乏重要的参照意义:"福柯的分析是历史领域中一个议题如何发展成为'理论'的例子。正因为它给从事其他领域研究的人以启迪,并且已经被大家借鉴,它才能成为理论","虽然福柯在这里对文学只字未提,但已经证明他的理论对文学研究人员非常重要"[3]。至于福柯对于文学研究的意义何在?有论者道出了个中道理:"我们可以以这样的方式来接受福柯的理论:在研究文学文本时把福柯的话语概念用在考察现实权力关系和历史权力关系上,在运用的过程中把它们同社会科学理论结合起来。这样一来,福柯在文学科学的话语分析理论中所起到的作用,就是帮助我们在历史的回顾中更为广泛地考虑到时间、环境和影响等要素,即考虑到文学文本产生的关系条件。"[4]也就是说,福柯的话语理论对于文学理论追索文学的历史背景和权力关系特别有用,而这一点恰恰是文学理论不容忽视的大关节目。由此可见,福柯对于文学理论的意义不外通过两条途径得以实现:一是由福柯的文学观念产生的直接效用,二是由福柯的话语理论产生的参照效用。如果说上述福柯关于战后文学理论的演变以及 20 世纪形式主义思潮的论述可能对文学理论产生直接效用的话,那么他关于知识/权力、身体/政治等理论则可能对文学理论起到参照效用。总的说来,就福柯对于文学理论的实际影响而言,比起直接效用来,其参照效用无疑更为重要。而这种情况,在"后学"的各种新文类中恰恰具有普遍性。

三、中国当代文论中的话语问题

一个不争的事实是,近代以来中国文论一直致力重建自己的话语系统且从未停息、从未懈怠,一批又一批的有识之士在新知与旧学、现代与传统、域外与本土、高雅与通俗等多种力量关系之间做出抉择、寻求出路,推动重建中国文论话语系统的事业,在若干重要的时间节点上树立了一个又一个辉煌的里程碑:如中国最早一批接受西学洗礼的学者王国维、梁启超等对于"新学语"的吸纳和输入;高举"文学革命"大旗的五四弄潮儿胡适、陈独秀、鲁迅等对于白话文学的倡导;30年代左翼文学对于苏联及日本左翼文学的文论观念的接受;毛泽东《在延安文艺座谈会上的讲话》的理论创新;新中国成立后十七年文学观念的发展和"两结合"的提出;新时期文论向文学审美本质的回归及新方法的引进;世纪之交"全球化"浪潮的冲击激发了文学理论话语的本土自觉;90年代中后期以来文化研究取代文学研究之势造成理论话语的蜕变与更新;当前网络话语的爆炸对于文学理论话语的渗透和浸润;等等。总之,无论是时代变迁、体制更替还是社会思潮的激荡,其中种种权力关系的博弈都会在文学理论话语的嬗变中及时得到回应、引起反响。

这里不可能对近代以来中国文论每一次话语嬗变做出逐一分析,只拟对于晚近以来迅速崛起的"关键词批评"进行探讨。

毋庸置疑,"关键词批评"现已成为风靡一时的文化风尚和文学热潮,自从20世纪90年代中期"关键词"概念进入中国以来,已经成为知识界、读书界普遍的认知方式和思维习惯,人们甚至到了"言必称'关键词'"的地步。如果从学术层面上来说,它对于文学理论的影响之巨绝不逊于上述任何一次潮流,特别是它是以话语概念为标志的,此前只有五四时期的"白话文运动"与之略同。而它所及之处谓之"语词爆炸"毫不夸张:文学理论的著作称"关键词",丛书称"关键词",刊物专栏称"关键词",研究论文称"关键词";研究领域中文学作品有"关键词",文学类型有"关键词",文学流派有"关键词",文学史有"关键词",文学新学科有"关键词"。如果打开"中国知网"搜索一下,那么"关键词"就无所不在了。其中应予重视的是,目前已经出现了关于"中国文学理论关键词"的研究著作。

那么,"关键词批评"为何引起如此之高的关注度呢?看来还是要回到事情的源头去探究原因。1976年,伯明翰学派的领军和文化研究的奠基人雷蒙·威廉斯出版了《关键词:文化与社会的词汇》一书。该书在20世纪90年代中期影响我国学界,《读书》杂志最先将雷蒙·威廉斯的《关键词》及其研究方法介绍过来,汪晖在该刊1995年第2期发表了《关键词与文化变迁》一文,文章力图彰明的正是雷蒙·威廉斯"关键词批评"的历史主义取向。随之《读书》杂志开辟专栏,组织了多期讨论关键词的专文,后来又波及其他出版物,一时间"关键词批评"搅动了整个学界,以至在十数年间国内学者对此热情不减。至今"关键词批评"在中国已走过近二十年的发展历程,回顾以往,就文学研究而言,总体上是对于"关键词"的梳理和提炼多,对于"关键词批评"的总结和反思少,偏于将"关键词"作为一种操作方法来使用,而对于"关键词批评"推动观念变革的精髓把握不力。因此从中国文学理论重建话语系统着眼,进一步寻绎"关键词批评"的渊源和学理,以期得其精髓、扬其精神,那就是十分必要的了。

雷蒙·威廉斯将他的"关键词批评"称为"历史语义学"(Historical Semantics),其中始终浸润着福柯的精神,威廉斯接受过福柯的影响,而福柯的《知识考古学》1969出版,威廉斯的《关键词》于1976年出版,这种影响也是有迹可寻,威廉斯所说"关键词"与福柯所说"话语"在很大程度上是可以互换的概念。

威廉斯对于"关键词"的定义大致有以下要点:其一,"关键词"是一个运动、变化、发展的过程;其二,"关键词"是社会、政治和经济结构演变的地图;其三,"关键词"的演变体现权力关系。总之,威廉斯将"关键词"理解为在社会、政治和经济结构的演变中穿行,在各种权力关系的博弈中被形塑的动态过程,而这一点,正是福柯的话语理论所大力揭扬并反复论证的。

威廉斯的上述解析,完全适用于文学理论的"关键词",这里就以当今文学理论的热门关键词"文化批判"为例说明之。如果将从德国古典美学到马克思、恩格斯到法兰克福学派再到今天的文化批判的学术史视为一桩学案的话,那么"批判"概念就是贯穿这桩学案之始终的一条红线。最早是康德建立了"批判哲学"这一庞大的体系,使得"批判"概念成为西方近代哲学的核心范畴,康德所说"批判"是指学理性的考察、分析和研究。马克思、恩格斯继承了德国古典哲学的"批判"学说,将其用于对资本主义现存事物的否定。"批判"一词也是法兰克福学派学说的核心概念,他们力图以此恢复马克思主义的批判本质,提出所谓"批判理论",将矛头直指发达工业社会的现存文化。但他们所处的是与其德国前辈们截然不同的时代背景,当年霍克海默、阿尔多诺等人逃离法西斯铁幕笼罩之下的德国而流亡到美国,面对着渗透着深厚商业气息的大众文化产生了巨大的文化心理落差,阿尔多诺大声疾呼:"奥斯维辛之后写诗是野蛮的!"正是这种文化心理落差导致了他们对于大众文化的严厉批判。中国学界对于当代大众文化的"文化批判"是随着20世纪90年代的社会体制转型而兴起的,当时遇到两个方面的尴尬,一是对于市场经济背景下文化的转型缺乏心理准备,二是在应对新型的当代大众文化时缺乏理论工具。这种尴尬导致对于大众文化产生很多误判,造成对于法兰克福学派"文化批判"理论的照搬和套用。这就使之对于当代大众文化的评价贬抑超出褒扬,排斥胜过接纳,批评多于赞同。随着中国市场经济的深入发展,"文化批判"的基本价值立场才得以改观,其用法远非此前那样狭仄和僵硬,特别是新世纪十余年来提倡多学科的交叉和融合,吸纳和整合各种新兴学科和新潮文类,评价更加公允,心态更加圆融,理论更加成熟,"文化批判"已然显示出向相对纯正、相对超越的学理探究回归的势头。

总之,"文化批判"概念的内涵是在川流不息的时间过程中不断迭加、增殖起来的,它穿越了两百多年,跨越了众多国家,经过了多个语种的翻译和多种文化的传递,一波三折、山重水复,铸成了今天中国文学理论的关键词。它就像一个主题的多重变奏,也像滚雪球一样越滚越大,但在每一个时间节点上,都可以见出社会历史语境和权力关系的影响。由此可见,关键词的成长史其实无关乎"中体西用"或"西体中用"的争锋,也超越了"厚古薄今"或"是今非古"的分歧,我们原不必在这些纷争中纠缠,需要着重关注的,应是关键词在时光隧道中穿行的轨迹,以及在穿行过程中社会历史语境和权力关系对它的规定和形塑。

参 考 文 献

[1] (法)福柯.权力的眼睛:福柯访谈录[M].严锋译.上海人民出版社,1997:87-92.
[2][4] (德)托马斯·恩斯特.福柯、文学与反话语[M]//马文·克拉达等.福柯的迷宫.朱毅译.商务印书馆,2005:195-196,208.
[3] (美)乔纳森·卡勒.文学理论[M].李平译.辽宁教育出版社,1998:7,9.

(作者单位:扬州大学文学院)

镜像中的他者*
——中国转型时期电视剧女性形象批判

李佩菊

摘 要 电视剧作为一种文化商品,具有转译社会现状和规训观念认知的功能。在电视剧制作过程中,女性形象的建构一直受到社会文化和传统道德的控制,女性沦落为他者而丧失了自我主体地位,陷入媒介镜像中,成为被规训的对象。本文从女性主义和文化批判角度出发,通过对中国社会转型期有代表性的电视剧文本的深入解读,从女性主体缺失、他者地位、身体符号消费等方面,来分析和揭露电视媒介中女性始终被建构、被观看、被贬抑、被消费的真相。

关键词 媒介镜像 他者 电视剧 女性形象

现实题材电视剧反映着社会的变迁、时代的变化,其塑造的女性形象一方面是各个时期的文化镜像,映射着不同阶段中国女性的生存状况与精神面貌,转译出转型期中国社会所面临的种种实际问题;另一方面,由于电视剧广泛而巨大的传播影响力,使得其中的女性形象作为一种参照体系,塑造与规训着现实生活中女性的行为举止,使她们在无意识的状态下主动迎合着当时社会主流价值观的女性想象。自20世纪90年代以来,现实题材电视剧中的女性形象日益丰富饱满,逐渐由单一走向了多元,女性主体意识得到一定程度的解放,独立的话语权利和表达空间得到提升。然而从本质上来看,女性并未完全走出自我价值认知的困境,这表现在男性中心主义以更为隐蔽、复杂、精细的方式来控制女性叙事,女性成为男性甚至自己的凝视和观赏对象,在空洞的能指下某种程度上沦为了消费符号。本文通过对电视剧女性形象建构的考察,揭开电视剧不断向观众兜售父权制话语体系所认可的女性形象的手段,批判媒体通过贬抑的方式来规训女性观众对自我的认知,探究消费社会中物化的女性符号,试图重塑拥有主体地位和自我价值的多

---

* 本文为江苏省教育厅2013年度高校哲学社会科学基金资助项目"社会转型与电视剧女性形象嬗变研究"(项目编号:2013SJB860002)的阶段性成果。

元化的现实女性形象。

一、神话原型与性别话语

荣格认为,神话和传说中表达的原始意象是一种深层的集体无意识,称之为"原型",这种原型本身不仅仅是一个神话(或传说),它作为人类一种"思维表象的潜能",一种"行为图式",通过脑组织一代一代地传下来,所以,这种"行为图式"既是最古老的,又是最新鲜的,它的种种变相不断通过梦幻等潜意识形式再现于现代人的头脑中。男女起源的神话故事原型,在文学艺术中常常呈现出女性从属于男性的文本叙事方式。罗兰·巴特曾指出,大众文化包括一切符号体系均有"神话"的特性,电视剧作为大众文化的重要表征之一,其叙事同样具有"神话"建构作用,神话原型转化成故事类型影响和制约女性形象塑造。但电视剧建构的现代意义上的神话,实质上是"一种具有社会文化功能的叙述,大众文化包含的神话中反复出现的象征、形象和主题,向我们透露了某个特定社会中人们的普遍关切和特别重要的价值和秩序"[1]。

而当前的中国社会,尽管男尊女卑的传统性别观念已经式微,但男性精英仍把持着政治、经济、文化等领域的话语权,只有极少数女性能够通过不懈的奋斗而进入到社会上层,而这丝毫不能改变男性在整个社会结构中的主体地位,并且这些女性本身也依然是作为男性眼中的"他者"而存在的。正是由于这种从神话时期便延续至今的历史困境,使得男性中心意识形态的组织形式和言语方式渗透到我们文化体系的每一个方面,女性只能徘徊在这个巨大且稳定的中心之外,成为被描述、被观看的对象。"女性作为文化符号,只是由男性命名创造,按男性经验去规范,且既能满足男性欲望,又有消其恐惧的'空洞能指'。"[2]于是,从女性主义批判的角度审读90年代至今的中国电视剧女性形象,能够轻易地发现它的吊诡之处:一方面电视剧的创作者们试图通过建构新时期中国女性的积极形象,来破除各种对于女性的歧视与偏见,描述中国女性在社会改革与经济发展中所获得的巨大解放,但另一方面,这种女性形象的建构本质上依然是在男性中心的话语遮蔽下展开的,它通过采用解放女性的符码来最终达成对于男性权威的肯定与维护。

二、缺失的主体:男性话语秩序下的女性

笔者通过考察20世纪90年代以来中国转型时期的现实题材电视

剧,从共时和历时的双重角度考量,从中选取了六部收视率高、社会反响大的电视剧中的六个典型女性文本进行分析,即《渴望》中的刘慧芳(1990年)、《外来妹》中的赵小云(1992年)、《东边日出西边雨》中的肖男(1995年)、《中国式离婚》中的林小枫(2004年)、《蜗居》中的郭海藻(2009年)、《多多的婚事》中的钱多多(2011年),在梳理分析转型时期电视剧女性形象的嬗变轨迹的同时,隐藏在性别想象和叙事策略后强烈的男性话语逻辑也逐渐清晰。

《渴望》中刘慧芳被看作改革开放"那社会观念动荡不安的年头主流意识形态借助传媒对大众实施的某种心理抚慰"[3]。刘慧芳因温柔贤良、无私付出、隐忍顺从而得到主流意识形态的高度肯定,然而道德楷模背后的真相是女性被幽闭在男人、孩子、父母三者围成的家庭牢狱之内,她的每一个选择都是非自主的,都伴随着对自身生命力与欲望的压抑,她所获得的一切赞誉是以她的放弃一切为代价的。刘慧芳的完美形象,是通过男性头脑中的无意识心理积淀对女性表象的预设来筑成的理想范型,依据的是传统的男性视点/心理。正如劳拉·穆尔维所指出的,是"一个空洞的能指",在男权中心文化中,她只能永远处于镜像/想象阶段,而不能进入象征/语言秩序。

《外来妹》中赵小云则已带有现代女性的鲜明特征。她背井离乡来到珠江三角洲闯荡,在激烈的竞争中凭借自己的勤奋与才干,终于晋升为外资企业的厂长。文本的叙事集中传递着一个信号:想要摆脱社会施加在女性身上的枷锁,唯一的途径就是变成如同男人一般刚勇果敢。此外,赵小云自强独立的形象貌似为受众提供了一个倾斜的性别秩序,这种性别"僭越"与特殊时代呼应,是改革开放这一宏大叙事下固有权力秩序松弛才出现的,在原有男权中心体系稳固的前提下缓解着男性观众在固有秩序出现缝隙之时的焦虑。类似的文本还有同时期播出的《走过冬天的女人》、《女人三十》等剧中的女性形象。

《东边日出西边雨》中肖男代表了独立洒脱的"白领丽人"形象。这类女性特立独行,经济自主、感情自由,且生活内容与美容、时装、化妆等当时社会的新兴概念密切联系,懂得享受,坚持自我。然而,这类令人钦羡的女性形象与90年代初绝大多数现实女性生存状态相去甚远,毋宁说更多出于艺术想象,代表的是男性创作者视角下的新型女性审美愿望。因而,这类电视剧叙事中女性形象的新开拓,所表达的仍然是一种"女性重新拥有自身"的性别神话,隐藏了被男性话语所操纵和支配的事实。

进入21世纪,电视剧的女性叙事更为多样化。在《中国式离婚》中,林小枫从一个贤惠自信的女人,一步步变成自卑多疑甚至疯狂的怨妇。究其原因,与其说是丈夫外遇的刺激,不如说是隐匿在她无意识之中的父权思想和传统性别观念:她始终强调"男主外、女主内",主动放弃了独立经济来源,专门操持家务;重视"夫贵妻荣",在丈夫事业有成后越来越依附于他,丧失了自我认同,哪怕以失去尊严的方式也要挽回婚姻;走在离婚边缘之时通过结识新的男性来作为自己未来的保障……可见,男性意志与父权思想已深深内化于其自身,并最终将她引向了迷惘与毁灭。然而,剧作者并非想借林小枫的不幸鞭挞封建男权意识,反而通过刻画宋建平勤勉、低调甚至弱势的形象,暗示着婚姻危机是由林小枫一人造成,是她的猜疑、妒忌和无知毁掉了原本和睦的家庭,这种叙事策略完全是男性话语逻辑的体现,是男性中心秩序的胜利。

《蜗居》是中国电视剧发展史上第一部敢于将"第三者"作为主角进行刻画的电视剧,剧中对于郭海藻身心堕落的过程不无同情与辩护,这种话语策略与郭海藻的人物形象被视为"一种后现代主义的叙事倾向,即摒弃中心和封闭体系,避免价值绝对,承认异质和多元"[4]。尽管遭来诸多非议,但出现这一形象的根本原因得益于社会价值的多元化,否则其反道德的叛逆姿态决不会出现在荧屏之上。但进一步来看,在价值取向多元与大众道德观趋于宽容的背景下,文本潜藏的依旧是男性话语框架,是新的社会背景下消费主义和男权话语合谋的产物。郭海藻人物形象虽折射出一定的女性自我意识,但颇为贫乏与世俗化,在现实生存的压力下,她抛弃了纯洁的爱情而转投权力与金钱的怀抱,并由此获得了令人艳羡的豪车华服等物质享受,其处处流露出的心理满足感、对于自我选择的认同感体现着新一代女性已经将自我价值的体现与物质利益紧密捆绑,已经自觉自愿地践行着从女性理想主义的高蹈追求到面向男权社会的务实化的"凡俗"策略,这正是当下消费时代愈来愈物质化、欲望化、非道德化在性别领域内的投影[5]。在沦为"职业二奶"后,郭海藻开始学习做饭与打理家务,甘愿冒险为情人生下孩子,被物化了的叛逆女性主动向传统贤妻良母回归,自我自由的女性意识让位于以男权为中心的传统女性观,揭示出社会转型过程中女性身份角色认同的矛盾、焦虑与混乱。

21世纪的第一个十年,在男女比例严重失调的社会背景下,"剩女"逐渐成为社会关注的焦点,电视剧中的"剩女"形象也层出不穷。《多多的婚事》中的钱多多身为外企高级经理、出色的设计师,漂亮独立,是同龄人中的佼佼者,却只因年近三十还没有结婚成家就被视为异类,忍受着周围的议论、父母的逼婚及频繁的相亲,自信心倍受打击,一度陷入迷惘之中。文本叙事尽管在某种程度上展现了这些都市女性的自强、优秀,张扬着她们坚持自己的爱情观、注重自我选择的女性意识,并通过钱多多与韩依依两种形象的对比,否定依附型女性,肯定"剩女"的独立自主,但又通过大量细节来凸显她们传统女性的特质,并设置了找到优秀男性为对象的圆满结局,继续强化了"男强女弱"的传统婚姻模式,以此暗示着女性作为"他者"的价值和幸福终究是在于婚姻和家庭。因而,钱多多这一形象的建构并没有走出男性中心的思维模式,只不过表达更隐蔽曲折而已。

事实上,"剩女"只是被社会建构的一个伪命题,其背后隐含的是传统性别价值体系,彰显着作为规制手段的婚姻和家庭的权威,这种标签式和污名化的界定给大龄未婚女性带来了心理危机和精神困扰,却暗示着男性的性别优势,满足了男性中心主义意识。

三、镜中的他者:被暗自贬抑的女性形象

传播学者李普曼认为,在大众传播极为发达的现代社会,人们的行为与三种意义上的"现实"发生着密切的联系:一是实际存在着的不以人的意志为转移的"客观现实";二是传播媒介经过有选择地加工后提示的"象征性现实",即拟态环境;三是存在于人们意识中的"关于外部世界的图像",即"主观现实"。人们的"主观现实"是在他们对客观现实的认识的基础上形成的,而这种认识在很大程度上需要经过媒体搭建的"象征性现实"的中介。经过这种中介后形成的"主观现实",已经不可能是对客观现实"镜子式"的反映,而是产生了一定的偏移,成为了一种"拟态"的现实。[6]电视剧作为一种实践性话语乃是构建大众传媒"拟态环境"的重要手段,它借助媒介"培养效果"的作用潜移默化地影响着大众对于现实世界的看法,反过来又通过左右大众的态度与行为来塑造社会环境。我国现实题材电视剧对女性形象的塑造,一方面裹挟着现实社会的价值取向,不断加深社会对于不良性别秩序的认同,继而对女性的进一步解放产生着负面影响;同

时，镜像中的女性形象映照着现实，其提供的种种性别形象与观念将成为现实女性自我想象的参照体系，召唤和规训着女性自身的认同与构建。纵观社会转型期电视剧中的女性形象塑造，在张扬女性主体性的表象后，更多地铭刻着男性中心话语，自觉或不自觉地对女性进行了隐蔽的歪曲和贬抑。

《中国式离婚》中的林小枫本是知书达礼的中学教师，但当婚姻出现问题后逐渐变成一个歇斯底里的"悍妇"。丈夫宋建平则表现得温和、内敛甚至弱势、压抑。电视剧通过这种人物形象的对比，使得观众对遭受妻子不公对待的"好男人"宋建平赋予极大同情，而厌恶林小枫这个亲手毁了自己家庭幸福的"悍妇"。创作者正是以这种不易察觉的方式悄然贬低了林小枫的女性角色，引导人们对男性的同情和理解，凸显男性立场与话语权。

贬抑女性角色的叙事策略在电视剧中《蜗居》中同样存在，但转换成了发生在女性形象内部。女主角郭海藻被塑造成一个物质且叛逆的女孩，在生活的压力下逐渐背叛与小贝的爱情投向了宋思明的怀抱，成为被包养的第三者。而宋太太则是纯粹的贤妻良母，全心照料着丈夫和女儿，即使得知海藻的存在也没有吵闹，而是表现得淡定宽容。随着海藻的闯入逐渐摧毁其家庭生活，宋太太痛苦不堪想结束婚姻，却最终在好友的劝阻下选择了继续隐忍。剧中郭海藻与宋太太这两个女性形象一个年轻漂亮、一个容颜渐老，一个无知任性、一个隐忍付出，一个是破坏者、一个是受害者，这样对比鲜明的叙事策略使得观众对"第三者"海藻压倒性地质疑和唾骂，同时对宋太太给予无尽的同情。

而当代"剩女剧"中的那些大龄未婚女性们，往往被塑造成好强能干，事业有成，却在婚恋方面屡遭失败、倍感失落，暗示着对于女人而言，事业的成功并不能带来爱情的甜蜜和家庭的幸福，再次呈现了男权社会所规定的性别角色与性别功能，并通过带有喜剧性的情节和夸张的表现手法，传播着对于"剩女"这一人群的怜悯、调侃与讽刺的负面倾向。

由此可见，正是通过创作者的贬抑设置，受众在观看文本时产生了偏向性解读，从而通过对剧中人物形象的认知和批判来规训自我。正如拉康"镜像理论"中提出，为了获得自我想象和认同，处于"混沌时期"的婴儿通过镜子中自己的影像来确定"自我"，但镜子中的影像并不是真正的自我，而是与他人统一的自我的幻想而已。作为主体性的人，需要不断地观看镜像中的"他者"来进行自我确认。电视剧中的女性形象作为镜像中的他者,成为观众对自我认知和确认的参照对象,通过这种无意识地认同或反对他者,受众形成了对自己身体和观念的规训。观看电视剧的女性观众并不知道,她们已陷入了一个镜像怪圈,在父权话语意识的控制下,她们永久地失去了主体地位,失去了成为真正的自我的可能。

四、凝视的对象:成为消费符号的女性

刘慧芳、赵小云、肖男、林小枫、郭海藻与钱多多几位女性人物形象极具代表性地反映出90年代至今电视剧女性话语中存在的无奈与让步,充分说明了男性权力话语对于女性性别想象塑造的关键作用。当然,以上六位人物形象文本难以涵盖电视剧表征体系内所有女性形象中所包含的男性话语,尤其进入21世纪后,男性意识形态言说策略从不同角度、不同侧面合法地将女性想象缝合入影视文本中,令女性形象的建构面临更加复杂多样的困境。但我们仍然能从女性主义批判的视域下,摸索出电视剧女性形象从90年代以来至今变化的趋势,即从最初政治化的符码逐渐被置换成商业性的诱惑。尤其是在大众娱乐文化盛行的21世纪语境中,男权本位意识开始与消费主义文化相勾结,使得女性成为欲望最直接的客体。

让·鲍德里亚在《消费社会》一书中指出,我们已从生产社会步入了消费社会。在消费社会里,以商业利益为驱动,一切事物都可以成为被消费和被观看的对象。从90年代以来电视剧女性形象的视觉符码变化,我们可以看到消费意识形态一步步卷入编码过程。女性成为了欲望投射的主体和被凝视的对象,电视剧作为文化商品开始了对女性身体符号的消费。女性的身体成为男性凝视和窥探的对象,身体被规制和安放在荧幕上,有的身体充满色情符码,女性在这个过程再次丧失主体地位,彻底沦落和物化成为可供他人观看的商品。正如女性主义学者劳拉·穆尔维所说,"在一个由性的不平衡所安排的世界里,看的快感分裂为主动的/男性和被动的/女性。起决定作用的男人的眼光把他们的幻想投射到照此风格化的女人形体上"[7]。女性在荧幕上不断展示、装饰甚至裸露自己的身体,她们成为一个个充满符号意味和性别幻想能指的工具,它一方面作为色情化的符号满足男性的欲望需求,一方面成为女性观众观察周围、投射自我、规范行为的镜子。如电视剧中

的"第三者"形象从20世纪90年代的若隐若现,到发展为21世纪重要的电视剧女性形象,成为了制造舆论和刺激收视的工具。如《蜗居》中的郭海藻年轻貌美,清纯温柔,某种程度上颠覆了贪婪、性感、富于心计的"第三者"的刻板印象,这不仅是完全按照男性的眼光来编码,充分体现了消费时代的审美趣味,同时也为宋思明对她的迷恋进行了隐秘的辩护,充分显示了消费文化时代男权占统治地位的价值取向。播出后这一富有争议性的人物角色成为关注焦点,她的人生选择和婚恋态度引发了社会对婚恋与金钱等现实问题的拷问,其中不乏对其同情和认可的声音。又如"剩女剧"中的女主角们几乎无一不是外形出众的漂亮女性,甚至令观众质疑其"美得一看就剩不下来",这种角色设置出于消费社会商业剧模式的需要,充分体现了男性对身体消费的嗜好,以满足男性观众的视觉快感。

当荧幕上的女性成为了女性自己和他人的观看对象,彻底陷入被观看、被消费、被塑造的他者地位,女性的主体性遭到了无情的忽视与消解,沦为消费社会中用以填充欲望沟壑的一道触目惊心的文化景观。由此可见,无论是视觉表征上的女性化,还是角色身份的不断更迭,道德观念的与时俱进,与其说是解放了女性的表象,不如说是消费时代下社会大众发掘出的一套对女性客体进行窥视与猎奇的新手段,以不断满足男性对于"他者"的好奇,从而使女性最终沦落成为一个缺乏自我的商业符号。

五、结　语

电视剧作为当前文化传播最广泛、最便捷的形态之一,也在对社会性别文化观念进行厘定、确认和反复申说。然而,在政治力量、父权思想、大众文化、商业利益和女权主义的多方角逐下,电视剧女性形象成为了一个个耐人寻味的"镜像",女性丧失了自我主体地位,被包围在男权中心话语秩序之中。电视媒介通过"镜像",采用潜在的不易察觉的叙事机制贬低和弘扬某些特定的女性形象,以此来规训现实女性群体,因而女性若寄望于通过"镜像中的他者"来塑造主体想象和实现自我认同,其结果只能是令自身沦为彻底的他者。因此,笔者认为谈论电视剧中的女性主义以及真正的女性自由都为时尚早。

参 考 文 献

[1] 吕薇.神话何为——神圣叙事的传承和阐释(第 2 版)[M].社会科学文献出版社,2001:342.
[2] 刘慧英.90 年代文学话语中的欲望对象化——对女性形象的肆意歪曲和践踏[M]//王红旗.中国女性文化(No.1).中国文联出版社,2000:11-28.
[3] 陈嫣如.当代中国影视中的女性形象之嬗变[J].南开大学学报,2007(4):14-21.
[4] 李琦,杨时梅.新时期电视剧女性形象的嬗变及其文化镜像功能[J].湖南师范大学社会科学学报,2010(6):132-136.
[5] 李佩菊.消费时代对男权话语的欲拒还迎——论电视剧《蜗居》的女性意识表达[J].中国电视,2010(8):51-55.
[6] 郭庆光.传播学教程(第 2 版)[M].中国人民大学出版社,2011:113.
[7] (英)劳拉·穆尔维.视觉快感与叙事电影[M]//影视文化.文化艺术出版社,1989:1231.

(作者单位:江苏理工学院人文社科学院)

苏北江淮方言字音释

叶正渤

摘　要　苏北江淮方言不仅有着独特的语音特点,而且记录江淮方言的方言字更是冷僻难认,但有些则已经转为普通话常用字。文章对一些典型的苏北江淮方言字做了音释,可见其独特之处。

关键词　江淮方言　方言字

本文所收之苏北江淮方言字皆为较典型的苏北江淮方言用字,大体上反映了淮阴的涟水及盐城的滨海、响水一带方言的实际。当然其中有些方言字已经转化为普通话的常用字,不过它们的读音仍具有明显的方言特点。本文的音释体例是:先列方言字,其次标注普通话的读音,再次释义,如有异体也列出,或引传统字书的解释与出处,最后用国际音标标注(宽式)方言的实际读音,所举例句几乎都是口语化的方言说法。所有方言字,按照拉丁字母顺序排列。苏北江淮方言字,尤其是方言字的读音,对研究江淮方言具有一定的学术意义。

　　硋 ái,又读 wèi,切磨,磨碎。异体作礘。方言读[ɣai˦]。※把药～碎了吃。

　　揞 ǎn,手覆也,敷。方言读[ɣan˨]。※在伤口处～点药。

　　媕 ǎng,藏火也,烧。《正字通》:"今人谓藏火使复燃曰～。"[1]方言读[ɣang˨]。※烟头把被子～着了。

　　坌 bèn,翻土、刨土。方言读[pən˥]。※鸡在菜地里乱～。

　　滗 bì,滤。异体作泌。方言读[pi?]。方言读作喉塞音[ʔ]。※把汤～掉。

　　躃 bì,躃足不能行也。异体作躄。方言读[pi?],喉塞音[ʔ]。※那孩子脚向里～;蹩脚透顶。

　　髟 biāo,标致。方言读[piau˥]。※要得～,穿得绡。

　　摽 biào,拖、拉。方言读[piau˥]。※～住他不放。

　　瘪 biě,籽粒不饱满。许慎《说文解字》:"半枯也。"[2]方言读[pi?]。※～籽,指未成熟的粮食粒或菜籽粒。

馞 bó，章太炎《新方言》："扞饺子皮或扞面条时所用的干面粉。"[3]方言读[pə?]。※面～。

苴 chā，水草。方言读[tsʌ˥]，平舌音，江淮方言无卷舌音。※河里～草太多。

碴 chá，碎屑，特指玻璃、碗等碎片。方言读[ts'a˥]，平舌音。※玻璃～子。

齛 chǎi，碾碎了的黄豆或大麦粒。方言读[ts'ai˧˥]。※大麦～子；雪～子。

焯 chāo，把新鲜的蔬菜放到热水里略烫一下即取出，去其苦水。方言读[ts'ɑ?]。※～菜。

摛 chì，铲。《集韵》："除拨也。掘土谓之～。"[4]方言读[ts'ə?]。※～牛（读[ɣou˧˥]）粪。

跄 chòng，走路向前趄，跌、摔。方言读[ts'uŋ˥˩]。※不小心～了个跟头。

膪 chuài，丑、丑陋，臃肿。《集韵》："膡～，形恶，或作膪。"方言读[ts'uai˥˩]。※～色。

啜 chuò，吃。《新方言》："扬州苛责儿食曰～饭，音如揣。"方言读[ts'uai˥˩]。※快～饭。

涔 cén，汗流不止的样子。方言读[ts'ə?]，阳入对转。※浑身汗～～的。

甑 cèi，瓷器、玻璃器皿等因碰撞而破碎。方言读[ts'ei˥˩]。※别把碗碰～掉了。

齪 cuò，齩齿。方言读[ts'uɔ˥˩]。※他睡觉好（hào）～牙。

沓 dá，迭、叠。方言读[taɛ?]，阴入对转。※一～纸。

攩 dàng，轻磨。《集韵》："推行也。"方言读[taŋ˥˩]。※～刀布（理发师所用）。

叨 dāo，挟、撿、叼。方言读[tau˥]。※小鸡吃食，刨一爪子～一口。

捯 dào，翻、找。方言读[tau˥˩]。※筷子在菜碗里～来～去，太不懂礼貌。

扽 dèn，拉、拽。方言读[tən˥˩]。异体作撋。※把绳子～直了。

脰 dòu，中(zhòng)。《释名·释形体》："投也。物投其中受而下之也。青、徐谓之～。"[5]方言读[tou˥˩]。※笃～；※～着了。

敠 duó，坐着挪动身体。《类篇》："～食不速也。"[6]方言读[tɔʔ]。※身子往前～～。

襗 duó，覆盖。《说文》："重衣也。"方言读[tAʔ]。※被子上再～件大衣。

乬 gǎ，东西损坏或弄没了。方言读[kA˩]。※～咕了。

扢 gāi，拨。《集韵》："动也，减也。"方言读[kai˥]。※饭太多了，～掉些。

戅 gǎng，头乱撞。《说文》："直项莽～貌。"方言读[kaŋ˧˥]。※小鬏（方言读 jiū）头～头，玩得真高兴。

焵 gàng，锻炼、磨砺。《字汇》："凡兵器经烧则坚，故今铁工烧刃曰～。"[7]方言读[kaŋ˧˥]。※刀不快了，～一下。

戆 gàng，愚而刚直。方言读[kaŋ˥˩]。※他是个直～头。

楁 gé，牛扼。《释名·释车》："扼也，所以扼头颈也。"方言[kəʔ]。※牛（读[ɣou˧˥]）～头。

趞 gé，一条腿向前跳进。《说文》："直行也。"方言读[kəʔ]。※～～朗（小孩玩的游戏）。

姑嫪 gū lǎo，淫妇之外遇者。《新方言》："今江南运河而东谓淫人为～～。安徽谓其所私亦云。"方言读[ku˥][lau˧˥]。※偷～～。

捼 guài，挎、揹。《集韵》："收也，挎也。"方言读[kuai˥˩]。异体作扖。※～篮子。

嚳 guǒ，吮吸。方言读[kɔ˩]。※～奶。

訇 hōng，大声。方言读[xuŋ˥]。※老气～咻（訇）的样子。

齁 hōu，鼻息声，鼾声。方言读[xou˧˥]。※他早已经～着了。

攉 hǔ，撒。《集韵》："反覆也。摇手曰挥，反手曰～。"方言读[xu˧˥]。※～粪；※～种。

槴 hù，树生病，树干因受潮霉变而腐朽。方言读[xuəʔ]。※树干～得了。

瘣 huì，树生病曰瘣木。《释名·释木》："～木，符娄。"郭朴注："谓木病尪伛瘿肿无枝条。"也指蘑菇由老而毁坏，义同槴。方言读[xuei˥]。※菌子～掉就不能吃。

儇 huān，蜷曲。《荀子·儒教》篇杨倞注："～，字书无所见，盖环绕囚拘之貌。"①[8] 方言读[kʻuan˧˥]。※他喜欢～腿睡；※他现在～腿也好过，伸腿也好过。

趼 jiǎn，茧，胼。方言读[tɕian˧˥]，后鼻音。※手上满是老～疤。

挸 jiǎn，抹拭。方言读[tɕi˧˥]，无主韵母和韵尾。※～布；※～澡。

耩 jiǎng，用耧车播种，一般用于播种黄豆。方言读[tɕian˧˥]。※～豆子。

彊 jiàng，矫正、檠。方言读[tɕian˥˩]。※棍子太弯～不直了。

鬏 jiū，发结。方言称小孩叫小～。方言读[tɕiou˥]。※梳～；※这小～长得真好玩。

疚 jiù，抽筋，绉。方言读[tɕiou˥˩]。※冷水洗澡会～筋；※衣服～巴巴的。

桊 juàn，在牛鼻或猪嘴上拘个铁圈。《说文》："牛鼻环也。"玄应曰："～，牛拘也。今江以北皆曰牛拘，以南皆曰～。"方言读[tɕy˥]，阴阳对转。※～猪嘴。

撅 juē，折、折断。方言读[tɕʻui ʔ]。※他把筷子～断了。

欬 kǎi，胃气从口中吐出。《说文》："逆气也。"方言读[kai˧˥]。盐城向南读[kʻai˧˥]。※～伤饱（指吃多了，伤食）。

愒 kài，偷懒。《说文》："息也。"《尔雅·释言》："愒，贪也。"段注："此愒字乃㵣之假借。如《左传》'玩岁而愒日'，许引作'忨岁而㵣日'。《公羊传》'不及时而葬曰愒'，愒，急也。亦即㵣字也。"[9] 方言读[kʻai˥˩]。※大懒～小懒，伙计～老板；※～间。

㝩 hàng，因人过于拥挤而架起。方言读[kʻaŋ˥˩]。※人太多把人都～起来了。

搕 kē，磨。方言读[kʻəʔ]。※鞋子～脚。

顉 kēn，低头。《集韵》口很切，音恳。《礼记·檀弓》："稽颡而后拜，～乎其至也。"[10] 方言读[kʻən˥]。※抬头不见～头见。

掯 kèn，抓、握。方言读[kʻən˥˩]。※～紧了！

敹 liáo，缝缀。方言读[liau˥˩]。※用针线～口袋。

撸 lū，捋、抹。方言读[lu˥]。※把树叶～掉。又：划。※草叶把手～破了。又：撤职。※他被一～到底。又：训斥。※挨～了。

脶 luó，圆形手指纹。方言读[lɔ˧˥]。※他手指上有三个～。

---

① 《荀子·儒教》篇："然若终身之虏，而不敢有他志，是俗儒也。"

躧 luó,《类篇》:"～挫,犹蹭蹬也。"本指人腿的下部向里弯曲,引申指桌椅等家具的腿向里弯曲。方言读[lɔʔ]。※桌子～腿～脚的不稳。又引申指办事不顺。※先不说后作～。

臠 luǒ,或 luán,劳累。《集韵》:"臠,腰膝痛也。"方言转音为[laŋ˧˥]。※稍微干点活就～的慌。

篛 luò,竹篮。《说文》:"栺篛也。从竹各声。"异体作箩。方言读[lʌʔ]。※一～花生。

禡 mǎ,～奇(jí),传说中的怪物。方言读[mʌ˧˥][tɕi˧˥]。※老～奇来了(吓唬小孩语)。

饟 nāng,渐～,饭菜变质而散发出的酸味。方言读[si˥][naŋ˥]。※这饭有渐～味。

齉 nàng,鼻塞不通畅,发音不清。方言读[naŋ˥]。※他是～鼻子。

纕 nàng,绉、皱。《集韵》:"宽缓也。"方言读[naŋ˥˩]。※衣服～起来了。

㺷栋 nóng dòng,即懵懂,愚蠢貌。《集韵》:"愚貌。"方言读[muŋ˥][tuŋ˥]。※看他那～～色。

俳 pái,瘫痪。方言读[pʻai˥]。※小～子。引申为蹲。※你～在那里做什么呢?

跰 pǎi,踩、踏。方言读[pʻai˧˥]。异体作跰。※～他一脚。

媻 pán,涉、趟。《广韵》:"步渡水。"[11]方言读[pʻan˧˥]。※下雨天小鬏爱～水玩。

襻 pān,一种宽而稍厚的布带子。方言读[pʻan˥˩]。※小车～;※鞋(读 hái)扣～。

胮 pāng,腋下、腹下不实在的肉。《博雅①》:"肿也。"[12]方言读[pʻaŋ˥]。异体作胖、膖。※～汤肉(肥的五花肉)。

膖 pāng,涨。《五音类聚》:"腹胀满也。"[13]方言读[pʻaŋ˥]。※涨～得了。

漰 pēng,飞溅。方言读[pʻuŋ˥]。※～他一身泥。

浜 pēng,戏水。《说文》:"无舟渡河也。"方言读[pʻuŋ˥]。※在水里打～～。

---

① 博雅,即广雅,魏张揖撰。

騙 piàn，跃身。《集韵》："跃而乘驰。"方言读[pʻi↘]。方言读法无主韵母和韵尾。※身子一～就上车了。

潽 pū，稀饭、豆浆等因沸腾而溢出。方言读[pʻu ̄]。※锅～了。

豧 fū，又读 pū，出粗气。《广韵》普胡切，《集韵》滂模切，并音铺。《说文》："豕息也。"

《新方言》："安庆、扬州皆谓发怒大息为～，读如铺。"方言读[pʻu ̄]。※他气～得了。

拤 qiā，用两手卡住。方言读[kʻA ̄]。※两手～住一条鱼。又用作量词。※一～韭菜。

燖 qián，又读 xún，鸡鸭等家畜开水烫后去毛，拔。方言读[tɕʻi↗]。方言读法无主韵母和韵尾。※活～毛。

戗 qiāng，逆，迎风。方言读[tɕʻiaŋ↘]。※划～（船侧逆风而行）。又：靠、竖。※把铁叉～好。又读[tɕʻiaŋ ̄]。话不投机，破裂。※话说～得了。

吣 qìn，狗、猫呕吐。方言读[tɕʻin↘]。异体作唚。※猫打～。

䃏 qìng，上身向前倾。《新方言》引《考之记》云："'倨佝磬折。'凡人立鞠躬向前亦得是名。《庄子·渔夫》：'夫子曲要（腰）磬折。'今扬州谓器及人佝偻向前皆曰磬出。"方言读[tɕʻin↘]。※站好了，别～下去。

繑 qiāo，大针脚地缝。方言读[tɕʻiau↘]。异体作繰、帩。※裼～（衣服的底边），即拷边。

捄 qiú，揪揉。方言读[tɕʻiou↗]。※衣服～得不像样子。

黢 qū，黑。方言读[tɕʻy?]。※（晚上）外边～黑～黑的。

饶 ráo，额外添加。《双砚斋笔记》："江宁市间买物欲其增益曰～。"[14]方言读[lau↗]。方言读平舌音。※不～不甜。

靸、跁 sā，拖着鞋子走。靸，《说文》："小儿履也。从革及声。读若沓。"跁，《说文》："进足有所撷取也。从足及声。《尔雅》曰：'跁谓之撷。'"方言读[saɛ?]。※～着鞋子走。

㯏 sà，楔子。《新方言》引《紫云韵》："枯～也。"方言读[saɛ?]。※加～子。引申指插队。

厼 sóng，精液。方言读[suŋ↗]。异体作㞞、㞠。引申指无能。※～色、～包（骂人语）。

㞞 sǒng，呵斥。方言读[suŋ↘]。※～他几句就老实了。

潲 shào，风雨斜扫。方言读[sau↘]。※东风雨～墙很厉害。

抻 shèn,伸长,多出。《集韵》:"展也,物伸长也。"方言读[sən∨]。※~出一个。

　　瘆 shèn,难看、丑。方言读[sən∨]。※看了叫人作~;※怪~人的。

　　𩓣 shuǎi,面丑,引申为无能。方言读[suai∧]。异体作酸。※~子、~色(骂人语)。

　　搜 shuǎng,控干、晾晒。《新方言》:"器皿口朝下控干水气。"方言读[suaŋ∧]。※口朝下~~;※把衣服挂起来~~。

　　铄 shuò,亮。《新方言》:"今人谓甚明曰~亮,光不定曰闪烁。"方言读[sA?]。※新自行车~亮。

　　譶 tà,口快,张口。《说文》:"疾言也。读若沓。"方言读[t'aɛ?]。※他嘴一~就说得了。

　　煻 táng,灰尘。方言读[t'aŋ∧]。※~灰迷眼了。

　　熥 tēng,蒸热熟食。方言读[t'ən˥]。※~饭,~馒头。

　　捵 tiàn,拨。方言读[t'i∨],无主韵母和韵尾。※把灯芯往上~~。

　　眣 tiē,妥。《说文》:"安也。"《新方言》:"今人谓物安稳不掉曰伏~,读如'帖'。凡言'妥帖'也,眣字也,今用帖字。"方言读[t'i?]。※伏~。

　　褪 tùn,剥、剥脱。方言读[t'ən∨]。※~裤子;※~皮。

　　庹 tuǒ,长度单位,两臂伸开为一~。方言读[t'A?]。※一~五尺;※用手~一下。

　　踒 wǎi,扭。方言读[wai∧]。※脚~伤了。又:颠簸。※路不平车子~来~去的。

　　挝 wō,皱折。方言读[wɔ˥]。※不要把书弄~掉了。

　　碨 wò,夯地基用的圆石。方言读[wA?]。※把他抬起来打~。

　　搲 wò,搔痒。方言读[wA˥]。※~痒。又读[wA∧]。掏取。《说文》:"搲~也。"※~米。

　　𠯓 wò,呕吐。方言读[wA?]。※饭都~出来了。

　　煆 xiā,弯腰,哈腰。《集韵》:"身伛貌。"方言读[xA˥]。※点头~腰。

　　綃 xiāo,薄。方言读[ɕiau˥]。※要得僄,穿得~。

　　燮 xiè,烤。《玉篇》:"火熟也。"[15]方言读[ɕi?]。异体作燹。※把饼放在火上~~再吃。

饧 xíng，和好的面放一会，让其自然回软叫~。方言读[ɕin˧˥]。※让面~个时候再做。

挜 yà，强人接受不愿意要的东西，或劝人多吃饭叫~。方言读[ᴀ˥˥]。※他不喜欢人~饭。

詇 yāng，请求。《广雅》："告也。"《新方言》："今谓人所不顾而强请之为~求。"方言读[jaŋ˥˥]。※~求人。

洇 yīn，漾开。方言读[yin˥˥]。※这纸太~了。

慭 yìn，痕迹、印。《方言》："伤也。"方言读[yin˨˩]。※他在书上划道~子。

哕 yuě，呕吐。《正字通》："有声无物曰~。"方言读[yǔ˧˥]。※吃的东西全~掉了。

蠚 zǎ，幼蛆。方言读[tsᴀ˧˥]。※蛆~。

挓 zhā，拇指与中指伸开叫一~。方言读[tsᴀ˥˥]。异体作摣、拃。※一~五寸长。

奓 zhà，张开。方言读[tsᴀ˥˥]。※衣服~角；※孩子会~手笑了。

紖 zhèn，牛鼻绳。《说文》："牛系也。"方言读[tsən˨˩]。※牛鼻~。

跩 zhuài，左右摇摆。方言读[tsuai˧˥]。※他一~一~地走了。又比喻得意的样子；※这下他可~了。

奘 zhuǎng，粗大。方言读[tsuaŋ˧˥]。※他的大腿很~；※棍子太~了。

臎 zuì，累~。《说文》："重聚也。"《新方言》："今谓物之重、事之难曰磥~，或作累坠。"现作"累赘"。方言读[tsuei˨˩]。※这倒成了累~。

据以上所列方言字，苏北江淮方言在语音方面的特点可以概括为：① 苏北江淮方言无卷舌音，全部读成相应的平舌音；② 存在入声韵尾的遗迹，即喉塞音[ɣ]；③ 存在阳入对转和阴阳对转的语音现象；④ 普通话复韵母 ian[iæn]，在江淮方言中主韵母 an[an]脱落，介音 i[i]成为音节的主韵母。这是发音部位前移的结果和反映。

参 考 文 献

[1] 张自烈撰，萧琨整理. 正字通[M]. 中国工人出版社, 1996 影印本.
[2] 许慎. 说文解字[M]. 中华书局, 1983.

[3] 章太炎.章太贤全集(卷七)[M].上海人民出版社,1999.
[4] 丁度.集韵[M].上海古籍出版社,1985影印本.
[5] 王先谦.释名疏证补[M].上海古籍出版社,1984影印本.
[6] 司马光等.类篇[M].中华书局,1984.
[7] 梅膺祚.字汇[M].中华书局,1915石印本.
[8] 荀况.荀子[M].上海古籍出版社,1996.
[9] 段玉裁.说文解字注[M].上海古籍出版社,1984;洪亮吉.春秋左传诂[M].中华书局,1989.
[10] 孙希旦.礼记集解[M].中华书局,1989.
[11] 陈彭年.钜宋广韵[M].上海古籍出版社,1983.
[12] 王念孙.广雅疏证[M].上海古籍出版社,1983影印本.
[13] 韩道昭.改并五音类聚四声篇[M].上海古籍出版社,2002影印本.
[14] 邓廷桢.双砚斋笔记[M].中华书局,1987.
[15] 顾野王.大广益会玉篇[M].中华书局,1987.

（作者单位：江苏师范大学文学院）

雍乾学人群体与清代词学复兴的进境

曹明升

摘 要 雍乾词坛的最大特色便在于学人群体大规模染指词学。在重科举、重经学的社会氛围下,雍乾学人咸视词为小道,多藉词体之重规叠矩来逞才斗巧,但又将其纳入学术研究的视域,以学术化的处理方式来提升词体的文化品格与社会身份。在实际创作中,他们以学问来提升胸襟,滋养人格,或出之以疏放之风,或见之以清幽之境,于哀感顽艳、缠绵婉约之外再拓词境。所以说,雍乾学人群体视词为小道却不以小道待之,反而将自身特有的胸襟、学养、史识等因素渗入其中,成功沟通了学术与词学,使得清词复兴大有进境,同时也为以后的词学发展建构了一种新的模式。

关键词 雍乾　学人群体　词学　复兴

清词的复兴是一个过程,在不同的阶段有不同的特色。雍乾两朝则是风格多元、思想丰富、承上启下、自具特色的重要阶段;其最大的特色便是大批词人具有学人的背景,或谓大批学人以较多的精力投入到填词与论词中去。从词史的角度来考量,学人之词虽不始于清代,但学人群体大规模染指词学以至成为词坛之主导,其端绪则在雍乾。因此,本文拟对雍乾时期学人群体的词学思想及创作特色作一考察,以期揭示清词发展的阶段性特色与学人群体在清词复兴过程中的重要作用。

一、词体小道观

雍乾间人对词体的态度应以四库馆臣的意见为代表。他们自云收录词集只是"附存以备一格而已",至于"其得其失",那是"不足重轻"[1]的,因为在他们眼中,填词就是"厥品颇卑,作者弗贵"[2]的倚声末技。四库馆臣乃当时最优秀的学人,他们的意见可以代表主流观念。那为何词体经过顺康两朝的"中兴"以后依旧厝身小道?这与清代的科举考试以及雍乾时期的经学兴盛密切相关。清代科举以考《四书》经义为主,这就使得广大士子必须熟知儒家经典、精通八股文法,毕竟这是考取功名、改变命运的正途。著名学者赵翼十多岁时父亲去世,无人督课,"遂泛滥于汉魏唐宋诗古文词家,兼习为词曲,两年中所著,不下五六寸"。赵父生前好友杭应龙见此情景便劝导说:"寒士进身惟恃举业,舍本务而他涉,将何以救贫?"[3]赵翼幡然弃置词曲,重拾经义,终于进士及第,成名成家。所以在当时,习制艺者因作词无补功名而疏离之,治经学者以作词有害心性而排斥之,作古文者怕填词分散精力而舍弃之,连作诗者亦因"诗庄词媚"的传统观念而鄙视之,词体地位如何能高?

词体小道观使得词体的应酬、游戏功能得以放大。何人龙在给翁霱词集作序时便说:"诗余小道也,攻诗者不屑为。然二十年来馆阁中暇辄及此,但语多酬应,如阮亭、竹垞诸公不概得也。"[4]游戏、应酬功能又反过来支撑着词体小道观。与此紧密相关的另一种效应则是雍乾学人将词体当作逞才斗巧之具。一般人会认为"人之材力有所能,有所不能",不可贪多求全,"志奢而愿难副";[5]但有人就反过来理解,如果别人只是专精一技,而我却能兼擅众艺,则才华高下立判可见。这就使得当时不少学人在视词为小道的同时又忍不住一试身手。

矛盾是事物发展的动力。词体越是被视为小道,就越有必要抬升其地位。所以不少雍乾学人一面视词为小道,一面又想方设法为其包装出身。综其所述,尊体方式主要有两类,一类是严辨词体特性,与诗体分疆划畛;一类是破体诗化,向儒家诗教靠拢。然而在雍乾时期还有一种尊体倾向值得注意,即将词体纳入学术研究的视域。顾广圻曾论曰:"词而言学,何也?盖天下有一事即有一学……于《词源》可以得七宫十二调、声律一定之学;于《韵释》可以得清浊部类、分合配隶之学;于《雅词》等可以博观体制,深寻旨趣,得自来传作无一字一句任意轻下之学。"[6]顾广圻的这种思想并不是横空出世,雍乾间江炳炎、陆钟辉诸人对词集的传钞或刊刻,鲍廷博、黄丕烈等藏书家对词集的庋藏与校勘,厉鹗、江昱等人对词集的笺注或疏证,四库馆臣对词集版本之详辨与提要之撰写,以及江永、方成培对律吕燕乐的精深研究,李调元、王初桐在词话中的考异辨正,都显示出这一时期词学建设的学术化倾向。许多学人或许没有顾广圻这种为词立学的明确意识,却本能性地将文献浩繁、韵律复杂的词体视作了研究对象,词体随之多出一重光彩的新身份,地位得以悄然提升。

由上所论,雍乾学人在咸视词为小道的同时,内心深处却又充满了矛盾。张埙所言"(词)体裁虽卑,而其道甚尊"[7],或许道出了雍乾学人对词体的纠结心态。

二、词体音乐特性说

词在发生之初是一种声乐歌曲,至雍乾虽已完全成案头文体,但仍然保留鲜明的音乐特性;如果一味以儒家诗教论词,很容易泯灭词体的音乐特性。雍乾学人的明智之处即在于将词体之意格向诗教靠拢的同时,通过强调、研究词体韵律的方式来保留其音乐特性,进而将诗教精神与词体特性实现巧妙的合拢。而要实现这种合拢,首先要对词体的音乐属性进行新的阐释,词体被视为小道,很大程度上就是因为它曾被歌儿舞女在酒席宴间唱来佐欢。于是王昶便将词体的音乐属性纳进了儒家的诗乐体系:"盖词本于诗,诗合于乐,三百篇皆可被之弦歌……词,三百篇之遗也。"[8]王昶将词体的音乐属性与诗骚可被之管弦的特点关联起来,就使得词体的音乐属性成为词乃诗之苗裔的历史痕迹与有力证据。这样的逻辑建构能够有效消除词体的音乐特性与儒家的诗教精神在理论上的矛盾张力,成为雍乾学人大力倡导词体韵律的理论基础。

在以守律为雅的观念下,雍乾词人于此道莫不孜孜以求,但想在挥洒间完全分刌合度也非易事。然而越有难度越能激起学士才人们的好胜心,而且在经过康熙词坛的繁荣鼎盛以后,雍乾词人感到了难乎为继的压力,他们必须找到能够胜出前人的支点。支点之一便是词律。清初还有要不要协律的争论,导致创作中存在许多凭臆是逞之作,这就给雍乾词人提供了突破口。王庆增便云:"国朝词家首推秀水、迦陵、鹤棲鼎峙为雄,阮亭、衍波、骏孙、延露各探龙珠,自成荆璞。特其调声应拍、抑扬高下,往往不逮前人;杼轴相鲜,未尽协律,施之弦管,将有捩喉折嗓之病。"而其友人王洲的《退省居诗余》则讲求"平去二音之迟媚,上入二音之峭厉",他又"私取古人原词证之",发现友人词"抑扬高下,不差铢黍",最终王氏感叹曰:"先生兹集洵为倚声功臣,觉秀水诸公尚为其易,红友之律得此益彰。"[9]王庆增推誉王洲词为"倚声功臣",理由就是认为在词律上超越了清初诸老。

除了词律,雍乾学人亦重词韵。清中叶的词韵书主要有吴烺、程名世等人的《学宋斋词韵》、吴宁的《榕园词韵》、郑春波的《绿漪堂词韵》等,其中以十五韵部的《学宋斋词韵》最为流行。从整个清代词韵学的发展来看,雍乾学人编纂的这些词韵书具有非常重要的意义。首先,他们使词韵书逐渐脱离对词谱的依附。像清初沈谦的《词韵略》从被收于词选到被收进词谱，从未有过独立的文献形态，而雍乾之际的词韵书大多已独立成书。其次，这些词韵书大都"持择精研且便于检阅"[10]。这就有效改变了自清初以来由于"词韵无成书"或查检不便而造成的"随意调叶"、"随手填凑"[11]的用韵状况。再次，这些词韵书为后来戈载编纂《词林正韵》提供了镜鉴，没有雍乾学人的积淀便不会有戈载建立的词韵专学。

词韵和词律说到底都是源自词体的音乐要求，所以欲明韵律必须先明词乐。雍乾间数部词乐专著的出现标志着词乐研究正式进入了学术范畴。其中以江永的《律吕新论》、方成培的《香研居词麈》和凌廷堪的《燕乐考原》三部著作最为重要。《律吕新论》分上下卷，上卷考订蔡氏律书及三分损益、变声、变律等问题，下卷探讨乐调、造律、旋宫等内容。江永是皖派的开山鼻祖，注重文献且深于算法，于前人之说亦多辨正。方成培的《香研居词麈》则是对词乐宫调与唐宋燕乐的专门研究。方氏不仅谙熟文献，而且精通音乐，还能求之于伶工，验之于乐器，故所言多为通人之论。在此二人基础上，凌廷堪的《燕乐考原》进一步理清了燕乐二十八调的性质和来源，并考证了宫、商、角、羽四旦各七调在琵琶弦上的具体音位，还将宋元的燕乐曲子按宫调进行了梳理。这三部著作对于廓清词乐面貌大有裨益，其后陈澧、张文虎、郑文焯诸家继而有作，踵事增华，绝学得以赓续。

从词学史的角度看，雍乾学人强调词律是对由康熙朝《词律》、《钦定词谱》所建立的图谱之学的一种深化，属于承上；《学宋斋词韵》等韵书则为《词林正韵》的出现与词韵专学的建立奠定了基础，属于启下；方成培诸人的词乐研究属于开创性工作，直接建立了词乐之学。当雍乾学人运用朴学方法研究词体音乐特性时，事实上已视其为一种专门学问。通过学术化的处理，词体音乐特质的正当性与必要性得到了认可与规范，词体的文化品格与社会身份随之提升。

三、学人词的创作特色

学人群体最大的特征莫过于"学问"二字，不仅鲜明地流露在上述词学思想里，也集中体现在实际创作中。我们可以先根据在朝和在野这个身份标准将雍乾学人一分为二。在朝之学人地位较高，衣食无忧，多以填词为余事，故而心态平和，不大在词中炫耀博学，而将学问转化

为一种雍容典雅的修养与温柔敦厚的气度。例如钱大昕作过一首咏蟹词,调寄《桂枝香》:

> 江干小市,记露白烟青,蔌疏灯细。秔稻香浓,束缚不论千辈。笑他一向雌黄口,算今番、横行无计。橙丝香糁,姜芽细捣,故园风味。渠碗新篘正美。捉瓮边俦侣,拍浮同醉。碎雪含黄,那费门生多议。酒阑解渴茶旗展,认星星、眼浮活水。蓼花秋老,阿谁画取,一天寒意。[12]

咏蟹是《乐府补题》中的旧题目,一般学人都喜欢藉此逗露腹笥,但钱氏此词没有用一个典故,以秋景起,以秋景结,清朗疏快而不失典雅。但是钱氏之词在雍容尔雅间却无甚寄托,缺少思想的深度与艺术的感染力。这是许多在朝学人之词的通病。值得一提的是稍后一点做过实录馆纂修官、武英殿协修官的张惠言。他的代表作品《水调歌头》联章五首虽是书写赏春惜春这一传统题材,其中却有"慷慨悲歌的激昂之情,也有萧闲澹泊的夷旷之趣;有悔不十年读书以著述自见的努力之志,又有因为想到千古斯须而轻视名山事业之心",如此"百感交集的复杂而深沉的情思,遂增加了词的深度和广度"。[13]在这里,张惠言将学问表现为一种特有的胸襟,即由于学识渊博、识见超卓而达到的思想深度,又融进了自己真挚深婉的性情,两者水乳交融,开创出学人之词的新境界,也为后来常州词派反复强调性情、学问、境地三合一的理论树立了创作典范。

在野学人又可根据对经学的专注程度分为经学家与非经学家两类,前者如江永、焦循诸子,后者如厉鹗、黄景仁等人。厉鹗虽半生坐馆,不问世事,却能修洁自好,与东翁共事风雅,非常具有"盛世"时代下层知识分子的典型性。如果说张惠言这样的在朝学人是将学问展现为广阔的胸襟和深沉的词境,那么像厉鹗这样疏离于世俗政治的下层学人更多的是将学问酝酿为一种高洁的人格姿态与清幽独绝的词境。试读其名篇《百字令》:

> 秋光今夜,向桐江、为写当年高躅。风露皆非人世有,自坐船头吹竹。万籁生山,一星在水,鹤梦疑重续。挐音遥去,西岩渔父初宿。　　心忆汐社沉埋,清狂不见,使我形容独。寂寂冷萤三两点,穿破前湾茅屋。林净藏烟,峰危限月,帆影摇空绿。随流飘荡,白云还卧深谷。[14]

厉鹗没有详叙严子陵之典事,而是将七里滩的清幽山水、严子陵的高人风节和自己的修洁情志交融在一起,创造了一个孤峭幽深、倏然而远的词中清境,为时人词中所罕见。

在野之经师就不仅仅是使用难字和僻典的问题了,而是直接将词用作学问之载体。他们以学问为词料,常常在词中吟咏经子中事,或题撰述,或题书斋,更有一些经学话语直接入词,让人不易索解。除此以外,他们还将词序用作考据,或对所咏之物作经学式的集注与夹注,以彰显学问,如江藩在《暗香疏影》一调的序中用将近三百字来考证词调的来历与宫调之归属。这种考证性的长序虽然具有一定的学术价值,并在某种程度上拓展了词序的功能,但从整首词的审美效果来看,此序无异于赘言,并且会因为考据之烦琐枯燥而影响到正文之情致。

可以看出,在词中显示学力是雍乾词坛的普遍现象与一大特色,虽然方式各不相同,但对于提升词人之胸襟与词体之境界都大有裨益。当然,创作中也存在着考据与词境相脱离,过于追求渊涩深奥而有伤情致等弊端,这也为学人词的进一步发展与完善提供了反面教材。另外要提出的是,这里我们将雍乾学人分为两大群三小类,只是为了方便研究而进行的最基本的划分,事实上不少学人在雍乾时期是由朝而野或由野而朝,甚至还有亦朝亦野或朝中之野。朝野离立的不同心态导致他们在词中展现学问的方式与效果不尽相同,这些有待于深入思考与具体研究。

四、结　　论

雍乾学人的学术背景对清词的复兴产生了深远的影响,成为雍乾词坛向前发展的重要动因。而我们要进一步思考的是,经史之学与填词之道两者间因何得以关联?换言之,文学史发展的外因与内因如何发生交互作用?其中介是什么?通过上面的梳理与剖析,本文认为这个中介就是雍乾学人自身。除去那些不为词的学人以外,多数雍乾学人在特定的"文治"环境下是兼具学者与词人双重身份的,并能较好地融合两者的关系。当然也有兼具双重身份而两者处于对立状态的,这也是那些经师之词之所以失败的根本原因。不管是想在词中道诗中所不能道者,还是想藉词体之重规叠矩来逞才斗巧,当这些渊博之士来填词、论词时,其所特有的胸襟、学养、史识以及学术思维等因素便自然渗入其中,形成了雍乾词坛自具特色的学人之词与词学思想。具体而言,在词学思想上,他们秉持尚"通"的学术思维去考察词史流变与风格流派,故能视野开阔,众美兼收,超越了前期词坛的门户之见,呈现出一种开放通达的宏通气象。在实际创作中,他们以学问来提升胸襟,滋养人格,根据各自的生存状态和对宇宙人生的不同感受,或出之以疏放之风,或见之以清幽之境,于哀感顽艳、缠绵婉约之外再拓词境。在词学研究上,他们或承上启下,或独辟门径,以朴学的方法研究词体的音乐特性,不仅使之成为词学体系的重要分支,更使其参与到雍乾学术的建构中来。总之,学人群体因成功沟通了学术与词学而使清词复兴大有进境,这不仅是雍乾词坛的最大特色,也成为以后词学发展的一种模式,常州学人以比兴寄托论词创派,实质上就是对这种模式的发展与深化。

参 考 文 献

[1] 永瑢等.四库全书总目·集部总叙(卷一百四十八)[M].中华书局,1965影印本.

[2] 永瑢等.四库全书总目·集部五十一·词曲类总叙(卷一百九十八)[M].中华书局,1965影印本.

[3] 佚名编.瓯北先生年谱,乾隆九年条[M].光绪三年重刻瓯北全集本.

[4] 何人龙.花草余音序[M]//翁霱.花草余音.红外草堂刻本.

[5] 陈用光.银籤花馆词序[M]//太乙舟文集(卷六).道光二十三年孝友堂刻本.

[6] 顾广圻.词学丛书序[M]//思适斋集(卷十三).道光间上海徐氏刻本.

[7] 陆耀.红桐书屋拟乐府序引张埙语[M]//张埙.竹叶庵文集(卷三十三).乾隆五十一年刻本.

[8] 王昶.姚苎汀《词雅》序[M]//春融堂集(卷四一).

[9] 王庆增.退省居诗余跋[M]//王洲.退省居诗余.嘉庆刻本.

[10] 陈燮.学宋斋词韵序[M]//吴烺等.学宋斋词韵.嘉庆九年刻本.

[11] 邹祗谟.远志斋词衷[M]//词话丛编本.中华书局 1986:664.

[12] 钱大昕.桂枝香·蟹[M]//蒋重光辑选.昭代词选(卷三十二).乾隆刻本.

[13] 缪钺.论张惠言《水调歌头》五首及其相关诸问题[J].四川大学学报,1989(1):79—84.

[14] 厉鹗.樊榭山房集(卷九)[M]//四部丛刊.景清振绮堂本.

(作者单位:扬州大学文学院)

上海沦陷时期路易士诗歌论

李相银

摘 要 上海沦陷后,路易士填补了戴望舒等现代派诗人离去后的文学真空,成为诗坛第一人。他之所以能够取得成功,一是由于他与《中华副刊》的双赢合作,二是因其进入了个人创作的高潮期。战争让他行走在大海、都市与小城之间,"大海"书写投射了他对自由的向往,"都市"书写则意在表达现代人的紧张焦虑,尽管返沪之初他曾对上海产生游子重回慈母怀之心情。对都市"在而不属于"的生存感和对小城的依恋构成其精神之两面,反映出路易士作为一个现代诗人的文化乡愁。穷愁、自怜、自傲以及不安的毁灭感构成这一时期路易士诗歌的主要情绪。作为观察上海沦陷时期诗人精神世界的样本,路易士对民族大义的淡漠,在政治与文学之间的往还,其并不悠然纯粹的诗歌实践及"纯粹诗"的理论倡导等构成了其人其诗的多面复杂镜像。

关键词 上海沦陷时期 路易士 诗歌

在战后台湾,路易士以"纪弦"出名,他对台湾现代主义诗歌的贡献一直为诗界、学界所重视。多年来,海峡两岸的纪弦研究多着眼于他与现代主义之关系以及他对台湾现代派诗歌之贡献等方面,而对其在上海沦陷时期的诗作,尤其是他与汪伪机关报《中华副刊》之关系研究不多。

一、路易士与《中华副刊》

路易士自言16岁开始写诗,21岁崭露头角,1934年《现代》的接纳令他"成为自由诗的选手,'现代派'的一员"[1]。但他真正成为诗坛风云人物则是在上海沦陷时期戴望舒等人退场之后。

1942年8月路易士由香港返回上海,迅速成为《中华副刊》(以下简

---

* 本文为国家社会科学基金青年项目"上海沦陷时期文学研究"(项目编号:10CZW057)的阶段性成果。

称《华副》）的台柱。在《诗领土》创刊之前，《华副》是他最重要的个人展演空间。《华副》共计发行680多期，路氏在其中180期上发表过文章，包括诗歌94首，散文47篇，论文28篇；翻译诗27首，翻译论文2篇，可说是《华副》最忠诚的撰稿者之一。仅就诗歌而论，94首诗中便有《柠檬黄之月》、《散步的鱼》、《吠月的犬》、《摘星的少年》、《向文学告别》等名篇，且多数诗作被路氏收入诗集《三十前集》、《出发》与《夏天》中。路易士在沦陷时期的上海诗坛能够"如鱼得水"，毫无疑问应归功于《华副》的成功传播。

路易士在《华副》首发之作为《滞沪诗钞》，编辑杨之华称之为"珍贵的'重逢'的纪念品"[2]。上海沦陷时期的大多刊物缺乏写作名家，尤其是像《华副》这样的伪刊，倘非诱之以重利，怕是少有人主动送上门来。像路氏这样战前已经稍有名声而又爽快答允撰稿者实在稀罕，杨之华自是喜出望外，将之视为第一等值得重视与力捧的对象。从路氏在《华副》所刊种种文字可知，他是一位有着明确自我传播意识的诗人，无惧他人的品评，更具有指点上海诗坛的鲜明主体意识。路氏的自我传播一是表现在诗歌与散文的创作中，二则在相关诗论、文论的解释与传播中。《华副》除了大量刊载路氏本人文字之外，还多次通过隆重推荐、登载他人评论，搭建路氏与读者互动的空间等方式，将其塑造为上海诗坛之热点人物。杨之华不仅亲自撰文《读〈夏天〉》为路氏鼓掌，而且通过编发其他评论者的文章积极推介路易士及其诗作，其中胡兰成的评论为路氏增色不少："在战前，在战时——战后不知道会怎么样，总是中国最好的诗，是歌咏这时代的解纽与破碎的最好的诗。"[3]

对文学传播而言，读者是非常重要的环节。路易士非常重视与读者的互动，《华副》则为此提供积极支持。路氏也当仁不让地利用这个可以自我形塑的园地，读者的来信他大多亲自回复，展示十足的亲和友善形象，进一步拉近与读者的距离。《华副》第369、370期留出专门版面给路易士回复读者与朋友的来信。[4]

与同一时期的其他文人相比，路易士相当活跃而高调，这一方面得益于他自己的文学成就，另一方面则得益于他与杨之华的深厚友谊以及与《华副》良好的合作关系。倘若没有《华副》这一温床，《诗领土》同人的集结或许将遥遥无期，上海沦陷时期唯一具有鲜明创作宗旨与理念的文学社团——诗领土社，与当时唯一推崇现代诗并致力于现代诗创作的杂志——《诗领土》，大约也只能胎死腹中了。

二、大海、都市与小城:一个现代诗人的性灵游走

就路氏诗歌所涉空间而言,大海、都市(包括上海与香港)、故乡小城(扬州)是其书写的重要对象。这三者之间既有清晰的分野又有着微妙的联系,尤其是都市与小城之间存在着明确的情感对话。都市与小城是诗人不断行走之所在,而大海所蕴含的自由自在精神成为他在都市与故乡情绪变调的基本底色。

海的辽阔以及相伴而生的寂寞感是路氏常常着迷不已之处,他对大海的热情为南星敏锐捕捉,因此,他虽以"鱼诗人"知名,却以"热情的海的恋者"为南星所怀念。[5]在1936年到1939年之间创作而于1942年发表的《海行诗钞》系列中,广阔的海、勇敢的水手与老船长、遥远的地平线、飞翔的海鸟等诸种意象构成苍茫辽远之境,诗人则将这辽阔与漫长寂寞的时间、青春的激情相连接[6],表达自己对于海的恋慕已经到可以以身相殉的地步:"为了常绿的海,恋的海,/乃有了不可思议的忌妒:/我要扼死一切船长和水手/和所有管理灯塔的人员。//尾着船艄,自在地翱翔着,/做一羽鸥也是快乐的吧?/我将先唱一支定情的歌,/然后溺死在永恒的微笑里。"[7]

在大海的世界中肆意放荡是诗人的自由愿景,而现实却是不得不从一座城市到另一座城市的流动生涯,香港与上海在其诗中频频出演"双城记"。作为在上海逐渐成长起来的现代派诗人,又因战争之故行走在沪港之间,因此路易士的诗与都市上海、香港联系密切。

返沪的快乐、更多的痛苦以及鲜为人知的寂寞刺激诗人不断地变换视角、情绪观察上海这座沦陷颠倒的城。《滞沪诗钞》由《归来吟》、《弄堂里的孩子们》、《三十岁》三首组成。《归来吟》是对平安回到上海的喜悦之情的充沛表达;《弄堂里的孩子们》则重新打量都市的嘈杂,将孩子视作丑恶而喧嚣的苍蝇;《三十岁》则开始凸显一个三十岁男子孤独寂寞的身影。三首诗传递出路易士回到上海之后诗作心灵空间的多个侧面。相较于香港,路氏显然是将上海当作故地,香港之战对路易士的上海印象产生了瞬间的强烈冲击,以至于上海暂时获得"不朽"与"慈母"的赞美。

如果说上海的"慈母"印象是其情感在战争状态下的特殊变调,那么,对上海的厌恶与无法摆脱的生存依赖才是诗人面对都市时的本色心情。在平复了最初的喜悦之后,诗人对上海的"慈母"想象渐渐被压抑、紧张的现实体验所取代,而这种紧张心情亦同样发生于香港。1941

年作于香港的《什么奸细跟在我后面》一诗明确宣告是"现代都市人心理状态绘"[8]。整首诗由惊惧、疑虑开始,"我"从城市的公共领域——步道、剧院逃回家,快速地爬上自家的楼层,却更无从藏身,沙发、卧榻、衣橱、餐桌无不隐藏着未知的危险。从公众场合到私密空间,现代都市中的"我"全无安全感。由此来看,香港的形象实在不佳,诗人无以名状的恐怖感以及对自身污秽、全无尊严的生活状态的体认完全击倒了知识精英的优越感。实际上路易士在香港的生活并非如此不堪,上海沦陷时期的生存状态才是真正的严峻,以至于逼得诗人不得不正视与呼号:"再会,上海!/再会!不朽的城。文化的城。/肺病与梅毒的都市。/充满了蝇的幼虫的厕所:/人口 5000000!"[9]在这一首诗中,路易士将时间与空间、历史与现实相联,绘制出现代战争状态下紧张、焦虑、变异的都市画面,传递末日的不安与生存的烦躁忧虑。

作为不断游走的诗人,路易士在小城扬州所积淀的美好情感一直让他与大都市保持一定的距离。从扬州到上海,路易士分明感受到上海人对"江北佬"的鄙夷与排斥,从而激起强烈的"捍卫小城"的意识,于是在诗作中夸大都市与小城之间的差异,并将扬州作为"寂寞、平静、素朴、古老"的文化一极,寄托自己的乡愁。《故乡》便是从上海回到扬州之后的心情写照,也是对文化乡愁的再确认。可惜的是,简单质朴的诗意因最后的"流泪"之举而显得做作:"有鸽子们的管弦乐/和鹰的英雄歌/流在宁谧的,/湛蓝的,/小城市的秋空;/悠悠然,/去又来,/诗一般悦耳。/唔,是的,/故乡是多诗的。/故乡是值得留恋的,/值得赞美的,/因这十月的美声/使我听了下泪。"[10]

三、穷愁、自怜、自傲与毁灭感:个人抒写的多面性

在战时上海,诗人最深刻的体验是生活困苦至极,吟咏、哀叹、愤怒以至绝望的多重心情紧紧纠缠在一起,《无题》一诗的穷愁之叹如寒气入骨:"然后是发自凄其的永夜/与年终的愁怀之交织的/颤然的一声叹,/有如大提琴上的一弓,/低沉地,振荡着,/在这背阳北向的/阴暗潮湿而寒冷的/无米也无柴的/空空如也的/亭子间里。"[11]在谈及"斗米折腰"的问题时,他以极为务实的经济观为当时诗人在节操与生存之间的选择作辩护:"可是今代诗人,谁能'不为五斗米折腰'?不折腰便活不下去。不甘折腰便只有去革命或自杀。"[12]饥寒交迫中的诗人不仅"形容枯槁,颜色憔悴","而且严重地/患着营养不良症"。令诗人更加

嗟叹的是"冬天来了",自己还"没有大衣。没有温暖。没有家"。[13]

一味地叹穷说苦并不能完全传递沦陷上海的平民之苦,《向文学告别》这首长诗便由感叹转向极度愤激:"就因为我是善良的,所以才穷得一无所有,困苦不堪。"[14]诗歌不停诉说对"生存空间"与"写作空间"的向往,在一无所有的状态下绝望地反观自身并对现实社会进行忍无可忍的尖锐讽刺。在《上海·上海》一诗中他直指大发国难财的罪恶群体:"巨大的蝙蝠伞下,/无量数的物资囤积着;/肥胖的赌徒们,/烤着伞内的火,/不知道雪,/也不知道雨。"[15]以现代派自命的路氏在饥饿的威胁下放下对"纯粹的诗"的向往而做出尖刻的讽刺。诗意虽浅露,但终于说出了个人(也是众多贫民)真正的心声。

在战争与上海的时空坐标中维系个人的生存无疑是艰难的,但路氏却因此强化了自我主体认知,"高个子、瘦削、抽着烟斗、拄着手杖而行"是诗人的自我想象,"孤独、寂寞而骄傲"是路氏的自我精神标签,在《黑色之我》中他以"黑色"为己身之骄傲:"我的形式是黑色的,/我的内容也是黑色的,//人们避开我,如避开/寒冷的气候和不幸。"[16]他以倍受嘲笑的摘星少年得到人类文明的最终肯定而自期:"千年后,/新建的博物馆中,/陈列着有/摘星的少年像一具。"[17]自负使得个人的主体性与这一时空发生尖锐的对话,自负至极瞬时又转向忧伤至极:"三十岁的小舟"是"沉重哪/——载着病了的妻/和营养不良的儿子们"[18]。路易士骄傲甚至自负的自我想象与其社会精英意识密切相关,这以《自画像》最为典型:"平静地躺着的海:/他的额。/海是深邃的,/而额纹乃一成熟了的思想之铭镌。//用一双多忧的眼睛,/看雾的明天,看魔鬼们的活跃/看不断的迫害,/看阴谋的陷阱,/沉默着。//沉默地,/抽着板烟,/他是一个乌托邦的梦游者。"[19]这首诗因对个人"乌托邦梦游者"的定位而呈现出"思想者"剪影的画面。[20]

作为一个"梦游者",路易士有着都市人常见的压力与紧张,失眠便是表征之一。《流星与窗》、《手电筒与跫音》[21]以不眠之夜的所见所闻为书写对象。长期的紧张使得诗人极度的敏感,恍然间整个世界都在"说我的坏话",而且无休无止。从自信到自负,狐疑甚至畏惧的心理层面渐渐凸显,诗人最终采取了自暴自弃式的解脱:"说吧,说吧,/凡说我坏话的,/都永生吧!/凡嘲笑我的,都是美的美的。"[22]

虽然与汪政权文化人物如胡兰成、杨之华等有着密切的交往,但路易士并未因此产生安定感,不安与毁灭的预感一直贯穿在他的诗作中。

在《为和平而歌》中，全人类都掉在了"毁灭的漩涡里"[23]。《降雪的日子》除了令人感受彻骨之寒外，还有不断浮现的毁灭感："明天也许毁灭/自空中来，自远方来，/大饥馑，大疫疠，/无穷的忧患，不断的迫害……"[24]到了《向文学告别》时，苦难已不再是个人的不能承受之重，而是全人类的灾难："今天是不堪忍受的大苦难。/明天是玉石俱焚的大毁灭。/大饥馑。/大瘟疫。/再会，战争！/你使全人类堕落。"[25]

路易士是观察沦陷时期知识分子精神世界的重要样本之一。其人其诗其文构成了矛盾、暧昧的混合声响。他在政治与文学之间往返，对汪伪政权与日本占领者不乏主动迎合与积极献媚之举。然而政治上的附逆并未让他富贵起来，而是始终处于贫困愁苦之境，更因战争与都市逼仄、紧张的生存空间而产生绝望、紧张、敏感、多疑情绪，以至于游走在崩溃的边缘。"纯文学"的追求者徘徊于政治与文学之间，在战争的伤口上寻求与占领者的文学之谊，岂非万分吊诡？可叹的是，趋利而为的结果不仅有当时的诗坛"荣耀"，还有此后多年里的有意遮蔽与欲盖弥彰。无论如何，沉重的民族大义的十字架他得继续背下去。

参 考 文 献

[1]　纪弦.纪弦回忆录·第一部·二分明月(下)[M].联合文学出版社,2001:63.
[2]　编者.《滞沪诗钞》附记[N].中华日报·中华副刊第56期,1942-9-28.
[3]　胡兰成.周作人与路易士[N].中华日报·中华副刊第328期,1943-10-28.
[4]　路易士.短简钞[N].中华日报·中华副刊第369期,1944-1-6.
[5]　南星.给易士[N].中华日报·中华副刊第258期,1943-7-13.
[6]　路易士.海行[N].中华日报·中华副刊第82期,1942-11-2.
[7]　路易士.常绿的海,恋的海[N].中华日报·中华副刊第82期,1942-11-2.
[8]　路易士.什么奸细跟在我后面[N].中华日报·中华副刊第109期,1942-12-9.
[9]　路易士.向文学告别(下)[N].中华日报·中华副刊第318期,1943-10-13.
[10]　路易士.故乡[N].中华日报·中华副刊第68期,1942-10-14.
[11]　路易士.无题[N].中华日报·中华副刊第379期,1944-1-22.
[12]　路易士.诗人之路[N].中华日报·中华副刊第294期,1943-9-5.
[13]　路易士.向文学告别(上)[N].中华日报·中华副刊第317期,1943-10-12.
[14]　路易士.艺术·文学[N].中华日报·中华副刊第299期,1943-9-12.
[15]　路易士.上海·上海[N].中华日报·中华副刊第621期,1945-6-21.
[16]　路易士.黑色之我[N].中华日报·中华副刊第118期,1942-12-22.
[17]　路易士.摘星的少年[N].中华日报·中华副刊第115期,1942-12-17.
[18]　路易士.三十岁的小舟[N].中华日报·中华副刊第124期,1942-12-30.

[19][20] 路易士.自画像[N].中华日报·中华副刊第91期,1942—11—15.
[21] 路易士.夜半几何学的窗[N].中华日报·中华副刊第580期,1945—4—13.
[22] 路易士.说我的坏话[N].中华日报·中华副刊,第365期1943—12—29.
[23] 路易士.为和平而歌[N].中华日报·中华副刊第91期,1942—11—15.
[24] 路易士.降雪的日子[N].中华日报·中华副刊第146期,1943—2—4.
[25] 路易士.向文学告别(下)[N].中华日报·中华副刊第318期,1943—10—13.

(作者单位:淮阴师范学院文学院)

论"中":泰州学派王艮美学范畴研究*

黄石明

摘　要　在泰州学派创始人王艮的哲学美学思想体系中,"中"是一个非常重要的核心范畴。王艮继承和发展了前人论"中"的思想。王艮的"中"包含了作为哲学本体论的"中",作为哲学工夫论(方法论)的"中",以及作为审美范畴的"中"的三层含义。

关键词　泰州学派　王艮　美学范畴　中

王艮(1483—1541),字汝止,号心斋,泰州安丰场(今江苏东台)人,泰州学派的创始人。在王艮的哲学美学思想体系中,"中"是一个非常重要的核心范畴。他继承和发展了前人论"中"的思想,认为"中"包含三层含义:① 作为哲学本体论的"中"。"中"指最高本体,是"道"、"良知"、"性"等概念的别名。② 作为哲学工夫论(方法论)的"中"。"中"指一种生活态度或政治态度,或者说一种处世之道。③ 作为审美范畴的"中"。"中"即"全美"。

一、作为本体论的"中"

王艮继承了《中庸》以"中"为本体的哲学思想。他把"中"与"道"相提并论,并把"中"提升到"道"本体的高度加以认识,认为所谓"中"是指那种恬淡虚静,无思无虑,各种情感欲望尚未发动但处处合乎规律、合乎目的的原初心理本体。他认为:"中也者,天下之大本也。""中"与"良知"、"道"等名虽异而实一,"道一而已矣。中也,良知也,性也,一也"[1]。

王艮认为,"中"即"道","道"即"百姓日用"。"百姓日用即道"是王艮哲学美学思想中的一个重要范畴。据《年谱》记载,嘉靖七年,王艮"集同门讲于书院,言百姓日用是道",嘉靖十年,"四方从游日众,相与发挥百姓日用之学,甚悉"[2]。王艮"百姓日用即道"源自《周易·系

---

* 本文为国家社会科学基金一般项目(项目编号:09BZX061)、江苏省高校优势学科建设工程资助项目(PAPD)的阶段性成果。

辞》:"一阴一阳之谓道,继之者善也,成之者性也。仁者见之谓之仁,知者见之谓之知,百姓日用而不知,故君子之道鲜矣。"又吸收了杨简《慈湖诗传·国风·郑》"日用无非道"的思想,把"道"立足于"百姓"和"日用"上,把百姓日常生活作为"道"的内容。这一思想在一定程度上符合了平民百姓对日常物质生活的需求,突破了"道"是"君子之道"的传统认识,拓展和丰富了"道"的内涵及形式,从而与当时空谈道德性命的理学家有异。

"百姓日用即道"有两层含义:其一,"道"不离普通百姓日常生活中的知与行。千百年来,"道"被神圣化了,被蒙上了一层神秘莫测的面纱,成为士大夫手中的专利和清谈的奢侈品。王艮摒弃了把"道"看作是虚无缥缈的神秘思想,认为"百姓日用就是道","道"就在老百姓的衣食住行之中:"愚夫愚妇与知能行,便是道。与鸢飞鱼跃同一活泼泼地,则知性矣。"[3]因此,平常百姓与圣贤没有什么两样,"人人天地性,个个圣贤心","百姓日用条理处,便是圣人条理处。圣人知,便不失。百姓不知,便曾失"[4]。王艮所说的"道"已不再是儒家原典中的"君子之道",而是指平民百姓日用常行之道,他以"百姓"为本来阐扬"道",无疑是对"道"神圣性的弱化和消解。王艮把抽象的哲学概念变成了平民百姓的人伦日常活动,把"道"从高不可攀的神圣位置拉下来,放到"百姓日用"中去;使"道"不再是圣人和士大夫手中的专利,将无形无象变成了生动有形,不可捉摸变成了随处可及,极端神秘变成了日常琐事。

其二,王艮打破了圣人与百姓的界限,主张圣凡平等。王艮所主张的圣凡平等,不仅仅是理学家们所说的人在天赋"良知"上的平等,更重要的是在"日用之道"上的平等。圣贤经世为学,也不过是往来视听、进退出处之类事情,与平常百姓的家常之事方式类似、道理相通,所以"圣人经世,只是家常事",在这个意义上说,但凡有异于百姓日用的即为异端:"圣人之道,无异于百姓日用。凡有异者,皆谓之异端。"[5]百姓与圣人之间既然没有本质的区别,因此,圣人之道就是"百姓日用之道",这表现出朴素的平等思想。王艮"百姓日用即道"的思想在一定意义上反映了新兴市民的愿望,具有积极的思想启蒙意义。

以上是对作为哲学本体论范畴的"中"之内涵的概述,下面我们再来看作为哲学工夫(方法)论的"中"之含义。

二、作为工夫(方法)论的"中"

王艮认为,"中"既是本体,又是工夫(方法)。"中"指一种生活态度或政治态度,或者说一种处世之道,主张修身以立"中"。其云:

> 学也者,学以修此"中"也。戒慎恐惧,未尝致纤毫之力,乃为修之之道。故曰:合着本体是工夫,做得工夫是本体;先知"中"的本体,然后好(做)"修"的工夫。[6]

王艮以"中"为天下之大本,修"中"之道即诚意、正心工夫,亦即所以立本也。王艮认为:"'戒慎恐惧',诚意也。然心之本体,原着不得纤毫意思,才着意思,便有所'恐惧',便是'助长',如何谓之'正心'?是诚意工夫,犹未妥帖。……只是实实落落在我身上做工夫。"[7]也就是说,王艮主张的修"中"应该是一种"慎独立大本"的"简易工夫",其答刘子中曰:"来书云'简易工夫,只是慎独立大本',此是得头脑处。"[8]

王艮所云"善念不动,恶念不动"之"中",即王阳明所谓"无善无恶心之体"。但是王阳明以"知善知恶是良知,为善去恶是格物";而王艮以"格物为知本,诚意、正心、修身为立本"。王艮认为,"中"是一种自然悟道的工夫(方法),"常是此中,则善念自充,恶念自去",既然"百姓日用"是"道"、"天理"、"良知",良知之体在百姓日用中就会自然流行;要修"道",体认"良知",就只需在百姓日常生活中进行即可。因此,王艮提出了"良知现成自在"的观点。因"良知"在百姓日用中的现成自在性,他要求人们只需率任此良知,自自然然地去践行,便是圣学工夫,便符合"中"。王艮很反感"庄敬持养"一类的修养工夫,他以"中"为自然悟道的工夫。其云:"道一而已矣,中也,良知也,性也,一也。识得此理,则现现成成,自自在在。即此不失,便是庄敬;即此常存,便是持养。真体不须防检,不识此理,庄敬未免着意,才一着意便是私心。"[9]王艮认为,对"良知"(道)的体认是一种"不虑而知、不学而能,所以为天然自有之理"的"中"的自觉工夫,它们都存在于"百姓日用人伦之间",必须通过"百姓日用"去觉悟和体认。他以在百姓日用常行中对"中(良知)"的体认、内省觉悟,取代了理学家们通过灭欲才能达到"天理"境界的道路。

王艮的人生理想是"出必为帝者师,处则必为天下万世师",王艮认为这样便能做到"进不失本,退不遗末"[10],即执"中"。王艮这种执"中"的处世之道在处理人伦关系上表现为"无可无不可":

> 问:昔者仲由、端木赐、颜回侍孔子而论学。仲由曰:"人

善我者,我固善之,人不善我者,我则不善之。"端木赐曰:"人善我者,我固善之,人不善者,我姑引之,进退之间而已。"颜回曰:"人善我者,我固善之,人不善我者,我亦善之。"孔子曰:"我则异于是,无可无不可。"[11]

也就是说,王艮在处理人伦关系时注重具体情况具体分析,反对千篇一律,这是王艮对孟子以"权变"释"中"的思想的继承和发展。总之,王艮继承了儒家执"中"的思维方法。一方面,执"中"是一种以正确合理为内在原则的方法论,同时又具有丰富的社会政治内涵和伦理道德内涵,对我们今天处理问题时防止片面性和极端化具有借鉴意义。另一方面,执"中"的方法论亦有忽视对立面的斗争与转化,看不到事物的自我否定和质变的严重缺陷。这种思维方法在一定条件下有利于社会的稳定和发展,但在激烈的社会变革中,其保守和落后的一面就可能暴露出来。

三、作为审美范畴的"中"

王艮的美学思想有其独特之处①,其作为审美范畴的"中"有着丰富的美学蕴涵:"中"即"全美"。[12]

首先,我们来看"全美"的含义。许慎《说文》:"纯玉曰全。"其引申义为"专一、不杂"。古代"美"之本义是"羊"与"大"合而为"美"②,表明原始审美意识发源于原始先民对外在形体姿态的视觉感受,蕴含了原始先民强烈的生命意志和阴阳哲学观念。[13]中国美学史上最早提出"全美"概念的是荀子:"故非圣人莫之能王。圣人,备道全美者也,是县天下之权称也。"[14]荀子认为,君子以纯全完备之美而为天下垂范:"君子贫穷而志广,富贵而体恭……怒不过夺,喜不过予。"[15]这是"仁"、"义"精神自由发挥的至高境界,可为天地增光明,而这正是既"全"且"粹",足以为"美"也。

其次,"中"即"全美"。王艮认为,"全美"与"中"可以互训:

"汤、武有救世之仁,夷、齐有君臣之义,既皆善,故并美

---

① 王艮并不是美学家,虽然他对于美的问题有所论述,但未曾就美学做出过系统、周详的专论。

② 许慎《说文》:"美者,甘也,从羊从大,羊在六畜主给膳也,美与善同意。"徐铉:"羊大则美,故从大。"

也。"曰:"二者必何如而能全美?"曰:"纣可伐,天下不可取。彼时尚有微子在,迎而立之,退居于丰,确守臣职,则救世之仁,君臣之义,两得之矣。"[16]

王艮认为,商汤、周武变革天命体现了"救世之仁",伯夷、叔齐不食周粟体现了"君臣之义",皆为美德,故称"并美",但并算不上"全美"。因为二者之美的实现,都是以弃生危身、造成人身的磨难、伤害和死亡为代价的。那么,如何能够做到"全美"呢?王艮认为,商纣无道,周武的讨伐无疑是正义的、具有历史合理性的。但周武灭纣后不应夺取天下,而应迎立微子为王,自己恪守为臣之职,如此,伯夷、叔齐饿死于首阳山,纣王之子武庚起兵叛周而遭杀身之祸的悲剧就不会发生。这样,周武既实现了救世之仁,伯夷、叔齐和武庚又保全了君臣之义,岂不两全其美?但历史的变迁很少有那种各得其宜、两全其美的情况。而王艮关于"全美"的设想乃是建立在其"以身为本"的思想之上,带有明显的审美乌托邦性质。

再次,王艮所追求的"全美"实质上是一种"为天地立心,为生民立命"的审美人生境界。其云:

昔者尧、舜不得禹、皋陶为己忧,孔子不得颜、曾为己忧,其位分虽有上下之殊,然其为天地立心,为生民立命,则一也。[17]

尧、舜、孔子为天下良才难求而忧心之事,本于《孟子·滕文公上》:"尧以不得舜为己忧,舜以不得禹、皋陶为己忧。……是故以天下与人易,为天下得人难,孔子曰:'大哉,尧之为君!惟天为大,惟尧则之,荡荡乎,民无能名焉!君哉,舜也!巍巍乎有天下而不与焉!'尧舜之治天下,岂无所用其心哉?"[18]这里值得注意的是孟子所引《论语·泰伯》中孔子的话,说尧之为君,多么崇高伟大,天之广大浩荡,只有尧可以与之相媲美。舜之为君,多么高大巍峨,获得天下只是凭借良好的德行,而不是刻意夺取来的。孔子认为尧舜的人生境界已经超越了一般的美,而走向了壮美、大美的境界。王艮赞同孔子的评价,指出:"舜受尧之禅是也,而又不忍尧之子于宫中而避之。避之者,逊之也。是故顺乎天而应乎人,皆由己之德也。"孔子曰:"'尽美又尽善',是非明矣。"[19]王艮认为,舜受禅于尧,但一直回避尧之子丹朱,以示谦恭和低调,更显其顺天应人的至善至美。总之,王艮以古代圣贤为例,张扬"为天地立心,为生民立命"的崇高理想,表达了其对于"全美"的审美人生境界的大力推崇和心向往之。

综上所述,我们考察了"中"作为审美范畴"全美"的两层含义:其一,"全美"即圆满纯全之美;其二,"全美"是一种"为天地立心,为生民立命"的审美人生境界。

参 考 文 献

[1][7]　王艮.答问补遗[M]//王心斋全集.江苏教育出版社,2001:33—40.
[2][3][11]　王艮.年谱[M]//王心斋全集.江苏教育出版社,2001:67—76.
[4][5][10][16]　王艮.语录[M]//王心斋全集.江苏教育出版社,2001:3—20.
[6]　王士纬.学述[M]//王心斋全集.江苏教育出版社,2001:96.
[8]　王艮.答刘子中[M]//王心斋全集.江苏教育出版社,2001:49—50.
[9]　王艮.答问补遗[M]//王心斋全集.江苏教育出版社,2001:33—40.
[12]　姚文放.泰州学派美学思想史[M].社会科学文献出版社 2008:19.
[13]　许龙.中国古代"美"之本义形成新探[J].江西社会科学,1995(3):113.
[14]　荀子.正论[M]//王先谦.荀子集解[M].中华书局,1988.
[15]　荀子.修身[M]//王先谦.荀子集解[M].中华书局,1988.
[17]　王艮.答邹东廓先生[M]//王心斋全集.江苏教育出版社 2001:46.
[18]　孟子.孟子·滕文公上[M]//朱熹.四书集注(怡府藏版影印本)[M].巴蜀书社,1985.
[19]　王艮.奉绪山先生书[M]//王心斋全集.江苏教育出版社,2001:62.

(作者单位:扬州大学文学院)

行体乐府四题[*]

王福利

提　要　行体乐府是在汉魏之世歌咏杂兴的背景下产生的诗歌形式，乃诗之流变为八体之一体，其名称多样，有散歌和入乐等不同存在形式，入乐时亦可谓之曲，其类例归属在乐舞则为杂乐、杂舞，在乐府则为杂体，在乐府歌辞中有较广分布。早期的乐府诗皆为乐章，乃古之诗可歌者；诗章与乐章在题材内容、体制形式、传播表演等各方面是不一定成正比的。随着乐府歌诗创作在汉魏之交形势的急剧变化，出现了"选词以配乐"与"由乐以定词"同时并存的现象，诗、乐渐趋分离。

关键词　乐瘵　行　曲　散歌　乐章

乐府歌诗是继《诗》、《骚》后诗歌发展史上的又一重要环节，影响深远巨大。尤其是其中的行体乐府，运用广泛，对促进诗体的发展起到了不容低估的作用。本文就行体乐府的实质归属、内涵及其声辞关系等进行探讨，以期有补于相关学术问题的深入研究。

行体乐府的实质归属

吴兢《乐府古题要解》将行体乐府归入"杂题"，尽管《乐府诗集》多种类别中均有行体出现，但郭茂倩终还是视其为"杂曲歌辞"，故其小序说："汉、魏之世，歌咏杂兴，而诗之流乃有八名：曰行，曰引，曰歌，曰谣，曰吟，曰咏，曰怨，曰叹，皆诗人六义之余也。至其协声律，播金石，而总谓之曲。"[1]元郝经也将其视为"杂体"，说汉武帝"作十九章之歌……其后，杂体歌、行、吟、谣，皆为乐府，新声别调，不可胜穷矣"[2]。清冯班不但将其视作唐人"歌行"变格之源，还说到江总持的七言歌行便曾被命名为"杂曲文"。[3] 庞垲《诗义固说》云："古诗三千……后此遂流而为《骚》，为汉、魏五言，为唐人近体。其杂体曰歌、曰行、曰吟、曰曲、曰谣、

---

[*]　本文为国家社会科学基金项目"汉唐乐府诗学研究"（项目编号：14BZW029）的阶段性成果。

曰叹、曰辞,其体虽变,而道未常变也。"[4]《隋书·音乐志》已将包括鼙舞在内的诸多乐类称为"杂乐"了(鼙舞曲辞皆为行体),因其不但"非正乐",且欢宴之时"与杂伎同设"。[5]行体乐府主要特点即为"杂":一是曲辞所写内容、所抒之情纷繁复杂;二是来源亦杂,虽说"历代皆有",实则始自汉魏,且"或缘于佛老,或出自夷虏"。尽管"亡失既多",但有"古辞可考者","复有不见古辞,而后人继有拟述,可以概见其义者"。[6]其间皆有行体曲辞。宋王灼即云:"古诗或名曰乐府,谓诗之可歌也。故乐府中有歌,有谣,有吟,有引,有行,有曲。"[7]这些杂体乐府,显然是与雅正乐舞相分判的。①[8]

二、行体乐府的概念内涵

"行"和他体乐府一样,在"协声律,播金石"的情况下"而总谓之曲",亦可称"歌",这从"杂曲歌辞"之名便可知晓。郑樵云:"乐府在汉初虽有其官,然采诗入乐,自汉武始。"[9]元郝经云:"及诗之亡,战国、秦汉之际,往往为歌。乐府以来,篇章遂盛,与诗别而自为制矣。行亦歌,诗之流。三代先秦未之见也。乐府以来,往往以'行'称,又与'歌'并称'歌行'也。"[10]胡应麟更明确道:"曰风、曰雅、曰颂,三代之音也;曰歌、曰行、曰吟、曰操、曰辞、曰曲、曰谣、曰谚,两汉之音;曰律、曰排律、曰绝句,唐人之音也。"[11]汉魏之世众多歌咏形式,与其时社会动荡、思想演进以及文艺形态的大融合、大交流有关。"若夫均奏之高下,音节之缓急,文辞之多少,则系乎作者才思之浅深,与其风俗之薄厚。"[12]

那么,歌、行的关系究竟如何呢?就此,古人亦有迷惑不解者。如冯班说"曰'行'者,字不可解"。"宋人云:体如行书。真可掩口也。"[13]此宋人显指姜夔。事实上,姜夔是侧重从行体乐府不受过多韵律、句式要求,风格自然舒展等方面阐释的。其原文曰:"守法度曰诗……体如行书曰行,放情曰歌,兼之曰歌行。"[14]或正基于此,明宋公传[15],清吴乔、冒春荣皆沿其说。[16]

以上诸家未能对"行"体之内涵做出揭示。宋祝穆引师民之语是从歌辞造句要"达其词"的角度阐释的,说:"律诗拘于声律,古诗拘于语句,以是词不能达。夫谓之'行'者,达其词而已……行者,词之遣,无所

---

① 葛晓音、李庆等先生将"行"体乐府与前5世纪的"行钟"牵涉,似可再酌。

留碍,如云行水,行,曲折容泄,不为声律语句所拘,但于古诗句法中得增词语耳。"[17]明谢榛《四溟诗话》引《文式》之语,清薛雪《一瓢诗话》所云与之相类,宋施德操试图从歌、行、引得名的原始状态剖析,似过于拘谨了些。[18]

综上,对于"行"体乐府,诸家或不解,或曲解,或强解,均未能给出清晰确切的释读。相较之下,据郑樵的解释可知歌、行是皆"主于人之声者","其中调者",又"皆可以被之丝竹"而称"曲","主于人之声"是其存在的前提。故其表现形式盖有两种:一是可率性歌咏,一是"中调者"亦可散之律吕,"被之丝竹",鼓琴瑟为曲。取舍去就,"各随所主而命"。而主声者又分两种:一是"主于人之声"(歌、行等);一是"主于丝竹之音"(引、操、吟、弄)。又"各有调以主之","总其调亦谓之曲"。[19]

三、行体乐府的声辞关系

既然歌、行体乐府是主于人之声的,则"有声必有辞"。若"中调",则"皆可以被之丝竹"。"凡引、操、吟、弄"等"主于丝竹"者,"取音而已,不必有辞",但"其有辞者皆可以形之歌咏"(同上)。就此,清汪师韩曾有间接说明:"岂知所谓乐府者,古诗亦是,律诗亦是;既不知其音,何从议其体乎?且七言古固从乐府出者也……其他曰歌、曰行、曰操、曰辞,未有不可被之弦管者,至唐始有徒诗者耳。"[20]可见,歌、行体乐章所以流传下来得相对丰富,有赖于其两大优点:一是主于人声,声辞兼具,利于以文本形式记录传承下来;二是其"中调"者,皆能被之丝竹,通可歌咏,便于口耳相传,流布广远。如曹操"登高必赋,及造新诗,被之管弦,皆成乐章"(《三国志·魏志·武帝纪》引)。便是其作既主于人声,且"中调","可以被之丝竹"之故。古人对诗与乐府、曲的区别,即看其能否中调、入乐。冯班说:"古人之诗,皆乐也。文人或不闲音律,所作篇什,不协于丝管,故但谓之诗。诗与乐府从此分区。又乐府须伶人知音增损,然后合调。陈王、士衡多有佳篇,刘彦和以为'无诏伶人,故事谢丝管'。则于时乐府,已有不可歌者矣。"[21]从《魏书》对曹操诸作的记述看,其时不少的乐府不是"不可歌",只是多不曾"被之管弦"、即时"入乐"。虽就乐府诗的创制而言"终非古法"[22],但却是该时期诗歌创作的显著特征之一。可诗章、乐章毕竟不同,该时期歌诗的创作实践自觉不自觉地促进着诗乐分离。晋泰始五年,中书监荀勖曾说:"魏氏哥诗,或二言,或三言,或四言,或五言,与古诗不类","以问司律中郎将陈颀,顾曰：'被之金石，未必皆当。'"[23]冯班亦云："魏祖慷慨悲凉，自是此公文体如斯，非乐府应尔。文、明二祖，仰而不迨，大略古直。乐工采歌谣以配声，文多不可通。"[24]元稹指出，其时乐府歌诗创作有"因声度词"和"度词配乐"两种形式。[25]且这两种形式在急剧变化的汉魏之交是同步存在的。故王灼说："当时或由乐定词，或选词配乐，初无常法。习俗之变，安能齐一。"[26]据《宋书·乐志》，晋正旦行礼及王公上寿酒食举乐歌诗的创制，张华因循古旧，依咏弦节，"由乐以定词"；荀勖则造作四言之诗，"选词以配乐"。[27]

虽"古诗皆乐也"，但"文士为之辞曰诗，乐工协之于钟吕为乐……言志之文，乃有不可施于乐者，故诗与乐画境"[28]。郑樵视未曾入乐者为遗声，列"逸诗之流"。[29]中有"行"体47曲。"盖以逸诗喻新题乐府之未尝被管弦者，欲俟后人之取而谱之，故曰遗声。"[30]

四、行体乐府的入乐问题

行体乐府经历了从散歌到入乐的过程。《钝吟杂录》云"晋、宋时所奏乐府，多是汉时歌谣，其名有《放歌行》、《艳歌行》之属"。王昆吾亦曾说："汉代相和歌，是从歌、乐间作的歌唱形式到歌、乐并作的歌唱形式之间的过渡形式。"中国第一批歌、乐完全配合的歌曲，是由清商三调曲代表的。[31]《宋书·乐志》："凡乐章古词，今之存者，并汉世街陌谣讴，《江南可采莲》、《乌生》、《十五》、《白头吟》之属是也。""吴哥杂曲"亦"始皆徒哥，既而被之弦管。又有因弦管金石，造哥以被之，魏世三调哥词之类是也"。

不同类别的行体乐府的用乐各不相同。据《通志二十略·乐略》，短箫铙歌22曲皆为行体，鼓角横吹则有《豪侠行》（亦曰《侠客行》）、《古剑行》、《洛阳公子行》。鼓、笳、篪、箫、竽为其主要乐器。[32]据《宋书·乐志》，鞞、铎、巾、拂四舞曲辞亦皆为行体，早期为缦乐、散乐，后为雅俗器兼具之杂乐。可见，"'行'应当不用鼓角、笳"，"'行'不是军乐"，"'行'和'舞'的关系不密切"[33]等说法是不确切的。作为行体一大宗的相和歌辞，确是"丝竹更相和，执节者歌"的。"八音五曰丝。丝，琴、瑟也，筑也，筝也，琵琶，空侯也。""八音八曰竹。竹，律也，吕也，箫也，管也，篪也，籥也，笛也。"[34]具体到相和六引、相和歌辞诸调曲，及但曲又有不同。至于清商曲辞，隋大业时乐器有钟、磬、琴、瑟、击琴、琵琶、箜篌、筑、筝、节鼓、笙、笛、箫、篪、埙等十五种，为一部。唐又增吹叶而无埙。[35]

行体乐府产生于汉魏,与先秦礼乐演奏中重要环节的"丝竹以行之"的"行"并无牵连。宋王与之《周礼订义》云:"金石以动之,丝竹以行之,匏以宣之,瓦以赞之,革木以节之,此乐之所以成。"行体"中调"歌辞"被之丝竹"时,亦称"曲"或"曲引"。可参《汉书·司马相如列传》颜师古注。此所谓"曲引",亦是"乐曲"之意,并非指"一个乐章开头的序曲,属于'艳歌'一类"。《文选·马融〈长笛赋〉》云:"故聆曲引者,观法于节奏,察变于句投,以知礼制之不可逾越焉。"李善注引《广雅》曰:"引,亦曲也。"蔡邕《琴赋》:"考之诗人,琴瑟是宜……清声发兮五音举,韵宫商兮动徵羽,曲引兴兮繁弦抚。"三国魏嵇康《琴赋》:"曲引向阑,众音将歇。"清陈元龙《历代赋汇补遗》卷十二:"曲引未发,朱弦先薄。"皆可资证。尽管《乐府诗集》卷39《艳歌行》题解引陈释智匠《古今乐录》云:"若《罗敷》、《何尝》、《双鸿》、《福钟》等行,亦皆'艳歌'。"并不能就此认为"'行'的本义指'曲引',即一个乐章开头的序曲"云云。

行体乐府的发展历史说明,有的"行"可释为"曲",并非所有的"行"均为"曲";有的"行"为"艳歌",并非所有的"行"都是"艳歌"。从《宋书·乐志》所载十五大曲多"有艳无词"的情况可知,并非"艳歌"都要由行体乐府来担当,因行体乐府必须是声辞俱备的。如果仅将行体乐府认为"其性质本是'引曲'……是序曲和声歌之间的过门"的话,便与所谓"'行'曲在音乐上的一大特征是'繁音'……这样繁会复杂的音乐表演,要求用较长的歌辞才能与之相配,这就决定了'行'诗必然具有较长的篇幅"相矛盾,也与所谓"'行'诗的叙事性导致其必然多用铺叙,而'行'曲的长篇音乐体制,或繁音促节,或逶迤徐缓,适与铺叙相和应"等论点不合。[36]因为不管是"引曲"还是"声歌之间的过门",都不可能是"繁会复杂的音乐表演",也不可能是"多用铺叙"和"长篇音乐体制",这与行体乐府的实际情况,以及它们还大量用于杂舞曲辞的情况均无法吻合。

事实上,音乐上的"繁会复杂"与歌辞的篇幅长短未必是成正比的,诗章是否多用铺叙与音乐体制也是不成正比的,即便是乐府题材的叙事性特征也与辞章的篇幅长短不成正比。如汉鼓吹铙歌十八篇皆为行体,且具艳辞。[37]然其曲辞皆较短小,并无长篇。而叙事长诗《孔雀东南飞》却并非行体。清人毛奇龄曾就"从来诗章判节与乐章判节不同"的现象进行过辨析。[38]《宋书·乐志》所载15大曲有关"艳"、"趋"的注,也是很好的印证。[39]

关于大曲的产生时代，众说不一。[40]综合史料看，当在曹魏时期。《宋书·乐志》所载 15 大曲，除曹氏数篇外，其余皆为古词，即所谓"汉世街陌讴谣"。曹魏时，将这些"古词"改造为新乐。从史书、《乐府诗集》及王僧虔《技录》所谓《东门行》、《折杨柳行》、《西门行》、《野田黄雀行》、《棹歌行》"今不歌"的记载看，《宋书·乐志》所载 15 大曲在曹魏及其以后曾一度流行使用应是可信的。①

参 考 文 献

[1][6][12]　乐府诗集[M]:卷 61.
[2][10]　郝氏续后汉书[M]:卷 66 上上.
[3][13][21][24][28]　钝吟杂录[M]//王夫之等.清诗话(上册).上海古籍出版社,1978:41,37,42,43,37.
[4]　郭绍虞.清诗话续编[M].上海古籍出版社,198:727.
[5]　隋书[M]:卷 15.
[7][22][26]　碧鸡漫志[M]:卷 1.
[8][33]　李庆.歌行之"行"考[M]//中国诗歌研究(第 5 辑).中华书局,2008:2,16—22.
[9][19][29]　通志二十略·乐略[M]:正声序论.
[11]　诗薮·内编[M]:卷 1.
[14]　姜夔.白石诗说[M].
[15]　元诗体要[M]:卷 5.
[16]　围炉诗话:卷 1;葚原诗说[M]:卷 4.
[17]　古今事文类聚·别集[M]:卷 10.
[18]　北窗炙輠录[M]:卷上.
[20]　王师韩.诗学纂闻[M]//王夫之等.清诗话(上册):446.
[23][34]　宋书·乐志[M]:卷 19.
[25]　元稹集·乐府古题序[M]:卷 23.
[27]　乐府诗集·相和歌辞序[M]:卷 26.
[30]　续通志·乐略一[M]:卷 127.
[31]　王昆吾.论《宋书·乐志》所载十五大曲[M]//汉唐音乐文化论集.学艺出版社,1991:102.
[32]　乐府诗集[M]:卷 16.
[35]　乐府诗集[M]:卷 44.
[36]　王立增.乐府诗题"行"、"篇"的音乐含义与诗体特征[M]文学遗产,2007(3):35,39.

---

①　"歌"又分歌谣、相和歌、伴乐歌唱等。故这里仍从王师昆吾先生之观点。

[37] 宋书[M];卷22.
[38] 毛奇龄.诗札[M]//台湾商务印书馆影印文渊阁四库全书本(第86册):231.
[39] 宋书[M];卷21;王昆吾.论《宋书·乐志》所载十五大曲[M]//汉唐音乐文化论集:104—105.
[40] 吴敢.汉魏大曲叙考[M].徐州工程学院学报,2003(3):10.

(作者单位:苏州大学文学院)

唐传奇《裴航》笺证

宋 斌

摘 要 唐传奇内容除部分记述神灵鬼怪外,大部分记载人间的各种世态,生活气息较为浓厚。本文着重结合时代背景,探讨唐传奇《裴航》所记唐朝科举制度中,秀才科的常贡科目与主人公秀才称谓的差别;从裴航"入帐就礼"印证唐代"夫从妻居"的民俗事象……从细节处爬梳,以期"小说证史",再现真实的世态人情与历史。

关键词 唐传奇 《裴航》 科举 笺证

《四库全书·总目提要》[1]小序"迹其流别,凡有三派,其一叙述杂事,其一记录异闻,其一缀辑琐语也。唐、宋而后,作者弥繁。中间诬谩失真,妖妄荧听者固为不少,然寓劝诫,广见闻,资考证者亦错出其中"。唐人虽"作意好奇"[2],但唐传奇中"资考证"的史实细节无处不在。

《太平广记》[3]载有唐裴铏《传奇》二则,其中一则是《裴航》。

文云:唐长庆中,有裴航秀才。

《管子》[4]:"农之子常为农,朴野不慝,其秀才之能为士者,则足赖也。"《史记》[5]:"吴廷尉为河南守,闻其秀才,召置门下,甚幸爱。"汉荀悦《前汉纪》[6]:"其秀才异等,太常以名闻;其下才不事学者,罢之。"以上三处引文中"秀才"语义均为优异之才。与科举考试中秀才科尚无关联。秀才与孝廉并为举士的科名从汉时开始。《后汉书》[7]:"汉初诏举贤良、方正,州郡察孝廉、秀才,斯亦贡士之方也。"东汉时避光武帝刘秀讳,改"秀才"为"茂才"。在唐代,每年举送的常贡科目有秀才、明经、进士、明法、明书、明算六科,六门中最早设立、历史最为悠久的科目是秀才科,同时也是法定地位最为崇高的科目。由于所试方略策要求过严,导致及第机会过少,应秀才科人数日渐减少。唐苏鄂《苏氏演义》[8]:"武德四年复置秀才、进士两科,秀才试策,进士试诗赋,其后,秀才合为进士一科。"秀才科选取文士的功能已由进士科传承了。到了永徽(唐高宗李治年号)二年(651)以后,秀才科便无疾而终。后唐宋间凡应举者皆称秀才。文中"长庆中,有裴航秀才,因下第游于鄂渚"。长庆是唐穆宗年号(821-824),而永徽二年(651)以后,秀才科停罢。裴航其身份也只是应举者,与秀才科的常贡科目无关。

文云:遂饰妆归辇下。经蓝桥驿侧近,因渴甚,遂下道求浆而饮。

柳宗元《馆驿使壁记》"自灞而南至于蓝田,其驿六,其蔽曰商州,其关曰武关"。蓝桥驿是六驿之一,又称蓝溪驿,在今陕西省蓝田县东南蓝桥乡,秦岭北麓玉山(王顺山)脚下。唐元和十年(815),元稹一度回朝,途经蓝桥作有《西归绝句》[9]12首,其中有题在蓝桥驿的诗《留呈梦得、子厚、致用》。元稹不久又再度被贬,出为通州司马。此时好友白居易也被贬为江州司马,在蓝桥驿看到此诗,和诗《蓝桥驿见元九诗》[10]。元白之间彼此唱和的诗作,也可见于蓝桥驿的史实记载。清李斗《扬州画舫录》[11]"黄文赐有《曲海》二十卷,今录其序目"。在"明人传奇"下有无名氏《蓝桥驿》一本,同样写裴航事。

文云:愿以百日为期,必携杵臼而至,更无他许人。

唐时国内交通路线,据《元和郡县志》[12]于每州下所记的"八到",上都与各州之间都有通道。其中上都以东的主要路线"上都东行一百八十里到华州,一百二十里到潼关,一百三十里到虢州,四百三十五里到东都"。《太平御览》[13]:"隋高祖营大兴城后徙居之名曰长安,今西京也。"《太平御览》[14]:"虢州弘农郡禹贡豫州之域春秋为虢地,七国时秦韩之境,秦并天下为三川郡,汉元鼎中置弘农郡。"据此,从"京国"长安到"虢州"路途为430里,距离的里数或许不必完全和实际的情形相符,各路线所经的大城也许较实际上有些迂回,但大致情形总是不会有太大出入的。裴航与老姥约"以百日为期",来回860里左右的路程,加上以马为交通工具,达成诺言,自不在话下。

文云:有如是信士乎?

《战国策》[15]:"人有恶苏秦于燕王者,曰:'武安君,天下不信人也。……'武安君……谓燕王曰:'使臣信如尾生,廉如伯夷,孝如曾参,三者天下之高行,而以事足下,不可乎?'"以下阐述其事曰:"信如尾生,期而不来,抱梁柱而死。"《史记》[16]敷演其文曰"信如尾生,与女子期于梁下,女子不来,水至不去,抱梁柱而死"与《庄子》[17]"尾生溺死,信之患也"的记载几近。尾生,忠实于爱情而不惜为之牺牲生命,成为守信的标志人物之一。《敦煌古籍叙录新编》[18]有一卷唐杜正伦撰《百行章》,现仅存子目计为八十四个。其中"信行章"是君子百种德行之一。裴航"及至京国,但于坊曲闹市喧衢而高声访其玉杵臼。数月余日,用二百缗得玉杵臼","骤独挈而抵蓝桥"。"有如是之信士"当不谬。

文云:妪曰:"渠已许嫁一人……君约取此女者,得玉杵曰,吾当与之也。"

唐代妇女改嫁,是个普遍的社会问题。《朱子语类》[19]:"唐源流于夷狄,故闺门失礼之事不以为异。"证以《中国婚姻小史》,唐代凡出嫁公主123人,再嫁达24人,占五分之一。《新唐书》[20]载,自高祖至中宗四朝共51位公主中,有8位公主改嫁。《全唐文纪事(十八)》[21]:"皇甫韩愈墓志,当愈在日,其女已与李汉离婚,改嫁樊仲懿。"对于妇女的再嫁问题,历来有两种观点。一种是《礼记》所主张的"信,妇德也,一与之齐,终身不改,故夫死不嫁"。另一种也是唐代比较普遍的一种观点,即"虽不如不嫁,圣人许之"。并不把再嫁看成失礼之事。唐代,唐太宗为了增加户口曾鼓励鳏寡者再婚,但又规定对于"鳏夫六十、寡妇五十、妇人有子若守节者勿强",是在尊重个人意愿和符合礼教的前提下鼓励再嫁。唐前期,即使唐代帝王立后册妃,也不嫌弃已婚之女。唐宣宗时,朝廷又下诏令"起今日以后,先降嫁公主县主。如有儿女者,并不得再请从人",对公主县主的再嫁有了较为严格的限制,一般妇女只要服完三年夫丧,便可改嫁。正是由于唐代从法律到社会舆论对妇女再嫁都持较宽松的态度,唐代妇女改嫁的现象才相对较多。

文曰:裴航入帐就礼。

这是唐代"夫从妻居"的民俗事象。《敦煌古籍叙录新编》[22]存《新集吉凶书仪》。周一良先生与赵和平先生在《唐五代书仪研究》[23]中有关于"妇人疏"的解释。其文如下:"曰:何名'妇人疏'?答曰:妇人于夫党相识曰书,不相识曰疏……妇人亲迎入室,即是于夫党相识,若有吉凶觐问,曰即作书也。近代之人,多不亲迎入室,即是遂就妇家成礼,累积寒暑,不向夫家。或逢诞育,男女非止一二,道途或远,不可日别,通参舅姑。其有吉凶,礼须书疏。妇人虽成礼,即于夫党元(原)不相识,是各(名)疏也。"这篇唐代"妇人书仪"中明确谈到男子在女家成婚后依然长期居于女家,甚至子女已数人,女方仍然未与夫家之人谋面的事实。这从唐代其他史料中已得到证实。如《太平广记》[24]引裴铏《传奇》中的聂隐娘。"女曰此人可与我为夫,父不敢不从,遂嫁之……父乃给衣食甚丰,外室而居数年。"《唐代墓志汇编》[25]大中021《唐故中大夫澧州刺史赐紫金鱼袋范阳卢府君墓志铭并序》的郑氏,大和中的卢氏,元和015中的孙氏等都是如此情况。唐人李白《上安州裴长史书》[26]:"许相公家见招,妻以孙女,便憩于此,至移三霜焉。"李白的第一次婚姻,以布衣、客籍的身份娶许绍宰相的孙女为妻,"夫从妻居"已有三年。究其原因,一是许府的中落使李白结缘相府成为可能;再者与唐朝盛行的养婿习俗有关。但"夫从妻居"与所谓的"赘婿"有本质的不同。赘:抵押,典质。《说文解字》[27]:"赘,以物质钱。从敖贝。敖者犹放,贝当复取之也。"段玉裁注:若今人之抵押也。《淮南子》[28]:"居者无食,行者无粮,老者不养,死者不葬,赘妻鬻子,以给上求,犹弗能澹。"上述例中,"赘"由抵押、典质义引申为入赘或招赘。《汉书》[29]:"家贫子壮则出赘。应劭曰出作赘婿也。师古曰谓之赘婿者,言其不当出在妻家,亦犹人身体之疣赘,非应有也。"就婚、定居于女家的男子,以女之父母为父母,所生子女从母姓,承嗣母方宗祧。秦汉时赘婿地位等于奴婢。1975 年 12 月在湖北省云梦县睡虎地秦墓中出土共 1155 枚竹简,残片 80 枚,分类整理为十部分内容。其中包括后人整理拟定的《为吏之道》[30]。其中"廿五年闰再十二月丙午朔辛亥,告相邦:民或弃邑居(野),入人孤寡,徼人妇女,非邦之故也。自今一来,(假)门逆吕(旅),赘婿后父,勿令为户,勿鼠(予)田宇。三(世)之后,欲士(仕)士(仕)之,乃(仍)署其籍曰:故某虑赘某叟之乃(仍)孙"。其意思是给人做赘婿的,都不准立户,不分给田地房屋。这种人在三代以后,要做官的才准许做官,不过要在簿籍上写明是已故某闾赘婿某人的曾孙。《史记》[31]:"三十三年,发诸尝逋亡人、赘婿、贾人略取陆梁地,为桂林、象郡、南海,以适遣戍。"裴骃《集解》引臣瓒曰:"赘,谓居穷有子,使就其妇家为赘婿。"《资治通鉴》[32]:"知远微时,为晋阳李氏赘婿。"赘婿为奴的法律地位与"寄食妻家"借婚以提高门户声望的生存方式有本质上的不同。裴航"入帐就礼"即是在妻家举行婚礼,以后也是在妻家安居,并不是入赘为婿,卖身为奴。

　　对于唐传奇的研究相关专著众多。如周绍良先生《唐传奇笺证》,陈寅恪先生《元白诗笺证稿》中的《读〈莺莺传〉》。相关论文有南开大学文学院李剑国《唐传奇校读札记》、四川大学文学与新闻学院刘进《唐传奇校勘补正》,等等。李剑国《唐传奇校读札记》是就唐传奇《高力士外传》、《洞庭灵姻传》、《枕中记》、《唐晅手记》、《南柯太守传》、《集异记》的八处人名、地名讹误进行考辨校正。刘进《唐传奇校勘补正》是以《太平广记》汪绍楹校本为底本,针对唐传奇校勘中一些有争议的问题,做了进一步探讨,并订正了几处文字与句读上的讹误。但这些专著或是论文中都没有涉及《裴航》这篇传奇。胡应麟《少室山房笔丛》说:"凡变异之谈,盛于六朝,然多是传录舛讹,未必尽设幻语,至唐人乃作意好奇,假小说以寄笔端。"鲁迅《中国小说史略》更明确地指出,传奇与志怪相比"其尤显者乃在是时则始有意为小说。"正因如此,唐传奇的内容更偏于反映人情世态。本论文从传奇中"资考证"的史实细节来再现真实的历史,如秀才身份与常贡科目的秀才的渊源关系,小说中的"夫随妻居"民俗事象与"赘婿"的本质不同,等等。通过考证来弥补相关研究的不足。

参 考 文 献

[1] 中国科学院图书馆整理.四库全书·总目提要[M].中华书局,1993:卷一四○ 1182.
[2] 鲁迅.中国小说史略[M].上海古籍出版社,1998:44.
[3][24] 太平广记[M]//纪昀等.四库全书.上海古籍出版社,1990:子部三四九 254-256,284.
[4] 姜涛.管子新注[M].齐鲁书社,2006:小匡第二十 179.
[5][16][31] 司马迁.史记[M].上海古籍出版社,上海书店,1986:卷八十四 281,卷六十九 258,卷六 30.
[6] 荀悦.前汉纪[M].盱南三余书屋刻本,1877 年(光绪三年):17-18.
[7] 范晔.后汉书[M].上海古籍出版社,上海书店,1986:卷六十一 219.
[8] 苏鹗.苏氏演义[M]//王云五.丛书集成初编(0279)[M].商务印书馆,1936(中华民国二十五年):7.
[9] 元稹.西归绝句[M]//全唐诗.中华书局,1960:第十二册 4584.
[10] 白居易.蓝桥驿见元九诗[M]//全唐诗.中华书局,1960:第十三册 4870.
[11] 李斗.扬州画舫录[M]//续修四库全书编纂委员会.续修四库全书.上海古籍出版社,1990:卷五 631.
[12] 李吉甫.元和郡县志[M]//清纪昀等.四库全书.上海古籍出版社,1990:卷一 135.
[13][14] 李昉等.太平御览[M].中华书局,1960:卷一五五,卷一五九.
[15] 刘向.战国策[M].上海古籍出版社,1985:燕一 1046-1047.
[17] 杨柳桥.庄子译诂[M].上海古籍出版社,1991:杂编 636.
[18][22] 王重民原编,黄永武新编.敦煌古籍叙录新编[M].新文丰出版社,1986:第十册 92-191,第十二册 1-50.
[19] 朱子语类(三)[M]//纪昀等.四库全书.上海古籍出版社,1990:卷一三六 741.
[20] 欧阳修,宋祁.新唐书[M].上海古籍出版社,上海书店,1986:卷八十三 366-369.
[21] 陈鸿墀.全唐文纪事[M].世界书局,1984:卷三十六 13.
[23] 周一良,赵和平.唐五代书仪研究[M].中国社会科学出版社,1996:290.
[25] 周绍良,赵超.唐代墓志汇编[M].上海古籍出版社,1992:2091.
[26] 李白.上安州裴长史书[M]//杨镰校点.李太白全集(二).辽宁教育出版社,1997:268.
[27] 许慎.说文解字[M].中华书局,1963:130.

[28] 陈广忠.淮南子译注[M].中华书局,2012:第八卷 412.
[29] 班固.汉书[M].上海古籍出版社,上海书店,1986:卷四十八 211.
[30] 杨宽.为吏之道[M]//杨宽古史论文选集[M].上海人民出版社,2003:602.
[31] 司马光,元胡三省音注.资治通鉴[M]//纪昀等编.四库全书[M].上海古籍出版社,1990:卷二八二 529.

(作者单位:江苏理工学院人文社科学院)

江苏书画艺术"走出去"的难点与突破路径研究*

陶小军 楚小庆

摘 要 书画艺术是我国传统文化中的重要组成部分,也是当代文化建设中的一个重要方面和一项重要的基础性内容。江苏书画艺术在历史上有着非常突出的重要地位,但随着社会、经济的迅速发展,也遇到几大难题:一是随着社会经济和科技的发展,中国书画艺术创作已经展现出了新的时代面貌,原有的书画艺术理论已不能完全满足书画艺术创作的需要,因此需要加强对书画艺术理论的研究,并指导当代书画创作实践。二是为实现艺术强省的建设目标,我们需要创造出能使更多书画艺术人才脱颖而出的良好氛围。目前虽然人才很多,但是既出不来又留不住,这使得江苏书画艺术发展的后劲明显不足。三是由于经济发展的不平衡和书画艺术本身的特殊性,江苏书画的商品化、市场化程度参差不齐,这也严重影响了江苏书画艺术的创新和繁荣。江苏书画艺术应通过以下几种方式探索寻求发展、实现突破的有效路径:第一,紧抓历史发展机遇,以艺术强省为契机,开拓书画艺术发展之路;第二,依托和整合江苏艺术资源平台,提升江苏书画艺术的活力;第三,加强书画理论研究,促进书画艺术创作实践的繁荣发展;第四,大力发展书画产业,规范书画市场;第五,培养和造就书画人才,着力打造无愧于时代的精品力作。

关键词 文化建设 江苏书画 艺术传播 难点 突破路径

一、江苏书画艺术在全国的地位与特色

中国书画艺术,包含了书法和绘画两种艺术形式。中国的书法是一种富有民族特色的传统艺术,它伴随着汉字的产生和发展一直延续到今天,经过历代书法名家的熔炼和创新,形成了丰富多彩的宝贵遗产;中国的绘画艺术,是中华民族传统艺术中起源最早的艺术形式之一,显示了中国人民高尚的审美意趣和高超的艺术创作才能。书画艺

---

* 本文为国家社会科学基金艺术学项目(项目编号:14BA011)的阶段性成果。

术,是我国传统文化的重要组成部分,也是当代文化建设的重要基础和优势所在。

江苏历史悠久,人文荟萃,具有深厚的文化积淀,这为江苏经济的快速健康发展提供了源源不竭的动力。经济实力的雄厚,又为江苏文化的传承和创新提供了物质基础。江苏对文化建设也高度重视。1996年,江苏就曾经提出"建设与经济发展相适应的文化大省"。2001年,江苏省委、省政府又以十年为期制定了《江苏省2001—2010年文化大省建设纲要》,全面规划了江苏建设文化大省的目标和内容,文化建设也成为江苏社会发展的主旋律之一,被摆到经济社会发展全局的重要位置。

江苏地灵人杰,具有极其深厚的艺术传统,历史上有相当数量的书画艺术精品产生于江苏,因此"书画大省"的称号也由来已久。早在两千多年前的春秋战国时期,江苏的书画艺术就已经取得了很多杰出的成就。随着经济社会的发展,六朝以来,江苏的书画艺术又进入到了全面发展的阶段。在中国绘画史上,"六朝四大家"中的顾恺之、陆探微和张僧繇都是江苏人,其中顾恺之的画作,意在传神,为中国传统绘画的发展奠定了基础。到元之后,江苏逐渐成为全国书画艺术创作的中心,不仅名家辈出,而且画派林立,在中国美术史上占有绝对的主导地位。元代以黄公望、倪瓒为首的绘画艺术家,赶超了五代时期江苏绘画的艺术成就。明清时期,江苏绘画发展到了最为重要的鼎盛阶段,元代以来的江苏山水画在"江夏派"、"吴门画派"、"松江派"和"四王"的推动下极具经典意义。沈周、文徵明、唐寅、仇英、赵之谦、金农、郑板桥、吕凤子等绘画巨匠,也都诞生于江苏。到了近现代,又涌现出如徐悲鸿、傅抱石、李可染、吴冠中等一批卓越的绘画艺术家。在书法史上,江苏也具有十分特殊的优势,诞生了一大批艺术巨匠,如陆机、王羲之、王献之、张旭、孙过庭、米芾、米友仁、苏轼、祝允明、董其昌、吴熙载、翁同龢、林散之、高二适、胡小石等。其中,王羲之、王献之、张旭、祝允明、林散之五人还被誉为"书圣"、"草圣"。这么多书画大师出现在江苏,与江苏深厚的历史文化底蕴有着密切的关系。

二、从建设艺术强省的角度来看江苏书画

书画艺术是我国传统文化的重要组成部分,也是当代文化建设不可或缺的重要方面。文化与经济从来密不可分。生产力越发达,经济与文化的关系就越密切。前段时期,人们往往把文化作为促进经济发

展的手段,热衷于"文化搭台、经济唱戏",对文化本身的发展漠不关心,甚至于规避,这种态度有百害而无一利。文化是无形的,它具有极强的渗透力。随着文化产业的不断发展,它必将渗透于国民经济的各行各业、人民生活的各个方面。文化不再单纯搭台,它要在推动经济发展上发挥更大作用。我国文化产业已成为国民经济新的增长点,对推动经济发展方式的转变,促进经济结构的调整升级具有重要意义。

书画艺术的创新与繁荣,与文化的大发展、大繁荣息息相关。江苏省国画院是全国三大画院之一。近年来,江苏不断出现一些书画民间组织。如此庞大的书画艺术创作队伍在全国其他地区是绝无仅有的。

江苏书画艺术在历史上有着非常突出的重要地位,但随着社会经济的迅速发展,遇到了以下几大难点:

1. 书画理论研究对当代书画实践的指导还不够充分

江苏书画理论是江苏书画艺术的重要组成部分,其功能是为江苏书画艺术创作实践的发展和成熟提供理论基础,并促使江苏书画艺术不断成熟。江苏书画理论研究成果与书画实践所获得的重要成就一样,是江苏书画艺术发展取得杰出成就的重要标志。随着社会经济和科技的发展,书画艺术也展现出新的时代面貌,当代书画作品所需要表现的时代性特征是什么?原有的书画艺术理论已不能完全满足书画艺术创作的需要。这就需要新时期的书画理论研究者来认真研究,为书画艺术创作者提供正确的理论和方法,通过实践进一步探索"中国梦"形势下的艺术发展理念,努力用优秀的艺术作品为社会主义建设提供所需的精神食粮。

2. 江苏书画艺术发展的后劲明显不足

为实现艺术强省的目标,我们需要创造使更多书画人才脱颖而出的艺术氛围,目前人才既出不来、又留不住,这使得江苏书画艺术发展的后劲明显不足。江苏历来是书画艺术的重镇,书画艺术家人才辈出,产生了大批彪炳史册的书画大家。新中国成立之后,由傅抱石、陈之佛、钱松嵒、亚明、宋文治、魏紫熙等大师级群体在中国画坛相继崛起,形成了江苏新金陵画派,他们的影响力在半个世纪以来波及全球画界,这也为江苏在新中国的书画艺术领域争取到第一梯队的历史地位。21世纪初,新金陵画派的嫡传群体虽然依然高举"新金陵画派"大旗,继续开辟以现实主义题材为中心的艺术创作,出版了大量的专著和画册,但在当代中国书画界的影响已日益衰败,不能和老一辈的书画名家同日而语了。

3. 艺术品市场的市场经济理论和规则缺位

由于经济发展的不平衡和书画艺术本身的特殊性,江苏书画的商品化、市场化程度参差不齐,这虽与整个社会的经济状况有关,但更主要的是因为艺术品市场的市场经济理论和规则的缺位,严重影响了书画艺术的创新、繁荣和发展。江苏省的艺术产业化发展相对于北京、上海而言起步较晚,但是发展较快。尤其是2006年之后,呈现出发展速度加快、主体壮大、抱团发展的态势。同时,我们也应当看到,江苏的总体艺术氛围不错,但是由于传统的人文精神影响较重,艺术的产业化发展相对弱势,艺术产业的集约化、规模化程度较低,书画家的产业化发展以单兵作战为主。由于经济发展的不平衡,江苏省内的艺术产业化发展也出现了三个不同层次的梯队:第一层次是南京、苏州、无锡;第二层是常州、南通、扬州、镇江;第三层次是徐州、盐城、泰州、连云港、淮安、宿迁。

三、江苏书画艺术发展的突破路径

从江苏的书画艺术发展历史来看,江苏具备丰厚的历史文化底蕴,既有十朝古都南京引领着全省的文化发展,又有人文渊薮苏州在文化资源和产业竞争力方面进行陪衬,各方人才汇集,实力雄厚,具有在传统基础上推陈出新的巨大能力。面对江苏书画艺术发展面临的诸多问题和困境,江苏书画界拥有在新的历史条件下进行改革创新的气魄和勇气,应通过以下几条路径进行突破:

1. 紧抓历史发展机遇,以艺术强省来开拓书画艺术发展之路

根据中央推动文化"两大一新"的要求,江苏省委、省政府提出了"文化凝聚力和引领力强、文化事业和产业强、文化人才队伍强"的文化强省建设目标,书画艺术必须紧抓历史发展机遇,以艺术强省开拓书画艺术发展之路。以书画事业发展来促进艺术产业化发展,既要在公益性的艺术发展过程中防止市场经济模式的泛滥,又应当对艺术产业发展做相应的提升和资源使用规划,与文化产业项目结合,进行项目拓展性规划,以形成规模化的发展新格局。只有艺术事业繁荣和艺术产业快速发展,才可能实现从艺术大省向艺术强省的过渡,江苏书画艺术整体才能得到跨越性的发展。

"十二五"期间,江苏着力推动文化产业的跨越发展,同时也应推进

艺术强省发展战略。要立足江苏、面向全国,倡导书画艺术者扎根现实土壤、反映社会生活,关注民生、关爱自然,追求真、善、美相统一的审美思想,推出精品力作,以新时代的艺术精神,满足广大人民群众的精神文化需求。

2. 依托和整合江苏文化资源平台,提升江苏书画艺术的活力

江苏书画界必须充分依托和整合江苏文化资源平台,在江苏省文化厅带领下,与省内各地市美术馆、博物馆联动,精选历代书画精品,组织举办书画展览,在展示江苏历代书画精品的过程中,推广江苏书画艺术的杰出成就。由省文化系统和全省乃至全国文化界知名专家学者组成咨询委员会,不定期地为江苏文化尤其是书画艺术建设出谋划策,组织研讨,展览作品,培养人才。

同时,省内各级文化管理机构和团队要加强沟通交流,发挥出应有的管理、策划、组织协调作用,使书画家们更加积极地参与到各类大型活动中去,逐步形成有一定社会影响力的艺术品牌,以此为平台来展示江苏书画人才的丰硕成果,以此提升江苏书画艺术的整体活跃程度。同时,还要组织艺术家们走出去,吸取国际先进经验。只有扩大对书画艺术家的宣传,书画家才能逐渐为社会了解和熟知,并逐渐扩大自身的影响力,为艺术家个体发展创造良好环境。同时,也要努力为江苏艺术强省的建设发展做出应有的贡献。

3. 加强书画艺术理论研究,促进书画艺术创作实践的繁荣发展

成立江苏书画艺术理论研究中心,以此来加强对书画艺术理论的研究,以理论建设促进对当代书画创作实践的指导。

一方面,总结和借鉴历来书画史上的传统技法和题材;另一方面,结合时代的特色,探讨和尝试新工具、新材料、新题材、新的表现方式和新的立意,使书法与国画更好地顺应时代与社会的要求。书画家从生活实践中感受社会发展,以当前社会经济、文化的快速发展为契机,用爱国主义的热情,贴合"中国梦"发展的精髓,用书画作品在传统中创新。

4. 大力发展书画产业,规范书画市场

书画作品是书画市场的基础,没有书画作品,就不可能有书画市场。对书画作品的购买,最初的心理是艺术消费,然后是艺术收藏,最后是艺术投资,这是一个渐进的过程。

在市场经济条件下,书画市场的形成与发展需要一个完整的产业链，从书画家生产作品到顾客买到手里，产、销、购之间的每一个环节都不能出现问题。市场的确立与通畅是书画作品长期创作的保障，书画作品的创作和消费是书画艺术市场的重要组成部分，消费群体的培养和流通渠道的畅通又促进书画创作，这些共同构成了成熟健康的书画艺术产业。因此，亟须建立健全书画艺术市场秩序，建立健全完善委托代理制度，加速培养经纪人队伍。另外，还需有相应的知识产权保护机制，一个伪作横行的市场，必然会摧毁艺术产业化的进程。

5. 培养和造就书画人才，着力打造精品力作

从培养和造就更多的艺术名家这一视角来看江苏艺术强省建设，我们需要进一步吸引和培养更多的书画人才，同时需要继续加强对全民文化素质的培养和普及。我们需要打破行政界线，通过创造良好的环境来实现多渠道吸引更多优秀书画艺术人才的目标，尽力达到和形成书画艺术人才的聚集效应；同时，我们也需要积极创造条件，让专业人才多接地气，使其与分散在基层的群众文化骨干充分结合起来，起到彼此之间优势互补的作用。这样既壮大了专业书画艺术单位的创作力量，又提高了整体群众艺术的创作和鉴赏水平，以达到培养锻炼和提高人才素质的目的。

此外，建成艺术强省的重要标志是拥有在全国甚至在世界上具有重要影响的书画名人和精品力作。这就必须加快艺术人才队伍建设，加大对书画名家、优秀文艺人才的宣传推介力度，全力推出一批在全国具有较高知名度、较大影响力的书画界领军人物。培育优秀人才、培养造就拔尖的书画大师，支持更多有潜力的优秀书画家的创作活动，着力打造精品力作，也是提升江苏书画艺术影响力的重要途径。

江苏是经济大省，也是文化大省，凭借区域经济、文化艺术方面的浓厚底蕴和传统优势，把江苏的书画艺术整合好、走出去，乃至进一步推进中国书画艺术的伟大复兴，是我们正在努力实现的宏伟目标。

（作者单位：南京艺术学院文化产业学院；江苏省文化艺术研究院）

动态景观艺术产业与技术可行性研究*

郑德东　Gert Groening

摘　要　在城市文化战略的影响下，城市景观如何提升区域文化特征、拒绝"景观孤岛"效应，已成为一个无法回避的课题。动态景观艺术是动态艺术在城市空间的应用，也是目前景观行业可以拓展的新兴前沿产业，涉及对艺术、计算机、新材料等多学科知识的运用。可以通过动态景观艺术技术发展历史与国际现状，动态景观艺术的关键技术及技术指标描述，动态景观艺术技术实现依据、风险及应对措施三个方面，论证其在中国景观市场的技术可行性。动态景观艺术用当代艺术观念、技术手段、材料重新演绎和发展传统，通过当代科技与艺术思维的整合，以全新角度展现当代技术、人与自然的关系。我们有理由相信，城市景观必然会掀起一场从静态到动态的革命，动态景观艺术拥有巨大的前景和商机。

关键词　动态景观艺术　城市景观　景观设计　动态艺术　技术可行性

中共中央、国务院印发的《国家新型城镇化规划（2014—2020年）》指出，城镇化是现代化的必由之路，要努力走出一条"文化传承的中国特色新型城镇化道路"。在此趋势下，城市雕塑成为反应地域文化的重要内容，被誉为"城市名片"。兴建各类景观雕塑以提升区域文化特征，拒绝"景观孤岛"效应，已成为一个崭新课题。伴随着日新月异的城市建设，大量城市雕塑出现在现代景观中，传统雕塑形制都是通过金属、石材或其他材料以静态的方式加以体现，而动态景观艺术是艺术与科技的融合——在景观雕塑中引入动态元素，运用现代技术手段，对其外

---

* 本文为基于国家"985工程"三期"艺术与创意产业研究"哲学社会科学创新基地，"211工程"三期建设项目"基于环境可持续性的城镇建筑学关键科学问题"的阶段性成果之一。教育部人文社会科学研究青年基金项目"现当代'微建筑'空间形态与艺术审美研究"（项目编号：12YJC760129）的阶段性成果之一，东南大学2011年度人文社科重大引导基金项目、创新基金和基地研究基金项目（项目编号：3213041502）的阶段性成果之一。博士后研究论文成果之一。

部形态和内部结构进行重新设计,通过机械运动、声、光、电等综合系统设计使雕塑呈现运动之美,增加雕塑的吸引力,更多地调动观众的审美热情,为城市公共空间增添动感和生机,使之更加具有活力。当前国际上影响力最大的动态艺术组织(Kinetic Art Orgnization,后文简称KAO),其现任主席拉尔方索被誉为21世纪新动态艺术的奠基者,组织了一大批艺术家研究动态雕塑,其系统性、前瞻性、实践性是当下国内所不具备的,其核心思想就是将动态艺术形式引入公共空间,换句话说,这是一个为城市景观环境量身定做的专门机构。在国家倡导、科技条件成熟、产业发展势头良好的情况下,国内动态景观艺术依旧裹足不前,究其原因,是因为动态景观艺术涉及对艺术、计算机、新材料等多学科知识的运用,而国内相关行业对此认识有限所致。为加深行业理解,本文将就动态景观艺术产业与技术可行性展开讨论。

一、动态景观艺术技术发展现状

动态景观艺术是动态艺术在城市空间中得以产业化发展的一种具体形态,是通过利用现代化的科技手段,实现与风、水、观众、环境全面互动,以运动为主要特色的景观形式,其"依靠运动来实现其效果",通过探索运动可能性、介绍时间元素、反映当代社会机器与科技进步、探索视觉本能等方式达成新景观的设计理念。主要包括:

(1) 风力动态景观艺术。即运用动力学原理及机械传动技术,实现自然风动的可实施性、流畅性、安全性、无污染性。

(2) 水力动态景观艺术。即通过水的流动特质,结合中国传统理水手法和欧美水体造景技术,进行水体形态设计。部分室内水体动态景观艺术,可对液体磁化,得到纳米级磁流体,由电磁线圈供给电子脉冲,形成奇妙的液体动态景观艺术。

(3) 受众互动景观。将根据甲方不同投资需求,通过引入图像感知系统、机械控制和电器系统,实现无人为交互式动态景观艺术、基础行为交互式动态景观艺术以及高阶行为互动式动态景观艺术。

很大程度上,动态景观艺术就是机电自动控制、信息技术、材料技术、人机交互技术与动态艺术结合的产物,这些技术为动态艺术注入了新的DNA(见图1)。动态景观艺术结合地产开发、社区发展、城市规划等需求,正以一种全新的面貌发展起来,并扩展到世界各地,广泛地进入公共空间。清华大学粟多壮先生曾将动态艺术概括为六个特点:即与环境全面互动、普遍与现代化高科技结合、体量更大而复杂、以全面进入公共空间为目标、艺术家的国际联络非常广泛、与相关领域互动协调非常密切。从上述六个特点不难看出，本项目所推出的动态景观艺术不只是会动的城市景观，而是致力于结合各类新技术以达到与自然、人文、社会环境互动的境界。其具备以下三个优势：

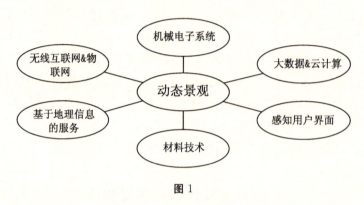

图1

（1）追求"动态"化的视觉呈现，强调艺术与科技的结合。拓展了传统景观的形态边界，创造性地将装置、建筑的艺术形式有机结合起来。大量使用新材料和新技术，作品有更大的体量，制作程序异常复杂。

（2）景观将更强调作品与环境之间的协调关系，强调雕塑作品与观众的"互动性"，通过景观的感知用户界面实现人机互动，将观众的参与视为作品必不可少的部分，使作品更有趣、更好玩、更易让人接受。

（3）充分发挥作品的商业价值，可以通过作品收集公共场合存在的大数据供营销机构进行分析。以作品为媒体发布广告，实现广告的精准投放等。

二、动态景观艺术的关键技术及技术指标描述

围绕风力动态景观艺术、水力动态景观艺术、受众互动景观，可以延伸出一系列技术组成结构。

1. 动态雕塑技术组成结构

能源上，充分挖掘风动、气动、水动、太阳能、电能等无污染能源；感知上，除涉及使用传统传感器感知（如温度、湿度、气压、热红外、触碰等方式）之外，还可预引入机器视觉感知、三维体感等感知模式；控制上，

针对甲方客户需求可基本实现机械结构式的自主控制和交互式控制（如计算机、嵌入式系统的控制）；表现手段上，包括反应科技美的机械式的艺术表现、灯光式（如光投影表现）、声乐表现、平面影像表现等。

2. 动态雕塑交互技术

其中包括：① 现场式交互，包括机械式交互（观众→机械操作→机械表现→观众）和数字式交互（观众→传感器→控制→表现→观众的响应→传感器）的结合使用；② 现场式联合交互，主要是同一展区多个动态雕塑之间信息互联，以及与现场观众之间的互动交互；③ 云式交互，通过利用互联网手段，实现与远程在线观众进行交互，多个异地动态雕塑之间的相互交互，多个异地动态雕塑与远程用户的动态交互。

3. 可能使用的其他技术

① 感知用户界面。感知用户界面以人们在现实世界中的交互活动为原型，通过全面利用人和计算机的感知能力使人机交互，达到直观、自然的境界。这些感知能力可以通过各类传感器获得，通常有红外传感器、加速度传感器、摄像头、麦克风等。② 基于地理信息的服务。它是由 Oliver Gunther 和 Rudolf Muller 提出的，通过建立一种面向服务的商业模式，用户可以通过互联网按需获得和使用地理数据和计算服务，如地图服务、就近用餐、根据地点安排工作等。③ 云计算。基于互联网的相关服务的增加、使用和交付模式，通常涉及通过互联网来提供动态易扩展且经常是虚拟化的资源。这种服务可以是 IT 和软件、互联网相关，也可以是其他服务。④ 机电自动控制技术。继续结合机电自动控制传统学科的方法和工具，创新机械电子的产品、系统和制造方式，将传感器、执行元件和信息处理融合在一个机械设计中，使用其产生的协同工作效果。

4. 动态景观艺术的设计与实施

主要包括设计阶段与实施阶段两部分，前者以模型的成功实现为根本，后者则落实到最后的系统验收（如图2）。在设计阶段，主要根据景观地块环境通过艺术部分的设计策划，使之具有相对成熟的外观创意和动态创意。然后推进至结构部分，包括结构设计和机械设计两部分。在动力部分则根据景观所在地块动力优势，结合结构设计特点进行电气设计、动力设计、传感器设计。最后落实到控制部分，通过相应电子设备、控制算法编写等达成初步模型实现。每个环节都会根据具体条件进行优化，因此该过程应是一个反馈循环过程，直至相对完善成熟的模型达成。在实施阶段,则依次遵循结构施工、动力安装、控制调试等环节,包括整体施工、机械加工、机械组配、电气组装、电气布线、传感布置、算法实现、软件实现、整体调试等部分,最终系统验收合格,交付使用。

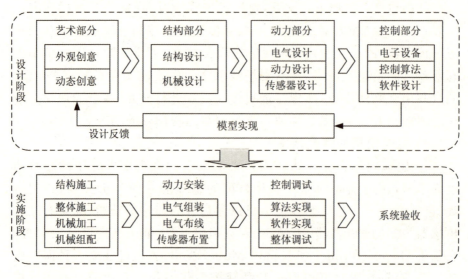

图2

5. 动态景观艺术各部分关系分析

动态景观艺术主要可概括为五个部分的逻辑协同,其中包括能源、执行机构、艺术表现、控制系统、传感器(如图3)。能源是整个系统运行(执行机构、艺术表现、控制系统、传感器等所有部件)能量的来源,系统以最终外在的艺术表现为最终目的。传感器是对周围世界的感知,由控制系统作出响应,并控制执行机构进行动作,最终成为可视、可听的艺术表现。而这种艺术变化将对周围的环境(包括自然环境或者观众的感官)产生影响,并由传感器得到反馈。因此,动态景观艺术不仅仅是一个会运动的景观,而是一个由多个子系统组成的具有"生命"的整体,它能够感知自然,并与观众互动,由此让观众不仅在视觉和听觉上,更能在心灵上产生共鸣。

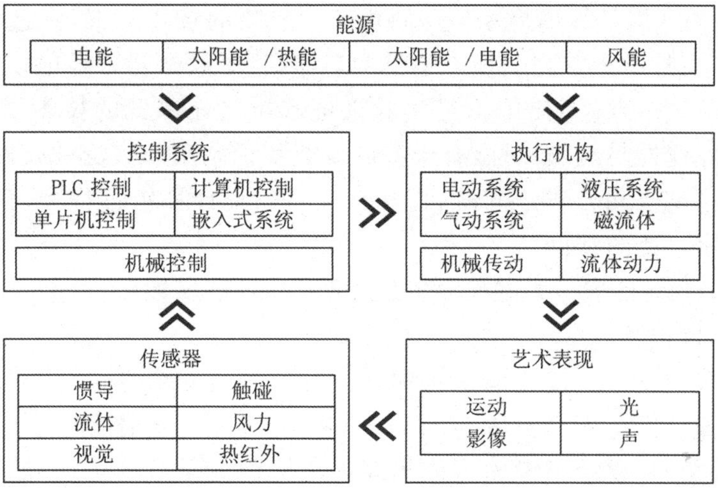

图 3

三、动态景观艺术技术实现依据、风险及应对措施

1. 关键技术实现依据

① 能源方面,空气动力学、流体力学、太阳能电池蓄能技术等相关技术手段;② 机械设计方面,现当代发展起来的先进设计软件、三维设计的实现,以及各类加工手段(如数控加工中心、3D 塑料打印、金属打印等);③ 感知方面,依托目前大部分已成熟的传感器,如视觉传感器(图像处理等)、体感传感器(Kinect、Leap Motion 等);④ 控制方面,引入计算机技术、嵌入式系统、控制方法与算法设计(如自动控制);⑤ 表现方面,强大的联网技术(短距离 Wifi 通讯,长距离 3G/4G 通讯)等。这些技术目前均有一定的发展水平,在各领域已得到广泛应用,基本都是比较成熟的技术,在本项目中应用难度不大。本项目将合理利用这些理论和实验依据,进行艺术性的创新,结合现有的成熟技术进行项目整合与城镇景观的动态创新。

2. 项目技术实现主要面临的风险及应对措施

(1)集成风险:在造型外壳及各种机电装置、传感器装置、计算机等硬件设备和相关的软件集成为大型动态景观艺术作品的过程中,可能会出现一些新的问题。关键问题在于保证系统的稳定性与可维护性。

解决措施:① 使用成熟的标准化部件,并与艺术设计有机融合;

② 严格遵守质量评估体系；③ 使用较为成熟的技术方案，在艺术上大胆创新，在技术上慎之又慎。遵循两个原则：每项雕塑中最前沿的技术一般不超过一项，不使用未经实验论证和抗老化测试的技术；④ 团队成员的专业性与跨领域性，有丰富的专业知识基础和广泛的实践能力，保证多领域协同合作。同时，在整个项目的设计评审过程中将全程参与并提供必要的帮助。

（2）系统的安全性风险，涉及抗风、抗震、抗腐蚀（沿海）、结构安全性、人员保护等。

解决措施：① 按照国家各项安全标准进行安全性设计，并请专家对各项安全措施进行评估；② 以人为本，考虑不同群体（老人、小孩、长发、衣物等）在设计中考虑可能出现的不同的安全性隐患，并给出不同的安全方案；③ 设计中特别要预防景观零件脱落，特别是强风、地震、长期使用老化可能造成的零件脱落；④ 提供详细的安全说明与维护手册，对于磨损部件定期检查和更换；⑤ 雕塑实行年检制，并建立相应的标准；⑥ 强化设计人员、施工人员与维护人员的安全意识，定期培训。

四、结　语

动态景观艺术在中国的发展比西方确实晚了许多年，在技术全球化、生活审美化的潮流下，我们有理由相信，无论是产品还是公共空间——都必然会掀起一场从静态到动态的革命，希望通过本文抛砖引玉，吸引更多的工程师、设计师、学者投身于本领域的研究，以填补动态艺术在我国理论及实践上的空白，让更多的中国人不出国门也一样有机会感受到这种艺术的奇妙魅力，成为动态景观艺术技术的享用者。

参 考 文 献

[1] Zeki S. Inner vision: an exploration of art and the brain[M]. Oxford University Press. 2000.

[2] Popper F. Origins and development of kinetic art[M]. Studio Vista, 1968.

[3] Bradt G E. Air-liquid kinetic sculpture apparatus: U. S. Patent 4,939,859[P]. 1990-7-10.

[4] Turk M, Robertson G. Perceptual user interfaces (introduction)[J]. Communications of the ACM, 2000(3):32-34.

[5] Ortega R, Perez J A, Nicklasson P J, et al. Passivity-based control of Euler-Lagrange systems[M]. Springer London Ltd, 2010.
[6] Armbrust M, Fox A, Griffith R, et al. A view of cloud computing[J]. Communications of the ACM, 2010, 53(4): 50—58.

[作者单位：东南大学艺术学院；景观与开放空间历史与设计理论研究所(GTG)，德国柏林]

从出土材料看南朝绘画[*]
——以刘宋元嘉二年石刻画像与敦煌本《瑞应图》为中心讨论

王菡薇

内容提要 南朝绘画承袭了以顾恺之为代表的东晋艺术成为艺术家体现强烈自我意识的理想形式,但南朝绘画真迹因战乱、纸寿等原因经千载流转难复再现,观者仅能通过后世摹本揣摩作品本来的面貌,因而令人有隔膜之感。刘宋元嘉二年石刻画像、敦煌纸本《瑞应图》分别因材质和保存地的独特性将南朝绘画的真实风貌保留下来,但这些出土材料却并未被南朝绘画史研究者所关注。因而,本文以此两件作品为基点,通过考察以之为中心的出土材料的图像学特点和风格特点,进而在已有研究的基础上补充南朝绘画的特点。由此观之,与东北和西北地区的绘画风格相比,南朝绘画无论在内容还是形式上均有着更加鲜明的个性化风格。与同时期的楷化、自然、端庄、平正、妍美、富有韵味的书法相一致,南朝绘画则显示出对"气韵生动"的追求和特点,而"气韵生动"正是"传神"观念的具体化。

关键词 刘宋元嘉二年石刻画像 敦煌本《瑞应图》 南朝绘画

南朝[①]文化有着独特的呈现,而南朝绘画是南朝文化的重要组成部分。南朝画家和绘画理论家改变了之前以宗教、政治表达等为中心的著述模式,是中国绘画史上的一道不可或缺的风景线。

一、南朝绘画研究的意义及目前研究的局限性

南朝绘画艺术承袭了以顾恺之为代表的东晋艺术,成为艺术家体现强烈自我意识的理想形式。在这段对中国绘画史影响深远的过渡时

---

[*] 本文为2014年度文化部文化艺术科学研究项目(项目编号:14DH49)的阶段性成果。

[①] 本文之南朝,系指宋、齐、梁、陈四朝,但由于东吴和东晋与南朝四朝都以南京为都,从地域的角度来说,东吴和东晋与南朝四朝有传承和相关性,在画风上也有密切关联,故本文中的南朝美术也兼涉东吴和东晋两朝。

期,艺术家和艺术批评家们试图通过风格和观念等多种途径将传统的礼制艺术转化为极具个人表现的崭新艺术形式,逐渐培养起了一种畅神适意的情态和审美维度。

时至今日,南朝绘画已经鲜见,我们很难直接感受到南朝绘画的风貌,了解南朝绘画显得非常困难。南朝画家中陆探微、张僧繇画名最高。张彦远《历代名画记》列刘宋画家宗炳等二十八人、南齐画家谢赫等二十八人、梁画家元帝萧绎等二十人、陈画家顾野王一人。然而,因为时间久远,南朝绘画真迹因战乱、纸寿等原因经千载流转难复再现,所能见到的仅为后世摹本。如何挖掘出土绘画资料并尽可能地呈现南朝绘画的真貌,是摆在研究者面前的难题。在这种情况下,以刘宋元嘉二年石刻画像、敦煌藏经洞出土《瑞应图》为代表的南朝出土材料,因其材质、保存地的独特性而得以存世,对我们直观地理解南朝绘画有着重要的意义,但至今没有被南朝绘画研究者所关注。因此,本文以这两件作品为中心阐释,希望为进一步探析南朝绘画的风格及意义提供途径。

二、刘宋元嘉二年石刻画像与敦煌本《瑞应图》的图像学意义与形式考证

南朝宋文帝元嘉二年(425)刻石是我国早期佛教雕刻中的重要遗物,是最早有纪年的南朝石刻画像,意义非比寻常,为我们直观南朝刘宋时期绘画提供了新的可能。

从图像意义的考证来看,元嘉刻石(图1)的内容丰富,右侧自上而下有佛传图的佛诞、占相等图像。左侧上段有船与天人、海边三人、岸边一人、树丛三人等场面,中段有六身带头光菩萨、行刑、戴冠男子与双髻女子等场面,下段有圣者说法、房屋中双手合十人物等场面。日本学者吉村怜认为此石刻图是描绘观世音菩萨奇迹的《法华经》观音普门品变相图。[1]南朝观音信仰普及民间,在佛教中心建康与江南的一些地区,竺潜、于法开等高僧传播《法华经》、《观世音经》的同时,一些艺术家也绘制了普门品变相。[2]元嘉二年《法华经》普门品变相图即是明证,在当时具有一定的代表性。

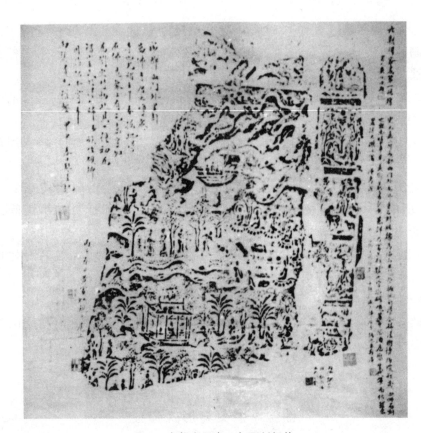

图 1　南朝宋元嘉二年石刻拓片

观其整体风格,元嘉造像继承了同样隶属于南朝的四川地区石刻画、画像砖的传统,潇洒飘逸,富有生命力,使人不难联想到四川大邑县安仁乡出土的弋射收获画像砖、四川彭州市三界乡收集的荷塘渔猎画像砖的面貌和风格。画面右侧自上而下的佛传图的佛诞、占相、犍陟诞生采用河南嘉祥武梁祠画像石般的分层构图方法。值得注意的是,在章法上,绘者借以分割画面的是芭蕉和类似棕榈的树丛,而这一构图方法与砖画《竹林七贤与荣启期》(图 2)的东晋南朝风格相似,只是在砖画《竹林七贤与荣启期》中,银杏等树横向将八个人物分开,而在元嘉造像中,芭蕉和类似棕榈的树丛则呈横向、纵向的综合分布法。此外,宋元嘉二年石刻中戴冠男子与双髻女子部分与《竹林七贤与荣启期》中的流美、婉约、洒脱之势相仿佛,后者线纹则更有"连绵不断"之态。关于《竹林七贤与荣启期》画像砖,林树中先生有较为详细的考证,他的结论是南京西善桥南朝大墓和萧齐三陵的《竹林七贤与荣启期》砖印壁画母本的作者应该是陆探微,他认为这一壁画不妨作为陆探微的作品来看。[3]无论如何,我们在元嘉刻石图中能强烈地感受到艺术家以形写神、气韵生动的技艺和塑造,其中人物、花鸟、屋宇、船只、山石皆迁想妙得、意味无穷。

图2　砖画《竹林七贤与荣启期》(拓片),南京博物院藏

如此有机、优美的上乘之作,应为高手之作。考《历代名画记》中所录刘宋画家中,笔者认为,从作画时间、题材、功力等多方面考察,极有可能做此图母本的是刘宋画家宗炳。首先,宗炳(375—443)在元嘉时期,应为创作的成熟期;其次,宗炳是虔诚的佛教徒,深信因果,他创作刘宋时期较为流行的《法华经》普门品变相图是极有可能的;再次,细查画面,左下部圣人说法的部分,屋宇及其周围部分明显具有一定的透视关系,不难联想到宗炳在其著作中所言"去之稍阔,则其见弥小"的理论;另外,船与天人、海边三人的部分可让我们一窥当时的山水意味,正所谓"嵩华之秀,玄牝之灵,皆可得之于一图"、"神本亡端,栖形感类"。由此可推知,这件作品极有可能为刘宋的著名画家、绘画理论家宗炳所为,至少其能代表刘宋时期以宗炳为代表的崇信佛教的画家的绘画风貌。如果林树中先生对《竹林七贤与荣启期》母本时间的推断正确,则笔者认为此元嘉二年图像应早于《竹林七贤与荣启期》,可看成南朝绘画趋于成熟的前奏,亦可补刘宋完整绘画图示之缺失。

敦煌藏经洞出土的六朝纸本作品中,现藏法国国家图书馆的佚名《瑞应图》残卷(P.2683)(图3)是具有特殊意义的。因为南朝的纸质绘画已经荡然无存,传为梁萧绎的《职贡图》亦为宋代摹本。① 在这种情形下,藏经洞出土南朝纸本绘画作品就显得格外珍贵。此卷也是笔者用近三年时间收集南朝写卷中唯一一卷有画有文本者,书名已佚,但饶宗

---

① 金维诺先生曾撰文考证现存《职贡图》是宋熙宁间摹本,金先生认为"由于临摹得忠实,其价值并不会因此而降低,相反它仍然是我们了解南朝绘画,特别是萧绎画风的重要依据"。见《书画鉴定与美术史研究》,金维诺撰,《紫禁城》2000年第3期,第39页。

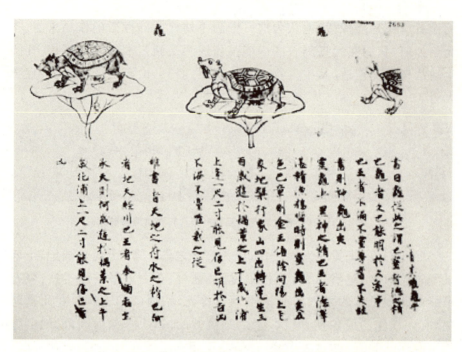

图 3 现藏法国国家图书馆的佚名《瑞应图》残卷(P.2683)局部

颐先生据 P.2005 号《沙洲都督府图经》背记归义军名号后记"瑞应图借与下"六字推断原卷之为《瑞应图》了无可疑。[4]

此卷上图下文,前后缺。王重民谓:"字不避唐讳,殆犹为六朝写本",并定为佚名《瑞应图》。[5]齐梁均有祥瑞图记载。王重民并据中兴书目"《符瑞图》二卷,陈顾野王撰。初世传瑞应图一篇,云周公所制。魏晋间孙氏、熊氏合之为三篇。所载丛舛,野王去其重复,益罞图纬,起'三代',止梁武帝大同中"认为此卷可能为陈顾野王《符瑞图》。然野王书名《符瑞图》与此卷《瑞应图》有出入,极有可能为俗手传抄错误。《陈书》中记顾野王著《符瑞图》十卷。顾野王,字希冯,吴郡吴人也;南朝梁陈间官员、文字训诂学家、史学家;好丹青,善图写,擅长人物,尤工草虫。

此卷虽残,但正因其有图有说,对于研究南朝书画尤为可贵。该卷存图 22 幅,文 188 行。彩绘、墨书。楷书,笔断意连。存龟、龙、发鸣三类。绘画风格沉着而生动。以龟为例,根据卷文,图中神龟承载着"明于远事"的功能,须"王者不偏不当,尊者不失故旧",神龟才能出现的祥瑞之意。绘龟玲珑生动,韵味盎然。又据《陈书》卷三十:(顾野王)幼好学,"长而遍观经史,精记嘿识,天文地理、蓍龟占候、虫篆奇字,无所不通"[6]。另,《宣和画谱》卷二十记顾野王"画草虫尤工,多识草木虫鱼之性",并录"御府所藏一草虫图"。[7] 由此可知顾野王是可以画出卷中生动的龟、龙和发鸣的。那么,我们可以初步得到下面的结论,佚名《瑞应图》残卷(P.2683)极可能为梁陈南朝抄手以顾野王《符瑞图》本为据而摹制的。我们将五代黄筌《写生珍禽图》之乌龟、金代张珪《神龟图》之神龟、南宋佚名《蓼龟图》中之乌龟与法藏《瑞应图》中之神龟比对,不难发现其中相似。从中可知,后代神龟画法着实有受南朝画法影响之处。张珪《神龟图》中龟的画法工整、写实而生动,与《瑞应图》中之神龟最为相似,张珪本神龟亦抬头伸颈做前行状,龟壳纹路如出一辙;所不同的是,前者龟口中含物,爬于荷叶之上,后者则变之为口吐吉祥之气,行于坡岸。敦煌本《瑞应图》中之神龟应为目前所见最早之较为写实的神龟图式。再观敦煌本《瑞应图》中之花草,新疆维吾尔自治区阿斯塔那古墓群217号墓墓室后壁唐代《六屏花鸟》的构图、形象与之都极为相似,前者对后者之影响是非常明显的。

由此可见,敦煌本《瑞应图》中无论是神龟,还是花草,笔法皆沉着生动,笔简而意长,能令人体会南朝绘画的"神"与"气韵",同时也为南朝绘画对唐代及之后花鸟画产生影响增加了一个鲜活的实例。更为可贵的是,我们从此图可明确知晓绘画的符号学意义,图画承载着一定的功能。比如前面所述图中神龟承载着"明于远事"的功能,且只有"王者不偏不当,尊者不失故旧"时神龟才能出现。敦煌本《瑞应图》使得中国绘画的隐喻意义再一次得以凸显。

三、其他相关南朝出土材料以及"气韵生动"理念下的南朝绘画观

除了上述讨论的刘宋元嘉二年石刻画像与敦煌本《瑞应图》以及砖画《竹林七贤与荣启期》外,出土的其他相关南朝主要绘画资料还有:基本延续汉代风格的三国孙吴朱然墓出土的漆器画、代表东晋前期绘画风格的东晋永和四年(348)墓画像砖、萧梁时代陵墓雕饰画像、萧齐时代常州田舍村墓画像砖等。其中饶有价值的是制于梁普通年间的萧景墓神道石柱一侧线刻画《供养比丘图》,乃梁代绘画真迹的代表作,颇具"一点一画别是一巧"的张僧繇笔法丰姿,比丘面圆而短,行笔顿挫奔

放[8],正所谓"笔才一二,像已生焉"。

南朝绘画与东北和西北地区相比,以士大夫画家充当主角,在中国绘画的内容和形式两方面均做出了重大革新,并创造出个性化的风格样式,与同时期的楷化、自然、端庄、平正、妍美、富有韵味的书法相一致,显示出强调"传神"和"气韵生动"的特点,又蕴藏不着痕迹的隐喻意义,让我们浸润于"神思"、"气韵"与"生趣"之中。无论是刘宋元嘉二年《法华经》普门品变相图,还是敦煌本《瑞应图》,都是对南朝绘画"传神"和"气韵生动"的诠释。

刘宋宗炳虽画迹不存,却留下中国最早的一篇山水画论《画山水序》,以道家思想为根基,强调山水之神,提出"卧游"、"畅神"等观念。本文通过考察,认为之前被忽视的刘宋元嘉二年石刻《法华经普门品》画像极有可能出于宗炳之手,至少其能代表刘宋时期以宗炳为代表的刘宋画家的绘画风貌,且此作应早于《竹林七贤与荣启期》,由此亦可看成南朝绘画趋于成熟的前奏。

无论"传神",还是"气韵生动",都开示我们,只有超越自身,通过想象,方可感知自身之外不可感知的、超越人类认识能力之外的完美世界。绘画至于南朝,已经不仅仅是技术,而是画家精神、智慧和感情的媒介,也许这也正是本文以之前被美术史学者所忽视的刘宋元嘉二年石刻《法华经》普门品画像与敦煌本《瑞应图》为中心讨论南朝绘画的意义所在。

参 考 文 献

[1][2] (日)吉村怜.南朝的《法华经》普门品变相——刘宋元嘉二年石刻画像内容[J].贺小萍译.敦煌研究,1996(4):148-150.

[3][8] 林树中.六朝艺术[M].南京出版社,2004:76-80,46-48.

[4] 饶宗颐.敦煌本《瑞应图》跋[J].敦煌研究,1999(4):152.

[5] 王重民.敦煌古籍叙录[M].中华书局,1979:167-169.

[6] [唐]姚思廉.陈书(卷三十)[M].中华书局,2002:399,400.

[7] 《宣和画谱》卷二十,文渊阁四库全书本。

(作者单位:南京师范大学美术学院)

商业空间视觉设计中的修辞分析

李玉波　朱钟炎

摘　要　本文旨在研究商业空间视觉设计中的修辞方法和作用,通过分析情感在消费决策中的作用,指出修辞作为情感唤起的手段,是商业空间视觉设计的核心,配合设计实例解析,以修辞学的观点诠释了空间视觉设计的设计理念和修辞说服机制:通过操控图像特性进行知觉冲击、通过隐喻进行潜移默化的认知引导和藉由移情作用实现情绪催化。指出修辞是空间视觉设计重要的指导方法,修辞技巧可以以新颖的方式说明产品或者产品特质、传达品牌个性并创造出高体验特征的消费环境。

关键词　商业空间　消费体验　视觉设计　修辞

实体商业空间为顾客提供了游览、休憩、娱乐、探索等多种特有的消费体验。面对线上消费愈演愈烈的竞争,这种线下购物方式所特有的消费体验显得越来越重要。体验型的消费更依赖于能够引起刺激和兴奋的购物环境。商品展现在商业空间中形成一幅立体的图景,用来抓住观者的注意力、激发他们的想象力,一系列的视觉信息可以诱惑、劝说和解释。正如广告活动依赖于通过视觉刺激引发的情感反应来改变态度,商业空间依靠视觉设计诱发情感反应来吸引顾客和销售商品。

一、消费体验与情感

消费过程中的体验,即消费体验。研究表明,"体验是消费者的一种情感反应,是消费者在一定的消费情境中心理产生的感觉","体验不是企业所生产,不是消费者自发产生的,而是消费者的某种情感或者经历在一定的消费情境下被唤醒时所产生的,是诱发产生的"。[1]不难看出,消费体验的核心在于情感。情感通过典型神经生理的、富于表现力的、凭经验的成分促成动机。消费情感特指在消费体验过程中,例如在商品取得或使用过程中,引起的情绪反应。纯粹的享受、兴奋、惊讶、迷惑、逃避现实和自发性,这些表达都是消费情感的不同方面。

John C. Mowen 和 Michael S. Minor 在《消费者行为学》一书中指

出，从体验的观点来看，消费者的购买决策分为五个阶段，即识别实际和期望的情感状态差异问题，搜集关于选择情感影响的信息，评价备选方案的情感价值，情感影响下的选择购买和购买后评价情感期望是否符合。[2]可见情感对消费者的购买决策起到了至关重要的作用。情感通过为可用选项中的情绪愿望提供信息，在解决问题和决策时发挥了重要作用，从而减少了推理，只带来那些积极的反应。在某些产品类型的购买中和某些购买条件下，情感成分更重要，如鲜花、香水、宝石等审美对象：人们购买鲜花不仅是为了花的颜色（装饰作用）和香味，更多的是基于其象征意义，也就是人们常说的"花语"，不同的花和不同的数量组合代表各种不同的情感意思；香水的实际功效在于改善人体的气味，但人们对于气味带来的各种情绪反应和象征意味才是人们关注的核心；宝石则是最极端的例子，因为宝石的硬度和稳定性，常被用作轴承、耐磨材料，用于饰品的宝石本身则不依赖于以上实际功效，但因为宝石具有瑰丽、稀有和耐久的特质，这些特质被人赋予美丽、尊贵和永恒这样的象征意义。这类条件下，消费者购买选择的关键因素就是产品或品牌所提供的象征意义，这时候的购买决策可以基于产品或服务通过图形、造型和意象所传达的象征性元素做出，而不依赖于产品的实际功效。

此外，愉悦和激励这样的情感是消费者购物活动的重要成分，这意味着消费者应该享受他们沉浸在实体商店中的欣喜和愉悦。人们会延长使自己感觉良好并保持他们兴趣的活动，一旦这些活动被延长，就可能产生更多的购买行为。因此，除了直接的、显性的象征意义诱发的情感以外，藉由令人愉悦的商店环境带来的隐性的正面情绪也是非常重要的。

综上所述，在情感欲望超越实用动机的情况下，引发购买决策的关键在于建立一个适当的情感环境。因此，商业空间视觉设计中需要修辞，以富有吸引力和感染力的方式，来呈现品牌和产品，起到唤起情感、改变态度并诱发购买决策的作用。

二、作为修辞的商业空间视觉设计

正因为情感是消费体验的核心，也是消费决策的重要因素，那么在商业空间视觉设计中调动情感就变得极为关键。修辞是提升信息传达效应的方法和技巧,修辞的目的在于劝说、传情达意、求美乃至动情[3],也就是引发情感、改变态度并劝导行动。因此,当我们谈及设计对消费者情感和消费决策的影响时,就触及到了修辞的领域。

西方新修辞学和后现代主义修辞学家认为:"我们的生活环境从本质上说就是一个象征环境,也就是一个修辞环境。"[4]作为消费行为的发生地,商店空间既是商业信息的传播环境又是消费者的购买环境,充斥着各种形式的象征符号,是典型的修辞环境。因此,商业空间视觉设计的终极目的是通过设计,有策略地运用色彩、图像、照明和人物形象等视觉元素,创造在各个方面都有说服力的购物环境。从这层意义上说,商业空间视觉设计是消费价值的催化剂,是视觉说服的综合体,也就是修辞在空间中的视觉体现。商业空间视觉设计必然会运用各种视觉手段,或者说修辞格,来达到或显性或隐性的修辞目的。

三、运用修辞格创造和表达情感

商业空间中充满了梦幻般的图像,富有戏剧性的视觉风格把琳琅满目的产品展现在消费者眼前,大量人物形象或性感或有趣地出现在幕墙上和橱窗中,在这些纷繁的视觉表象后面,是设计师试图通过环境视觉要素来表达和唤起消费者情感的机制:通过操控图像特性进行知觉冲击、通过隐喻进行潜移默化的认知引导和藉由移情作用实现情绪催化。

1. 用夸张和排比操控图像特性

诱人的信息可以通过操纵设计因素获得,比如使用线条和色彩、形式的重叠和裁剪、虚幻空间或者正负关系的动态形式。设计中,色彩关系着特定的情感反应,微妙的光影衔接可以暗示整个图像,用出人意表的方式拼置图像可以达到引人注目的效果。可以说,每一种视觉元素都提供了相对应的视觉信息。

商业空间视觉设计中常用夸张和排比修辞,通过形式造势、蓄积能量、塑造特定物象来影响人的心态,大面积和反复的视觉图景会有效地刺激人的消费欲望。与商品本身相比,放大数十倍甚至更多的图像,更具感染力。这一点在食品销售中表现最为突出,这也是我们看到巨大而精美的汉堡图像会引发食欲的原因。单个产品的视觉冲击力是有限的,把单个产品在空间内做重复排列则会形成多次视觉刺激,起到强化品牌印象促成购买选择的作用。[5] 在谈到 UNIQLO 旗舰店设计的时候，设计师佐藤可士和说："旗舰店的商品陈列也希望能够让消费者感受 UNIQLO 特有的多样化和巨大魄力，例如以渐层方式摆放数百件各种色彩的针织衫、制作一整面铺满 T 恤的 T 恤墙。"[6] 类似 UNIQLO 这种展示方式把单个的、最小的产品扩展为精心布置的（以渐层方式）复杂的视觉图景，正如在组织语言时把简单的句子扩展为精心描述、层层递进的复杂句式，大大增强了信息的说服力，是一种塑造产品品质的重要手段。

2. 用隐喻和转喻进行潜移默化的认知引导

认知语言学认为在人的认知域里，一个认知域可以投射、影射到另一个认知域。学者陆俭明认为隐喻和转喻都是基于人脑中对此事物的认知域激活了某些其他事物在人脑中已有的认知域，是一个连续统，二者都是人类的一种思维方式，是人认识、理解客观世界的一种工具。[7] 隐喻和转喻的实质是通过彼事物来理解和经历此事物，人类的语言活动往往"近取诸身、远取诸物"，这其中的"身"和"物"都是具象的或者熟悉的认知域，用来"激活"抽象的认知域。[8] 商业空间视觉设计中使用隐喻和转喻可以在潜移默化中引导消费者对于产品和品牌的认知，用具体的视觉设计元素来"激活"消费者有关产品品质感和价值感的相关认知域。[9] DJS 是由 Chinese Arts 8 工艺品（香港）有限公司推出的一个新的珠宝品牌，销售钻石和翡翠。DJS 珠宝店在外观设计上使用了隐喻的方法，为目标客户群提供了新的珠宝店零售体验。商店空间设计采用的设计策略是使用钻石和翡翠的共性、化学结构和切割的形状"面"，以产生独一无二的品牌识别性（见图 1，图片摘自 retaildesignblog.net）。室内设计利用隐喻将零售空间表现为一个供消费者游览的发光的宝石。白色发光的墙壁和在随机的角度倾斜的垂直面让绿色侧面层暴露，用这些微妙的额外的绿色调来体现翡翠的颜色和半透明的自然美，这是典型的转喻手法。成排不同大小和高度的悬浮玻璃的展示柜创造出韵律感和对消费者强烈的吸引力。倾斜的镜面不锈钢吊顶加强了"宝石般的空间"的折射错觉，让扭曲的镜像进一步强化了空间质感，这种质感通过外部的通高玻璃墙产生强烈的视觉冲击力（见图 2，图片摘自 retaildesignblog.net）。该商店设计通过选择和安排视觉刺激，紧紧扣住"宝石般的空间"的理念，用隐喻和转喻把这种形象深深投射到消费者的认知中，传达了一个现代并极富个性的商店形象，很好地完成了诱惑和说服的修辞目的。

图1 DJS珠宝店内部设计

图2 DJS珠宝店外部的通高玻璃墙

3. 藉由人物角色引发的移情作用进行情感表达

在商业空间视觉设计中人物形象出现得越来越广泛，这种现象不单出现在展示服饰穿着效果的时装业，也同样出现在如餐饮、旅游、教育等服务行业。人们通过解读面部表情和身体语言，进而受到别人的情感、情绪和动作的影响，这种现象被心理学者称为"移情作用"。心理学者认为移情是他人体验在自身感觉上的想象投射，并由此产生与他人相似的情感反应，主要包括认知和情绪这两个心理过程，其中的情绪成分包括无意识的情绪感染或者基于对他人处境认知基础上的情绪映射和情绪反应。[10]例如我们看到别人的微笑会下意识地向别人微笑，并由此体验到一种愉悦的情绪，我们看到神采飞扬、表情生动的人物形象同样有这种效应。

移情作用可以激发愉悦感，进而刺激消费者的消费欲并提升消费满意度。商业空间视觉设计中利用这些现象，用快乐的人物形象让我们更加欢快，或用表现兴趣盎然的群体来激发人们的好奇心。所以"移情作用"可以说是一种特殊的设计修辞手法。通过引入人物形象，商业空间视觉设计中再现了与真实世界中各种情绪反应相关联的视觉暗示。最新开放的芝加哥AT&T旗舰店是这方面的典型案例,这座位于密歇根大道华丽一英里(Magnificent Mile)的店铺内部有体验平台(Experience Platform)、时尚精品(Lifestyle Boutiques)、画廊(The Gallery)和探索者休闲区(Explorer Lounge)4个平台区,这些平台区又细分为10个功能分区(见图3,图片摘自www.techgatherer.com),其中每一个功能分区中都设置了巨幅显示屏,这些显示屏上播放着人们使用相关服务的体验视频,这些视频甚至可以与观者互动(见图4,图片摘自retaildesignblog.net)。在这些精心剪辑和修饰的视频中,使用者的使用活动直观地展示了相关服务的功能效果,他们的衣着、生活环境为观者描绘了理想化的生活图景,他们或欣喜或从容的表情则暗示了AT&T给人们带来的优质体验,这些巨幅视屏,藉由移情作用成功地塑造了一个鼓励消费者探索和使用产品的情绪场。

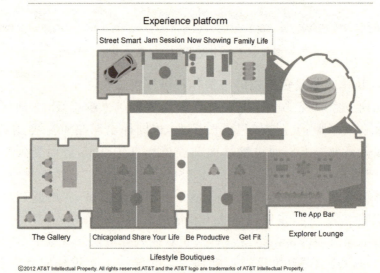

图3 芝加哥密歇根大道AT&T旗舰店平面分区图

图4 芝加哥密歇根大道AT&T旗舰店各分区的巨幅显示屏

无论是优衣库专卖店的排比、DJS珠宝店的隐喻和转喻,或者AT&T旗舰店的移情作用,都说明修辞技巧可以以新颖的方式说明产品或者产品特质、传达品牌个性并创造出高体验特征的消费环境。

四、结 语

在电子购物大行其道之时,传统购物方式的"体验性"显得越来越重要,在惬意的购物体验中说服消费者购买产品是商店设计的目标。商业空间设计不仅仅是创造一个商品交易空间,更是要创造一种有力的说服。修辞的法则和技巧或明或暗地应用到了设计中,唤起情感、改变态度并诱发行动,这些修辞的基本作用通过设计中修辞格的运用来达成。修辞格不止可以分析和诠释完成的设计,更重要的是可以指导和优化设计实践。从环境视觉设计的角度来说,设计修辞不仅有助于创建一个适合产品销售的情感环境,也是该类设计评估的重要指标。

参 考 文 献

[1] 廖以臣. 体验消费的购买决策过程及其影响因素研究[M]. 武汉大学出版社,2010:35.

[2] (美)John C. Mowen, Michael S. Minor. 消费者行为学[M]. 黄格非,束珏婷译. 清华大学出版社,2003:148—150.

[3] 胡习之. 修辞的目的和修辞的核心原则[J]. 浙江社会科学,2011(2):104—109.

[4] (美)大卫·宁等. 当代西方修辞学:批评模式与方法[M]. 常昌富,顾宝桐译. 中国社会科学出版社,1998:2.

[5] 吴媛,杜军虎:文本理论在产品设计中的应用[J]. 包装工程,2010,31(11):40—43.

[6] (日)佐藤可士和. 佐藤可士和的超整理术[M]. 常纯敏译,江苏美术出版社,2009:168.

[7] 陆俭明. 隐喻、转喻散议[J]. 外国语,2009(1):44—46.

[8] 李玉波. 环境导向设计中"概念模式"的建立[J]. 包装工程,2011,32(1):14—17.

[9] 李春富,张义. 符号修辞方法在产品设计中的应用[J]. 包装工程,2009,30(4):105—107.

[10] 刘俊升,周颖. 移情的心理机制及其影响因素概述[J]. 心理科学,2008,31(4):917—921.

(作者单位:江苏大学艺术学院;同济大学建筑与城市规划学院)

图形界面的直觉化交互设计研究*

崔天剑　董甜甜

摘　要　通过分析直觉化交互设计实质是以人的感性认知、无意识行为为基础,是符合人类直觉认知的交互形态,阐述了直觉化交互设计在图形界面设计中的外在体现和内在意义,并提出直觉化交互设计的方法:依托感性认知、利用直观经验、探索新型交互、挖掘启示性语言,以期对交互设计实践提供一定的参考。

关键词　图形界面　直觉化　无意识　交互设计

网络时代信息的爆炸式增长,带给人们便利的同时也带来了认知上的沉重负担,如何利用有限的交互空间,合理而自然地展示信息内容、舒适而便利地进行界面互动,成为交互设计探讨的热点。"直觉作为人类感知世界的方式,在界面设计中可以帮助人们与计算机形成有效的自然沟通。"[1]利用直觉化思维进行交互设计,能够挖掘人们的潜在习惯,在潜移默化中提高用户的认知能力,对界面做出快速直接的交互反应。直觉化交互设计不仅有效地避免了人机交互的障碍,提高了使用效率,更突出了用户体验的核心思想,正在愈来愈得到人们的重视。

一、直觉化交互设计的概念

1. 直觉化交互设计的本质

直觉化交互设计是以用户为核心的设计方法,突出人类行为本质,强调无意识思维,以直接快速的交互方式和对用户潜在需求的挖掘开拓了交互设计的研究方向,丰富和扩展了交互设计理论。直觉是一种凭借人类自身潜在的感官知觉,无须进行推理认知就可以直接快速地对身边事物做出判断的能力。

直觉化交互设计是最直接、自然的设计,从某种意义上来说,关注

---

* 本文为"青蓝工程"资助项目、教育部人文社会科学研究规划基金项目(项目编号:13YJA760006)的阶段性成果。

并发现隐藏着的、潜在的无意识需求,通过设计元素来唤起用户一定的熟悉感和亲切感,并帮助人们在短时间内学会使用,为设计提供更多的依据和信赖感,是交互设计平衡性的体现。优秀的直觉化交互设计必须"符合直觉化认知特点;符合人的概念模型、无须学习;优化使用注意力;出于自然能力;易形成无意识操作;信息沟通直观高效"[2]。这些目标都要求设计师用心观察生活的点滴细节,捕捉其中看似微不足道的人与物的互动,并把这些互动关系提炼出抽象的设计元素,应用到交互界面中,让用户可以不假思索地操作。

2. 直觉化交互设计的意义

"直觉化交互设计让设计师先了解用户使用的无意识行为,感知或推测人们的情绪,从而做出相应的设计反馈,通过产品表达出来,引导直觉操作行为发生。"[3]它引导用户主动参与,将信息融于符合人们潜在习惯的交互界面,让用户以自然的、非强迫的方式进行交互,给用户以愉悦的对话体验。

数字媒体日益成为人们生存方式的重要组成,大量数字信息的增加和繁杂功能的堆砌,带来的是人们信息沟通的鸿沟愈加明显。直觉化交互设计,可以帮助用户提高认知能力,减少判断时间,形成自然、快速的认知,简单顺利地完成操作过程,从而有效缓解功能信息的复杂与有限的信息处理能力之间的矛盾,使信息沟通更加直接、高效。

另一方面,直觉化交互设计通过研究人的无意识行为,强调对生活细节的关注,挖掘显性需求背后隐藏的真正需求,设计出真正对用户有用的交互产品。同时,直觉化交互设计要求设计师具有敏锐的洞察力,能及时捕捉生活的细微之美,从而带来更多的设计灵感,产生更多的优秀创意。

二、图形界面直觉化交互设计的体现

1. 拟物化的设计视觉

直觉是一个无意识过程,是某种无意识心理内容,如某种突如其来的想法或预感侵入意识的过程。在长期的生活中,人们习惯了某些特定的场景及形态,形成了一种集体无意识的视觉行为。因而,在界面设计中的拟物化,即是对已形成的特定生活形态的一种再现。所以,拟人化或者拟物化的交互设计不仅可以给用户带来极大的乐趣,让人们与交互产品形成更多的情感交流,最为重要的是可以减少学习和记忆成本，唤起人们的直觉化操作，降低操作难度。

把生活中的场景应用到界面设计上，更像是日常生活的映射，能快速吸引用户，达到交互易用、可用的目标。一般界面的引导页设计，会以拟人化的动态形象做出指引。这种直觉化交互设计的形式能让用户集中注意力，并以最短的时间学会如何使用。如苹果官方应用ibooks的APP设计（图1），界面设计成一个书架的形式，里面摆放一些最近所看的书籍，如同用户家中真实的书架。当翻开其中的书籍，书页的翻动跟平时生活中翻阅书籍的操作行为一致，这样的设计能快速唤起人们最直观的使用感受、最真实的场景效果，满足人们潜在的内心需求，是直觉化交互设计的典范。

图1　ibooks的设计

2. 情感化的交互体验

情感化的交互体验是从情感认知的角度，以本能、行为和反思的维度为基础，强调关注用户的情感因素。设计中注入情感因素，满足现代人对精神的渴求，已成为现代设计的主要内容。人性化因素专家和设计者帕特里克·乔丹（Patrick W. Jordan）在《设计令人快乐的产品》一书中，发展出了"功能"、"易用性"、"愉悦"的层次模型[4]。"功能"需要作为产品的基础性目标被满足之后，人们希望这个功能是"易用的"，当其被认定为简单好用后，则会期望赋予更多的情感因素，能让人们在使用中感觉到"愉悦"。因而，设计师必须能让最终的设计给用户带去兴奋和满意，一种长期成功的产品，也必须能增强人们的能力，给人们带来快乐，以满足用户的情感体验。[5]

情感体验来自情感经验的积累、情感信息的输入,是一种无意识行为集中表达的结果。交互设计作为现代设计的新领域,"它超越传统意义上的产品设计在于设计的产品应具有良好的交互功能,即在使用产品过程所带来的人和产品之间的双向信息的一种体验,这种体验也要求具有很浓的情感成分"[6]。比如,联想智能电视的天气小插件(图 2)的设计,卡片剪纸的造型简单可爱,除了有可爱的云朵,还有即将冒出头来的太阳公公,这样的设计很容易让用户想起小时候的卡片剪纸游戏,满足了用户对童年追忆的情感共鸣。

图 2　联想智能电视的天气小插件

3. 自然化的互动方式

"自然式互动是将日常环境中与实体沟通交流时习得的技能、经验应用到计算机创造的虚拟环境中,以在物理世界中的交流方式与数字世界中的对象进行交流"[7],是符合用户认知习惯的交互方式,包括人们日常生活情景的自然认知和对人机界面产品的积累认知,将相同的经验延伸到界面设计中从而获得自然好用的操作方式。在界面设计中,人们往往会对特定的界面产生一种下意识的行为,而设计师应顺应用户的这种行为,设计出相应的交互动作,给用户一种自然连贯的体验。如在日常生活中人们在生活中看到书就想翻页,看到球就会拍几下,等等。

自然式互动的典型要属流行的"水果忍者"游戏(图 3)。这个游戏十分简单,从界面底部不停跳出水果,看上去像是有人扔出来的,如果此时人们手里有把刀,下意识的行为就是学忍者一样挥刀劈开,而这些水果出现在界面上时，人们下意识的反应就是用手指用力滑向屏幕劈开水果。这个游戏的成功之处正是顺应了用户的下意识行为，这种自然交互独有的直观性既让用户操作极度自然，也让这一特定行为得到熟悉的反馈，减少了记忆成本，降低了学习难度。除此之外，现在智能电视中的体感操作、语音控制等都是顺应用户下意识行为的自然化的交互操作。

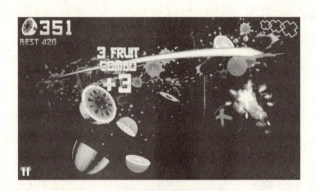

图 3 "水果忍者"游戏

三、图形界面直觉化交互设计方法

1. 依托感性认知

直觉思维是一种感性认识，是直接而快速的认知能力。在心理学的意义上，"直觉思维是指人脑对突然出现在面前的事物、现象、问题及其关系的一种快速识别，敏锐而深入的洞察，直接而本质的理解以及综合的整体判断。并且直觉思维是贯穿于日常生活学习中的，具有迅速性、直接性、本能意识等特点"[8]。直觉化的交互设计本质也是对直觉思维、感性认识的抽象性表达，是以高度提炼的视觉元素在界面中体现感性认识，这种直觉化设计符合人们的认知习惯，利于产生自然、高效的认知过程。因此，从用户的角度，依托感性认知，强调直观感受，更易于让用户去理解界面的功能信息及使用方式。

"无意识的视觉语言和交互控件元素"、"界面的隐喻"、"信息可视化"等都是把直观感知转化为直觉化界面设计的典型形式，有效降低用户的认知压力和思维强度。而以直觉的感性认知为基础，强调无意识行为的应用，是一种情感化的表达。因此在直觉化设计中，强调直觉的感性认知，不仅能使交互界面高效自然，更能让用户享受使用过程，提升用户体验。

2. 利用直观经验

利用直观经验就是以人的直觉化认知心理为基础,搜集人们生活中累积的各种行为习惯和经验,研究其规律性,通过人的"直觉化认知心理"及联想记忆能力对使用者的工作记忆进行优化,建立直觉化的思维方式和操作习惯。

直觉的产生是多种因素共同作用的结果,这是建立直觉认知的复杂过程,要求经验、知识和行为习惯的累积,能够在启发式刺激下产生一系列联想记忆。也就是说人们在拥有大量经验累积后,会形成一种无意识的认知,在受到某种刺激后会瞬间调出头脑中熟悉的记忆和曾经的使用经验,并做出无意识的自然操作行为,这是在直觉经验推动下产生的直觉行为。这种直觉经验能够促进新产品的使用方式与使用者曾经的相关经验联系,并产生推动作用,降低操作难度。因而要设计出符合人们直观经验行为的交互界面,就要对目标人群进行经验知识的研究,对使用习惯进行分析。同时,设计师还应具有敏锐的洞察力,发现目标人群生活中熟视无睹的无意识行为,并对这些行为进行总结与提炼,以便于转化为恰当的形式在交互界面中加以体现。

3. 探索新型交互

人类的自然能力是用户的自然属性,是最基本的直观性行为。运用人类自然能力探索新型交互的目标,就是为了消除人与计算机系统之间存在的隔阂与界限。在计算机系统提供的智能虚拟空间中,人可以使用肢体动作、五官、表情等各种生理特征直接与之发生交互,使人类的自然能力与计算机形成对应关系,从而达到直觉交互的效果。

台湾艺术家黄心健的《平淡之味》系列交互作品(图4)就是通过"吹"的方式实现交互,只要参访者对着花朵造型的吹管吹气,瓷器上的花纹、雨滴、云雾就可以动起来。这样的交互自然简单,是自然能力的独特应用,给使用者带来十分舒适、愉悦的使用感受。随着现代技术的发展,尤其是3D技术、计算机的感知技术、响应能力的快速发展,大数据和智能化的日渐普及,人类将能够通过更多新型的方式与计算机系统进行交互,而计算机系统也能够更好地理解我们的所做、所需和所想,人类自然能力在图形界面的开发利用也将更加成熟。

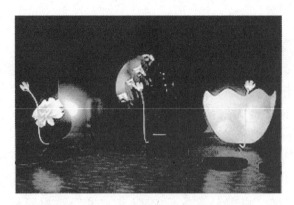

图 4　黄心健的《平淡之味》系列交互作品

4. 挖掘启示性语言

设计者和使用者之间"认知摩擦"的存在,要求优秀的交互产品不仅能在形式和功能上满足使用者的需求,还需让使用者直接快速地明确如何与之交互,这就需要"启示性"的语言。生活经验告诉我们,按钮暗示"按动"、凹槽喻指"滑动",箭头表示"前进"或"后退",这些"启示性"的语言,对应到图形界面中,可以通过对界面视觉语言的色彩、比例、风格、立体性、纹理等形式因素,及声音和文字等其他元素的结合,直觉化地表达产品的预设功能及操作线索。如界面中富有隐喻的图标、一些暗示性的操作界面,以及操作界面的引导。当一个图形界面通过架构、色彩等语言形式按照设计师意图表达出来时,必然需要启示性的语言提醒用户该如何操作,这是连接界面与用户的关键,也是图形界面功能实现的基础。

因而,启示性语言应体现无意识直觉思维,体现习惯认知,才能让用户快速准确地知晓它的真正意义,完成启示的过程,而启示性语言的运用也必然会成为直觉化交互设计的点睛之笔。

四、结　语

现代生活的复杂性,使得人们向往回归简单的生活方式。通过研究人的无意识行为,发现人的隐性需求,运用直觉化设计理念,让使用者在不知不觉中完成过程简单而自然的功能操作,这也契合现代人的现代生活追求。随着互联网技术的日新月异和计算机技术的蓬勃发展,直觉化交互设计势必具有更大的发展空间,或许还会成为未来设计的又一个趋势。

参考文献

[1] 于伟,何征.数字界面的直觉化设计[J].包装世界,2011(6):10—11.
[2] 王烁.直觉化交互设计研究——以家庭数字相册交互系统设计为例[D].清华大学,2004:9—10.
[3] 于晓晖.基于直觉设计方法的产品设计应用研究[D].山东大学,2011:21—22.
[4] (美)Donald A. Norman.情感化设计[M].付秋芳,程进三译,电子工业出版社,2006:38.
[5] (美)Alan Cooper.交互设计之路:让高科技产品回归人性(第二版)[M].(美)Chris Ding 等译,电子工业出版社,2006:96.
[6] 李世国,华梅立,贾锐.产品设计新模式——交互设计[J].包装工程,2007(4):90—95.
[7] 吴伟和,王毅强等.数字媒体的自然式交互设计研究[J].艺术与设计,2010(4):22—24.
[8] MBA 智库百科.直觉思维[EB/OL].[2013—11—20].http://wiki.mbalib.com/zh-tw/直觉思维.

(作者单位:东南大学艺术学院)

社交媒体在健康医疗领域的应用现状与前景探讨*

肖东娟　辛向阳

摘　要　伴随网络技术的快速发展,社交媒体在医疗服务领域的应用范围逐步扩大,慢慢地改变着医生和病人相处的方式,包括医改、医生、健康咨询甚至是医疗服务,并为人们带来了一种新的社交健康体验。社交媒体将成为及时发布新的医疗专业知识、实现网络互动、履行健康教育职责的互动平台,改变了人们寻找相关医疗保健信息的行为。医疗机构可以综合社交媒体上所得信息,更好地满足患者需求,同时医生也可以通过社交媒体管理和提高个人信誉。本文列举了一些国内外知名医疗健康机构应用专业医疗类社交媒体以及大众社交媒体进行医患沟通、合作并获益的案例。在对相关案例进行分析的基础之上,就国内外社交媒体在健康医疗领域的应用现状进行了系统的讨论,并对其未来应用前景进行了展望。

关键词　社交媒体　健康医疗　医患关系　大数据　Value of Social Media in Healthcare

一、引　言

毋庸置疑,网络技术的蓬勃发展给我们的生活带来了巨大的变化,随着用户创造内容(UGC)的日益增长,一种全新的网络媒体形态——社会性媒体(Social Media)逐渐融入日常生活,影响到社会的各个方面。[1]国际电讯联盟发布的最新数据显示,全球互联网用户数量已经超过 30 亿,占全球人口总数的 42.4%,其中,中国互联网用户数量为 6.698 亿。互联网发展重心从"广泛"转向"深入",移动金融、移动医疗等新兴领域移动应用多方向满足用户上网需求,推动网民生活进一步"网络化"。[2]

社会性媒体也称为社交媒体,是指允许人们撰写、分享、评价、讨论、相互沟通的网站和技术,它包括社交网站、微博、微信、博客、论坛等,用户可以通过社交媒体以文字、图像与视频等方式传播信息、分享

---

* 本文为国家社会科学基金艺术学一般项目(项目编号:12BG055)的阶段性成果。

观点及经验。社交媒体具有用户生产内容、社会性、快速传播、开放的双向对话等特色,这些正在改变着人们的思维以及与人相处的模式。社交媒体在医疗行业的应用同样也改变了医生和病人相处的方式,包括医改、健康咨询甚至是医疗服务,并为人们带来了一种新的社交健康体验。[3]本文就国内外社交媒体在健康医疗领域的应用现状进行了系统的讨论,并对其未来应用前景进行了展望。

二、国外社交媒体在健康医疗领域的应用

国外比较流行的大型社交媒体有 Facebook,Google+,Twitter,LinkedIn,Myspace,视频网站 YouTube,等等。除此之外,还有一些医疗行业的专业社交媒体,像 PatientLikeMe,CareBridge,Practice Fusion,HealthTap 等。对于习惯使用各种网络工具的患者而言,社交媒体对他们的就医选择有很大影响。

梅奥诊所(Mayo Clinic)自 2005 年开始使用社交媒体,目前已拥有 570000 名 Twitter 粉,380000 Facebook 活动用户,在 YouTube 上有最受欢迎的医学播放频道,拥有 140 家遍布在世界各地的会员医院。该诊所旨在通过社交媒体工具传播医学知识,帮助大众获得最佳医疗信息。虽然梅奥诊所位于偏远的明尼苏达州罗切斯特,但它依然能够得到大量的捐赠,招收优秀的医疗人才,维持医疗综合实力持续排名全美前三名,吸引世界各地的政要、富人前来就诊。波士顿儿童医院有一个非常受欢迎的 Facebook 主页。他们的登录页面非常吸引人,而且营造出了一个很鼓舞人心的气氛,能让患者放开心扉,分享他们的故事。

一些医疗类社交媒体也逐渐受到病患和医疗从业者的喜欢。PatientLikeMe 是一个病患对病患的网站,访客可以在这个网站上交流个人经历、医疗史,并且回答网上的提问。该公司正扩大其病患导向型的标准化调查问卷,并且憧憬着有一天病人能够从健康监控器以及其他设备例如谷歌(Google)的增强现实眼镜产品上转移数据,从而创造"认知型医疗保健体系"。Practice Fusion 是一个医生对病患网络。这家公司为医生提供基于云服务的电子医疗记录系统,然后为这个平台出售广告,从而为这个免费服务提供资助。最重要的是,它允许医学博士轻松地把医疗记录转给其他人。该平台可以让病患发布医生评价,并且在预约前查看医生的日程安排,以便找到合适的时间;这类似于 TripAdvisor 与 OpenTable 在医疗保健领域的结合体。HealthTap 的

中枢由世界各地的120万名医生组成,他们解答任何地方的任何人所提出的问题。

但是,这些新涌现的网络也面临风险,那就是大型社交网络Facebook,Twitter等决定利用其庞大的规模进入医疗保健行业。据路透社最新报道,Facebook将跟随苹果、谷歌的脚步跨入医疗领域,该报道说,Facebook的产品团队发现,患有慢性疾病(如糖尿病)的用户常常会在社交网站中寻求建议。此外,像PatientsLikeMe之类的以患者为服务对象的网站正呈现快速发展之势,这说明人们越来越乐意在网络上分享自己的症状及治疗经历。还有很多运动手环等相关设备也会跟Facebook连结,因此Facebook如果要进行健康方面的资料搜集,会有先天的优势。对医疗方面,Facebook已在进行相关的研发,初期目标是成立"支持社区",将用户与各种疾病联结在一起。另一个研发方向是开发"疾病保健"的应用,让人们可以借由这个应用改善自己的生活方式。

为了帮助传播癌症预防信息,GE通过其最新推出的HealthyShare Facebook应用程序支持♯GetFit运动。HealthyShare是Facebook上的一款新工具,人们利用这一工具可分享健康目标,跟踪目标实现进程,并将好友作为激励自己的动力源,以实现更加健康的生活。

三、国内社交媒体在健康医疗领域的应用

国内比较流行的社交媒体也有很多,QQ、人人网、微博、微信、优酷、豆瓣、天涯论坛等。2011年4月22日,国家卫生部办公厅颁发《关于做好2011年医改新闻宣传工作的通知》(卫办新函2011,334号),首次提到"充分利用博客、微博等手段,做好互联网舆论引导,多形式宣传医改工作",这是中国政府首次在卫生工作中肯定微博带给"新医改"的宣传价值,也是社交媒体可以正式走进医改的第一步。2011年3月30日,上海市卫生局曾在新民网开通"健康12320"政务微博,旨在通过这种"社交媒体"形式,为市民提供健康保健知识和医改交流。社交媒体的作用正在逐渐被政府和医改所认可。[4]

国内现有的医疗类社交媒体主要包括各类医学专业网站、医学类移动应用和以传播医学科普信息、扩展公众医疗知识层面为主的社交媒体平台。如"39寻医问药网"、"好大夫在线"、"丁香园"、"医学论坛"等。

"丁香园"网站创建于2000年,目前是中国最大的面向医生、医疗机构、医药从业者以及生命科学领域人士的专业性社交网站,拥有超过400万专业会员。其网络平台覆盖几乎所有的医学专业领域,致力于全面推动专业人士在临床医学、基础医学研究、生命科学及药学研发等多领域内的学术沟通、信息共享和医疗专业人员的合作。最近一年来,"丁香园"也已在大众健康领域进行持续的投入与探索,家庭用药APP与丁香医生等产品在未投入任何市场费用的情况下已经积累了数百万用户。计划中的产品主要分为三个大方向:依托于微信公众平台的相关产品、移动APP以及Web产品,进一步为大众群体提供可信赖的医疗健康信息与相关服务。"丁香园"拥有独特的医生和医疗资源,整个团队对医疗行业的理解务实而深刻,将这样的资源和团队与微信、手机QQ资源对接,无疑会为这个行业提供独特的价值。凭借大数据资源优势,"丁香园"也将为企业与医疗机构提供更为精准与高价值的行业型人力资源解决方案。

"丁香园"主要是针对医疗从业人员的网站,除此之外还有一些方便病患之间交流的网络平台,仍然处于试用的初期阶段。所谓"久病成良医",每个人在自己看病的经历中都能收获到很多相关的知识和经验,把这些经验搬到线上来,打造一个病患交流社区。此类网站平台有厦门初创公司"病患如我"、"和你在一起"、"看处方"等。在"看处方"上传自己的病历和治疗经验,对患者来说相当于为自己建立了一个电子版的病历记录,方便患者查询追踪,而对于患同种疾病的患友来说"看处方"上分享的病历和治疗记录又是非常好的参考,帮助患同种病的患友找到适合的治疗方案。经过近一年的筹备,"看处方"上的病历分享已经基本覆盖了日常生活的大大小小病种,包括骨外科、皮肤科、产科、神经外科,等等。

根据DudaMobile最近发布的一份报告,医疗健康行业的移动互联网普及率已达到10%。目前国内也已有多款基于移动终端的移动医疗APP,主要提供寻医问诊、预约挂号、购买医药产品以及查询医学专业信息等服务。"春雨天下"发布的"春雨掌上医生"主要提供症状自查和咨询医生的服务,分别为用户提供预约挂号资源和诊疗、检验检查、药品和健康等方面的咨询和资讯。以传播医学科普信息、扩展公众医疗知识层面为主的社交媒体平台主要是各类医学科普类期刊以及具有专业背景的执业医生等开设的微博及其对应的公众新平台等。[5]

这些医疗类社交媒体网络信息更新速度快、信息量大。据不完全统计,医疗相关社交网站每天都可以产生以万亿字节计的社交数据。如此庞大的数据网络不仅为患者、医务人员、医疗机构、医药企业等提供了丰富的医疗卫生信息,还蕴含着巨大的价值,值得去研究和开发。

四、前景与挑战

"我们的患者就在社交网站,我们的道德责任就是满足他们的需求,为他们提供所需的信息,帮助他们康复。"梅奥诊所社交媒体中心医疗主管在第九届年度世界医疗卫生峰会上,将发展医疗行业的社交媒体称为一项"道德责任"。医疗行业涉及生命健康安全,在接受新生事物方面向来比较保守,社交媒体在医疗行业的功用是否像梅奥诊所强调的那样重要,还有待观察,但至少说明了社交媒体已经引起了医疗行业的足够重视。

但就目前大部分医疗机构使用社交媒体的情况而言,社交媒体的功用并没有发挥到最大的程度。例如,虽然医疗机构开始关注社交媒体并关注其中的信息,但是并没有将这些信息有效地转化融入临床实践中;即便医疗机构设置了社交媒体,大部分也是由营销或通讯主管进行管理,这也削弱了社交媒体信息应用于临床实践的可能性。[6]事实上,社交媒体对医疗机构在临床实践上的帮助不可忽视。一方面,医疗机构能够将社交媒体上的信息进行内部整合。例如,医疗机构可以综合社交媒体上所得信息,更好地满足患者需求,同时医生也可以通过社交媒体管理和提高个人信誉。

社交媒体能够把多元化的信息快速传递到个人,这是以往无法达到的。借助于网络以及双向信息高速通道,病人、医学专家以及普通大众建立了多种新的途径来发现、分享以及传递医学信息。新的媒体工具正促使这种趋势的发展起到促进健康的作用,但社交媒体和网络平台上的信息庞大而复杂,相关的健康和疾病信息错综复杂,有的未经专业监督,良莠不齐。

当前医患关系紧张、暴力事件增多的重要原因是患者缺少抱怨与投诉的途径,或者患者的抱怨和投诉得不到及时处理。社交媒体的应用能够使患者发泄抱怨与不满的渠道保持畅通。患者可以直接将意见与建议反馈给相关的医院和医生,医方能够及时回应并处理患者的抱怨,与患者保持密切沟通,避免患者抱怨累积,引发极端行为。通过社交媒体收集到的来自于患者的表扬、抱怨、意见、建议等，医院都应充分重视，认真对待，这对于加强医院的管理与改进，完善医疗服务具有重要意义。[7]

另外，社交媒体不仅能够为患者提供抱怨与投诉的窗口，同时也能够为医务人员提供诉说的途径，医务人员可以通过该平台真实反映其工作状态与心理感受，让更多患者了解医生的工作，增加患者对医生的理解，减少医患纠纷。但同时社交网络在某种程度上对医患关系存在潜在的破坏作用。传播一些错误的信息并误导公众或损坏医疗机构形象，一定程度上影响了医疗执业。此外，目前中国绝大多数与健康相关的社交网站均以商业盈利为目的，其信息的准确性和可靠性堪忧。目前，关于社交网络有效以及有益于提高大众的健康的证据还很有限，尤其是关于中国网民利用社交媒体寻求医疗保健信息的研究还是空白，将来的研究目标应该转向如何利用社交网络使之能更好地为大众健康防护及疾病干预和治疗服务。

参 考 文 献

[1] 林荣耀.大数据及在当代互联网应用中的研究[D].厦门大学,2014.
[2] 中国互联网络信息中心.第34次中国互联网络发展状况统计报告[J].互联网天地,2014(7):71—89.
[3] 章伟芳.社交媒体和医疗保健[J].浙江大学学报(人文社会科学版),2014(1):208.
[4] 张文燕.社交媒体影响患者就医选择[J].中国医院院长,2012(10):26—27.
[5] 朱俊,马琳,鲁超,锁涛,徐一新.社交媒体在我国医疗实践中的应用[J].中华医学图书情报杂志,2014(6):9—12.
[6] 闫中天,王进.利用网络社交媒体管理提高医生个人信誉[J].中国信息界(e医疗),2011(9):62.
[7] 侯胜田,王海星.社交媒体在医患沟通中的应用探讨[J].中国医学伦理学,2014(2):290—292.

(作者单位:江南大学设计学院)

扬州市新型城镇化路径探讨*

李晓琴

摘　要　为了研究扬州市新型城镇化的路径，本课题在扬州市域范围内选择了20个代表性较强的样本村庄，从市县（市）行政区域、经济发展、规划与否等几方面对样本村庄进行分类和解析。找出村民对城乡之间迁移的真实认知和意愿，给出适合扬州的新型城镇化路径。

关键词　扬州市　城镇化

城镇化是一个具有广泛含义的概念。狭义上讲，一般是指人口城镇化，是指城市数量的增加和城市规模的扩大，人口在一定时期内向城镇聚集的过程。其实质含义是，人类进入工业社会时代，社会经济发展导致农业活动的比重逐渐下降、非农业活动的比重逐步上升，与这种经济结构的变动相适应，出现了乡村人口逐渐降低，城镇人口比重稳步上升，居民点的物质面貌和人民的生活方式逐渐向城镇性质转化和强化的过程。城镇化是人类进步和社会经济发展的必由之路，是贯彻科学发展观，促进产业结构调整，全面实现小康社会的有效途径。城镇化水平是衡量一个国家和一个地区社会经济发展水平的重要标志。

中国正在全面建设小康社会，大幅度提高城镇人口比重，逐步扭转、缩小工农差别、城乡差别、地区差别是其中的重要目标之一。为此，我们必须努力"消除不利于城镇化发展的体制和政策障碍"，走出一条既不同于西方发达国家和地区，也不同于传统发展老路的城镇协调发展、城乡共同繁荣的与新型工业化道路相呼应的"新型城镇化道路"来。

---

* 本文为2013年度扬州市科协课题"扬州新型城镇化路径探讨"（项目编号：201321）的阶段性成果。

一、扬州乡村当前发展状况

1. 扬州市域简介

扬州市地处江苏省中部,长江北岸、江淮平原南端。南临长江,北与淮安、盐城接壤,东和盐城、泰州毗连,西与南京、淮安及安徽省天长市交界。境内有长江岸线80.5公里,京杭大运河纵穿腹地,由北向南沟通白马湖、宝应湖、高邮湖、邵伯湖4湖,汇入长江,全长143.3公里。现辖广陵、邗江、江都、开发4个区、宝应县和仪征、高邮2个县级市71个镇、5个乡和13个街道办事处(资料来源:《扬州统计年鉴2011》)。

2. 调查研究过程

课题组的研究选取了26个样本村庄,分七个单元展开调查工作,发放村民调查问卷386份,收回386份,有效问卷386份;发放村干部调查问卷20份,收回20份,有效问卷20份。通过实地踏勘、问卷调查和现场访谈等方式,系统了解扬州乡村百姓的生活愿景及他们和子女分别希望生活的地点及原因。在实地调研后对收集的基础资料进行归纳、统计和分析。主要采取数据的统计分析、比较分析和归纳分析,等等。

3. 城镇化发展分析

江苏省统计资料表明,扬州城镇化发展历程大致可分为以下四个阶段:

(1) 起步阶段(1949—1957):扬州解放后,城市人口的增长来源主要是入城的干部和战乱后返城的职工及其家属,同时也有一部分进城的农民。这一时期全市城镇人口由28.8万人增加到36.06万人,年均增长2.85%;城镇化率也由10.99%上升到11.67%。这阶段扬州城镇化的主要特点是起点很低,发展缓慢。

(2) 波动阶段(1958—1978):1958年开始,扬州城镇化水平经历了一个先上升后下降再缓慢上升的过程。1958-1960年间大量农村劳动力盲目涌入城市,城市人口大幅增加。扬州市城镇人口由40.6万人增加到47.19万人,城镇化率由13.19%增加到16.20%。1961年,为减轻城镇负担,国家调整政策,动员城镇人口回乡,并对城乡人口实施严格的户籍管理,限制人口城乡间的流动,城市人口机械减少,城镇化进程出现了停滞甚至倒退。1965年扬州市城镇人口仅有37.85万人,城镇化率12.44%。1966—1978年期间,全市城镇人口数由39.16万人降至1968年的36.76万人,后回升至1978年的45.16万人;城镇人口比重由12.48%降至1970年的10.62%,仅相当于1949年的水平,到1978年为11.33%。20年间,扬州城镇化率下降了0.34个百分点。

(3)相对稳定阶段(1979—1989):1989年扬州市城镇化上升到18.62%。10年间,扬州市城镇人口由51.23万人增加到80.66万人,增长了57.4%,年均增长4.64%,城镇化率上升5.9个百分点,平均每年上升0.59个百分点,城镇化的推进并未呈现高速增长的态势。

(4)加速发展阶段(1990年至今):进入90年代,扬州城镇化进程明显加速,各级城市和小城镇的人口迅速增加,建成区面积也以较快的速度在扩展。这期间,全市建制镇由32个增加到81个;城镇人口增长2.5倍,年均增长6.71%,城镇化率由19.54%迅速提高到48.96%,上升29.4个百分点。特别是90年代中后期至2004年的10年间,城镇人口数量增加了100多万人,达到了前所未有的速度。90年代后期,小城镇建设的加快,推进了扬州城镇化进程。90年代以来,扬州城镇化发展较多地体现在小城镇的发展上。

统计显示,虽然扬州市城镇化水平在逐年增长,但仍低于江苏省平均水平。比较表1、图1,随着扬州城镇化水平的提高,扬州城镇和农村居民人均收入均逐年攀升,但城乡差距却在加大。2006年扬州城乡居民人均收入差为7132元;2010年差值为12304元,差值均高于当年农村居民人均纯收入。城乡居民收入比2.3∶1,扬州农村居民人均收入有待进一步提升。

表1　2006—2010年扬州市与全省城镇化率比较

年　份	扬州市城镇化率(%)	江苏省城镇化率(%)	备注
2006	49.2	51.9	
2007	50.2	53.2	
2008	51.3	54.3	
2009	52.9	55.6	
2010	56.7	60.6	

资料来源:《扬州统计年鉴2011》、《江苏省统计年鉴2011》。

图1 2006—2010年扬州城乡居民可支配收入

资料来源:《扬州统计年鉴2011》。

扬州市统计资料表明,自1949年至今的半个多世纪间,扬州城镇化总体上经历了一个城镇数量不断增加、城镇人口规模不断扩大、城镇人口比重不断上升的发展历程。2005年末扬州有中心城市扬州,小城市江都、高邮、仪征、宝应,建制镇81个,省重点中心镇18个,城镇化率为48.3%;2007年全市城镇化率首次突破50%,达到50.2%,至2010年年底全市城镇化率达到56.73%,比2005年的48.3%提高8.43个百分点,年均提高近1.7个百分点,城镇化水平和增长速度均领先苏中、苏北。

2011年11月13日,国务院批准扬州行政区划调整,撤江都市为江都区。为适应行政区划调整后城市建设出现的新情况,加快城市空间整合,推进现代化大扬州建设,在《扬州市城市总体规划(2010—2020)》和《江都市城市总体规划(2010—2030)》基础上进行整合对接,编制完成《扬州市城市总体规划(2012—2020)》。规划期末(2020年)市域总人口为560万人,城镇人口390万人左右,城镇化率70%。规划至2020年扬州形成市域中心城市、市域二级中心城市、重点镇和一般镇的四级等级规模结构体系,其中包括:1个人口大于100万的特大城市扬州;3个人口在30万~40万的城市,即仪征、高邮、宝应;13个重点镇;28个一般镇。城镇个数在增加,中心城区进一步扩大[表2,资料来源:《扬州市城市总体规划(2012—2020)》]。

表 2　扬州市域城镇等级规模结构表（2020 年）

城镇等级	规模等级	城镇名称与人口规模(万人)		个数(个)
市域中心城市	>100 万人	扬州中心城区	210	1
二级中心城市	30～40 万人	仪征城区 高邮城区 宝应城区	约 100	3
重点镇	2～5 万人	邵伯、小纪、郭村、李典、公道、大仪、月塘、三垛、菱塘、临泽、氾水、曹甸、射阳湖	约 40	13
一般镇	除中心城区近郊的城镇外，一般为 1 万人左右	朴席、杨庙、杨寿、方巷、槐泗、沙头、头桥、甘泉、宜陵、武坚、樊川、真武、丁沟、丁伙、吴桥、浦头、新集、刘集、送桥、卸甲、汤庄、龙虬、界首、夏集、柳堡、鲁垛、山阳、广洋湖	约 40	28
合计			约 390	45

4. 样本村庄经济发展水平分析

根据《江苏省统计年鉴 2012》统计数据，2011 年扬州市农村居民年均纯收入为 11217 元，江苏省农村居民年均纯收入为 11835 元。

对扬州市 20 个样本村庄的调查资料汇总分析村庄居民人均纯收入水平可知，2011 年各样本村及各县(市)区的居民收入水平参差不齐，其中开发区农村居民纯收入平均值最高为 18500 元，其次是江都区(15855 元)、广陵区(14818 元)、高邮市(13984 元)、仪征市(13380 元)、邗江区(12988 元)、宝应县(12577 元)。20 个样本村庄居民年均纯收入均值为 14586 元，均高于江苏省和扬州市的平均水平(图 2、图 3)。

分析样本村庄经济发展状况，存在较为明显的地域性。扬州市区周边的样本村庄(一环)，如建华村、双隆村和南渡村居民的人均纯收入均在 18000 元左右，占样本村庄的 15%，远高于扬州市样本村庄均值；市区周边的样本村庄(二环)，如清真村、双桥村、启于村和东舍村居民的人均纯收入均在 15000 元左右，占样本村庄的 20%，高于扬州市样本村庄均值；稍高于扬州市样本村庄均值的有盘古村、金灯村和蒯家村，占样本村庄的 15%；接近扬州市样本村庄均值的有金湾村、崔堡村和少游村，占样本村庄的 15%；最低的是宝应县的冲林村，只有 10000 元，低于扬州市样本村庄均值，它也是离扬州市较远的村庄。

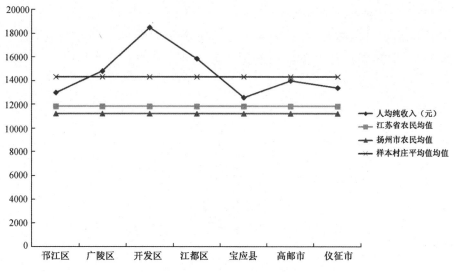

图 2 2011年扬州市各县(市)区样本村庄居民人均纯收入平均值

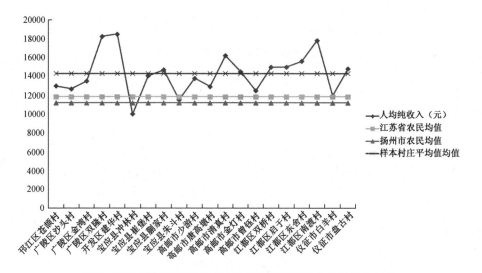

图 3 2011年扬州市各县(市)区样本村庄居民人均纯收入对比

二、扬州乡村农民的城乡之间迁移真实意愿

为了解扬州村庄村民对村庄的认知和迁移意愿,扬州课题组从村民对城乡之间迁移的认知和意愿、村民对村庄规划和整治、村民对村庄空间特色塑造等几方面进行了问卷调研,根据调研所获信息,进行不同类别村民对村庄的认知和意愿解析。下面就从市县(市)行政区域、经济发展、规划与否等几方面对样本村庄进行分类,重点解析村民对城乡

之间迁移的意愿。

据调研可以看出大多数扬州村民还是希望继续生活在农村,除了乡村情结外,村庄生活的温馨舒适是其主要原因之一(图4、图5)。

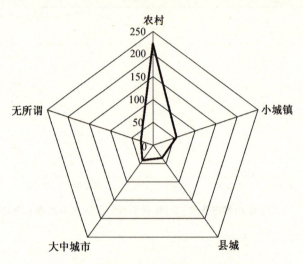

图4　扬州样本村庄村民迁移意愿

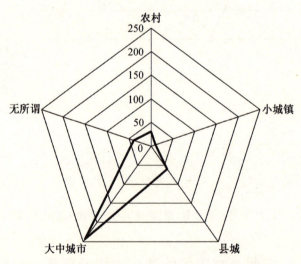

图5　扬州市样本村庄村民对子女迁移意愿

但由于村民所处的市县(市)区域、村庄经济发展水平和村庄规划的不同,在村民自身迁移意愿和子女迁移意愿上会有差异。

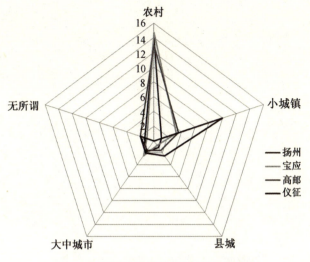

图 6 扬州不同地域村庄村民迁移意愿

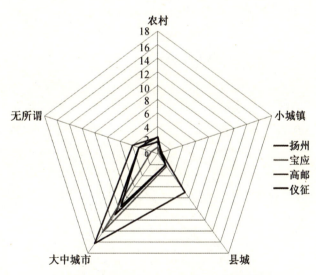

图 7 扬州不同地域村庄村民对子女迁移意愿

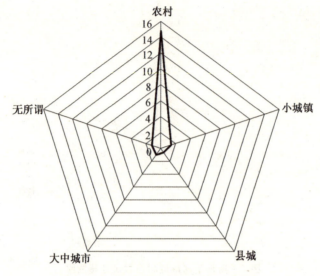

图 8 扬州经济较好村庄村民迁移意愿

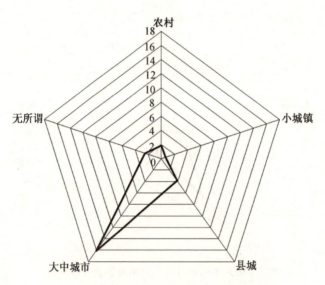

图 9 扬州经济较好村庄村民对子女迁移意愿

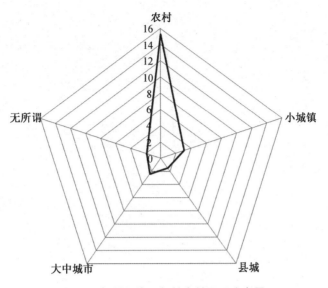

图 10 扬州经济一般村庄村民迁移意愿

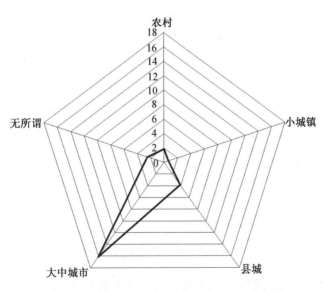

图 11 扬州经济一般村庄村民对子女迁移意愿

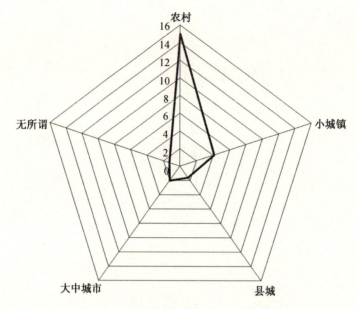

图 12　扬州经济较差村庄村民迁移意愿

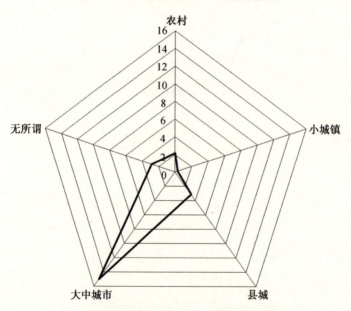

图 13　扬州经济较差村庄村民对子女迁移意愿

由图 8—图 13 进行比较分析可知，随着村庄经济条件的上升变化，村民意愿在农村的比例在增加，意愿在小城镇的比例在减少，究其原因是经济发展较快村庄村民对自己目前生活的满意度较高所致。对子女的迁移意愿，随着村庄经济条件的上升变化，意愿子女在大中城市的比例在减少,意愿子女在县城的稍有增加。综合分析可知,不同经济发展水准的村庄村民的迁移意愿和对子女的迁移意愿的差异性较大。

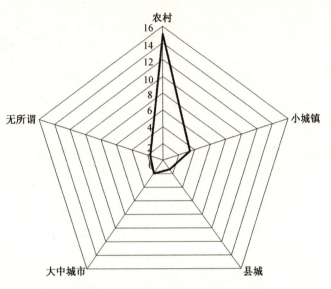

图 14　扬州已规划村庄村民迁移意愿

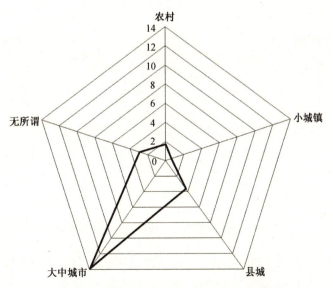

图 15　扬州已规划村庄村民对子女迁移意愿

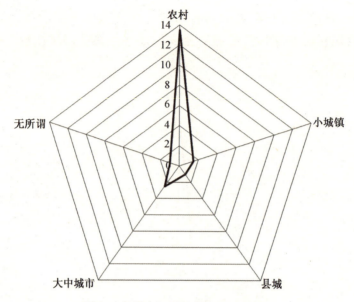

图 16 扬州未规划村庄村民迁移意愿

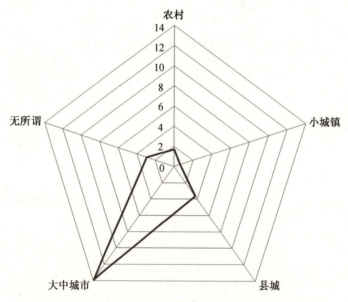

图 17 扬州未规划村庄村民对子女迁移意愿

由图 14—图 16 进行比较分析可知,已规划村庄村民迁移意愿农村和小城镇占的比例高于未规划村庄;对子女的迁移意愿,已规划村庄村民与未规划村庄村民基本一致。究其原因是村庄规划带给村民的是可见性很强的成效,已规划村庄村民更愿意在农村或小城镇发展。

三、结　语

小城镇是统筹城乡发展、推进农业现代化的重要纽带。当前,部分劳动密集产业逐步向小城镇集聚,加之部分农民工返乡,小城镇发展迎来良好机遇。忽视小城镇不可取,但不顾省情盲目"造镇",与盲目"造城"一样,都需引起警惕。

支持小城镇发展,并不是支持"遍地开花",而是紧扣"择优培育"。这里的"优",不是指镇子的"个头"大,而是看产业发展、历史文化等方面有无特色和优势。据了解,新一轮的《江苏省城镇体系规划(2012—2030)》指出,江苏将择优培育小城镇,重点培育一批省级重点中心镇。江苏省住建厅周岚厅长说:"有条件的小城镇要加快发展成为集聚10万人以上的现代新型小城市,以探索江苏省新型城镇化发展之路。"

江苏省住建厅周岚厅长介绍,当前,由于对小城镇建设重视不够、集聚吸纳功能不完善,导致"人口城市化"滞后于"土地城市化"现象出现。这一难题亟待通过城乡发展一体化来破解。同时,城乡居民在基本公共服务均等化等方面仍存在不小差距,必须加快构建大中小城市和小城镇协调发展的城镇体系,推动大中小城市和小城镇、城市群科学布局、合理分工、集约发展。大城市重在优化产业结构,提升国际竞争力,增强中心城市综合功能,着力解决交通拥堵、环境污染等问题,防治"城市病";中小城市要提升产业承载能力,发挥对内辐射带动作用;小城镇要围绕周边居民生产生活需要,着力解决生活集中、服务"三农"、商贸流通、基本公共服务能力等问题。建议扬州新型城镇化模式,应积极撤并规模小而散的村庄,打造规模适宜且有吸引力的新城镇。

参 考 文 献

[1] 周岚等.统筹城乡建设读本[M].江苏人民出版社,2012:5-6.
[2] 金兆森,李晓琴等.新农村建设与村庄整治[M].中国建筑工业出版社,2010:199-200.
[3] 金兆森,李晓琴等.村镇规划[M].东南大学出版社,2010:8-9.
[4] 吴志强,李德华等.城市规划原理(第四版)[M].中国建筑工业出版社,2010:155-161.
[5] 李晓琴.发展扬州小城镇休闲产业建议和对策[J].安徽农业科学,2011(13):7992-7993.
[6] 江苏省统计局.江苏统计年鉴2011[M].中国统计出版社,2011:1-4.

(作者单位:扬州大学建筑科学与工程学院)

设计符号学理论下应对噪音干扰的产品设计方法研究*

褚 鹏 吴 琼

摘 要 当前设计符号学对噪音的研究相对薄弱,导致了产品设计过程中应对噪音干扰的方式有限。根据传播学和符号学的发展历史得出传播模式是符号学和传播学共同的理论基础,根据传播学中传播模式和噪音的相关理论对符号学中传播模式和噪音的相关理论提供参考,得出改进后的设计符号学噪音理论,提出产品设计过程中应对噪声干扰的方法。

关键词 传播模式 噪音 设计符号学 产品设计 传播学

一、符号学与传播学、设计符号学与符号学的关系

符号学和传播学是两门不同的学科,但传播学在发展过程中不断从符号学中吸取经验。[①] 传播学对传播模式的范式研究虽然还存在很多争议和缺陷[②],但是相对于符号学中对传播模式的研究更为成熟。

符号学和传播学共同使用传播模式的理论,但深入研究的视角和对象不同。传播学研究主体是人,而符号学研究主体是客观事物。[③] 在传播学视角下,符号被看作媒介,信源和信宿被看作传播者和受众,传播学主要研究人对信息获取和传达的一系列反应。在符号学视角下,

---

* 本文为江苏省教育教学改革研究与实践课题"工业设计工程专业学位研究生培养模式改革创新研究与实践"(项目编号:JGLX12_04)的阶段性成果。

① 传播学发展过程中对符号学的参考过程本文不再赘述,详情见参考文献中徐正林编著的《欧洲传播思想史》。

② 在传播学发展过程中,传播模式存在不断改进的过程,但现存的传播模式都存在争议。具有代表性的传播模式有:"5W"模式、香农—韦弗模式、两级传播模式、施拉姆模式、德弗勒模式、韦斯特利—麦克莱恩式、波纹中心模式、一致性模式等。传播模式的具体发展过程本文不再赘述,详情见张慧元编著的《大众传播理论解读》。

③ 文本的研究基础中包含了"信息人"的假说,即"传播学的研究主体是'信息人','信息人'用以指称不断追求信息获取、交流与使用最优化,借以满足自身生存与发展需要的各色人等"。本文不再赘述,详情见参考文献中胡翼青编著的《传播学:学科危机与范式革命》。

研究的重点应当是客观的符号本身,即符号的形成和解释过程。

人为创造的符号形成是为了传达信息,是设计的过程。符号学不是一门具体的学科,而是抽象解释一般性的理论。不同类型符号的设计分属不同的学科,这些学科共同使用符号学的一般性理论。

二、传播学与符号学中的传播模式与噪音

1. 传播模式

(1) 传播学视角。传播学中对于"传播模式"的定义是一个不断发展的过程。亚里士多德在修辞学中把传播的过程定义为说话的人、说的话和听众。1947年申农在亚里士多德的基础上增加了传送器和接收器,暗含了解释大众传播的过程。拉斯韦尔将传播效果引入传播过程,暗含了传播宣传的目的。1948年申农和韦弗在申农1947年的理论基础上加上了噪音的干扰。纽库姆抛开前人的理论,重点强调了传播者希望受众认同的心理压力。格伯纳在拉斯韦尔、申农和韦弗理论基础上进行扩充,但依然认为传播是单向的。魏斯理和麦克连在纽库姆的基础上针对人际传播和大众传播的传播模式做出区分,认为人际传播过程中传播者的心理压力影响传播,且反馈较快;而大众传播的反馈较慢。

传播过程的复杂性让传播学者们试图在抽象概括和精确复杂的分类描述之间寻求折中点,以得出一个确定的传播模式,方便进行传播的分析、测量和计算。传播模式的争论一直延续至今,依然没有得出一个大众广泛认同的结论。但是前人的争论并非毫无意义,传播模式的进步给符号学的理论发展提供了帮助。

(2) 符号学视角。符号学传达的基本过程中,构成要素有发信人、收信人、符号、编码规则、信文和信道,也包括了传达过程中的语境、噪声、编码过程、解码过程和编码规则。根据传播学中传播模式的发展过程,可以对符号学中符号传达过程作以下假设:① 符号可以用于传达信息,符号传达的基本过程应当考虑传达的效果;② 符号形成过程中为了传达信息,传达者存在心理压力;③ 收信人对接收的符号信息存在反馈。

以上推论在符号学中并不完全成立,因为符号并不都是人为形成的。但是当推及至设计符号学时,研究的对象就被限定为人为创造的符号了。因此,可以对设计符号学的传达过程作以下解释:① 符号设

计的目的在于传达信息,在符号设计过程中需要考虑传达的效果;② 符号设计者为传达信息存在心理压力;③ 符号传达过程中,收信人对符号设计者存在反馈。

2. 噪音

(1) 传播学视角。目前学界普遍认同的"噪音"定义是:干扰传播过程,阻碍有用信息传播的事物。"噪音"这一概念最早在信息论中由申农提出。他在"数学传播模式"中提出:"传播不是在封闭的真空中进行的,过程内外的各种障碍因素会形成对讯息的干扰,这对于社会传播过程来说也是一项不可忽略的重要因素。"申农在传播模式提出了噪音的影响,但他认为噪音只存在于信道中,提出的噪音主要是机械噪音(图1)。而德弗勒认为噪音广泛存在于传播的整个流程中,而不仅仅存在于信道上(图2)。

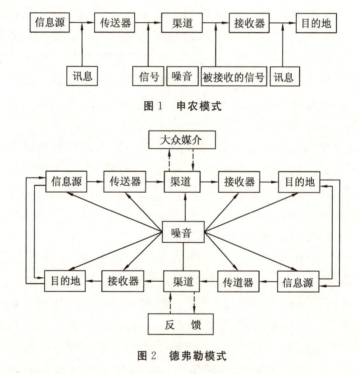

图1　申农模式

图2　德弗勒模式

针对德弗勒模式中噪音对各个传播元素的影响,噪音可分为以下三种:传播者噪音、媒介噪音和受众噪音。

根据噪音形成原因,噪音又分为机械性噪音和符号学噪音。其中机械性噪音属于信道上的噪音,即前文申农提出的噪音,比如电视的雪花、结巴、口吃等。而符号学噪音是指由于意义失调引起的讯息干扰。"符号学噪音主要由两个因素决定:个人因素和社会因素。个人因素是指传播者和受众的世界观、需求、兴趣、爱好、教育程度、语言能力、理解水平以及资历、阅历、经验等。社会因素包括政治经济制度、社会价值标准、民族传统观念、经济发展水平、文化开放程度等。"

(2)符号学视角。根据德弗勒模式,符号学中的噪音主要存在于信源、信道和信宿上。根据传播学视角中噪音的分类,可以将符号传达过程中影响传达的噪音分为机械型噪音和歧义型噪音。机械型噪音主要是符号在传达过程中形态的变化,而歧义型噪音主要是因为信宿信息了解不完全,即经济学中提出的"信息不对称",导致信宿对符号内涵无法准确理解。

三、设计符号学理论下减少噪音干扰的产品设计方法

1. 产品设计研究对象与传播学的区别

产品设计研究的对象是产品,而传播学研究的对象是人。因此产品与人的沟通不是某一门学科能够解决的问题。在通过传播学视角分析产品符号传达过程时,需要将研究的焦点放在产品上。随着理论研究的不断深入,原产品可以废弃并重新设计更符合理论研究的产品,但是人不能废弃。

2. 产品设计过程中减少噪音干扰的方法

产品符号设计只是设计符号学研究中的一小部分,因此结论范围应当有所缩小。当产品设计师把产品作为符号进行设计时,存在以下推论:

(1)产品设计师在进行产品定位后进行产品设计,设计后的产品需要能够传达调研后的产品定位特征。

(2)产品设计师为了传达产品定位的特征,存在心理压力。

(3)产品设计过程中,用户会提供对产品设计的反馈。

从产品设计角度,根据噪音的细分,应对噪音干扰的产品符号设计存在以下方法:

(1)避免产品外观磨损导致的产品语义分歧。

(2)产品语义符合用户定位下用户的经验范围。

根据以上论述,对产品设计过程中减少噪音干扰的方法总结如下:

(1) 增加信息冗余——横组合和纵聚合。在产品设计过程中,对产品中每个部分纵聚合后,选择与产品定位下所需传达的语义符合的元素进行横组合,提高产品语义的信息冗余。

(2) 设计过程中的反馈——SD法与因子分析①。在纵聚合过程中选择符合语义的元素,对每个元素进行语义差分法,并进行因子分析,选择最符合产品语义的元素进行横组合。对横组合完成后的产品进行修改以确保产品造型美观的过程中,不断对得到的产品进行语义差分法和因子分析,以获得产品定位下符合所需产品语义的造型。

(3) 受众经验范围细分尺度。在产品定位之前,把握清楚对用户的定位,了解目标用户的经验范围,即其政治主张、文化背景、民族心理、宗教信仰、生活习惯、知识结构、兴趣爱好等,确保对产品的设计在用户的经验范围之内。产品在进行用户细分时,细分的限制因素越多,细分程度越高,细分后的用户定位越准确。但细分的深度过高时,前期调研的时间和成本耗费过高,容易延误产品上市的时间。细分的终点是细分到每个用户,但这样的做法并不需要。因此用户细分的尺度需要把握适中。当细分定位后设计的产品依然不能完全符合每一个用户的经验范围,就需要产品设计之外的方法来应对噪音的干扰,让用户能够接收产品语义。

(4) 提高产品的耐用度,避免出现易磨损的产品结构。

3. 其他不属于产品设计过程的产品噪音减少方法

(1) 大众传媒。在产品设计完成之后,为了应对产品符号传达过程中噪音的干扰,还需要大众传媒,例如广告、营销活动等对产品语义的进一步传播。

(2) 意见领袖。在互联网时代,话语权已经不再像过去一样只集中在统治阶级手里,微博段子手、公共知识分子等意见领袖被称为"无冕之王"。意见领袖对产品语义的传播也是应对噪音的方式。

四、理论展望

本文旨在换一种视角,以求在产品设计过程中将需要传达的信息更准确地传达给用户。这样一方面能够达到产品定位下需要设计的产

---

① 具体方法本文不再赘述,详情见参考文献中蔡配泉的硕士学位论文《三角砂光机语义设计研究》。

品造型,另一方面也为产品和品牌的营销传播带来便利,保证品牌形象准确的传达。产品设计和营销传播之间是相辅相成的关系,营销传播活动是站在产品的基础之上的,而产品设计过程也需要考虑营销传播活动传达的品牌特征。

由于传播模式理论不成熟、噪音类型太多,对于噪音还需要作进一步细分研究,以确保产品设计和营销传播更好地为品牌服务。

参 考 文 献

[1] 吴凡.传播学概论[M].浙江工商大学出版社,2012.
[2] 胡翼青.传播学:学科危机与范式革命[M].首都师范大学出版社,2004.
[3] 徐正林.欧洲传播思想史[M].上海三联书店,2005.
[4] 居延安.信息·沟通·传播[M].上海人民出版社.1986.
[5] (美)拉里·A.萨默瓦等.跨文化传播[M].人民大学出版社,2004.
[6] 张宪荣.设计符号学[M].化学工业出版社,2004.
[7] 蔡配泉.三角砂光机语义设计研究[D].南京工业大学,2014.
[8] 吴琼.基于符号学的产品设计[J].包装工程,2007(9).
[9] 吴琼,邰蓉蓉.符号学原理在民用开关设计中的应用研究[J].包装工程,2009(8).
[10] 潘晶安,王晓文,王玉叶,史荣华,罗杰.警察形象危机事件的传播噪音和控制对策[J].江苏警官学院学报,2010(4).
[11] 韩红星,赵恒煜.政务微博影响力的消解——基于传播噪音的研究[J].东南传播,2012(7):29-33.
[12] 柯楠.设计沟通中的噪音——从传播学角度看设计沟通中的困难[J].艺术与设计,2012(9):37-839.

(作者单位:南京工业大学工业与艺术设计学院)

从唐三彩纹样解析我国唐代的绞缬艺术*

刘素琼　高卫东　梁惠娥

摘　要　在众多唐代出土三彩器物表面装饰纹样中,有一类与传统绞缬在艺术审美特征上具有极大一致性的特色纹样,疑似为当时的绞缬织物花样。唐三彩是唐代生活的重要写照,将这类特色纹样提取并作为绞缬花样的补充研究,对于研究鼎盛时期的传统绞缬艺术具有重要的意义。本文提取了传统绞缬艺术的纹样特征,并与唐三彩"类绞缬特征"纹样展开比对研究,从色彩、图案造型、构成特征分析着手,探讨了唐代绞缬工艺的艺术特点,提炼出了唐代服装中可能运用的多种绞缬纹样。

关键词　绞缬　绞缬艺术　唐三彩　唐三彩纹样

唐代是我国绞缬技艺应用的高峰时期,然而因为时间久远、史实缺乏,资料不足等问题,迄今为止,对唐代时期究竟有哪些绞缬技艺、绞缬纹样有哪些形式特征等具有鲜明观点和独特视角的研究还相对较少,仅停留于:"唐代的绞缬得到了很大的发展,魏晋时流行的鹿胎缬花样此时仍然深得人们喜爱,还出现了撮晕缬、鱼子缬、醉眼缬、方胜缬、团宫缬、网纹缬、朵花缬、瓮纹缬、三套缬、锦缬等"的观点,这种笼统的表述,再加上少数学者在相关名词解释上出现的差异,给对传统扎染理论的进一步研究带来了难度。鉴于此,以唐代历史时期为背景,按照考古学者沈从文图像、文献、实物结合起来进行研究的方法,在各学者已有研究的基础之上,再结合唐三彩中的各种艺术形象,对唐代绞缬工艺及其纹饰艺术形态展开研究具有一定的意义。

一、唐代绞缬工艺史考

绞缬,一种具有独特艺术风格的传统防染印花工艺。对于其起

---

* 本文为国家社会科学基金资助项目"汉族民间服饰文化遗产保护及数字化传承创新研究"(项目编号:12BMZ049)、教育部新世纪优秀人才支持项目(项目编号:NCET-10-0454)的阶段性成果。

源，各种学说均有，其观点主要依赖于考古界的文物出土；对于其流行的年代，唐代则是学术界普遍公认的。其因有三：第一，从已出土的绞缬文物来看，可以确认为隋唐时期的遗物在其中占有大多数。如新疆维吾尔自治区博物馆馆藏的绞缬四瓣花罗、棕色叠胜绞缬绢，日本正仓院保存的唐代鹿胎缬、鳖纹绞缬，集美博物馆藏的绞缬断片等。第二，从唐代诗词文献中出现的大量绞缬名目也能反映出当时绞缬的流行。如李贺的《蝴蝶舞》："杨花扑帐春云热，龟甲屏风醉眼缬"；段成式的《嘲飞卿》："醉袂几侵鱼子缬"；上官照容的《游长宁公主流杯池诗》："横铺豹皮褥，侧带鹿胎巾"；韦庄的《雨霁池上作呈侯学士》："鹿巾藜杖葛衣轻"等。此外，《新唐书·舆服志》也记载了当时妇女流行的装扮是：爱穿"青碧缬"，着"彩帛缦平头小花草履"，足可见绞缬花样在唐代之流行。第三，较为直观可见的唐代绘画、雕塑等艺术形式中出现的绞缬花样服饰，如新疆吐鲁番阿斯塔那唐墓出土泥头木身着衣俑中的绞缬披帛，唐巩县窑三彩刀髻女侍俑所着裙子纹饰，中国台北故宫博物院藏唐代绘画《宫乐图》中的宫女上衣及其坐垫纹饰等，都是唐代绞缬花样流行的充分体现。

二、基于唐三彩之上唐代绞缬技艺研究的理论基础

将唐三彩与服饰染缬艺术作为比对研究的理论模型，可以追溯到20世纪的50年代。考古学家沈从文在当时的《谈染缬》一文中，对两者的相互关系做出了阐述，认为唐三彩中的纹样是先用于丝绸染缬后来才转用于陶器装饰的，这以后出版的一些染缬专著或中国的染缬专家普遍引用此种观点，并在20世纪80年代出版的《中国染缬史》中，沈从文首次明确提出了"唐三彩中常见的花斑，和当时绞缬的技术处理有相通之处"的观点。1986年，王予予在《中国古代绞缬工艺》一文中，又将河南出土的一件唐三彩盖罐上的图案作为套色网纹缬的实例加以说明并进行了实验论证。2002年，赵丰在回答方忆有关两者技术处理上是否具有相同性的问题时，提出了"唐代染缬工艺与唐三彩釉装饰之间的确存在着可比性，而且唐三彩的彩釉图案可以作为研究染缬图案的参考资料"的观点。2010年初，方忆在故宫博物院院刊发表论文《唐三彩彩釉工艺与唐代染缬工艺关系之初步探讨》，文中在大量史实资料的比较研究下不仅肯定了两者的关联性，还大胆地提出了唐三彩彩釉工艺中绞缬法的错误以及唐代三彩艺术在形、色上模仿唐代染缬艺术等学术观点，将唐三彩工艺、纹

样与染缬纹样"可比性"观点又推进了一步。持以上观点的学者均是丝绸染织文化史论界研究的前辈人物,其论据充分,论证合理,具有学术代表性,为我们借鉴唐三彩艺术、全方面研究唐代绞缬技艺打下了良好的基础。

三、绞缬及其纹样特征提取

绞缬,又称"撮缬"、"撮晕缬",即今天所称的扎染,是将织物捆扎防染处理再浸染上色而形成花纹的一种特殊印染工艺,具有操作简便、风格独特的特点。由绞缬工艺而为的绞缬纹样艺术,因其特殊的工艺技法所致,在纹样以及意境审美上有着其独特的形式特征,其主要特征可简要概括为"白斑"、"针眼"、"色晕"。

1."白斑"

"白斑",有白色斑点或白色点状纹样的含义,在传统绞缬作品形式中,即指受捆扎保护隔离后未上染颜色而形成的白色斑点纹样,这类图形不论方与圆、疏与密、大与小或多与少,多呈现为中间镂空的规则小圆圈形状。如图1,唐代出土的圆形捆扎"白斑"纹样,在特征上显示为浅色小圆圈,中间有点的外形特征,可概括提取特征为如图2"白斑中心加彩"所示特点。

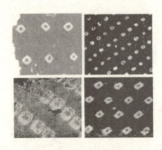
图1 "圆形白斑"纹样

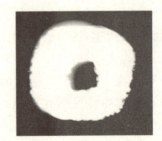
图2 "白斑中心加彩"

2."针眼"

"针眼",由缝绞法形成的一种特殊纹样形态。在传统绞缬工艺中,作为主要扎花方法之一的缝绞法,为纺织品创造了丰富斑斓的艺术形象。无论是方胜纹、朵花纹或其他形状,"针眼"特征的图案均可概括其最小的单位为呈1~30度左右夹角的两个对称椭圆形白斑。如图3,唐代出土的针眼白斑纹样,虽然形态多样,终究由基本单位"针眼"特征组成,提取其特征为如图4"针眼"所示纹样形态特征。

图3 "针眼白斑"纹样　　　　图4 "针眼"

3."色晕"

"色晕",颜色晕开、渐进变化的效果。具有梦幻、朦胧柔美的视觉特征,由捆扎防染渗色所致,是绞缬工艺最典型的艺术特征,也是其与其他印染类工艺所明显不同的特征之所在。传统绞缬织物中,色晕除了在"白斑"和"针眼"纹样边缘出现以外,还有一种纯粹以色晕、色彩渐变渗透美的特殊图形存在,表现为或规则或随意的抽象几何构成形态。如图5,唐代出土的色晕特征绞缬纹样,两者均以色晕美为主要追求,虽然在构成特点上截然不同,但其色晕的趣味却是一致,因此,提取其特征可如图6所示。

图5 "色晕"纹样　　　　图6 "色晕"

四、唐三彩"类绞缬特征"纹样的构成特点

1. 唐三彩及其艺术创作理念

唐三彩,根据使用目的,分为生活实用器和殉葬用的明器两大类,是一种盛行于唐代、兼具实用性与艺术装饰性的陶器,在艺术上具有造型丰富、形态斑斓、色彩绚丽的特点。唐三彩喜用写实性的表

现手法,尤其是明器类中的人物俑,从着装到神态及仪态举止,都深刻地反映出唐代社会各领域、各阶层风俗和服饰文化特点。如《唐会要·葬》载:"王公百官,竞为厚葬,偶人象马,雕饰如生",准确地记录了唐三彩明器追求真实、生动的创作理念。如图7,唐代出土女俑,其在动作表情、妆容打扮、服装造型、纹样造型、色彩搭配等方面均与史书记载、绘画画作中的描述具有极强的一致性。

2. 唐三彩"类绞缬特征"纹样提取比对

"类绞缬特征",指与绞缬纹样相类似、具有相同特点之意。在写实特征明显的唐三彩器物中,将其装饰纹样在形、神上具有与绞缬工艺特征纹样具有相似性的纹样进行归类比对提取,对与"白斑中心加

图7 唐三彩人物俑

彩"、"针眼"、"色晕"具有较强对应性,且能够用恰当的绞缬工艺语言还原的纹样称之为唐三彩"类绞缬特征"纹样。经由染整专家、绞缬工艺技师、设计师构成的小组多人多轮图形比对发现,此类"类绞缬特征"三彩纹样广泛存在,并在使用对象、造型和构成特点上呈现出一定的规律性。具体比对过程如图8所示。

图8 唐三彩"类绞缬特征"纹样比对过程图示

3. 唐三彩"白斑中心加彩"绞缬特征纹样构成特点

此类唐三彩"白斑中心加彩"类绞缬纹样,与出土的绞缬织物相比

较,点纹偏大,但形态一致、构图相当,制作工艺与1967年阿斯塔那85号墓出土的大红、绛红两件基本相同,可用绞缬捆扎工艺还原。从使用范围来看,该特征纹样在器皿、人物俑中出现频繁,是类绞缬纹中最多的一类图案;从纹样造型特点来看,纹样多呈圆形,排列较有规律,并有密集的小点构成和疏朗的大点构成特征;从颜色特点来看,以黄色、褐色色相为主,并有喜用一套色、两套色的明显特点,如图9所示。

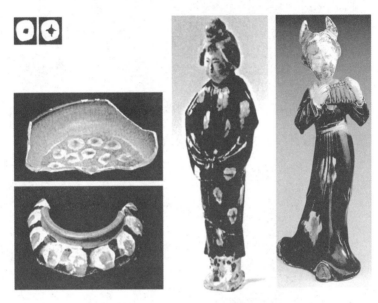

图9 唐三彩"白斑中心加彩"绞缬特征纹样

4. 唐三彩"针眼"绞缬特征纹样构成特点

与出土的绞缬织物相比较,此类唐三彩"针眼"类绞缬纹样,造型神态一致,虽然在图案构成方式上具有较大的差异性,但基本可用绞缬缝绞和捆扎工艺还原,其制作工艺与1969年阿斯塔那117号墓出土的棕色"叠胜纹"的绞缬绢相当。从使用范围来看,此类特征纹样在器皿、人物俑中均有出现,但以器皿为主;从纹样造型特点来看,有圆形、线形、圆形与线形结合三种造型形态,并通过不同的排列组合形式,衍生出多样化的图案样式,虽然纹样形态各异,但大多遵循规律排列的模式;从颜色特点来看,出现了青色、绿色、紫色等"新"的色相,同时,两套色配色的特征明显。如图10所示。

图10 唐三彩"针眼"绞缬特征纹样

5. 唐三彩"色晕"绞缬特征纹样构成特点

图11 唐三彩"色晕"绞缬特征纹样

此类唐三彩"色晕"类绞缬纹样，与出土或传世的绞缬织物相比，多色多彩、色晕的特征一致，用扎经染色的技术可以还原，其制作工艺与1986年我国青海都兰唐代墓葬中出土的扎经染色丝织物相当。从使用范围来看，此类特征的三彩纹样相对前两者而言数量较少，但在器皿和人物俑中均有所出现；从纹样造型特点来看，有不规则的散点状构成、抽象的线状构成等特点，从颜色特点来看，呈现出与"白斑"、"针眼"所完全不同的多色多变的艺术特征，如图11。

五、唐代绞缬技艺的艺术特征

通过对唐三彩"类绞缬特征"纹样与绞缬纹样的比对研究，在遵循当时可考的绞缬工艺制作方法及染色技术原理基础上，大胆地对唐代绞缬艺术展开推断与假设，大致可描绘出唐代时期绞缬艺术的形式特征。

在色彩上，唐代延续了汉晋时期"崇红尚黄"的特点，并出现了绿色、褐色、蓝色、紫色等唐代流行色彩，同时呈现出多色多彩的效果；在造型原理上，习惯使用"点粒"造型语言，用圆形、方形、菱形、规则的线面等构成手法，严谨饱满的布局，以及言简意赅的简练手法去表现图案和形式美感的表达方式；在纹样形态与构成特点上，与汉晋时期早期发现的小点纹相较，呈现出了中等大小及特大点的外形特征，同时在构成上打破了以往规则散点构成的局面，形成了多样化的艺术效果。由新工艺缝绞法带来的丰富纹样造型或平静或自由，或抽象或具象，灵活的点线面构成形式为绞缬艺术迎来了新风貌，并发展出了一种前所未有的"线造型"造型新语言（见表1）。总体而言，唐代绞缬艺术较之早期的艺术形态，在造型上出现了变幻多彩、形状多样、色彩丰富，构成上或规律或自由随意、喜用几何纹样图案组织的艺术风貌。

六、结　语

唐三彩类绞缬纹样在造型特征上具有与绞缬特征纹样较为一致的特点，其在构成上追求的几何、规则特点，与出土绞缬残片相较，极具相似性但又有着自己的特点，是研究唐代绞缬艺术特征的重要补充。基于类绞缬纹样之上的唐代绞缬纹样艺术特点，我们提出了如表1中所示的19种纹样。它们在构成上主要由点构成、线构成两种形式组成，在形式美感上以严谨饱满、整齐规则的均衡美为主，又追求由变化组合所带来的韵律美感与生动。相较于早期汉晋出土的绞缬纹样，具有多样多彩的艺术特点，是其技艺发展并走向成熟，乃至成为流行的一种重要体现。

表1 唐代绞缬艺术纹样

构成特点	工艺	出土绞缬织物纹样	唐三彩类绞缬纹样
散点构成	捆扎		
	缝绞		
线构成	缝绞		
点线构成	捆扎＋缝绞		
面构成	缝绞捆扎		
	扎经染色		

参 考 文 献

[1] 王予予.中国古代绞缬工艺[J].考古与文物,1986(1).

[2] 方忆.唐三彩彩釉工艺与唐代染缬工艺关系之初步探讨[J].故宫博物院院刊,2010(2):66-84.

[3] 刘谦功.从唐三彩看大唐盛世气象[J].中国文化研究,2009夏之卷:139.

[4] 郑巨欣.中国传统纺织品印花研究[M].中国美院出版社,2008.

[5] 刘素琼,梁惠娥,顾鸣,高卫东.唐代唐三彩纹样与绞缬纹样计较研究[J].丝绸.2012(2):56-58.

[6] 袁宣萍.我国古代的扎经染色绸[J].丝绸,1991(12):51-54.

[7] 中国国家博物馆编.文物中国史·隋唐时代[M].山西教育出版社,2003.
[8] 高志伟.古代纺织品染色及绞缬工艺[J].群文天地,2012(12):100-102.

(作者单位:江南大学纺织服装学院)

本土品牌标志形象设计创新探析*

陈新华　刘菲菲

摘　要　新的时代背景对本土品牌标志形象设计提出了新的要求。外来品牌的大量涌入,使如何创立本土品牌,建立自身的标志形象成为我国民族企业必须面临的课题。本文从注重理念和内涵的表达,深化传统民族元素的应用,加强汉字的图形化表现,拓展多元化的表现形式等四个方面深入探讨本土品牌标志形象设计的创新特征和发展趋势。

关键词　本土品牌　标志设计　发展趋势　创新规律

一、品牌标志形象设计概况

随着现代经济的繁盛、文化交流的畅通、科技技术的快速进步和大众审美意识的普遍提高,我国品牌的发展与完善呈现出了日新月异的变化。同时,改革开放打开了国门,由于外来大量新兴事物的涌入,西方现代思想的影响,新的设计思潮在我国悄然兴起,也使得我国品牌标志形象设计的发展速度与日俱增。但是,我们也应该看到,当越来越多的外来产品(美国的快餐、日本的电器、欧洲的汽车等)充斥着国内市场,我们被淹没在洋品牌的海洋中,如何创立我们的品牌,建立自身的标志形象已经成为我国民族企业必须面临的课题。

随着技术的进步和消费者审美观念的提高,国内品牌标志形象设计已经有了开拓性的进展。例如,早期进入大众视野的企业——广东"太阳神",率先采用了本土品牌标志,可谓家喻户晓;江苏省的"小天鹅"更是飞入寻常百姓家。这些标志形象唤醒了我国大众的品牌意识,提高了大众的审美水平,开启了本土品牌设计创新的大门。随后,我国品牌层出不穷,其发展势头和潜力与往日不可同日而语,近十年来更是呈现出了新的发展趋势和设计规律。

---

* 本文为江苏省教育厅哲学社会科学研究基金指导项目(项目编号:06SJD760007)的阶段性成果。

二、本土品牌标志设计创新初探

1. 注重理念和内涵的表达

企业在品牌视觉标志形象的开发设计中越来越强调"品牌形象反映品牌理念的原则",体现了我国品牌形象的发展正日益走向成熟。标志作为视觉传播的核心形象,并不仅仅只是以外在视觉形象来哗众取宠,而更应主动巧妙地承担起传播主题内涵的任务。把一个或多个文学意义上的抽象概念,转换为可视的标志图形是很难的。因此,运用比喻与象征是形象化的重要手段。选择既新鲜又恰当的约定俗成的象征物,才更有利于主题的表达。只有这样,标志图形才不会是苍白的、短暂的、一览无余的符号,才不会停留在漂亮视觉效果的初级层面,而是通过概念性的提炼,精神性的概括上升到意蕴深远、言之有物的理念层面。因此赋予一个图形深刻的理念,借此言彼、举一反三地延伸其内涵,是当今品牌标志形象设计的显著特征。家喻户晓的北京奥运会标志(图1),运用中国印的概念传达了北京向世界承诺的诚信理念;我曾为爱特福集团设计的标志(图2),以中国传统的红色菱形传达"为您造福"的企业宗旨和企业的"福文化"理念,同时运用笔墨与色彩赋予该图形感性与理性、开拓与创新、传统与现代等多层次的与该企业精神密切相关的寓意联想;"陈氏设计工作室"的标志形象(图3)则是通过多角度的阅读性反映该工作室面向市场、服务大众的设计理念。

图1　北京奥运会标志　　图2　爱特福集团标志　　图3　陈氏设计工作室标志

2. 深化传统民族元素的应用

和过去的标志设计一味单纯地模仿西方的抽象图形相比,如今国内的本土品牌标志设计更加注重文化的传承和表现。通过对传统图形元素的归纳提炼,大众的审美趣味得到提高。用毛笔勾勒汉字笔画,大量运用墨迹、印章、年画、皮影、剪纸等手段来表现企业的理念和文化意蕴,都能产生强烈的视觉效果和新的意义。海仔酒楼的标志运用了大众耳熟能详的传统年画表现形式(图 4),利用现代艺术手段做去色处理,使图形更为精练单纯,一个穿着肚兜踩着莲花的娃娃钓鱼形象跃然纸面,将该酒楼的职能传达得恰到好处,符合该酒店的市场定位,同时年年有余(鱼)的好彩头也让该酒店有效地通过民族图形传达了企业自身的文化理念。谭木匠主要生产经营木梳、角梳以及生活日用木制品。该标志运用中国传统版画的形式,将人物动态刻画得栩栩如生(图 5),其中"我善治木"汉字的运用十分清晰地表达了企业的理念。同仁堂创建于 1669 年,是全国中药行业著名的老字号,该标志运用印章的形式表现了该企业诚信为本的文化理念(图 6),大红色的运用清晰醒目,极富视觉冲击力。

图 4　海仔酒楼标志　　　图 5　谭木匠标志　　　图 6　同仁堂标志

3. 加强汉字的图形化表现

汉字在我国本土品牌标志设计的应用中非常广泛,其表现手法在发展中显示出了新的规律:一是对汉字本身的抽象变形处理。中山市红木家具品牌"大涌"的标志(图 7),运用红色体现了该品牌家具制作是以红木为主;汉字"大涌"通过对其进行图形化处理,变形为一把椅子,恰到好处地传达了该品牌的商业职能。二是汉字与西方文字、图形符号的结合。以往的标志往往对汉字进行单纯的添加整合,很少与西方符号并置使用。随着网络时代大量西方图形符号的涌入,标志设计中也出现了汉字与西方符号结合的新形式,成为一种新的图形样式。同堂闲吧标志运用简单的横竖线概括"同堂"二字(图 8),将西方"男"和"女"的符号穿插其中,图形化的表现方式将汉字演绎得十分新潮前卫;在说明闲吧受众的同时,也非常容易博得 E 时代年轻人的好感。三是汉字与图形的结合。侏罗仙洞是一家酒业公司的品牌标志(图 9),文字本身采用篆刻形式,背景选用与主题相关的恐龙洞图形,字图结合相得益彰。以上三点有时独立出现,有时相互结合,都是以符号性的语言表现图形,传达意义。

图7　大涌标志　　　　图8　同堂闲吧标志　　　图9　侏罗仙洞标志

4. 拓展多元的表现形式

科技的发展,电脑技术的普及,Photoshop等图像处理软件的大量运用,使标志的表现形式愈加多样化。与现代卡通动漫艺术相结合、影像的运用、艺术插画表现(图10),三维技术的动态呈现以及不断更新的媒体传播技术使标志的表现手法有了更多的可能。鲤鱼跳龙门是一家设计机构的标志(图11)。软件技术对鲤鱼图像的变调处理,体现了数字时代的特征。标志本身的排列方式和科技感也成功地传达了该设计机构以数字技术为导向,以科技为依托的品牌理念。值得一提的是,随着网络时代的到来,不少本土品牌企业的网站已经利用新的媒体传播技术(如动态Flash),将标志结合视听影音手段进行全方位、立体化的新呈现。

图10　艺术插画表现　　　　　图11　鲤鱼跳龙门标志

三、未来展望

通过对企业标志创新趋势和规律的研究,我们发现:随着技术的进步和消费者审美观念的提高,标志图形有了不同程度的发展与变化,呈现出与以往截然不同的面貌和特征。随着新媒体技术的大量运用、网络普及的提速,动态标志图形将成为标志发展的主流。大众将会更多地在网上浏览标志,观看标志的动画演绎。同时,纸质标志将结合更多的电脑技术处理手段和艺术化手法而呈现出更加多样化的风格。但是,相对于国外较为成熟的品牌形象体系而言,我国本土品牌还有许多不足之处,如制作粗糙、形象雷同、品牌意识薄弱等,因此本土品牌还面临着市场大潮的严峻挑战。当然,我们也可以看到一些本土品牌在品牌标志形象设计中勇于创新,大胆尝试,寻找规律,汲取经验,以更好地传达企业文化理念,发扬民族优秀文化传统,将民族品牌发扬光大。

参 考 文 献

[1] 郭振山,孟村,李翔.设计改变生活(标志设计)[M].百花文艺出版社,2008.
[2] (美)米勒,(美)布朗.品牌标志:顶级设计150例[M].张利东译.上海人民美术出版社,2006.
[3] 刘道广,刘小讷,司马.151标志卷[M].江苏美术出版社,2009.

(作者单位:无锡太湖学院;常州信息职业技术学院)

基于历史文化视角的常州城市性格研究

黄启发　王维倩　王冬梅

摘　要　城市性格是指城市脱去了建筑、时尚、现代化、高科技、文化产品等种种"城市外衣"之后剩下的属于这个城市内在最本真的东西，它是一个城市区别于另一个城市的根本。本文选择历史文化为视角，以城市名称沿革、历代文人墨客、历代勇士壮举、历史名流足迹、历史文化遗迹等为研究对象，对常州这座古城较为突出的性格进行分析和归纳。

关键词　常州　历史文化　城市性格

一、前　言

城市性格是指城市脱去了建筑、时尚、现代化、高科技、文化产品等种种"城市外衣"之后剩下的属于这个城市内在最本真的东西，它是一个城市区别于另一个城市的根本。因此，城市性格常被看作是对"城市形象"、"城市品牌"的深化，是城市差异的最显著表现。[1]

城市性格是由城市内错综复杂的文化元素交织在一起共同作用而形成的。[2]城市文化与城市性格互为依托，相互依存，密不可分。历史是文化的存在形式，一切文化事件都发生在历史的时间和空间里，城市性格则在城市的历史时空中逐渐形成，并通过各种文化形式加以外化。常州2500多年的历史文化对自身性格的影响尤为明显，鉴于此，本文选择历史文化为视角，以城市名称沿革、历代文人墨客、历代勇士壮举、历史名流足迹、历史文化遗迹等为研究对象，对常州这座古城较为突出的性格进行分析和归纳。

二、历史文化视角下的常州城市性格

常州是一座拥有2500多年文字记载的历史文化古城。唐朝时，常州是全国十望之一。宋朝时，常州是中国第四大城市。在清代，常州有"三吴重镇、八邑名都"的美称。曾经辉煌的历史留下了灿烂的文化，厚重的历史积淀是常州城市性格形成的时间与空间因素。我们通过以下六个方面对常州历史文化发展轨迹及城市性格形成脉络进行探讨：

1. 从"延陵"的来历看常州重仁守信的义气

常州古称延陵，源于"绵延的丘陵"。东周时，称延陵邑。秦始皇统一中国后，在此建延陵县。据史料记载，延陵本为春秋吴邑，春秋时，吴王寿梦之子季札为避让王位躬耕于舜过山。周灵王二十五年，吴王余祭封季札于延陵，史称"延陵季子"，常州从此开始了有文字记载的历史，"延陵"也成了常州历史上见诸文字最早的名称。

季札是先秦伟大的政治家、外交家、预言家、美学家、艺术评论家、常州人文始祖，中华文明史上礼仪和诚信的代表人物，与同时代的孔子齐名。季札在延陵生活期间，留下了"践守信诺，挂剑留徐"的千古美谈。历代文人墨客以"挂剑诗"形式讴歌季札的诚信美德，民间对他的重情守信品格推崇有加，一代又一代的常州人自觉以季札为榜样，将诚信、仁义作为道德行为规范加以继承和传扬。常州包工头施阿林车祸后妻子虞菊伢四处借钱结清民工工资，这对普通夫妻的信义之举感动了全国，信义美德已经成为常州城市的诚信标志和历史文脉。最近几年常州率先开办了一万余场"道德讲堂"，推荐评议3600余名各级道德模范人物，吸引了上百万人次走进讲堂。季札的信义之德正通过各种方式影响和带动着每一个常州人。

2. 从"龙城"的由来看常州的锐气与霸气

常州与龙的关系由来已久，龙对常州的影响深刻而久远。龙的创造、征服、融合的精神已经融化到常州人的群体意识中，成为常州人积极性格的一部分。我们可以从"龙城"的来历梳理一下常州的"龙脉"，感受一下龙的精神带给常州的霸气。

"龙城"来源之一：与兰陵萧氏有关。据史料记载，梁武帝萧衍的祖先、淮阴令萧整在东晋时渡江南下，即定居武进东城里。梁武帝天监元年即位改武进县为兰陵县，从此，常州又有"兰陵"之古名。梁武帝萧衍因六龙降临而代南齐称帝，遂称兰陵为"六龙城"。

"龙城"来源之二：与常州古城的形态有关。相传晋太康年间常州开始建造内子城，明洪武二年改建新城，后常州古城形状基本维持新城格局。新城初建时为七门，后剩六门。城形像只伏地爬行的乌龟。相传明清时，青山门外有个半月形的小城为龟的食盆，青山门附近有两只水井为龟的双眼。因为龟为龙种，故有"龙城"之称。

"龙城"来源之三：与"金钟罩六龙"之说有关。研究者王继忠刊文称,南唐时大书法家徐铉曾为常州内子城南门题了篆书门额"常州"两个大字,"常"字轮廓似金钟,"州"字六画似六龙,所以称之为"金钟罩六龙"。

关于"龙城"的文献记载。《四库全书》及《续修四库全书》中一共有14处提到"六龙城",加上《峚阳草堂诗集》和《万历常州府志》的两处,一共16处提到的"六龙城",均无一例外的指常州。

关于"龙城"的史实记载。清朝年间,乾隆皇帝六下江南四次驾临常州,在他第三次到访天宁寺时,亲笔书写"龙城象教"四个大字赐予常州。"龙城"就是常州的别名,"象教"即佛教。这块石碑至今仍立于市中心延陵东路,成为常州作为龙城的一处史证。

常州因名人遗迹、诗词传载、古城形态、书家题字、皇帝赐匾而得"龙"名。在漫长的历史岁月里常州人把龙的奋进的锐气与征服的霸气当作追求的个性目标,自觉地将龙的坚韧、创新、融合等特性作为精神导向,创造出灿烂的龙城历史和独特的龙城文化。

3. 从历代文人之辈出看常州的文气与才气

常州素以尚智、崇文、兴教闻名天下,书香经久不绝,贤士豪杰辈出。据统计,在先秦以来全国400多座城市的杰出专家、学者的地域分布排名中,常州位居苏州、杭州、北京之后。据《常州科举三鼎甲》记载,隋唐开科取士到清朝末年,常州先后出了16位状元、11名榜眼、16名探花、1947名进士。[3] 这些记载在一定程度上反映了常州教育的发达程度。

自从季札延陵开邑以来,常州一直以文化兴盛、人才辈出而著称,涌现了一大批思想家、政治家、文学家、艺术家、史学家和科学家。早在魏晋南北朝时期,常州出了南朝齐、梁两朝开国皇帝。南朝梁代文学家萧统主编了中国第一部文选类著作《昭明文选》,泽被后世。南北朝时期的刘勰以一部《文心雕龙》奠定了他在中国文学史上的重要地位。明代的唐荆川文学成就突出,与王慎中、茅坤、归有光等同为明代重要文学流派"唐宋派"代表。清代,常州出现了影响全国的"常州学派"、"阳湖文派"、"常州词派"、"常州画派"和"孟河医派"。明朝史学家陈济领《永乐大典》总裁之衔,为全书的完稿立下大功。清代文华殿大学士于敏中受命担任《四库全书》总裁,为中华文化之传承做出了重要贡献。清代文字学家段玉裁因其巨著《说文解字注》的影响力被誉为"中国语言文字的巨人"。晚清谴责小说家李宝嘉的《官场现形记》在晚清小说史上占有重要地位。近现代洋务派代表人物盛宣怀以实业建功,人称"中国商父"。现代史学泰斗吕思勉在中国通史写作领域有开拓性的贡献。当代纺织巨子刘国钧敢与世界纺织业争王座。现代书画大师刘海粟蜚声海内外。赵元任在语言学、哲学、音乐、翻译、数学、物理、摄影等方面的影响力已经超越了国界。现代汉语拼音主要创制人周有光参与设计的"汉语拼音方案"具有划时代的意义。国际数学大师华罗庚的成就与贡献令世界瞩目。在学术科学领域享有学术界崇高荣誉的,还有民国时期吴稚晖、吴定良等多名中央研究院院士及新中国成立后以吴阶平为代表的近65名中国科学院院士和中国工程院院士。

常州文秀之士竞现的传统延续了两千多年,至今仍经久不衰,这使常州的学风积淀愈发深厚,文气日益浓重,才华横溢的文人雅士在自己所从事的工作中创造了多个"第一",显示了常州人勇于创新的斗志和敢为人先的气概,也反映了常州一以贯之的"经世善创"的个性与才气。

4. 从历代英雄之不屈看常州的骨气与血气

常州是个典型的江南水乡。在这貌似绵弱的江南文化水流下深深地流淌着"坚韧"的潜流,书生味十足的常州人在关键时刻,也会显出他们刚毅、强悍和不屈的一面。有史实为据:秦朝末年项羽起兵抗击残暴的秦始皇,八千江东子弟兵中有来自常州的。[4] 元兵南下,常州人守城抵抗了半年,最后全城只剩下18户人家,被文天祥称为"纸城铁人"。清兵南下,常州人顽强抵抗,最后死伤大半。明代文学家唐荆川投笔从戎,亲督海师英勇狙击倭寇,屡建奇功。中国近代思想家、教育家、书法家吴稚晖远赴日本,与孙中山一起从事旧民主主义革命。袁世凯时期国会议员、故宫图书馆馆长庄蕴宽在袁世凯执意称帝时投了唯一的反对票,其不畏强权的气节享誉士林。散文作家、翻译家、中共早期重要领导人瞿秋白被捕后面对敌人的威逼,一身傲骨,从容就义。中共早期重要领导人之一、政治活动家张太雷,在广州起义战斗中亲临前线,不幸中枪阵亡。《中国青年》主编、中共早期青年运动领导人之一恽代英被国民党当局逮捕,面对敌人的威逼利诱,他坚贞不屈,后在南京遇害。伟大的爱国者李公朴,因积极投身革命而遭国民党特务暗杀……

常州这样一个文弱书生模样的江南小城,一个水做的江南水乡,温婉柔和的外表居然包藏着一种坚贞不屈的性格,面对国家遭列强瓜分、民族遭外族凌辱、人民遭强权涂炭,毅然为国为民抛洒自己的生命和热血,在中国历史上留下了强悍而壮烈的声名。

5. 从名人之留迹看常州的包容与亲和力

常州的魅力不仅在于它外在的秀美和优雅,更在于早已渗透到这方水土中的宽厚、包容、亲和、热情的人文精神。常州淳厚的人文精神,不仅滋养了本土的优秀儿女,还吸纳、养育了四方贤才。

民间传说季札定居延陵是因为这里民风淳朴。北宋大文豪苏东坡自34岁任杭州通判后的30年生涯中,曾11次到常州,在常州结识了许多朋友。在他遭到贬斥时,常州的这些好友始终给他无私的关照。正是这种真挚的友情,使苏东坡笃定常州便是自己理想的养怡归老之地,故而在颠沛流离中两次上书皇帝乞住常州,最后寓居常州孙氏藤花旧馆而终老。1057年,王安石以太常博士的身份来常州任知州。为官一任,王安石关心百姓疾苦,兴修水利,为民解忧。王安石任常州知州时间不长,但其德行、政声却十分彰显,常州地域的文风也受其影响。

清朝康熙皇帝的五次南巡,往返途经常州时,虽未弃舟上陆驻跸,但龙舸行经常州途中,康熙一路诗文传谕。乾隆承袭祖辈惯例六下江南巡视,其中四次到访常州,并在常州写了6首诗。在常州巡游时乾隆对天宁寺严谨的法规和隆重的仪式尤为感叹,于是御题"龙城象教"。乾隆还四次为舣舟亭作诗,并在东坡舣舟亭御笔亲题"玉局风流"。

这些历史人物的出现,既是常州人文个性富于吸引力、常州人热情包容的具体反映,也是常州文化独放异彩的重要原因之一。

6. 从历史之遗迹看常州的雅气与贵气

历史遗迹的数量就是文化底蕴的厚度,文化底蕴的厚度就是气质的高度。常州是江苏省级历史文化名城,全市文物古迹110处,其中省级以上文物古迹25处。常州得天独厚的水环境是历史的恩赐,历史给常州古运河沿岸留下了众多宝贵遗产,如篦箕巷大码头、毗陵驿、皇华亭、蓖梁灯火、老卜恒顺梳篦店、西瀛门、东坡古渡、龙亭、天宁禅寺、天宁宝塔等。除了古运河,常州市内还有圩墩遗址、春秋淹城遗址、清凉寺、文笔塔、近园、未园、约园、意园……

众多的名胜古迹犹如点缀在常州历史长空中的群星,耀眼夺目。凭借自身优越的地理区位,常州多次抓住了历史上经济文化中心南移的机遇,以自己特有的文化底蕴,在发展和升华过程中创造了自成序列的马家浜文化、崧泽文化、良渚文化。常州区域文化内涵丰富、个性鲜明、充满生机。南宋大诗人陆游曾盛赞常州"儒风蔚然,为东南冠",的确名不虚传。

三、结　语

常州 2500 多年的发展历史,是一部常州文化发展史,更是一部常州城市性格形成史。从常州启用"延陵"名称之时起,教化便逐渐流行,文明得以传播,城市性格开始形成,城市文化逐步显现。发端于春秋时代的信义品格是形成时间最长、状态最稳定、最具历史文化意义、社会和谐功能最强大的常州城市个性,可以说这是常州飘香万里的"千年陈酿"。

崇文重教是常州的文化血脉,是常州城市性格形成的内因和主因,它使常州在延绵两千多年的历史中始终能保持十足的文气个性——温婉高贵,文人辈出。常州人文气而不呆板,在认识自然、改造社会的过程中,他们敢为人先,创造了无数历史奇迹。常州人文雅而不柔弱,在外强入侵时会迸发出沸腾的血气和铮铮的骨气。受外来文化的影响,常州的城市文化呈现多元化态势,这反映常州城市性格的开放性和发展性。常州的特别,在于它的历史与文化,还有蕴藏于文化里的复合型性格,传统与现代交融为一体,喜新而恋旧:集文气、才气、义气、骨气、血气、锐气、霸气、雅气、贵气于一身,有着与人为善之包容,温雅之中藏着信义,柔和之中带着刚毅,谦恭但敢为人先,好学且经世善创。

参 考 文 献

[1] 寇非.城市性格传播的思考[J].新闻战线,2010(7):58—60.
[2] 刘荣增.城市性格的挖掘与经营[J].城市问题,2005(3):8—11.
[3] 邵玉健,包立本.常州科举三鼎甲[M].中国文联出版社,2006.
[4] 张戬炜.江南生态与城市性格[J].剧本,2009(7):54—57.
[5] 范强.居留与游走[M].中国旅游出版社,2001.
[6] 李奇雅.康熙南巡常州录[J].紫禁城,1992(3):44—45.
[7] [清]卢文弨.常郡八邑艺文志[M].上海古籍出版社,2002.

(作者单位:江苏理工学院外国语学院)

空间生产视角下的文化遗产开发模式研究*
——以南京民国文化遗产为例

姜照君　顾　江

摘　要　文化遗产是一种不可替代的资源,是延续城市记忆的文化空间。本文以南京民国文化遗产为例,将文化空间生产划分为基于日常生活的文化空间生产、基于休闲娱乐的文化空间生产和基于创意设计的文化空间生产,并提出与之相应的动态耦合开发模式、双边市场推动模式和J型成长开发模式。

关键词　空间生产　文化遗产　民国文化

一、引　言

　　文化资源是一种不可替代的资源,而文化遗产更是一种稀缺资源。文化遗产往往包含着某一地区的历史、文化、宗教、产业变迁等元素,这使得文化遗产对旅游者来说具有强大的吸引力(Harrison,1997;费孝通,2001)。文化遗产不仅能够为城市发展提供文化旅游的商机,而且还能够提高城市的知名度和美誉度(Silberberg,1995),有些国家甚至将文化遗产当作国家文化的代表和象征(Shackley,1998)。

　　文化遗产是文化旅游业开发的根基,文化遗产数量越多的国家和地区越容易吸引游客(Cellini,2011;沈苏彦,2011)。Sigaty(1998)统计发现,1998年全球116个世界遗产地的游客数量接近全年国际旅游人数的10%。Buckley(2004)研究也发现,澳大利亚国家公园系统中的世界遗产能够带动当地旅游业和其他相关产业的发展。文化旅游是文化遗产的延伸和扩展,文化旅游不仅能够让人们探寻到文化的根源(McCarthy,1994),还能激发人们对历史和文化的兴趣(Squire,1996)。

　　然而,很多学者持不同意见,他们认为文化遗产管理和文化遗产旅

---

*　本文为国家自然科学基金项目(项目编号:71373119)、南京市哲学社会科学规划课题项目(项目编号:12Y12)、中央高校基本科研业务费专项科研项目(项目编号:NR2013005)的阶段性成果。

游开发之间是不兼容的(Berry,1994;Boniface,1998),二者之间存在不可避免的冲突关系。文化遗产部门认为文化价值会因考虑商业利益而被削弱(Daniel,1996),而文化旅游部门则认为文化遗产管理部门潜意识中存在"旅游化"会对文化遗产带来腐蚀影响的偏见,容易导致文化旅游开发的商业价值被大打折扣(Hovinen,1995)。

从上述讨论来看,文化遗产通常被作为整体来考虑,这使得文化遗产的保护管理与文化遗产的旅游商业开发之间是协调还是冲突关系很难界定清楚。然而,从文化空间生产的角度来审视文化遗产,可以发现文化空间的核心竞争力和服务对象主体的不同,使得文化空间生产视域下的文化遗产呈现出多样化的形态。鉴于此,本文以南京民国文化遗产为例,将其划分为基于日常生活的文化空间生产、基于休闲娱乐的文化空间生产和基于创意设计的文化空间生产,并探寻与之相对应的动态耦合开发模式、双边市场推动模式和J型成长开发模式等文化遗产的多元化服务开发模式。

二、基于日常生活的文化空间生产:动态耦合开发模式

民国文化作为延续南京城市记忆的文化空间,已经成为南京城市独具特色的文化品牌。基于日常生活的文化空间生产,就是将这些散落在日常生活中的民国文化元素原汁原味地保留下来,而不进行商业项目的开发。

"耦合"一词最早来自物理学概念,主要是指两个或两个以上系统相互作用、相互影响的动态关系。城市发展与文化空间生产的耦合关联作用主要表现在:其一,基于日常生活的文化空间生产,有着许多能反映城市品牌特色、延续城市文化记忆的民国符号,这些民国符号可以优化城市空间布局,推动城市功能完善;其二,城市的发展表现出社会效益、经济效益、文化效益的有机结合,能够为文化空间的可持续发展提供良好的条件。如图1所示。

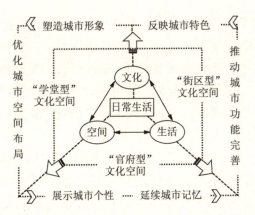

图1 基于日常生活的文化空间生产与城市发展的动态耦合关系

文化空间生产与城市发展之间相互影响、相互关联的不断协调、动态耦合的过程,可以用耦合度来衡量。耦合度是用来描述系统之间或者要素之间相互作用和影响的程度,这里是指文化空间生产系统与城市发展系统通过各自的耦合子系统产生彼此影响的程度。本文借鉴 Alonso(1960)、杨德进(2012)等人的做法,采用变异系数来描述城市发展与文化空间生产的耦合协调度。基于日常生活的文化空间生产与城市发展的耦合度公式为:

$$C = \left[\frac{z(x)h(y)}{\left[\frac{z(x)+h(y)}{2}\right]^2} \right]^k$$

其中,C 为耦合度,k 为调节系数,一般 $2 \leqslant k \leqslant 5$。$z(x)$ 为文化空间生产的系统综合评价指数,指数越高表示文化遗产的空间生产系统运营越好。$h(y)$ 为城市发展综合评价指数,指数越高表示城市发展水平越高。作为反映基于日常生活的文化空间生产与城市发展相互作用的重要指标,耦合度 C 能够较好地反映二者的协调程度。但是,文化空间生产与城市发展的交互耦合过程既可以在低水平协调也可以在高水平协调,所以,构造文化空间生产与城市发展耦合协调度模型:

$$R = \sqrt{\left[\frac{z(x)h(y)}{\left[\frac{z(x)+h(y)}{2}\right]^2}\right]^k \times 0.5[z(x)+h(y)]}$$

从耦合协调度模型的结果来看,R 数值越接近1,说明文化空间生产与城市发展的综合发展水平越高,而且两者耦合关系越融洽。

当 $R < 0.4$,基于日常生活的文化空间生产与城市发展的耦合水

平较低,二者处于严重失调阶段。这一时期城市发展缓慢,基于日常生活的文化空间生产还只处于文化遗存阶段,文化空间生产的作用没有得到发挥。对于南京民国文化资源而言,需要将民国文化遗产进行梳理,厘清反映民国"官府"风格的文化空间生产,反映民国"学堂"风格的文化空间生产以及反映民国"街区"市民风格的文化空间生产,提升南京民国文化的城市形象。

当 $0.4 \leq R < 0.6$,基于日常生活的文化空间生产与城市发展处于磨合阶段,也就是低级协调共生阶段。这一阶段城市处于经济快速发展时期,而城市经济发展的同时催生了人们对公共文化空间的关注,二者已经开始相互促进,但是城市在追求经济效益的同时,公共文化空间的生产也受到了商业资本的侵蚀,二者的矛盾开始显现。此时,应该充分挖掘能够反映城市特色的文化底蕴,营造出风格特色鲜明的文化空间。

当 $0.6 \leq R < 0.8$,基于日常生活的文化空间生产与城市发展处于中级协调发展阶段。这一阶段,由于城市经济效益的凸显,城市的综合发展水平已经相对较高,对公共文化空间生产的关注成为城市和市民关注的另一个焦点。基于日常生活的文化空间生产已经开始发挥着优化城市空间布局、推动城市功能完善的作用。但是,随着城市发展空间的逐渐减少,需要解决的是在有限空间范围内,如何提高公共文化空间的利用率的问题。

当 $0.8 \leq R \leq 1$,基于日常生活的文化空间生产与城市发展处于优质协调发展阶段。这一阶段,文化空间生产与城市发展的耦合关系实现重组,整个复合系统呈现螺旋式上升,达到高级协调共生的状态。民国文化真正融入南京市民的生活,成为南京城市的性格、记忆和形象。

三、基于休闲娱乐的文化空间生产:双边市场推动模式

南京拥有丰富的民国文化遗产,对那些适合商业开发的、承载民国文化的实体建筑进行文化空间的生产和改造,提供满足市民和游客需求的文化产品和文化服务。根据双边市场理论,基于休闲娱乐的文化空间生产,是一个"双边市场"平台,一边是游客和市民,一边是商户(见图2)。参观和体验的游客和市民越多,商户越愿意提供优质服务,而商户提供产品和服务越具有独特体验性,游客和市民越喜欢反复游玩,休

闲娱乐服务平台的口碑效应也就越好，越能够产生可观的经济效益和社会效益。

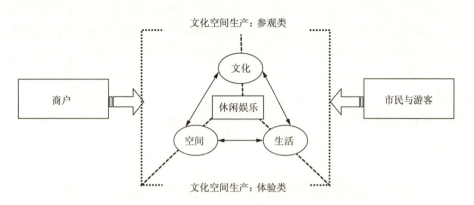

图2 基于休闲娱乐的文化空间生产的双边市场结构

从双边市场开发的角度看，假设商户考虑在两个竞争性的休闲娱乐景区承租商铺，这两个休闲娱乐景区作为双边市场平台，位于线段$[0,1]$的两端，平台两边的用户在线段上均匀分布。平台为两边用户提供休闲娱乐产品和服务的固定成本用c_1和c_2表示，参与者搜索到交易用户的概率是$\lambda(\lambda\in[0,1])$，用$d_l(l=1,2)$表示平台对交易双方提供休闲娱乐产品或服务的差异化程度。假设每个用户只能在一个平台上交易（只承租某一休闲娱乐景区的商铺）。并假设每个平台的双方用户数量之和为1，即$n_1^1+n_2^1+n_2^2=1$，其中，上标表示不同平台的序号，下标表示某一平台两边的序号。

在以上假设成立的条件下，根据豪泰林模型，两个休闲娱乐平台吸引用户数为：

$$n_l^i=\frac{1}{2}+\frac{u_l^i-u_l^j}{2d_l},i,j,l=1,2 \tag{1}$$

平台双方的效用函数为：

$$u_l^i=a_l n_m^i-\left(\frac{t}{2}\right)p_l^i,\text{其中},l,m=1,2\text{ 且 }l\neq m \tag{2}$$

将平台双方效用函数(2)式带入(1)式，假设两个平台上单个用户的预期承租时间$t_1=t_2=t$，则平台的利润函数为：

$$\pi^i=\left[(p_j^i-c_1)\left(\frac{t}{2}\right)\lambda n_l^i+(p_2^i-c_1)\left(\frac{t}{2}\right)\lambda n_2^i\right]/2$$

假设两个平台对于同边用户收取相同的承租费用，在对称均衡的

情况下,单个平台的利润为:

$$\pi_t = \frac{\lambda(d_1 + d_2 + a_1 - a_2)}{4} \tag{3}$$

从公式(3)中可以看出,平台的利润函数和平台提供的休闲产品和服务的差异化程度 d 成正比例关系,也就是说,两个休闲娱乐平台提供休闲产品和服务的差异化程度影响其利润大小,而且两个平台差异化程度越大,休闲娱乐景区收益越高。对于南京民国文化资源的开发来说,基于休闲娱乐的文化空间生产,一定要根据消费群体、消费方式、消费行为等进行差异化定位,加强平台服务的差异化。

四、基于创意设计的文化空间生产:J 型成长开发模式

在文化产品和文化服务的提供过程中,创意设计已经成为延伸文化遗产开发的产业价值链条上最具有核心竞争力的元素。南京民国文化遗产既可以为文化创意提供设计的来源,推动文化创意产业的发展;还可以作为一种文化符号,与其他行业进行交叉融合,提高相关产业的附加值。

Scott(2002)用生产规模和标准化程度来表示现代生产系统,并将其归纳为三种类型,第一种被定义为 Mass production,主要是指那些以较大数量生产标准化产品的大型生产机构;第二种被定义为 Systems house,主要是指那些生产有限数量、比较复杂产品的众多生产单位;第三种被称为 Flexible specialization,主要是指那些小规模的生产单位,主要集中在相对狭窄的商业领域。在现实生活中,经常观察到的是上述三种情况的交叉融合。基于创意设计的南京民国文化遗产的空间生产过程,也要在 Flexible specialization、Systems house、Mass production 的三个端点之间寻求平衡,并围绕南京民国文化资源,形成垄断创意生产或者垄断产品销售的大型文化创意集团,而大型文化创意集团的发展离不开大量中小型文化创意企业的分工合作以及合理的制度环境和区域氛围(见图3)。

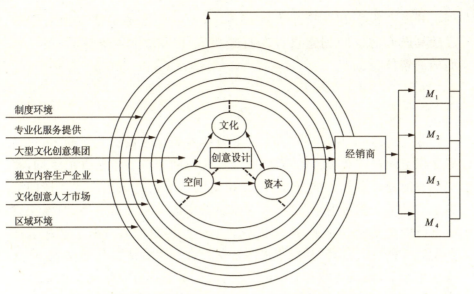

图3 基于创意设计的文化空间生产的J型成长结构图

南京民国文化空间生产的J型成长开发模式,需要大型文化创意集团、独立的内容生产商、专业化的文化服务提供商、文化创意设计类人才,以及优越的制度和区域环境等要素相互衔接,共同推进南京文化遗产的创意产业化。其中,大型文化创意集团处于整个环节中的核心位置,主要承担创意设计的投融资和营销等业务,并将部分业务外包给独立的内容生产商,而专业化的文化服务提供商则为大型文化创意集团和独立的内容生产商提供专业化的设计或技术类服务。在这个过程中,大量充足的文化创意设计类人才、优越的制度和区域环境为创意产业的集聚发展提供动力机制。而M_1、M_2、M_3、M_4则代表由经销商和地理区位所分割的利基市场,能够为民国文化遗产提供多元化的展示空间,满足不同人群对文化遗产的多样化需求。

民国文化可以作为一种文化消费符号,在基于创意设计的文化空间生产中进行利润最大化的商业开发。首先,大型文化创意集团或销售垄断的大企业集团依靠其强大的资金优势和渠道优势,有效推动民国文化符号与时尚娱乐元素的融合,引领高端开发的创意设计潮流。其次,中小型文化创意企业具有较强的灵活性和创新性,可以通过独特的创意设计来开发衍生产品和中低档次的工艺纪念品,以此来满足普通大众的审美需求和消费能力。先锋书店在南京博物院打造的民国主题书店"新生活书局",就是在对民国文化充分挖掘的基础上开发了很多相关衍生产品。再次,专业化服务的提供商可以通过独具匠心的空间创意设计来打造多元化的文化体验空间,提升人们的消费体验。

五、结　语

综上所述,文化遗产作为展示和延续城市记忆的文化空间,可以根据文化空间核心竞争力的不同,以及文化空间服务对象主体的不同,将文化空间进行多元化的开发、设计和使用。南京是民国文化遗产的集中地,"民国文化看南京"已经成为南京城市的文化品牌。因此,本文以南京民国文化遗产为例,从文化空间生产的视角深入分析了文化遗产开发的三种模式。其一,对于那些散落在日常生活中的历史建筑、街区或文化元素,保留其原有的生活气息,进行基于日常生活的文化空间生产,而不进行商业项目的开发,并通过动态耦合开发模式,实现文化空间生产与城市发展之间的协调共生、动态螺旋上升的耦合关系。其二,对于可以进行适度商业开发的、承载民国文化元素的实体建筑,进行基于休闲娱乐的文化空间生产,同时,根据消费群体、消费方式、消费行为进行差异化的文化空间打造,并通过双边市场推动模式培养居民的文化消费习惯。其三,文化遗产既能为文化创意提供设计的来源,又能作为文化符号与其他产业实现融合发展,因此针对此类文化遗产可以进行基于创意设计的文化空间生产,并通过J型结构的成长模式开发来实现文化遗产的创意化和相关产业的文创化。总之,基于文化空间生产的多元化的文化遗产开发模式,能够将文化遗产源源不断地转化为文化产品和文化服务,从而提高文化遗产的开发效率,拉动民众的文化消费。

参 考 文 献

[1] Harrison J. Museums and touristic expectations [J]. Annals of Tourism Research,1997.

[2] 费孝通.西部开发中的文化资源研究[J].文艺研究,2001(4):5—9.

[3] Cellini R. Is UNESCO recognition effective in fostering tourism? A comment on Yang,Lin and Han[J]. Tourism management,2011.

[4] Buckly R. The effects of word heritage listing on tourism to Australian national parks [J]. Journal of Sustainable Tourism,2004.

[5] McCarthy J. Are sweet dreams made of this? Tourism in Baliand Eastern Indonesia[J]. Northcote,Vic.：IRIP,1994.

[6] Squire S J. Literary tourism and sustainable tourism：promoting Anne of Green Gables' in Prince Edward Island[J]. Journal of Sustainable Tourism,1996.

[7] Armstrong M. Competition in two-sided markets [M]. University College London,2004a.

[8] Scott A J. A new map of Hollywood：the production and distribution of American motion pictures[J]. Regional Studies,2002,36(9)：957－975.

（作者单位：南京航空航天大学新闻传播学系；南京大学商学院）

社交媒体视域下的社会治理研究*
——以南京市为例

华彦玲　申雨鑫

摘　要　社交媒体正快速成为对各种公共事务及公共话题的意见和建议的表达平台和交流的主要渠道,也悄然改变着社会治理的方式。在此背景下,本文从社交媒体和社会治理的相关研究出发,从社会治理的角度分析社交媒体的现状及其存在的问题,进而得出运用社交媒体解决社会治理的四点对策,即建立社交媒体民生信息监测、分析与应对机制,建立创新治理理念,建立线上线下相结合的动员模式和加强社交媒体中的议程设置。

关键词　社交媒体　社会治理　应对机制　动员模式　意见领袖

中国互联网络信息中心(CNNIC)在京发布的第33次《中国互联网络发展状况统计报告》显示,截至2013年12月,中国网民规模达6.18亿,互联网普及率为45.8%。手机网民规模达5亿,较2012年底增加8009万人,网民中使用手机上网的人群占比由2012年底的74.5%提升至81.0%[1],其中用户数增长较快的服务包括微博、社交网站、网络论坛、视频分享、博客等。在中国,这些社交媒体在政治性公共空间还占有一席之地,并倾向于扮演利益诉求、"动议"释放、公共抗争和社会动员的角色,某种意义上似已颠覆了其社交的本质,社交媒体正在成为互联网时代我国党和政府优化社会治理的重要渠道,可以说我们已经步入了一个社交媒体的社会治理时代。

一、社交媒体与社会治理相关研究

关于运用媒体参与社会治理的研究并不多见,汇集起来有以下几个方面:

在网络媒体与公共治理方面,西方学者 Eliza Tanner[2](2001)指出

---

* 本文为江苏省社会科学基金项目(项目编号:11EYC016)和江苏高校哲学社会科学研究重点项目(项目编号:2013ZDIXM003)的阶段性成果。

网络论坛具有与公共领域理论相关的四个特点,即可接近性、自由交流、协商结构和公共理性;在此基础上,Dhavan Shah[3](2002)等人研究发现,网络的使用时间与人们参与公共活动与公共事务的程度正相关。我国在这方面的研究起步较晚,研究主要集中在论坛、博客及微博三种媒体形式。在社交媒体与政府决策方面,学者们几乎一致肯定社交媒体是一把双刃剑。刘祖华[4](2007)认为,社交媒体在公共决策中具有积极作用,一是打开了"政策窗口",将社会问题提上政策议程;二是能够释放"决策气球",避免公共决策失误;三是拓展了公共领域,营造公共政策执行环境。在应对社交媒体的负效应方面,狄小华[5](2009)、张兆安[6](2011)、聂智、曾长秋[7](2011)、邱洪旗[8](2014)等提出相应的措施。

二、从社会治理角度看社交媒体现状

1. 社交媒体发展规模初具

中国拥有全球最庞大的社交媒体用户群。根据相关调查,在2013年半年时间内,中国大约91%的互联网用户都曾经使用过社交媒体,而日本仅为30%,美国为67%,韩国为70%。[9]相较于传统通讯渠道,社交媒体正在成为中国用户的主要沟通渠道之一。以南京市为例,据调查统计显示,仅在新浪微博,南京的街道、社区注册账号就已有83个;在网络论坛(西祠胡同)上,南京市用户自建讨论版已经超过80万个,注册用户也已突破3000万大关。社会公众在社交媒体上表达民生需求,参与公共决策的积极程度也呈现不断增强的趋势。在西祠胡同讨论版中,与民生建设相关的教育、就业、社会保险、医疗卫生等热点话题受关注度极高,"南京市民生论坛"、"江苏中小学生家长网络大联盟"等在西祠胡同讨论版排行中都位列前十,是较具代表性的民生类讨论版。

2. 社交媒体公益组织影响范围日益扩大

通过社交媒体成立起来的公益组织,随着社交媒体的蓬勃发展和公益组织自身的壮大,其影响范围越来越大。以南京市为例,截至2013年3月1日,在新浪微博中,南京市公益组织官方认证微博账号有68个;在腾讯微博中,南京市公益组织官方认证微博账号有16个;而在网上论坛中,"西祠公益联盟"的影响力较大,发帖量有上万条,较为成功地建立了公益信息交流平台。这些社交媒体平台上的公益组织通过线上与线下结合的方式不断提升公益活动的影响力,其关注度也不断增强。

3. 社交媒体的社会动员力量开始显现

根据《2013年中国社交媒体舆情发展报告》(刘鹏飞等)的研究："相较于2012年中21%的线下行动率,2013年以来线下行动的比例发生微弱上升(23%),接近1/4的社交媒体舆情会引发线下行动和人肉搜索。其中,微公益、领导人亲民形象、网络监督和维权是引发社交媒体社会动员能力提升的重要因素。"[10]以南京市为例,从关爱流动儿童的健康成长到加快发展老年人社会福利机构,从2014青奥会到网络公益活动,通过社交媒体的广泛传播和交流,南京正在形成契合社交媒体时代的社会动员新途径。

三、从社会治理角度看社交媒体存在的问题

1. 缺乏完善的社交媒体民生需求搜集分析机制

当前,人们对社交媒体在社会建设中作用的认识不断加深,但从操作层面上看,现有网络舆情系统主要面向舆情监测和舆情服务,注重获取舆情主题,在日常民生问题信息搜集、分析、对策支持等方面仍存有不足,需要谋划开发专用社交媒体信息监测系统;或者在现有网络舆情监测系统中,有针对性地完善社会生活方面信息的监测功能。网络民生需求搜集分析工作制度化、专业化程度较低,无法为民生建设提供足够的支持。网络民生需求的落实不到位,民生问题的解决不及时。部分网民反映,网络发帖的民生问题没有得到及时解决,这要求在建立网络民生需求搜集分析机制的同时,注重加强现实中后续工作的跟进,切实满足网民民生需求。

2. 虚拟社区治理思路不够清晰

随着经济社会的快速发展,大批新兴社区出现、大量高学历的年轻人涌入,对传统社区和街道治理方式产生了较大的冲击。许多社区纷纷在传统社区基础上通过社交媒体建立起了另一种社区形态——虚拟社区,亦即在现实生活的社区基础上,在社交媒体平台上建立面向本社区或者部分社区居民的在线社区。在这个过程中,社区的生活方式正在从地缘聚集向信息化生存发展,虚拟社会呈现的问题在街区层面表现得更直接、更具体、更尖锐,因此必须将虚拟社会治理的重点落到基层,由点及面,使网络虚拟社会向着健康、有序的方向发展,使社会治理创新更扎实、更有生命力。从目前情况看,面对这种新的社区形态以及

虚拟社区生活方式,总体上还缺乏针对性的引导和治理思路,虽然在这些虚拟社区开展的网络公益活动中,给予了一定的政策支持和引导,但如何通过这些虚拟社区更好地处理民生问题,如何通过发挥线上线下相结合的方式,广泛搜集社情民意,扎实改善民生,都还有待作进一步深入思考。如,南京仁恒翠竹园社区居民互助会在网络论坛、微博、微信等社交媒体平台上建立了各种虚拟社区,但这些虚拟社区的活动仅限于社区居民的自发组织和参与,政府相关部门对此还缺乏足够的重视。

3. 社交媒体社会动员的专业化程度有待提高

社交媒体具有强大的连通性和双向交互性,在一定意义上具有较强的社会动员能力,但专业化程序不高。一是长期以来政府形成了一整套利用传统媒体进行社会动员的有效程序和方法,但利用网络进行社会动员的经验稍显不足,网络社会动员信息内容较为平实规范,公众注意力不容易被吸引,动员强度不够。二是社交媒体社会动员的专业化、组织化程度还有所欠缺,更多呈现的是一种自组织形态。三是线上社会动员与传统社会动员之间的联系仍未完全打通,往往出现线上和线下动员脱节现象。线上社会动员是为现实社会的发展需要服务的,线上与线下的有效配合,才能实现社会动员的最佳效果。

四、运用社交媒体促进社会治理的对策和建议

1. 及时了解网络动态信息,建立社交媒体民生信息监测、分析与应对机制

近年来,大量的社会热点事件由社交媒体发源,这些热点事件呈现出两个方面的特点。一方面,事件主要涉及公民权利保护、公共权力监督、公共道德伸张等社会公共问题。另一方面,与民生相关的热点事件占大多数。因此有必要建立起一整套社交媒体民生信息监测、分析与应对的机制。这套机制应包括以下功能:

(1) 社交媒体动态信息的监测与处理功能。一种方式是自行开发或采购社交媒体信息监测系统,通过运行这一系统来实现相关功能;另一种方式是联合社交媒体信息监测部门或相关企业,通过他们来提供基础性的信息监测服务,而进一步的信息处理功能则由自己来完成。

(2) 社交媒体的应对功能。在社交媒体动态信息采集和分析的基础上,政府有关部门应设立专人专岗,建立热点民生问题的网络征询机

制和社交媒体中民生需求信息的分析机制,对各类社交媒体平台上网民关注度高、讨论热烈的社会热点问题、民生问题,以及突发事件进行及时有效的分析、回复和响应,并且要注意在线下及时解决相关问题。建立奖惩机制,加强对社交媒体中民生需求信息分析和落实的考评工作。

2. 加强社交媒体治理体制建设,建立全新的治理观念

(1) 加强治理体制建设。政府应加快完善社交媒体治理体制建设,保证微博、论坛、虚拟社区中社会建设相关工作的健康运转;提高对社交媒体中失范行为的约束力,避免群体性、突发性恶劣事件的发生。建议以引导和教育的方式来提高社会公众的网络素养,在社交媒体中建构主流文化。特别是青少年这一社交媒体的主流人群,他们往往因为缺乏对社会的整体认识和成熟的网络素养,较容易被虚假信息或非理性情感所左右。

(2) 建立全新的治理观念。目前,整个虚拟社会治理正从封闭走向开放,从单一性走向多样性,从虚拟性走向现实性,从孤立性走向协调性。在利用社交媒体开展社会建设工作的过程中,政府需要逐步树立多元治理、协商引导的治理观念,强调治理的人性化、效用化、动态化,加强"现实—虚拟"的治理协同。加强学习治理,不断提升参与社交媒体互动的政府工作人员的互联网使用能力;加强协商治理,使网民的智慧相互激发、互为响应,形成社交媒体内的"云智慧"。政府需要逐步适应并采纳对话协商的治理理念,充分吸纳、利用全社会的智慧,找出尊重和使用"云智慧"的途径和方法。

3. 提高社交媒体的社会动员效力,建立线上线下相结合的动员模式

政府相关部门需要逐步丰富创新在社交媒体中进行社会动员的方式方法,以微博、微信等社交媒体为沟通手段,以网络社会组织、网络志愿队伍为载体,积极主动地与公众进行互动,发挥社交媒体优势,增强互动性,不断提高社交媒体的社会动员效力。

首先要大力建设和推动"城市治理网格化"。"城市治理网格化"是指以信息化为手段,综合集成各种治理服务资源,在特定的社区网格内,及时发现并综合解决各类问题,更好地满足群众需求和治理需要的一种创新模式和机制。其次,要建立"内部控制+外部融合"(内部控制体系即对工作队伍内部是严格的治理体系和闭合的工作流程,外部融合体系是团结外部可以团结的一切力量)的治理体系,打造出线上线下治理的"双通道",提高虚拟社区与现实社区的对接融合能力,提升治理社交媒体的效率、效果和效能。再次,要逐步推进青年干部网络队伍建设。一是通过建立互助式学习制度、评价激励等制度,实现青年干部由纯粹的个体性的网络爱好者,向一支具有"团结、奉献、务实、争先"精神的团队的转变。二是推进网络志愿者队伍建设。广泛发动本区域网络爱好者、社会组织等加入到网络志愿者队伍中,通过线上线下交流沟通机制、搭建活动平台、建立培训等合作关系等方法,逐步形成一支传递信息、播撒文明、共享生活、互相监督的网络志愿者治理队伍。

参 考 文 献

[1] 第33次中国互联网络发展状况统计报告[EB/OL].[2014—01—16].http://www.cnnic.net.cn.

[2] Tanner E. Chilean conversations: internet forum participants debate Augusto Pinochet's detention[J]. Journal of Communication,2001(6):383.

[3] Shah D, Schmierbach M, Hawkins J, Espino R, Donavan J. Nonrecursive models of internet use and community engagement: question whether time spent online erodes social capital[J]. Journalism and Mass Communication Quarterly,2002,79(4):964—987.

[4] 刘祖华.网络民意与公共决策[J].党政论坛,2007(5):22—24.

[5] 狄小华.网络民意表达与政府回应机制之完善[J].政治与法律,2009(7):58—64.

[6] 张兆安.政府需要建立整合网络民意的制度渠道[EB/OL].[2011—03—08].http://news.qq.eom/a/20100308/000282.htm.

[7] 聂智,曾长秋.论虚拟社会治理中自媒体舆情引导[J].学术论坛,2011(12):190—194.

[8] 邱洪旗.论新媒体在社会治理中的功能[J].学理论,2014(28):100—101.

[9] 秋明.剖析社交媒体在中国的发展[EB/OL].[2013—3—8].http://it.sohu.com/20130308/n368214646.shtml.

[10] 刘鹏飞,卢永春,邱若辰.2013年中国社交媒体舆情发展报告[EB/OL].[2014—6—27].http://yuqing.people.com.cn/n/2014/0627/c364391—25210278.html.

(作者单位:江苏行政学院工商管理教研部;江南大学商学院)

大学内部治理的关键自变量[*]

曹叔亮

摘　要　在大学内部治理的变量关系中,现代大学制度是因变量,影响现代大学制度建设的各种因素是自变量,其中一些具有决定性作用的自变量称为关键自变量,而大学内部治理就是联接因变量与自变量(关键自变量)的运行规则。现代大学制度必须在大学内部治理的运行规则下,通过改革大学的组织结构、管理制度、运行机制等关键自变量来实现,大学内部治理体系需要责任划分明确的组织结构,能够衡量管理绩效的制度体系,科学、合理、高效的运行机制。

关键词　现代大学制度　大学内部治理　因变量　自变量

在大学内部管理体制改革的深化与拓展进程中,大学内部治理结构改革是当前我国大学制度改革的核心问题,是建设现代大学制度的微观基础。[1]《国家中长期教育改革和发展规划纲要(2010—2020 年)》(以下简称《规划纲要》)正式提出完善中国特色现代大学制度的要求,并把完善大学内部治理结构作为高等教育改革的重要任务。当前我国的大学制度改革正面临这样一种制度变迁,即由单一强制的行政权力主导逐渐转变为遵循大学内在逻辑,实现真正依法办学、自主管理、民主监督、社会参与的多元治理结构。[2]

在大学系统中通过大学内部治理结构改革建设现代大学制度,那么,现代大学制度就是因变量,影响大学制度建设的各种因素就是自变量,其中一些具有决定性作用的自变量称之为关键自变量,而大学内部治理就是联接因变量与自变量(关键自变量)的运行规则,从而形成一个完整的逻辑命题。由于大学是一个充满不确定性的动态的系统组织,影响现代大学制度建设的自变量就会变得异常复杂和多样,本文从理论逻辑的角度厘清大学内部治理的三个关键自变量,并在关键自变量的基础上探讨大学内部治理改革的路径。

---

[*] 本文为国家社会科学基金 2013 年度教育学一般课题(项目编号:BIA130064)的阶段性成果。

一、大学内部治理的三个关键自变量

无论是不同专家学者的各种观点，还是国家教育发展规划与政策的要求，对大学内部治理关键自变量的认识都有相同点和不同点，如果合并同类项，我们就会发现一个共同的规律，即大学内部治理必须围绕组织结构、管理制度与运行机制等要素进行。组织安排是大学内部治理结构构建的基础，如果把大学内部治理作为一种实现大学各项职能的方式，具体的组织架构就是这个方式得以实施的依托。[3]具有刚性特点的大学组织结构为大学内部治理改革提供了组织载体和运行平台。管理制度是大学内部治理结构改革的核心部分，任何组织形式的内部治理结构都必须通过完整的管理制度体系来规范权力、义务、责任与利益。大学治理中的制度安排应该包括大学内部的体制、机制、规定等在内的所有制度化内容，制度体系或制度结构嵌套并内化在大学内部治理结构中，成为大学内部治理结构的内在机理，保证组织机构的有效运行和权力分配的有效落实，成为大学内部治理结构有机运转的内动力。[4]相对于组织结构与管理制度的刚性特点，大学运行机制则具有明显的柔性特点，有时是隐性的、无法言明的，这是由大学"有组织无政府"的本质特点所决定的。正是这种柔性机制将刚性的组织结构与管理制度有机地结合起来，大学才能发挥独特的职能与功用。总之，大学内部治理通过上述三个关键自变量的有效融合，促成现代大学制度这个因变量的实现。

大学内部治理是联接因变量与自变量的中间因素，也是将关键自变量整合在一起实现因变量的运行规则。大学内部治理一头连着因变量——现代大学制度，另一头连着关键自变量——大学的组织结构、管理制度与运行机制，好似一个连杆曲轴在不停地循环往复，推动着大学制度的改革与发展。因此，我们可以将大学的正式结构当作一个因变量来看待，也可以当作一个自变量来看待。[5]从组织发展理论的视角来看，大学内部治理就是通过大学组织结构的变革与管理制度的完善，实现权、责、利的协调统一与均衡发展。大学内部治理的关键是权力机构之间的分工与协调，即大学的领导机构、执行机构和监督机构间应相互制约，从而达到权力的平衡运行。[6]

二、基于关键自变量的大学内部治理改革

1. 组织结构维度的大学内部治理改革

系统论认为,结构决定功能,改变系统功能必然要求系统结构做出相应的调整。大学组织结构变革涉及许多方面的因素,但从当前我国大学内部治理结构的角度来看,应该重点关注以下三个方面:组织定位、权力分配与治理模式。

大学具有职能多样性、主体多类性、权力多元性、权威分散性、结构复杂性等组织特性[7],因此大学组织结构变革必须以各类组织的合理定位为前提,包括政治组织、行政组织与学术组织的定位、正式组织与非正式组织的定位、决策组织与执行组织的定位等。大学一方面是一个有序的行政组织系统,有着较为复杂的层次结构和各种隶属关系;另一方面又是包含了各种学科专业和不同形式的自由学术组织。[8]因此,学术组织与行政组织在大学内部治理过程中的地位与作用都很重要,片面强调哪一种组织都是不可取的,只是这几类组织都需要合理定位,明确各自的作用范围与权力边界,才能达到相辅相成、相互制约的效果。根据大学的学术性本质特点,学术组织占据主导地位符合高等教育发展和大学运行的规律,对于任何一所大学来说,与学术组织有关的任何制度安排都直接影响到大学的"学术生产率"[9]。政治组织是我国大学特有的组织机构,为大学的发展指明政治方向,同时为学术组织与行政组织的发展提供合法性依据。优化的大学组织体系应由政治组织、行政组织与学术组织的共同参与、全员决策与民主管理而形成。[10]从我国当前的大学治理模式来看,行政权力处于强势地位,而学术权力处于弱势地位,是一种行政管理为主、学术管理为辅的治理模式。必须改革目前的大学组织结构,限制行政权力的范围与边界,提高学术组织的地位与作用,彰显学术权力的威严,逐步过渡到行政权力与学术权力均衡的治理模式。

2. 管理制度维度的大学内部治理改革

大学管理制度创新是大学内部治理结构改革的原动力,只有不断创新,才能焕发大学的生机与活力,才能建立可持续发展的大学内部治理体系。当前我国大学内部治理的突出重点是内部管理体制改革、大学章程的制定与实施、教授治学的制度创新。

大学内部管理体制改革,首当其冲的问题便是如何完善党委领导下的校长负责制。党委领导下的校长负责制是我国大学管理体制的既

定选择，但党委领导和校长负责之间缺少严格的界定，权责划分不明，容易导致管理的缺失和混乱，在实践中往往导致党政不分或以党代政。现代大学制度不仅要求学术组织与行政组织的分别准确定位，而且要求政治组织与行政组织的分别定位。通过建立健全以治理委员会和管理层为主要构架的法人治理结构，确立治理委员会的决策地位，并让各利益相关者参与大学治理委员会，是将政府对大学单一的行政管理改变为多元共同治理的重要制度创新。[11]

在大学内部治理的话语体系中，大学章程占有十分重要的地位，大学章程是连通国家法律和学校内部规则的中间环节，是大学内部治理的"宪章"，为改革大学内部治理结构、建立现代大学制度提供了改革路线和制度框架。从当前及未来一段时间的大学章程建设趋势来看，经过若干高校的试点以后，大学章程必将在所有大学普及，接下来的问题是，大学章程如何科学合理而富有成效地贯彻实施；如果不能有效实施，大学章程将会成为束之高阁、徒有其表的摆设。从根本上说，大学章程及其相关规章制度建设的基本出发点应是为教师和学生的和谐发展提供最广大的空间，如果做不到这一点，就毋庸再谈大学内部治理，更遑论现代大学制度。

教授治学即教授主导治学，参与治校，这种治理模式不仅可以体现学术自治的原则，更重要的是明确了教授在学校教学、科研中的地位，既符合人才培养发展的要求，同时也是大学学术创新的必要条件。[12] 大学内部管理制度创新，必须尊重学术规律，坚持学术自由的原则，保障学术权力的正常行使，建立以教授为学术主体的学术管理制度，使教师们可以从繁杂的事务中解脱出来，有更多的时间和精力致力于学术研究。在现代大学制度的框架内，建设优秀学术人才脱颖而出和广大教师醉心于学术工作的机制，激励学者献身科学，摈弃对权力的学术寻租；加强大学基层学术组织建设，提高教授在基层学术组织管理和学术问题上的决策权，保证学术自由，促进学术创新。[13]

3. 运行机制维度的大学内部治理改革

在组织结构变革与管理制度创新的前提下，大学内部治理的成效取决于大学运行机制的改革与完善。深入推进内部治理科学化的核心问题是科学界定内部治理的权力边界以及各权力运行的科学机制。大学运行机制改革，关键在于突破大学体制机制的壁垒，促进大学发展方式的转变，其中，决策机制、分工机制、沟通协调机制、利益分配机制、民主监督机制等是大学运行机制改革的核心内容。

大学决策机制是大学运行机制的先导因素,决策机制的科学性与合理性决定着大学的长期性、战略性与可持续性发展,决策中的权力行使左右着人才培养、科学研究与社会服务的性质、特点与发展方向。当前我国大学的集权化决策结构难以确保和促进大学自我规范和自我约束,而学术权力在决策中的缺位更是偏离了大学的学术性本质。大学集权化治理结构的自我强化机制使得基层行动者无力改变它,只有国家主体才具备打破它的能力和资源。[14]因此,完善大学内部治理结构,关键是要深化决策体系改革,构建重大问题决策的支撑体系,使决策建立在更加科学、更加民主、更加规范的基础上。[15]

大学分工机制是大学内部治理的基本条件,只有建立责、权、利对等的分工机制,才能发挥大学中各类组织与群体的独特作用,才能为大学组织定位、权责分工、利益划分等奠定基础。大学内部治理的关键在于如何明确内部权责划分并建立相应的制约机制,主要体现在党委和行政之间、学校及院系之间、行政主体与学术主体之间的权责分工与监督制衡等。[16]在大学内部治理的过程中必然涉及决策、计划、领导、协调、激励、控制等管理职能,各方利益相关者必须根据各自拥有的权利和义务严格划分责任,做到责、权、利相统一。大学内部治理的科学分工,需要建立起一套健全合理的机制,形成责权利清晰、运行高效的大学内部治理模式,形成"专家治校"与"教授治学"的良好局面。

大学沟通协调机制是大学内部治理的润滑剂,和谐、顺畅的沟通协调机制有利于大学运行机制的改革与完善,有利于大学内部治理结构的顺利调整,有利于大学组织使命的高效完成。大学组织必然有其使命,在这个使命下两个向度的价值在于:一个向度就是组织通过一定的结构来完成其功能;另一个向度是组织内部的任务分工必然出现内部冲突,所以要对冲突进行协调。[17]大学内部治理是沟通协调大学内部利益相关者的相互关系,降低运行成本,提高办学效益的一系列制度安排。

大学利益分配机制是大学内部治理的核心环节,任何大学治理结构都只是外在的一种物质形式,其精神实质在于权力的保障和利益诉求的最大满足。[18]大学利益分配机制改革必须兼顾既得利益者与未得利益者的利益诉求,一味打压既得利益者的利益需求或片面支持未得利益者的利益主张,都不利于调动大学利益相关者的主动性、积极性与创造性。客观、公正、多元化的绩效评价机制与科学、合理、有效的利益分配机制是大学运行机制的根本保障。

大学民主监督机制是大学运行机制的基本保障要素,现代大学制度要求赋予教师、学生以及其他行政服务人员在大学中的民主管理权力,使决策更加科学化、规范化和专业化,同时防止权力的独裁性和专制性。大学治理必须依靠民主意识维护,行政权力运行必须依靠民主制度监督,学术自由必须依靠民主管理保障。[19]大学的运营能否顺利,取决于大学内部成员参与管理的权利是否得到充分保障,取决于全体教职工和学生对大学的发展目标是否认同。[20]我国大学应努力构建学术组织和行政组织间相互尊重、相互协调、相互支持、相互监督的运行机制,避免管理相互依赖中的抵触和排斥情绪,从而更好地理顺行政权力和学术权力的关系,优化大学内部治理结构,为构建现代大学制度奠定坚实基础。

参 考 文 献

[1] （德）马克斯·韦伯.经济、诸社会领域及权力[M].三联书店,1998:11-12.

[2] 方芳.大学治理结构变迁中的权力冲突与平衡[J].当代教育科学,2012(11):7-9.

[3][4][7] 姚成郡.基于大学组织特性构建我国大学内部治理结构的探讨[J].中国人民大学教育学刊,2012(4):60-67.

[5] （美）罗纳德·G.埃伦伯格.美国的大学治理[M].沈文钦,张婷姝,杨晓芳译.北京大学出版社,2010:77.

[6] 刘虹.大学治理结构的政治学分析[J].复旦教育论坛,2013(6):17-22.

[8] 赵志彦.大学组织模型:一个基于知识分析的理论框架[J].教育研究,2011(5):29-36.

[9][14] 马陆亭.现代大学制度建设中的内部治理结构[J].北京教育(高教),2009(6):4-9.

[10] 张美云,嵇绍岭,王丰超.澳大利亚大学内部治理中的权力运行制约机制及其启示[J].高教探索,2012(4):52-56.

[11] 本刊评论员.法人治理结构建设是事业单位体制机制创新的关键[J].中国机构改革与管理,2013(7-8):封二.

[12] 徐先凤,毕宪顺.共同治理:我国大学内部治理模式的路径选择——从教授治校到教授治学引发的思考[J].东岳论丛,2013(1):39-43.

[13] 董泽芳,岳奎.完善大学治理结构的思考与建议[J].高等教育研究,2012(1):44-50.

[14] 郭卉.我国公立大学治理变革的困境与破解——基于路径依赖理论的分析[J].湖

南师范大学教育科学学报,2011(5):22—26.
- [15] 姜泓冰.没有一流治理,难有一流大学[N].人民日报,2014—05—22.
- [16] 薛澜,刘军仪.建立现代大学制度 改革高校人才培养体制与机制[J].清华大学教育研究,2011(5):1—8.
- [17] 胡仁东.我国大学组织内部治理的两个考察向度[J].中国高教研究,2009(8):39—41.
- [18] 严文清.中国大学治理结构研究[M].人民出版社,2011:205.
- [19] 刘松年.论大学内部治理结构中的民主管理[J].国家教育行政学院学报,2013(6):57—61.
- [20] 王瑛滔,李家铭.大学法人化与大学治理结构变革——东京大学的经验和启示[J].全球教育展望,2012(11):53—56.

(作者单位:南京师范大学教育科学学院)

高校学生群体性事件风险评估系统的构建*

崔玉平

摘　要　基于群体性事件风险评估理论,采用事故树归因分析法总结并提炼导致城市高校学生群体性事件发生的主要因素,构建了城市高校学生群体性事件风险评估指标体系,试图为大学生群体性事件的研判、预报和提前干预提供决策参考。

关键词　高校学生群体性事件　风险评估　易发性　预警流程

城镇化、社会管理创新、体制转轨与产业转型升级的不期而遇是当前我国城市社会发展的最主要特征。它在把市场竞争意识、维权意识、民主参政意识和现代性注入社会群体的同时,也引发了种种社会问题,成为城市社会风险产生的主要根源。中国社会科学院发布的2013年《社会蓝皮书》指出,现阶段中国社会处于矛盾多发时期,且社会矛盾多样而复杂。近年来,每年因各种社会矛盾而发生的群体性事件多达数万起甚至十余万起。[1]

自1999年高校扩招以来,高等学校与国家、社会和产业组织的联系更加紧密,正逐步变成国际化的开放社会系统。社会上的各种矛盾、冲突不断传导到高校中,引起共振、共鸣与互动。法制网舆情监测中心发布的《2012年群体性事件研究报告》指出,2012年的群体性事件中有11.1%的事件有学生参与;参与事件中的学生熟练掌握并灵活运用网络技术,在网络煽动、扩大群体性事件影响力方面往往起到重要作用。[2]当高校学生对国家、政府、社会以及高校内部的不公正现象或没有得到合理处置的侵权事件、政治诉求事件产生不满和愤怒情绪,当这种情绪在学生群体中蓄积到一定程度且超出学校当局可以控制的范围时,就将引发具有扩散效应的群体性事件。因此,有必要构建高校学生群体性事件风险评估系统,为有关部门研判、预测和提前干预此类事件提供决策参考。

---

*　本文为全国教育科学"十二五"规划2013年度教育部重点课题(项目编号:DIA130293)的阶段性成果。

一、理论框架

考察诱发大学生群体性事件发生的原因时,既要考虑到当下中国社会转型和社会矛盾频发的现实状况,也要结合当前大学所在城市区域经济社会矛盾转化与群体性事件易发的特点;同时,还要考虑到学校及其专业自身的诱致性、危害学生权益的潜在因素对大学生群体的刺激以及大学生群体血气方刚、容易冲动盲从的心理特点。任何群体性事件的发生都不是单个个体或单个突发事件所导致的,而是由一系列诱致性与破坏性因素累积或联动共同作用所引发,因此需要从宏观、中观和微观层面分析事件产生的原因,并且对群体性事件的内涵与外延做出清楚界定后,才能构建出相对合理的风险评估体系。

基于群体性事件分类治理理论和群体性事件风险性理论,运用事故树归因分析法[3],有利于构建群体性事件风险评估体系。中性意义上的群体性事件是指那些由群体性矛盾引发的,为表达诉求和维护权利而聚集起来的公民群众制造的对社会秩序有重大影响的事件。并不是所有群体性事件都具有反社会性和违法性,其中,聚众共同实施的违反国家法律、法规、规章,扰乱社会秩序,危害公共安全,侵犯公民人身安全和公私财产安全的行为,具有违法性,属于群体性治安事件范畴,将受到公安机关处置。

广义上讲,群体性事件风险性是事件自然属性与社会联动属性的合成体,可以表示为群体性事件易发性和社会易感性的乘积。群体性事件易发性是指群体性事件容易发生的可能性。在社会科学研究中,"易发性"概念通常用于描述人们生存和发展的社会环境容易发生变故或容易产生有影响事件的程度。人们利用易发性评估工具来研判易发性事件起源、形成与演化过程,区分那些可以用来度量事件易发性程度的相关变量。社会易感性是指社会整体或局部对事件影响的感受性程度和遭受牵连的可能性。这一概念通常被用来描述决定某种群体性事件社会效应的所有关键性社会因素,这些因素既包括那些参与事件的人群对事件的感受性和接受性,也包括那些独立于群体事件之外的特定社会系统的失衡与缺陷,还包括社会环境剧变、与事件接近程度等因素。任何社会包括学生群体都具有事件易感性,这根源于人们通常对社会上的"风吹草动"具有评价和探求真相的欲望。造成社会易感性的原因主要来源于三方面:一是根源性因素(造成不均衡、不公平、不公正的那些政治生态、经济基础、环境、制度、传统、文化以及人口特征等方面因素);二是动态压力(急剧的城市化进程、权利格局的重构和政治派别冲突等造成的社会变革);三是社交环境(与风险源的空间接近程度和负面信息网络交流的便利程度)。

可以认为,群体性事件易发性和社会易感性→群体性事件风险积聚→群体性治安事件扩散→社会危机是一个"连续统(Continuum)",没有群体性矛盾和易感性的社会是不存在的,社会易感性和事件易发性的无处不在说明群体性事件风险的客观存在,如果群体性事件风险的集聚效应没有得到及时有效的引导、疏导、转移和控制,就可能转化为群体性治安事件,而群体性治安事件危害面的进一步扩大,又将导致整个社会危机的爆发。对于高校学生群体来说,城市社会易感性和城市事件易发性因素既是学生群体性事件联动引发社会危机的决定性因素,也是诱发该事件的根源性因素,因此,在评估高校学生群体性事件风险时,必须把学校所在城市的社会易感性和城市事件易发性因素考虑进去。

二、高校学生群体性事件风险评估指标的构建

结合学者已有的研究和历史上发生的一些大学生群体性事件,如20世纪七八十年代的"学潮"、近年发生的"家乐福事件"、"钓鱼岛事件"以及近期香港学联"占中"事件等,其中不乏"借国事泄私愤"的情形。参与其中的部分大学生群体,多数出于对自身处境的不满、对学校和社会一些不公现象缺乏理性认识,学校内部管理应急不及时,再加上不法分子的煽动,导致情绪激愤、群体性行为失当,从而不同程度地冲击了正常社会经济秩序,使国民经济蒙受损失。当然,绝大部分高校学生群体性事件属于高校内部原生性事件,例如,2013年10月24日因不满校园半封闭式管理及食堂高菜价,河北廊坊市东方大学城内的廊坊东方职业技术学院的数百名学生罢课聚集抗议,表达不满和愤懑态度,廊坊市维稳办、大学城管委会、公安局、教育局等单位及时联动介入整改,才平息该群体性事件。[4]

并不是所有的大学生群体性事件都会导致糟糕的后果,或造成负面重大影响,为此在分析大学生群体性事件时,有必要对事件做定性分析。从其来源看,大致可分为外部激发型,一般由校园之外的社会群体性事件或社会不公现象引发学生义愤填膺、群情激昂,导致抗议示威活动,如前些时间大学生针对日本"入常"和侵占钓鱼岛等事

件而爆发的抗议、示威和游行活动以及部分学生集体参与城市社会群体性事件;内部源生型事件,如针对学校管理中存在的食宿问题、收费问题、不公正待遇问题而举行的罢餐、罢课、集体请愿等;外部引诱型事件,如不法分子或海外极端势力利用网络或其他媒体工具,或直接渗透到大学生群体中,怂恿、煽动不明真相的大学生聚集闹事。但是,一般来说,在信息不全面、不明真相的情况下,学生容易群情激动和被他人煽动,一旦信息公开透明,学生会主动探明事件真相,从而形成他们自己的独立的理性判断。大学生群体性事件可能在校园内部发生,也可能发生在校园之外,例如,发生在校园之外的本校学生群体与社会人员或外校学生群殴事件。从其性质看,可分为良性事件和恶性事件,如"五四学生运动"、"一二九学生运动"等代表先进文化、进步思想和维护国家利益的大学生群体性事件就属于良性群体事件,在必要的主动引领下,可以走上正确轨道,发挥积极进步作用;而恶性事件(非良性事件)一旦扩大发酵,会把高校发展推向失序、动荡的深渊,甚至可能破坏整个社会的稳定与安全。因此,及时准确地预见大学生群体事件的性质和激发线索、风险程度,并据此实施分类适度干预十分必要。

通过对类似群体性事件的考察,利用群体性事件风险性理论和事件归因分析法,本文尝试从学校内部和外部两个方面来构建城市高校大学生群体性事件风险评估指标(见表1)。有五个维度即五个一级指标用于评估来自学校内部的风险因素,分别是:专业质量(R_1)、学生管理(R_2)、后勤服务(R_3)、前景预期(R_4)、学生群体心理(R_5);学校外部即高校所在城市存在着诱致学生群体性事件发生的社会群体性事件易发性和易感性因素,这些因素可能不会首先引发城市市民的群体性事件,却可能首先触发学生采取集体行动。因此,选取两个维度即两个一级指标用于评估来自学校外部的风险因素,分别是:经济景气(R_6)、社会治理与保障(R_7)。

在七个一级指标(维度)的基础上进一步构建了二级指标,如表1所示,包括正向指标和逆向指标两类。那些与大学生群体性事件发生概率正相关的指标,属于正向指标,这些指标评估值越大,预示群体性事件发生风险就越高;反之则为逆向指标,即指标评估值越大,预示群体性事件发生概率越小。有一种指标比较特殊,属于区间指标,在合理区间范围之内的任何取值,都不会增加学生群体性事件发生的风险,而一旦取值超出这个合理范围,便有可能促使风险增大,例如,"学术与思想自由度"这个指标,当自由度过大,导致无政府主义泛滥,形成非理性学术、歪曲性解读社会现象的潮流时,往往会更容易刺激学生采取群体性行动。然而,中外高等教育发展历程一再表明,创新性学术成果、创新型人才及大师级学者只有在人格独立、思想自由的高校文化与思想市场体制中,才可能生成与成长。一般来说,如果高校思想市场是充分竞争的,以平等对话、思想碰撞、学术质疑和协同创新为高校学术和学习共同体的基本交流方式,那么,就会存在一种看不见的力量自动遏制具有社会破坏力的学术帮派的形成,从而大大降低高校内部群体性事件发生的可能性。因此,可以把"学术与思想自由度"列为逆向指标。

高校向来是先进思想和文化的发源地和集散地,是学生学本领、长才能、强素质的地方,如果学生认同所学专业,对专业教学有一定满意度,并且有一定的学术自由度,那么,学生就会把主要时间与精力投入到专业学习上,而无暇过多关心学业之外的事情,便会较少发动或参与群体性事件。让学生从"学生专业认同度、学生教学满意度、思想与学术自由度"三方面来评价学校专业质量状况,如果学生认同度和满意度高,则采取集体抗议、示威或维权行动的可能性就会降低。

高校作为一个组织体,直接的主要服务对象是学生,学校又是学生朝夕活动的主要场所,其内部管理水平的高低将直接影响学生的切身利益。其中,学生管理与后勤服务与学生的关涉度最高,最容易在这两个方面产生矛盾与纠纷,诱致学生集体抗争,因此,设计了"学生管理"和"后勤服务"两个一级指标。当然发生矛盾和摩擦不可避免,也不可怕,当学生对学校管理产生意见时,便利的意见表达渠道和及时的反馈应答与解释,让学生理解管理是以学生为本,考虑学生的感受,保护学生的利益,这必将化解学生的不满情绪。此外,学生拥有大量的课外自由活动时间和空间,当学生认可并积极参与学校文体活动的时候,就会增强抵御负面事件破坏性影响的能力,就会消减用于冲动行为的能量,就会减少抱怨、不满与愤怒及挑起冲突的冲动。当学生对食宿条件及后勤管理与服务没有不满意的时候,有关矛盾与冲突自然也不会发生。为此,从"学生意见反馈畅通度"、"学生校园文化活动参与度"、"以学生为本的程度"、"食宿条件满意度"、"后勤服务满意度"、"校园安全保障度"等六项二级指标来进一步分解学生管理和后勤服务两个一级指标。

自1999年高校扩招以来,毕业后的去向与安置问题一直困扰着在校学生,对未来成功就业或获得合理安置的预期、对国家经济社会状况改善的预期、对执政党治理腐败能力的信任程度,在一定程度上消减了学生焦虑和当下不满情绪。当学生燃起未来成功的希望之火、对前途充满自信时,就很少会因为眼下或一时的不公或权益受损而发起群体性抗争活动,因为那样搞不好会浇灭希望之火。为此,设计了学生"前景预期"一级指标,包括"预期毕业后就业率"、"预期社会进步程度"和"执政党治理腐败的能力"三个二级指标。

学生群体心理状况不佳也是引发学生群体性事件的潜在因素。"群体心理"这一维度下的四个二级指标用于考查学生对学校风气不正程度、对师生关系紧张程度、对自身学业压力和生活压力状况的认知评价,学生在这些方面的心理感受程度越高、越强,就越有可能产生群体心理失衡或认知偏差,越有可能产生聚集性盲从行为。

上述五个一级指标、十六个二级指标共同构成了大学生群体性事件风险评估的校内风险评估指标体系。限于篇幅,这里没有进一步构建可观察或具有操作性的三级指标。

学校外部也同样存在激发大学生群体性事件发生的区域社会矛盾、事件和诱致性因素,而且往往由这些诱因激发的学生群体性事件一旦发生,就会迅速升级扩散,得到城市民众的支持或响应,搞不好会引发社会群体性治安事件或社会动乱。外部激发型学生群体性事件能否发生或发生后的严重程度,受外部社会事件易发性程度、大学生与社会风险诱致因素的接近程度、政府控制力量与治理效力等因素的影响。在构建校园外部社会风险评估的一级指标时,主要选取那些能够反映城市社会事件易发性程度并且极易引发大学生群体性事件风险变动的诱致性因素作为评估指标,这些因素涉及大学所在城市的经济景气、社会治理与社会保障等方面。

"经济景气"维度中的二级指标包括城市劳动人口失业率、专科以上学历人口失业率、城市蓝领从业人员比例、低于全国户均收入的家庭户数比例,它们可以衡量城市经济景气水平、产业结构合理程度与城市财富分布均衡程度。一般认为城市失业率越低、城市高新技术产业越发达,城市经济成就均衡惠及民众的程度越高,社会就越趋于和谐稳定。这四个指标中,从反映社会事件易发性对学生群体性事件的影响来看,都为正向指标。

"社会治理与保障"维度包含了五个二级指标。城市犯罪率越高,社会危机风险越高,诱发学生群体性事件的可能性也越大。城市信访人口占常住人口的比率即城市信访率揭示了城市社会矛盾与纠纷增长情况,可以反映出城市人口当中存在不满情绪和对抗心理人口比例,间接地反映了社会事件易发性程度,可用于间接揭示社会危机发生的可能性。

如果政府公职人员执法公正程度较高,说明政府公信力及社会控制力较强,社会群体性事件风险可能降低;而政务信息公开程度越高,反映政府公信力、自我矫正能力和社会监督能力在增强,有利于增强市民对公共治理的信心;社会保障覆盖程度可以用来反映社会公共保障系统对降低社会弱势群体为维权而集体抗争程度的作用。因此,当社会不稳定因素存在(一定存在),政府公职人员执法公正程度、政务信息公开程度以及社会保障程度的高低直接影响着城市社会群体性风险发生的可能性。

三、指标合成与评估结果预报

本文所构建的城市高校学生群体性事件风险评估指标体系由三个层次构成,第一层为总目标层,即学生群体性事件发生的可能性或风险程度;第二层为一级指标层,分为7个维度;第三层为二级指标层,由25项具体指标构成。指标体系基本框架如表1所示。设计采用问卷调查方式,用于收集学生对各指标的评价信息。对25项二级指标的评估采取五级评定法,五级依次为"很低、较低、中等、较高、很高",要求被访者给出个体认定的等级。

表1 高校学生群体性事件风险评估指标体系框架

目标层	一级指标（名称、标识与权重）	二级指标				指标性质
		指标名称	标识	风险指数	权重	
高校学生群体性事件发生风险(RI)	专业质量 (R1) (W1)	学生专业认同度	X11	r11	w11	逆向
		学生教学满意度	X12	r12	w12	逆向
		思想与学术自由度	X13	r13	w13	逆向
	学生管理 (R2) (W2)	学生意见反馈畅通度	X21	r21	w21	逆向
		学生校园文化活动参与度	X22	r22	w22	逆向
		以学生为本的程度	X23	r23	w23	逆向

续表

目标层	一级指标 （名称、标识与权重）	二级指标				指标性质
		指标名称	标识	风险指数	权重	
高校学生群体性事件发生风险（RI）	后勤服务 （R3） （W3）	食宿条件满意度	X31	r31	w31	逆向
		后勤服务满意度	X32	r32	w32	逆向
		校园安全保障程度	X33	r33	w33	逆向
	前景预期 （R4） （W4）	预期毕业后就业率	X41	r41	w41	逆向
		预期社会进步程度	X42	r42	w42	逆向
		执政党治理腐败的能力	X43	r43	w43	逆向
	群体心理 （R5） （W5）	学校风气不正程度	X51	r51	w51	正向
		师生关系紧张程度	X52	r52	w52	正向
		学业压力	X53	r53	w53	正向
		生活压力	X54	r54	w54	正向
	经济景气 （R6） （W6）	城市劳动人口失业率	X61	r61	w61	正向
		专科以上学历人口失业率	X62	r62	w62	正向
		城市蓝领从业人员比例	X63	r63	w63	正向
		低于全国户均收入的家庭数比例	X64	r64	w64	正向
	社会治理与保障 （R7） （W7）	城市犯罪率	X71	r71	w71	正向
		城市信访率	X72	r72	w72	正向
		公职人员执法公正程度	X73	r73	w73	逆向
		政务信息公开程度	X74	r74	w74	逆向
		社会保障程度	X75	r75	w75	逆向

风险评估值的计算步骤如下：首先，高校每个学院按照占全校总人数的比例随机抽取足够数量的学生作为问卷调查对象，要求他们对25项指标分别按照上述五个等级做出评定，然后统计每项指标各等级的频度。按照表2中给出的赋值方法，计算各指标的风险指数值。例如，如果对"学校风气不正程度（X51）"这一正向指标评定为"很高"和"较高"的人数占总调查人数的比例处于20%以下，则该指标风险指数值为1；如果对"学生专业认同度（X11）"这一逆向指标评定为"很低"和"较低"的人数占

比达到81%以上,则该指标风险指数值为9。依据高校被调查大学生在25项风险评估指标上的等级评价的频率统计结果,获取各指标的风险指数值,然后对各指标风险指数值进行加权平均,求出高校风险评估值(RI);最后,按照风险评估均值所对应的风险等级,判定某一高校学生群体性事件风险程度,并据此决定警示类型及行动方向。例如,如果总体风险评估均值(RI)大于7,则判定该校学生群体性事件风险处于高位,应该发出警报,及时介入调查,查找引发风险的原因,寻求降低或摆脱风险的途径。

表2　风险指数赋值与风险等级对照表

指标风险指数值	r=1	r=3	r=5	r=7	r=9
正向指标评定"很高"和"较高"人数的百分比	0%~20%	21%~40%	41%~60%	61%~80%	81%~100%
逆向指标评定"很低"和"较低"人数的百分比	0%~20%	21%~40%	41%~60%	61%~80%	81%~100%
总体风险评估值(RI)	$0 \leqslant RI \leqslant 1$	$1 < RI \leqslant 3$	$3 < RI \leqslant 5$	$5 < RI \leqslant 7$	$7 < RI \leqslant 9$
对应风险等级	低风险	较低风险	中度风险	较高风险	高风险

根据各指标风险指数的权重,计算高校风险评估指数值(RI)的计算公式:

$$RI = \sum_{i=1}^{7} W_i R_i = W_1 R_1 + W_2 R_2 + \cdots + W_7 R_7; \quad R_i = \sum_{j=1}^{n} w_{ij} r_{ij}$$

,其中,$W_i (i=1,2,3\cdots 7)$为各一级指标的权重系数,各指标权重向量$W = (W_1, W_2, W_3, \cdots W_7)$且满足$W_i \geqslant 0, \sum_{i=1}^{7} W_i = 1$;$w_{ij}(i=1,2,\cdots,7; j=1,2,\cdots n)$为各二级指标权重系数,$n$为一级指标下属二级指标数目,可能取值为3、4或5,各指标权重向量$w_{ij} = (w_{i1}, w_{i2}, \cdots w_{in})$且满足$w_{ij} \geqslant 0, \sum_{j=1}^{n} w_{ij} = 1$;$r_{ij}$为第$i$个一级指标下属的第$j$个二级指标风险指数值,$R_i$为第$i$个一级指标的风险指数值。

根据风险等级,设定风险预警状态为3个档次:低或较低风险状态(绿牌),中度风险状态(黄牌),较高或高风险状态(红牌)。若计算出的总体风险评估值不大于3,对应的风险等级为低风险或较低风险等级时,属于正常状态,则出示"绿牌";若存在RI>3(5,为中度风险等级,则出示"黄牌");若 $RI>5(9$,为较高或高风险等级,则出示"红牌")。当高校学生群体事件风险评估值处在"绿牌"状态时,不表明没有风险,只是说明在一段时间内突然发生群体性事件的概率较小,但不能放松警惕,应当实时动态监控,并定期做网上舆情调查;当风险处于"黄牌"状态时,应当立即查出风险根源并采取相应措施来预防风险的发生;当风险评估值处于"红牌"状态时,高校管理者就要采取强有力措施,开始介入和管控,以防随时可能发生聚集性风险事件。

参 考 文 献

[1] 陆学艺,李培林,陈光金.社会蓝皮书:2013年中国社会形势分析与预测[M].社会科学出版社,2012:3.

[2] 法制网舆情监测中心.2012年群体性事件研究报告[EB/OL].(2013-01-05)[2014-10-20].http://www.legaldaily.com.cn/index_article/content/2013-01/05/content_4109610.htm.

[3] 卜全民,王涌涛,等.事故树分析法的应用研究[J].西南石油大学学报,2007(4):141-144.

[4] 中国新华网.廊坊数百学生不满校园管理聚集抗议 官方介入整改[EB/OL].(2013-10-28)[2014-10-10].http://news.xinhuanet.com/tw/2013/10/28/c_125606896.htm.

(作者单位:苏州大学教育学院)

中国教育信息化战略规划的世纪变迁[*]

王运武

摘 要 教育信息化战略规划对教育信息化发展起着至关重要的作用,随着教育信息化发展的深层次推进,教育信息化战略规划日益受到重视。文中梳理了 1942 年至 2013 年的教育信息化战略规划,以及涉及教育信息化、教育现代化的国民经济和社会发展计划、国家教育战略规划,归纳了教育信息化战略规划变迁的启示。

关键词 教育信息化 战略规划 政策法规 变迁 启示

教育信息化战略规划立足现状,面向未来,对规范、指导和引领教育信息化未来发展起着极其重要的作用。随着教育信息化的迅速发展,教育信息化研究者和实践者越来越重视教育信息化战略规划。在国家教育信息化战略规划的引领下,省市、区县和学校纷纷开始重视研制和执行教育信息化发展规划。尽管中国非常重视教育信息化建设和发展,但是教育信息化战略规划研究仍然滞后于教育信息化战略规划实践活动,教育信息化战略规划实践活动迫切需要教育信息化战略规划理论的指导。[1]在这种背景下,非常有必要梳理教育信息化战略规划的发展历程,归纳教育信息化战略规划变迁的启示,为研制和执行教育信息化战略规划提供借鉴。

一、教育信息化战略规划的萌芽(20 世纪 40—80 年代)

1. 最早的电化教育政策法规——《电化教育重要法令》

教育信息化战略规划的萌芽,可以追溯至 20 世纪 40 年代电化教育的战略规划,其标志性事件是颁布《电化教育重要法令》。1942 年 1 月,教育部社会教育司印发了《电化教育重要法令》,这是一个标志性的事件:在民族危亡关头,采用现代教育技术开展教育,中国电化教育步

---

[*] 本文为教育部人文社会科学研究青年基金项目"教育信息化战略规划的理论与方法研究"(项目编号:11YJC880121)、全国教育信息技术研究"十二五"规划 2014 年度重点课题"促进教育变革的智慧学习环境研究"(项目编号:146222117)的阶段性成果。

入高速发展期。[2]《电化教育重要法令》是中国第一个有关电化教育的政策法规。

此重要法令包括电影教育法令、播音教育法令等。其中电影教育法令包括教育部电影教育委员会规则、各省市实施电影教育办法、教育部委托代摄教育影片办法、教育部征求教育影片剧本办法、教育部电化教育人员训练班章程等。[3]

2. 电化教育发展规划的萌芽

1978年5月,在教育部召开的全国教育工作会议上,下发了《关于电化教育工作的初步规划》(讨论稿)[4]。这次会议为中国电化教育事业的重新起步和发展奠定了基调。这是继《电化教育重要法令》之后的第一个电化教育发展规划。

3. 涉及电化教育的国家教育政策

1985年5月27日,中共中央颁布的《中共中央关于教育体制改革的决定》[5]提出:"教育体制改革要总结我国自己历史的和现实的经验,同时也要注意借鉴国外发展教育事业的正反两方面的经验,特别是在新的技术革命条件下,一系列新的科学技术成果的产生,新的科学技术领域的开辟,以及新的信息传递手段和新的认识工具的出现对教育产生了重大的影响。发达国家在这方面的经验尤其值得注意。"提出"广播电视教育是我国教育事业极重要的组成部分"。

4. 涉及电化教育的国民经济和社会发展战略规划

1986年,国务院制订并实施《中华人民共和国国民经济和社会发展第七个五年计划(1986—1990)》[6]。其中第三十二章"发展教育事业的主要政策措施"的第五条要求:"广泛推行广播电视教学形式。""七五"期间要开设专用教育频道,扩大电视教育的覆盖率,并采用其他手段大力发展电视教育。中央广播电视大学要根据需要和办学条件,逐步增加面向社会的招生。各地还要以大、中城市为主,创办和发展广播电视中等职业技术教育。加强各级电化教育馆的建设,组织高水平的师资制作多学科系列化的音像教材。

二、教育信息化战略规划的发展(20世纪90年代)

1. 电化教育发展规划的发展

20世纪90年代,国家教委先后发布了《1992—2000年少数民族和民族地区电化教育发展纲要》[7]、《中小学计算机教育软件规划(1996—2000年)》[8]、《中小学计算机教育五年发展纲要(1996—2000)》[9]、《全国电化教育"九五"计划》。其中《1992—2000年少数民族和民族地区电化教育发展纲要》是第一个关于少数民族和民族地区的电化教育发展规划,对于促进电化教育的均衡发展具有重要意义。

2. 电化教育纳入法制化

1995年3月18日,第八届全国人民代表大会第三次会议通过《中华人民共和国教育法》[10],首次以法律条文的形式规定:"县级以上人民政府应当发展卫星电视教育和其他现代化教学手段,有关行政部门应当优先安排,给予扶持";"国家鼓励学校及其他教育机构推广运用现代化教学手段"。

1998年8月29日,中华人民共和国第九届全国人民代表大会常务委员会第四次会议通过《中华人民共和国高等教育法》[11]。在第二章"高等教育基本制度"中规定:"国家支持采用广播、电视、函授及其他远程教育方式实施高等教育"。

3. 涉及电化教育、教育信息化的国家教育战略规划

20世纪90年代,中共中央、国务院印发的《中国教育改革和发展纲要》[12]、《面向21世纪教育振兴行动计划》[13]、《中共中央国务院关于深化教育改革全面推进素质教育的决定》[14],分别提出"积极发展广播电视教育和学校电化教学"、"实施现代远程教育工程"、"大力提高教育技术手段的现代化水平和教育信息化程度"。

三、教育信息化战略规划的成熟(21世纪初以来)

1. 教育信息化发展规划的成熟

2002年9月4日,教育部发布《教育信息化"十五"发展规划(纲要)》。它是教育信息化发展史上第一个以"教育信息化"命名的中期发展规划,是我国第一个系统全面指导教育信息化建设与发展的国家级层面的教育信息化战略规划。

2012年3月13日,教育部发布《教育信息化十年发展规划(2011—2020年)》。这是中国首个教育信息化长期战略规划,也是一个非常成熟的教育信息化战略规划,标志着中国教育信息化战略规划研制水平上了一个新台阶。

2. 教育信息化纳入国家信息化战略规划

2005年11月3日,中共中央办公厅、国务院办公厅发布《国家信息化发展战略(2006—2020年)》[15]。这是中国首次提出的较为系统全面的国家信息化中长期发展战略规划,是未来十五年信息化建设趋势和走向的一个纲领性文件,在中国信息化发展史上具有划时代的意义,标志着中国信息化建设上了一个新台阶。

3. 涉及教育信息化的国家教育战略规划

21世纪以来,国家先后发布《教育部实施"新世纪高等教育教学改革工程"的通知》[16]、《关于基础教育改革与发展的决定》[17]、《关于加强高等学校本科教学工作提高教学质量的若干意见》[18]、《全国教育事业第十个五年计划》[19]、《国务院关于进一步加强农村教育工作的决定》[20]、《2003—2007年教育振兴行动计划》[21]、《国务院关于大力发展职业教育的决定》[22]、《关于进一步深化本科教学改革全面提高教学质量的若干意见》[23]、《国家教育事业发展"十一五"规划纲要》[24]、《国家中长期教育改革和发展规划纲要(2010—2020年)》[25]、《中等职业教育改革创新行动计划(2010—2012年)》[26]、《国务院关于深入推进义务教育均衡发展的意见》[27]等,多次提出"大力普及信息技术教育,以信息化带动教育现代化"、"应用现代教育技术提升教学水平"、"实施农村中小学现代远程教育工程"、"加快教育信息化进程"、"大力推进教育信息化"等。

4. 涉及教育信息化、教育现代化的国民经济和社会发展战略规划

21世纪以来,全国人民代表大会批准的《中华人民共和国国民经济和社会发展第十个五年计划纲要》[28]、《中华人民共和国国民经济和社会发展第十一个五年规划纲要》[29]、《中华人民共和国国民经济和社会发展第十二个五年规划纲要》[30],分别提出"大力发展现代远程教育、提高教育现代化、信息化水平"、"农村中小学现代远程教育"、"提高教育现代化水平"。

四、教育信息化战略规划变迁的启示

1. 国家战略层面非常重视教育信息化发展

国家战略层面非常重视教育信息化发展,而且越来越重视,主要体现在以下五个方面:

第一,国家和教育部领导在重要讲话、报告、题词中都强调重视电化教育、远程教育、教育信息化发展。

第二，教育信息化领导机构经历了从最早的"中国教育电影协会"，到今天的"教育部教育信息化领导小组"，历经十几个机构名称的变革，教育信息化领导机构的名称与职能与时俱进，而且涉及教育信息化领导机构设置或改革的政策文件多达7个。

第三，"七五"、"十五"、"十一五"、"十二五"国民经济和社会发展计划纲要中强调发展电视教育、远程教育、教育现代化、教育信息化等。

第四，2005年发布的《国家信息化发展战略（2006—2020年）》，首次将教育信息化纳入了国家信息化战略规划。

第五，《中共中央关于教育体制改革的决定》、《中国教育改革和发展纲要》、《全国教育事业第十个五年计划》、《国家中长期教育改革和发展规划纲要（2010—2020年）》等17个国家教育发展战略规划中强调发展广播电视教育、学校电化教育、现代远程教育、信息技术教育、教育现代化、教育信息化等。

2. 多次强调"信息技术对教育具有革命性影响"

陈至立曾提出："教育技术的发展将对我国教育观念和教育过程的改革产生深刻的影响，是教育教学改革的制高点。"吕福源副部长在多次讲话中也强调要把现代教育技术与各学科的整合作为深化教育改革的"突破口"。何克抗教授归纳了陈至立部长的文章和吕福源副部长的讲话精神，实质上表达了同一个意思，即现代教育技术对于整个教育的深化改革有着决定性的重要意义。何克抗教授归纳"制高点"和"突破口"为"ME命题"，即现代教育技术是整个教育改革的制高点或突破口。[31]

2001年7月教育部发布的《全国教育事业第十个五年计划》在"'十五'期间教育改革与发展面临的形势"中提出"高度重视信息技术对教育产生的革命性影响，大力推进教育信息化，已经成为当今世界教育发展的主流"。九年之后，2010年7月中共中央、国务院发布《国家中长期教育改革和发展规划纲要（2010—2020年）》重新提出"信息技术对教育发展具有革命性影响，必须予以高度重视"。2001年强调"高度重视信息技术对教育产生的革命性影响"，非常有预见性。如今随着教育信息化的迅速发展，信息技术对教育发展的革命性影响日益显著。

3. 教育信息化发展规划逐渐成熟

教育信息化发展规划立足现状、面向未来，对教育信息化的未来发展起着重要作用。从"电化教育重要法令",到"电化教育工作规划"、"电化教育发展规划",再到"教育信息化发展规划",从"短期"到"中长期"教育信息化发展规划,教育信息化发展规划的研制正在从"拍脑袋决策"走向"科学决策"。教育信息化发展规划的日益成熟,将会进一步推动教育信息化发展。

4. 教育信息化迫切需要纳入法制化

1995 年《中华人民共和国教育法》首次将"发展电视教育和其他现代化教学手段"纳入教育法。1998 年《中华人民共和国高等教育法》规定:"国家支持采用广播、电视、函授及其他远程教育方式实施高等教育。"

尽管在教育信息化发展历程中制定了很多电化教育、远程教育、信息技术教育、教育信息化等方面的政策文件,但是政策文件的执行力远不及法律文件,需要加强教育信息化法制建设,以立法的形式促进、规范教育信息化未来发展。

《全国电化教育"九五"计划》在面临的问题中提出:"电化教育的法规建设较为薄弱,不能适应教育改革和发展的需要。"《教育信息化"十五"发展规划(纲要)》在面临的问题中提出:"信息化观念不强。"《教育信息化十年发展规划(2011—2020 年)》在面临的问题中提出:"对教育信息化重要作用的认识还有待深化和提高;加快推进教育信息化发展的政策环境和体制机制尚未形成。"

《全国电化教育"九五"计划》在主要措施中提出:"加强电教法规建设,建立、完善评估检查制度。"《教育信息化"十五"发展规划(纲要)》在主要措施中提出:"加强管理战略研究,制定有利于教育信息化发展的法律、法规。"《教育信息化十年发展规划(2011—2020 年)》在主要措施中提出:"完善教育信息化相关法规。"

这三个重要的教育信息化发展规划都强调了教育信息化法规建设的重要性,都提出加强教育信息化法规建设。为促进教育信息化迅速发展,以教育信息化带动实现教育现代化,促使教育发生革命性变化,迫切需要在完善修改教育法规时,能够纳入教育信息化,或者专门研制出台"教育信息化发展促进法"。此外,为强化教育信息化战略规划的执行力,非常有必要将教育信息化纳入法制化,从法制层面保障教育信息化未来发展。

参考文献

[1] 王运武,陈琳.教育信息化战略规划研究的现状与未来[J].中国医学教育技术,2012(1):1—5.

[2] 蔡辉.1942,电化教育迎来高潮[N].南方教育时报,2013—11—29.

[3] 杜光胜.民国时期江苏省电化教育发展研究[D].内蒙古师范大学,2013.

[4] 赵慧臣,马欢欢.我国教育信息化政策法规年表构建与分析[J].现代远程教育研究,2012(5):24.

[5] 中共中央关于教育体制改革的决定[EB/OL].[1985—05—27].http://www.edu.cn.

[6] 中华人民共和国国民经济和社会发展第七个五年计划(1986—1990)[EB/OL].[1986—04—12].http://www.reformdata.org.

[7] 国家教委、国家民委关于印发少数民族和民族地区电化教育发展纲要的通知[EB/OL].[1993—03—09].http://www.chinalawedu.com.

[8] 郑永柏.中国教育软件发展的过去、现在和未来[J].中国远程教育,2001(4):61—62.

[9] 中小学计算机教育五年发展纲要(1996—2000)[EB/OL].[1996—12—30].http://www.people.com.cn/item/flfgk/gwyfg/1996/206002199620.html.

[10] 中华人民共和国教育法[EB/OL].[1995—03—18].http://www.gov.cn/banshi/2005—05/25/content_918.htm.

[11] 中华人民共和国高等教育法[EB/OL].[1998—08—29].http://www.gov.cn/banshi/2005—05/25/content_927.htm.

[12] 中国教育改革和发展纲要[EB/OL].[1993—02—13].http://www.edu.cn/zong_he_870/20100719/t20100719_497964.shtml.

[13] 面向21世纪教育振兴行动计划[EB/OL].[1992—02—25].http://www.gmw.cn/01gmrb/1999—02/25/GB/17978%5EGM3—2505.htm.

[14] 中共中央国务院关于深化教育改革全面推进素质教育的决定[EB/OL].[1999—06—13].http://www.chinalawedu.com/news/1200/22598/22615/22793/2006/3/he7396032197360029150—0.htm.

[15] 中办国办印发《2006—2020年国家信息化发展战略》[EB/OL].[2006—05—08].http://politics.people.com.cn/GB/1026/4353762.html.

[16] 教育部关于实施"新世纪高等教育教学改革工程"的通知[EB/OL].[2000—01—26].http://law.lawtime.cn/d443914449008.html.

[17] 国务院发布关于基础教育改革与发展的决定[EB/OL].[2001—06—14].http://news.china.com/zh_cn/domestic/945/20010614/10045441.html.

[18] 教育部出台《关于加强高等学校本科教学工作提高教学质量的若干意见》[EB/OL].[2001—09—28].http://www.people.com.cn/GB/shizheng/3586/20010928/571877.html.

[19] 全国教育事业第十个五年计划[EB/OL].[2002—06—06].http://china.findlaw.cn/falvchangshi/jiaoyu/shoujiaoyuquan/sjyqflgd/102969.html.

[20] 国务院关于进一步加强农村教育工作的决定[EB/OL].[2003－09－20]. http://news.xinhuanet.com/newscenter/2003－09/20/content_1091291.htm.

[21] 2003—2007 年教育振兴行动计划[EB/OL].[2004－02－10]. http://news.xinhuanet.com/newscenter/2004－03/30/content_1392588.htm.

[22] 国务院关于大力发展职业教育的决定[EB/OL].[2005－10－28]. http://www.moe.edu.cn/publicfiles/business/htmlfiles/moe/moe_1778/200710/27730.html.

[23] 教育部关于进一步深化本科教学改革全面提高教学质量的若干意见[J].中国大学教学,2007(3).

[24] 国务院批转教育部国家教育事业发展"十一五"规划纲要的通知[EB/OL].[2007－05－18]. http://www.moe.edu.cn/publicfiles/business/htmlfiles/moe/moe_1778/200710/27737.html.

[25] 国家中长期教育改革和发展规划纲要(2010—2020 年)[EB/OL].[2010－07－29]. http://www.china.com.cn/policy/txt/2010－07/30/content_20605477.htm.

[26] 中等职业教育改革创新行动计划(2010—2012 年)[EB/OL].[2010－11－27]. http://www.gov.cn/gongbao/content/2011/content_1836364.htm.

[27] 国务院关于深入推进义务教育均衡发展的意见[EB/OL].[2012－09－05]. http://www.gov.cn/zwgk/2012－09/07/content_2218783.htm.

[28] 中华人民共和国国民经济和社会发展第十个五年计划纲要[EB/OL].[2001－03－15]. http://www.npc.gov.cn/wxzl/gongbao/2001－03/19/content_5134505.htm.

[29] 中华人民共和国国民经济和社会发展第十一个五年规划纲要[EB/OL].[2006－03－14]. http://www.gov.cn/gongbao/content/2006/content_268766.htm.

[30] 中华人民共和国国民经济和社会发展第十二个五年规划纲要[EB/OL].[2011－03－16]. http://www.gov.cn/2011lh/content_1825838.htm.

[31] 何克抗.论现代教育技术与教育深化改革(上)——关于 ME 命题的论证[J].电化教育研究,1999(1):3－10.

(作者单位:江苏师范大学教育科学学院;江苏省教育信息化工程技术研究中心)

美国高校创业教育课程建设路径[*]

张卫民　母小勇

摘　要　创业课程是最基本的创业教育模式。美国是世界上开展创业教育最早的国家,美国高校创业课程建设在"协会指导,校本开发"的总体思路引领下,已经由单一课程开发向课程群建设发展,且内容日趋多样化,其建设路径有:基于创业过程的创业教育课程群建设;围绕创业专业的创业教育课程群建设;依托专业知识的创业教育课程群建设;针对特定主题的创业教育课程群建设。

关键词　美国高校　创业教育课程　建设路径

创业课程是开展创业教育的基础,也是最基本的教育模式,它可以提升参与者的创业倾向需求与可行性。[1]通过适当的课程教学可以使学生具备创业精神、能力,帮助其开创新事业,促使其创业、经营成功等。[2-4]我国高校创业教育已经由第二课堂向第一课堂转型发展。[5] 2012年8月,教育部颁布的《普通本科学校创业教育教学基本要求(试行)》明确要求:创业教育要遵循教育教学规律和人才成长规律,以课堂教学为主渠道。而创业课程是创业课堂教育构建的核心,因此,有效的创业课程是我国高校创业教育取得成功的关键。美国是世界上开展创业教育最早的国家,其高校创业教育课程已经由单一课程开发向课程群建设发展,且内容日趋多样化,研究其建设路径,对我国高校创业教育课程群建设具有重要借鉴意义。

一、美国高校创业教育课程建设的总体思路

"协会指导,校本开发"是美国高校创业教育课程建设的总体思路。这一思路由创业教育的特性决定。创业教育作为高等教育的有机组成部分,既具有教育的一般属性又与经济活动密切相关。从经济角度来审视,创业活动受多种外部因素制约,如国内国际经济形势、相关产业

---

[*]　本文为教育部人文社会科学研究青年基金(项目编号:14YJC880112)、国家社会科学基金项目(项目编号:13BKS108)的阶段性成果。

发展情况、区域经济结构、区域创业政策等,这些因素决定了不同层次、不同地区的高校只有开发不同的创业课程来实施创业教育,才有可能取得好的教学效果;此外,创业是一个动态的过程,随着经济和产业发展情况的不断变化,创业教育课程内容也应随之有所调整,校本课程的灵活性满足了这一要求。从教育角度来说,高校创业教育必须为大学功能定位服务,而每所大学的办学类型、办学定位、特色和学科优势都是不一样的,从而每所大学的创业教育理念和目标也有很大差异,这些因素直接决定了各所高校必须整合自身的优势资源,开发适合自己的创业教育校本课程。60多年来,美国高校创业课程经历了从单一课程开发、专业课程开发到课程群开发的逐步发展过程。为了指导全国高校的创业课程开发,美国创业教育协会于2004年制定了《创业教育国家内容标准》(National Content Standards for Entrepreneurship Education)。该标准分为创业技能、创业预备技能和企业职能三大类共15个主题。内容标准给美国高校开发创业课程指明了方向,各校可以根据自己的特色和优势,有选择地在某些特定主题上重点开发校本课程。

二、美国高校创业教育课程建设路径

1. 基于创业过程的创业教育课程群建设

创业虽然是一项复杂的活动,但也有基本的发展规律。很多学者对创业活动研究后,总结出基本的创业过程与阶段规律,每个阶段对创业大学生的知识和技能要求都是不一样的。美国部分高校从这一角度出发,按照创业过程各阶段的知识和能力要求开发创业课程。康奈尔大学创业教育课程群建设就是其中的典型代表。

康奈尔大学(Cornell University)是在全校范围内采用辐射模式开展创业教育的典型。学校提供超过170门创业课程,而其E@C平台本身并没有任何课程,所有课程均分散于参与平台建设的9个学院和3个中心,这些课程大致可分为两大类:基于创业过程开发的课程群和按照特定主题开发的课程群。康奈尔大学按照创业前技能、企业创建和企业管理/运行三个阶段来开发创业课程。创业前技能阶段以"理解创业"为主题开发了7门课程;企业创建阶段以"创业计划"为主题开发了4门课程和以"风险管理和私募投资"为主题开发了10门课程;企业管理/运行阶段以"基于国际市场的发展战略"、"财务管理"、"全面管理、沟通、谈判"、"管理创新"、"团队领导培养"和"成功市场营销"等7个主题开发了 52 门课程。

基于创业过程开发的课程群具有"通识"的特点,即创业者或创业团队必须掌握的基本创业知识和技能。康奈尔大学在创业的各个阶段依据不同的主题开发创业课程群,方便学生根据自己的知识和经历背景来选择需要的课程,最大限度地考虑到学生的个性化需求,做到因材施教。

2. 围绕创业专业的创业教育课程群建设

经过近 50 年的发展,"创业"已经成为美国大学的一个专业。美国的创业专业大致包含创业主修、创业辅修、创业方向、创业证书、创业本科学位、创业硕士学位、创业博士学位等项目。其中路易斯维尔大学(University of Louisville)的创业专业建设比较成熟,极具代表性。

路易斯维尔大学的本科生创业辅修项目面向商学院三年级或四年级学生,帮助学生提高探索、发现、开发有市场价值的想法。该项目需要学习 3 至 4 个学期共完成 12 个学分。开设的课程有管理学(340)、创业学(401)、创业学(402)、创业学(403),课程内容包括:如何识别新的商业机会,学会谈判、表达自己有力的创业点子,提升解决问题和组建创业团队的能力,开发商业计划,到创业型公司实习,在公司创业方面寻找创业机会,等等。

按照创业专业建设思路设置的创业项目通常具有明确的培养目标,因此,其课程群会涵盖学生创业所需要的方方面面的知识。对于"创业"活动来说,这类创业课程群的内容是相对完整的。有些创业教育项目设置了前置准入条件,要求学生在申请该项目之前必须选修过一些创业方面的基础课程,如此,该项目课程群中就不会重复设置类似的基础性的创业课程了。美国的专业教育围绕学科建立,无论学生在大学学什么,他们都要有一个"主修专业"或"聚焦"于某一专题或学科,创业教育也不例外。因此,围绕创业专业开发创业课程是目前美国大学的创业教育课程建设的主要路径。

3. 依托专业知识的创业教育课程群建设

随着美国社会经济的发展,从 20 世纪 90 年代后期开始,非商学院的学生对创业课程的需求和兴趣日趋强烈。最先对创业课程有大量需求的是工程学院的学生,接着,农业、艺术、科学、法律等专业的学生也开始学习创业课程[6]。为了满足全校不同专业背景学生对创业课程的需要,一些非营利机构和大学试图将创业教育推广到全校范围,而不是仅仅针对商学院学生,跨学科(Interdisciplinary Programs)的创业教育项目开始成为美国高校一种新的创业教育模式,即出现了"全校性的创业教育项目"(University-wide Entrepreneurship Education)[7]。依托专业知识开发创业课程是实施全校性创业教育的主要途径之一,也是美国高校创业教育课程建设的最新趋势。罗彻斯特大学(University of Rochester)创业教育项目主要采用辐射模式开展全校性创业教育,围绕专业知识开发了大量的创业课程。

罗彻斯特大学是美国考夫曼基金会校园计划(KCI)2003年首批资助建设的8所高校之一。该校在文理学院、商学院、教育学院、工程学院、音乐学院、护理学院都开发了基于专业知识的创业课程群,包括本科层次和研究生层次。如在音乐学院,依托音乐专业知识开发了创业型思考、录唱中介、乐器保养与修理、专业演出效果创造、木管乐器维修导论、创意音乐制作等6门课程。在护理学院,则开发了医疗保健行业创业基础、医疗实践、创业应用、如何成为一个成功的健康医疗行业创业者、医疗行业创业市场营销等课程。

基于不同专业知识开发创业课程,是创业教育与专业教育深度融合的主要途径,充分考虑到受众对象的知识背景,体现差异性教学,有利于不同专业的大学生深入理解创业,能有效提升他们的创业热情和创业技能。基于不同专业知识开发创业课程,对创业师资要求非常高,不仅要求创业教育教师拥有深厚的专业知识功底,还要对创业活动有深入研究和理解。虽然,这类课程开发有一定的难度,却使创业知识与行业知识充分耦合,对特定专业背景的教育对象很有针对性,创业教育效果更佳。

4. 针对特定主题的创业教育课程群建设

创业教育起步初期,美国各高校主要开发单一的、零散的创业课程。随着美国创业型经济的崛起,高校开始重视创业教育,涉及大多数专业和多种主题的创业课程群被开发出来供大学生选修,极大地丰富了美国高校创业教育课程体系。美国东北大学(Northeastern University)的创业课程都是围绕主题来开发的,该校创业课程建设情况具有一定的参考价值。

美国东北大学明确自己的创业教育使命是通过创业体验教育,推动学生、教职工和校友创新、创业,使他们成为创新经济的领导者。因此,东北大学的创业教育项目面向本科生、研究生、校友和社区成员开放。该校提供三个主题的课程：技术创业、社会创业和家族企业创业。技术创业课程主要围绕设计和发展新产品、新服务，使用成熟的或破坏性的技术帮助学生创业或再造现有的企业；也教学生创建公司，从创业想法建立到市场营销、组建团队、商业模式和撰写商业计划，等等。社会创业课程重点是对世界上贫穷国家、发展中国家的小额信贷的实地研究。家族企业创业课程是东北大学传统的家族企业课程的延伸，主要研究家族企业成长、成功和财务等问题。这些课程受到越来越多海外著名家族企业未来继承人的欢迎。

  高校之所以针对特定主题来开发创业教育课程群，主要是从高校自身的资源优势出发，结合自己对创业教育的理解，开发独一无二的特色创业课程群，如东北大学家族企业创业课程群建设。特定主题通常在创业本身知识范围之外，但又与创业活动高度相关，是对专业创业课程或基础创业课程的有效补充。从美国高校创业课程开发实践来看，针对特定主题开发创业课程，不受高校创业教育模式限制，既可以作为选修课，也可以作为必修课。

三、总　　结

  创业课程数量和质量的快速提升直接推动了美国高校创业教育的大发展。纵观美国高校创业课程开发实践，各高校通常根据自身创业教育项目教学需要，综合采用一种或多种课程开发路径，开发出具有本校创业教育特色的课程，为实现创业教育目标奠定基础，给我国高校创业课程开发以有益的启示。

  （1）创业教育目标定位决定创业课程开发路径。创业教育教学作为高校办学的有机组成部分，其目标定位因每所高校的办学定位不一样而有所不同。高校创业教育目标和理念直接影响创业课程内容建设和开发路径，为了提升全校学生的创业意识，普及创业知识，那么基于创业过程开发创业课程是合适的选择；创业教育定位是培养高层次创业管理人才或创业教育师资，围绕创业专业建设开发创业课程是理想路径；培养高科技创业人才，依托专业知识开发创业课程效果更好；按照特定主题开发创业课程是对其他开发路径的有效补充。当然，高校为了达到更好的教育效果，通常会综合采用一种或多种路径来开发创业课程。

  （2）注重学生个体差异采用课程群开发策略。每个学生的个人经历、知识背景和成长环境都不一样,他们对创业课程的内容需求也有差异。美国高校充分认识到了这一点,他们围绕同一知识主题开发出多个内容侧重点不一样的课程供学生选修,给学生更多的自主选择权,达到因材施教的目的。学生可根据自身的知识经验储备情况来选修自己所需要的课程,而不是所有学生都学同样的课程,这样,创业教育效果会更好。

(3) 利用高校自身资源优势开发特色创业课程。创业教育校本课程开发受校内外多种因素的影响,如国家创业教育政策、行业和区域经济发展情况、学校办学理念、学科建设、师资力量、科学研究实力等方面的因素。因此,高校要开发高质量且独具特色的创业课程,必须充分利用自身的校内外办学资源优势和特色,避开薄弱因素。美国高校无一不是这么做的,这也是创业课程开发的现实需要。

(4) 追踪经济形势动态调整创业课程内容和设置。由于经济环境和创业活动的"动态性"特点,美国高校开发的创业课程在一段时间内也会进行适当的调整,这种调整既体现在对某一门课程内容的调整,也体现在学校对创业课程设置的调整。如路易斯维尔大学的创业课程就根据该领域的知识变化,将课程内容和课程设置次序进行适当的调整,目的就是为了追踪当前热点创业主题和经济主题。

参 考 文 献

[1] Peterman N E, Kennedy J. Entrepreneurship education: influencing students' perceptions of entrepreneurship[J]. Entrepreneurship Theory and Practice, 2003(28): 129-144.

[2] Gottleib E, Ross J A. Made not born: HBS courses and entrepreneurial management [J]. Harvard Business School Bulletin, 1997(73): 41-45.

[3] Ibrahin A B, Saufani K. Entrepreneurship education and training in Canada: a critical assessment[J]. Education & Training, 2002(44): 421-430.

[4] David A K. Point of view entrepreneurship education: can business school meet the challenge[J]. Education & Training, 2004(46): 510-519.

[5] 谢志远等.大学创业教育发展转型发展研究[M].浙江教育出版社,2012:46.

[6] Streeter D H, Jaquette J P. University-wide entrepreneurship education: alternative models and current trends[J]. Southern Rural Sociology, 2004(2): 44-71.

[7] 梅伟惠.美国高校创业教育[M].浙江教育出版社,2010:34-35.

(作者单位:淮阴师范学院教育学院;苏州大学教育学院)

特殊教育教师职业认同与工作满意度的调查研究*

柴 江

摘 要 以江苏省8所特殊教育学校和6所普通学校的教师为被试,采用问卷调查法,考察特殊教育教师的职业认同和工作满意度状况。研究发现,特殊教育教师的职业认同处于中等偏上水平,但与普通学校教师相比存在较大差异。特教专业出身的教师的职业认同显著高于普教专业出身的教师;教师在职业价值观上的得分随着从事特殊教育年限的增长呈递减趋势;男教师的工作满意度显著高于女教师;特教教师的职业认同能够在一定程度上影响工作满意度,两者呈正相关关系。

关键词 特殊教育 教师职业认同 工作满意度

一、问题的提出

教师职业认同是教师个体在从教过程中形成的对教师职业的整体认知和态度,体现为教师个体对教师职业的喜好程度、投入度以及维持该职业的积极态度和愿望。研究表明,教师职业认同受人格[1]、职业动机[2]、社会支持、教学效能[3]等因素的影响。作为一种过程与状态,教师职业认同决定了教师工作行为的基本态度,影响着教师的幸福感[4]、离职意向[5]以及压力水平[6]。教师对自己职业的认同度高,就意味着对自己职业的性质、功能、意义认识深刻,在其职业活动中的情感体验是积极的[7]。而教师工作满意度是教师个体对工作环境的主体感受以及心理上的满足感,取决于教师从工作中的实际所得(如工作条件、福利待遇、职业发展机会等)与他们的期望所得之间的差距[8],与教师的职业承诺、工作主动性、职业倦怠、心理健康、教学效能感等有着密切关系[9]。

特教教师的教育对象和工作性质具有特殊性(特殊儿童的教育训练是一个漫长而艰辛的过程,学生的个别差异大、接受能力差),教师们在康复训练过程中需要大量的体力投入,普遍存在一定程度的工作压

---

* 本文为江苏省社会科学基金项目(项目编号:13JYC013)的阶段性成果。

力[10]，职业倦怠较为严重[11]，教师流失问题日益突出。本文主要探讨特教教师的职业认同、工作满意度及两者间的关系，为提升特教教师的工作积极性、增强其职业认同感、提高其工作满意度提供一些依据。

二、研究方法

1. 研究对象

本研究的调查对象为江苏省盐城市、宿迁市、连云港市的 8 所特殊教育学校教师和 6 所普通学校的教师，特教学校和普通学校各发放问卷 200 份，剔除无效问卷后，共有有效问卷 352 份。其中，特教学校 165 份，普通学校 187 份。特教学校教师基本情况如下：男教师 45 人，占 27.3%，女教师 120 人，占 72.7%；本科学历的教师有 82 人，占 49.7%，大专学历的教师有 68 人，占 41.2%；普教专业（如幼师、小教、体育、美术等专业）的教师有 85 人，占 51.5%，特教相关专业（如聋、培智、特教计算、听力康复等专业）的教师有 80 人，占 48.5%。

2. 研究工具

研究采用《教师职业认同量表》，该量表由职业价值观、角色价值观、职业归属感、职业行为倾向四个因子构成，具有较好的信度和效度，项目采用 Likert 自评 5 点记分，得分越高表示职业认同程度越高。[12] 研究还采用《教师工作满意度量表》，该量表分为工作本身满意度、对同事的满意度、对管理者的满意度、对职业发展空间的满意度和对薪资待遇的满意度五个分量表，该量表的各项拟合指数都较为理想，其理论维度的构建较为恰当，项目采用 5 点记分，得分越高表示工作满意度越高。[13]

三、研究结果

1. 特殊教育教师的职业认同

（1）特殊教育教师职业认同的总体情况。由表 1 可知，特教教师的职业认同均值为 3.42，在最高分为 5 分的评分标准下，表明特教教师对本职业的认同水平处于中等偏上水平，各维度以角色价值观得分最高，说明特教教师个体对"教师角色"重要程度的积极认识和评价较高。与普通学校教师相比，特教教师的职业认同得分显著低于普通学校的教师，各个维度而言，特教教师与普校教师的职业价值观、职业归属感和职业行为倾向存在显著差异,特教教师得分较低;两组教师在角色价值观得分无显著差异。

表1 特教教师与普校教师职业认同的比较

	职业价值观	角色价值观	职业归属感	职业行为倾向	职业认同
特教教师	3.29±0.51	3.83±0.48	3.32±0.63	3.22±0.61	3.42±0.39
普校教师	4.33±0.63	3.92±0.76	3.94±0.74	4.45±0.53	4.16±0.53
t	−16.824**	−1.350	−8.299**	−20.071**	−14.948**

注:**$P<0.01$。

(2)特殊教育教师职业认同的差异。由表2可知,不同性别的特殊教育教师的职业认同及各维度的得分无显著性差异;不同专业特教教师的职业认同得分差异显著,特教专业教师的得分显著高于普教专业教师,特教专业教师在职业行为倾向上的得分显著高于普教专业教师。

不同年限特教教师的职业认同得分不存在显著性差异,表明入教时间的长短对特教教师的职业认同的影响较小。但在职业价值观上的得分差异显著,事后检验显示,从事特殊教育5年以下教师的职业价值观得分显著高于10年以上的教师。同时发现,从事特殊教育不同年限的教师在职业价值观的得分随着年限的增长呈递减趋势。

表2结果显示,不同毕业院校的特教教师在职业认同及各维度上的差异不显著,说明毕业院校的差异并未带来教师职业认同的差异。

表2 特殊教育教师职业认同的差异比较

	变量	职业价值观	角色价值观	职业归属感	职业行为倾向	职业认同
性别	男	3.40±0.53	3.88±0.51	3.24±0.58	3.12±0.57	3.41±0.36
	女	3.25±0.49	3.82±0.47	3.36±0.64	3.26±0.62	3.42±0.40
专业	特教专业	3.32±0.48	3.88±0.55	3.41±0.64	3.33±0.61	3.48±0.41
	普教专业	3.27±0.53	3.79±0.41	3.25±0.61	3.11±0.59	3.35±0.37
从事特教年限	5年以下	3.48±0.53	3.75±0.41	3.23±0.60	3.16±0.64	3.40±0.41
	6~10年	3.21±0.37	3.81±0.49	3.34±0.66	3.27±0.62	3.41±0.37
	10年以上	3.18±0.50	3.91±0.49	3.39±0.63	3.24±0.58	3.43±0.39
毕业院校	普通师范院校	3.28±0.51	3.84±0.47	3.24±0.59	3.16±0.62	3.38±0.37
	特殊师范院校	3.32±0.50	3.83±0.49	3.34±0.60	3.26±0.55	3.44±0.37
	其他院校	3.20±0.50	3.83±0.50	3.52±0.77	3.26±0.75	3.45±0.51

变量	职业价值观	角色价值观	职业归属感	职业行为倾向	职业认同
性别主效应 t	1.711	0.697	−1.058	−1.310	−0.166
专业主效应 t	0.645	1.262	1.651	2.279*	2.140*
从教年限主效应 F	6.302**	1.853	1.073	0.443	0.087
毕业院校主效应 F	0.508	0.012	1.708	0.452	0.438

注：* $p<0.05$；** $p<0.01$。

2. 特殊教育教师的工作满意度

（1）特殊教育教师工作满意度的总体情况。由表3可知，特殊教育教师的职业认同均值为3.19，处于中等偏上水平，对薪资待遇的满意度最低。与普通学校教师相比，特殊教育教师的工作满意度得分显著高于普通学校教师，从各个维度来看，特殊教育教师对管理者的满意度和对薪资待遇的满意度显著高于普通学校的教师，对同事的满意度显著低于普通学校教师。

表3 特教教师与普校教师工作满意度的比较

	工作本身满意度	对同事满意度	对管理者的满意度	对职业发展空间的满意度	对薪资待遇的满意度	工作满意度
特教教师	3.13±.067	3.35±0.48	3.53±0.97	3.08±0.48	2.85±0.71	3.19±0.49
普校教师	3.08±0.69	3.59±0.98	3.23±0.82	3.11±0.60	2.37±0.93	3.08±0.54
t	0.676	−2.934**	3.108**	−0.473	5.343**	1.976*

注：* $p<0.05$；** $p<0.01$。

（2）特殊教育教师工作满意度的差异。由表4可知，男教师的工作满意度得分显著高于女教师，从各个维度得分来看，男教师对工作本身以及职业发展空间的满意度显著高于女教师；从专业上来看，特殊教育专业的教师对工作本身的满意度显著高于普教专业的教师，而在其他维度上，不同专业的特殊教育教师无显著性差异；从从事特教年限来看，不同年限的教师在工作满意度及各维度上的得分无显著性差异；且不同毕业院校教师的工作满意度没有显著性差异。

表 4 特殊教育教师工作满意度的差异比较

变量		工作本身	对同事	对管理者	职业发展	薪资待遇	工作满意度
性别	男	3.38±0.67	3.46±0.39	3.77±0.82	3.21±0.53	2.87±0.83	3.34±0.51
	女	3.04±0.64	3.31±0.51	3.44±0.94	3.03±0.44	2.84±0.66	3.13±0.47
专业	特教专业	3.24±0.61	3.33±0.42	3.61±0.97	3.15±0.51	2.85±0.73	3.24±0.48
	普教专业	3.03±0.71	3.36±0.54	3.45±0.97	3.01±0.44	2.84±0.69	3.14±0.50
从事特教年限	5年以下	3.09±0.09	3.36±0.50	3.35±0.96	3.07±0.45	2.91±0.64	3.16±0.49
	6—9年	3.13±0.09	3.34±0.41	3.62±0.91	3.01±0.49	2.66±0.68	3.15±0.46
	10年以上	3.17±0.08	3.34±0.50	3.62±0.88	3.12±0.49	2.88±0.77	3.22±0.52
毕业院校	普师院校	3.09±0.71	3.46±0.50	3.54±0.92	3.03±0.43	2.87±0.67	3.20±0.47
	特师院校	3.20±0.62	3.27±0.42	3.55±0.85	3.14±0.51	2.81±0.69	3.19±0.48
	其他院校	3.05±0.69	3.27±0.57	3.42±0.80	3.01±0.48	2.89±0.90	3.13±0.62
性别主效应 t		2.943**	1.783	1.931	2.241*	0.244	2.407*
专业主效应 t		1.987*	−0.358	1.049	1.829	0.054	1.239
从教年限主效应 F		0.206	0.052	1.364	0.631	1.407	0.391
毕业院校主效应 F		0.663	2.239	0.175	1.230	0.190	0.195

注：$*p<0.05$；$**p<0.01$。

3. 特殊教育教师职业认同与工作满意度的关系

以教师职业认同作为自变量，工作满意度为因变量进行回归分析，采用逐步进入变量法，结果如表5所示。

表 5 特殊教育教师职业认同对工作满意度的回归分析

变量	多元相关系数 R	决定系数 R^2	增加解释量	F 值	标准化回归系数
职业认同	0.378	0.143	0.143	5.217	0.475

表5可知，教师职业认同作为预测变量进入回归方程，多元相关关系为0.378，多元相关系数平方为0.143，表示教师职业认同能够解释的变异量为14.3%；标准化回归系数为正数，表示其对工作满意度的影响为正向，即教师职业认同度愈高，工作满意度愈高；标准化回归系数为0.475，说明教师职业认同对工作满意度有一定的影响。

四、分析与讨论

1. 特殊教育教师的职业认同

研究结果表明,特殊教育教师的职业认同处于中等偏上水平,与先前研究结果基本一致[14]。但与普通学校教师的职业认同得分相比,特教教师的职业认同度相对较低。原因主要有两方面:一是特教教师经常被看作教师群体中的边缘团体,受关注与重视程度不如普通学校的教师。教师自身所感受到的在教师群体中的地位偏低,影响着特教教师的职业认同。二是特教教师较难体会到作为教师的荣誉感和成就感,投入与精神回报的鸿沟较大,可能造成情感上对这一职业的低认同。

从特殊教育教师职业认同的差异比较中发现,不同专业教师的职业认同有显著性差异,特教专业出身的教师的职业认同度更高。原因在于,一是特教专业出身的教师在校学习过程中接触的信息和体验的情境,能够更早感悟到特殊教育职业的意义和价值,较早产生职业情感;二是不同专业出身的特教教师对特殊儿童教育过程中遇到困难的应对方式和技能有一定差别,普教专业的教师可能稍弱,一旦长期遭受挫折,很容易对自己的职业选择产生怀疑甚至是否定,自身的职业认同感会降低。

结果还发现,随着从事特殊教育时间的增长,特殊教育教师的职业价值观逐渐降低。刚入职的教师一般抱有较高的职业热情和理想,愿意投入工作,且更为积极地看待自身职业的发展。随着从事特教年限的增长,长期的努力付出换来较少学生的进步,很容易产生失落感或挫折感,再加上或已处于过了职业发展的顶峰阶段,容易出现职业倦怠,降低职业认同水平。

2. 特殊教育教师的工作满意度

结果显示,特殊教育教师的工作满意度处于中等偏上水平,显著高于普通学校的教师。原因在于,同属教师序列,但两者的教学任务和目标不同,家长对教师教学成效的期望值也不同,普通学校的教师有着与特教教师不同的压力。

在比较特殊教育教师工作满意度的差异后发现,男教师的工作满意度、对工作本身和职业发展空间的满意度也显著高于女教师,特殊教育男女教师比例失衡是特教学校普遍存在的问题,但无形中提高了特殊教育男教师的地位和拓展了男教师发展的空间。

3. 特殊教育教师职业认同与工作满意度的关系

结果显示,教师职业认同对工作满意度有一定的影响:教师的职业认同度愈高,工作满意度愈高。相关研究表明,教师的职业认同一旦固化且处于较高水平,教师个体会以积极、主动的心态投入到教育教学工作中。这种内在的动力能够化解教学工作中的各种压力和矛盾,外界环境的因素也较难改变教师对这一职业的情感。特殊教育教师若具有较高的职业认同,更易以积极、乐观的心态看待教育、教学工作中的困境,相对于自己所坚守的教育信念和理想,外在的物质、表面的荣誉可能一文不值,这也是从事教师行业的最高境界。事实上,特教教师会遇到诸如发展空间不大、投入产出不成比例等现实问题,但仍有很多人能够以饱满的热情和积极的心态投入到教学工作中,很少抱怨或对工作产生不满,对特殊教育职业的高认同起到一定的调节作用。

本研究对特殊教育教师的职业认同和工作满意度进行调查,目的在于了解这支特殊的教师队伍对其职业的态度和看法,以及对现行工作状态的满意程度,希望社会能够更加关注特殊教育以及特殊教育教师的发展。

参 考 文 献

[1] 梁进龙,万明钢.中小学教师人格类型与职业认同的关系研究[J].教育学术月刊,2011(12):10.

[2] 宋广文,魏淑华.影响教师职业认同的相关因素分析[J].心理发展与教育,2006(1):80－85.

[3] 王姣艳,王辉.特殊教育教师职业认同的影响因素研究[J].中国特殊教育,2013(1):52－57.

[4] 孙钰华.教师职业认同对教师幸福感的影响[J].宁波大学学报(教育科学版),2008,30(5):70－73.

[5] Moore M, Hofman J E. Professional identity in institutions of her learning in Israel [J]. Higher Education,1998(1):69－79.

[6] Gaziel H H. Sabbatical leave, job burnout and turnover intentions among teachers [J]. International Journal of Life-long Education,1995(4):331－338.

[7] Blau G J. The measurement and prediction of career commitment[J]. Journal of Occupational Psychology,1985,58:277－288.

[8] 徐志勇,赵志红.北京市小学教师工作满意度实证研究.教师教育研究[J],2012,24(1):85－92.

[9] 姜勇,钱琴珍,鄢超云.教师工作满意度的影响因素结构模型研究[J].心理科学,

2006,29(1):162-164.

[10] 张茂林,杜晓新.特殊教育教师的工作压力及应对策略研究[J].中国特殊教育,2008(11):15-20.

[11] 王玲凤.特殊教育教师的职业压力、应对方式及职业倦怠[J].中国特殊教育,2010(1):55-59.

[12] 魏淑华,宋广文,张大均.我国中小学教师职业认同的结构与量表[J].教师教育研究,2013,25(1):55-60.

[13] 赵志纯.西北贫困地区农村中小学教师离职意向调查研究[D].西北师范大学,2008.

[14] 王姣艳,王雁.特殊教育教师的职业认同调查研究[J].教育学报,2012,8(1):90-96.

(作者单位:盐城师范学院教育科学学院)

协同创新视角下的高校文化环境特征分析*

胡纵宇 毛建平

摘 要 协同创新是国家科技发展的动力源泉,作为协同创新任务的主要承担者,高校应营造协同创新的文化环境。但是目前高校还不能自觉促进创新资源和要素的有力汇聚;教育过程中重继承、轻创新;科学研究中竞争多于合作;管理过程中重控制、轻协调;发展趋势上同质化影响了特色化。因此,高校只有努力去建设以超越性、开放性、协同性、实践性为特征的文化环境,才能使"人才、资本、信息、技术"等创新要素充满活力,促进协同创新的深度推进。

关键词 协同创新 高等教育 文化环境 人才培养

今天的科技创新与成果转化大多是协同创新的产物。"协同创新"是指创新资源和要素有效汇聚,通过突破创新主体间的壁垒,充分释放彼此间"人才、资本、信息、技术"等创新要素活力而实现深度合作。协同是手段,创新是目的。协同创新的实现要依赖创新环境。20世纪80年代,西欧区域创新环境研究组织(GREMI)首次提出了"创新环境"(Innovative Milieu)的概念,强调创新存在于某种无形的氛围(air)之中。[1]高校作为科技创新的重要力量,是否拥有适合"协同创新"的文化环境呢?协同创新视角下高校文化环境又应该具有怎样的特征呢?

一、创新型社会对高校协同创新文化环境的需求

协同创新是一个过程。这个过程并不是单向度的,它可能是通过一个"网络",或者只是一些"线段",还有可能是一个多维空间,但它必须是通畅的。所有的创新要素在过程中流动,毫无阻隔,要素流动到一起后产生碰撞,激发创新。"协同"的目的是消除障碍,促进要素碰撞。据统计,目前我国每年取得的省部级以上科技成果有3万多项,但成果转化率仅为25%左右,真正能实现产业化的不足5%,科技进步对经济

---

* 本文为江苏省教育厅高校哲学社会科学研究基金资助项目(项目编号:2011SJB880035)的阶段性成果。

增长的贡献率不足40%（发达国家这一比例高达60%以上）。[2]在科技成果转化率偏低表象的背后，一定有高校等科研机构与企业或者产业的紧密联系的缺失；有高校科研转化与政府宏观指导、微观服务的脱节；有高校单一学科背景与综合化创新能力的差距；有高校科研项目立项重复与校际合作不足的现实；有国内外高校深度合作受限，创新不能占领前沿的影响……简而言之，就是"协同不够"。

教育部出台"高等学校创新能力提升计划"，旨在建立一批"2011协同创新中心"，大力推进高校与高校、科研院所、行业企业、地方政府以及国外科研机构的深度合作，探索适应于不同需求的协同创新模式，营造有利于协同创新的环境和氛围。这是国家对"协同创新"的有力推动，它所营造的环境与氛围是社会大环境，其中也包括高校创新环境。创新环境是校园文化环境中那些影响创新的因素。它们本身既是创新的协同元素，又是协同创新的文化环境，创设适合协同创新的文化氛围是社会发展和高校自身发展的必然要求。

二、制约协同创新深度推进的高校文化环境因素

"协同创新"既是高校创新的手段，又是高校创新的动力，是高校竞争力的核心。目前我国高校文化环境中还存在着一些制约"协同创新"深度推进的因素。

1. 教育过程中重继承、轻创新

学校的教育过程缺乏宽容和倡导个人独创性的氛围，缺乏鼓励冒险、支持变革的教育环境。中国的文化传统在"真"、"善"、"美"的选择中更倾向于"善"而不是"真"。重传承轻创新，重规范轻变化，缺少求真唯实、质疑与批判的精神，特别是原始的创新精神。表现在科学领域即缺乏原创性，缺少对新问题的发现以及从问题上升为理论的能力。人们对"科学"教育会形成一些错误的想法，那就是给出标准的模型术语和理论，学生只需加以吸收而已——不仅缺少探索，就连挖掘也是浅尝辄止。而人文知识的教育，这一点就更为突出，识记能力的考察始终是重点，对现实问题和历史问题的回答都有着标准答案。这些积淀在文化环境中对创新的怀疑和犹豫，不仅会使人们缺少创新力，还会使人们面对创新时往往采取旁观者的态度。

2. 科学研究中竞争多、协作少

"大学者，'囊括大典，网罗众家'之学府也……各国大学，哲学之唯

心论与唯物论,文学、美术之理想派与写实派,计学之干涉论与放任论,常樊然并峙其中,此思想自由之通则,而大学之所以为大也。"[3]蔡元培认为大学意味着一个统一的知识整体,学术共同体目标的整合也可以经由这一术语表现出来。罗纳德·巴尼特认为:"现在大学比原初大学多了一样同样重要的意义,那就是各种学识的合一。"[4]以上两位中外学者对大学的论述揭示了大学基本的属性——思想自由、学科并立、交叉融合。对大学自身而言,哲学社会科学与自然科学不仅可以并生,而且可以通过学科间交叉融合实现创新,自然科学中各学科也应突破学科壁垒,产生新思维、新创意,促生新材料、新产品。然而目前在很多大学,携手创新的氛围还未形成。就大学与外界合作而言,高校和科研院所、企业因为利益分配和管理权的问题,都希望能够主导从研发到产品上市盈利的全部环节,于是千方百计避免协作,而不是通过协作来做精做强。

3. 管理过程重控制、轻协调

科学研究是一种特殊的人类活动,它需要自由的空间,宽松的环境,使人们能够充分释放创造潜力。诞生于卡文迪许实验室的 MRC-LMB(分子生物学实验室)是世界上生物学实验室中获诺贝尔奖密度最高的。该室第一任主任佩鲁兹(Max Perutz)在谈到成功的秘诀时指出,LMB 只为科学家做三件事:第一,确定需要发展的研究方向;第二,成功地招来杰出的研究人员;第三,创造条件,让他们自由地工作。如果所做的事超过上述范围,就成了障碍。[5]我国大学长期使用高度集权的行政体制,形成了以行政控制为主导的运作机制。学科布局、学术共同体的形成经常是行政文件的产物,校企合作基本由学校行政主导,政产学研合作基本由政府主导。行政干预有余、学科自治不足,制度性规范有余、人文关怀不足。

4. 发展趋势上同质性限制了多样化

由于评价标准单一,近年来,高校发展呈现同质化倾向:都想成为研究型大学,学科求全,规模求大,造成了"千校一面"的现象,大家都在一条道上走……行业特色型高校的特色专业被"稀释"了。[6]本来不同学校可以特色互补,现在大家都没什么特色,没有新领域、新学科、新思想的加盟,合作呈现表面化。中国古代就提出"和实生物,同则不继"的思想。"同"要求事物无差异的同一,将个性淹没于共性之中;"和"则不然,只有若干个"异"合在一起才会在一定条件下产生"和","和"是开放的、能产的、富于生命力的系统。[7]"和而不同"是文化环境追求的一种境界。虽然不能将"和"简单理解为"求异"、"求新",但是"和"对"求异"、"求新"的包容是确定无疑的。而现在大学的文化环境似乎在朝着一个方向走,引进大师,移栽大树……多年以后回忆起学校文化,诺奖还是诺奖,与学校师生无关;大树只是大树,树下没有自由自在的心灵;大楼慢慢陈旧,却没有历史的厚重。

三、建设与"协同创新"高度契合的高校文化环境

协同创新"必行"是价值判断,协同创新"难行"是事实判断,变"难行"为"可行"是发展的唯一选择。协同创新能力的高低,从根本上取决于原创力的强弱、协同力的推动,而这些又离不开文化环境的支持。这种支持不仅存在于科学研究领域,而且需要高校以及全社会培育以批判性和超越性、开放性、协同性为特征的高校文化环境。

1. 超越性

超越性是与适应性、滞后性相对的概念。超越性有两个维度,一是人性的维度,他表现为向世界的开放性、不断否定给定性、不断指向未来的可能性、不断改变生活和改造世界的目的性。[8]这一维度表现了人性的丰富性,同时也是创造力的来源。二是社会的维度,超越性的文化是具有先行性、先导性和理想性特质。要适当超越个体的教育经验,走在社会、时代前列,对社会起到导向作用。只有具备这两个维度的文化才能承担大学文化传承与创新的职能。而当人们的视角从技术认知方式扩展到所有认知方式时,发现创新性其实是超越性的具体体现。社会和教育期待"把超越和创造作为生活取向的人,能够对现存生活做出反思和批判的人"[9]。建设超越性的文化必须要明确学校的办学理念。超越性文化是需要培育的。培育与教化、灌输、塑造、同化具有本质的区别,它以开导、启迪、升华、反思和批判为内在逻辑。高校应当充分发挥学术委员会在学校治理中的作用,尊重科学规律,敬畏学术,尊重教师,尊重个性,尊重创造,营造舒展、清净、和谐、自省的文化氛围。

2. 开放性

知识分割与交杂的自然流动,只能来源于开放性的文化。蔡元培先生率先主张并实践"研究高深学问"、"思想自由,兼容并包"、"教授治校"三大办学理念,促生文化环境的开放性,使北大成为民主与科学的策源地。目前高校要主动打破知识壁垒,通过搭建跨学科科研平台、整

合多学科综合实验平台、建设校企合作平台,组织各学科教师联合攻关。通过构建自由开放、鼓励创新、宽容失败的文化氛围,使大学能够容纳各种思想,包容各种人才,实现学术自由、思想自由和人文关怀。在开放的思维下建设文化传承创新的协同创新中心,以哲学社会科学为主体,通过高校与高校、科研院所、政府部门、行业产业以及国际学术机构的强强联合,提升国家文化软实力。比如以高等院校电子计算机技术为基础进行的数据挖掘,科研院所或者社会咨询机构依此进行数据分析,为政府提供决策参考;再如国家信息安全、个人隐私保护与数据共享的综合支持……

3. 协同性

任何一个系统都会具备很多要素,学校文化环境也一样,这些要素与创新有的直接相关,有的间接相关,只有相互配合、相互合作,才能形成良性循环的创新系统,使科学创造的整体功能得以增值放大。越是重大的项目,就越可能来源于工业基础和本土资源有比较优势的领域。重大科技项目的相关因素中没有协同,但是新兴产业、主创者、实验、已有文化成果、快速产业化、技术、下游产品、教育改革、工业基础、本土资源、优势领域这么多的概念,是什么让它们能够统一在一个项目里?协同的意义已经不言而喻。因此高校必须开发以协同性为特征的文化环境,结合协同创新目标与任务的要求,加强体制、机制文化建设,建立创新、管理与成果共享的制度体系;建设协同创新综合支持系统,建立实质性协同的组织管理机构,加强服务职能,为协同创新提供政策支持、法律援助、专业服务;完善高校人才培养机制;建立人员流动机制,创新人员考核与聘用办法;加强科技力量和资源的整合,培育合作的土壤与能力,建设科学群体协同创新及健康运行的文化基础。

4. 实践性

高校要建设以实践性为特征的创新文化环境。因为人们在进行创造性思维的过程中,必须参与实践,必须在实践中促进思维能力的进一步发展,在实践中检验思维成果的正确性。大学科研与创新不能崇尚空谈,科研应该与社会生活紧密相连。不仅要面向科学前沿,还要面向行业产业,面向区域发展。实践性的文化并非张扬"实用性",而是反对高校科研人员追求纯粹的"象牙塔"中的理论建构。科学研究本身也应该具有多样性:既有与国计民生紧密相关的科技进步,也有推动社会进步的人文社会科学理论创新,还应有面向学科最前沿的理论探索。文化的实践性对创新的可持续发展非常重要,但这并不能确保文化建设的过程会主动形成实践性。现有评价体制对纵向科研的认可度要高于横向科研,相对而言,单兵作战的情况下教师也更倾向于纯理论研究。因此提倡实践性的文化,在课题方向设置时要注意针对性、战略性和前瞻性,充分体现科研与社会需求的紧密结合,鼓励多学科的交叉融合,倡导申请者主导,其他课题组成员真正参与,避免成为单纯的研究项目;在高校引进师资时,注意不同教师专业背景的合作与互补,教师工程背景与专业背景的互补;不断优化教师学缘结构,鼓励教师到其他科研院所、企业做博士后研究,提倡教师到企业挂职、支持教师海外研修;由高校牵头,积极吸纳国内外优势力量,形成强强联合的协同创新体。学校实践性的文化氛围将助力科研的发展,而科研又将最终推动包括文化在内整体教育水平的提升,始于实践,回归实践。

参考文献

[1] Ratti R, Bramanti A, Gordon R. The dynamics of innovative region, the GREMI approach [M]. Aidershot: Ashgate Publishing Company, 1997:78.
[2] 何郁冰.产学研协同创新的理论模式[J].科学学研究,2012(2):165-174.
[3] 蔡元培.北京大学月刊发刊词[M]//杨东平.大学精神.辽海出版社,2000:2-3.
[4] (英)罗纳德·巴尼特.高等教育理念[M].蓝劲松译.北京大学出版社,2012:27.
[5] 方本新.创新型文化环境的特征——基于诺贝尔科学奖和我国科学研究环境的比较与反思[J].科技进步与对策,2006(9):96-98.
[6] 潘懋元.高校办学应避免同质化[N].中国教育报,2011-7-4(2).
[7] 戚务念,何齐宗.全球化背景下我国高等教育发展的文化取向[J].高等教育研究,2007(3):17-22.
[8][9] 鲁洁.超越性的存在——兼析病态适应的教育[J].华东师范大学学报(教育科学版),2007(1):6-11.

(作者单位:南京邮电大学电子科学与工程学院;南京邮电大学人文与社会科学学院)

高校教师教学能力评价机制优化研究*

何 静

摘 要 教师的教学能力是高校人才培养质量的保证,科学合理的教学能力评价机制可以激励教师积极提升自己的教学能力。教学能力评价机制主要包括评价主体、评价内容、评价方法以及救济程序等内容。目前高校教师教学能力评价机制尚存在一系列问题,主要包括评价主体的来源不尽合理、评价内容的设置不够科学、评价方法不够全面以及救济程序缺失等方面。因此,需要优化配置评价主体,科学设定评价内容并综合采用多元的评价方法,辅以救济程序,从而充分发挥评价机制的正向激励作用。

关键词 教师教学能力 评价机制 优化

一、高校教师教学能力评价机制的主要内容

1. 评价主体

评价机制的构建首先要确定的是评价主体,即由谁来进行评价的问题。依据评价主体的来源划分,评价主体可以分为外部主体与内部主体。外部主体如用人单位、学生家长以及研究机构等,内部主体则大体上包括以下几类:一是专家评价,主要由高校内部的教学督导作为专家对教师的教学能力进行评价;二是学生评价,主要是让学生对教师的课堂教学质量进行评价,先由学校设计好评价指标体系并予以量化,然后交由学生分别对任课教师打分;三是领导评价和同行评价,即由院系领导和教师代表对每一位教师进行打分。

2. 评价内容

简单地说,评价内容就是教师的教学能力,但是关于教学能力的构成要素,理论界却存在不同的认识,因此导致不同学者对于评价的内容存在不同的理解。

我们可以从不同角度对评价内容加以区分,一是按照教学的逻辑顺

---

* 本文为南京农业大学工学院教育教学改革研究项目(项目编号:2013gxy03)、南京农业大学浦口校区高教管理研究重点课题(项目编号:GJ201406ZD)的阶段性成果。

序划分,可以分为对课前、课中和课后三个阶段所具备的教学能力的评价。课前教学能力包括教案准备、教学设计等方面的能力,课中主要是课堂教学过程中所呈现的能力,包括教学表达、课堂组织与管理以及运用现代教学技术的能力,课后教学能力则主要包括教学研究、教学测评与学业检查等方面的能力。二是按照教学与科研的二维视角划分,则大体上可以将教学评价的内容分为教学能力和教研能力两个方面。不管从哪个角度来看,课堂教学能力无疑都是评价的核心内容。

3. 评价方法

与评价主体以及评价内容类似,对于评价方法也可以从多维视角予以解读。首先,可以分为定性评价与定量评价。定性评价是不采用数学的方法,而是根据评价者对评价对象平时的表现、现实和状态或文献资料的观察和分析,直接对评价对象做出定性结论的价值判断。定量评价是采用数学的方法,收集和处理数据资料,对评价对象做出定量结果的价值判断。实践中各高校通常是将定性与定量两种评价方法相结合。其次,他人评价与自我评价。他人评价作为一种外部压力,可以鞭策教师努力提高教学能力,而自我评价是自我反思的一种重要方式,作为一种内在的驱动,相对而言可能更易促使教师自觉提高自身教学能力。当然,每种评价方法各有其优势,在实践中可能要综合运用多种方法,这样才能保证评价结果更加客观。

4. 救济程序

对教师教学能力进行评价只是手段,最终目的是通过评价推动教师教学能力的提升。因此,教学能力的评价结果在年终考核、职称评定以及评奖评优等过程中,通常会成为重要的参考因素,进而对教师个人的晋升发展产生决定性影响,可以说评价结果与教师的个人利益直接相关。

从实体上来说,尽管评价机制有着相对严密的设计,但是难免会存在疏漏,例如数据的统计就完全可能存在偏差,如果不允许教师对结果提出异议,显然有失公允。另一方面,就程序而言,如果设置相应的异议处理程序,允许教师对评价结果提出异议,即使经过调查处理确认结果没有问题,那么经过了既定的异议程序,评价结果也更易于被教师接受。基于此,对评价结果的救济程序理应是完整的评价机制不可或缺的内容。

二、高校教师教学能力评价机制的问题省思

1. 评价主体的来源不尽合理

首先,评价主体的构成模式化。从各高校的实践来看,大多实行院系领导评价、督导评价以及学生评价相结合的模式,其中院系领导在一定时期内基本是固定的,督导多数是由退休教师组成,尽管也有高校在院系评价时让在职教师代表参加,但是参与的程度和所占比重则十分有限。

其次,忽视专业差异。由于不同教师授课专业不同,而各专业之间存在明显的差异,所以在对不同专业的教师做出评价时,应当由本专业至少是相近专业的人进行,评价结果才更为客观准确。实践中各高校由于评价主体的组成基本固定,让同一批人对不同专业的教师进行评价,有可能会导致评价结果失真。

再次,校外同行专家的评价缺失。在现行的评价机制中,各高校对于教师教学能力的评价基本都是在校内完成。对于评价结果为差(或不合格等类似等级)的教师,有必要邀请校外同行专家进行评价。另外,在职称评审时也应对教师的教学能力加以考察,其教学能力也应当同时达到高一层次的要求方才合理。遗憾的是,目前各高校仅是在职称评审时(一般是副高职称以上)才会邀请校外同行专家对教师的科研成果进行评价,除此之外校外同行专家则没有参与评价的机会了。

2. 评价内容的设置不够科学

首先,注重课堂教学质量评价,忽视师德、教学研究等其他方面内容的评价。近年来曝光的一系列师德败坏的案例凸显了师德的重要性,教育部为此还于2014年9月29日专门发布了《关于建立健全高校师德建设长效机制的意见》。然而,在现行的评价机制中,评价内容的选择上对于师德的评价则很少涉及。此外,教学研究的能力也是教学能力的体现,然而,实践中多数高校仅是在职称评审或发放科研奖励时对教学研究的成果予以考核,而且还要求达到一定的级别才予以认可,常规的教学能力评价则基本将其排除在外。

其次,评价内容存在同质化的问题,个性化、差异化明显不足。一方面,不同专业的培养目标不尽一致,再加上不同学科之间也存在显著差异,由此决定了不同学科的教师可能采用不同的教学设计、课堂组织方案,相应地对于教师教学能力的评价就不宜采用一套单一的评价指标体系,但是目前多数高校的评价体系则未做区分。另一方面,专家评

价和学生评价指标体系的区分度也不高。"一般来说,学生在某一门课程领域的学术造诣不如教师,在专业水平方面低水平的学生评价高水平的教师,其评价结果必然缺乏科学性。"[1]由此可见,应当在区分不同评价主体的基础上设置个性化的评价指标体系,但是实践中专家和学生采用的评价指标则差异不大。此外,不同类型的高校在评价指标上也趋同。不同类型的高校对人才培养的要求不同,相应地对于教师教学能力的要求自然不同,如研究型高校对于教师的教研能力要求一般高于其他类型的高校,因此在设置评价内容时应该突出此种差异,不过现实却是各类高校在评价内容上基本雷同。

3. 评价方法不够全面

首先,重视他人评价,对教师自我评价缺乏关注。实践中各高校和教师自身特别重视他人给予的评价,对于自我评价则几乎持漠视的态度。事实上,"教师自我评价是大学教师按照一定的目的和标准对自己的职业素养、言行以及思想、个性等方面进行自我判断和评定,这是尊重教师主体性评价的重要体现"[2]。

其次,重视评价不重视反馈,评价的效果不甚明显。在实际操作中,多数高校更多的是重视评价的过程和评价结果在考核晋升时的运用,对于结果缺乏深入细致的分析并将其反馈给教师的适当方式,即使反馈了也仅是冰冷的数字(得分、排名等),此种反馈对于提高教师的教学能力并无助益。

4. 救济程序缺失

基于"有权利必有救济"的理念,高校内部设置了相应的机构和程序,当教师对于学校关涉其利益的决定、行为不服时,有机会通过正式的渠道启动异议处理程序。因为教学能力评价的结果一般与职称晋升、年终考核、评奖评优等直接挂钩,所以应当为那些受到不利评价的教师提供提出异议的机会和渠道。令人遗憾的是,尽管高校大都设立了类似"申诉委员会"的机构,但该类机构主要负责处理教师和学生对于学校行政处分决定不服提起的申诉,至于对如何提出关于教学能力评价结果的异议则缺乏相应的程序规定。

三、优化高校教师教学能力评价机制的构想

1. 评价主体的优化配置

关于评价主体的设定,我们认为,对教师教学能力进行评价的主体

一般应当依据以下三项原则来确定：一是利益相关性；二是专业性；三是可操作性。

用人单位、家长属于利益相关者。国家作为教育事业的投资者，与教师的教学能力当然也有利益关系，而学校、学生自然是直接利益关联主体。但是，按照专业性的要求，高校教学工作具有较强的专业性，国家、用人单位、家长等不应纳入评价主体的范畴。此外，高校教学是由一系列教师共同完成的系统工程，如果让用人单位和家长对每一个教师分别进行评价，也缺乏可操作性。基于此，国家、用人单位及家长不应作为评价主体，而学生、学校则符合上述三项原则，由学生和代表学校的督导、院系作为评价主体应是合理的做法。为了克服评价主体固化的问题，我们认为需要调整院系评价的人员构成，提高同行教师的比例，减少领导的参与，建议由教研室教师代表对本教研室教师进行评价，领导中只保留主管教学的领导，这样评价的专业性更有保证。

最后需要指出的是，校外同行专家一般不参与评价，但是当特定的教师对于自己的评价结果提出异议或教师之间对于评价成绩存在争议时，宜由学校匿名提请校外同行专家进行评审，依据校外同行专家的意见作为最终结果。

2. 科学设定评价内容

首先，对于学生和专家分别设定不同的评价指标。学生对于专业知识和教学能力知之甚少，但是却对教学过程有着直接感知；而专家具有专业方面的优势，对于教学过程的感知机会则相对较少，所以应当为学生和专家分别设定不同的评价指标。当然，不管是学生还是专家评价，都应将师德纳入评价指标体系，并且提高其比重，实行一票否决。

其次，应将教研成果纳入常规的评价内容之中。"大学教师要发展教学学术、提高教学水平和改善教学质量，必须积极开展教学研究。教师不仅应该教，而且应该会教，这意味着教师必须研究教学。"[3]由同行专家做出评价，计入总评成绩，激励教师在做好课堂教学的同时，也提高教学研究能力。

最后，在区分不同学科和不同类型的高校的基础上分别确立相应的评价内容。关于学科区分，我们认为可以参照高招时采用的学科分类，大体上区分为理工类和文史类，然后设定相应的评价指标。至于高校类型的区分，我们主张按照研究型、教学研究型和教学型分别设置不同的评价内容。对研究型高校的教师进行评价，应当提高教师教学研究能力的权重；对于教学型高校，则主要评价课程教学能力，教学研究能力侧重考察将理论知识转化为实践的能力；教学研究型高校在评价时则应保持课堂教学能力和教学研究能力的平衡。

3. 综合采用多元的评价方法

首先，在继续重视评价过程的同时强化评价结果的反馈。具体而言，由评价组织部门分别将学生、督导、院系领导及同行的评价意见如实告知（隐去评价人信息）教师即可，当然反馈的信息不应是简单的分数，而是文字的意见。学校除了反馈信息外，还应当采取措施对评价不合格的教师进行帮扶，帮助他们尽快提高教学能力。

其次，将他人评价与自我评价有机结合，鼓励教师进行反思性评价。国内部分高校采用的"教学档案袋评价法"是教师自我评价的成功实践。所谓"教学档案袋评价是通过有目的地收集教师在教学过程中的各种作品以及其他相关人士如学生的材料，把其编制成档案袋的形式，来对教师的成就和成长过程进行记录并据此进行评价的方式"[4]。此种评价方法不仅注重结果的评价，还对教师的成长过程做了完整的记录，应当在高校普遍推广。

4. 设置救济程序

首先，救济程序的启动权应当赋予被评价的教师。教师可以以评价结果存在计算错误、评价过程违反规则等为由申请启动救济程序，但是为了避免因随意启动程序而浪费资源，应当要求教师在提出申请时提供初步的证据。

其次，关于裁决机构。我们认为可以在高校现存的申诉处理机构内部设置一个委员会，专门负责处理教学能力评价争议，这样可以避免机构重复设置，提高办事效率。

再次，在具体操作程序的设计上，我们认为实行"二审终审"的模式较为合适。争议先由学校申诉处理机构组织校内专家裁决，对于裁决结果不服的，可以再次向学校申诉处理机构申诉，但是应当将相关材料整理后交由校外同行专家做出评价，请校外三名同行专家独立做出评价，然后根据多数意见由申诉处理机构做出终局裁决，对于终局裁决，教师必须接受。此外，处理结果和理由除涉及当事人个人隐私的信息外应当予以公开。

参 考 文 献

[1] 刘冠生.关于教师教学质量评价的几个问题[J].当代教育科学,2005(13):38—40.
[2] 喻莉,王中华.质量观转型视域下的大学教师评价制度[J].高等农业教育,2012(10):41—44.
[3] 张典兵.大学青年教师教学能力的现状与提升策略[J].教育与教学研究,2013(7):36—39.
[4] 段俊霞,李世伟.教学档案袋评价——高校教师教学评价和专业发展的新路径[J].江苏高教,2014(4):89—91.

(作者单位:南京农业大学工学院)